法律应用一本通系列

新公司法及司法解释、配套规定

应用一本通

法律出版社法律应用中心　编

图书在版编目（CIP）数据

新公司法及司法解释、配套规定应用一本通 / 法律出版社法律应用中心编. -- 北京：法律出版社，2024.
ISBN 978-7-5197-9287-9

Ⅰ. D922.291.915

中国国家版本馆 CIP 数据核字第 20248JQ936 号

新公司法及司法解释、配套规定应用一本通
XIN GONGSIFA JI SIFA JIESHI、
PEITAO GUIDING YINGYONG YIBENTONG

法律出版社法律应用中心 编

策划编辑 朱海波　杨雨晴
责任编辑 朱海波　杨雨晴
装帧设计 鲍龙卉

出版发行 法律出版社	开本 A5
编辑统筹 法律应用出版分社	印张 25.375　字数 700 千
责任校对 蒋　橙	版本 2024 年 7 月第 1 版
责任印制 刘晓伟	印次 2024 年 7 月第 1 次印刷
经　销 新华书店	印刷 天津嘉恒印务有限公司

地址:北京市丰台区莲花池西里 7 号(100073)
网址:www.lawpress.com.cn　　　　　　销售电话:010-83938349
投稿邮箱:info@lawpress.com.cn　　　　客服电话:010-83938350
举报盗版邮箱:jbwq@lawpress.com.cn　　咨询电话:010-63939796
版权所有·侵权必究

书号:ISBN 978-7-5197-9287-9　　　　　　定价:79.00 元
凡购买本社图书,如有印装错误,我社负责退换。电话:010-83938349

出版说明

公司是最重要的市场主体,公司法是社会主义市场经济制度的基础性法律。我国现行《公司法》于1993年制定,1999年、2004年对《公司法》个别条款进行了修改,2005年进行了全面修订,2013年、2018年对公司资本制度相关问题作了两次修改。2023年12月29日,第十四届全国人大常委会第七次会议修订通过《公司法》,新《公司法》自2024年7月1日起施行。《公司法》的制定和修改,与我国社会主义市场经济体制的建立和完善密切相关,对于建立健全现代企业制度,促进社会主义市场经济持续健康发展,发挥了重要作用。为方便广大法律工作者和普通读者查阅、学习、研究、理解和适用新《公司法》的相关规定,我们编写了这本《新公司法及司法解释、配套规定应用一本通》。

本书的编排主要有以下几点考虑:

1. 使用方便。本书并没有将所有配套的法律规定罗列在一起,而是将与《公司法》条文紧密相关的法律、法规、司法解释单独列出作为《公司法》条文的"对应配套规定",紧跟条文之后,其他法律规定作为"关联法律法规"。这样划分有助于读者更快、更清楚地查阅到有关条文的具体相关规定,做到轻重得当,突出重点和常用规定,让读者能够结合条文进行比照理解。此外,将条文序号置于书眉上,方便翻阅,尽快定位。

2. 解读务实。本书对重点条文进行了"条文应用提示",并列出了"典型案例指导",以帮助读者更深入地学习和理解法律规定。"条文应用提示"部分根据法律原理和有关立法、司法、行政机关的细化规定,结合法律应用的具体场景和重点、疑难问题,阐明具体条文的核心要义和适用要点。"典型案例指导"为最高人民法院发布的指导案例、公报案例、人民法院案例库入库案例,以及部分地方法院和有关部门发布的典型案例。

3. 对比清晰。本书还设有"旧法对应关系"板块,主要列明了新《公司法》的条文与原《公司法》、原《公司法》解释等相关法律、司法解释的对应关系,帮助读者厘清法条的变化,更好的适用新法。

4. 内容丰富。本书定位于新《公司法》的条文学习和使用,故将有关司法解释、配套规定进行了拆解置于相关条文之后,同时为兼顾读者对这些规定的整体内容的了解,本书以二维码的形式将有关司法解释和具体规定进行了收录,以方便读者查阅。

由于时间仓促与经验所限,疏漏之处在所难免,敬请读者指正。

目　　录

第一章　总则 …………………………………………………… 3
第二章　公司登记 ……………………………………………… 160
第三章　有限责任公司的设立和组织机构 …………………… 198
　　第一节　设立 …………………………………………… 198
　　第二节　组织机构 ……………………………………… 266
第四章　有限责任公司的股权转让 …………………………… 286
第五章　股份有限公司的设立和组织机构 …………………… 330
　　第一节　设立 …………………………………………… 330
　　第二节　股东会 ………………………………………… 351
　　第三节　董事会、经理 ………………………………… 367
　　第四节　监事会 ………………………………………… 374
　　第五节　上市公司组织机构的特别规定 ……………… 377
第六章　股份有限公司的股份发行和转让 …………………… 403
　　第一节　股份发行 ……………………………………… 403
　　第二节　股份转让 ……………………………………… 446
第七章　国家出资公司组织机构的特别规定 ………………… 500
第八章　公司董事、监事、高级管理人员的资格和义务 …… 538
第九章　公司债券 ……………………………………………… 564
第十章　公司财务、会计 ……………………………………… 617
第十一章　公司合并、分立、增资、减资 …………………… 645
第十二章　公司解散和清算 …………………………………… 669
第十三章　外国公司的分支机构 ……………………………… 741
第十四章　法律责任 …………………………………………… 751
第十五章　附则 ………………………………………………… 786

附件一 最高人民法院关于适用《中华人民共和国公司法》时间效力的若干规定 …………………………………………………… 790
附件二 国务院关于实施《中华人民共和国公司法》注册资本登记管理制度的规定 ………………………………………… 793
附件三 《中华人民共和国公司法》新旧对照表(电子版) ………… 795
附件四 公司法及常用配套规定、司法解释(电子版) ……………… 796

条 文 索 引

第一章 总则 …… 3
 第一条 【立法宗旨】 …… 3
 第二条 【调整对象】 …… 4
 第三条 【公司的法律地位及权益】 …… 8
 第四条 【股东的责任及权利】 …… 14
 第五条 【公司章程】 …… 16
 第六条 【公司名称】 …… 20
 第七条 【公司名称的规范要求】 …… 43
 第八条 【公司住所】 …… 49
 第九条 【公司经营范围】 …… 51
 第十条 【公司法定代表人】 …… 53
 第十一条 【法定代表人的行为后果】 …… 61
 第十二条 【公司形式变更及债务债权继承】 …… 64
 第十三条 【分公司与子公司】 …… 68
 第十四条 【公司的转投资及其限制】 …… 70
 第十五条 【公司转投资及对外担保的程序规定】 …… 71
 第十六条 【职工权益保护】 …… 83
 第十七条 【公司的工会及民主管理】 …… 87
 第十八条 【公司中的中国共产党组织】 …… 92
 第十九条 【公司经营活动的基本原则】 …… 94
 第二十条 【公司社会责任】 …… 101
 第二十一条 【股东滥用权利的责任】 …… 102
 第二十二条 【禁止关联行为】 …… 104
 第二十三条 【公司法人人格否认】 …… 126
 第二十四条 【采用电子通信方式召开会议和表决】 …… 146

第二十五条　【无效决议及其法律后果】 …………………… 147
　　第二十六条　【决议被撤销及撤销权的行使】 ……………… 150
　　第二十七条　【决议不成立的情形】 ………………………… 155
　　第二十八条　【决议无效、撤销或确认不成立的法律后果】 …… 157
第二章　公司登记 …………………………………………………… 160
　　第二十九条　【公司设立登记】 ……………………………… 160
　　第三十条　【申请设立公司的文件】 ………………………… 161
　　第三十一条　【公司设立的准则主义】 ……………………… 167
　　第三十二条　【公司登记事项及公示】 ……………………… 169
　　第三十三条　【公司营业执照】 ……………………………… 174
　　第三十四条　【公司登记事项的变更及效力】 ……………… 182
　　第三十五条　【变更登记申请文件】 ………………………… 185
　　第三十六条　【营业执照记载事项变更后的换发】 ………… 187
　　第三十七条　【注销登记】 …………………………………… 187
　　第三十八条　【分公司的设立】 ……………………………… 190
　　第三十九条　【撤销登记】 …………………………………… 190
　　第四十条　【企业信用信息公示】 …………………………… 194
　　第四十一条　【优化公司登记流程】 ………………………… 195
第三章　有限责任公司的设立和组织机构 ………………………… 198
　　第四十二条　【有限责任公司的股东人数限制】 …………… 198
　　第四十三条　【有限责任公司设立协议】 …………………… 199
　　第四十四条　【有限责任公司设立后的法律后果】 ………… 200
　　第四十五条　【有限责任公司章程制定】 …………………… 202
　　第四十六条　【有限责任公司章程的法定事项】 …………… 203
　　第四十七条　【有限责任公司的注册资本】 ………………… 204
　　第四十八条　【股东出资方式及出资评估】 ………………… 206
　　第四十九条　【股东出资义务的履行和出资违约】 ………… 214
　　第五十条　【未按期出资、出资不足或出资不实的责任】 …… 232
　　第五十一条　【有限责任公司董事会核查催缴义务】 ……… 234
　　第五十二条　【股东失权决议程序】 ………………………… 234
　　第五十三条　【禁止股东抽逃出资】 ………………………… 236
　　第五十四条　【股东出资加速到期】 ………………………… 243
　　第五十五条　【出资证明书】 ………………………………… 249

第五十六条　【股东名册】 ·· 250
　第五十七条　【有限责任公司股东的知情权】 ························ 257
　第五十八条　【有限公司股东会的组成及地位】 ···················· 266
　第五十九条　【有限公司股东会的职权】 ····························· 266
　第六十条　【一人有限责任公司股东行使职权的要求】 ············ 269
　第六十一条　【首次股东会会议的召集和主持】 ···················· 270
　第六十二条　【股东会的会议制度】 ··································· 270
　第六十三条　【股东会会议的召集与主持】 ·························· 271
　第六十四条　【召开股东会会议的通知期限和会议记录】 ········· 271
　第六十五条　【股东的表决权】 ·· 272
　第六十六条　【股东会的议事方式和表决程序】 ···················· 273
　第六十七条　【董事会的职权】 ·· 274
　第六十八条　【有限责任公司董事会的组成】 ······················· 275
　第六十九条　【审计委员会的组成及职权】 ·························· 276
　第七十条　【董事的选任和期限】 ····································· 276
　第七十一条　【董事的解任和责任】 ··································· 276
　第七十二条　【董事会会议的召集和主持】 ·························· 277
　第七十三条　【董事会的议事方式和表决程序】 ···················· 277
　第七十四条　【有限公司责任经理的产生和职权】 ················· 278
　第七十五条　【不设董事会的有限责任公司】 ······················· 279
　第七十六条　【监事会的设立和组成】 ································ 279
　第七十七条　【监事的任职期限】 ······································ 281
　第七十八条　【监事会的一般职权】 ··································· 281
　第七十九条　【监事的质询建议权与调查权】 ······················· 283
　第八十条　【监事会的特别职权】 ····································· 283
　第八十一条　【监事会的会议制度】 ··································· 284
　第八十二条　【监事行使职权的费用承担】 ·························· 285
　第八十三条　【不设立监事会和监事的情形】 ······················· 285
第四章　有限责任公司的股权转让 ······································ 286
　第八十四条　【股权转让的一般规定】 ································ 286
　第八十五条　【强制执行程序下的股权转让】 ······················· 313
　第八十六条　【股权转让的通知程序及救济途径】 ················· 319
　第八十七条　【股权转让的变更记载】 ································ 320

第八十八条 【瑕疵出资股东股权转让后的出资责任】 …… 321
第八十九条 【异议股东的股权收购请求权】 …… 324
第九十条 【自然人股东资格的继承】 …… 328

第五章 股份有限公司的设立和组织机构 …… 330

第九十一条 【股份有限公司的设立】 …… 330
第九十二条 【发起人的限制】 …… 331
第九十三条 【发起人职责、发起人协议】 …… 331
第九十四条 【股份有限公司章程的制订】 …… 333
第九十五条 【股份有限公司章程的法定记载事项】 …… 333
第九十六条 【股份有限公司注册资本】 …… 334
第九十七条 【发起人认购股份】 …… 335
第九十八条 【发起人的出资义务】 …… 336
第九十九条 【发起人的出资责任】 …… 337
第一百条 【募集股份公告和认股书】 …… 337
第一百零一条 【股款缴足后的验资及证明】 …… 339
第一百零二条 【股东名册记载事项】 …… 340
第一百零三条 【股份有限公司成立大会的举行】 …… 341
第一百零四条 【股份有限公司成立大会的职权、决议程序】 …… 341
第一百零五条 【返还股款及抽回股本的情形】 …… 342
第一百零六条 【申请设立登记】 …… 345
第一百零七条 【股东、董事、监事、高级管理人员的设立责任及资本充实责任】 …… 346
第一百零八条 【有限责任公司变更为股份有限公司的要求】 …… 347
第一百零九条 【重要资料的置备】 …… 348
第一百一十条 【股份有限公司股东的知情权】 …… 348
第一百一十一条 【股份有限公司股东会的组成与地位】 …… 351
第一百一十二条 【股份有限公司股东会的职权】 …… 353
第一百一十三条 【股份有限公司股东会年会及临时股东大会】 …… 353
第一百一十四条 【股东会会议的召集和主持】 …… 354
第一百一十五条 【召开股东会的通知、公告以及临时提案】 …… 362
第一百一十六条 【股份有限公司股东会议事规则】 …… 364
第一百一十七条 【董事、监事选举以及累积投票制】 …… 365
第一百一十八条 【表决权的代理行使】 …… 366

第一百一十九条　【股东会会议记录要求】……………… 366
第一百二十条　【股份有限公司董事会设置、职权】…… 367
第一百二十一条　【股份有限公司审计委员会设立及职权】… 370
第一百二十二条　【董事长、副董事长的产生及职责】… 371
第一百二十三条　【董事会召开】……………………… 371
第一百二十四条　【董事会议事规则】………………… 372
第一百二十五条　【董事的出席与责任承担】………… 372
第一百二十六条　【股份有限公司经理的产生及职权】… 373
第一百二十七条　【董事会成员兼任经理】…………… 373
第一百二十八条　【不设置董事会的股份有限公司】… 373
第一百二十九条　【董监高报酬的定期披露制定】…… 374
第一百三十条　【股份有限公司监事会设立及监事选任】… 374
第一百三十一条　【股份有限公司监事会的职权及费用承担】… 375
第一百三十二条　【监事会议事规则】………………… 376
第一百三十三条　【不设监事会的股份有限公司】…… 376
第一百三十四条　【上市公司的定义】………………… 377
第一百三十五条　【上市公司重大资产买卖与重要担保的议事规则】… 377
第一百三十六条　【上市公司独立董事及公司章程载明事项】… 378
第一百三十七条　【须经审计委员会通过的事项】…… 396
第一百三十八条　【上市公司董事会秘书】…………… 396
第一百三十九条　【上市公司董事关联交易书面报告及回避制度】… 397
第一百四十条　【上市公司信息披露制度及禁止股票代持】… 398
第一百四十一条　【禁止交叉持股】…………………… 401

第六章　股份有限公司的股份发行和转让……………… 403
第一百四十二条　【股份及其形式】…………………… 403
第一百四十三条　【股份发行的原则】………………… 404
第一百四十四条　【类别股的发行】…………………… 408
第一百四十五条　【类别股的公司章程载明事项】…… 424
第一百四十六条　【类别股公司的决议事项和表决程序】… 424
第一百四十七条　【记名股票】………………………… 424
第一百四十八条　【股票发行的价格】………………… 424
第一百四十九条　【股票的形式与应载明的事项】…… 425
第一百五十条　【向股东交付股票的时间】…………… 426

第一百五十一条	【发行新股的决议事项】	426
第一百五十二条	【授权董事会发行股份】	427
第一百五十三条	【董事会发行新股的决策】	428
第一百五十四条	【公开募集股份规则】	428
第一百五十五条	【公开募集股份承销协议】	429
第一百五十六条	【公开募集股份时收取股款的方式】	446
第一百五十七条	【股份可依法转让】	446
第一百五十八条	【转让股份的场所】	448
第一百五十九条	【股票的转让方式】	451
第一百六十条	【股份转让限制】	452
第一百六十一条	【异议股东的股份回购请求权】	459
第一百六十二条	【公司股份回购】	461
第一百六十三条	【禁止财务资助】	472
第一百六十四条	【记名股票丢失的救济】	474
第一百六十五条	【上市公司的股票交易】	476
第一百六十六条	【上市公司的信息披露制度】	481
第一百六十七条	【股份有限公司自然人股东资格继承及例外】	499

第七章 国家出资公司组织机构的特别规定 ... 500

第一百六十八条	【国家出资公司的设立】	500
第一百六十九条	【履行国家出资公司出资人职责的主体】	505
第一百七十条	【国家出资公司中党组织的领导作用】	512
第一百七十一条	【国有独资公司章程】	516
第一百七十二条	【国有独资公司重大事项的决定】	516
第一百七十三条	【国有独资公司董事会】	516
第一百七十四条	【国有独资公司经理选任】	528
第一百七十五条	【国有独资公司董事、高级管理人员禁止兼职】	529
第一百七十六条	【国有独资公司监事会设置例外】	530
第一百七十七条	【国有独资公司的风控及合规管理】	531

第八章 公司董事、监事、高级管理人员的资格和义务 ... 538

第一百七十八条	【董监高的资格禁止】	538
第一百七十九条	【董监高的一般义务】	544
第一百八十条	【董监高的忠实勤勉义务】	544
第一百八十一条	【董监高的禁止行为】	547

第一百八十二条 【董监高及其关联人交易报告】………… 548
第一百八十三条 【董监高合法牟取商业机会】………… 549
第一百八十四条 【董监高的竞业禁止】………………… 550
第一百八十五条 【董事关联交易回避制度】…………… 552
第一百八十六条 【董监高违规收入的处理】…………… 552
第一百八十七条 【董监高列席股东会并接受股东质询】… 553
第一百八十八条 【董监高对公司的损害赔偿责任】…… 553
第一百八十九条 【股东代表诉讼】……………………… 554
第一百九十条 【股东直接诉讼】………………………… 560
第一百九十一条 【董事、高级管理人员的损害赔偿责任】… 561
第一百九十二条 【控股股东、实际控制人指示责任】… 562
第一百九十三条 【董事责任保险】……………………… 562

第九章 公司债券 ……………………………………… 564
第一百九十四条 【公司债券的定义及发行规定】……… 564
第一百九十五条 【公司债券募集办法】………………… 587
第一百九十六条 【公司债券票面的记载事项】………… 588
第一百九十七条 【公司债券的种类】…………………… 589
第一百九十八条 【公司债券持有人名册】……………… 589
第一百九十九条 【公司债券登记结算机构的制度要求】… 590
第二百条 【公司债券转让】……………………………… 591
第二百零一条 【公司债券的转让方式】………………… 591
第二百零二条 【可转换债券的发行及载明事项】……… 591
第二百零三条 【债券持有人对可转换债券享有选择权】… 603
第二百零四条 【债券持有人会议】……………………… 603
第二百零五条 【债券受托管理人的聘任】……………… 603
第二百零六条 【债券受托管理人的职责】……………… 604

第十章 公司财务、会计 ……………………………… 617
第二百零七条 【公司制定财务、会计制度的依据】…… 617
第二百零八条 【财务会计报告编制要求】……………… 623
第二百零九条 【财务会计报告送交股东及公示】……… 633
第二百一十条 【公司税后利润的分配】………………… 634
第二百一十一条 【违规利润分配的责任承担】………… 638
第二百一十二条 【公司利润分配期限】………………… 639

第二百一十三条 【公司资本公积金构成】 ········· 641
第二百一十四条 【公积金的用途及限制】 ········· 642
第二百一十五条 【公司对会计师事务所的聘用及解聘】 ········· 643
第二百一十六条 【公司对会计师事务所的诚实义务】 ········· 643
第二百一十七条 【禁止另立账簿及开立个人账户】 ········· 643

第十一章 公司合并、分立、增资、减资 ········· 645

第二百一十八条 【公司合并的种类】 ········· 645
第二百一十九条 【公司简易合并】 ········· 657
第二百二十条 【公司合并的程序和债权人异议权】 ········· 658
第二百二十一条 【公司合并的债权债务承继】 ········· 658
第二百二十二条 【公司分立时的财产分割和分立程序】 ········· 660
第二百二十三条 【公司分立前的债务承继】 ········· 661
第二百二十四条 【普通减资程序】 ········· 662
第二百二十五条 【简易减资程序】 ········· 666
第二百二十六条 【违规减少注册资本的法律后果】 ········· 666
第二百二十七条 【股东优先认购权】 ········· 667
第二百二十八条 【公司增加注册资本】 ········· 668

第十二章 公司解散和清算 ········· 669

第二百二十九条 【公司解散的原因及事由公示】 ········· 669
第二百三十条 【为使公司存续的议事规则】 ········· 670
第二百三十一条 【股东请求法院强制解散公司的情形】 ········· 671
第二百三十二条 【清算义务人及其责任】 ········· 679
第二百三十三条 【逾期拒不清算的救济途径】 ········· 682
第二百三十四条 【清算组的职权】 ········· 692
第二百三十五条 【清算期间的债权申报】 ········· 693
第二百三十六条 【制定清算方案及处分公司财产】 ········· 695
第二百三十七条 【解散清算转化为破产清算的情形】 ········· 697
第二百三十八条 【清算组成员的义务与责任】 ········· 698
第二百三十九条 【清算报告和注销公司登记】 ········· 699
第二百四十条 【公司简易注销】 ········· 714
第二百四十一条 【公司强制注销制度】 ········· 720
第二百四十二条 【公司破产清算】 ········· 722

第十三章　外国公司的分支机构 …… 741

　　第二百四十三条　【外国公司的定义】…… 741

　　第二百四十四条　【外国公司分支机构的设立程序】…… 748

　　第二百四十五条　【外国公司分支机构的设立条件】…… 748

　　第二百四十六条　【外国公司分支机构的名称要求及章程置备】…… 748

　　第二百四十七条　【外国公司分支机构的法律地位】…… 749

　　第二百四十八条　【外国公司分支机构的活动原则】…… 749

　　第二百四十九条　【外国公司分支机构的撤销与清算】…… 750

第十四章　法律责任 …… 751

　　第二百五十条　【欺诈取得公司登记的法律责任】…… 751

　　第二百五十一条　【未按照规定公示信息或不如实公示信息的法律责任】…… 758

　　第二百五十二条　【虚假出资的行政处罚】…… 759

　　第二百五十三条　【抽逃出资的行政处罚】…… 761

　　第二百五十四条　【公司财务违法行为的法律责任】…… 762

　　第二百五十五条　【公司合并、分立、减少注册资本和清算中的违法行为及其法律责任】…… 765

　　第二百五十六条　【违规清算的法律处罚资产评估、验资或验证机构违法的法律责任】…… 765

　　第二百五十七条　【资产评估、验资或验证机构违法的法律责任】…… 766

　　第二百五十八条　【登记机关违法的法律责任】…… 772

　　第二百五十九条　【假冒公司名义的法律责任】…… 773

　　第二百六十条　【逾期开业、停业、不依法办理变更登记的法律责任】…… 773

　　第二百六十一条　【外国公司擅自设立分支机构的法律责任】…… 777

　　第二百六十二条　【危害国家安全与社会公共利益的法律责任】…… 778

　　第二百六十三条　【民事赔偿优先】…… 778

　　第二百六十四条　【刑事责任】…… 778

第十五章　附则 …… 786

　　第二百六十五条　【本法相关用语的含义】…… 786

　　第二百六十六条　【施行日期、出资期限及出资额的调整】…… 787

中华人民共和国主席令

(第十五号)

《中华人民共和国公司法》已由中华人民共和国第十四届全国人民代表大会常务委员会第七次会议于 2023 年 12 月 29 日修订通过,现予公布,自 2024 年 7 月 1 日起施行。

中华人民共和国主席　习近平

2023 年 12 月 29 日

中华人民共和国公司法

(1993 年 12 月 29 日第八届全国人民代表大会常务委员会第五次会议通过　根据 1999 年 12 月 25 日第九届全国人民代表大会常务委员会第十三次会议《关于修改〈中华人民共和国公司法〉的决定》第一次修正　根据 2004 年 8 月 28 日第十届全国人民代表大会常务委员会第十一次会议《关于修改〈中华人民共和国公司法〉的决定》第二次修正　2005 年 10 月 27 日第十届全国人民代表大会常务委员会第十八次会议第一次修订　根据 2013 年 12 月 28 日第十二届全国人民代表大会常务委员会第六次会议《关于修改〈中华人民共和国海洋环境保护法〉等七部法律的决定》第三次修正　根据 2018 年 10 月 26 日第十三届全国人民代表大会常务委员会第六次会议《关于修改〈中华人民共和国公司法〉的决定》第四次修正　2023 年 12 月 29 日第十四届全国人民代表大会常务委员会第七次会议第二次修订)

目　　录

第一章　总　　则
第二章　公司登记
第三章　有限责任公司的设立和组织机构
　　第一节　设　　立
　　第二节　组织机构
第四章　有限责任公司的股权转让
第五章　股份有限公司的设立和组织机构
　　第一节　设　　立
　　第二节　股　东　会
　　第三节　董事会、经理
　　第四节　监　事　会
　　第五节　上市公司组织机构的特别规定
第六章　股份有限公司的股份发行和转让
　　第一节　股份发行
　　第二节　股份转让
第七章　国家出资公司组织机构的特别规定
第八章　公司董事、监事、高级管理人员的资格和义务
第九章　公司债券
第十章　公司财务、会计
第十一章　公司合并、分立、增资、减资
第十二章　公司解散和清算
第十三章　外国公司的分支机构
第十四章　法律责任
第十五章　附　　则

第一章 总 则

> 第一条 【立法宗旨】①为了规范公司的组织和行为,保护公司、股东、职工和债权人的合法权益,完善中国特色现代企业制度,弘扬企业家精神,维护社会经济秩序,促进社会主义市场经济的发展,根据宪法,制定本法。

▎条文应用提示

此次修订在原《公司法》立法宗旨的基础上,结合目前已经建立的中国特色社会主义法律体系的实际情况,增加了"完善中国特色现代企业制度,弘扬企业家精神"的立法目的,从而使公司法更加具有中国特色,同时也促使出资设立公司并实际经营管理公司的股东大力弘扬企业家的奉献、吃苦耐劳等中国传统文化精神。

▎旧法对应关系

原《公司法》第一条 为了规范公司的组织和行为,保护公司、股东和债权人的合法权益,维护社会经济秩序,促进社会主义市场经济的发展,制定本法。

▎关联法律法规

《中华人民共和国宪法》(2018年修正)

第十五条 国家实行社会主义市场经济。

国家加强经济立法,完善宏观调控。

国家依法禁止任何组织或者个人扰乱社会经济秩序。

---

① 条文要旨为编者所加,下同。

> **第二条　【调整对象】本法所称公司,是指依照本法在中华人民共和国境内设立的有限责任公司和股份有限公司。**

▍条文应用提示 ●●●●●●●

本法所称公司包括有限责任公司和股份有限公司。有限责任公司,是指公司的股东以其认缴的出资额为限对公司承担有限责任,公司以其全部财产对公司的债务承担责任的公司;股份有限公司,是指公司的资本划分为等额股份,公司股东以其认购的股份为限对公司承担有限责任,公司以其全部财产对公司的债务承担责任的公司。根据我国的实际,我国公司不采用无限公司和两合公司等股东对公司承担无限责任的公司形式。同时,就有限责任公司而言,本次修订对原有的一人有限责任公司和国有独资公司特别规定章节进行了删除;就股份有限公司而言,本法还根据上市公司的特点,对上市公司的组织结构作了特别规定。

▍旧法对应关系 ●●●●●●●

原《公司法》第二条　本法所称公司是指依照本法在中国境内设立的有限责任公司和股份有限公司。

▍关联法律法规 ●●●●●●●

《中华人民共和国中小企业促进法》(2017年修订)

第二条　本法所称中小企业,是指在中华人民共和国境内依法设立的,人员规模、经营规模相对较小的企业,包括中型企业、小型企业和微型企业。

中型企业、小型企业和微型企业划分标准由国务院负责中小企业促进工作综合管理的部门会同国务院有关部门,根据企业从业人员、营业收入、资产总额等指标,结合行业特点制定,报国务院批准。

《国家统计局、国家市场监督管理总局印发〈关于市场主体统计分类的划分规定〉的通知》(2023年修订)

第一条　本规定以市场主体登记注册类型为基础,根据统计工作的需要,对各种市场主体进行再分类。具体划分为以下类别:

代码	市场主体统计类别	代码	市场主体统计类别
100	内资企业	200	港澳台投资企业
110	有限责任公司	210	港澳台投资有限责任公司
111	国有独资公司	220	港澳台投资股份有限公司
112	私营有限责任公司	230	港澳台投资合伙企业
119	其他有限责任公司	290	其他港澳台投资企业
120	股份有限公司	300	外商投资企业
121	私营股份有限公司	310	外商投资有限责任公司
129	其他股份有限公司	320	外商投资股份有限公司
130	非公司企业法人	330	外商投资合伙企业
131	全民所有制企业(国有企业)	390	其他外商投资企业
132	集体所有制企业(集体企业)	400	农民专业合作社(联合社)
133	股份合作企业	500	个体工商户
134	联营企业	900	其他市场主体
140	个人独资企业		
150	合伙企业		
190	其他内资企业		

第二条 内资企业分为有限责任公司、股份有限公司、非公司企业法人、个人独资企业、合伙企业和其他内资企业。

有限责任公司包括登记注册为"内资公司有限责任公司(国有独资)"、"内资公司有限责任公司(外商投资企业投资)"、"内资公司有限责任公司(自然人投资或控股)"和"内资分公司有限责任公司分公司(国有独资)"等类型的市场主体。根据相关属性,将有限责任公司进一步划分为国有独资公司、私营有限责任公司和其他有限责任公司。

股份有限公司包括登记注册为"内资公司股份有限公司(上市)"、"内资公司股份有限公司(非上市)"和"内资分公司股份有限公司分公司(上市)"等类型的市场主体。根据相关属性,将股份有限公司进一步划分为私营股份有限公司和其他股份有限公司。

非公司企业法人包括登记注册为"全民所有制"、"集体所有制"、"股份合作制"和"联营"等类型的市场主体。根据相关属性,将非公司企业法人进一步划分为全民所有制企业(国有企业)、集体所有制企业(集体企业)、股份合作企业和联营企业。

个人独资企业包括登记注册为"个人独资企业"和"个人独资企业分支机构"的市场主体。

合伙企业包括登记注册为"合伙企业"和"合伙企业分支机构"的市场主体。

其他内资企业包括除上述之外,登记注册为"内资企业法人"和"内资集团"等类型的市场主体。

第三条 港澳台投资企业包括登记注册为"港、澳、台投资企业有限责任公司"、"港、澳、台投资企业股份有限公司"和"港、澳、台投资企业非公司"等类型的市场主体。根据相关属性,将港澳台投资企业进一步划分为港澳台投资有限责任公司、港澳台投资股份有限公司、港澳台投资合伙企业和其他港澳台投资企业。

第四条 外商投资企业包括登记注册为"外商投资企业有限责任公司"、"外商投资企业股份有限公司"、"外国(地区)公司分支机构"和"外资集团"等类型的市场主体。根据相关属性,将外商投资企业进一步划分为外商投资有限责任公司、外商投资股份有限公司、外商投资合伙企业和其他外商投资企业。

第五条 农民专业合作社(联合社)包括登记注册为"农民专业合作社"和"农民专业合作社分支机构"的市场主体。

第六条 个体工商户是指登记注册为"个体工商户"的市场主体。

第七条 其他市场主体包括除上述第二条至第六条之外的市场主体。

第八条 本规定由国家统计局会同国家市场监督管理总局负责解释。

第九条 本规定自发布之日起施行。其他组织机构的统计分类参照本规定划分。

第十条 国家统计局和原国家工商行政管理总局2011年制定的《关

于划分企业登记注册类型的规定调整的通知》,以及国家统计局 1999 年制定的《个体经营分类与代码》同时废止。

《科技部、财政部、国家税务总局关于修订印发〈高新技术企业认定管理办法〉的通知》(自 2016 年 1 月 1 日起施行)

第二条 本办法所称的高新技术企业是指:在《国家重点支持的高新技术领域》内,持续进行研究开发与技术成果转化,形成企业核心自主知识产权,并以此为基础开展经营活动,在中国境内(不包括港、澳、台地区)注册的居民企业。

第十一条 认定为高新技术企业须同时满足以下条件:

(一)企业申请认定时须注册成立一年以上;

(二)企业通过自主研发、受让、受赠、并购等方式,获得对其主要产品(服务)在技术上发挥核心支持作用的知识产权的所有权;

(三)对企业主要产品(服务)发挥核心支持作用的技术属于《国家重点支持的高新技术领域》规定的范围;

(四)企业从事研发和相关技术创新活动的科技人员占企业当年职工总数的比例不低于 10%;

(五)企业近三个会计年度(实际经营期不满三年的按实际经营时间计算,下同)的研究开发费用总额占同期销售收入总额的比例符合如下要求:

1. 最近一年销售收入小于 5,000 万元(含)的企业,比例不低于 5%;

2. 最近一年销售收入在 5,000 万元至 2 亿元(含)的企业,比例不低于 4%;

3. 最近一年销售收入在 2 亿元以上的企业,比例不低于 3%。

其中,企业在中国境内发生的研究开发费用总额占全部研究开发费用总额的比例不低于 60%;

(六)近一年高新技术产品(服务)收入占企业同期总收入的比例不低于 60%;

(七)企业创新能力评价应达到相应要求;

(八)企业申请认定前一年内未发生重大安全、重大质量事故或严重环境违法行为。

> **第三条 【公司的法律地位及权益】**公司是企业法人,有独立的法人财产,享有法人财产权。公司以其全部财产对公司的债务承担责任。
>
> 公司的合法权益受法律保护,不受侵犯。

条文应用提示

公司是企业法人,具有民事权利能力和民事行为能力,依法独立享有民事权利和承担民事责任。根据我国《民法典》的规定,公司作为企业法人,应当具备以下条件:(1)依法成立;(2)有必要的财产或者经费;(3)有自己的名称、组织机构和场所;(4)能够独立承担民事责任。确立公司的独立法人地位,也就从法律上保证了公司可以独立地享有财产权及其他权利,独立地从事生产经营活动、与其他经济实体发生权利义务关系,同时要求它独立承担民事责任。

公司的股东对公司承担有限责任。当公司发生债务责任时,股东并不直接对债权人负责,而是由公司以其全部财产对公司债务承担责任。

旧法对应关系

原《公司法》第三条第一款　公司是企业法人,有独立的法人财产,享有法人财产权。公司以其全部财产对公司的债务承担责任。

第五条第二款　公司的合法权益受法律保护,不受侵犯。

关联法律法规

《中华人民共和国宪法》(2018年修正)

第十一条　在法律规定范围内的个体经济、私营经济等非公有制经济,是社会主义市场经济的重要组成部分。

国家保护个体经济、私营经济等非公有制经济的合法的权利和利益。国家鼓励、支持和引导非公有制经济的发展,并对非公有制经济依法实行监督和管理。

《中华人民共和国民法典》(自2021年1月1日起施行)

第三条　民事主体的人身权利、财产权利以及其他合法权益受法律保护,任何组织或者个人不得侵犯。

第五十七条　法人是具有民事权利能力和民事行为能力,依法独立享有民事权利和承担民事义务的组织。

第六十条　法人以其全部财产独立承担民事责任。

第七十六条　以取得利润并分配给股东等出资人为目的成立的法人,为营利法人。

营利法人包括有限责任公司、股份有限公司和其他企业法人等。

《中华人民共和国中小企业促进法》(2017年修订)

第五十条　国家保护中小企业及其出资人的财产权和其他合法权益。任何单位和个人不得侵犯中小企业财产及其合法收益。

第五十一条　县级以上人民政府负责中小企业促进工作综合管理的部门应当建立专门渠道,听取中小企业对政府相关管理工作的意见和建议,并及时向有关部门反馈,督促改进。

县级以上地方各级人民政府有关部门和有关行业组织应当公布联系方式,受理中小企业的投诉、举报,并在规定的时间内予以调查、处理。

第五十二条　地方各级人民政府应当依法实施行政许可,依法开展管理工作,不得实施没有法律、法规依据的检查,不得强制或者变相强制中小企业参加考核、评比、表彰、培训等活动。

第五十三条　国家机关、事业单位和大型企业不得违约拖欠中小企业的货物、工程、服务款项。

中小企业有权要求拖欠方支付拖欠款并要求对拖欠造成的损失进行赔偿。

第五十四条　任何单位不得违反法律、法规向中小企业收取费用,不得实施没有法律、法规依据的罚款,不得向中小企业摊派财物。中小企业对违反上述规定的行为有权拒绝和举报、控告。

第五十五条　国家建立和实施涉企行政事业性收费目录清单制度,收费目录清单及其实施情况向社会公开,接受社会监督。

任何单位不得对中小企业执行目录清单之外的行政事业性收费,不得对中小企业擅自提高收费标准、扩大收费范围;严禁以各种方式强制中小企业赞助捐赠、订购报刊、加入社团、接受指定服务;严禁行业组织依靠代行政府职能或者利用行政资源擅自设立收费项目、提高收费标准。

第五十六条　县级以上地方各级人民政府有关部门对中小企业实施

监督检查应当依法进行,建立随机抽查机制。同一部门对中小企业实施的多项监督检查能够合并进行的,应当合并进行;不同部门对中小企业实施的多项监督检查能够合并完成的,由本级人民政府组织有关部门实施合并或者联合检查。

《最高人民法院执行工作办公室关于攀枝花市国债服务部与重庆市涪陵财政国债服务部证券回购纠纷执行请示案的复函》([2003]执他字第7号)

四川省高级人民法院:

你院[2001]川执督字第100号《关于攀枝花市国债服务部申请执行重庆市涪陵财政国债服务部证券回购纠纷案件的请示报告》收悉。经研究,答复如下:

同意你院第一种意见。

根据《公司法》第四条第二款规定:"公司享有由股东投资形成的全部法人财产权,依法享有民事权利,承担民事责任。"因此,具有独立法人资格的重庆市涪陵国有资产经营公司(以下简称经营公司)对其持有的"长丰通信"国家股股票享有全部的财产权。被执行人重庆涪陵区财政局虽然投资开办了经营公司,并占有其100%的股权,但其无权直接支配经营公司的资产,其权力只能通过处分其股权或者收取投资权益来实现。因此,执行法院只能执行涪陵区财政局在经营公司的股权或投资权益,而不能直接执行经营公司所有的股票。

▎典型案例指导

高某诉三亚天通国际酒店有限公司、海南博超房地产开发有限公司等第三人撤销之诉案[最高人民法院指导性案例148号]

【关键词】

民事 第三人撤销之诉 公司法人 股东 原告主体资格

【裁判要点】

公司股东对公司法人与他人之间的民事诉讼生效裁判不具有直接的利益关系,不符合《民事诉讼法》第五十六条规定的第三人条件,其以股东身份提起第三人撤销之诉的,人民法院不予受理。

【相关法条】

《中华人民共和国民事诉讼法》第五十六条

【基本案情】

2005年11月3日,高某和邹某某作为公司股东(发起人)发起成立海南博超房地产开发有限公司(以下简称博超公司),高某、邹某某出资比例各占50%,邹某某任该公司执行董事、法定代表人。

2011年6月16日,博超公司、三亚南海岸旅游服务有限公司(以下简称南海岸公司)、三亚天通国际酒店有限公司(以下简称天通公司)、北京天时房地产开发有限公司(以下简称天时公司)四方共同签署了《协议书》,对位于海南省三亚市三亚湾海坡开发区的碧海华云酒店(现为天通国际酒店)的现状、投资额及酒店产权确认、酒店产权过户手续的办理、工程结算及结算资料的移交、违约责任等方面均作了明确约定。2012年8月1日,天通公司以博超公司和南海岸公司为被告、天时公司为第三人向海南省高级人民法院提起合资、合作开发房地产合同纠纷之诉,提出碧海华云酒店(现为天通国际酒店)房屋所有权(含房屋占用范围内的土地使用权)归天通公司所有以及博超公司向天通公司支付违约金720万元等诉讼请求。海南省高级人民法院作出(2012)琼民一初字第3号民事判决,支持了天通公司的诉讼请求,判决作出后,各方当事人均未提出上诉。

2012年8月28日,高某以博超公司经营管理发生严重困难,继续存续将会使股东利益遭受重大损失为由起诉请求解散公司。2013年9月12日,海南省海口市中级人民法院作出(2013)海中法民二初字第5号民事判决,判决解散博超公司。博超公司不服该判决,提出上诉。2013年12月19日,海南省高级人民法院作出(2013)琼民二终字第35号民事判决,判决驳回上诉,维持原判。2014年9月18日,海口市中级人民法院指定海南天皓律师事务所担任博超公司管理人,负责博超公司的清算。

2015年4月20日,博超公司管理人以天通公司、天时公司、南海岸公司为被告,向海南省高级人民法院起诉:请求确认博超公司于2011年6月16日签订的《协议书》无效,将位于海南省三亚市三亚湾路海坡度假区15,370.84平方米的土地使用权及29,851.55平方米的地上建筑物返还过户登记至博超公司管理人名下。海南省高级人民法院裁定驳回了博超公司管理人的起诉。诉讼过程中,天时公司、天通公司收到该案诉讼文书后与博超公司管理人联系并向其提供了(2012)琼民一初字第3号民事判决的复印件。高某遂据此向海南省高级人民法院就(2012)琼民一初字第3号民事判决提起本案第三人撤销之诉。

【裁判结果】

海南省高级人民法院于2016年8月23日作出(2015)琼民一初字第43号民事裁定书,驳回原告高某的起诉。高某不服,提起上诉。最高人民法院于2017年6月22日作出(2017)最高法民终63号民事裁定书,驳回上诉,维持原裁定。

【裁判理由】

最高人民法院认为:本案系高某针对已生效的海南省高级人民法院(2012)琼民一初字第3号民事判决而提起的第三人撤销之诉。第三人撤销之诉制度的设置功能,主要是为了保护受错误生效裁判损害的未参加原诉的第三人的合法权益。由于第三人本人以外的原因未能参加原诉,导致人民法院作出了错误裁判,在这种情形下,法律赋予本应参加原诉的第三人有权通过另诉的方式撤销原生效裁判。因此,提起第三人撤销之诉的主体必须符合本应作为第三人参加原诉的身份条件。本案中,高某不符合以第三人身份参加该案诉讼的条件。

1. 高某对(2012)琼民一初字第3号民事判决案件的诉讼标的没有独立请求权,不属于该案有独立请求权的第三人。有独立请求权的第三人,是指对当事人之间争议的诉讼标的,有权以独立的实体权利人的资格提出诉讼请求的主体。在(2012)琼民一初字第3号民事判决案件中,天通公司基于其与博超公司订立的《协议书》提出各项诉讼请求,海南省高级人民法院基于《协议书》的约定进行审理并作出判决。高某只是博超公司的股东之一,并不是《协议书》的合同当事人一方,其无权基于该协议约定提出诉讼请求。

2. 高某不属于(2012)琼民一初字第3号民事判决案件无独立请求权的第三人。无独立请求权的第三人,是指虽然对当事人双方的诉讼标的没有独立请求权,但案件处理结果同他有法律上的利害关系的主体。第三人同案件处理结果存在的法律上的利害关系,可能是直接的,也可能是间接的。本案中,(2012)琼民一初字第3号民事判决只确认了博超公司应承担的法律义务,未判决高某承担民事责任,故高某与(2012)琼民一初字第3号民事判决的处理结果并不存在直接的利害关系。关于是否存在间接利害关系的问题。通常来说,股东和公司之间系天然的利益共同体。公司股东对公司财产享有资产收益权,公司的对外交易活动、民事诉讼的胜败结果一般都会影响到公司的资产情况,从而间接影响到股东的收益权利。从这个角度看,股东与公司进行的民事诉讼的处理结果具有法律上的间接利害关系。但是,由于公司利益和股东利益具有一致性，公司对外活动应推定为股东整体意志的体现，公司在诉讼活动中的主张也应认定为代表股东的整体利益。因此，虽然公司诉讼的处理结果会间接影响到股东的利益，但股东的利益和意见已经在诉讼过程中由公司所代表和表达，则不应再追加股东作为第三人参加诉讼。本案中，虽然高某是博超公司的股东，但博超公司与南海岸公司、天时公司、天通公司的诉讼活动中，股东的意见已为博超公司所代表，则作为股东的高某不应再以无独立请求权的第三人身份参加该案诉讼。至于不同股东之间的分歧所导致的利益冲突，应由股东与股东之间、股东与公司之间依法另行处理。

石某某诉隆德县某商贸公司、许某某股东出资纠纷案[人民法院案例库2023-08-2-265-001，宁夏回族自治区固原市中级人民法院（2023）宁04民终385号民事判决]

有限责任公司股东资格认定需要在区分内部关系与外部关系的前提下，结合当事人是否有出资设立公司的意思表示，是否履行股东的出资义务，是否在对外具有公示性质的工商登记、公司章程和股东名册的记载中被列为公司股东等因素综合判定。在公司外部关系的案件中，应当充分考虑商事外观主义；在公司内部关系中，应当充分考虑股东是否实际享有股东权利，如通过参加股东会、取得公司分红参与公司的经营管理等来认定股东身份。在判断属于投资款或者借款时，充分考虑是否存在共同经营、共享收益、共担风险的投资合作特征。

香港大千国际企业有限公司与于某敏、海门市大千热电有限公司第三人撤销之诉纠纷案[最高人民法院（2016）最高法民申1045号民事裁定书，《最高人民法院公报》2017年第10期（总第252期）]

第三人撤销之诉是针对生效裁判提起的诉讼，一方面是给予因故未能参加诉讼而没有获得程序保障，却可能受到生效裁判拘束的第三人提供救济途径；另一方面则是防止第三人的合法权益受到他人虚假诉讼的侵害。鉴于生效裁判的既判力和法律稳定性，第三人撤销之诉在原告适格性问题上，应当严格遵守《民事诉讼法》第五十六条第三款的规定，即提起撤销之诉的原告必须是原案的有独立请求权的第三人或者无独立请求权的第三人，并符合该款规定的其他条件。

李某志诉长春建工集团界定产权、返还财产纠纷案[最高人民法院(2004)民二终字第190号民事判决书,《最高人民法院公报》2005年第10期(总第108期)]

法人内设部门因不具备法人资格,没有独立的法人财产,其设立不以是否有财产投入为前提。法人内设部门成立后采取何种性质的经营方式以及他人是否对其投入资产等均不能改变其法人内设部门的法律属性。出资者对法人出资后,仅能对其所持股份主张相应的股份权益,其出资为法人财产不可分割的部分。

> **第四条 【股东的责任及权利】**有限责任公司的股东以其认缴的出资额为限对公司承担责任;股份有限公司的股东以其认购的股份为限对公司承担责任。
>
> 公司股东对公司依法享有资产收益、参与重大决策和选择管理者等权利。

▌条文应用提示 ●●●●●●

公司的股东对公司承担有限责任。当公司发生债务责任时,股东并不直接对债权人负责,而是由公司以其全部财产对公司债务承担责任。股东对公司的债务所承担的责任,体现为股东对公司的出资,股东须以其全部投资,也仅以该投资为限,对公司债务承担责任,也就是说,只要股东不滥用其对公司的有限责任,股东在依照有关法律和公司章程的规定履行了出资义务后,对公司行为将不再承担责任。股东对公司的有限责任是公司制度的基础,股东的有限责任受到法律的充分保护。这一制度有效地降低了投资风险,极大地鼓励了投资,促进了市场经济的发展。

股东是公司的投资者,股东依法享有对公司的各项权利。股东权利又称为股东权,是指股东基于其出资在法律上对公司所享有的权利。出资者向公司投资,其目的是取得收益,但出资后,由于其已不能再占有和直接支配该项资产,故其所享有的权利在内容上发生了变化,即由原来对财产的占有、使用、收益和处分的权利,演变成作为股东对公司享有股东权,股东权是股东与公司之间法律关系和股东法律地位的集中体现,其内容主要是资产收益、参与重大决策和选择管理者等权利。

旧法对应关系

原《公司法》第三条第二款 有限责任公司的股东以其认缴的出资额为限对公司承担责任;股份有限公司的股东以其认购的股份为限对公司承担责任。

第四条 公司股东依法享有资产收益、参与重大决策和选择管理者等权利。

关联法律法规

《中华人民共和国民法典》(自 2021 年 1 月 1 日起施行)

第一百二十五条 民事主体依法享有股权和其他投资性权利。

《最高人民法院经济审判庭关于华丰供销公司的债务应由谁偿还问题的电话答复》(1989 年 10 月 17 日公布)

宁夏回族自治区高级人民法院:

你院"关于华丰供销公司的债务应由谁偿还的请示"收悉。经研究答复如下:

一、据所报材料,华丰供销公司系吴建国个人申请开办,并非石咀山市政府申报成立的。石咀山市政府不是该公司的上级主管部门,因此,本案不应列市政府为被告,承担连带责任。

二、对华丰供销公司的性质,应根据国家工商行政管理局《关于处理个体合伙经营及私营企业领有集体企业〈营业执照〉问题的通知》精神,提请当地工商局加以重新确认。如当地工商局不予重新确认,受诉法院应实事求是地按其本来性质认定处理。

三、华丰供销公司经重新确认,如属个体性质,应列该公司的财产所有者为被告,承担无限责任;如属集体性质,即应以公司的财产承担有限责任,若公司已无财产可供执行,受诉法院应终结诉讼。

此复

《最高人民法院关于金光股份有限公司的主管部门是否应承担清偿责任问题的复函》(法[经]函[1991]146 号)

宁夏回族自治区高级人民法院:

你院[1991]宁经请字第 2 号《关于金光股份有限公司的主管部门是否应承担清偿责任的请示报告》及《关于强制执行金光公司南洋大厦 B

座3层574平方米房产的请示报告》收悉。经研究,答复如下:

一、金光股份有限公司是由深圳市装饰工程工业总公司申请,经深圳市人民政府批准成立的。市政府批文规定:公司为股份有限公司,注册资金为60万元人民币,发行股票6千股,其中国家股占40%,由装饰工程工业总公司出资;集体、国外和港澳股份占30%;私人股份30%,由装饰工程工业总公司职工购买。1987年2月24日经深圳市工商局批准,核发了营业执照。经你院调查核实,金光股份有限公司实有资产58.56万元,其中深圳市装饰工程工业总公司以固定资产办公楼房139.87平方米折抵股金25.1786万元人民币投入,超过了市政府规定的认购比例。综上所述,金光股份有限公司具有企业法人资格,深圳市装饰工程工业总公司已按规定认购了相应的股份,不应再对金光股份公司的债务承担清偿责任。

二、你院在审理经济纠纷案件中,如果发现金光股份有限公司的有关人员有犯罪行为,应按两院一部法(研)发[1985]27号和法(研)发[1987]7号通知的规定,将有关犯罪线索移送公安或检察机关处理。

三、对金光股份有限公司南洋大厦B座3层574平方米房产的强制执行,应严格按照民事诉讼法的规定进行。根据本案情况,即使具有民事诉讼法第一百零二条第一款(六)项之行为,也不需要对有关人员采取拘留措施。执行前还应与深圳市中级人民法院进行联系,取得他们的支持和协助。

四、审理中如查明金光公司将合作资金挪用,其他单位或个人非法占用该项资金,可责令非法占用者退还非法占用的资金以偿还债权人。

此复

第五条 【公司章程】设立公司应当依法制定公司章程。公司章程对公司、股东、董事、监事、高级管理人员具有约束力。

条文应用提示 ●●●●●●

公司章程,是由设立公司的股东制定并对公司、股东、董事、监事、高级管理人员具有约束力的调整公司内部组织关系和经营行为的自治规则。公司章程是股东之间合意的体现,属于私法自治的范畴,当然,公司章程不得违背《公司法》的强制性条款。公司章程是公司组织和活动的基本准则,也被称作"公司的宪法",依法制定公司章程是设立公司的必备条件之一。

公司章程的作用,表现在三个方面:一是公司章程是公司内部组织与行为的基本准则;二是对公司外部人员起着公示的作用;三是公司章程是政府进行管理的依据之一。

▌旧法对应关系 ●●●●●●

原《公司法》第十一条　设立公司必须依法制定公司章程。公司章程对公司、股东、董事、监事、高级管理人员具有约束力。

▌关联法律法规 ●●●●●●

《中华人民共和国民法典》(自 2021 年 1 月 1 日起施行)

第七十九条　设立营利法人应当依法制定法人章程。

▌典型案例指导 ●●●●●●

宋某军诉西安市大华餐饮有限责任公司股东资格确认纠纷案[最高人民法院指导性案例 96 号]

【关键词】

民事　股东资格确认　初始章程　股权转让限制　回购

【裁判要点】

国有企业改制为有限责任公司,其初始章程对股权转让进行限制,明确约定公司回购条款,只要不违反公司法等法律强制性规定,可认定为有效。有限责任公司按照初始章程约定,支付合理对价回购股东股权,且通过转让给其他股东等方式进行合理处置的,人民法院应予支持。

【基本案情】

西安市大华餐饮有限责任公司(以下简称大华公司)成立于 1990 年 4 月 5 日。2004 年 5 月,大华公司由国有企业改制为有限责任公司,宋某军系大华公司员工,出资 2 万元成为大华公司的自然人股东。大华公司章程第三章"注册资本和股份"第十四条规定:"公司股权不向公司以外的任何团体和个人出售、转让。公司改制一年后,经董事会批准后可在公司内部赠与、转让和继承。持股人死亡或退休经董事会批准后方可继承、转让或由企业收购,持股人若辞职、调离或被辞退、解除劳动合同的,人走股留,所持股份由企业收购……"第十三章"股东认为需要规定的其他事项"第六十六条规定:"本章程由全体股东共同认可,自公司设立之日起生效"。该公司章程经大华公司全体股东签名通过。2006年6月3日,宋某军向公司提出解除劳动合同,并申请退出其所持有的公司的2万元股份。2006年8月28日,经大华公司法定代表人赵某锁同意,宋某军领到退出股金款2万元整。2007年1月8日,大华公司召开2006年度股东大会,大会应到股东107人,实到股东104人,代表股权占公司股份总数的93%,会议审议通过了宋某军、王某青、杭某国三位股东退股的申请并决议"其股金暂由公司收购保管,不得参与红利分配"。后宋某军以大华公司的回购行为违反法律规定,未履行法定程序且公司法规定股东不得抽逃出资等,请求依法确认其具有大华公司的股东资格。

【裁判结果】

西安市碑林区人民法院于2014年6月10日作出(2014)碑民初字第01339号民事判决,判令:驳回原告宋某军要求确认其具有被告大华公司股东资格之诉讼请求。一审宣判后,宋某军提出上诉。西安市中级人民法院于2014年10月10日作出(2014)西中民四终字第00277号民事判决,驳回上诉,维持原判。终审宣判后,宋某军仍不服,向陕西省高级人民法院申请再审。陕西省高级人民法院于2015年3月25日作出(2014)陕民二申字第00215号民事裁定,驳回宋某军的再审申请。

【裁判理由】

法院生效裁判认为:通过听取再审申请人宋某军的再审申请理由及被申请人大华公司的答辩意见,本案的焦点问题如下:1.大华公司的公司章程中关于"人走股留"的规定,是否违反了《公司法》的禁止性规定,该章程是否有效;2.大华公司回购宋某军股权是否违反《公司法》的相关规定,大华公司是否构成抽逃出资。针对第一个焦点问题,首先,大华公司章程第十四条规定,"公司股权不向公司以外的任何团体和个人出售、转让。公司改制一年后,经董事会批准后可以公司内部赠与、转让和继承。持股人死亡或退休经董事会批准后方可继承、转让或由企业收购,持股人若辞职、调离或被辞退、解除劳动合同的,人走股留,所持股份由企业收购"。依照《公司法》第二十五条第二款"股东应当在公司章程上签名、盖章"的规定,有限公司章程系公司设立时全体股东一致同意并对公司及全体股东产生约束力的规则性文件,宋某军在公司章程上签名的行为,应视为其对前述规定的认可和同意,该章程对大华公司及宋某军均产生约束力。其次,基于有限责任公司封闭性和人合性的特点,由公司章程对公司股东转让股权作出某些限制性规定,系公司自治的体现。在本案中，大华公司进行企业改制时，宋某军之所以成为大华公司的股东，其原因在于宋某军与大华公司具有劳动合同关系，如果宋某军与大华公司没有建立劳动关系，宋某军则没有成为大华公司股东的可能性。同理，大华公司章程将是否与公司具有劳动合同关系作为取得股东身份的依据继而作出"人走股留"的规定，符合有限责任公司封闭性和人合性的特点，亦系公司自治原则的体现，不违反《公司法》的禁止性规定。最后，大华公司章程第十四条关于股权转让的规定，属于对股东转让股权的限制性规定而非禁止性规定，宋某军依法转让股权的权利没有被公司章程所禁止，大华公司章程不存在侵害宋某军股权转让权利的情形。综上所述，本案一审、二审法院均认定大华公司章程不违反《公司法》的禁止性规定，应为有效的结论正确，宋某军的这一再审申请理由不能成立。针对第二个焦点问题，《公司法》第七十四条所规定的异议股东回购请求权具有法定的行使条件，即只有在"公司连续五年不向股东分配利润，而公司该五年连续盈利，并且符合本法规定的分配利润条件的；公司合并、分立、转让主要财产的；公司章程规定的营业期限届满或者章程规定的其他解散事由出现，股东会会议通过决议修改章程使公司存续的"三种情形下，异议股东有权要求公司回购其股权，对应的是公司是否应当履行回购异议股东股权的法定义务。而本案属于大华公司是否有权基于公司章程的约定及与宋某军的合意而回购宋某军股权，对应的是大华公司是否具有回购宋某军股权的权利，二者性质不同，《公司法》第七十四条不能适用于本案。在本案中，宋某军于2006年6月3日向大华公司提出解除劳动合同申请并于同日手书《退股申请》，提出"本人要求全额退股，年终盈利与亏损与我无关"，该《退股申请》应视为其真实意思表示。大华公司于2006年8月28日退还其全额股金款2万元，并于2007年1月8日召开股东大会审议通过了宋某军等三位股东的退股申请，大华公司基于宋某军的退股申请，依照公司章程的规定回购宋某军的股权，程序并无不当。另外，《公司法》所规定的抽逃出资专指公司股东抽逃其对于公司出资的行为，公司不能构成抽逃出资的主体，宋某军的这一再审申请理由不能成立。综上所述，裁定驳回再审申请人宋某军的再审申请。

思佰益(中国)投资有限公司与上海新证财经信息咨询有限公司等请求变更公司登记纠纷案[上海市浦东新区人民法院(2020)沪0115民初81228号民事判决书，《人民司法·案例》2022年第14期]

外商投资企业股东以公司章程中规定股东对外转让股权需经董事会董事一致同意，且不得侵害股东的出售跟随权为由不同意其他股东对外转让股权的,法院应审查公司章程的约定是否与我国《公司法》的规定相冲突,如公司章程的约定与我国《公司法》的规定相悖,则应适用我国《公司法》的规定。

> **第六条 【公司名称】**公司应当有自己的名称。公司名称应当符合国家有关规定。
>
> 公司的名称权受法律保护。

对应配套规定

《中华人民共和国市场主体登记管理条例》(自2022年3月1日起施行)

第十条 市场主体只能登记一个名称,经登记的市场主体名称受法律保护。

市场主体名称由申请人依法自主申报。

《中华人民共和国市场主体登记管理条例实施细则》(自2022年3月1日起施行)

第八条 市场主体名称由申请人依法自主申报。

第九条 申请人应当依法申请登记下列市场主体类型:

(一)有限责任公司、股份有限公司;

(二)全民所有制企业、集体所有制企业、联营企业;

(三)个人独资企业;

(四)普通合伙(含特殊普通合伙)企业、有限合伙企业;

(五)农民专业合作社、农民专业合作社联合社;

(六)个人经营的个体工商户、家庭经营的个体工商户。

分支机构应当按所属市场主体类型注明分公司或者相应的分支机构。

▌条文应用提示 ●●●●●●

公司的设立必须有固定的名称,且公司的名称应当符合公序良俗,不得违反我国相关法律法规的规定。设立公司应当由公司的登记机关对公司名称进行审核,只有在公司名称不存在重复、合法合规的情况下才能予以注册并登记。公司名称通过公司登记机关的审核后予以正式登记,并在公司的正式营业执照上进行载明,相应的公司名称权也形成,任何有损公司声誉等的侵权行为即是对公司名称权的损害,公司作为独立的法人主体有权要求侵权者承担相应的法律责任。

▌ 关联法律法规 ••••••••

《中华人民共和国民法典》(自2021年1月1日起施行)

第五十八条 法人应当依法成立。

法人应当有自己的名称、组织机构、住所、财产或者经费。法人成立的具体条件和程序,依照法律、行政法规的规定。

设立法人,法律、行政法规规定须经有关机关批准的,依照其规定。

第一千零一十三条 法人、非法人组织享有名称权,有权依法决定、使用、变更、转让或者许可他人使用自己的名称。

第一千零一十四条 任何组织或者个人不得以干涉、盗用、假冒等方式侵害他人的姓名权或者名称权。

第一千零一十七条 具有一定社会知名度,被他人使用足以造成公众混淆的笔名、艺名、网名、译名、字号、姓名和名称的简称等,参照适用姓名权和名称权保护的有关规定。

《企业名称登记管理规定》(2020年修订)

第一条 为了规范企业名称登记管理,保护企业的合法权益,维护社会经济秩序,优化营商环境,制定本规定。

第二条 县级以上人民政府市场监督管理部门(以下统称企业登记机关)负责中国境内设立企业的企业名称登记管理。

国务院市场监督管理部门主管全国企业名称登记管理工作,负责制定企业名称登记管理的具体规范。

省、自治区、直辖市人民政府市场监督管理部门负责建立本行政区域统一的企业名称申报系统和企业名称数据库,并向社会开放。

第三条 企业登记机关应当不断提升企业名称登记管理规范化、便利化水平,为企业和群众提供高效、便捷的服务。

第四条 企业只能登记一个企业名称,企业名称受法律保护。

第五条 企业名称应当使用规范汉字。民族自治地方的企业名称可以同时使用本民族自治地方通用的民族文字。

第六条 企业名称由行政区划名称、字号、行业或者经营特点、组织形式组成。跨省、自治区、直辖市经营的企业,其名称可以不含行政区划名称;跨行业综合经营的企业,其名称可以不含行业或者经营特点。

第七条 企业名称中的行政区划名称应当是企业所在地的县级以上地方行政区划名称。市辖区名称在企业名称中使用时应当同时冠以其所属的设区的市的行政区划名称。开发区、垦区等区域名称在企业名称中使用时应当与行政区划名称连用,不得单独使用。

第八条 企业名称中的字号应当由两个以上汉字组成。

县级以上地方行政区划名称、行业或者经营特点不得作为字号,另有含义的除外。

第九条 企业名称中的行业或者经营特点应当根据企业的主营业务和国民经济行业分类标准标明。国民经济行业分类标准中没有规定的,可以参照行业习惯或者专业文献等表述。

第十条 企业应当根据其组织结构或者责任形式,依法在企业名称中标明组织形式。

第十一条 企业名称不得有下列情形:

(一)损害国家尊严或者利益;

(二)损害社会公共利益或者妨碍社会公共秩序;

(三)使用或者变相使用政党、党政军机关、群团组织名称及其简称、特定称谓和部队番号;

(四)使用外国国家(地区)、国际组织名称及其通用简称、特定称谓;

(五)含有淫秽、色情、赌博、迷信、恐怖、暴力的内容;

(六)含有民族、种族、宗教、性别歧视的内容;

(七)违背公序良俗或者可能有其他不良影响;

(八)可能使公众受骗或者产生误解;

(九)法律、行政法规以及国家规定禁止的其他情形。

第十二条 企业名称冠以"中国"、"中华"、"中央"、"全国"、"国家"等字词,应当按照有关规定从严审核,并报国务院批准。国务院市场监督管理部门负责制定具体管理办法。

企业名称中间含有"中国"、"中华"、"全国"、"国家"等字词的,该字词应当是行业限定语。

使用外国投资者字号的外商独资或者控股的外商投资企业,企业名称中可以含有"(中国)"字样。

第十三条　企业分支机构名称应当冠以其所从属企业的名称,并缀以"分公司"、"分厂"、"分店"等字词。境外企业分支机构还应当在名称中标明该企业的国籍及责任形式。

第十四条　企业集团名称应当与控股企业名称的行政区划名称、字号、行业或者经营特点一致。控股企业可以在其名称的组织形式之前使用"集团"或者"(集团)"字样。

第十五条　有投资关系或者经过授权的企业,其名称中可以含有另一个企业的名称或者其他法人、非法人组织的名称。

第十六条　企业名称由申请人自主申报。

申请人可以通过企业名称申报系统或者在企业登记机关服务窗口提交有关信息和材料,对拟定的企业名称进行查询、比对和筛选,选取符合本规定要求的企业名称。

申请人提交的信息和材料应当真实、准确、完整,并承诺因其企业名称与他人企业名称近似侵犯他人合法权益的,依法承担法律责任。

第十七条　在同一企业登记机关,申请人拟定的企业名称中的字号不得与下列同行业或者不使用行业、经营特点表述的企业名称中的字号相同:

(一)已经登记或者在保留期内的企业名称,有投资关系的除外;

(二)已经注销或者变更登记未满1年的原企业名称,有投资关系或者受让企业名称的除外;

(三)被撤销设立登记或者被撤销变更登记未满1年的原企业名称,有投资关系的除外。

第十八条　企业登记机关对通过企业名称申报系统提交完成的企业名称予以保留,保留期为2个月。设立企业依法应当报经批准或者企业经营范围中有在登记前须经批准的项目的,保留期为1年。

申请人应当在保留期届满前办理企业登记。

第十九条　企业名称转让或者授权他人使用的,相关企业应当依法通过国家企业信用信息公示系统向社会公示。

第二十条　企业登记机关在办理企业登记时,发现企业名称不符合本规定的,不予登记并书面说明理由。

企业登记机关发现已经登记的企业名称不符合本规定的,应当及时纠正。其他单位或者个人认为已经登记的企业名称不符合本规定的,可以请求企业登记机关予以纠正。

第二十一条　企业认为其他企业名称侵犯本企业名称合法权益的,可以向人民法院起诉或者请求为涉嫌侵权企业办理登记的企业登记机关处理。

企业登记机关受理申请后,可以进行调解;调解不成的,企业登记机关应当自受理之日起3个月内作出行政裁决。

第二十二条　利用企业名称实施不正当竞争等行为的,依照有关法律、行政法规的规定处理。

第二十三条　使用企业名称应当遵守法律法规,诚实守信,不得损害他人合法权益。

人民法院或者企业登记机关依法认定企业名称应当停止使用的,企业应当自收到人民法院生效的法律文书或者企业登记机关的处理决定之日起30日内办理企业名称变更登记。名称变更前,由企业登记机关以统一社会信用代码代替其名称。企业逾期未办理变更登记的,企业登记机关将其列入经营异常名录;完成变更登记后,企业登记机关将其移出经营异常名录。

第二十四条　申请人登记或者使用企业名称违反本规定的,依照企业登记相关法律、行政法规的规定予以处罚。

企业登记机关对不符合本规定的企业名称予以登记,或者对符合本规定的企业名称不予登记的,对直接负责的主管人员和其他直接责任人员,依法给予行政处分。

第二十五条　农民专业合作社和个体工商户的名称登记管理,参照本规定执行。

第二十六条　本规定自2021年3月1日起施行。

《企业名称登记管理规定实施办法》(2023年8月29日公布)

第七条　企业名称应当使用规范汉字。

企业需将企业名称译成外文使用的,应当依据相关外文翻译原则进行翻译使用,不得违反法律法规规定。

《最高人民法院关于审理注册商标、企业名称与在先权利冲突的民事纠纷案件若干问题的规定》(2020年修正)

第一条 原告以他人注册商标使用的文字、图形等侵犯其著作权、外观设计专利权、企业名称权等在先权利为由提起诉讼,符合民事诉讼法第一百一十九条规定的,人民法院应当受理。

原告以他人使用在核定商品上的注册商标与其在先的注册商标相同或者近似为由提起诉讼的,人民法院应当根据民事诉讼法第一百二十四条第(三)项的规定,告知原告向有关行政主管机关申请解决。但原告以他人超出核定商品的范围或者以改变显著特征、拆分、组合等方式使用的注册商标,与其注册商标相同或者近似为由提起诉讼的,人民法院应当受理。

第二条 原告以他人企业名称与其在先的企业名称相同或者近似,足以使相关公众对其商品的来源产生混淆,违反反不正当竞争法第六条第(二)项的规定为由提起诉讼,符合民事诉讼法第一百一十九条规定的,人民法院应当受理。

第三条 人民法院应当根据原告的诉讼请求和争议民事法律关系的性质,按照民事案件案由规定,确定注册商标或者企业名称与在先权利冲突的民事纠纷案件的案由,并适用相应的法律。

《工商总局关于印发〈企业名称禁限用规则〉〈企业名称相同相近比对规则〉的通知》(工商企注字〔2017〕133号)

企业名称禁限用规则

第一章 总 则

第一条 为规范企业名称审核行为,建立、完善企业名称比对系统,为申请人提供更加便利的企业名称登记、核准服务,根据《公司法》《企业法人登记管理条例》《公司登记管理条例》《企业名称登记管理规定》《企业名称登记管理实施办法》和工商总局有关规范性文件等制定本规则。

第二条 本规则适用于企业名称登记、核准有关业务。企业名称审核人员依据本规则对企业名称申请是否存在有关禁限用内容进行审查,按照有关规定作出核准或者驳回的决定。

第三条 企业登记机关可以依据本规则建立、完善企业名称比对系统,为申请人提供企业名称筛查服务。企业名称自主申报改革试点地区可以参照本规则,建立、完善比对、申报系统,为申请人提供自主申报、自负其责的登记服务。

第二章 禁止性规则

第四条 企业名称不得与同一企业登记机关已登记注册、核准的同行业企业名称相同。

以下情形适用于本条款规定:

(一)与同一登记机关已登记、或者已核准但尚未登记且仍在有效期内、或者已申请尚未核准的同行业企业名称相同;

(二)与办理注销登记未满1年的同行业企业名称相同;

(三)与同一登记机关企业变更名称未满1年的原同行业名称相同;

(四)与被撤销设立登记和被吊销营业执照尚未办理注销登记的同行业企业名称相同。

第五条 企业名称不得含有有损于国家、社会公共利益的内容和文字。

以下情形适用于本条款规定:

(一)有消极或不良政治影响的。如"支那""黑太阳""大地主"等。

(二)宣扬恐怖主义、分裂主义和极端主义的。如"九一一""东突""占中"等。

(三)带有殖民文化色彩,有损民族尊严和伤害人民感情的。如"大东亚""大和""福尔摩萨"等。

(四)带有种族、民族、性别等歧视倾向的。如"黑鬼"等。

(五)含有封建文化糟粕、违背社会良好风尚或不尊重民族风俗习惯的。如"鬼都""妻妾成群"等。

(六)涉及毒品、淫秽、色情、暴力、赌博的。如"海洛因""推牌九"等。

第六条 企业名称不得含有可能对公众造成欺骗或者误解的内容和文字。

以下情形适用于本条款规定:

(一)含有党和国家领导人、老一辈革命家、知名烈士和知名模范的姓名的。如"董存瑞""雷锋"等。

(二)含有非法组织名称或者反动政治人物、公众熟知的反面人物的姓名的。如"法轮功""汪精卫""秦桧"等。

（三）含有宗教组织名称或带有显著宗教色彩的。如"基督教""佛教""伊斯兰教"等。

第七条　企业名称不得含有外国国家(地区)名称、国际组织名称。

第八条　企业名称不得含有政党名称、党政军机关名称、群团组织名称、社会组织名称及部队番号。

第九条　企业名称应当使用符合国家规范的汉字,不得使用外文、字母和阿拉伯数字。

第十条　企业名称不得含有其他法律、行政法规规定禁止的内容和文字。

第十一条　企业名称应当由行政区划、字号、行业、组织形式依次组成。企业名称中的行政区划是本企业所在地县级以上行政区划的名称或地名。市辖区的名称不能单独用作企业名称中的行政区划。

第十二条　企业名称中的字号应当由2个以上的符合国家规范的汉字组成,行政区划、行业、组织形式不得用作字号。

第十三条　企业应当根据其主营业务,依照国家行业分类标准划分的类别,在企业名称中标明所属行业或者经营特点。国家法律、法规以及国务院决定等对企业名称中的行业有特殊要求的,应当在企业名称中标明。不得在企业名称中标示国家法律、法规以及国务院决定等禁止经营的行业。

第十四条　企业应当根据其组织结构或者责任形式在名称中标明符合国家法律、法规以及国务院决定规定的组织形式,不得使用与其组织结构或者责任形式不一致的组织形式。

第三章　限制性规则

第十五条　企业名称不得与同一企业登记机关已登记注册、核准的同行业企业名称近似,但有投资关系的除外。

第十六条　企业法人名称中不得含有其他非营利法人的名称,但有投资关系或者经该法人授权,且使用该法人简称或者特定称谓的除外。该法人的简称或者特定称谓有其他含义或者指向不确定的,可以不经授权。

第十七条　企业名称中不得含有另一个企业名称,但有投资关系或者经该企业授权,且使用该企业的简称或者特定称谓的除外。该企业的简称或者特定称谓有其他含义或者指向不确定的,可以不经授权。

第十八条　企业名称不得明示或者暗示为非营利组织或者超出企业设立的目的,但有其他含义或者法律、法规以及国务院决定另有规定的除外。

第十九条　除国务院决定设立的企业外,企业名称不得冠以"中国""中华""全国""国家""国际"等字样;在企业名称中间使用"中国""中华""全国""国家""国际"等字样的,该字样应是行业的限定语;使用外国(地区)出资企业字号的外商独资企业、外方控股的外商投资企业,可以在名称中间使用"(中国)"字样。以上三类企业名称需经工商总局核准,但在企业名称中间使用"国际"字样的除外。

第二十条　企业名称应当冠以企业所在地省(包括自治区、直辖市)或者市(包括州、地、盟)或者县(包括市辖区、自治县、旗)行政区划名称,但符合以下条件之一、经工商总局核准的,企业名称可以不含企业所在地行政区划:

(一)国务院批准的;

(二)工商总局登记注册的;

(三)注册资本(或注册资金)不少于5000万元人民币的;

(四)工商总局另有规定的。

第二十一条　市辖区名称与市行政区划连用的企业名称,由市企业登记机关核准。省、市、县行政区划连用的企业名称,由最高级别行政区的企业登记机关核准。上级企业登记机关可以授权下级机关核准应当由本机关核准的企业名称。

第二十二条　企业名称的字号应当由字、词或其组合构成,不得使用语句、句群和段落,但具有显著识别性或有其他含义的短句除外。

第二十三条　企业名称的字号不得含有"国家级""最高级""最佳"等带有误导性内容和文字,但有其他含义或者作部分使用、且字号整体有其他含义的除外。

第二十四条　企业名称的字号不得以外国国家(地区)所属辖区、城市名称及其简称、特定称谓作字号,但有其他含义或者作部分使用、且字号整体具有其他含义的除外。

第二十五条　行政区划不得用作字号,但县以上行政区划的地名具有其他含义的除外。

第二十六条　企业名称不得以职业、职位、学位、职称、军衔、警衔等及其简称、特定称谓作字号,但有其他含义或者作部分使用、且字号整体有其他含义的除外。

第二十七条　企业不得使用工商总局曾经给予驰名商标保护的规范汉字作同行业企业名称的字号,但已经取得该驰名商标持有人授权的除外。

第二十八条　企业名称中的行业不得使用与主营业务不一致的用语表述,符合以下条件的可以不使用国民经济行业类别用语表述企业所从事的行业:

(一)企业经济活动性质分别属于国民经济行业5个以上大类;

(二)企业注册资本(或注册资金)1亿元以上或者是企业集团的母公司;

(三)与同一企业登记机关登记、核准的同类别企业名称中的字号不相同。

第二十九条　法律、法规、国务院决定以及工商总局规章、规范性文件对企业名称的行业表述有特别规定的从其规定。

第四章　附　　则

第三十条　地方企业登记机关可以根据地方性法规、政府规定,细化禁限用内容。

第三十一条　农民专业合作社、个体工商户和非法人分支机构(营业单位)名称的登记、核准,参照本规则执行。

第三十二条　本规则根据相关法律、法规以及国务院决定等的调整适时调整并公布。

第三十三条　本规则由工商总局解释。

企业名称相同相近比对规则

第一条　为进一步推进企业名称登记管理改革,建立、完善企业名称比对系统,为申请人提供高效比对服务,依据《企业名称登记管理规定》《企业名称登记管理实施办法》《工商总局关于提高登记效率积极推进企业名称登记管理改革的意见》(工商企注字〔2017〕54号)等制定本规则。

第二条　本规则适用于企业登记机关利用信息化技术,建立、完善企业名称比对系统,为申请人申请企业名称提供比对服务。企业登记机关应当将比对结果以在线网页等方式呈现给申请人,供其参考、选择。

第三条　申请人提交的企业名称登记、核准申请有下列情形之一的,比对系统提示为企业名称相同:

(一)与同一企业登记机关已登记、核准的企业名称完全相同。

(二)与同一企业登记机关已登记、核准的企业名称行政区划、字号、行业和组织形式排列顺序不同但文字相同。如:北京红光酒业发展有限公司与红光(北京)酒业发展有限公司。

(三)与同一企业登记机关已登记、核准的企业名称字号、行业文字相同但行政区划或者组织形式不同。如:北京红光酒业有限公司与红光酒业有限公司;北京红光酒业有限公司与北京红光酒厂。

第四条　申请人提交的企业名称登记、核准申请有下列情形之一的,比对系统提示为企业名称相近:

(一)与同一企业登记机关已登记、核准的同行业企业名称字号相同,行业表述不同但含义相同。如:万青地产有限公司与万青房地产有限公司、万青置业有限公司。

(二)与同一企业登记机关已登记、核准的同行业企业名称字号的字音相同,行业表述相同或者行业表述不同但内容相同。如:北京牛栏山酒业有限公司与北京牛兰山酒业有限公司、北京牛蓝山白酒有限公司。

(三)字号包含同一企业登记机关已登记、核准同行业企业名称字号或者被其包含,行业表述相同或者行业表述不同但内容相同。如:北京阿里巴巴网络科技有限公司与北京阿里巴巴巴巴网络科技有限公司、北京阿里巴巴在线信息科技有限公司。

(四)字号与同一企业登记机关已登记、核准同行业企业名称字号部分字音相同,行业表述相同或者行业表述不同但内容相同。如:北京阿里巴巴科技有限公司与北京马云阿理巴巴科技有限公司、北京阿理巴巴金控技术有限公司。

(五)不含行业表述或者以实业、发展等不使用国民经济行业分类用语表述行业的,包含或者被包含同一企业登记机关已登记、核准的同类别企业名称的字号,或者其字号的字音相同,或者其包含、被包含的部分字音相同。如:北京牛兰山有限公司与北京金牛栏山有限公司;北京全聚德有限公司与北京荃巨得有限公司、北京宏荃聚德实业有限公司。

第五条　申请人通过比对系统查询申请企业名称时,拟申请的企业名称与同一企业登记机关已登记、核准的企业名称相同的,列出相同的企业名称,提示该申请不能通过;拟申请的企业名称与同一企业登记机关已登记、核准的企业名称相近的,列出相近的企业名称清单,提示该申请可以通过,但存在审核不予核准的可能,存在虽然核准,但在使用中可能面临侵权纠纷,甚至以不适宜的企业名称被强制变更的风险。

第六条　地方企业登记机关可以根据地方政府要求、改革需要和技术条件等,细化比对规则,不断提高比对智能化服务水平。

第七条　农民专业合作社、个体工商户名称和非法人分支机构(营业单位)的比对,参照本规则执行。

第八条　本规则由工商总局解释。

《国家工商行政管理总局关于禁止在企业名称中使用"八一"等涉及军队和武警部队字样的通知》(工商企字〔2008〕238号)

一、禁止使用涉及军队和武警部队的特定字样。根据《企业名称登记管理规定》和《通知》等国家有关规定,禁止在企业名称中使用下列字样:

(一)军事机关名称,包括中央军委、各总部、海军、空军、二炮、各军区、武警部队及其他军队单位的全称和简称,以及"解放军"、"军队"、"部队"、"陆军"等名称。

(二)部队番号或者代号,包括军和武警部队实有番号、代号的全称或者简称,以及虚假的部队番号、代号。

(三)"国防"、"八一"、"军用"、"军供"、"军需"、"军服"、"军品"等字样。

二、各地要按照谁登记谁负责的原则立即开展清理工作。清理对象包括内资企业、外资企业以及农民专业合作社、个体工商户在内的所有市场主体及其分支机构。对清理出的含有"八一"等字样的企业名称,要分别不同情况作如下处理:

(一)对企业住所地名中含有"八一"等字样、企业名称完整使用该地名的,如八一湖综合商店、八一路百货公司等,不会对公众造成误解的,可以允许保留,但要进一步加强监管,督促企业规范使用。

(二)对企业住所地名含有"八一"等字样,但企业名称未完整使用地名而仅使用"八一"等字样的,应要求加上有关地名用字或者停止使用"八一"等字样,限期办理变更登记。

(三)除上述情况之外,对其他使用"八一"等字样的企业名称,一律要求企业限期办理名称变更登记。

对清理后列入限期办理变更登记的企业,要在企业登记及企业信用分类监管系统中予以锁定或标注,在企业申请办理名称变更登记之前,停止办理企业其他登记申请,并加强巡查和日常监管,在企业年度检验时督促申请办理变更登记。

三、对禁止使用的涉及军队和武警部队的字样范围,要及时纳入企业名称登记软件的禁用语提示系统,从机制上保证禁止要求的长期执行。

四、在做好企业名称清理规范工作的同时,要按照《通知》精神,进一步加强对企业招牌、广告和商标使用等有关情况的监督检查,对发现的问题坚决予以纠正。

五、各地要加强领导,确保清理规范扎实到位。对清理出的企业要逐户下发整改通知,说明整改的要求、依据、理由和限制措施,敦促企业及时申请办理变更登记。对工商机关内部要严明纪律,对违反规定的,要严格追究行政责任。

《国家工商行政管理总局关于合伙企业名称登记有关问题的答复》(工商个字〔2008〕18号)

湖南省工商行政管理局:

你局《关于合伙企业名称登记有关问题的请示》(湘工商个字〔2008〕9号)收悉。经研究,答复如下:

合伙企业名称中的组织形式可以直接使用"合伙企业"字样。

《国家工商行政管理总局关于对企业名称许可使用有关问题的答复》(工商企字〔2002〕第33号)

湖北省、内蒙古自治区工商行政管理局:

湖北省工商行政管理局《关于企业名称许可使用有关问题的请示》(鄂工商文字〔2001〕36号)、内蒙古自治区工商行政管理局《关于对内蒙古大华食品有限公司以特许加盟名义授权包头市塞尚商贸有限责任公司使用其企业名称如何定性处罚的请示》(内工商外企字〔2001〕248号)收悉。现一并答复如下：

一、关于企业名称许可使用问题，鉴于《中华人民共和国民法通则》将企业名称权列在人身权范畴，我局认为，企业不得许可他人使用自己的企业名称，更不得许可他人使用第三方的企业名称或未经核准登记的企业名称。

二、企业许可他人使用自己的企业名称从事经营活动的行为属于"出租自己的企业名称"。登记机关应依照《企业名称登记管理规定》第二十六条第(三)项规定对许可人予以处罚。

企业许可他人使用未经核准登记的企业名称从事经营活动的行为属于《企业名称登记管理规定》第二十六条第(一)项规定禁止的行为，登记机关应依照上述规定对许可人和被许可人一并予以处罚。

三、《企业名称登记管理规定》第二十六条第(三)项规定"擅自转让或者出租自己的企业名称的，没收非法所得，并处以一千元以上、一万元以下罚款"中所指的企业名称应是登记机关核发的营业执照上的企业名称。

四、企业和个体工商户应当按照登记机关核发的营业执照上的企业名称使用，未按自己营业执照上的名称使用的，登记机关应分别按照《企业名称登记管理规定》以及相应登记法规关于擅自改变登记事项有关规定予以处罚。

五、使用"中国移动通信××营业厅"名称，应按照企业名称登记管理有关规定，经登记机关核准登记后方可使用，未经核准登记注册不得使用。

《国家工商行政管理总局关于企业名称使用有关问题的答复》(工商企字〔2002〕3号)

北京市工商行政管理局：

你局《关于企业名称使用有关问题的请示》(京工商文〔2001〕239号)收悉。现答复如下：

一、企业在自己名称中使用与党和国家领导人、老一辈革命家以及名人相同姓氏作为字号的，如果该姓氏为该企业自然人投资人姓氏，并且企业在广告、宣传和经营活动中，未因使用其名称，让公众误认为该企业与某个党和国家领导人、老一辈革命家以及名人有关或有损其形象或利益的,登记机关不应禁止企业使用其名称。如果该姓氏不是该企业自然人投资人姓氏,应不准其使用。

二、企业使用与党和国家领导人、老一辈革命家以及名人相同姓氏作为企业名称的字号,在广告、宣传和经营活动中使公众产生联想,认为该企业与上述有关人物有某种关联,造成公众误解的,登记机关应依照《企业名称登记管理规定》第五条、第九条第(一)项、第(二)项规定,以及《企业名称登记管理实施办法》第四十一条规定予以纠正。

《国家工商行政管理总局关于纠正使用"万利达"等不适宜的企业名称的通知》(工商企字〔2001〕第257号)

广东省工商行政管理局:

1999年第四季度国家工商行政管理总局陆续收到国内知名品牌影碟机生产企业的报告,投诉广东花都市的一些企业,使用他们企业名称中的字号(如:新科、万利达、金正等)同时也是注册商标,作为自己企业名称的字号注册,以此在经营活动中采取不正当竞争手段,公开生产销售假冒知名品牌影碟机,严重扰乱了市场秩序,损害了消费者和知名品牌企业的合法权益。为此,我局于2000年1月派调查组前往花都市,在你局配合下,指导广州市工商行政管理局妥善处理了被媒体广为报道的"花都机"事件,纠正了花都市万利达电子厂、花都市新科电子厂等一批不适宜的企业名称,制止了"花都机"的不正当竞争行为。

近来,"花都机"现象又在你省一些地区发生。万利达集团有限公司和江苏新科电子集团有限公司先后向我局投诉"顺德市勒流镇万利达电子有限公司"、"东莞市万江万利达电子厂"、"东莞市虎门新湾新科电器厂"、"南海市罗村街边万利达电子厂"、"广东南海新科电子厂"、"鹤山市沙坪万利达数码电子厂"、"深圳市创新万利达电子有限公司"、"广州市花都万利达电器有限公司"等企业。这些企业在生产经营活动中的不正当竞争行为,与"花都机"同出一辙。

请你局立即责成有关工商行政管理局,按解决"花都机"的原则,纠正这些企业不适宜的企业名称,制止仿冒现象,禁止不正当竞争行为。并要以此为鉴,举一反三,加大工作力度,避免这类现象在其他地区再次发生。

请将处理结果报国家工商行政管理总局企业注册局。

《国家工商行政管理总局关于企业名称核准权限有关问题的答复》（工商企字〔2001〕第 186 号）

西藏自治区工商行政管理局：

你局《关于企业名称有关问题的请示》（藏工商〔2001〕第 95 号）收悉。经研究，答复如下：

一、根据《企业集团登记管理暂行规定》第十四条的规定，企业集团中的子公司名称可以冠以企业集团名称或简称。如果企业集团名称冠以"中国"字样，则该子公司的名称亦属于冠以"中国"字样的企业名称。根据《企业名称登记管理实施办法》第五条规定，"中国移动通信集团西藏自治区移动通信公司"名称应由国家工商行政管理总局核准。二、《企业名称登记管理实施办法》第七条第二款所指企业分支机构名称，是指企业设立的不具有法人资格的分支机构名称。企业分支机构名称由其登记机关核准。即使其所从属企业的名称冠以"中国"字样，亦应由其登记机关核准。因此，"中国××××公司西藏分公司"名称应由你局核准。

依据《公司法》登记的公司，设立分支机构按《公司登记管理条例》第七条规定的程序办理；依据其他法律登记的企业，设立分支机构按《企业法人登记管理条例》第十七条规定的程序办理。

《国务院办公厅关于公司名称冠以"中国"等字样问题的通知》（国办发〔1995〕36 号）

为规范公司名称，加强对公司名称的管理，根据国务院决定，现通知如下：

今后，除国务院决定设立的公司外，其他新设立的公司（包括其他各类经济实体）一律不得在名称中冠以"中国"、"中华"、"全国"、"国家"、"国际"等字样。

《国家工商行政管理局商标局关于注册商标使用企业名称的复函》（1987 年 3 月 11 日公布）

浙江省工商行政管理局：

你局 1987 年 2 月 24 日《关于一个注册商标是否可以使用两个企业名称的请示》收悉。我局认为，使用注册商标的其企业名称必须与该商标注册人名义相符。经工商行政管理局核准的企业有两个名称的，亦应在使用注册商标时，使用与注册人名义相符的企业名称。为需改换另一名称,须依照《商标法》第十五条规定,在办理变更注册人名义手续后,方可使用。

典型案例指导 ●●●●●●●

天津中国青年旅行社诉天津国青国际旅行社有限公司擅自使用他人企业名称纠纷案[最高人民法院指导性案例29号]

【关键词】

民事　不正当竞争　擅用他人企业名称

【裁判要点】

1. 对于企业长期、广泛对外使用,具有一定市场知名度、为相关公众所知悉,已实际具有商号作用的企业名称简称,可以视为企业名称予以保护。

2. 擅自将他人已实际具有商号作用的企业名称简称作为商业活动中互联网竞价排名关键词,使相关公众产生混淆误认的,属于不正当竞争行为。

【相关法条】

《中华人民共和国民法通则》第一百二十条;《中华人民共和国反不正当竞争法》第五条

【基本案情】

原告天津中国青年旅行社(以下简称天津青旅)诉称:被告天津国青国际旅行社有限公司在其版权所有的网站页面、网站源代码以及搜索引擎中,非法使用原告企业名称全称及简称"天津青旅",违反了《反不正当竞争法》的规定,请求判令被告立即停止不正当竞争行为、公开赔礼道歉、赔偿经济损失10万元,并承担诉讼费用。被告天津国青国际旅行社有限公司(以下简称天津国青旅)辩称:"天津青旅"没有登记注册,并不由原告享有,原告主张的损失没有事实和法律依据,请求驳回原告诉讼请求。法院经审理查明:天津中国青年旅行社于1986年11月1日成立,是从事国内及出入境旅游业务的国有企业,直属于共青团天津市委员会。共青团天津市委员会出具证明称,"天津青旅"是天津中国青年旅行社的企业简称。2007年,《今晚报》等媒体在报道天津中国青年旅行社承办的活动中已开始以"天津青旅"简称指代天津中国青年旅行社。天津青旅在报价单、旅游合同、与同行业经营者合作文件、发票等资料以及经营场所门店招牌上等日常经营活动中,使用"天津青旅"作为企业的简称。天津国青国际旅行社有限公司于2010年7月6日成立,是从事国内旅游及入境旅游接待等业务的有限责任公司。

2010年年底,天津青旅发现通过Google搜索引擎分别搜索"天津中国青年旅行社"或"天津青旅",在搜索结果的第一名并标注赞助商链接的位置,分别显示"天津中国青年旅行社网上营业厅 www.lechuyou.com 天津国青网上在线营业厅,是您理想选择,出行提供优质、贴心、舒心的服务"或"天津青旅网上营业厅 www.lechuyou.com 天津国青网上在线营业厅,是您理想选择,出行提供优质、贴心、舒心的服务",点击链接后进入网页是标称天津国青国际旅行社乐出游网的网站,网页顶端出现"天津国青国际旅行社——青年旅行社青旅/天津国旅"等字样,网页内容为天津国青旅游业务信息及报价,标称网站版权所有:乐出游网——天津国青,并标明了天津国青的联系电话和经营地址。同时,天津青旅通过百度搜索引擎搜索"天津青旅",在搜索结果的第一名并标注推广链接的位置,显示"欢迎光临天津青旅重合同守信誉单位,汇集国内出境经典旅游线路,100%出团,天津青旅 400-611-5253022.ctsgz.cn",点击链接后进入网页仍然是上述标称天津国青乐出游网的网站。

【裁判结果】

天津市第二中级人民法院于 2011 年 10 月 24 日作出(2011)二中民三知初字第 135 号民事判决:一、被告天津国青国际旅行社有限公司立即停止侵害行为;二、被告于本判决生效之日起 30 日内,在其公司网站上发布致歉声明持续 15 天;三、被告赔偿原告天津中国青年旅行社经济损失 30,000 元;四、驳回原告的其他诉讼请求。宣判后,天津国青旅提出上诉。天津市高级人民法院于 2012 年 3 月 20 日作出(2012)津高民三终字第 3 号民事判决:一、维持天津市第二中级人民法院上述民事判决第二、三、四项;二、变更判决第一项"被告天津国青国际旅行社有限公司立即停止侵害行为"为"被告天津国青国际旅行社有限公司立即停止使用'天津中国青年旅行社''天津青旅'字样及作为天津国青国际旅行社有限公司网站的搜索链接关键词";三、驳回被告的其他上诉请求。

【裁判理由】

法院生效裁判认为:根据《最高人民法院关于审理不正当竞争民事案件应用法律若干问题的解释》第六条第一款的规定:"企业登记主管机关依法登记注册的企业名称,以及在中国境内进行商业使用的外国(地区)企业名称,应当认定为反不正当竞争法第五条第(三)项规定的'企业名称'。具有一定的市场知名度、为相关公众所知悉的企业名称中的字号,可以认定为反不正当竞争法第五条第(三)项规定的'企业名称'。"因此,对于企业长期、广泛对外使用,具有一定市场知名度、为相关公众所知悉,已实际具有商号作用的企业名称简称,也应当视为企业名称予以保护。"天津中国青年旅行社"是原告1986年成立以来一直使用的企业名称,原告享有企业名称专用权。"天津青旅"作为其企业名称简称,于2007年就已被其在经营活动中广泛使用,相关宣传报道和客户也以"天津青旅"指代天津中国青年旅行社,经过多年在经营活动中使用和宣传,已享有一定市场知名度,为相关公众所知悉,已与天津中国青年旅行社之间建立起稳定的关联关系,具有可以识别经营主体的商业标识意义。所以,可以将"天津青旅"视为企业名称与"天津中国青年旅行社"共同加以保护。《反不正当竞争法》第五条第(三)项规定,经营者不得采用擅自使用他人的企业名称,引人误认为是他人的商品等不正当手段从事市场交易,损害竞争对手。因此,经营者擅自将他人的企业名称或简称作为互联网竞价排名关键词,使公众产生混淆误认,利用他人的知名度和商誉,达到宣传推广自己的目的的,属于不正当竞争行为,应当予以禁止。天津国青旅作为从事旅游服务的经营者,未经天津青旅许可,通过在相关搜索引擎中设置与天津青旅企业名称有关的关键词并在网站源代码中使用等手段,使相关公众在搜索"天津中国青年旅行社"和"天津青旅"关键词时,直接显示天津国青旅的网站链接,从而进入天津国青旅的网站联系旅游业务,达到利用网络用户的初始混淆争夺潜在客户的效果,主观上具有使相关公众在网络搜索、查询中产生误认的故意,客观上擅自使用"天津中国青年旅行社"及"天津青旅",利用了天津青旅的企业信誉,损害了天津青旅的合法权益,其行为属于不正当竞争行为,依法应予制止。天津国青旅作为与天津青旅同业的竞争者,在明知天津青旅企业名称及简称享有较高知名度的情况下,仍擅自使用,有借他人之名为自己谋取不当利益的意图,主观恶意明显。依照《民法通则》第一百二十条的规定,天津国青旅应当承担停止侵害、消除影响、赔偿损失的法律责任。至于天津国青旅在网站网页顶端显示的"青年旅行社青旅"字样,并非原告企业名称的保护范围,不构成对原告的不正当竞争行为。

利莱森玛公司、利莱森玛电机科技(福州)有限公司诉利莱森玛(福建)电机有限公司侵害商标权、擅自使用他人企业名称纠纷案[福建省高级人民法院(2012)闽民终字第436号民事判决书,最高人民法院公布2012年中国法院知识产权司法保护十大创新性案件之8]

利莱森玛公司是机电行业知名企业,LeroySomer无论是作为公司名称还是作为产品品牌在与电机有关的行业内具有较高的知名度和美誉度。根据现有证据,可以认定外文的LEROYSOMER与中文"利莱森玛"已经形成固定的对应关系,并为国内相关行业内公众所熟知。"LEROY-SOMER"作为商标其中文称呼即为"利莱森玛",二者构成近似。被告的上述行为侵害了利莱森玛公司的注册商标专用权。基于"利莱森玛"的上述对应关系及知名度,被告将其注册为企业名称侵害了两原告的企业名称权,构成不正当竞争。二审法院判决被告立即停止商标侵权及不正当竞争行为、变更企业名称及赔偿两原告经济损失100万元。

西双版纳同庆号茶业股份有限公司与云南易武同庆号茶业有限公司等擅自使用他人企业名称、姓名纠纷上诉案[云南省高级人民法院(2016)云民终534号民事判决书,《人民司法·案例》2017年第8期]

改革开放后,一些长期中断经营的老字号被非传承人注册成商标或企业名称,商标权人继而通过侵权诉讼,要求其他市场主体(也系非传承人)禁用与老字号有关的标识。在商标侵权案件中,应具体查明商标与老字号有关标识的差别,查明商标的实际使用情况。如果通过变形使用、添加使用的方式,攀附、嫁接传统老字号历史的,应认定为不诚信的商标使用行为,即使经营多年,也不能使商标获得较强的显著性,商标权人不能单凭注册行为而独揽与自己无历史渊源的老字号。

"中粮"企业名称争议处理决定行政纠纷案[(2016)津0101行初0265号行政判决书,天津法院2016年知识产权十二大典型案件之十二]

中粮集团依法享有"中粮"文字商标,中粮公司认为利害关系人天津市中粮尚品商贸有限公司、天津市滨海新区中粮健康生活馆、天津市滨海新区中粮健康之家超市、天津市滨海新区中粮中宏保健食品店及天津市滨海新区中粮尚品食品超市将"中粮"文字作为字号登记为企业名称的行为,具有攀附中粮集团良好信誉和注册商标商誉、"搭便车"以及误导相关公众的主观故意,侵害了中粮集团合法权益,故向滨海新区市场监管局提出了企业名称争议申请。滨海新区市场监管局认为相关利害关系人企业名称登记符合相关的法律规定,中粮集团与利害关系人的相关争议应另行提起民事诉讼,驳回了中粮集团的上述申请。中粮集团不服,向天津市市场监管委提起了行政复议,天津市市场监管委经审查,维持了原行政行为。中粮集团在法定期间内提起了行政诉讼。诉讼过程中,法院向行政机关、各利害关系人充分阐释了注册商标专用权与企业名称权的保护范围和权利边界,并释明对于"中粮"商标,利害关系人在申请企业名称权时具有合理避让、避免混淆的义务。宣判前,涉案行政机关积极引导利害关系人采取注销登记或变更企业名称等方式,不再在企业名称中使用"中粮"文字,中粮集团随后向法院申请撤回起诉,法院裁定准许。

天津市泥人张世家绘塑老作坊、张某与陈某谦、宁夏雅观收藏文化研究所、北京天盈九州网络技术有限公司擅自使用他人企业名称及虚假宣传纠纷上诉案[天津市高级人民法院(2012)津高民三终字第0016号民事判决书,最高人民法院公布2012年中国法院知识产权司法保护50件典型案例之三十六]

一、关于被上诉人使用"泥人张"的方式及性质认定。根据本案查明的事实,被上诉人陈某谦、雅观研究所、天盈九州公司并未将"泥人张"作为商标、商品名称及企业名称或服务标记等商业标识单独进行使用,而是在有关陈某谦及其作品的文章、访谈和宣传中,在介绍陈某谦身份时,将陈某谦的姓名与"泥人张第六代传人"这一称谓同时使用。由于历史因素,"泥人张"一词本身具有多种含义和用途,其在不同语境下亦承载着不同的民事权益。就本案而言,"泥人张第六代传人"这一称谓中的"泥人张",应从特定彩塑技艺或艺术流派的角度理解,而非理解为上诉人所主张的专有名称或专有权。从被上诉人的具体使用情形看,雅观研究所出版的《陈某谦彩塑》中收录的相关文章、2011年第2期《收藏界》杂志当期的经典人物介绍,以及天盈九州公司开办的凤凰网刊发陈某谦专访的文稿,使用"泥人张第六代传人"称谓均是对陈某谦身份的描述,试图表明陈某谦在"泥人张"彩塑领域的艺术成就。作为工艺美术从业者的陈某谦,同时也可以是文化市场的主体,而且《收藏界》杂志本身具有向相关公众宣传、推介有收藏价值商品的功能,结合上诉人在一、二审期间提交的刊载有陈某谦作品的预定宣传单,可以认定被上诉人对"泥人张第六代传人"的使用,具有商业性使用的因素,故原审判决认定该使用并非《反不正当竞争法》所规定的商业性使用,有失妥当。

二、关于被上诉人使用"泥人张第六代传人"是否构成擅自使用泥人张世家企业名称的不正当竞争行为《反不正当竞争法》第五条第(三)项规定,禁止经营者擅自使用他人企业名称,引人误认为是他人的商品,以损害竞争对手。《最高人民法院关于审理不正当竞争纠纷民事案件应用法律若干问题的解释》第六条规定,企业登记主管机关依法登记注册的企业名称,以及在中国境内进行商业使用的外国(地区)企业名称,应当认定为《反不正当竞争法》第五条第(三)项规定的"企业名称"。具有一定市场知名度、为相关公众所知悉的企业名称中的字号,可以认定为《反不正当竞争法》第五条第(三)项规定的"企业名称"。本案中,上诉人泥人张世家认为其对"泥人张"享有专有权,并据此主张被上诉人使用"泥人张"的行为侵犯了其企业名称权,构成不正当竞争。本院认为,首先,泥人张世家的企业名称是"天津市泥人张世家绘塑老作坊",泥人张世家在二审中当庭认可其在经营场所悬挂的招牌是"泥人张世家"。根据天津市高级人民法院(1996)高知终字第2号民事判决,张某山后代从事彩塑创作的人员和天津泥人张彩塑工作室经有关部门核准均有权将"泥人张"名称作为企业或机构名称的部分内容使用,双方未经协商一致,不得将"泥人张"名称转让或许可他人使用。从目前天津市范围内泥人张世家、天津市泥人张塑古斋和天津泥人张彩塑工作室同时并存的现状可以看出,名称中含有"泥人张"的企业或机构,在实际使用时已各自从字号上区分彼此,基于这种区分使用的现状,应认定泥人张世家的字号为"泥人张世家"而非"泥人张",故泥人张世家无权单独就"泥人张"作为其字号主张权利。其次,混淆是制止仿冒类不正当竞争行为的重要法律基础。本案中,被上诉人只是在介绍陈某谦身份时使用了"泥人张第六代传人"的称谓,并未将"泥人张""泥人张世家"作为商标、商品名称或企业名称中的字号等商业标识单独或突出使用,显然不具有"搭他人商业成果便车"的主观恶意,亦不足以造成相关公众的混淆、误认。故被上诉人的使用行为未侵害泥人张世家的企业名称权,不构成对泥人张世家的不正当竞争。上诉人的该项主张,本院不予支持。

北京首都国际机场宾馆与北京空港豪雅商务酒店有限公司首都机场国际酒店侵害商标权纠纷上诉案[北京知识产权法院(2015)京知民终字第544号民事判决书,《人民司法·案例》2016年第26期]

在被告的企业名称及其突出使用的商标标识与原告的企业名称、注册商标构成双重近似时,应在确定原告主张的权利与被控侵权行为对应性的基础上,依据相应的实体法分别进行侵权认定。由于反不正当竞争法是对商标法提供补充保护的法律,在能够适用商标法对相关行为进行调整时,无须再适用反不正当竞争法进行调整。在原告针对被告的同一行为分别援引其注册商标和企业名称提出侵害商标权及构成不正当竞争两项诉讼主张的情况下,首先应审查该行为是否构成侵害商标权。在不构成侵害商标权的情况下,再行审查该行为是否构成不正当竞争。

大连瑞特建材有限公司、大连中德珍珠岩厂诉刘某旺不正当竞争纠纷案[辽宁省大连市中级人民法院(2009)大民四初字第237号民事判决书,《最高人民法院公报》2010年第6期(总第164期)]

《民法通则》第九十九条第二款规定:"法人、个体工商户、个人合伙享有名称权。企业法人、个体工商户、个人合伙有权使用、依法转让自己的名称"。对于企业名称的全称,企业在规定的范围内享有绝对的专用权。经工商机关核准注册的企业名称,在全国范围内他人不得擅自使用。企业名称是区别不同市场主体的标志,在企业经营过程中,企业名称与其商业信誉、产品或服务质量紧密相连,可以产生较强的广告效应和公众影响力。我国《反不正当竞争法》第五条规定:"经营者不得采用下列不正当手段从事市场交易,损害竞争对手:……(三)擅自使用他人的企业名称或者姓名,引人误认为是他人的商品;……"本案中,原告中德珍珠岩厂、瑞特公司自成立以来,先后获得多项荣誉称号,并在2008年通过质量管理体系认证,在大连地区同类型企业中具有一定的知名度。被告刘某旺经营的旅顺旺发珍珠岩厂与二原告均系大连地区生产珍珠岩、保温材料的企业,在生产经营上存在竞争关系。被告刘某旺在"旅顺旺发珍珠岩厂"网页"公司简介"中,采用与中德珍珠岩厂网页几乎完全相同的宣传用语,并称瑞特公司系其下属公司,足以使他人对两企业的人格及产品产生误认及混淆或认为两企业及其产品具有某种渊源关系,这种行为,违背诚实信用原则和公认的商业道德,违反了我国《反不正当竞争法》的规定。这种利用其他企业名称及产品声誉形成的优势地位采取"搭便车"的方式开展竞争的行为构成了对他人企业名称专用权的侵犯及不正当竞争,应予制止。刘某旺关于系委托他人做网页,对此不知情的辩解不能成立,其由于不正当竞争行为给瑞特公司造成的损失,应予赔偿。但瑞特公司主张赔偿其经济损失50万元,证据不足。瑞特公司销售收入的减少,虽与刘某旺的行为有关,但市场经济条件下,企业销售收入、利润的增减,不仅与国际、国内经济形势有关,亦受供求关系及企业自身营销策略、模式的影响,系多种原因造成的结果。因此,结合本案实际,综合考虑刘某旺在"旅顺旺发珍珠岩厂"网页进行宣传的性质、范围、持续时间、点击数量及对原告造成的影响,酌定赔偿数额为2万元。

山东起重机厂有限公司与山东山起重工有限公司侵犯企业名称权纠纷案
[最高人民法院(2008)民申字第758号民事裁定书,《最高人民法院公报》2010年第3期(总第161期)]

企业名称的简称源于语言交流的方便。企业简称的形成与两个过程有关:一是企业自身使用简称代替其正式名称;二是社会公众对于企业简称的认同,即认可企业简称与其正式名称所指代对象为同一企业。由于简称省略了正式名称中某些具有限定作用的要素,可能会不适当地扩大正式名称所指代的对象范围。因此,企业简称能否特指该企业,取决于该企业简称是否为相关社会公众所认可,并在相关社会公众中建立起与该企业的稳定的关联关系。对于具有一定的市场知名度、为相关社会公众所熟知并已经实际具有商号作用的企业或者企业名称的简称,可以视为企业名称。如果经过使用和社会公众认同,企业的特定简称已经在特定地域内为相关社会公众所认可,具有相应的市场知名度,与该企业建立了稳定的关联关系,具有识别经营主体的商业标识意义,他人在后擅自使用该知名企业简称,足以使特定地域内的相关社会公众对在后使用者和在先企业之间发生市场主体的混淆、误认,在后使用者就会不恰当地利用在先企业的商誉,侵害在先企业的合法权益。具有此种情形的,应当将在先企业的特定简称视为企业名称,并根据《反不正当竞争法》第五条第(三)项的规定加以保护。

上海罗芙仙妮化妆品有限公司诉上海市工商行政管理局金山分局工商行政处罚决定案[上海市第一中级人民法院2008年12月19日民事判决书,《最高人民法院公报》2009年第11期(总第157期)]

通过在境外注册登记名称与知名企业字号相同或相近的企业,然后再授权其所控制的境内企业使用该字号的行为,表面上具有经过授权而使用该字号的合法性,但实质上是为了规避我国法律关于企业注册审查的规定,进而达到使用知名企业名称的不正当目的。应当认定为是擅自使用知名企业名称中的字号的行为,该行为导致了消费者对产品的误认和混淆,是故意作引人误解的表示的行为,损害了消费者的权益和原知名企业的利益。因此,该行为是不正当竞争行为。

第七条 【公司名称的规范要求】依照本法设立的有限责任公司,应当在公司名称中标明有限责任公司或者有限公司字样。

依照本法设立的股份有限公司,应当在公司名称中标明股份有限公司或者股份公司字样。

对应配套规定

《中华人民共和国市场主体登记管理条例》(自 2022 年 3 月 1 日起施行)

第十条 市场主体只能登记一个名称,经登记的市场主体名称受法律保护。

> 《中华人民共和国市场主体登记管理条例实施细则》(自 2022 年 3 月 1 日起施行)
> 第十条 申请人应当根据市场主体类型依法向其住所(主要经营场所、经营场所)所在地具有登记管辖权的登记机关办理登记。

▍条文应用提示 ●●●●●●●

公司名称即公司的名字,是表示公司的性质并与其他公司相互区别的标志。根据《企业名称登记管理规定》的有关要求,公司名称的构成及确定必须遵循以下要求:(1)其构成必须符合法律规定,公司名称应由行政区划、字号、行业或经营特征、组织形式依次组成。(2)公司只能使用一个名称。(3)使用的文字必须符合法律规定,不得含有禁止使用的文字。(4)公司分支机构名称应当冠以其所从属公司的名称。

公司名称的意义在于:公司名称是公司成为独立民事主体的重要标志之一,是法人人格的表现;公司名称也是法人人格特定化的标志,公司可以其名称区别于其他民事主体;公司的名称还是公司商誉的重要组成部分,是一种无形资产。

企业登记机关对通过企业名称申报系统提交完成的企业名称予以保留,保留期为 2 个月。设立企业依法应当报经批准或者企业经营范围中有在登记前须经批准的项目的,保留期为 1 年。申请人应当在保留期届满前办理企业登记。企业名称转让或者授权他人使用的,相关企业应当依法通过国家企业信用信息公示系统向社会公示。

▍旧法对应关系 ●●●●●●●

原《公司法》第八条 依照本法设立的有限责任公司,必须在公司名称中标明有限责任公司或者有限公司字样。

依照本法设立的股份有限公司,必须在公司名称中标明股份有限公司或者股份公司字样。

▍关联法律法规 ●●●●●●●

《企业名称登记管理规定》(2020 年修订)

第四条 企业只能登记一个企业名称,企业名称受法律保护。

第五条　企业名称应当使用规范汉字。民族自治地方的企业名称可以同时使用本民族自治地方通用的民族文字。

第六条　企业名称由行政区划名称、字号、行业或者经营特点、组织形式组成。跨省、自治区、直辖市经营的企业,其名称可以不含行政区划名称;跨行业综合经营的企业,其名称可以不含行业或者经营特点。

第七条　企业名称中的行政区划名称应当是企业所在地的县级以上地方行政区划名称。市辖区名称在企业名称中使用时应当同时冠以其所属的设区的市的行政区划名称。开发区、垦区等区域名称在企业名称中使用时应当与行政区划名称连用,不得单独使用。

第八条　企业名称中的字号应当由两个以上汉字组成。

县级以上地方行政区划名称、行业或者经营特点不得作为字号,另有含义的除外。

第九条　企业名称中的行业或者经营特点应当根据企业的主营业务和国民经济行业分类标准标明。国民经济行业分类标准中没有规定的,可以参照行业习惯或者专业文献等表述。

第十条　企业应当根据其组织结构或者责任形式,依法在企业名称中标明组织形式。

第十一条　企业名称不得有下列情形:

(一)损害国家尊严或者利益;

(二)损害社会公共利益或者妨碍社会公共秩序;

(三)使用或者变相使用政党、党政军机关、群团组织名称及其简称、特定称谓和部队番号;

(四)使用外国国家(地区)、国际组织名称及其通用简称、特定称谓;

(五)含有淫秽、色情、赌博、迷信、恐怖、暴力的内容;

(六)含有民族、种族、宗教、性别歧视的内容;

(七)违背公序良俗或者可能有其他不良影响;

(八)可能使公众受骗或者产生误解;

(九)法律、行政法规以及国家规定禁止的其他情形。

第十二条　企业名称冠以"中国"、"中华"、"中央"、"全国"、"国家"等字词,应当按照有关规定从严审核,并报国务院批准。国务院市场监督管理部门负责制定具体管理办法。

企业名称中间含有"中国"、"中华"、"全国"、"国家"等字词的,该字词应当是行业限定语。

使用外国投资者字号的外商独资或者控股的外商投资企业,企业名称中可以含有"(中国)"字样。

第十三条　企业分支机构名称应当冠以其所从属企业的名称,并缀以"分公司"、"分厂"、"分店"等字词。境外企业分支机构还应当在名称中标明该企业的国籍及责任形式。

第十四条　企业集团名称应当与控股企业名称的行政区划名称、字号、行业或者经营特点一致。控股企业可以在其名称的组织形式之前使用"集团"或者"(集团)"字样。

第十五条　有投资关系或者经过授权的企业,其名称中可以含有另一个企业的名称或者其他法人、非法人组织的名称。

第十八条　企业登记机关对通过企业名称申报系统提交完成的企业名称予以保留,保留期为 2 个月。设立企业依法应当报经批准或者企业经营范围中有在登记前须经批准的项目的,保留期为 1 年。

申请人应当在保留期届满前办理企业登记。

第十九条　企业名称转让或者授权他人使用的,相关企业应当依法通过国家企业信用信息公示系统向社会公示。

《企业名称登记管理规定实施办法》(2023 年 8 月 29 日公布)
第二章　企业名称规范

第七条　企业名称应当使用规范汉字。

企业需将企业名称译成外文使用的,应当依据相关外文翻译原则进行翻译使用,不得违反法律法规规定。

第八条　企业名称一般应当由行政区划名称、字号、行业或者经营特点、组织形式组成,并依次排列。法律、行政法规和本办法另有规定的除外。

第九条　企业名称中的行政区划名称应当是企业所在地的县级以上地方行政区划名称。

根据商业惯例等实际需要,企业名称中的行政区划名称置于字号之后、组织形式之前的,应当加注括号。

第十条　企业名称中的字号应当具有显著性,由两个以上汉字组成,可以是字、词或者其组合。

县级以上地方行政区划名称、行业或者经营特点用语等具有其他含义,且社会公众可以明确识别,不会认为与地名、行业或者经营特点有特定联系的,可以作为字号或者字号的组成部分。

自然人投资人的姓名可以作为字号。

第十一条　企业名称中的行业或者经营特点用语应当根据企业的主营业务和国民经济行业分类标准确定。国民经济行业分类标准中没有规定的,可以参照行业习惯或者专业文献等表述。

企业为表明主营业务的具体特性,将县级以上地方行政区划名称作为企业名称中的行业或者经营特点的组成部分的,应当参照行业习惯或者有专业文献依据。

第十二条　企业应当依法在名称中标明与组织结构或者责任形式一致的组织形式用语,不得使用可能使公众误以为是其他组织形式的字样。

(一)公司应当在名称中标明"有限责任公司"、"有限公司"或者"股份有限公司"、"股份公司"字样;

(二)合伙企业应当在名称中标明"(普通合伙)"、"(特殊普通合伙)"、"(有限合伙)"字样;

(三)个人独资企业应当在名称中标明"(个人独资)"字样。

第十三条　企业分支机构名称应当冠以其所从属企业的名称,缀以"分公司"、"分厂"、"分店"等字词,并在名称中标明该分支机构的行业和所在地行政区划名称或者地名等,其行业或者所在地行政区划名称与所从属企业一致的,可以不再标明。

第十四条　企业名称冠以"中国"、"中华"、"中央"、"全国"、"国家"等字词的,国家市场监督管理总局应当按照法律法规相关规定从严审核,提出审核意见并报国务院批准。

企业名称中间含有"中国"、"中华"、"全国"、"国家"等字词的,该字词应当是行业限定语。

第十五条　外商投资企业名称中含有"(中国)"字样的,其字号应当与企业的外国投资者名称或者字号翻译内容保持一致,并符合法律法规规定。

第十六条　企业名称应当符合《企业名称登记管理规定》第十一条规

定,不得存在下列情形:

（一）使用与国家重大战略政策相关的文字,使公众误认为与国家出资、政府信用等有关联关系;

（二）使用"国家级"、"最高级"、"最佳"等带有误导性的文字;

（三）使用与同行业在先有一定影响的他人名称(包括简称、字号等)相同或者近似的文字;

（四）使用明示或者暗示为非营利性组织的文字;

（五）法律、行政法规和本办法禁止的其他情形。

第十七条 已经登记的企业法人控股3家以上企业法人的,可以在企业名称的组织形式之前使用"集团"或者"(集团)"字样。

企业集团名称应当在企业集团母公司办理变更登记时一并提出。

第十八条 企业集团名称应当与企业集团母公司名称的行政区划名称、字号、行业或者经营特点保持一致。

经企业集团母公司授权的子公司、参股公司,其名称可以冠以企业集团名称。

企业集团母公司应当将企业集团名称以及集团成员信息通过国家企业信用信息公示系统向社会公示。

第十九条 已经登记的企业法人,在3个以上省级行政区域内投资设立字号与本企业字号相同且经营1年以上的公司,或者符合法律、行政法规、国家市场监督管理总局规定的其他情形,其名称可以不含行政区划名称。

除有投资关系外,前款企业名称应当同时与企业所在地设区的市级行政区域内已经登记的或者在保留期内的同行业企业名称字号不相同。

第二十条 已经登记的跨5个以上国民经济行业门类综合经营的企业法人,投资设立3个以上与本企业字号相同且经营1年以上的公司,同时各公司的行业或者经营特点分别属于国民经济行业不同门类,其名称可以不含行业或者经营特点。除有投资关系外,该企业名称应当同时与企业所在地同一行政区域内已经登记的或者在保留期内的企业名称字号不相同。

前款企业名称不含行政区划名称的,除有投资关系外,还应当同时与企业所在地省级行政区域内已经登记的或者在保留期内的企业名称字号不相同。

第八条 【公司住所】公司以其主要办事机构所在地为住所。

对应配套规定
《中华人民共和国市场主体登记管理条例》(自 2022 年 3 月 1 日起施行)

第十一条 市场主体只能登记一个住所或者主要经营场所。

电子商务平台内的自然人经营者可以根据国家有关规定,将电子商务平台提供的网络经营场所作为经营场所。

省、自治区、直辖市人民政府可以根据有关法律、行政法规的规定和本地区实际情况,自行或者授权下级人民政府对住所或者主要经营场所作出更加便利市场主体从事经营活动的具体规定。

第二十七条 市场主体变更住所或者主要经营场所跨登记机关辖区的,应当在迁入新的住所或者主要经营场所前,向迁入地登记机关申请变更登记。迁出地登记机关无正当理由不得拒绝移交市场主体档案等相关材料。

第三十条 因自然灾害、事故灾难、公共卫生事件、社会安全事件等原因造成经营困难的,市场主体可以自主决定在一定时期内歇业。法律、行政法规另有规定的除外。

市场主体应当在歇业前与职工依法协商劳动关系处理等有关事项。

市场主体应当在歇业前向登记机关办理备案。登记机关通过国家企业信用信息公示系统向社会公示歇业期限、法律文书送达地址等信息。

市场主体歇业的期限最长不得超过 3 年。市场主体在歇业期间开展经营活动的,视为恢复营业,市场主体应当通过国家企业信用信息公示系统向社会公示。

市场主体歇业期间,可以以法律文书送达地址代替住所或者主要经营场所。

《中华人民共和国市场主体登记管理条例实施细则》（自2022年3月1日起施行）

第十条　申请人应当根据市场主体类型依法向其住所（主要经营场所、经营场所）所在地具有登记管辖权的登记机关办理登记。

▍条文应用提示 ●●●●●●

公司住所，是指法律上所确认的公司的主要经营场所。

我国以公司主要办事机构所在地为公司住所。"主要办事机构"，是指执行公司业务活动、决定和处理公司事务的机构所在地。在公司的"办事机构"只有一个的情况下，即以该机构所在地为公司的住所；在公司的"办事机构"有多个并分别位于不同的地方时，则以"主要办事机构"为公司的住所。

确定公司住所的法律意义具体表现为：便于确定公司的诉讼管辖地；便于确定债务履行地和承担其他民事责任的履行地；便于确定法律文书的送达地点；便于确定公司登记机关和税管机关，加强政府机关对企业的监管；在涉外经济纠纷的解决中，是解决法律冲突的主要依据之一。

▍旧法对应关系 ●●●●●●

原《公司法》第十条　公司以其主要办事机构所在地为住所。

▍关联法律法规 ●●●●●●

《中华人民共和国民法典》（自2021年1月1日起施行）

第六十三条　法人以其主要办事机构所在地为住所。依法需要办理法人登记的，应当将主要办事机构所在地登记为住所。

《中华人民共和国民事诉讼法》（2023年修正）

第二十七条　因公司设立、确认股东资格、分配利润、解散等纠纷提起的诉讼，由公司住所地人民法院管辖。

《最高人民法院经济审判庭关于企业设置的办事机构对外所签订的购销合同是否一律认定为无效合同问题的电话答复》（1988年11月8日公布）

福建省高级人民法院：

你院〔1988〕闽法经字第29号"关于企业设置的办事机构对外所签

订的购销合同是否一律认定为无效合同的请示"收悉。经研究答复如下：

三明市对外贸易公司福州办事处(以下简称办事处)是三明市对外贸易公司的办事机构，没有申报营业执照，对外无权从事经营活动。办事处擅自以自己的名义与宁德地区生产资料贸易公司签订的购销合同，应认定无效。虽然三明市对外贸易公司对办事处在履行合同中有时以公司的名义进行信、电往来的行为，未提出异议，但因该合同是办事处对外签订的，因此，不应视为三明市对外贸易公司事后追认了办事处的代理权。参照民法通则第四十三条规定，三明市对外贸易公司对办事处的经营活动，应当承担民事责任。

此复

第九条　【公司经营范围】公司的经营范围由公司章程规定。公司可以修改公司章程，变更经营范围。

公司的经营范围中属于法律、行政法规规定须经批准的项目，应当依法经过批准。

对应配套规定

《中华人民共和国市场主体登记管理条例》(自 2022 年 3 月 1 日起施行)

第十四条　市场主体的经营范围包括一般经营项目和许可经营项目。经营范围中属于在登记前依法须经批准的许可经营项目，市场主体应当在申请登记时提交有关批准文件。

市场主体应当按照登记机关公布的经营项目分类标准办理经营范围登记。

《中华人民共和国市场主体登记管理条例实施细则》(自 2022 年 3 月 1 日起施行)

第十四条　申请人可以自行或者指定代表人、委托代理人办理市场主体登记、备案事项。

> 第二十六条　市场主体变更经营范围,属于依法须经批准的项目的,应当自批准之日起30日内申请变更登记。许可证或者批准文件被吊销、撤销或者有效期届满的,应当自许可证或者批准文件被吊销、撤销或者有效期届满之日起30日内向登记机关申请变更登记或者办理注销登记。

▌条文应用提示 ●●●●●●

公司的经营范围,是指公司章程中载明的公司登记管理机关核准的从事营利性活动的行业范围。公司申请登记的经营范围中属于法律、行政法规或者国务院决定规定在登记前须经批准的项目的,应当在申请登记前报经国家有关部门批准,并向公司登记机关提交有关批准文件。

▌旧法对应关系 ●●●●●●

原《公司法》第十二条　公司的经营范围由公司章程规定,并依法登记。公司可以修改公司章程,改变经营范围,但是应当办理变更登记。

公司的经营范围中属于法律、行政法规规定须经批准的项目,应当依法经过批准。

▌关联法律法规 ●●●●●●

《中华人民共和国民法典》(自2021年1月1日起施行)

第五百零五条　当事人超越经营范围订立的合同的效力,应当依照本法第一编第六章第三节和本编的有关规定确定,不得仅以超越经营范围确认合同无效。

《最高人民法院经济审判庭关于如何认定企业是否超越经营范围问题的复函》(法经〔1990〕101号)

国家工商行政管理局企业登记司:

你司企字〔1990〕112号文收悉。对文中所提问题,答复如下:

企业的经营范围,必须是以工商行政管理机关核准登记的经营范围为准。企业超越经营范围所从事的经营活动,其行为应当认定无效。

按国家有关规定无须经工商行政管理机关核准登记的部门、行业或经济组织,则应经其主管机关批准,并在批准的范围内从事生产经营活动。本院《关于在审理经济合同纠纷案件中具体适用经济合同法的若干问题的解答》中"应当在……主管机关批准的经营范围内从事正当的经营活动",指的就是这种情况。并不是指按规定必须经工商行政管理机关核准登记的工商企业可以其主管机关批准的经营范围确定其是否超越经营范围。

此复

▎典型案例指导 ●●●●●●

丹阳市珥陵镇鸿润超市诉丹阳市市场监督管理局不予变更经营范围登记案[江苏省丹阳市人民法院2015年7月1日民事判决书,《最高人民法院公报》2018年第6期(总第260期)]

为从源头上纠正违法和不当的行政行为,我国《行政诉讼法》规定,人民法院在审理行政案件中,对行政行为所依据的规章以下规范性文件的合法性具有附带审查的职权。市场经营主体申请变更登记经营范围,市场监管部门依据地方政府文件规定不予办理,人民法院经审查认为该规范性文件相关内容违反上位法规定,存在限制市场公平竞争等违法情形的,该规范性文件不作为认定被诉行政行为合法的依据。市场经营主体起诉要求市场管理部门办理变更登记的,人民法院应予支持。

> **第十条 【公司法定代表人】**公司的法定代表人按照公司章程的规定,由代表公司执行公司事务的董事或者经理担任。
> 担任法定代表人的董事或者经理辞任的,视为同时辞去法定代表人。
> 法定代表人辞任的,公司应当在法定代表人辞任之日起三十日内确定新的法定代表人。

对应配套规定

《中华人民共和国市场主体登记管理条例》(自2022年3月1日起施行)

第十二条 有下列情形之一的,不得担任公司、非公司企业法人的法定代表人:

（一）无民事行为能力或者限制民事行为能力；

（二）因贪污、贿赂、侵占财产、挪用财产或者破坏社会主义市场经济秩序被判处刑罚，执行期满未逾 5 年，或者因犯罪被剥夺政治权利，执行期满未逾 5 年；

（三）担任破产清算的公司、非公司企业法人的法定代表人、董事或者厂长、经理，对破产负有个人责任的，自破产清算完结之日起未逾 3 年；

（四）担任因违法被吊销营业执照、责令关闭的公司、非公司企业法人的法定代表人，并负有个人责任的，自被吊销营业执照之日起未逾 3 年；

（五）个人所负数额较大的债务到期未清偿；

（六）法律、行政法规规定的其他情形。

第二十五条　公司、非公司企业法人的法定代表人在任职期间发生本条例第十二条所列情形之一的，应当向登记机关申请变更登记。

《中华人民共和国市场主体登记管理条例实施细则》（自 2022 年 3 月 1 日起施行）

第十一条　申请人申请登记市场主体法定代表人、执行事务合伙人（含委派代表），应当符合章程或者协议约定。

合伙协议未约定或者全体合伙人未决定委托执行事务合伙人的，除有限合伙人外，申请人应当将其他合伙人均登记为执行事务合伙人。

条文应用提示

法定代表人，是指依照法律或者法人组织章程规定，代表法人行使职权的负责人。公司法定代表人对外代表公司，他以公司名义对外实施的行为就是公司的行为，该行为的法律后果直接由公司承担。

公司法定代表人并不限于由董事长担任，代表公司执行公司事务的董事和经理均可以成为公司的法定代表人。公司可以根据其实际情况的需要，通过章程的安排，选择代表公司执行公司事务的董事或经理担任公司的法定代表人。

旧法对应关系

原《公司法》第十三条　公司法定代表人依照公司章程的规定,由董事长、执行董事或者经理担任,并依法登记。公司法定代表人变更,应当办理变更登记。

关联法律法规

《中华人民共和国民法典》(自2021年1月1日起施行)

第六十一条第一款　依照法律或者法人章程的规定,代表法人从事民事活动的负责人,为法人的法定代表人。

第八十一条第三款　执行机构为董事会或者执行董事的,董事长、执行董事或者经理按照法人章程的规定担任法定代表人;未设董事会或者执行董事的,法人章程规定的主要负责人为其执行机构和法定代表人。

《最高人民法院关于适用〈中华人民共和国民事诉讼法〉的解释》(2022年修正)

第五十条　法人的法定代表人以依法登记的为准,但法律另有规定的除外。依法不需要办理登记的法人,以其正职负责人为法定代表人;没有正职负责人的,以其主持工作的副职负责人为法定代表人。

法定代表人已经变更,但未完成登记,变更后的法定代表人要求代表法人参加诉讼的,人民法院可以准许。

其他组织,以其主要负责人为代表人。

《最高人民法院行政审判庭关于对在案件审理期间法定代表人被更换,新的法定代表人提出撤诉申请,法院是否准予撤诉问题的答复》([1998]法行字第14号)

山西省高级人民法院:

你院[1998]晋法行字第5号《在案件审理期间法定代表人被更换新的法定代表人代表原企业提出撤诉申请法院是否准予撤诉的请示报告》收悉。经研究答复如下:

原则同意你院意见,即:在企业法定代表人被行政机关变更或撤换的情况下,原企业法定代表人有权提起行政诉讼。新的法定代表人提出撤诉申请,缺乏法律依据。

《国家工商行政管理总局关于进一步做好企业法人法定代表人任职限制规定执行工作的通知》(工商企字〔2010〕82号)

各省、自治区、直辖市工商行政管理局:

全国工商行政管理系统企业信用分类监管信息联网运行以来,各级工商行政管理部门依托联网信息,认真执行《公司法》等法律法规和规章有关企业法人法定代表人任职限制的规定,促进了市场交易安全,提升了企业依法诚信经营意识,提高了工商行政管理部门执法权威。但是,一些地方工商行政管理部门仍然存在着对有关法律规定理解不准确、执行不严格、信息记录归集不完整、信息更新不及时等情况,影响了任职限制规定的有效实施。为全面准确执行《公司法》等法律规定,保障当事人合法权益,现通知如下:

一、准确理解、严格执行任职限制的规定

《公司法》、《公司登记管理条例》、《企业法人法定代表人登记管理规定》等有关企业法人法定代表人任职限制的规定,对于从源头上规范市场秩序,维护交易安全,促进市场主体有序退出,保障经济社会健康稳定发展,具有重要意义。各级工商行政管理部门要进一步组织深入学习相关规定,做到准确理解,严格执行,切实保障当事人合法权益,维护企业准入和退出秩序。

依照《公司法》等有关规定,企业法人法定代表人出现不得担任法定代表人情形时,在法定限制期内,应限制其在已任职的企业法人中继续担任法定代表人,并限制其任其他企业法人的法定代表人。要严格依法将身份限制范围控制在法定代表人,不得扩大至股东。

对任职限制期届满的,应通过设置自动解除程序,及时解除对法定代表人的任职限制,不得延长限制时间。实施任职限制所依据的吊销营业执照处罚决定或关闭决定被撤销的,由作出该吊销营业执照处罚决定或配合执行关闭决定的工商行政管理部门及时撤销任职限制措施。

二、加强任职限制信息的归集和管理

要加强对企业法人法定代表人任职限制信息的规范管理,确保任职限制信息数据记录及时、准确、完整。

企业法人因违法被吊销营业执照或被责令关闭的,作出吊销营业执照处罚决定或配合执行关闭决定的工商行政管理部门,应按照总局数据汇总要求,即时将企业法人及法定代表人的相关信息录入业务管理系统。

各省级工商行政管理局应每日将相关信息备份到总局数据中心省级

局前置机备份库,确保全系统相关信息每日更新,及时形成全国范围的企业法人法定代表人任职限制信息。各省级工商行政管理局应每日下载相关信息,并更新至本地数据库,为严格执法提供准确、及时的数据保障。

三、完善任职限制信息来源,为全面执行规定夯实基础

各级工商行政管理部门要与有关政府部门、法院等方面积极沟通,逐步建立、完善有关信息互通共享机制,采集《公司法》等法律法规任职限制规定中涉及服刑期满、个人负较大债务到期未清偿等情形的信息,为全面执行《公司法》等有关法律法规规定创造条件。

四、深化任职限制管理促进企业依法诚信经营

企业法人法定代表人是代表企业法人行使职权的负责人,加强对企业法人法定代表人的管理是企业信用分类监管的重要组成部分。要探索通过健全工商行政管理部门的企业信用分类监管系统、政府信息互通机制,不断丰富完善企业经济户口中的企业信用信息、法定代表人信用信息。根据政府管理需要,将工商行政管理部门掌握的法定代表人相关信息通报有关部门,在更大范围的政府管理中发挥作用,延伸管理效果。探索建立企业法人法定代表人信用信息库,综合运用行政执法、行政指导等手段,进行法定代表人分类指导和管理,更好地促进企业依法诚信经营。

总局将对各地执行法律规定和信息归集管理情况进行督查。

《司法部公证司关于可否办理同为一个法定代表人的两个企业之间担保公证的复函》([95]司公函051号)

青海省司法厅公证管理处:

你处[95]青司公字09号《关于两个企业法人一个法定代表人能否互为担保的请示》收悉。经研究,答复如下:

一、企业法人的法定代表人原则上不得兼任另一企业法定代表人,特殊需要兼任的,只能在有隶属关系或联营、投资入股的企业兼任。两个独立企业法人法定代表人变更,不影响企业行为。因此,一个人符合法定条件兼任两个企业的法定代表人,两个企业可以互为担保。

二、请示中提到的担保行为,是一个企业法人(海州民贸公司)以自己的财产(该公司的房屋)为另一个企业法人(西宁天香肉类股份有限公司)提供的担保,不能因为它们有一个共同的法定代表人,而视为一个企业法人(西宁天香肉类股份有限公司)以本企业的财产提供的担保行为。

因此，办理上述公证，公证处以出具担保合同公证书为宜。

三、为降低担保风险，具体担保形式可将海州民贸公司的房屋设定为抵押物。公证处应重点审查该公司的担保能力，即该公司对设定为抵押物的房屋及产权是否有瑕疵并依法有处分权。

典型案例指导 ●●●●●●

韦某某诉新疆某房地产公司、新疆某投资公司、新疆某甲投资公司请求变更公司登记纠纷案(人民法院案例库2023-08-2-264-002，《最高人民法院公报》2022年第12期，最高人民法院（2022）最高法民再94号民事判决)

法定代表人是对外代表公司从事民事活动的公司负责人，登记的法定代表人依法具有公示效力。就公司内部而言，公司与法定代表人之间为委托法律关系，法定代表人代表权的基础是公司的授权，自公司任命时取得至免除任命时终止。公司权力机关依公司章程规定免去法定代表人的职务后，法定代表人的代表权即为终止。

有限责任公司股东会依据章程规定免除公司法定代表人职务的，公司执行机关应当执行公司决议，公司执行机关对外代表公司，因此，公司负有办理法定代表人工商变更登记的义务。

公司办理工商变更登记中依法提交股东会决议、选任新的法定代表人等均是公司对登记机关的义务，公司不履行该义务，不能成为法定代表人请求公司履行法定义务之权利行使的条件。

王某廷诉巴州赛瑞机械设备安装有限公司、曹某刚请求变更公司登记纠纷案[最高人民法院第六巡回法庭2020年度参考案例之六]

【关键词】

民事　受案范围　诉的利益　诉权

【裁判要点】

公司的法定代表人辞职后，因公司拒不办理法定代表人变更登记，起诉要求公司履行股东决议办理变更公司法定代表人工商登记的，系平等主体之间的民事争议，属于人民法院受理民事诉讼的范围。原告对此有诉的利益，符合起诉条件，不具有提起诉讼的障碍事由的，人民法院应当予以立案受理。至于原告的诉讼请求是否具有事实和法律依据，应否予以支持，应通过案件的实体审理予以判定。

【相关法条】

《中华人民共和国民事诉讼法》第三条、第一百一十九条、第二百四十七条

【基本案情】

王某廷向一审法院起诉请求:1.判令赛瑞公司、曹某刚履行公司股东决定并办理变更公司法定代表人工商登记。2.诉讼费用由赛瑞公司、曹某刚承担。事实和理由:2011年3月,赛瑞公司聘请王某廷担任法定代表人,并于2011年4月1日用王某廷身份证办理了公司法定代表人登记。后因赛瑞公司股东存在股权纠纷,王某廷未实际参与公司经营管理,并于2011年5月30日辞职。2011年11月15日,赛瑞公司作出股东决议,指定曹某彪担任法定代表人。此后王某廷与赛瑞公司再无任何关系及往来。经王某廷多次要求,赛瑞公司至今未办理变更法定代表人工商登记,故王某廷提起本案诉讼。一审期间,王某廷补充诉讼请求:判令赛瑞公司任何法律行为与其无关。另,王某廷曾以曹某刚为被告,于2016年向一审法院提起诉讼,其中一项诉讼请求是要求曹某刚立即办理注销其所担任的赛瑞公司法定代表人职务,一审法院于2017年3月23日作出(2016)新28民初84号民事判决,驳回王某廷的诉讼请求。

【裁判结果】

新疆维吾尔自治区巴音郭楞蒙古自治州中级人民法院于2019年6月24日作出(2019)新28民初25号民事裁定:对王某廷的起诉不予受理。王某廷不服一审裁定,提起上诉。新疆维吾尔自治区高级人民法院于2019年9月27日作出(2019)新民终392号民事裁定:驳回上诉,维持原裁定。王某廷申请再审。最高人民法院以(2020)最高法民申110号裁定提审本案,并于2020年4月29日作出(2020)最高法民再88号民事裁定:一、撤销新疆维吾尔自治区高级人民法院(2019)新民终392号民事裁定和新疆维吾尔自治区巴音郭楞蒙古自治州中级人民法院(2019)新28民初25号民事裁定;二、对于王某廷关于判令赛瑞公司、曹某刚办理变更公司法定代表人工商登记的诉讼请求,指令新疆维吾尔自治区巴音郭楞蒙古自治州中级人民法院立案受理;三、对于王某廷关于判令赛瑞公司的任何法律行为与其无关的诉讼请求,不予受理。

【裁判理由】

最高人民法院认为,判断人民法院应否受理王某廷的起诉,应依据其诉讼请求及事实理由予以具体分析。首先,关于王某廷提出的判令赛瑞公司、曹某刚办理变更公司法定代表人工商登记的诉讼请求应否受理的问题。王某廷该项诉讼请求系基于其已离职之事实,请求终止其与赛瑞公司之间法定代表人的委任关系并办理法定代表人变更登记,该纠纷属平等主体之间的民事争议。根据王某廷所称其自2011年5月30日即已从赛瑞公司离职,至今已近9年,足见赛瑞公司并无自行办理法定代表人变更登记的意愿。因王某廷并非赛瑞公司股东,其亦无法通过召集股东会等公司自治途径,就法定代表人的变更事项进行协商后作出决议。若人民法院不予受理王某廷的起诉,则王某廷因此所承受的法律风险将持续存在,而无任何救济途径。故王某廷对赛瑞公司办理法定代表人变更登记的诉讼请求具有诉的利益,该纠纷系平等主体之间的民事争议,属于人民法院受理民事诉讼的范围。需要明确的是,王某廷该项诉讼请求是否具有事实和法律依据,是否应予支持,应通过实体审理予以判断。其次,关于王某廷提出的判令赛瑞公司任何法律行为与其无关的诉讼请求应否受理的问题。依据《中华人民共和国民事诉讼法》第一百一十九条第(三)项规定,起诉必须符合"有具体的诉讼请求和事实、理由"的条件。王某廷该项诉讼请求中"赛瑞公司任何法律行为"指向不明,不符合上述法律规定。一、二审法院对于王某廷该项诉讼请求裁定不予受理,并无不当。最后,关于王某廷的起诉是否构成重复起诉的问题。《最高人民法院关于适用〈中华人民共和国民事诉讼法〉的解释》第二百四十七条第一款规定:"当事人就已经提起诉讼的事项在诉讼过程中或者裁判生效后再次起诉,同时符合下列条件的,构成重复起诉:(一)后诉与前诉的当事人相同;(二)后诉与前诉的诉讼标的相同;(三)后诉与前诉的诉讼请求相同,或者后诉的诉讼请求实质上否定前诉裁判结果。"经查,(2016)新28民初84号案件的被告为曹某刚,王某廷在该案中系以其姓名权、名誉权、信用权受到侵害为由,要求曹某刚办理注销王某廷赛瑞公司法定代表人职务的登记手续而停止侵权,该案与本案的当事人、诉讼请求及事实理由均有不同,故本案不构成重复起诉。

大拇指环保科技集团(福建)有限公司与中华环保科技集团有限公司股东出资纠纷案[最高人民法院(2014)民四终字第20号民事裁定书,《最高人民法院公报》2014年第8期(总第214期),2015年7月7日《最高人民法院为"一带一路"建设提供司法服务和保障的典型案例》案例1]

【基本案情】

大拇指公司是新加坡环保公司在中国设立的外商独资企业,2008年6月30日,大拇指公司经批准注册资本增至人民币3.8亿元。大拇指公司于2012年4月27日以新加坡环保公司未足额缴纳出资为由提起诉讼,请求判令新加坡环保公司履行股东出资义务,缴付增资款4500万元。福建省高级人民法院一审认为,新加坡环保公司未履行股东足额缴纳出资的法定义务,侵害了大拇指公司的法人财产权,大拇指公司有权要求新加坡环保公司履行出资义务,补足出资。据此,判令新加坡环保公司向大拇指公司缴纳出资款4500万元。新加坡环保公司向最高人民法院提出上诉。

【裁判结果】

2014年6月11日,最高人民法院公开开庭审理该案并作出当庭宣判。最高人民法院二审审理认为,按照《涉外民事关系法律适用法》第十四条第一款的规定,我国外商投资企业与其外国投资者之间的出资义务等事项,应当适用我国法律;外国投资者的司法管理人和清盘人的民事权利能力及民事行为能力等事项,应当适用该外国投资者登记地的法律。根据新加坡公司法的规定,在司法管理期间,公司董事基于公司法及公司章程而获得的权力及职责均由司法管理人行使及履行。因此新加坡环保公司司法管理人作出的变更大拇指公司董事及法定代表人的任免决议有效。由于大拇指公司董事会未执行唯一股东环保公司的决议,造成了工商登记的法定代表人与股东任命的法定代表人不一致的情形,进而引发了争议。根据《公司法》的规定,工商登记的法定代表人对外具有公示效力,如涉及公司以外的第三人因公司代表权而产生的外部争议,应以工商登记为准;而对于公司与股东之间因法定代表人任免产生的内部争议,则应以有效的股东会任免决议为准,并在公司内部产生法定代表人变更的法律效果。本案起诉不能代表大拇指公司的真实意思,裁定撤销原判,驳回大拇指公司的起诉。

【典型意义】

该案对于平等保护中外投资者合法权益、保障股东选择管理者的权利、优化外商投资法治环境具有重要意义,被评为最高人民法院建院65周年重大案例之一。该案明确了外国公司的司法管理人及清盘人在中国境内民事权利能力和行为能力的认定规则,清晰界定了公司代表权争议的区分规则,增强了外商投资中国的信心。同时,该案是最高人民法院首次邀请外国驻华使节和境外媒体旁听庭审并当庭作出宣判的案件,彰显了我国公正高效的司法形象。

第十一条 【法定代表人的行为后果】法定代表人以公司名义从事的民事活动,其法律后果由公司承受。

公司章程或者股东会对法定代表人职权的限制,不得对抗善意相对人。

法定代表人因执行职务造成他人损害的,由公司承担民事责任。公司承担民事责任后,依照法律或者公司章程的规定,可以向有过错的法定代表人追偿。

条文应用提示

法定代表人是由股东通过公司章程决议产生的,在司法实务中,虽然法定代表人的行为并不一定是公司股东的真实意思表示,且公司章程或股东会也对法定代表人的权利进行了限制,但在对外民事活动中,对善意的第三方来说不能因其公司章程或股东会约定的权利受到限制而不认可其与善意第三人之间的法律行为。与此同时,如果法定代表人在执行职务的过程中造成了第三人损害,则对外应当由公司承担法律责任。对内则由公司根据法定代表人是否存在过错,依照法律或公司章程的规定进行追责。

关联法律法规

《中华人民共和国民法典》(自 2021 年 1 月 1 日起施行)

第六十一条第二、三款　法定代表人以法人名义从事的民事活动,其法律后果由法人承受。

法人章程或者法人权力机构对法定代表人代表权的限制,不得对抗善意相对人。

第六十二条　法定代表人因执行职务造成他人损害的,由法人承担民事责任。

法人承担民事责任后,依照法律或者法人章程的规定,可以向有过错的法定代表人追偿。

典型案例指导

张某富诉吴某龙、黄某琼、九江市某置业有限公司民间借贷纠纷案[人民法院案例库 2024-16-2-103-006,江西省高级人民法院(2018)赣民再 39 号民事判决]

借款发生在公司成立之前,且借款存入公司法定代表人个人账户,即便后期在借据上加盖了公司公章,在借款未用于公司经营情形下,该借据对公司不具有约束力,公司依法不应承担还款责任。

南京某科技公司与安徽某智能公司、南京某供应链公司、皇家某公司关联交易损害责任纠纷案[人民法院案例库 2023-10-2-278-001,江苏省南京江北新区人民法院(2022)苏 0192 民初 8001 号民事判决]

公司法定代表人以公司名义提起民事诉讼,案件审理过程中公司通过内部治理程序选举任命新法定代表人。新法定代表人又以公司名义向法院申请撤回起诉,人民法院经审查公司章程未对法定代表人撤回起诉作出限制,亦无其他不准撤诉情形的,应当裁定予以准许,必要时可以召开听证会听取各方意见。若公司监事要求直接以公司名义并由监事作为诉讼代表人继续该案诉讼,人民法院应不予准许,并可告知监事另行提起监事代表诉讼。

林某章与林某明等民间借贷纠纷上诉案[福建省漳州市中级人民法院(2017)闽06民终1485号民事判决书,《人民司法·案例》2017年第35期]

法定代表人以法人名义从事的民事活动,其法律后果由法人承受。公司对其法人代表对外担保行为所产生的法律后果应承担民事责任。不动产未办理抵押登记导致抵押权依法未设立的,合同双方当事人应依照法律规定或者合同约定承担民事责任。

肖某仲诉重庆和坊商贸有限公司委托合同纠纷案[重庆市第一中级人民法院(2017)渝01民终7164号民事判决书,《人民司法·案例》2019年第14期]

民事代表关系不同于委托合同关系,认定民事代表关系应当严格按照法律规定。委托合同关系的成立须经双方当事人达成合意,具有临时性,且委托权限系双方约定,委托人可以对外披露受托人的存在,亦可以不披露受托人的存在;而民事代表关系具有法定性、长期性和身份属性,且第三人知道被代表人的存在,代表权具有泛指性,除法律规定或约定不得代表外,均可以行使。

北京公达房地产有限责任公司诉北京市祥和三峡房地产开发公司房地产开发合同纠纷案[最高人民法院(2009)民提字第76号民事判决书,《最高人民法院公报》2010年第11期(总第169期)]

公司的法定代表人依法代表公司对外进行民事活动。法定代表人发生变更的,应当在工商管理部门办理变更登记。公司的法定代表人在对外签订合同时已经被上级单位决定停止职务,但未办理变更登记,公司以此主张合同无效的,人民法院不予支持。

北京然自中医药科技发展中心与广东黄河实业集团有限公司股权转让合同纠纷上诉案[最高人民法院(2008)民二终字第62号民事判决书,《最高人民法院公报》2009年第1期(总第147期),《人民司法·案例》2009年第8期]

担任法人之法定代表人的自然人,以该法人的名义,采取欺诈手段与他人订立民事合同,从中获取的财产被该法人占有,由此产生的法律后果,是该自然人涉嫌合同诈骗犯罪,同时该法人与他人之间因合同被撤销而形成债权债务关系。人民法院应当依照《最高人民法院关于在审理经济纠纷案件中涉及经济犯罪嫌疑若干问题的规定》第十条的规定,将自然人涉嫌犯罪部分移交公安机关处理,同时继续审理民事纠纷部分。

第十二条 【公司形式变更及债务债权继承】有限责任公司变更为股份有限公司,应当符合本法规定的股份有限公司的条件。股份有限公司变更为有限责任公司,应当符合本法规定的有限责任公司的条件。

有限责任公司变更为股份有限公司的,或者股份有限公司变更为有限责任公司的,公司变更前的债权、债务由变更后的公司承继。

对应配套规定

《中华人民共和国市场主体登记管理条例实施细则》(自2022年3月1日起施行)

第三十七条 公司变更类型,应当按照拟变更公司类型的设立条件,在规定的期限内申请变更登记,并提交有关材料。

非公司企业法人申请改制为公司,应当按照拟变更的公司类型设立条件,在规定期限内申请变更登记,并提交有关材料。

个体工商户申请转变为企业组织形式,应当按照拟变更的企业类型设立条件申请登记。

非公司企业法人申请改制为公司,应当按照拟变更的公司类型设立条件,在规定期限内申请变更登记,并提交有关材料。

个体工商户申请转变为企业组织形式,应当按照拟变更的企业类型设立条件申请登记。

▌条文应用提示 ●●●●●●

公司形式变更的决议是全体股东意思自治的表示,然而为保护市场经济安全,法律要求变更具备一定的条件并按照严格的法定程序进行。变更前的公司与变更后的公司系同一主体,其独立的法人资格没有发生变化,只是在公司类型上发生变化,那么变更后的公司是变更前的公司的债权债务继受人,因此债权债务应当由变更后的公司承继。如果公司变更涉及公司注册资本的减少,则公司应当通知和公告债权人,在对债务提前偿还或者取得债权人同意的情况下减少注册资本。

▎旧法对应关系 ●●●●●●

原《公司法》第九条　有限责任公司变更为股份有限公司,应当符合本法规定的股份有限公司的条件。股份有限公司变更为有限责任公司,应当符合本法规定的有限责任公司的条件。

有限责任公司变更为股份有限公司的,或者股份有限公司变更为有限责任公司的,公司变更前的债权、债务由变更后的公司承继。

▎关联法律法规 ●●●●●●

《最高人民法院关于审理与企业改制相关的民事纠纷案件若干问题的规定》(法释〔2003〕1号)

第四条　国有企业依公司法整体改造为国有独资有限责任公司的,原企业的债务,由改造后的有限责任公司承担。

第五条　企业通过增资扩股或者转让部分产权,实现他人对企业的参股,将企业整体改造为有限责任公司或者股份有限公司的,原企业债务由改造后的新设公司承担。

第六条　企业以其部分财产和相应债务与他人组建新公司,对所转移的债务债权人认可的,由新组建的公司承担民事责任;对所转移的债务未通知债权人或者虽通知债权人,而债权人不予认可的,由原企业承担民事责任。原企业无力偿还债务,债权人就此向新设公司主张债权的,新设公司在所接收的财产范围内与原企业承担连带民事责任。

▎典型案例指导 ●●●●●●

长沙广大建筑装饰有限公司诉中国工商银行股份有限公司广州粤秀支行、林某武、长沙广大建筑装饰有限公司广州分公司等第三人撤销之诉案[最高人民法院指导性案例149号]

【关键词】

民事　第三人撤销之诉　公司法人　分支机构　原告主体资格

【裁判要点】

公司法人的分支机构以自己的名义从事民事活动,并独立参加民事诉讼,人民法院判决分支机构对外承担民事责任,公司法人对该生效裁判提起第三人撤销之诉的,其不符合《民事诉讼法》第五十六条规定的第三人条件,人民法院不予受理。

【相关法条】

《中华人民共和国民事诉讼法》第五十六条;《中华人民共和国民法总则》第七十四条第二款

【基本案情】

2011年7月12日,林某武与中国工商银行股份有限公司广州粤秀支行(以下简称工商银行粤秀支行)签订《个人借款/担保合同》。长沙广大建筑装饰有限公司广州分公司(以下简称长沙广大广州分公司)出具《担保函》,为林某武在工商银行粤秀支行的贷款提供连带责任保证。后因林某武欠付款项,工商银行粤秀支行向法院起诉林某武、长沙广大广州分公司等,请求林某武偿还欠款本息,长沙广大广州分公司承担连带清偿责任。此案经广东省广州市天河区人民法院一审、广州市中级人民法院二审,判令林某武清偿欠付本金及利息等,其中一项为判令长沙广大广州分公司对林某武的债务承担连带清偿责任。

2017年,长沙广大建筑装饰有限公司(以下简称长沙广大公司)向广州市中级人民法院提起第三人撤销之诉,以生效判决没有将长沙广大公司列为共同被告参与诉讼,并错误认定《担保函》性质,导致长沙广大公司无法主张权利,请求撤销广州市中级人民法院作出的(2016)粤01民终第15617号民事判决。

【裁判结果】

广州市中级人民法院于2017年12月4日作出(2017)粤01民撤10号民事裁定:驳回原告长沙广大建筑装饰有限公司的起诉。宣判后,长沙广大建筑装饰有限公司提起上诉。广东省高级人民法院于2018年6月22日作出(2018)粤民终1151号民事裁定:驳回上诉,维持原裁定。

【裁判理由】

法院生效裁判认为:《民事诉讼法》第五十六条规定:"对当事人双方的诉讼标的,第三人认为有独立请求权的,有权提起诉讼。对当事人双方的诉讼标的,第三人虽然没有独立请求权,但案件处理结果同他有法律上的利害关系的,可以申请参加诉讼,或者由人民法院通知他参加诉讼。人民法院判决承担民事责任的第三人,有当事人的诉讼权利义务。前两款规定的第三人,因不能归责于本人的事由未参加诉讼,但有证据证明发生法律效力的判决、裁定、调解书的部分或者全部内容错误,损害其民事权益的,可以自知道或者应当知道其民事权益受到损害之日起六个月内,向作出该判决、裁定、调解书的人民法院提起诉讼。……"依据上述法律规定,提起第三人撤销之诉的"第三人"是指有独立请求权的第三人,或者案件处理结果同他有法律上的利害关系的无独立请求权第三人,但不包括当事人双方。在已经生效的(2016)粤01民终15617号案件中,被告长沙广大广州分公司系长沙广大公司的分支机构,不是法人,但其依法设立并领取工商营业执照,具有一定的运营资金和在核准的经营范围内经营业务的行为能力。根据《民法总则》第七十四条第二款"分支机构以自己的名义从事民事活动,产生的民事责任由法人承担;也可以先以该分支机构管理的财产承担,不足以承担的,由法人承担"的规定,长沙广大公司在(2016)粤01民终15617号案件中,属于承担民事责任的当事人,其诉讼地位不是《民事诉讼法》第五十六条规定的第三人。

因此,长沙广大公司以第三人的主体身份提出本案诉讼不符合第三人撤销之诉的法定适用条件。

李某国与孟某生、长春圣祥建筑工程有限公司等案外人执行异议之诉案[最高人民法院(2016)最高法民再149号民事判决书,《最高人民法院公报》2017年第2期(总第244期)]

分公司的财产即为公司财产,分公司的民事责任由公司承担,这是《公司法》确立的基本规则。以分公司名义依法注册登记的,即应受到该规则调整。至于分公司与公司之间有关权利义务及责任划分的内部约定,因不足以对抗其依法注册登记的公示效力,进而不足以对抗第三人。

泛华工程有限公司西南公司与中国人寿保险(集团)公司商品房预售合同纠纷案[最高人民法院(2005)民一终字第85号民事判决书,《最高人民法院公报》2008年第2期(总第136期)]

《公司法》第十三条规定,公司可以设立分公司,分公司不具有企业法人资格,其民事责任由公司承担。因此,公司分支机构于公司法人变更过程中是否已实际经工商部门注销完毕,不影响公司基于独立法人资格行使其分支机构所享有的民事权利、承担其分支机构所负有的民事义务。

招商银行股份有限公司大连东港支行与大连振邦氟涂料股份有限公司、大连振邦集团有限公司借款合同纠纷案[最高人民法院(2012)民提字第156号民事判决书,《最高人民法院公报》2015年第2期(总第220期)]

《公司法》第十六条第二款规定,公司为公司股东或者实际控制人提供担保的,必须经股东会或者股东大会决议。该条款是关于公司内部控制管理的规定,不应以此作为评价合同效力的依据。担保人抗辩认为其法定代表人订立抵押合同的行为超越代表权,债权人以其对相关股东会决议履行了形式审查义务,主张担保人的法定代表人构成表见代理的,人民法院应予支持。

中建材集团进出口公司诉北京大地恒通经贸有限公司、北京天元盛唐投资有限公司、天宝盛世科技发展(北京)有限公司、江苏银大科技有限公司、四川宜宾俄欧工程发展有限公司进出口代理合同纠纷案[北京市高级人民法院2009年9月22日民事判决书,《最高人民法院公报》2011年第2期(总第172期)]

《公司法》第十六条第一款规定:"公司向其他企业投资或者为他人提供担保,依照公司章程的规定,由董事会或者股东会、股东大会决议;公司章程对投资或者担保的总额及单项投资或者担保的数额有限额规定的,不得超过规定的限额。"该条第二款规定:"公司为公司股东或者实际控制人提供担保的,必须经股东会或者股东大会决议。"但公司违反前述条款的规定,与他人订立担保合同的,不能简单认定合同无效。第一,该条款并未明确规定公司违反上述规定对外提供担保导致担保合同无效;第二,公司内部决议程序,不得约束第三人;第三,该条款并非效力性强制性的规定;第四,依据该条款认定担保合同无效,不利于维护合同的稳定和交易的安全。

第十三条 【分公司与子公司】公司可以设立子公司。子公司具有法人资格,依法独立承担民事责任。

公司可以设立分公司。分公司不具有法人资格,其民事责任由公司承担。

对应配套规定

《中华人民共和国市场主体登记管理条例》(自2022年3月1日起施行)

第二十三条 市场主体设立分支机构,应当向分支机构所在地的登记机关申请登记。

第三十二条 市场主体注销登记前依法应当清算的,清算组应当自成立之日起10日内将清算组成员、清算组负责人名单通过国家企业信用信息公示系统公告。清算组可以通过国家企业信用信息公示系统发布债权人公告。

清算组应当自清算结束之日起 30 日内向登记机关申请注销登记。市场主体申请注销登记前,应当依法办理分支机构注销登记。

条文应用提示

分公司是相对于总公司而言的,它是总公司的组成部分。分公司无论是在经济上还是在法律上,都不具有独立性。分公司的非独立性主要表现在以下方面:分公司不具有法人资格,不能独立享有权利、承担责任,其一切行为的后果及责任由总公司承担;分公司没有独立的公司名称及章程;分公司在人事、经营上没有自主权;分公司没有独立的财产。

子公司是相对于母公司而言的,它是独立于向它投资的母公司而存在的主体。子公司具有以下特征:其一定比例以上的股份被另一公司持有或通过协议方式受到另一公司的实际控制,对子公司有控制权的公司是母公司;子公司是独立的法人,在法律上,它具有独立法人资格,可以自己的名义进行各类民事活动,独立承担公司行为所带来的一切后果和责任。

旧法对应关系

原《公司法》第十四条 公司可以设立分公司。设立分公司,应当向公司登记机关申请登记,领取营业执照。分公司不具有法人资格,其民事责任由公司承担。

公司可以设立子公司,子公司具有法人资格,依法独立承担民事责任。

关联法律法规

《中华人民共和国民法典》(自 2021 年 1 月 1 日起施行)

第七十四条 法人可以依法设立分支机构。法律、行政法规规定分支机构应当登记的,依照其规定。

分支机构以自己的名义从事民事活动,产生的民事责任由法人承担;也可以先以该分支机构管理的财产承担,不足以承担的,由法人承担。

> 第十四条 【公司的转投资及其限制】公司可以向其他企业投资。法律规定公司不得成为对所投资企业的债务承担连带责任的出资人的,从其规定。

对应配套规定

《最高人民法院关于适用〈中华人民共和国公司法〉时间效力的若干规定》(法释〔2024〕7号)

第二条 公司法施行前与公司有关的民事法律行为,依据当时的法律、司法解释认定无效而依据公司法认定有效,因民事法律行为效力发生争议的下列情形,适用公司法的规定:

(一)约定公司对所投资企业债务承担连带责任,对该约定效力发生争议的,适用公司法第十四条第二款的规定;

……

条文应用提示

公司是法人,享有自主经营的权利,能够自行承担责任。运用自己的财产进行投资是公司发展的正常要求,法律是允许的。按照这一规定,公司不仅可以向其他有限责任公司或者股份有限公司投资,也可以向公司以外的其他企业投资。一般来说,公司对外投资只能承担有限责任;除法律另有规定外,不得成为对所投资企业的债务承担无限连带责任的出资人。这样规定主要是考虑到公司对外投资有营利的机会,同时也有风险:对外投资失败,如果允许投资的公司承担无限责任,就有可能直接导致公司的破产或利益遭受重大损失,进而损害公司股东和债权人的利益,直接危害社会经济秩序的稳定。

旧法对应关系

原《公司法》第十五条 公司可以向其他企业投资;但是,除法律另有规定外,不得成为对所投资企业的债务承担连带责任的出资人。

关联法律法规

《中华人民共和国合伙企业法》(2006年修订)

第三条 国有独资公司、国有企业、上市公司以及公益性的事业单位、社会团体不得成为普通合伙人。

《最高人民法院民事审判第二庭关于对云南高院〈关于股份转让合同的履行期限跨越新旧公司法如何适用法律的请示〉的答复》（〔2007〕民二他字第3号）

云南省高级人民法院：

你院云高法报〔2006〕114号《关于股份转让合同的履行期限跨越新旧公司法如何适用法律的请示》收悉。经研究，答复如下：

修订前的《中华人民共和国公司法》（以下简称《公司法》）第12条规定了公司对外投资"所累计投资额不得超过本公司净资产的50%"，但对公司超过该限额的对外投资行为是否有效的问题，该法并没有作出明确规定。2006年1月1日实施的修订后的《公司法》从维护公司权益及其独立人格的角度出发，取消了上述限制。因此，依据本院《关于适用〈中华人民共和国公司法〉若干问题的规定（一）》第2条的规定，本案不应以修订前的《公司法》第12条规定否定《股权转让协议》的效力。故同意你院审判委员会的倾向性意见。

此复。

第十五条　【公司转投资及对外担保的程序规定】公司向其他企业投资或者为他人提供担保，按照公司章程的规定，由董事会或者股东会决议；公司章程对投资或者担保的总额及单项投资或者担保的数额有限额规定的，不得超过规定的限额。

公司为公司股东或者实际控制人提供担保的，应当经股东会决议。

前款规定的股东或者受前款规定的实际控制人支配的股东，不得参加前款规定事项的表决。该项表决由出席会议的其他股东所持表决权的过半数通过。

条文应用提示 ●●●●●●

公司对外投资和为他人提供担保，是公司的重大经营行为和民事活动，有较大的风险：如果决策不当，将会给公司、股东和债权人造成损失。对这类行为，应当由公司机关作出决议，公司应当充分考虑其风险，进行合理判断，作出决策。

公司向其他企业投资或者为他人提供担保,一般原则是:公司章程可以根据实际经营的需要,将对外投资和为他人担保的决策权授予股东会或者董事会。对外投资和为他人担保的数额较大的,可以授权由股东会作出决议;数额不大的,为了保持公司经营的灵活性,可以授权董事会作出决议。当然,公司也可以将对外投资和为他人担保的决策权全部授予董事会,但应当在公司章程中明确规定。其特别规定是公司为公司股东或者实际控制人提供担保的,必须经股东会决议。

为了保证交易安全,公司章程可以对投资或者担保的总额及每一项投资或者担保的数额作出限制性规定;公司章程有这类规定的,公司机关在作出决议或在具体进行此类活动时,不得超过规定的限额。

公司为公司股东或者实际控制人提供担保,当股东会作出决议时,该股东及实际控制人支配的股东应当回避,不得参加表决。这样规定主要是为了维护决议的公正性,避免表决事项所涉及的股东,特别是控股股东滥用资本多数决的原则,以公司决议的方式谋求与公司利益不符的股东或实际控制人自己的利益,损害公司和其他股东的利益。

▎旧法对应关系 ●●●●●●●●

原《公司法》第十六条 公司向其他企业投资或者为他人提供担保,依照公司章程的规定,由董事会或者股东会、股东大会决议;公司章程对投资或者担保的总额及单项投资或者担保的数额有限额规定的,不得超过规定的限额。

公司为公司股东或者实际控制人提供担保的,必须经股东会或者股东大会决议。

前款规定的股东或者受前款规定的实际控制人支配的股东,不得参加前款规定事项的表决。该项表决由出席会议的其他股东所持表决权的过半数通过。

▎关联法律法规 ●●●●●●●●

《中华人民共和国民法典》(自2021年1月1日起施行)

第六十一条 依照法律或者法人章程的规定,代表法人从事民事活动的负责人,为法人的法定代表人。

法定代表人以法人名义从事的民事活动,其法律后果由法人承受。

法人章程或者法人权力机构对法定代表人代表权的限制,不得对抗善意相对人。

第五百零四条 法人的法定代表人或者非法人组织的负责人超越权限订立的合同,除相对人知道或者应当知道其超越权限外,该代表行为有效,订立的合同对法人或者非法人组织发生效力。

《最高人民法院关于适用〈中华人民共和国民法典〉有关担保制度的解释》(法释〔2019〕28号)

第七条 公司的法定代表人违反公司法关于公司对外担保决议程序的规定,超越权限代表公司与相对人订立担保合同,人民法院应当依照民法典第六十一条和第五百零四条等规定处理:

(一)相对人善意的,担保合同对公司发生效力;相对人请求公司承担担保责任的,人民法院应予支持。

(二)相对人非善意的,担保合同对公司不发生效力;相对人请求公司承担赔偿责任的,参照适用本解释第十七条的有关规定。

法定代表人超越权限提供担保造成公司损失,公司请求法定代表人承担赔偿责任的,人民法院应予支持。

第一款所称善意,是指相对人在订立担保合同时不知道且不应当知道法定代表人超越权限。相对人有证据证明已对公司决议进行了合理审查,人民法院应当认定其构成善意,但是公司有证据证明相对人知道或者应当知道决议系伪造、变造的除外。

第十七条 主合同有效而第三人提供的担保合同无效,人民法院应当区分不同情形确定担保人的赔偿责任:

(一)债权人与担保人均有过错的,担保人承担的赔偿责任不应超过债务人不能清偿部分的二分之一;

(二)担保人有过错而债权人无过错的,担保人对债务人不能清偿的部分承担赔偿责任;

(三)债权人有过错而担保人无过错的,担保人不承担赔偿责任。

主合同无效导致第三人提供的担保合同无效,担保人无过错的,不承担赔偿责任;担保人有过错的,其承担的赔偿责任不应超过债务人不能清偿部分的三分之一。

《最高人民法院关于印发〈全国法院民商事审判工作会议纪要〉的通知》(法〔2019〕254号)

(六)关于公司为他人提供担保

关于公司为他人提供担保的合同效力问题,审判实践中裁判尺度不统一,严重影响了司法公信力,有必要予以规范。对此,应当把握以下几点:

17.【违反《公司法》第16条构成越权代表】为防止法定代表人随意代表公司为他人提供担保给公司造成损失,损害中小股东利益,《公司法》第16条对法定代表人的代表权进行了限制。根据该条规定,担保行为不是法定代表人所能单独决定的事项,而必须以公司股东(大)会、董事会等公司机关的决议作为授权的基础和来源。法定代表人未经授权擅自为他人提供担保的,构成越权代表,人民法院应当根据《合同法》第50条关于法定代表人越权代表的规定,区分订立合同时债权人是否善意分别认定合同效力:债权人善意的,合同有效;反之,合同无效。

18.【善意的认定】前条所称的善意,是指债权人不知道或者不应当知道法定代表人超越权限订立担保合同。《公司法》第16条对关联担保和非关联担保的决议机关作出了区别规定,相应地,在善意的判断标准上也应当有所区别。一种情形是,为公司股东或者实际控制人提供关联担保,《公司法》第16条明确规定必须由股东(大)会决议,未经股东(大)会决议,构成越权代表。在此情况下,债权人主张担保合同有效,应当提供证据证明其在订立合同时对股东(大)会决议进行了审查,决议的表决程序符合《公司法》第16条的规定,即在排除被担保股东表决权的情况下,该项表决由出席会议的其他股东所持表决权的过半数通过,签字人员也符合公司章程的规定。另一种情形是,公司为公司股东或者实际控制人以外的人提供非关联担保,根据《公司法》第16条的规定,此时由公司章程规定是由董事会决议还是股东(大)会决议。无论章程是否对决议机关作出规定,也无论章程规定决议机关为董事会还是股东(大)会,根据《民法总则》第61条第3款关于"法人章程或者法人权力机构对法定代表人代表权的限制,不得对抗善意相对人"的规定,只要债权人能够证明其在订立担保合同时对董事会决议或者股东(大)会决议进行了审查,同意决议的人数及签字人员符合公司章程的规定,就应当认定其构成善意,但公司能够证明债权人明知公司章程对决议机关有明确规定的除外。

债权人对公司机关决议内容的审查一般限于形式审查,只要求尽到必要的注意义务即可,标准不宜太过严苛。公司以机关决议系法定代表人伪造或者变造、决议程序违法、签章(名)不实、担保金额超过法定限额等事由抗辩债权人非善意的,人民法院一般不予支持。但是,公司有证据证明债权人明知决议系伪造或者变造的除外。

19.【无须机关决议的例外情况】存在下列情形的,即便债权人知道或者应当知道没有公司机关决议,也应当认定担保合同符合公司的真实意思表示,合同有效:

(1)公司是以为他人提供担保为主营业务的担保公司,或者是开展保函业务的银行或者非银行金融机构;

(2)公司为其直接或者间接控制的公司开展经营活动向债权人提供担保;

(3)公司与主债务人之间存在相互担保等商业合作关系;

(4)担保合同系由单独或者共同持有公司三分之二以上有表决权的股东签字同意。

20.【越权担保的民事责任】依据前述3条规定,担保合同有效,债权人请求公司承担担保责任的,人民法院依法予以支持;担保合同无效,债权人请求公司承担担保责任的,人民法院不予支持,但可以按照担保法及有关司法解释关于担保无效的规定处理。公司举证证明债权人明知法定代表人超越权限或者机关决议系伪造或者变造,债权人请求公司承担合同无效后的民事责任的,人民法院不予支持。

21.【权利救济】法定代表人的越权担保行为给公司造成损失,公司请求法定代表人承担赔偿责任的,人民法院依法予以支持。公司没有提起诉讼,股东依据《公司法》第151条的规定请求法定代表人承担赔偿责任的,人民法院依法予以支持。

22.【上市公司为他人提供担保】债权人根据上市公司公开披露的关于担保事项已经董事会或者股东大会决议通过的信息订立的担保合同,人民法院应当认定有效。

23.【债务加入准用担保规则】法定代表人以公司名义与债务人约定加入债务并通知债权人或者向债权人表示愿意加入债务,该约定的效力问题,参照本纪要关于公司为他人提供担保的有关规则处理。

《最高人民法院关于审理金融资产管理公司利用外资处置不良债权案件涉及对外担保合同效力问题的通知》(法发〔2010〕25号)

一、2005年1月1日之后金融资产管理公司利用外资处置不良债权,向外国投资者出售或转让不良资产,外国投资者受让债权之后向人民法院提起诉讼,要求债务人及担保人直接向其承担责任的案件,由于债权人变更为外国投资者,使得不良资产中含有的原国内性质的担保具有了对外担保的性质,该类担保有其自身的特性,国家有关主管部门对该类担保的审查采取较为宽松的政策。如果当事人提供证据证明依照《国家外汇管理局关于金融资产管理公司利用外资处置不良资产有关外汇管理问题的通知》(汇发〔2004〕119号)第六条规定,金融资产管理公司通知了原债权债务合同的担保人,外国投资者或其代理人在办理不良资产转让备案登记时提交的材料中注明了担保的具体情况,并经国家外汇管理局分局、管理部审核后办理不良资产备案登记的,人民法院不应以转让未经担保人同意或者未经国家有关主管部门批准或者登记为由认定担保合同无效。

二、外国投资者或其代理人办理不良资产转让备案登记时,向国家外汇管理局分局、管理部提交的材料中应逐笔列明担保的情况,未列明的,视为担保未予登记。当事人在一审法庭辩论终结前向国家外汇管理局分局、管理部补交了注明担保具体情况的不良资产备案资料的,人民法院不应以未经国家有关主管部门批准或者登记为由认定担保合同无效。

三、对于因2005年1月1日之前金融资产管理公司利用外资处置不良债权而产生的纠纷案件,如果当事人能够提供证据证明依照当时的规定办理了相关批准、登记手续的,人民法院不应以未经国家有关主管部门批准或者登记为由认定担保合同无效。

《上市公司监管指引第8号——上市公司资金往来、对外担保的监管要求》(中国证券监督管理委员会公告〔2022〕26号)

第一章 总 则

第一条 为进一步规范上市公司与控股股东、实际控制人及其他关联方的资金往来,有效控制上市公司对外担保风险,保护投资者合法权益,根据《中华人民共和国民法典》(以下简称《民法典》)、《中华人民共和国公司法》(以下简称《公司法》)、《中华人民共和国证券法》(以下简称《证券法》)、《中华人民共和国银行业监督管理法》《企业国有资产监督管理暂行条例》等法律、行政法规,制定本指引。

第二条　上市公司应建立有效的内部控制制度,防范控股股东、实际控制人及其他关联方的资金占用,严格控制对外担保产生的债务风险,依法履行关联交易和对外担保的审议程序和信息披露义务。

第三条　控股股东、实际控制人及其他关联方不得以任何方式侵占上市公司利益。

第二章　资金往来

第四条　控股股东、实际控制人及其他关联方与上市公司发生的经营性资金往来中,不得占用上市公司资金。

第五条　上市公司不得以下列方式将资金直接或者间接地提供给控股股东、实际控制人及其他关联方使用:

(一)为控股股东、实际控制人及其他关联方垫支工资、福利、保险、广告等费用、承担成本和其他支出;

(二)有偿或者无偿地拆借公司的资金(含委托贷款)给控股股东、实际控制人及其他关联方使用,但上市公司参股公司的其他股东同比例提供资金的除外。前述所称"参股公司",不包括由控股股东、实际控制人控制的公司;

(三)委托控股股东、实际控制人及其他关联方进行投资活动;

(四)为控股股东、实际控制人及其他关联方开具没有真实交易背景的商业承兑汇票,以及在没有商品和劳务对价情况下或者明显有悖商业逻辑情况下以采购款、资产转让款、预付款等方式提供资金;

(五)代控股股东、实际控制人及其他关联方偿还债务;

(六)中国证券监督管理委员会(以下简称中国证监会)认定的其他方式。

第六条　注册会计师在为上市公司年度财务会计报告进行审计工作中,应当根据本章规定,对上市公司存在控股股东、实际控制人及其他关联方占用资金的情况出具专项说明,公司应当就专项说明作出公告。

第三章　对外担保

第七条　上市公司对外担保必须经董事会或者股东大会审议。

第八条　上市公司的《公司章程》应当明确股东大会、董事会审批对外担保的权限及违反审批权限、审议程序的责任追究制度。

第九条　应由股东大会审批的对外担保，必须经董事会审议通过后，方可提交股东大会审批。须经股东大会审批的对外担保，包括但不限于下列情形：

（一）上市公司及其控股子公司的对外担保总额，超过最近一期经审计净资产百分之五十以后提供的任何担保；

（二）为资产负债率超过百分之七十的担保对象提供的担保；

（三）单笔担保额超过最近一期经审计净资产百分之十的担保；

（四）对股东、实际控制人及其关联方提供的担保。

股东大会在审议为股东、实际控制人及其关联方提供的担保议案时，该股东或者受该实际控制人支配的股东，不得参与该项表决，该项表决由出席股东大会的其他股东所持表决权的半数以上通过。

第十条　应由董事会审批的对外担保，必须经出席董事会的三分之二以上董事审议同意并做出决议。

第十一条　上市公司为控股股东、实际控制人及其关联方提供担保的，控股股东、实际控制人及其关联方应当提供反担保。

第十二条　上市公司董事会或者股东大会审议批准的对外担保，必须在证券交易所的网站和符合中国证监会规定条件的媒体及时披露，披露的内容包括董事会或者股东大会决议、截止信息披露日上市公司及其控股子公司对外担保总额、上市公司对控股子公司提供担保的总额。

第十三条　上市公司在办理贷款担保业务时，应向银行业金融机构提交《公司章程》、有关该担保事项董事会决议或者股东大会决议原件、该担保事项的披露信息等材料。

第十四条　上市公司独立董事应在年度报告中，对上市公司报告期末尚未履行完毕和当期发生的对外担保情况、执行本章规定情况进行专项说明，并发表独立意见。

第十五条　上市公司控股子公司对于向上市公司合并报表范围之外的主体提供担保的，应视同上市公司提供担保，上市公司应按照本章规定执行。

第四章　上市公司提供担保的贷款审批

第十六条　各银行业金融机构应当严格依据《民法典》《公司法》《最

高人民法院关于适用〈中华人民共和国民法典〉有关担保制度的解释》等法律法规、司法解释,加强对由上市公司提供担保的贷款申请的审查,切实防范相关信贷风险,并及时将贷款、担保信息登录征信管理系统。

第十七条　各银行业金融机构必须依据本指引、上市公司《公司章程》及其他有关规定,认真审核以下事项:

(一)由上市公司提供担保的贷款申请的材料齐备性及合法合规性;

(二)上市公司对外担保履行董事会或者股东大会审批程序的情况;

(三)上市公司对外担保履行信息披露义务的情况;

(四)上市公司的担保能力;

(五)贷款人的资信、偿还能力等其他事项。

第十八条　各银行业金融机构应根据相关法律法规和监管规定完善内部控制制度,控制贷款风险。

第十九条　对由上市公司控股子公司提供担保的贷款申请,比照本章规定执行。

第五章　资金占用和违规担保的整改

第二十条　上市公司应对其与控股股东、实际控制人及其他关联方已经发生的资金往来、对外担保情况进行自查。对于存在资金占用、违规担保问题的公司,应及时完成整改,维护上市公司和中小股东的利益。

第二十一条　上市公司被控股股东、实际控制人及其他关联方占用的资金,原则上应当以现金清偿。严格控制控股股东、实际控制人及其他关联方以非现金资产清偿占用的上市公司资金。控股股东、实际控制人及其他关联方拟用非现金资产清偿占用的上市公司资金,应当遵守以下规定:

(一)用于抵偿的资产必须属于上市公司同一业务体系,并有利于增强上市公司独立性和核心竞争力,减少关联交易,不得是尚未投入使用的资产或者没有客观明确账面净值的资产。

(二)上市公司应当聘请符合《证券法》规定的中介机构对符合以资抵债条件的资产进行评估,以资产评估值或者经审计的账面净值作为以资抵债的定价基础,但最终定价不得损害上市公司利益,并充分考虑所占用资金的现值予以折扣。审计报告和评估报告应当向社会公告。

(三)独立董事应当就上市公司关联方以资抵债方案发表独立意见,

或者聘请符合《证券法》规定的中介机构出具独立财务顾问报告。

（四）上市公司关联方以资抵债方案须经股东大会审议批准，关联方股东应当回避投票。

第六章　资金占用和违规担保的处置

第二十二条　中国证监会与公安部、国资委、中国银保监会等部门加强监管合作，实施信息共享，共同建立监管协作机制，严厉查处资金占用、违规担保等违法违规行为，涉嫌犯罪的依法追究刑事责任。

第二十三条　上市公司及其董事、监事、高级管理人员，控股股东、实际控制人及其他关联方违反本指引的，中国证监会根据违规行为性质、情节轻重依法给予行政处罚或者采取行政监管措施。涉嫌犯罪的移交公安机关查处，依法追究刑事责任。

第二十四条　国有资产监督管理机构应当指导督促国有控股股东严格落实本指引要求。对违反本指引的，按照管理权限给予相应处理；造成国有资产损失或者其他严重不良后果的，依法依规追究相关人员责任。

第二十五条　银行保险机构违反本指引的，中国银保监会依法对相关机构及当事人予以处罚；涉嫌犯罪的，移送司法机关追究法律责任。

第二十六条　公安机关对中国证监会移交的上市公司资金占用和违规担保涉嫌犯罪案件或者工作中发现的相关线索，要及时按照有关规定进行审查，符合立案条件的，应尽快立案侦查。

第七章　附　　则

第二十七条　本指引下列用语的含义：

（一）本指引所称"对外担保"，是指上市公司为他人提供的担保，包括上市公司对控股子公司的担保。

（二）本指引所称"上市公司及其控股子公司的对外担保总额"，是指包括上市公司对控股子公司担保在内的上市公司对外担保总额与上市公司控股子公司对外担保总额之和。

第二十八条　金融类上市公司不适用本指引第三章、第四章的规定。金融监管部门对金融类上市公司资金往来另有规定的，从其规定。

第二十九条　本指引自公布之日起施行。2017年12月7日施行的《关于规范上市公司与关联方资金往来及上市公司对外担保若干问题的通知》（证监会公告〔2017〕16号）、2005年11月14日施行的《关于规范上市公司对外担保行为的通知》(证监发〔2005〕120 号)、2005 年 6 月 6 日施行的《关于集中解决上市公司资金被占用和违规担保问题的通知》(证监公司字〔2005〕37 号)同步废止。

▎典型案例指导 ●●●●●●

某仓储公司诉某物流公司、香港某投资公司、某货运代理公司国际货物买卖合同纠纷案[人民法院案例库 2024-10-2-084-004,山东省高级人民法院(2023)鲁民终 634 号民事判决]

本案系涉港商事纠纷,各方当事人均同意适用中华人民共和国内地法律,中华人民共和国内地法律为解决本案实体争议的准据法。《公司法》第十六条系对公司担保的一般性规定,《最高人民法院关于适用〈中华人民共和国民法典〉有关担保制度的解释》第八条系《公司法》第十六条的三种例外情形规定。《最高人民法院关于适用〈中华人民共和国民法典〉有关担保制度的解释》第九条系对上市公司、上市公司公开披露的控股子公司及新三板挂牌公司对外提供担保的特别规定。根据特别规定优于一般规定的法律适用原则,新三板挂牌公司为其全资子公司提供担保应适用《最高人民法院关于适〈中华人民共和国民法典〉有关担保制度的解释》第九条系对上市公司、上市公司公开披露的控股子公司及新三板挂牌公司对外提供担保的特别规定。根据特别规定优于一般规定的法律适用原则,新三板挂牌公司为其全资子公司提供担保应适用《最高人民法院关于适用〈中华人民共和国民法典〉有关担保制度的解释》第九条的规定。

某信托公司诉某建筑公司等金融借款合同纠纷案[人民法院案例库 2023-08-2-103-022,北京市西城区人民法院(2021)京 0102 民初 7664 号民事判决]

公司对外提供担保,债权人负有对公司章程、公司权力机关作出的担保决议等与担保相关文件的合理审查义务,否则担保合同对公司不产生效力。在担保人未对担保合同效力提出异议的场合,法院仍需要主动依职权审查债权人对公司对外担保尽到合理审查义务,主要理由为:

1. 无论担保人公司是否到庭参加诉讼,公司作为组织机构的属性并未变化,在诉讼中未提出异议,并不能当然视为公司整体及公司的所有股东在签署担保合同时同意公司对外提供担保,法院仍然需要主动审查公司组织机构的意思表示。

2. 法院主动审查担保合同签订时债权人是否尽到合理审查义务系查明案

件事实的需要，因为查明案件基本事实是法院的职责，即使担保人未提出抗辩，法院也需依职权主动审查。

3. 法院主动审查担保合同效力有助于保护公司和中小股东权益。担保的无偿性特点决定了担保权人在获得担保债务清偿时无需支付任何对价，而公司其他债权人在获得债务清偿时系基于对待给付义务。因此，即使担保人未对担保合同效力提出异议，人民法院也应对债权人是否尽到合理审查义务进行主动审查，以平衡保护债权人和公司、公司中小股东的利益。

深圳市某某数据科技有限公司诉某某电器（深圳）有限公司、无锡某某新材料科技有限公司债权人撤销权纠纷案［人民法院案例库 2024-08-2-078-001，江苏省无锡市中级人民法院（2022）苏02民终983号民事判决］

《最高人民法院关于适用〈中华人民共和国民法典〉有关担保制度的解释》第七条规定，公司的法定代表人违反公司法关于公司对外担保决议程序的规定，超越权限代表公司与相对人订立担保合同，相对人非善意的，担保合同对公司不发生效力。该不发生效力的法律后果系因欠缺公司的意思表示，且相对人不构成善意取得而引起。本案的以房抵债可以比照上述担保行为，虽然未经股东会决议，但其法律后果并非无效，而是对某电器公司不发生效力，某电器公司或其股东有权选择是否予以追认，该权利应归于某电器公司或其股东，某数据科技公司作为某电器公司的债权人无权代位主张无效。

甘肃某融资担保公司诉甘肃某生物科技公司、甘肃某房地产开发公司借款合同纠纷案［人民法院案例库 2023-08-2-103-027，甘肃省高级人民法院（2020）甘民终115号民事判决］

分公司对外民事法律行为的法律后果依法由公司承担。分公司以登记在其名下的财产对外提供担保，应当适用《公司法》第十六条的规定，由公司股东（大）会或者董事会作出决议。

香港上海汇丰银行有限公司上海分行与景轩大酒店（深圳）有限公司、万轩置业有限公司金融借款合同纠纷案［最高人民法院（2010）民四终字第12号民事判决书，《最高人民法院公报》2014年第6期（总第212期）］

根据国家外汇管理局颁布的《境内机构对外担保管理办法实施细则》第八条第二款规定，外商独资企业可以自行提供对外担保，无须得到外汇局逐笔批准。同时，依据《境内机构对外担保管理办法》第十四条及《最高人民法院关于适用〈中华人民共和国担保法〉若干问题的解释》第六条的规定，担保人提供对外担保后，应当到所在地的外汇局办理担保登记手续。未经国家有关主管部门批准或者登记对外担保的,对外担保合同无效。由此可知,外商独资企业对外提供担保,虽然不需要逐笔审批,但仍然需要进行登记,未经国家有关主管部门登记的,该担保合同应认定为无效。

> **第十六条 【职工权益保护】**公司应当保护职工的合法权益,依法与职工签订劳动合同,参加社会保险,加强劳动保护,实现安全生产。
> 公司应当采用多种形式,加强公司职工的职业教育和岗位培训,提高职工素质。

▎条文应用提示 ●●●●●●

保护职工的合法权益,主要体现在:(1)依法与职工签订劳动合同。公司应当本着平等自愿、协商一致的原则,与职工签订劳动合同,确立劳动关系、明确双方的权利和义务,充分尊重和保障职工的劳动权益。劳动合同应为书面形式。(2)依法为职工办理社会保险。用人单位和劳动者必须依法参加社会保险,缴纳社会保险费,依法为职工办理社会保险,缴纳保险费是公司的一项法定义务。(3)加强劳动保护,实现安全生产。公司在组织生产经营过程中,必须采取各项保护措施,对劳动者进行保护,为劳动者提供安全、卫生的劳动条件,并不断加以改善,要消除和预防生产经营过程中可能发生的伤亡、职业病和其他伤害劳动者的事故,保障劳动者能以健康的体力参加生产经营活动。

▎旧法对应关系 ●●●●●●

原《公司法》第十七条 公司必须保护职工的合法权益,依法与职工签订劳动合同,参加社会保险,加强劳动保护,实现安全生产。

公司应当采用多种形式,加强公司职工的职业教育和岗位培训,提高职工素质。

▎关联法律法规 ●●●●●●

《中华人民共和国劳动法》(2018年修正)

第五十二条 用人单位必须建立、健全劳动安全卫生制度,严格执行国家劳动安全卫生规程和标准,对劳动者进行劳动安全卫生教育,防止劳动过程中的事故,减少职业危害。

第五十三条　劳动安全卫生设施必须符合国家规定的标准。

新建、改建、扩建工程的劳动安全卫生设施必须与主体工程同时设计、同时施工、同时投入生产和使用。

第五十四条　用人单位必须为劳动者提供符合国家规定的劳动安全卫生条件和必要的劳动防护用品,对从事有职业危害作业的劳动者应当定期进行健康检查。

《中华人民共和国劳动合同法》(2012年修正)

第四条第一款　用人单位应当依法建立和完善劳动规章制度,保障劳动者享有劳动权利、履行劳动义务。

第七条　用人单位自用工之日起即与劳动者建立劳动关系。用人单位应当建立职工名册备查。

第八条　用人单位招用劳动者时,应当如实告知劳动者工作内容、工作条件、工作地点、职业危害、安全生产状况、劳动报酬,以及劳动者要求了解的其他情况;用人单位有权了解劳动者与劳动合同直接相关的基本情况,劳动者应当如实说明。

《中华人民共和国职业教育法》(2022年修订)

第二十四条　企业应当根据本单位实际,有计划地对本单位的职工和准备招用的人员实施职业教育,并可以设置专职或者兼职实施职业教育的岗位。

企业应当按照国家有关规定实行培训上岗制度。企业招用的从事技术工种的劳动者,上岗前必须进行安全生产教育和技术培训;招用的从事涉及公共安全、人身健康、生命财产安全等特定职业(工种)的劳动者,必须经过培训并依法取得职业资格或者特种作业资格。

企业开展职业教育的情况应当纳入企业社会责任报告。

第五十八条　企业应当根据国务院规定的标准,按照职工工资总额一定比例提取和使用职工教育经费。职工教育经费可以用于举办职业教育机构、对本单位的职工和准备招用人员进行职业教育等合理用途,其中用于企业一线职工职业教育的经费应当达到国家规定的比例。用人单位安排职工到职业学校或者职业培训机构接受职业教育的,应当在其接受职业教育期间依法支付工资,保障相关待遇。

企业设立具备生产与教学功能的产教融合实习实训基地所发生的费

用,可以参照职业学校享受相应的用地、公用事业费等优惠。

第六十四条 企业未依照本法规定对本单位的职工和准备招用的人员实施职业教育、提取和使用职工教育经费的,由有关部门责令改正;拒不改正的,由县级以上人民政府收取其应当承担的职工教育经费,用于职业教育。

《中华人民共和国安全生产法》(2021年修正)

第十条 国务院应急管理部门依照本法,对全国安全生产工作实施综合监督管理;县级以上地方各级人民政府应急管理部门依照本法,对本行政区域内安全生产工作实施综合监督管理。

国务院交通运输、住房和城乡建设、水利、民航等有关部门依照本法和其他有关法律、行政法规的规定,在各自的职责范围内对有关行业、领域的安全生产工作实施监督管理;县级以上地方各级人民政府有关部门依照本法和其他有关法律、法规的规定,在各自的职责范围内对有关行业、领域的安全生产工作实施监督管理。对新兴行业、领域的安全生产监督管理职责不明确的,由县级以上地方各级人民政府按照业务相近的原则确定监督管理部门。

应急管理部门和对有关行业、领域的安全生产工作实施监督管理的部门,统称负有安全生产监督管理职责的部门。负有安全生产监督管理职责的部门应当相互配合、齐抓共管、信息共享、资源共用,依法加强安全生产监督管理工作。

第十一条 国务院有关部门应当按照保障安全生产的要求,依法及时制定有关的国家标准或者行业标准,并根据科技进步和经济发展适时修订。

生产经营单位必须执行依法制定的保障安全生产的国家标准或者行业标准。

《社会保险费征缴暂行条例》(2019年修订)

第三条 基本养老保险费的征缴范围:国有企业、城镇集体企业、外商投资企业、城镇私营企业和其他城镇企业及其职工,实行企业化管理的事业单位及其职工。

基本医疗保险费的征缴范围:国有企业、城镇集体企业、外商投资企业、城镇私营企业和其他城镇企业及其职工,国家机关及其工作人员,事业单位及其职工,民办非企业单位及其职工,社会团体及其专职人员。

失业保险费的征缴范围:国有企业、城镇集体企业、外商投资企业、城镇私营企业和其他城镇企业及其职工,事业单位及其职工。

省、自治区、直辖市人民政府根据当地实际情况,可以规定将城镇个体工商户纳入基本养老保险、基本医疗保险的范围,并可以规定将社会团体及其专职人员、民办非企业单位及其职工以及有雇工的城镇个体工商户及其雇工纳入失业保险的范围。

社会保险费的费基、费率依照有关法律、行政法规和国务院的规定执行。

《国务院关于试行社会保险基金预算的意见》(国发[2010]2号)

二、社会保险基金预算编制范围

社会保险基金预算按险种分别编制,包括企业职工基本养老保险基金、失业保险基金、城镇职工基本医疗保险基金、工伤保险基金、生育保险基金等内容。根据国家法律法规建立的其他社会保险基金,条件成熟时,也应尽快纳入社会保险基金预算管理。

企业职工基本养老保险基金预算包括基金收入预算和基金支出预算。基金收入主要包括基本养老保险费收入、利息收入、财政补贴收入、转移收入、上级补助收入、下级上解收入、其他收入等;基金支出主要包括基本养老金支出、医疗补助金支出、丧葬抚恤补助支出、转移支出、补助下级支出、上解上级支出、其他支出等。

失业保险基金预算包括基金收入预算和基金支出预算。基金收入主要包括失业保险费收入、利息收入、财政补贴收入、转移收入、上级补助收入、下级上解收入、其他收入等;基金支出主要包括失业保险金支出、医疗补助金支出、丧葬抚恤补助支出、职业培训和职业介绍补贴支出、转移支出、补助下级支出、上解上级支出、其他支出等。

城镇职工基本医疗保险基金预算包括基金收入预算和基金支出预算。基金收入主要包括基本医疗保险费收入、利息收入、财政补贴收入、转移收入、上级补助收入、下级上解收入、其他收入等;基金支出主要包括基本医疗保险待遇支出、转移支出、补助下级支出、上解上级支出、其他支出等。

工伤保险基金预算包括基金收入预算和基金支出预算。基金收入主要包括工伤保险费收入、利息收入、财政补贴收入、转移收入、上级补助收入、下级上解收入、其他收入等；基金支出主要包括工伤保险待遇支出、劳动能力鉴定费支出、转移支出、补助下级支出、上解上级支出、其他支出等。

生育保险基金预算包括基金收入预算和基金支出预算。基金收入主要包括生育保险费收入、利息收入、财政补贴收入、转移收入、上级补助收入、下级上解收入、其他收入等；基金支出主要包括生育保险待遇支出、医疗费支出、转移支出、补助下级支出、上解上级支出、其他支出等。

> 第十七条 【公司的工会及民主管理】公司职工依照《中华人民共和国工会法》组织工会，开展工会活动，维护职工合法权益。公司应当为本公司工会提供必要的活动条件。公司工会代表职工就职工的劳动报酬、工作时间、休息休假、劳动安全卫生和保险福利等事项依法与公司签订集体合同。
>
> 公司依照宪法和有关法律的规定，建立健全以职工代表大会为基本形式的民主管理制度，通过职工代表大会或者其他形式，实行民主管理。
>
> 公司研究决定改制、解散、申请破产以及经营方面的重大问题、制定重要的规章制度时，应当听取公司工会的意见，并通过职工代表大会或者其他形式听取职工的意见和建议。

▌条文应用提示 ●●●●●●

公司职工有权依照工会法的规定组织工会，开展工会活动，为此，公司应当提供必要的条件，支持工会工作。维护职工的合法权益是工会的基本职责，其中一个重要的体现是工会代表职工与企业进行平等协商，签订集体合同。集体合同所涉及的事项应包括职工的劳动报酬、工作时间、福利、保险和劳动安全卫生等涉及职工切身利益的事项。根据《工会法》的规定，公司违反集体合同，侵犯职工劳动权益的，工会可以依法要求企业承担责任；因履行集体合同发生争议的工会可以向劳动争议仲裁机构提请仲裁，对仲裁裁决不服的，可以向人民法院提起诉讼。公司应当依法实行民主管理。公司职工依法参与公司的管理，既有利于充分调动职工的积极性，也有利于促进公司的健康发展，符合现代公司制度发展的潮流。公司职工参与民主管理应当通过职代会和其他民主形式进行，并应主要对经营决策中涉及职工切身利益的问题发表意见。公司在就经营目标、投资计划、利润分配、合并分立、兼并破产等问题作出重大决策以及制定包括公司的奖励制度、工作纪律等方面的重要的规章制度时应当听取公司工会和职工的意见。

旧法对应关系

原《公司法》第十八条　公司职工依照《中华人民共和国工会法》组织工会，开展工会活动，维护职工合法权益。公司应当为本公司工会提供必要的活动条件。公司工会代表职工就职工的劳动报酬、工作时间、福利、保险和劳动安全卫生等事项依法与公司签订集体合同。

公司依照宪法和有关法律的规定，通过职工代表大会或者其他形式，实行民主管理。

公司研究决定改制以及经营方面的重大问题、制定重要的规章制度时，应当听取公司工会的意见，并通过职工代表大会或者其他形式听取职工的意见和建议。

关联法律法规

《中华人民共和国宪法》（2018年修正）

第四十二条第一款　中华人民共和国公民有劳动的权利和义务。

第四十三条第一款　中华人民共和国劳动者有休息的权利。

国家发展劳动者休息和休养的设施，规定职工的工作时间和休假制度。

《中华人民共和国劳动法》（2018年修正）

第七条　劳动者有权依法参加和组织工会。

工会代表和维护劳动者的合法权益，依法独立自主地开展活动。

第八条　劳动者依照法律规定，通过职工大会、职工代表大会或者其他形式，参与民主管理或者就保护劳动者合法权益与用人单位进行平等协商。

《中华人民共和国劳动合同法》（2012年修正）

第四条第二、三款　用人单位在制定、修改或者决定有关劳动报酬、工作时间、休息休假、劳动安全卫生、保险福利、职工培训、劳动纪律以及劳动定额管理等直接涉及劳动者切身利益的规章制度或者重大事项时,应当经职工代表大会或者全体职工讨论,提出方案和意见,与工会或者职工代表平等协商确定。

在规章制度和重大事项决定实施过程中,工会或者职工认为不适当的,有权向用人单位提出,通过协商予以修改完善。

《中华人民共和国工会法》(2021年修正)

第一条　为保障工会在国家政治、经济和社会生活中的地位,确定工会的权利与义务,发挥工会在社会主义现代化建设事业中的作用,根据宪法,制定本法。

第二条　工会是中国共产党领导的职工自愿结合的工人阶级群众组织,是中国共产党联系职工群众的桥梁和纽带。

中华全国总工会及其各工会组织代表职工的利益,依法维护职工的合法权益。

第三条　在中国境内的企业、事业单位、机关、社会组织(以下统称用人单位)中以工资收入为主要生活来源的劳动者,不分民族、种族、性别、职业、宗教信仰、教育程度,都有依法参加和组织工会的权利。任何组织和个人不得阻挠和限制。

工会适应企业组织形式、职工队伍结构、劳动关系、就业形态等方面的发展变化,依法维护劳动者参加和组织工会的权利。

第四条　工会必须遵守和维护宪法,以宪法为根本的活动准则,以经济建设为中心,坚持社会主义道路,坚持人民民主专政,坚持中国共产党的领导,坚持马克思列宁主义、毛泽东思想、邓小平理论、"三个代表"重要思想、科学发展观、习近平新时代中国特色社会主义思想,坚持改革开放,保持和增强政治性、先进性、群众性,依照工会章程独立自主地开展工作。

工会会员全国代表大会制定或者修改《中国工会章程》,章程不得与宪法和法律相抵触。

国家保护工会的合法权益不受侵犯。

第五条　工会组织和教育职工依照宪法和法律的规定行使民主权利,发挥国家主人翁的作用,通过各种途径和形式,参与管理国家事务、管理经济和文化事业、管理社会事务;协助人民政府开展工作,维护工人阶级领导的、以工农联盟为基础的人民民主专政的社会主义国家政权。

第六条　维护职工合法权益、竭诚服务职工群众是工会的基本职责。工会在维护全国人民总体利益的同时,代表和维护职工的合法权益。

工会通过平等协商和集体合同制度等,推动健全劳动关系协调机制,维护职工劳动权益,构建和谐劳动关系。

工会依照法律规定通过职工代表大会或者其他形式,组织职工参与本单位的民主选举、民主协商、民主决策、民主管理和民主监督。

工会建立联系广泛、服务职工的工会工作体系,密切联系职工,听取和反映职工的意见和要求,关心职工的生活,帮助职工解决困难,全心全意为职工服务。

第七条　工会动员和组织职工积极参加经济建设,努力完成生产任务和工作任务。教育职工不断提高思想道德、技术业务和科学文化素质,建设有理想、有道德、有文化、有纪律的职工队伍。

第八条　工会推动产业工人队伍建设改革,提高产业工人队伍整体素质,发挥产业工人骨干作用,维护产业工人合法权益,保障产业工人主人翁地位,造就一支有理想守信念、懂技术会创新、敢担当讲奉献的宏大产业工人队伍。

第九条　中华全国总工会根据独立、平等、互相尊重、互不干涉内部事务的原则,加强同各国工会组织的友好合作关系。

《最高人民法院关于在民事审判工作中适用〈中华人民共和国工会法〉若干问题的解释》(2020年修正)

第一条　人民法院审理涉及工会组织的有关案件时,应当认定依照工会法建立的工会组织的社团法人资格。具有法人资格的工会组织依法独立享有民事权利,承担民事义务。建立工会的企业、事业单位、机关与所建工会以及工会投资兴办的企业,根据法律和司法解释的规定,应当分别承担各自的民事责任。

第二条　根据工会法第十八条规定,人民法院审理劳动争议案件,涉及确定基层工会专职主席、副主席或者委员延长的劳动合同期限的,应当自上述人员工会职务任职期限届满之日起计算,延长的期限等于其工会职务任职的期间。

工会法第十八条规定的"个人严重过失",是指具有《中华人民共和国劳动法》第二十五条第(二)项、第(三)项或者第(四)项规定的情形。

第三条 基层工会或者上级工会依照工会法第四十三条规定向人民法院申请支付令的,由被申请人所在地的基层人民法院管辖。

第四条 人民法院根据工会法第四十三条的规定受理工会提出的拨缴工会经费的支付令申请后,应当先行征询被申请人的意见。被申请人仅对应拨缴经费数额有异议的,人民法院应当就无异议部分的工会经费数额发出支付令。

人民法院在审理涉及工会经费的案件中,需要按照工会法第四十二条第一款第(二)项规定的"全部职工""工资总额"确定拨缴数额的,"全部职工""工资总额"的计算,应当按照国家有关部门规定的标准执行。

第五条 根据工会法第四十三条和民事诉讼法的有关规定,上级工会向人民法院申请支付令或者提起诉讼,要求企业、事业单位拨缴工会经费的,人民法院应当受理。基层工会要求参加诉讼的,人民法院可以准许其作为共同申请人或者共同原告参加诉讼。

第六条 根据工会法第五十二条规定,人民法院审理涉及职工和工会工作人员因参加工会活动或者履行工会法规定的职责而被解除劳动合同的劳动争议案件,可以根据当事人的请求裁判用人单位恢复其工作,并补发被解除劳动合同期间应得的报酬;或者根据当事人的请求裁判用人单位给予本人年收入二倍的赔偿,并根据劳动合同法第四十六条、第四十七条规定给予解除劳动合同时的经济补偿。

第七条 对于企业、事业单位无正当理由拖延或者拒不拨缴工会经费的,工会组织向人民法院请求保护其权利的诉讼时效期间,适用民法典第一百八十八条的规定。

第八条 工会组织就工会经费的拨缴向人民法院申请支付令的,应当按照《诉讼费用交纳办法》第十四条的规定交纳申请费;督促程序终结后,工会组织另行起诉的,按照《诉讼费用交纳办法》第十三条规定的财产案件受理费标准交纳诉讼费用。

《最高人民法院关于审理与企业改制相关的民事纠纷案件若干问题的规定》(2020年修正)

第一条 人民法院受理以下平等民事主体间在企业产权制度改造中发生的民事纠纷案件:

（一）企业公司制改造中发生的民事纠纷；
（二）企业股份合作制改造中发生的民事纠纷；
（三）企业分立中发生的民事纠纷；
（四）企业债权转股权纠纷；
（五）企业出售合同纠纷；
（六）企业兼并合同纠纷；
（七）与企业改制相关的其他民事纠纷。

第二条 当事人起诉符合本规定第一条所列情形，并符合民事诉讼法第一百一十九条规定的起诉条件的，人民法院应当予以受理。

第三条 政府主管部门在对企业国有资产进行行政性调整、划转过程中发生的纠纷，当事人向人民法院提起民事诉讼的，人民法院不予受理。

第十八条 【公司中的中国共产党组织】在公司中，根据中国共产党章程的规定，设立中国共产党的组织，开展党的活动。公司应当为党组织的活动提供必要条件。

条文应用提示

这一规定包括两层含义：(1)在公司中设立党的组织，开展党的活动，应当遵守中国共产党章程的规定。按照中国共产党章程的规定，公司中如果有正式党员三人以上的，应当成立党的基层组织，党的基层组织应当按照党章的规定开展活动。(2)公司要为公司中党组织开展活动提供支持，如提供必需的活动场所等。但是，党组织不属于公司的组织机构，不涉及公司的生产运行和经营决策，也不得干预公司的经营自由。

旧法对应关系

原《公司法》第十九条 在公司中，根据中国共产党章程的规定，设立中国共产党的组织，开展党的活动。公司应当为党组织的活动提供必要条件。

关联法律法规

《最高人民法院关于强制执行中不应将企业党组织的党费作为企业财产予以冻结或划拨的通知》(法〔2005〕209号)

企业党组织的党费是企业每个党员按月工资比例向党组织交纳的用于党组织活动的经费。党费由党委组织部门代党委统一管理,单立账户,专款专用,不属于企业的责任财产。因此,在企业作为被执行人时,人民法院不得冻结或划拨该企业党组织的党费,不得用党费偿还该企业的债务。执行中,如果申请执行人提供证据证明企业的资金存入党费账户,并申请人民法院对该项资金予以执行的,人民法院可以对该项资金先行冻结;被执行人提供充分证据证明该项资金属于党费的,人民法院应当解除冻结。

各级人民法院发现执行案件过程中有违反上述规定情形的,应当及时依法纠正。

《中共中央组织部、财政部关于企业党组织活动经费问题的通知》(1989年1月6日公布)

一、企业党组织活动经费(包括召开党内会议,进行党内宣传教育活动和组织活动,培训党员和申请入党的积极分子,开展表彰优秀党员和先进党支部活动等费用),应按照中央组织部关于党费用途的规定,先由留用的党费中开支,不足部分从企业管理费中解决。

二、党组织活动经费中从企业管理费列支的部分,每年初由企业党委(总支、支部)根据工作需要和节约的原则编制年度预算,列入企业财务计划。在计划范围内,日常开支由党委书记审批,财务部门报销。

三、遇有特殊情况需追加经费时,应经党委会议讨论,向财务部门提出,由厂长决定。

四、企业党委要定期向党员大会或党员代表大会报告党组织活动经费开支情况,接受监督。由企业管理费列支的部分还要接受财务部门的监督。

五、党费的收缴、使用和管理,要严格按有关规定执行,上级党组织要加强检查和监督。

> **第十九条 【公司经营活动的基本原则】**公司从事经营活动,应当遵守法律法规,遵守社会公德、商业道德,诚实守信,接受政府和社会公众的监督。

▌条文应用提示 ●●●●●●●

公司在追求自身利益的同时,必须接受政府和社会公众的监督,必须对社会公众、对公司股东以外的利益主体、对社会的进步与发展,依照法律的规定承担责任。当然,对公司的合法权益,法律同样也要予以保护。

▌旧法对应关系 ●●●●●●●

原《公司法》第五条第一款 公司从事经营活动,必须遵守法律、行政法规,遵守社会公德、商业道德,诚实守信,接受政府和社会公众的监督,承担社会责任。

▌关联法律法规 ●●●●●●●

《中华人民共和国民法典》(自 2021 年 1 月 1 日起施行)

第七条 民事主体从事民事活动,应当遵循诚信原则,秉持诚实,恪守承诺。

第八条 民事主体从事民事活动,不得违反法律,不得违背公序良俗。

第八十六条 营利法人从事经营活动,应当遵守商业道德,维护交易安全,接受政府和社会的监督,承担社会责任。

《市场监督管理严重违法失信名单管理办法》(2021 年 7 月 30 日公布)

第一条 为了规范市场监督管理部门严重违法失信名单管理,强化信用监管,扩大社会监督,促进诚信自律,依照有关法律、行政法规,制定本办法。

第二条 当事人违反法律、行政法规,性质恶劣、情节严重、社会危害较大,受到市场监督管理部门较重行政处罚的,由市场监督管理部门依照本办法规定列入严重违法失信名单,通过国家企业信用信息公示系统公示,并实施相应管理措施。

前款所称较重行政处罚包括：

（一）依照行政处罚裁量基准,按照从重处罚原则处以罚款；

（二）降低资质等级,吊销许可证件、营业执照；

（三）限制开展生产经营活动、责令停产停业、责令关闭、限制从业；

（四）法律、行政法规和部门规章规定的其他较重行政处罚。

第三条　国家市场监督管理总局负责组织、指导全国的严重违法失信名单管理工作。

县级以上地方市场监督管理部门依照本办法规定负责严重违法失信名单管理工作。

第四条　市场监督管理部门应当按照规定将严重违法失信名单信息与其他有关部门共享,依照法律、行政法规和党中央、国务院政策文件实施联合惩戒。

第五条　实施下列食品安全领域违法行为,且属于本办法第二条规定情形的,列入严重违法失信名单(食品安全严重违法生产经营者黑名单)：

（一）未依法取得食品生产经营许可从事食品生产经营活动；

（二）用非食品原料生产食品；在食品中添加食品添加剂以外的化学物质和其他可能危害人体健康的物质；生产经营营养成分不符合食品安全标准的专供婴幼儿和其他特定人群的主辅食品；生产经营添加药品的食品；生产经营病死、毒死或者死因不明的禽、畜、兽、水产动物肉类及其制品；生产经营未按规定进行检疫或者检疫不合格的肉类；生产经营国家为防病等特殊需要明令禁止生产经营的食品；

（三）生产经营致病性微生物,农药残留、兽药残留、生物毒素、重金属等污染物质以及其他危害人体健康的物质含量超过食品安全标准限量的食品、食品添加剂；生产经营用超过保质期的食品原料、食品添加剂生产的食品、食品添加剂；生产经营未按规定注册的保健食品、特殊医学用途配方食品、婴幼儿配方乳粉,或者未按注册的产品配方、生产工艺等技术要求组织生产；生产经营的食品标签、说明书含有虚假内容,涉及疾病预防、治疗功能,或者生产经营保健食品之外的食品的标签、说明书声称具有保健功能；

（四）其他违反食品安全法律、行政法规规定,严重危害人民群众身体健康和生命安全的违法行为。

第六条　实施下列药品、医疗器械、化妆品领域违法行为,且属于本办法第二条规定情形的,列入严重违法失信名单:

(一)生产销售假药、劣药;违法生产、销售国家有特殊管理要求的药品(含疫苗);生产、进口、销售未取得药品批准证明文件的药品(含疫苗);

(二)生产、销售未经注册的第二、三类医疗器械;

(三)生产、销售非法添加可能危害人体健康物质的化妆品;

(四)其他违反药品、医疗器械、化妆品法律、行政法规规定,严重危害人民群众身体健康和生命安全的违法行为。

第七条　实施下列质量安全领域违法行为,且属于本办法第二条规定情形的,列入严重违法失信名单:

(一)生产、销售、出租、使用未取得生产许可、国家明令淘汰、已经报废、未经检验或者检验不合格的特种设备;对不符合安全技术规范要求的移动式压力容器和气瓶进行充装;

(二)生产销售不符合保障身体健康和生命安全的国家标准的产品,在产品中掺杂、掺假,以假充真、以次充好,或者以不合格产品冒充合格产品,生产销售国家明令淘汰的产品;

(三)产品质量监督抽查不合格,受到省级以上人民政府市场监督管理部门公告,经公告后复查仍不合格;

(四)出具虚假或者严重失实的检验、检测、认证、认可结论,严重危害质量安全;

(五)伪造、冒用、买卖认证标志或者认证证书;未经认证擅自出厂、销售、进口或者在其他经营性活动中使用被列入强制性产品认证目录内的产品;

(六)其他违反质量安全领域法律、行政法规规定,严重危害人民群众身体健康和生命安全的违法行为。

第八条　实施下列侵害消费者权益的违法行为,且属于本办法第二条规定情形的,列入严重违法失信名单:

(一)侵害消费者人格尊严、个人信息依法得到保护等权利;

(二)预收费用后为逃避或者拒绝履行义务,关门停业或者迁移服务场所,未按照约定提供商品或者服务,且被市场监督管理部门确认为无法

(三)制造、销售、使用以欺骗消费者为目的的计量器具;抄袭、串通、篡改计量比对数据,伪造数据、出具虚假计量校准证书或者报告,侵害消费者权益;

(四)经责令召回仍拒绝或者拖延实施缺陷产品召回;

(五)其他违反法律、行政法规规定,严重侵害消费者权益的违法行为。

第九条　实施下列破坏公平竞争秩序和扰乱市场秩序的违法行为,且属于本办法第二条规定情形的,列入严重违法失信名单:

(一)侵犯商业秘密、商业诋毁、组织虚假交易等严重破坏公平竞争秩序的不正当竞争行为;

(二)故意侵犯知识产权;提交非正常专利申请、恶意商标注册申请损害社会公共利益;从事严重违法专利、商标代理行为;

(三)价格串通、低价倾销、哄抬价格;对关系国计民生的商品或者服务不执行政府定价、政府指导价,不执行为应对突发事件采取的价格干预措施、紧急措施;

(四)组织、策划传销或者为传销提供便利条件;

(五)发布关系消费者生命健康的商品或者服务的虚假广告;

(六)其他违反法律、行政法规规定,严重破坏公平竞争秩序和扰乱市场秩序的违法行为。

第十条　实施下列违法行为,且属于本办法第二条规定情形的,列入严重违法失信名单:

(一)未依法取得其他许可从事经营活动;

(二)提交虚假材料或者采取其他手段隐瞒重要事实,取得行政许可,取得、变更或者注销市场主体登记,或者涂改、倒卖、出租、出售许可证件、营业执照;

(三)拒绝、阻碍、干扰市场监督管理部门依法开展监督检查和事故调查。

第十一条　当事人在市场监督管理部门作出行政处罚、行政裁决等行政决定后,有履行能力但拒不履行、逃避执行等,严重影响市场监督管理部门公信力的,列入严重违法失信名单。

法律、行政法规和党中央、国务院政策文件对市场主体相关责任人员列入严重违法失信名单有规定的,依照其规定。

第十二条　市场监督管理部门判断违法行为是否属于性质恶劣、情节严重、社会危害较大的情形,应当综合考虑主观恶意、违法频次、持续时间、处罚类型、罚没款数额、产品货值金额、对人民群众生命健康的危害、财产损失和社会影响等因素。

当事人有证据足以证明没有主观故意的,不列入严重违法失信名单。

第十三条　市场监督管理部门在作出行政处罚决定时应当对是否列入严重违法失信名单作出决定。列入决定书应当载明事由、依据、惩戒措施提示、移出条件和程序以及救济措施等。在作出列入决定前,应当告知当事人作出决定的事由、依据和当事人依法享有的权利。告知、听证、送达、异议处理等程序应当与行政处罚程序一并实施。

依照前款规定作出列入严重违法失信名单决定的,严重违法失信名单管理工作由作出行政处罚的市场监督管理部门负责。

因本办法第十一条规定的情形列入严重违法失信名单的,可以单独作出列入决定。告知、听证、送达、异议处理等程序应当参照行政处罚程序实施。

第十四条　作出列入决定的市场监督管理部门和当事人登记地(住所地)在同一省、自治区、直辖市的,作出列入决定的市场监督管理部门应当自作出决定之日起二十个工作日内将相关信息通过国家企业信用信息公示系统进行公示。

作出列入决定的市场监督管理部门和当事人登记地(住所地)不在同一省、自治区、直辖市的,作出列入决定的市场监督管理部门应当自作出决定之日起十个工作日内将列入严重违法失信名单信息推送至当事人登记地(住所地)市场监督管理部门,由其协助在收到信息之日起十个工作日内通过国家企业信用信息公示系统进行公示。

第十五条　市场监督管理部门对被列入严重违法失信名单的当事人实施下列管理措施:

(一)依据法律、行政法规和党中央、国务院政策文件,在审查行政许可、资质、资格、委托承担政府采购项目、工程招投标时作为重要考量因素;

（二）列为重点监管对象，提高检查频次，依法严格监管；

（三）不适用告知承诺制；

（四）不予授予市场监督管理部门荣誉称号等表彰奖励；

（五）法律、行政法规和党中央、国务院政策文件规定的其他管理措施。

第十六条　当事人被列入严重违法失信名单满一年，且符合下列条件的，可以依照本办法规定向市场监督管理部门申请提前移出：

（一）已经自觉履行行政处罚决定中规定的义务；

（二）已经主动消除危害后果和不良影响；

（三）未再受到市场监督管理部门较重行政处罚。

依照法律、行政法规规定，实施相应管理措施期限尚未届满的，不得申请提前移出。

第十七条　当事人申请提前移出的，应当提交申请书、守信承诺书，履行本办法第十六条第一款第一项、第二项规定义务的相关材料，说明事实、理由。

市场监督管理部门应当自收到申请之日起二个工作日内作出是否受理的决定。申请材料齐全、符合法定形式的，应当予以受理。

市场监督管理部门应当自受理之日起十五个工作日内对申请进行核实，并决定是否予以移出。

第十八条　市场监督管理部门决定移出的，应当于三个工作日内停止公示相关信息，并解除相关管理措施。

第十九条　列入严重违法失信名单所依据的行政处罚被撤销、确认违法或者无效的，市场监督管理部门应当撤销对当事人的列入决定，于三个工作日内停止公示相关信息，并解除相关管理措施。

第二十条　申请移出的当事人故意隐瞒真实情况、提供虚假资料，情节严重的，由市场监督管理部门撤销移出决定，恢复列入状态。公示期重新计算。

第二十一条　当事人被列入严重违法失信名单之日起满三年的，由列入严重违法失信名单的市场监督管理部门移出，停止公示相关信息，并解除相关管理措施。依照法律法规实施限制开展生产经营活动、限制从业等措施超过三年的，按照实际限制期限执行。

第二十二条　县级、设区的市级市场监督管理部门作出列入严重违法失信名单决定的,应当报经上一级市场监督管理部门同意。

第二十三条　当事人对被列入、移出严重违法失信名单的决定不服的,可以依法申请行政复议或者提起行政诉讼。

第二十四条　市场监督管理部门对收到的人民法院生效法律文书,根据法律、行政法规和党中央、国务院政策文件需要实施严重违法失信名单管理的,参照本办法执行。

第二十五条　药品监督管理部门、知识产权管理部门严重违法失信名单管理适用本办法。

第二十六条　本办法自2021年9月1日起施行。2015年12月30日原国家工商行政管理总局令第83号公布的《严重违法失信企业名单管理暂行办法》同时废止。

典型案例指导

北京万方源房地产开发有限公司与中国长城资产管理公司沈阳办事处债权置换股份协议纠纷案[最高人民法院(2015)民二终字第366号民事判决书,2016年10月31日《最高人民法院第二巡回法庭发布关于公正审理跨省重大民商事和行政案件典型案例》案例九]

【基本案情】

2007年11月1日,中国长城资产管理公司沈阳办事处(以下简称长城资产沈阳办事处)与北京万方源房地产开发有限公司(以下简称万方源公司)签订《债权置换股份协议书》,约定长城资产沈阳办事处将其持有的5000余万元的债权,置换万方源公司持有的某公司的700万股法人股股权。协议签订后,长城资产沈阳办事处将上述债权转让给万方源公司,但万方源公司没有履行股权转让义务。2013年双方签订《意向协议》,约定万方源公司向长城资产沈阳办事处支付5250万元股权折现款,不再履行股权转让义务,但双方应当签订正式的《股权折现协议》。《意向协议》签订后,万方源公司没有按照协议约定交纳保证金及折现款。在长城资产沈阳办事处提起本案诉讼后,万方源公司认为双方应当履行《意向协议》,拒绝支付股权的现值,仅同意支付5250万元。

【裁判结果】

辽宁省高级人民法院一审认为,虽然双方签订了《意向协议》,但万方源公司没有据此缴纳保证金,双方也未签订正式的《股权折现协议》。万方源公司应当按照《债权置换股份协议书》约定,向长城资产沈阳办事处支付其股权现值。判决万方源公司赔偿长城资产沈阳办事处 18,844 万元;支付违约金 2,941,935 元。万方源公司不服,上诉至最高人民法院。最高人民法院第二巡回法庭二审判决驳回上诉,维持原判。

【典型意义】

本案当事人跨越辽宁与北京两省市,是一起诉讼标的额较大且跨行政区划的商事案件,双方当事人住所地分别在北京和沈阳,争议发生在辽宁。本庭在审判过程中,充分尊重当事人的意思自治,注重维护商事交易秩序,倡导诚实信用原则,公正作出了裁判。本案中,万方源公司在签订《意向协议》后,没有与长城资产沈阳办事处签订正式的《股权折现协议》,也没有交纳保证金,属于违约方。在案涉股权价格大幅升值(截至二审判决作出时已高达 3 亿多元)的情况下,万方源公司又主动要求履行《意向协议》,显然有悖诚实信用原则。因此,我们既坚持违约方不能因其违约行为而获益,又注意充分当事人的意思表示,将股权升值后的大部分利益判归守约方长城资产沈阳办事处所有。本案的处理结果,依法保护了守约方长城资产沈阳办事处的合法权益,充分体现了诚实信用原则在司法审判中的准确适用,对于促进当事人在民事活动中平等协商、诚实守信、遵守规则,具有重要的指导意义。

第二十条 【公司社会责任】公司从事经营活动,应当充分考虑公司职工、消费者等利益相关者的利益以及生态环境保护等社会公共利益,承担社会责任。

国家鼓励公司参与社会公益活动,公布社会责任报告。

▍条文应用提示 ●●●●●●

公司作为社会主义市场经济的参与主体之一,除了自身具有盈利的本质特征以外,还应当在经营管理过程中充分考虑职工、消费者等利益相关者的利益以及生态环境等社会公共利益,承担应有的社会责任。

▍关联法律法规 ●●●●●●

《中华人民共和国民法典》(自 2021 年 1 月 1 日起施行)

第八十六条 营利法人从事经营活动,应当遵守商业道德,维护交易安全,接受政府和社会的监督,承担社会责任。

> **第二十一条 【股东滥用权利的责任】**公司股东应当遵守法律、行政法规和公司章程,依法行使股东权利,不得滥用股东权利损害公司或者其他股东的利益。
>
> 公司股东滥用股东权利给公司或者其他股东造成损失的,应当承担赔偿责任。

▍条文应用提示 ●●●●●●

股东权利滥用包括三种:滥用股东权利、滥用公司独立法人地位和滥用股东有限责任。滥用的损害对象有三种:其他股东、公司和债权人。滥用的后果包括给公司造成损失、给其他股东造成损失、严重损害债权人利益。滥用的责任分两类:一是滥用股东权利给其他股东或者公司造成损害的,只承担一般的赔偿责任;二是滥用公司法人独立地位和股东有限责任,逃避债务,严重损害债权人利益的,应当对公司债务承担连带责任。

▍旧法对应关系 ●●●●●●

原《公司法》第二十条第一款 公司股东应当遵守法律、行政法规和公司章程,依法行使股东权利,不得滥用股东权利损害公司或者其他股东的利益;不得滥用公司法人独立地位和股东有限责任损害公司债权人的利益。

第二款 公司股东滥用股东权利给公司或者其他股东造成损失的,应当依法承担赔偿责任。

▍关联法律法规 ●●●●●●

《中华人民共和国民法典》(自 2021 年 1 月 1 日起施行)

第八十三条第一款 营利法人的出资人不得滥用出资人权利损害法人或者其他出资人的利益;滥用出资人权利造成法人或者其他出资人损失的,应当依法承担民事责任。

第一百三十二条 民事主体不得滥用民事权利损害国家利益、社会公共利益或者他人合法权益。

典型案例指导 ••••••

郑州某某公司诉河南某某公司等买卖合同纠纷案［人民法院案例库 2023-08-2-084-026，河南省郑州市中级人民法院（2020）豫01民终16156号民事判决］

形式上独立的两个公司，住所地、经营场所均一致，经营范围重合，且公司主要成员存在亲属关系，两个公司之间表征人格的因素（人员、业务、财务等）高度混同，导致各自财产无法区分，已丧失独立人格，构成法人人格混同。其中一公司在对外高额负债、被列为失信被执行人情形下，为另一公司的结算客户加盖自己公司的公章确认，意欲使另一公司逃避案涉债务，严重损害债权人利益，该行为违背法人制度设立的宗旨及诚实信用原则，另一公司应当就案涉债务承担连带清偿责任。

谢某、刘某诉安徽某化工有限责任公司公司决议纠纷案［人民法院案例库 2023-08-2-270-001，安徽省合肥市中级人民法院（2014）合民二终字第00036号民事判决］

对股东会决议效力的审查，一方面是程序的合法性审查，另一方面也要重视决议内容的合法性审查。公司股东会决议以"补偿金"名义对股东发放巨额款项，在公司并无实际补偿事由，且无法明确款项来源的情形下，此类"补偿金"不符合公司法的"分红"程序，也超出"福利"的一般数额标准，属于变相分配公司资产，损害部分股东的利益，更有可能影响债权人的利益，应依法认定为无效。

山西某公司与西藏某开发公司等借款合同纠纷案［人民法院案例库 2024-16-2-103-004，最高人民法院（2021）最高法民终373号民事判决］

1. 在通常交易中，公司公章具有确认公司法人意思表示的效力，但并非公司法人的意思表示本身，在某些特定交易中，应当考察加盖公章时的具体情形，以便准确认定意思表示的真实性。

2. 对于发生在公司控股股东和公司之间的借款纠纷，公司公章能否对公司产生相关确认效力，应着重审查盖章行为是否确实出于公司的真实意思表示，在当事人兼具债权人和股东身份掌握公司公章的情况下，在《对账单》等材料上加盖公章的行为并不能当然被确认为债务人公司的真实意思表示，应进一步审查形成《对账单》的具体借款金额，以确定真实借款金额。

> **第二十二条 【禁止关联行为】**公司的控股股东、实际控制人、董事、监事、高级管理人员不得利用关联关系损害公司利益。
>
> 违反前款规定,给公司造成损失的,应当承担赔偿责任。

▎条文应用提示

关联关系是指公司控股股东、实际控制人、董事、监事、高级管理人员与其直接或者间接控制的企业之间的关系,以及可能导致公司利益转移的其他关系。但是,国家控股的企业之间不仅因为同受国家控股而具有关联关系。因利用关联关系给公司造成损失,必须对公司给予赔偿。

▎旧法对应关系

原《公司法》第二十一条　公司的控股股东、实际控制人、董事、监事、高级管理人员不得利用其关联关系损害公司利益。

《最高人民法院关于适用〈中华人民共和国公司法〉若干问题的规定（五）》（2020年修正）

第一条　关联交易损害公司利益,原告公司依据民法典第八十四条、公司法第二十一条规定请求控股股东、实际控制人、董事、监事、高级管理人员赔偿所造成的损失,被告仅以该交易已经履行了信息披露、经股东会或者股东大会同意等法律、行政法规或者公司章程规定的程序为由抗辩的,人民法院不予支持。

公司没有提起诉讼的,符合公司法第一百五十一条第一款规定条件的股东,可以依据公司法第一百五十一条第二款、第三款规定向人民法院提起诉讼。

第二条　关联交易合同存在无效、可撤销或者对公司不发生效力的情形,公司没有起诉合同相对方的,符合公司法第一百五十一条第一款规定条件的股东,可以依据公司法第一百五十一条第二款、第三款规定向人民法院提起诉讼。

▎关联法律法规

《中华人民共和国民法典》（自2021年1月1日起施行）

第八十四条　营利法人的控股出资人、实际控制人、董事、监事、高级管理人员不得利用其关联关系损害法人的利益;利用关联关系造成法人损失的,应当承担赔偿责任。

《银行保险机构关联交易管理办法》(中国银行保险监督管理委员会令〔2022〕1号)

第一章 总 则

第一条 为加强审慎监管,规范银行保险机构关联交易行为,防范关联交易风险,促进银行保险机构安全、独立、稳健运行,根据《中华人民共和国公司法》《中华人民共和国银行业监督管理法》《中华人民共和国商业银行法》《中华人民共和国保险法》《中华人民共和国信托法》等法律法规,制定本办法。

第二条 本办法所称银行保险机构包括银行机构、保险机构和在中华人民共和国境内依法设立的信托公司、金融资产管理公司、金融租赁公司、汽车金融公司、消费金融公司。

银行机构是指在中华人民共和国境内依法设立的商业银行、政策性银行、村镇银行、农村信用合作社、农村合作银行。

保险机构是指在中华人民共和国境内依法设立的保险集团(控股)公司、保险公司、保险资产管理公司。

第三条 银行保险机构开展关联交易应当遵守法律法规和有关监管规定,健全公司治理架构,完善内部控制和风险管理,遵循诚实信用、公开公允、穿透识别、结构清晰的原则。

银行保险机构不得通过关联交易进行利益输送或监管套利,应当采取有效措施,防止关联方利用其特殊地位,通过关联交易侵害银行保险机构利益。

银行保险机构应当维护经营独立性,提高市场竞争力,控制关联交易的数量和规模,避免多层嵌套等复杂安排,重点防范向股东及其关联方进行利益输送的风险。

第四条 银保监会及其派出机构依法对银行保险机构的关联交易实施监督管理。

第二章 关 联 方

第五条 银行保险机构的关联方,是指与银行保险机构存在一方控制另一方,或对另一方施加重大影响,以及与银行保险机构同受一方控制或重大影响的自然人、法人或非法人组织。

第六条　银行保险机构的关联自然人包括：

（一）银行保险机构的自然人控股股东、实际控制人，及其一致行动人、最终受益人；

（二）持有或控制银行保险机构5%以上股权的，或持股不足5%但对银行保险机构经营管理有重大影响的自然人；

（三）银行保险机构的董事、监事、总行(总公司)和重要分行(分公司)的高级管理人员，以及具有大额授信、资产转移、保险资金运用等核心业务审批或决策权的人员；

（四）本条第（一）至（三）项所列关联方的配偶、父母、成年子女及兄弟姐妹；

（五）本办法第七条第（一）、（二）项所列关联方的董事、监事、高级管理人员。

第七条　银行保险机构的关联法人或非法人组织包括：

（一）银行保险机构的法人控股股东、实际控制人，及其一致行动人、最终受益人；

（二）持有或控制银行保险机构5%以上股权的，或者持股不足5%但对银行保险机构经营管理有重大影响的法人或非法人组织，及其控股股东、实际控制人、一致行动人、最终受益人；

（三）本条第（一）项所列关联方控制或施加重大影响的法人或非法人组织，本条第（二）项所列关联方控制的法人或非法人组织；

（四）银行保险机构控制或施加重大影响的法人或非法人组织；

（五）本办法第六条第（一）项所列关联方控制或施加重大影响的法人或非法人组织，第六条第（二）至（四）项所列关联方控制的法人或非法人组织。

第八条　银行保险机构按照实质重于形式和穿透的原则，可以认定以下自然人、法人或非法人组织为关联方：

（一）在过去十二个月内或者根据相关协议安排在未来十二个月内存在本办法第六条、第七条规定情形之一的；

（二）本办法第六条第（一）至（三）项所列关联方的其他关系密切的家庭成员；

（三）银行保险机构内部工作人员及其控制的法人或其他组织；

（四）本办法第六条第（二）、（三）项，以及第七条第（二）项所列关联方可施加重大影响的法人或非法人组织；

（五）对银行保险机构有影响，与银行保险机构发生或可能发生未遵守商业原则、有失公允的交易行为，并可据以从交易中获取利益的自然人、法人或非法人组织。

第九条 银保监会或其派出机构可以根据实质重于形式和穿透的原则，认定可能导致银行保险机构利益转移的自然人、法人或非法人组织为关联方。

第三章 关联交易

第十条 银行保险机构关联交易是指银行保险机构与关联方之间发生的利益转移事项。

第十一条 银行保险机构应当按照实质重于形式和穿透原则，识别、认定、管理关联交易及计算关联交易金额。

计算关联自然人与银行保险机构的关联交易余额时，其配偶、父母、成年子女、兄弟姐妹等与该银行保险机构的关联交易应当合并计算；计算关联法人或非法人组织与银行保险机构的关联交易余额时，与其存在控制关系的法人或非法人组织与该银行保险机构的关联交易应当合并计算。

第十二条 银保监会或其派出机构可以根据实质重于形式和穿透监管原则认定关联交易。

银保监会可以根据银行保险机构的公司治理状况、关联交易风险状况、机构类型特点等对银行保险机构适用的关联交易监管比例进行设定或调整。

第一节 银行机构关联交易

第十三条 银行机构的关联交易包括以下类型：

（一）授信类关联交易：指银行机构向关联方提供资金支持、或者对关联方在有关经济活动中可能产生的赔偿、支付责任作出保证，包括贷款（含贸易融资）、票据承兑和贴现、透支、债券投资、特定目的载体投资、开立信用证、保理、担保、保函、贷款承诺、证券回购、拆借以及其他实质上由银行机构承担信用风险的表内外业务等；

（二）资产转移类关联交易：包括银行机构与关联方之间发生的自用动产与不动产买卖，信贷资产及其收（受）益权买卖，抵债资产的接收和处置等；

（三）服务类关联交易：包括信用评估、资产评估、法律服务、咨询服务、信息服务、审计服务、技术和基础设施服务、财产租赁以及委托或受托销售等；

（四）存款和其他类型关联交易，以及根据实质重于形式原则认定的可能引致银行机构利益转移的事项。

第十四条　银行机构关联交易分为重大关联交易和一般关联交易。

银行机构重大关联交易是指银行机构与单个关联方之间单笔交易金额达到银行机构上季末资本净额1%以上，或累计达到银行机构上季末资本净额5%以上的交易。

银行机构与单个关联方的交易金额累计达到前款标准后，其后发生的关联交易，每累计达到上季末资本净额1%以上，则应当重新认定为重大关联交易。

一般关联交易是指除重大关联交易以外的其他关联交易。

第十五条　银行机构关联交易金额计算方式如下：

（一）授信类关联交易原则上以签订协议的金额计算交易金额；

（二）资产转移类关联交易以交易价格或公允价值计算交易金额；

（三）服务类关联交易以业务收入或支出金额计算交易金额；

（四）银保监会确定的其他计算口径。

第十六条　银行机构对单个关联方的授信余额不得超过银行机构上季末资本净额的10%。银行机构对单个关联法人或非法人组织所在集团客户的合计授信余额不得超过银行机构上季末资本净额的15%。银行机构对全部关联方的授信余额不得超过银行机构上季末资本净额的50%。

计算授信余额时，可以扣除授信时关联方提供的保证金存款以及质押的银行存单和国债金额。

银行机构与关联方开展同业业务应当同时遵守关于同业业务的相关规定。银行机构与境内外关联银行之间开展的同业业务、外资银行与母行集团内银行之间开展的业务可不适用本条第一款所列比例规定和本办法第十四条重大关联交易标准。

被银保监会或其派出机构采取风险处置或接管等措施的银行机构，经银保监会批准可不适用本条所列比例规定。

第二节 保险机构关联交易

第十七条 保险机构的关联交易包括以下类型：

（一）资金运用类关联交易：包括在关联方办理银行存款；直接或间接买卖债券、股票等有价证券，投资关联方的股权、不动产及其他资产；直接或间接投资关联方发行的金融产品，或投资基础资产包含关联方资产的金融产品等。

（二）服务类关联交易：包括审计服务、精算服务、法律服务、咨询顾问服务、资产评估、技术和基础设施服务、委托或受托管理资产、租赁资产等。

（三）利益转移类关联交易：包括赠与、给予或接受财务资助，权利转让，担保，债权债务转移，放弃优先受让权、同比例增资权或其他权利等。

（四）保险业务和其他类型关联交易，以及根据实质重于形式原则认定的可能引致保险机构利益转移的事项。

第十八条 保险机构关联交易金额以交易对价或转移的利益计算。具体计算方式如下：

（一）资金运用类关联交易以保险资金投资金额计算交易金额。其中，投资于关联方发行的金融产品且基础资产涉及其他关联方的，以投资金额计算交易金额；投资于关联方发行的金融产品且基础资产不涉及其他关联方的，以发行费或投资管理费计算交易金额；买入资产的，以交易价格计算交易金额。

（二）服务类关联交易以业务收入或支出金额计算交易金额。

（三）利益转移类关联交易以资助金额、交易价格、担保金额、标的市场价值等计算交易金额。

（四）银保监会确定的其他计算口径。

第十九条 保险机构关联交易分为重大关联交易和一般关联交易。

保险机构重大关联交易是指保险机构与单个关联方之间单笔或年度累计交易金额达到3000万元以上，且占保险机构上一年度末经审计的净资产的1%以上的交易。

一个年度内保险机构与单个关联方的累计交易金额达到前款标准

后,其后发生的关联交易再次累计达到前款标准,应当重新认定为重大关联交易。

保险机构一般关联交易是指除重大关联交易以外的其他关联交易。

第二十条　保险机构资金运用关联交易应符合以下比例要求:

(一)保险机构投资全部关联方的账面余额,合计不得超过保险机构上一年度末总资产的25%与上一年度末净资产二者中的金额较低者;

(二)保险机构投资权益类资产、不动产类资产、其他金融资产和境外投资的账面余额中,对关联方的投资金额不得超过上述各类资产投资限额的30%;

(三)保险机构投资单一关联方的账面余额,合计不得超过保险机构上一年度末净资产的30%;

(四)保险机构投资金融产品,若底层基础资产涉及控股股东、实际控制人或控股股东、实际控制人的关联方,保险机构购买该金融产品的份额不得超过该产品发行总额的50%。

保险机构与其控股的非金融子公司投资关联方的账面余额及购买份额应当合并计算并符合前述比例要求。

保险机构与其控股子公司之间,以及控股子公司之间发生的关联交易,不适用前述规定。

第三节　信托公司及其他非银行金融机构关联交易

第二十一条　信托公司应当按照穿透原则和实质重于形式原则,加强关联交易认定和关联交易资金来源与运用的双向核查。

信托公司关联交易分为重大关联交易和一般关联交易。重大关联交易是指信托公司固有财产与单个关联方之间、信托公司信托财产与单个关联方之间单笔交易金额占信托公司注册资本5%以上,或信托公司与单个关联方发生交易后,信托公司与该关联方的交易余额占信托公司注册资本20%以上的交易。一般关联交易是指除重大关联交易以外的其他关联交易。

第二十二条　金融资产管理公司、金融租赁公司、汽车金融公司、消费金融公司(下称其他非银行金融机构)的关联交易包括以下类型:

(一)以资产为基础的关联交易:包括资产买卖与委托(代理)处置、资产重组(置换)、资产租赁等;

（二）以资金为基础的关联交易：包括投资、贷款、融资租赁、借款、拆借、存款、担保等；

（三）以中间服务为基础的关联交易：包括评级服务、评估服务、审计服务、法律服务、拍卖服务、咨询服务、业务代理、中介服务等；

（四）其他类型关联交易以及根据实质重于形式原则认定的可能引致其他非银行金融机构利益转移的事项。

第二十三条　其他非银行金融机构的关联交易分为重大关联交易和一般关联交易。

其他非银行金融机构重大关联交易是指其他非银行金融机构与单个关联方之间单笔交易金额达到其他非银行金融机构上季末资本净额1%以上，或累计达到其他非银行金融机构上季末资本净额5%以上的交易。金融租赁公司除外。

金融租赁公司重大关联交易是指金融租赁公司与单个关联方之间单笔交易金额达到金融租赁公司上季末资本净额5%以上，或累计达到金融租赁公司上季末资本净额10%以上的交易。

其他非银行金融机构与单个关联方的交易金额累计达到前款标准后，其后发生的关联交易，每累计达到上季末资本净额1%以上，应当重新认定为重大关联交易。金融租赁公司除外。

金融租赁公司与单个关联方的交易金额累计达到前款标准后，其后发生的关联交易，每累计达到上季末资本净额5%以上，应当重新认定为重大关联交易。

一般关联交易是指除重大关联交易以外的其他关联交易。

第二十四条　其他非银行金融机构的关联交易金额以交易对价或转移的利益计算，具体计算方式如下：

（一）以资产为基础的关联交易以交易价格计算交易金额；

（二）以资金为基础的关联交易以签订协议的金额计算交易金额；

（三）以中间服务为基础的关联交易以业务收入或支出金额计算交易金额；

（四）银保监会确定的其他计算口径。

第二十五条　金融资产管理公司及其非金融控股子公司与关联方之间发生的以资金、资产为基础的交易余额应当合并计算，参照适用本办法

第十六条相关监管要求,金融资产管理公司与其控股子公司之间、以及控股子公司之间发生的关联交易除外。

金融资产管理公司应当参照本办法第二章规定,将控股子公司的关联方纳入集团关联方范围。

第二十六条 金融租赁公司对单个关联方的融资余额不得超过上季末资本净额的30%。

金融租赁公司对全部关联方的全部融资余额不得超过上季末资本净额的50%。

金融租赁公司对单个股东及其全部关联方的融资余额不得超过该股东在金融租赁公司的出资额,且应同时满足本条第一款的规定。

金融租赁公司及其设立的控股子公司、项目公司之间的关联交易不适用本条规定。

汽车金融公司对单个股东及其关联方的授信余额不得超过该股东在汽车金融公司的出资额。

第四节 禁止性规定

第二十七条 银行保险机构不得通过掩盖关联关系、拆分交易等各种隐蔽方式规避重大关联交易审批或监管要求。

银行保险机构不得利用各种嵌套交易拉长融资链条、模糊业务实质、规避监管规定,不得为股东及其关联方违规融资、腾挪资产、空转套利、隐匿风险等。

第二十八条 银行机构不得直接通过或借道同业、理财、表外等业务,突破比例限制或违反规定向关联方提供资金。

银行机构不得接受本行的股权作为质押提供授信。银行机构不得为关联方的融资行为提供担保(含等同于担保的或有事项),但关联方以银行存单、国债提供足额反担保的除外。

银行机构向关联方提供授信发生损失的,自发现损失之日起二年内不得再向该关联方提供授信,但为减少该授信的损失,经银行机构董事会批准的除外。

第二十九条 保险机构不得借道不动产项目、非保险子公司、信托计划、资管产品投资,或其他通道、嵌套方式等变相突破监管限制,为关联方违规提供融资。

第三十条 金融资产管理公司参照执行本办法第二十八条规定,且不得与关联方开展无担保的以资金为基础的关联交易,同业拆借、股东流动性支持以及金融监管机构另有规定的除外。非金融子公司负债依存度不得超过30%,确有必要救助的,原则上不得超过70%,并于作出救助决定后3个工作日内向董事会、监事会和银保监会报告。

金融资产管理公司及其子公司将自身形成的不良资产在集团内部转让的,应当由集团母公司董事会审批,金融子公司按规定批量转让的除外。

第三十一条 金融租赁公司与关联方开展以资产、资金为基础的关联交易发生损失的,自发现损失之日起二年内不得与该关联方新增以资产、资金为基础的关联交易。但为减少损失,经金融租赁公司董事会批准的除外。

第三十二条 信托公司开展固有业务,不得向关联方融出资金或转移财产,不得为关联方提供担保。

信托公司开展结构化信托业务不得以利益相关人作为劣后受益人,利益相关人包括但不限于信托公司及其全体员工、信托公司股东等。

信托公司管理集合资金信托计划,不得将信托资金直接或间接运用于信托公司的股东及其关联方,但信托资金全部来源于股东或其关联方的除外。

第三十三条 公司治理监管评估结果为E级的银行保险机构,不得开展授信类、资金运用类、以资金为基础的关联交易。经银保监会或其派出机构认可的除外。

第三十四条 银行保险机构违反本办法规定的,银保监会或其派出机构予以责令改正,包括以下措施:

(一)责令禁止与特定关联方开展交易;

(二)要求对特定的交易出具审计报告;

(三)根据银行保险机构关联交易风险状况,要求银行保险机构缩减对单个或全部关联方交易金额的比例要求,直至停止关联交易;

(四)责令更换会计师事务所、专业评估机构、律师事务所等服务机构;

(五)银保监会或其派出机构可依法采取的其他措施。

第三十五条　银行保险机构董事、监事、高级管理人员或其他有关从业人员违反本办法规定的，银保监会或其派出机构可以对相关责任人员采取以下措施：

（一）责令改正；

（二）记入履职记录并进行行业通报；

（三）责令银行保险机构予以问责；

（四）银保监会或其派出机构可依法采取的其他措施。

银行保险机构的关联方违反本办法规定的，银保监会或其派出机构可以采取公开谴责等措施。

第三十六条　持有银行保险机构5%以上股权的股东质押股权数量超过其持有该银行保险机构股权总量50%的，银保监会或其派出机构可以限制其与银行保险机构开展关联交易。

第四章　关联交易的内部管理

第三十七条　银行保险机构应当制定关联交易管理制度。

关联交易管理制度包括关联交易的管理架构和相应职责分工，关联方的识别、报告、信息收集与管理，关联交易的定价、审查、回避、报告、披露、审计和责任追究等内容。

第三十八条　银行保险机构应对其控股子公司与银行保险机构关联方发生的关联交易事项进行管理，明确管理机制，加强风险管控。

第三十九条　银行保险机构董事会应当设立关联交易控制委员会，负责关联交易管理、审查和风险控制。银保监会对设立董事会下设专业委员会另有规定的，从其规定。

董事会对关联交易管理承担最终责任，关联交易控制委员会、涉及业务部门、风险审批及合规审查的部门负责人对关联交易的合规性承担相应责任。

关联交易控制委员会由三名以上董事组成，由独立董事担任负责人。关联交易控制委员会应重点关注关联交易的合规性、公允性和必要性。

银行保险机构应当在管理层面设立跨部门的关联交易管理办公室，成员应当包括合规、业务、风控、财务等相关部门人员，并明确牵头部门、设置专岗，负责关联方识别维护、关联交易管理等日常事务。

第四十条　银行保险机构应当建立关联方信息档案，确定重要分行、分公司标准或名单,明确具有大额授信、资产转移、保险资金运用等核心业务审批或决策权的人员范围。

银行保险机构应当通过关联交易监管相关信息系统及时向银保监会或其派出机构报送关联方、重大关联交易、季度关联交易情况等信息,保证数据的真实性、准确性,不得瞒报、漏报。

银行保险机构应当提高关联方和关联交易管理的信息化和智能化水平,强化大数据管理能力。

第四十一条 银行保险机构董事、监事、高级管理人员及具有大额授信、资产转移、保险资金运用等核心业务审批或决策权的人员,应当自任职之日起15个工作日内,按本办法有关规定向银行保险机构报告其关联方情况。

持有银行保险机构5%以上股权,或持股不足5%但是对银行保险机构经营管理有重大影响的自然人、法人或非法人组织,应当在持股达到5%之日或能够施加重大影响之日起15个工作日内,按本办法有关规定向银行保险机构报告其关联方情况。

前款报告事项如发生变动,应当在变动后的15个工作日内向银行保险机构报告并更新关联方情况。

第四十二条 银行保险机构关联方不得通过隐瞒关联关系等不当手段规避关联交易的内部审查、外部监管以及报告披露义务。

第四十三条 银行保险机构应当主动穿透识别关联交易,动态监测交易资金来源和流向,及时掌握基础资产状况,动态评估对风险暴露和资本占用的影响程度,建立有效的关联交易风险控制机制,及时调整经营行为以符合本办法的有关规定。

第四十四条 关联交易应当订立书面协议,按照商业原则,以不优于对非关联方同类交易的条件进行。必要时关联交易控制委员会可以聘请财务顾问等独立第三方出具报告,作为判断的依据。

第四十五条 银行保险机构应当完善关联交易内控机制,优化关联交易管理流程,关键环节的审查意见以及关联交易控制委员会等会议决议、记录应当清晰可查。

一般关联交易按照公司内部管理制度和授权程序审查,报关联交易控制委员会备案。重大关联交易经由关联交易控制委员会审查后,提交董事会批准。董事会会议所作决议须经非关联董事2/3以上通过。出席董事会会议的非关联董事人数不足三人的，应当提交股东(大)会审议。

第四十六条　银行保险机构关联交易控制委员会、董事会及股东(大)会对关联交易进行表决或决策时，与该关联交易有利害关系的人员应当回避。

如银行保险机构未设立股东(大)会，或者因回避原则而无法召开股东(大)会的，仍由董事会审议且不适用本条第一款关于回避的规定，但关联董事应出具不存在利益输送的声明。

第四十七条　银行保险机构与同一关联方之间长期持续发生的，需要反复签订交易协议的提供服务类、保险业务类及其他经银保监会认可的关联交易，可以签订统一交易协议，协议期限一般不超过三年。

第四十八条　统一交易协议的签订、续签、实质性变更，应按照重大关联交易进行内部审查、报告和信息披露。统一交易协议下发生的关联交易无需逐笔进行审查、报告和披露，但应当在季度报告中说明执行情况。统一交易协议应当明确或预估关联交易金额。

第四十九条　独立董事应当逐笔对重大关联交易的公允性、合规性以及内部审批程序履行情况发表书面意见。独立董事认为有必要的，可以聘请中介机构等独立第三方提供意见，费用由银行保险机构承担。

第五十条　对于未按照规定报告关联方、违规开展关联交易等情形，银行保险机构应当按照内部问责制度对相关人员进行问责，并将问责情况报关联交易控制委员会。

第五十一条　银行保险机构应当每年至少对关联交易进行一次专项审计，并将审计结果报董事会和监事会。

银行保险机构不得聘用关联方控制的会计师事务所、专业评估机构、律师事务所为其提供审计、评估等服务。

第五章　关联交易的报告和披露

第五十二条　银行保险机构及其关联方应当按照本办法有关规定，真实、准确、完整、及时地报告、披露关联交易信息，不得存在任何虚假记载、误导性陈述或重大遗漏。

第五十三条　银行保险机构应当在签订以下交易协议后15个工作日内逐笔向银保监会或其派出机构报告：

（一）重大关联交易；

（二）统一交易协议的签订、续签或实质性变更；

（三）银保监会要求报告的其他交易。

信托公司关联交易逐笔报告另有规定的，从其规定。

第五十四条　银行保险机构应当按照本办法有关规定统计季度全部关联交易金额及比例，并于每季度结束后30日内通过关联交易监管相关信息系统向银保监会或其派出机构报送关联交易有关情况。

第五十五条　银行保险机构董事会应当每年向股东（大）会就关联交易整体情况做出专项报告，并向银保监会或其派出机构报送。

第五十六条　银行保险机构应当在公司网站中披露关联交易信息，在公司年报中披露当年关联交易的总体情况。按照本办法第五十三条规定需逐笔报告的关联交易应当在签订交易协议后15个工作日内逐笔披露，一般关联交易应在每季度结束后30日内按交易类型合并披露。

逐笔披露内容包括：

（一）关联交易概述及交易标的情况。

（二）交易对手情况。包括关联自然人基本情况，关联法人或非法人组织的名称、经济性质或类型、主营业务或经营范围、法定代表人、注册地、注册资本及其变化，与银行保险机构存在的关联关系。

（三）定价政策。

（四）关联交易金额及相应比例。

（五）股东（大）会、董事会决议，关联交易控制委员会的意见或决议情况。

（六）独立董事发表意见情况。

（七）银保监会认为需要披露的其他事项。

合并披露内容应当包括关联交易类型、交易金额及相应监管比例执行情况。

第五十七条　银行保险机构进行的下列关联交易，可以免予按照关联交易的方式进行审议和披露：

（一）与关联自然人单笔交易额在50万元以下或与关联法人单笔交易额在500万元以下的关联交易，且交易后累计未达到重大关联交易标准的；

(二)一方以现金认购另一方公开发行的股票、公司债券或企业债券、可转换债券或其他衍生品种;

(三)活期存款业务;

(四)同一自然人同时担任银行保险机构和其他法人的独立董事且不存在其他构成关联方情形的,该法人与银行保险机构进行的交易;

(五)交易的定价为国家规定的;

(六)银保监会认可的其他情形。

第五十八条　银行保险机构关联交易信息涉及国家秘密、商业秘密或者银保监会认可的其他情形,银行保险机构可以向银保监会申请豁免按照本办法披露或履行相关义务。

第六章　关联交易的监督管理

第五十九条　银行机构、信托公司、其他非银行金融机构的股东或其控股股东、实际控制人,通过向机构施加影响,迫使机构从事下列行为的,银保监会或其派出机构应当责令限期改正;逾期未改正的,可以限制该股东的权利;对情节严重的控股股东,可以责令其转让股权。

(一)违反本办法第二十七条规定进行关联交易的;

(二)未按本办法第四十四条规定的商业原则进行关联交易的;

(三)未按本办法第四十五条规定审查关联交易的;

(四)违反本办法规定为关联方融资行为提供担保的;

(五)接受本公司的股权作为质押提供授信的;

(六)聘用关联方控制的会计师事务所等为其提供服务的;

(七)对关联方授信余额或融资余额等超过本办法规定比例的;

(八)未按照本办法规定披露信息的。

第六十条　银行机构、信托公司、其他非银行金融机构董事、高级管理人员有下列情形之一的,银保监会或其派出机构可以责令其限期改正;逾期未改正或者情节严重的,银保监会或其派出机构可以责令机构调整董事、高级管理人员或者限制其权利。

(一)未按本办法第四十一条规定报告的;

(二)做出虚假或有重大遗漏报告的;

(三)未按本办法第四十六条规定回避的;

(四)独立董事未按本办法第四十九条规定发表书面意见的。

第六十一条　银行机构、信托公司、其他非银行金融机构有下列情形之一的,银保监会或其派出机构可依照法律法规采取相关监管措施或进行处罚:

(一)违反本办法第二十七条规定进行关联交易的;
(二)未按本办法第四十四条规定的商业原则进行关联交易的;
(三)未按本办法第四十五条规定审查关联交易的;
(四)违反本办法规定为关联方融资行为提供担保的;
(五)接受本行的股权作为质押提供授信的;
(六)聘用关联方控制的会计师事务所等为其提供服务的;
(七)对关联方授信余额或融资余额等超过本办法规定比例的;
(八)未按照本办法规定披露信息的;
(九)未按要求执行本办法第五十九条和第六十条规定的监督管理措施的;
(十)其他违反本办法规定的情形。

第六十二条　银行机构、信托公司、其他非银行金融机构未按照本办法规定向银保监会或其派出机构报告重大关联交易或报送关联交易情况报告的,银保监会或其派出机构可依照法律法规采取相关监管措施或进行处罚。

第六十三条　银行机构、信托公司、其他非银行金融机构有本办法第六十一条所列情形之一的,银保监会或其派出机构可以区别不同情形,依据《中华人民共和国银行业监督管理法》等法律法规对董事、高级管理人员和其他直接责任人员采取相应处罚措施。

第六十四条　保险机构及其股东、控股股东,保险机构的董事、监事或高级管理人员违反本办法相关规定的,银保监会或其派出机构可依照法律法规采取相关监管措施或进行处罚。涉嫌犯罪的,依法移送司法机关追究刑事责任。

第七章　附　　则

第六十五条　本办法中下列用语的含义:

本办法所称"以上"含本数,"以下"不含本数。年度为会计年度。

控制,包括直接控制、间接控制,是指有权决定一个企业的财务和经营决策,并能据以从该企业的经营活动中获取利益。

持有,包括直接持有与间接持有。

重大影响,是指对法人或组织的财务和经营政策有参与决策的权力,但不能够控制或者与其他方共同控制这些政策的制定。包括但不限于派驻董事、监事或高级管理人员、通过协议或其他方式影响法人或组织的财务和经营管理决策,以及银保监会或其派出机构认定的其他情形。

共同控制,指按照合同约定对某项经济活动所共有的控制,仅在与该项经济活动相关的重要财务和经营决策需要分享控制权的投资方一致同意时存在。

控股股东,是指持股比例达到50%以上的股东;或持股比例虽不足50%,但依享有的表决权已足以对股东(大)会的决议产生控制性影响的股东。

控股子公司,是指对该子公司的持股比例达到50%以上;或者持股比例虽不足50%,但通过表决权、协议等安排能够对其施加控制性影响。控股子公司包括直接、间接或共同控制的子公司或非法人组织。

实际控制人,是指虽不是公司的股东,但通过投资关系、协议或者其他安排,能够实际支配公司行为的自然人或其他最终控制人。

集团客户,是指存在控制关系的一组企事业法人客户或同业单一客户。

一致行动人,是指通过协议、合作或其他途径,在行使表决权或参与其他经济活动时采取相同意思表示的自然人、法人或非法人组织。

最终受益人,是指实际享有银行保险机构股权收益、金融产品收益的人。

其他关系密切的家庭成员,是指除配偶、父母、成年子女及兄弟姐妹以外的包括配偶的父母、子女的配偶、兄弟姐妹的配偶、配偶的兄弟姐妹以及其他可能产生利益转移的家庭成员。

内部工作人员,是指与银行保险机构签订劳动合同的人员。

关联关系,是指银行保险机构控股股东、实际控制人、董事、监事、高级管理人员等与其直接或者间接控制的企业之间的关系,以及可能导致利益转移的其他关系。

关联董事、关联股东,是指交易的一方,或者在审议关联交易时可能影响该交易公允性的董事、股东。

书面协议的书面形式包括合同书、信件和数据电文(包括电报、电传、传真、电子数据交换和电子邮件)等法律认可的有形的表现所载内容的形式。

本办法所称关联法人或非法人组织不包括国家行政机关、政府部门,中央汇金投资有限责任公司,全国社保基金理事会,梧桐树投资平台有限责任公司,存款保险基金管理有限责任公司,以及经银保监会批准豁免认定的关联方。上述机构派出同一自然人同时担任两家或以上银行保险机构董事或监事,且不存在其他关联关系的,所任职机构之间不构成关联方。

国家控股的企业之间不仅因为同受国家控股而构成关联方。

第六十六条 银保监会批准设立的外国银行分行、其他金融机构参照适用本办法,法律、行政法规及银保监会另有规定的从其规定。

自保公司的自保业务、企业集团财务公司的成员单位业务不适用本办法。

银行保险机构为上市公司的,应同时遵守上市公司有关规定。

第六十七条 本办法由银保监会负责解释。

第六十八条 本办法自2022年3月1日起施行。《商业银行与内部人和股东关联交易管理办法》(中国银行业监督管理委员会令2004年第3号)、《保险公司关联交易管理办法》(银保监发〔2019〕35号)同时废止。本办法施行前,银保监会有关银行保险机构关联交易管理的规定与本办法不一致的,按照本办法执行。

《国务院国有资产监督管理委员会、中国证券监督管理委员会关于印发〈关于推动国有股东与所控股上市公司解决同业竞争规范关联交易的指导意见〉的通知》(国资发产权〔2013〕202号)

一、国有股东与所控股上市公司要结合发展规划,明确战略定位。在此基础上,对各自业务进行梳理,合理划分业务范围与边界,解决同业竞争,规范关联交易。

二、国有股东与所控股上市公司要按照"一企一策、成熟一家、推进一家"的原则,结合企业实际以及所处行业特点与发展状况等,研究提出解决同业竞争的总体思路。要综合运用资产重组、股权置换、业务调整等多种方式,逐步将存在同业竞争的业务纳入同一平台,促进提高产业集中度和专业化水平。

三、国有股东与所控股上市公司应严格按照相关法律法规,建立健全内控体系,规范关联交易。对于正常经营范围内且无法避免的关联交易,双方要本着公开、公平、公正的原则确定交易价格,依法订立相关协议或合同,保证关联交易的公允性。上市公司应当严格按照规定履行关联交易审议程序和信息披露义务,审议时与该交易有关联关系的董事或股东应当回避表决,并不得代理他人行使表决权。

四、国有股东与所控股上市公司在依法合规、充分协商的基础上,可针对解决同业竞争、规范关联交易的解决措施和期限,向市场作出公开承诺。国有股东与所控股上市公司要切实履行承诺,并定期对市场公布承诺事项的进展情况。对于因政策调整、市场变化等客观原因确实不能履行或需要作出调整的,应当提前向市场公开做好解释说明,充分披露承诺需调整或未履行的原因,并提出相应处置措施。

五、国有股东在推动解决同业竞争、规范关联交易等事项中,要依法与上市公司平等协商。有条件的国有股东在与所控股上市公司充分协商的基础上,可利用自身品牌、资源、财务等优势,按照市场原则,代为培育符合上市公司业务发展需要、但暂不适合上市公司实施的业务或资产。上市公司与国有股东约定业务培育事宜,应经上市公司股东大会授权。国有股东在转让培育成熟的业务时,上市公司在同等条件下有优先购买的权利。上市公司对上述事项作出授权决定或者放弃优先购买权的,应经股东大会无关联关系的股东审议通过。

六、国有股东要依法行使股东权利,履行股东义务,配合所控股上市公司严格按照法律、法规和证券监管的规定,及时、公平地披露相关信息。相关信息公开披露前,应当按照规定做好内幕信息知情人的登记管理工作,严格防控内幕交易。

七、国有资产监管机构和证券监管机构,应以服务实体经济为根本出发点,充分尊重企业发展规律和证券市场规律,不断改进工作方式,完善监管手段,形成政策合力,推动国有经济和证券市场健康发展。

▎典型案例指导 ●●●●●●●

上海欧宝生物科技有限公司诉辽宁特莱维置业发展有限公司企业借贷纠纷案[最高人民法院(2015)民二终字第324号民事判决书,最高人民法院指导性案例68号]

欧宝公司与特莱维公司是否存在关联关系的问题。《公司法》第二百一十七条规定,关联关系,是指公司控股股东、实际控制人、董事、监事、高级管理人员与其直接或间接控制的企业之间的关系,以及可能导致公司利益转移的其他关系。可见,公司法所称的关联公司,既包括公司股东的相互交叉,也包括公司共同由第三人直接或者间接控制,或者股东之间、公司的实际控制人之间存在直系血亲、姻亲、共同投资等可能导致利益转移的其他关系。本案中,曲某丽为欧宝公司的控股股东,王某新是特莱维公司的原法定代表人,也是案涉合同签订时特莱维公司的控股股东翰皇公司的控股股东和法定代表人,王某新与曲某丽系夫妻关系,说明欧宝公司与特莱维公司由夫妻二人控制。欧宝公司称两人已经离婚,却未提供民政部门的离婚登记或者人民法院的生效法律文书。虽然辽宁省高级人民法院受理本案诉讼后,特莱维公司的法定代表人由王某新变更为姜某琪,但王某新仍是特莱维公司的实际控制人。同时,欧宝公司股东兼法定代表人宗某光、王某等人,与特莱维公司的实际控制人王某新、法定代表人姜某琪、目前的控股股东×××共同投资设立了上海特莱维,说明欧宝公司的股东与特莱维公司的控股股东、实际控制人存在其他的共同利益关系。另外,沈阳特莱维是欧宝公司控股的公司,沙琪公司的股东是王某新的父亲和母亲。可见,欧宝公司与特莱维公司之间、前述两公司与沙琪公司、上海特莱维、沈阳特莱维之间均存在关联关系。

欧宝公司与特莱维公司及其他关联公司之间还存在人员混同的问题。首先,高管人员之间存在混同。姜某琪既是欧宝公司的股东和董事,又是特莱维公司的法定代表人,同时还参与翰皇公司的清算。宗某光既是欧宝公司的法定代表人,又是翰皇公司的工作人员,虽然欧宝公司称宗某光自2008年5月即从翰皇公司辞职,但从上海市第一中级人民法院(2008)沪一中民三(商)终字第426号民事判决载明的事实看,该案2008年8月至12月审理期间,宗某光仍以翰皇公司工作人员的身份参与诉讼。王某既是欧宝公司的监事,又是上海特莱维的董事,还以该公司工作人员的身份代理相关行政诉讼。×××既是特莱维公司的监事,又是上海特莱维的董事。王某新是特莱维公司原法定代表人、实际控制人,还曾先后代表欧宝公司、翰皇公司与案外第三人签订连锁加盟(特许)合同。其次,普通员工也存在混同。霍某是欧宝公司的工作人员,在本案中作为欧宝公司原一审诉讼的代理人,2007年2月23日代表特莱维公司与世安公司签订建设施工合同,又同时兼任上海特莱维的董事。崔某芳是特莱维公司的会计,2010年1月7日代特莱维公司开立银行账户,2010年8月20日本案诉讼之后又代欧宝公司开立银行账户。欧宝公司当庭自述魏某丽系特莱维公司的工作人员,2010年5月魏某丽经特莱维公司授权办理银行账户开户,2011年9月诉讼之后又经欧宝公司授权办理该公司在中国建设银行沈阳马路湾支行的开户,且该银行账户的联系人为魏某丽。刘某君是欧宝公司的工作人员,在本案原一审和执行程序中作为欧宝公司的代理人,2009年3月17日又代特莱维公司办理企业登记等相关事项。刘某以特莱维公司员工名义代理本案诉讼,又受王某新的指派代理上海特莱维的相关诉讼。上述事实充分说明,欧宝公司、特莱维公司以及其他关联公司的人员之间并未严格区分,上述人员实际上服从王某新一人的指挥,根据不同的工作任务,随时转换为不同关联公司的工作人员。欧宝公司在上诉状中称,在2007年借款之初就派相关人员进驻特莱维公司,监督该公司对投资款的使用并协助工作,但早在欧宝公司所称的向特莱维公司转入首笔借款之前5个月,霍某即参与该公司的合同签订业务。而且从这些所谓的"派驻人员"在特莱维公司所起的作用看,上述人员参与了该公司的合同签订、财务管理到诉讼代理的全面工作,而不仅是监督工作,欧宝公司的辩解,不足为信。辽宁省高级人民法院关于欧宝公司和特莱维公司系由王某新、曲某丽夫妇控制之关联公司的认定,依据充分。

嘉吉国际公司与福建金石制油有限公司等买卖合同纠纷案[最高人民法院(2012)民四终字第1号民事判决书,《最高人民法院公报》2014年第3期(总第209期)]

福建金石公司与中纺福建公司及汇丰源公司是否具有关联关系。《公司法》第二百一十七条规定:"关联关系,是指公司控股股东、实际控制人、董事、监事、高级管理人员与其直接或者间接控制的企业之间的关系,以及可能导致公司利益转移的其他关系。"在案证据显示,王某琪、王某莉与王某良是父女关系,王某琪、柳某是夫妻关系。福建金石公司自成立起至本案所涉《国有土地使用权及资产买卖合同》签订和履行期间,法定代表人均为王某莉或王某良,股东亦是由王某琪、王某莉、王某良父女及大连金石制油有限公司等组成,大连金石制油有限公司的实际控制人亦为王某良父女。田源公司成立时法定代表人为王某良,股东为福建金石公司和宜丰香港有限公司(法定代表人为柳某),2004年8月29日股东变更后,董事会成员由王某良、张某和、柳某三人组成,法定代表人为柳某。由此可见,在《国有土地使用权及资产买卖合同》签订和履行期间,福建金石公司和田源公司的控股股东均为王某琪(柳某)、王某莉与王某良父女,福建金石公司与中纺福建公司属于"实际控制人直接或者间接控制的企业之间的关系",应认定是关联关系。汇丰源公司成立后只买了案涉土地使用权，没有自己的办公场所，没有实际经营。汇丰源公司的董事为王某良，监事为张某和。王某良和张某和既是汇丰源公司的董事、监事，同时也是田源公司的法定代表人或董事会成员。汇丰源公司成立的目的只是购买田源公司名下的案涉土地和资产，且其本身与田源公司实际上是"一套人马，两块牌子"，两公司之间的买卖合同有可能导致田源公司利益的转移，符合上述法律规定的关联关系的情形。

上海安连信息技术有限公司诉上海安聚投资管理有限公司与公司有关的纠纷案[上海市长宁区人民法院(2010)长民二(商)初字第1742号民事判决书，《人民司法·案例》2013年第22期]

关于关联交易非正当性的认定，公司法仅以"不得损害公司利益"予以规制，审判中应主要从交易程序、交易对价、交易结果的角度来认定关联交易的非正当性。此外，就股东代表诉讼的前置程序而言，在监事应股东请求提起诉讼时应以公司名义而非以自己名义提起诉讼，更为合理。本案中，关于原告公司监事是否有权代表公司起诉的争议焦点，法院认为监事代表公司提起诉讼具有有效性，理由在于：一方面，根据公司法规定，监事享有对董事及高级管理人员提起诉讼的职权，并有权在董事、高级管理人员损害公司利益时，应特定股东的请求，提起诉讼。故监事代表公司诉讼即具有法律依据。另一方面，鉴于本案原告的法定代表人魏某生同时为本案被告之一，考虑到双方代理之禁止的法律规定，允许监事代表公司提起诉讼也更有利于追究公司高级管理人员及控股股东的侵权行为。关于所争域名及商标的转让行为是否构成损害公司利益关联交易的争议问题，法院认为转让合同应为无效。理由在于：安聚公司作为安连公司的控股股东，且通过委派至安连公司担任董事长的魏某生能够直接控制安连公司，未按公司章程规定经董事会决议，由被告魏某生以法定代表人身份，代表安连公司进行交易，受让安连公司域名及商标，并约定交易价格为0元，致使安连公司丧失无形资产所有权及收益权。因此，该转让行为系损害安连公司利益的关联交易行为，应当认定无效。

上海知信实业有限公司与上海碧信广告有限公司关联交易纠纷上诉案[上海市第一中级人民法院(2008)沪一中民四(商)终字第1228号民事裁定书，《人民司法·案例》2010年第2期]

（1）从工商部门公示的信息来看，原告与被告系相互独立的企业法人，原告尚不能构成对被告股权控制或资本投资关系。然而，被告一经成立，原告即委派其法定代表人林某世任总经理职务，全面负责被告的经营及管理，且掌管被告各项印章，同时林某世可随意将资金划入其个人账户及向关联方作出转移公司利润的承诺，因此，原告与被告之间客观上已形成控制与被控制关系，两者构成公司法上的关联关系，由此产生的交易当属关联交易。（2）林某世代理被告向原告作出承诺，然后林某世又代表原告予以接受，承诺书所形成的交易是在林某世一手安排下完成的，这无疑使林某世的行为构成双方代理。另外，原告利用与被告的关联关系，通过承诺书约定被告支付10%的营业款，已不是简单的利润给付，更是一种企业资产的转移，明显超出正常的商业规则，直接损害了被告公司、股东及债权人的利益，故双方关联交易所产生的系争承诺书应属无效。

陈某海诉浙江某科技股份有限公司等公司决议纠纷案［人民法院案例库2024-08-2-270-004，最高人民法院（2015）民申字第2724号民事裁定］

根据陈某海与天某通北京公司的法定代表人方某铮往来的邮件内容可知，陈某海知晓并同意浙江某科技股份有限公司以3,097,900元的价格购买北京某电公司知识产权一事，且陈某海亦参与了3,097,900元款项的支付。因此，虽然陈某海未在案涉《股东会议决议》中签名，但其行为表明其已对决议中的相关事实予以接受认可。现陈某海以《股东会议决议》系伪造为由要求确认无效，缺乏事实依据，人民法院不予支持。

第二十三条 【公司法人人格否认】公司股东滥用公司法人独立地位和股东有限责任，逃避债务，严重损害公司债权人利益的，应当对公司债务承担连带责任。

股东利用其控制的两个以上公司实施前款规定行为的，各公司应当对任一公司的债务承担连带责任。

只有一个股东的公司，股东不能证明公司财产独立于股东自己的财产的，应当对公司债务承担连带责任。

条文应用提示 ●●●●●●

公司法人人格否认，也称为揭开公司面纱，即在承认公司具有法人人格的前提下，对特定法律关系中的公司独立人格和股东有限责任予以否定，直接追索公司背后成员的责任，以规制滥用公司法人人格和股东有限责任的行为。这一制度对于完善股东与债权人的利益平衡机制是非常必要和有效的，可以保护债权人的利益，完善公司法人制度，并能促进公司治理结构的科学化。

旧法对应关系 ●●●●●●

原《公司法》第二十条第三款　公司股东滥用公司法人独立地位和股东有限责任，逃避债务，严重损害公司债权人利益的，应当对公司债务承担连带责任。

第五十七条第二款　本法所称一人有限责任公司，是指只有一个自然人股东或者一个法人股东的有限责任公司。

第六十三条　一人有限责任公司的股东不能证明公司财产独立于股东自己的财产的，应当对公司债务承担连带责任。

关联法律法规 ●●●●●●

《中华人民共和国民法典》(自2021年1月1日起施行)

第八十三条第二款　营利法人的出资人不得滥用法人独立地位和出资人有限责任损害法人债权人的利益；滥用法人独立地位和出资人有限责任，逃避债务，严重损害法人债权人的利益的，应当对法人债务承担连带责任。

《最高人民法院关于印发〈全国法院民商事审判工作会议纪要〉的通知》(法〔2019〕254号)

(四)关于公司人格否认

公司人格独立和股东有限责任是公司法的基本原则。否认公司独立人格，由滥用公司法人独立地位和股东有限责任的股东对公司债务承担连带责任，是股东有限责任的例外情形，旨在矫正有限责任制度在特定法律事实发生时对债权人保护的失衡现象。在审判实践中，要准确把握《公司法》第20条第3款规定的精神。一是只有在股东实施了滥用公司法人独立地位及股东有限责任的行为，且该行为严重损害了公司债权人利益的情况下，才能适用。损害债权人利益，主要是指股东滥用权利使公司财产不足以清偿公司债权人的债权。二是只有实施了滥用法人独立地位和股东有限责任行为的股东才对公司债务承担连带清偿责任，而其他股东不应承担此责任。三是公司人格否认不是全面、彻底、永久地否定公司的法人资格，而只是在具体案件中依据特定的法律事实、法律关系，突破股东对公司债务不承担责任的一般规则，例外地判令其承担连带责任。人民法院在个案中否认公司人格的判决的既判力仅仅约束该诉讼的各方当事人,不当然适用于涉及该公司的其他诉讼,不影响公司独立法人资格的存续。如果其他债权人提起公司人格否认诉讼,已生效判决认定的事实可以作为证据使用。四是《公司法》第20条第3款规定的滥用行为,实践中常见的情形有人格混同、过度支配与控制、资本显著不足等。在审理案件时,需要根据查明的案件事实进行综合判断,既审慎适用,又当用则用。实践中存在标准把握不严而滥用这一例外制度的现象,同时也存在因法律规定较为原则、抽象,适用难度大,而不善于适用、不敢于适用的现象,均应当引起高度重视。

10.【人格混同】认定公司人格与股东人格是否存在混同,最根本的判断标准是公司是否具有独立意思和独立财产,最主要的表现是公司的财产与股东的财产是否混同且无法区分。在认定是否构成人格混同时,应当综合考虑以下因素:

(1)股东无偿使用公司资金或者财产,不作财务记载的;

(2)股东用公司的资金偿还股东的债务,或者将公司的资金供关联公司无偿使用,不作财务记载的;

(3)公司账簿与股东账簿不分,致使公司财产与股东财产无法区分的;

(4)股东自身收益与公司盈利不加区分,致使双方利益不清的;

(5)公司的财产记载于股东名下,由股东占有、使用的;

(6)人格混同的其他情形。

在出现人格混同的情况下,往往同时出现以下混同:公司业务和股东业务混同;公司员工与股东员工混同,特别是财务人员混同;公司住所与股东住所混同。人民法院在审理案件时,关键要审查是否构成人格混同,而不要求同时具备其他方面的混同,其他方面的混同往往只是人格混同的补强。

11.【过度支配与控制】公司控制股东对公司过度支配与控制,操纵公司的决策过程,使公司完全丧失独立性,沦为控制股东的工具或躯壳,严重损害公司债权人利益,应当否认公司人格,由滥用控制权的股东对公司债务承担连带责任。实践中常见的情形包括:

(1)母子公司之间或者子公司之间进行利益输送的;

(2)母子公司或者子公司之间进行交易,收益归一方,损失却由另一方承担的;

(3)先从原公司抽走资金,然后再成立经营目的相同或者类似的公司,逃避原公司债务的;

(4)先解散公司,再以原公司场所、设备、人员及相同或者相似的经营目的另设公司,逃避原公司债务的;

(5)过度支配与控制的其他情形。

控制股东或实际控制人控制多个子公司或者关联公司,滥用控制权使多个子公司或者关联公司财产边界不清、财务混同,利益相互输送,丧失人格独立性,沦为控制股东逃避债务、非法经营,甚至违法犯罪工具的,可以综合案件事实,否认子公司或者关联公司法人人格,判令承担连带责任。

12.【资本显著不足】资本显著不足指的是,公司设立后在经营过程中,股东实际投入公司的资本数额与公司经营所隐含的风险相比明显不匹配。股东利用较少资本从事力所不及的经营,表明其没有从事公司经营的诚意,实质是恶意利用公司独立人格和股东有限责任把投资风险转嫁给债权人。由于资本显著不足的判断标准有很大的模糊性,特别是要与公司采取"以小博大"的正常经营方式相区分,因此在适用时要十分谨慎,应当与其他因素结合起来综合判断。

13.【诉讼地位】人民法院在审理公司人格否认纠纷案件时,应当根据不同情形确定当事人的诉讼地位:

(1)债权人对债务人公司享有的债权已经由生效裁判确认,其另行提起公司人格否认诉讼,请求股东对公司债务承担连带责任的,列股东为被告,公司为第三人;

(2)债权人对债务人公司享有的债权提起诉讼的同时,一并提起公司人格否认诉讼,请求股东对公司债务承担连带责任的,列公司和股东为共同被告;

(3)债权人对债务人公司享有的债权尚未经生效裁判确认,直接提起公司人格否认诉讼,请求公司股东对公司债务承担连带责任的,人民法院应当向债权人释明,告知其追加公司为共同被告。债权人拒绝追加的,人民法院应当裁定驳回起诉。

《最高人民法院经济审判庭关于企业开办的公司被撤销后企业是否应对公司的债务承担连带责任问题的电话答复》(1988年4月12日公布)

浙江省高级人民法院：

你院1987年12月16日〔1987〕浙江经初字85—3号请示报告收悉。经研究答复如下：

一、我院法(研)复〔1987〕33号批复第二条规定："如果企业开办的分支机构是公司，不论是否具备独立法人资格，可以根据国发〔1985〕102号通知处理。"辽宁省丹东永康开发公司(以下简称"开发公司")系丹东市人民日用化学厂(以下简称"日化厂"，现名为"华芳化妆品公司")1982年1月1日和丹东永昌制药厂(后改名为"永昌化工厂"，以下简称"化工厂")合并后，于1984年10月以日化厂的名义申请开办的。该公司开办仅一年，就被当地工商行政管理局以其不具备公司条件、违法经营为由予以撤销。根据国务院国发〔1985〕102号文件第三条第一款的规定，呈报单位要对公司认真进行核实，因审核不当而造成严重后果的，要承担经济、法律责任。开发公司现已资不抵债，日化厂和化工厂对其债务应当共同承担连带责任。对于永康开发公司的债权人来讲，日化厂不能以1985年1月29日已与永昌化工厂分离，并将永康开发公司划归永昌化工厂管理为由，拒绝承担开发公司的债务清偿责任。鉴于开发公司与浙江省萧山县供销贸易中心购销钢材合同纠纷案，在执行中，开发公司被撤销，因此，你院应根据民事诉讼法(试行)第一百二十二条第一款第(六)项规定，裁定确认日化厂和化工厂共同承担民事责任，执行原调解协议。

二、浙江省萧山县供销贸易中心诉开发公司购销钢材合同纠纷案，并非双方当事人均有钢材经营权，故你院在调解书中确认双方所签订的合同有效，显属不妥。根据民事诉讼法(试行)第一百二十二条第一款第(五)项规定，你院应裁定予以纠正。

此复

典型案例指导 ●●●●●●

昆明闽某纸业有限责任公司等污染环境刑事附带民事公益诉讼案(最高人民法院指导性案例215号)

【关键词】

刑事　刑事附带民事公益诉讼　环境污染　单位犯罪　环境侵权债务

公司法人人格　否认　股东连带责任

【裁判要点】

公司股东滥用公司法人独立地位、股东有限责任,导致公司不能履行其应当承担的生态环境损害修复、赔偿义务,国家规定的机关或者法律规定的组织请求股东对此依照《中华人民共和国公司法》第二十条的规定承担连带责任的,人民法院依法应当予以支持。

【相关法条】

《中华人民共和国长江保护法》第九十三条;《中华人民共和国民法典》第八十三条、第一千二百三十五条;《中华人民共和国公司法》第二十条

【基本案情】

被告单位昆明闽某纸业有限公司(以下简称闽某公司)于2005年11月16日成立,公司注册资本100万元。黄某海持股80%,黄某芬持股10%,黄某龙持股10%。李某城系闽某公司后勤厂长。闽某公司自成立起即在长江流域金沙江支流螳螂川河道一侧埋设暗管,接至公司生产车间的排污管道,用于排放生产废水。经鉴定,闽某公司偷排废水期间,螳螂川河道内水质指标超基线水平13.0~239.1倍,上述行为对螳螂川地表水环境造成污染,共计减少废水污染治理设施运行支出3,009,662元,以虚拟治理成本法计算,造成环境污染损害数额为10,815,021元,并对螳螂川河道下游金沙江生态流域功能造成一定影响。闽某公司生产经营活动造成生态环境损害的同时,其股东黄某海、黄某芬、黄某龙还存在如下行为:1.股东个人银行卡收公司应收资金共计124,642,613.1元,不作财务记载。2.将属于公司财产的9套房产(市值8,920,611元)记载于股东及股东配偶名下,由股东无偿占有。3.公司账簿与股东账簿不分,公司财产与股东财产、股东自身收益与公司盈利难以区分。闽某公司自案发后已全面停产,对公账户可用余额仅为18,261.05元。云南省昆明市西山区人民检察院于2021年4月12日公告了本案相关情况,公告期内未有法律规定的机关和有关组织提起民事公益诉讼。昆明市西山区人民检察院遂就上述行为对闽某公司、黄某海、李某城等提起公诉,并对该公司及其股东黄某海、黄某芬、黄某龙等人提起刑事附带民事公益诉讼,请求否认闽某公司独立地位,由股东黄某海、黄某芬、黄某龙对闽某公司生态环境损害赔偿承担连带责任。

【裁判结果】

云南省昆明市西山区人民法院于2022年6月30日以(2021)云0112刑

初 752 号刑事附带民事公益诉讼判决,认定被告单位昆明闽某纸业有限公司犯污染环境罪,判处罚金人民币 2,000,000 元;被告人黄某海犯污染环境罪,判处有期徒刑三年六个月,并处罚金人民币 500,000 元;被告人李某城犯污染环境罪,判处有期徒刑三年六个月,并处罚金人民币 500,000 元;被告单位昆明闽某纸业有限公司在判决生效后十日内承担生态环境损害赔偿人民币 10,815,021 元,以上费用付至昆明市环境公益诉讼救济专项资金账户用于生态环境修复;附带民事公益诉讼被告昆明闽某纸业有限公司在判决生效后十日内支付昆明市西山区人民检察院鉴定检测费用合计人民币 129,500 元。附带民事公益诉讼被告人黄某海、黄某芬、黄某龙对被告昆明闽某纸业有限公司负担的生态环境损害赔偿和鉴定检测费用承担连带责任。宣判后,没有上诉、抗诉,一审判决已发生法律效力。案件进入执行程序,目前可供执行财产价值已覆盖执行标的。

【裁判理由】

法院生效裁判认为:企业在生产经营过程中,应当承担合理利用资源、采取措施防治污染、履行保护环境的社会责任。被告单位闽某公司无视企业环境保护社会责任,违反国家法律规定,在无排污许可的前提下,未对生产废水进行有效处理并通过暗管直接排放,严重污染环境,符合《刑法》第三百三十八条之规定,构成污染环境罪。被告人黄某海、李某城作为被告单位闽某公司直接负责的主管人员和直接责任人员,在单位犯罪中作用相当,亦应以污染环境罪追究其刑事责任。闽某公司擅自通过暗管将生产废水直接排入河道,造成高达 10,815,021 元的生态环境损害,并对下游金沙江生态流域功能也造成一定影响,其行为构成对环境公共利益的严重损害,不仅需要依法承担刑事责任,还应承担生态环境损害赔偿民事责任。附带民事公益诉讼被告闽某公司在追求经济效益的同时,漠视对环境保护的义务,致使公司生产经营活动对环境公共利益造成严重损害后果,闽某公司承担的赔偿损失和鉴定检测费用属于公司环境侵权债务。由于闽某公司自成立伊始即与股东黄某海、黄某芬、黄某龙之间存在大量、频繁的资金往来,且三人均有对公司财产的无偿占有,与闽某公司已构成人格高度混同,可以认定属《公司法》第二十条第三款规定的股东滥用公司法人独立地位和股东有限责任的行为。现闽某公司所应负担的环境侵权债务合计 10,944,521 元,远高于闽某公司注册资本 1,000,000 元,且闽某公司自案发后已全面停产,对公账户可用余额仅为 18,261.05 元。上述事实表明黄某海、黄某芬、黄某龙与闽某公司的高度人格混同已使闽某公司失去清偿其环境侵权债务的能力,闽某公司难以履行其应当承担的生态环境损害赔偿义务,符合《公司法》第二十条第三款规定的股东承担连带责任之要件,黄某海、黄某芬、黄某龙应对闽某公司的环境侵权债务承担连带责任。

徐工集团工程机械股份有限公司诉成都川交工贸有限责任公司等买卖合同纠纷案[最高人民法院指导性案例15号]

【关键词】

民事　关联公司　人格混同　连带责任

【裁判要点】

1. 关联公司的人员、业务、财务等方面交叉或混同,导致各自财产无法区分,丧失独立人格的,构成人格混同。

2. 关联公司人格混同,严重损害债权人利益的,关联公司相互之间对外部债务承担连带责任。

【相关法条】

《中华人民共和国民法通则》第四条;《中华人民共和国公司法》第三条第一款、第二十条第三款

【基本案情】

原告徐工集团工程机械股份有限公司(以下简称徐工机械公司)诉称:成都川交工贸有限责任公司(以下简称川交工贸公司)拖欠其货款未付,而成都川交工程机械有限责任公司(以下简称川交机械公司)、四川瑞路建设工程有限公司(以下简称瑞路公司)与川交工贸公司股东等人的个人资产与公司资产混同,均应承担连带清偿责任。请求判令:川交工贸公司支付所欠货款10,916,405.71元及利息;川交机械公司、瑞路公司及王某礼等个人对上述债务承担连带清偿责任。被告川交工贸公司、川交机械公司、瑞路公司辩称:三家公司虽有关联,但并不混同,川交机械公司、瑞路公司不应对川交工贸公司的债务承担清偿责任。王某礼等人辩称:王某礼等人的个人财产与川交工贸公司的财产并不混同,不应为川交工贸公司的债务承担清偿责任。法院经审理查明:川交机械公司成立于1999年,股东为四川省公路桥梁工程总公司二公司、王某礼、倪某、杨某刚等。2001年,股东变更为王某礼、李某、倪某。2008年,股东再次变更为王某礼、倪某。瑞路公司成立于2004年,股东为王某礼、李某、倪某。2007年,股东变更为王某礼、倪某。川交工贸公司成立于2005年,股东为吴某、张某蓉、凌某、过某利、汤某明、武某、郭某、何某庆2007年入

股。2008年,股东变更为张某蓉(占90%股份)、吴某(占10%股份),其中张某蓉系王某礼之妻。在公司人员方面,三家公司经理均为王某礼,财务负责人均为凌某,出纳会计均为卢某,工商手续经办人均为张某;三家公司的管理人员存在交叉任职的情形,如过某利兼任川交工贸公司副总经理和川交机械公司销售部经理的职务,且免去过某利川交工贸公司副总经理职务的决定系由川交机械公司作出;吴某既是川交工贸公司的法定代表人,又是川交机械公司的综合部行政经理。在公司业务方面,三家公司在工商行政管理部门登记的经营范围均涉及工程机械且部分重合,其中川交工贸公司的经营范围被川交机械公司的经营范围完全覆盖;川交机械公司系徐工机械公司在四川地区(攀枝花除外)的唯一经销商,但三家公司均从事相关业务,且相互之间存在共用统一格式的《销售部业务手册》、《二级经销协议》、结算账户的情形;三家公司在对外宣传中区分不明,2008年12月4日重庆市公证处出具的《公证书》记载:通过因特网查询,川交工贸公司、瑞路公司在相关网站上共同招聘员工,所留电话号码、传真号码等联系方式相同;川交工贸公司、瑞路公司的招聘信息,包括大量关于川交机械公司的发展历程、主营业务、企业精神的宣传内容;部分川交工贸公司的招聘信息中,公司简介全部为对瑞路公司的介绍。在公司财务方面,三家公司共用结算账户,凌某、卢某、汤某明、过某利的银行卡中曾发生高达亿元的往来,资金的来源包括三家公司的款项,对外支付的依据仅为王某礼的签字;在川交工贸公司向其客户开具的收据中,有的加盖其财务专用章,有的则加盖瑞路公司财务专用章;在与徐工机械公司均签订合同、均有业务往来的情况下,三家公司于2005年8月共同向徐工机械公司出具《说明》,称因川交机械公司业务扩张而注册了另两家公司,要求所有债权债务、销售量均计算在川交工贸公司名下,并表示今后尽量以川交工贸公司名义进行业务往来;2006年12月,川交工贸公司、瑞路公司共同向徐工机械公司出具《申请》,以统一核算为由要求将2006年度的业绩、账务均计算至川交工贸公司名下。另查明,2009年5月26日,卢某在徐州市公安局经侦支队对其进行询问时陈述:川交工贸公司目前已经垮了,但未注销。又查明徐工机械公司未得到清偿的货款实为10,511,710.71元。

【裁判结果】

江苏省徐州市中级人民法院于2011年4月10日作出(2009)徐民二初字第0065号民事判决:一、川交工贸公司于判决生效后10日内向徐工机械公司支付货款10,511,710.71元及逾期付款利息;二、川交机械公司、瑞路公司对川交工贸公司的上述债务承担连带清偿责任;三、驳回徐工机械公司对王某礼、吴某、张某蓉、凌某、过某利、汤某明、郭某、何某庆、卢某的诉讼请求。宣判后,川交机械公司、瑞路公司提起上诉,认为一审判决认定三家公司人格混同,属认定事实不清;认定川交机械公司、瑞路公司对川交工贸公司的债务承担连带责任,缺乏法律依据。徐工机械公司答辩请求维持一审判决。江苏省高级人民法院于2011年10月19日作出(2011)苏商终字第0107号民事判决:驳回上诉,维持原判。

【裁判理由】

法院生效裁判认为:针对上诉范围,二审争议焦点为川交机械公司、瑞路公司与川交工贸公司是否人格混同,应否对川交工贸公司的债务承担连带清偿责任。川交工贸公司与川交机械公司、瑞路公司人格混同。一是三家公司人员混同。三家公司的经理、财务负责人、出纳会计、工商手续经办人均相同,其他管理人员亦存在交叉任职的情形,川交工贸公司的人事任免存在由川交机械公司决定的情形。二是三家公司业务混同。三家公司实际经营中均涉及工程机械相关业务,经销过程中存在共用销售手册、经销协议的情形;对外进行宣传时信息混同。三是三家公司财务混同。三家公司使用共同账户,以王某礼的签字作为具体用款依据,对其中的资金及支配无法证明已作区分;三家公司与徐工机械公司之间的债权债务、业绩、账务及返利均计算在川交工贸公司名下。因此,三家公司之间表征人格的因素(人员、业务、财务等)高度混同,导致各自财产无法区分,已丧失独立人格,构成人格混同。川交机械公司、瑞路公司应当对川交工贸公司的债务承担连带清偿责任。公司人格独立是其作为法人独立承担责任的前提。《公司法》第三条第一款规定:"公司是企业法人,有独立的法人财产,享有法人财产权。公司以其全部财产对公司的债务承担责任。"公司的独立财产是公司独立承担责任的物质保证,公司的独立人格也突出地表现在财产的独立上。当关联公司的财产无法区分,丧失独立人格时,就丧失了独立承担责任的基础。《公司法》第二十条第三款规定:"公司股东滥用公司法人独立地位和股东有限责任,逃避债务,严重损害公司债权人利益的,应当对公司债务承担连带责任。"本案中,三家公司虽在工商登记部门登记为彼此独立的企业法人,但实际上相互之间界限模糊、人格混同,其中川交工贸公司承担所有关联公司的债务却无力清偿,又使其他关联公司逃避巨额债务,严重损害了债权人的利益。上述行为违背了法人制度设立的宗旨,违背了诚实信用原则,其行为本质和危害结果与《公司法》第二十条第三款规定的情形相当,故参照《公司法》第二十条第三款的规定,川交机械公司、瑞路公司对川交工贸公司的债务应当承担连带清偿责任。

邵某与云南通海昆通工贸有限公司、通海兴通达工贸有限公司民间借贷纠纷案[最高人民法院(2015)民一终字第260号民事判决书,《最高人民法院公报》2017年第3期(总第245期)]

依据《公司法》第二十条第三款的规定,认定公司滥用法人人格和有限责任的法律责任,应综合多种因素作出判断。在实践中,公司设立的背景,公司的股东、控制人以及主要财务人员的情况,该公司的主要经营业务以及公司与其他公司之间的交易目的,公司的纳税情况以及具体债权人与公司签订合同时的背景情况和履行情况等因素,均应纳入考察范围。

赵某某诉某餐饮公司、吴某甲买卖合同纠纷案[人民法院案例库2023-08-2-084-030,最高人民法院(2021)最高法民申3711号民事裁定]

公司人格否认制度旨在矫正有限责任制度在特定情形下对债权人利益保护的失衡,其目的就是防止股东滥用公司法人独立地位而损害公司债权人的利益。公司人格否认制度,让股东向利益严重受损的债权人承担连带清偿责任,其法理基础并非基于股东的特定身份,而是基于股东滥用公司法人独立地位的特定行为。公司人格否认案件本质是侵权纠纷案件,股东实施与公司财产混同之侵权行为后,会对公司偿债能力及债权人的利益产生损害,即使股东此后将股权转让,也不应影响其承担责任。

某台资塑胶公司诉浙江某进出口公司及其股东宁波某塑胶公司买卖合同纠纷案[人民法院案例库2024-10-2-084-003,浙江省高级人民法院(2016)浙民终599号民事判决]

关联公司在人员、业务、财产等方面存在交叉或混同,致使各自财产无法区分,丧失独立人格,构成法人人格混同。关联公司人格混同,严重损害债权人利益的,各关联公司对外部债务承担连带责任。

海南碧桂园房地产开发有限公司与三亚凯利投资有限公司、张某男等确认合同效力纠纷案[最高人民法院(2019)最高法民终960号民事判决书,《最高人民法院公报》2021年第2期]

公司股东仅存在单笔转移公司资金的行为,尚不足以否认公司独立人格的,不应依据《公司法》第二十条第三款判决公司股东对公司的债务承担连带责任。但该行为客观上转移并减少了公司资产,降低了公司的偿债能力,根据"举重以明轻"的原则参照《最高人民法院关于适用〈中华人民共和国公司法〉

若干问题的规定(三)》第十四条关于股东抽逃出资情况下的责任形态之规定,可判决公司股东对公司债务不能清偿的部分在其转移资金的金额及相应利息范围内承担补充赔偿责任。

周某平与淮安中誉房地产开发有限公司普通破产债权确认纠纷案[江苏省淮安市中级人民法院(2021)苏08民终1855号民事判决书,《人民司法·案例》2022年第26期]

公司进入破产程序,通常情况下股东债权人和其他债权人应平等受偿,但在公司注册资本显著不足,无法支撑公司运营,股东不是充实资本却通过借贷方式将投资风险转嫁给公司债权人,即将股权投资转化为债权投资,显然属于股东滥用公司法人独立地位和股东有限责任损害公司其他债权人利益的行为。依据公平诚信原则,应将股东债权列在普通债权之后受偿,这样既未剥夺股东对公司享有的债权,保障了股东的受偿权,又保护了公司其他债权人的利益。

亿达信煤焦化能源有限公司与四平现代钢铁有限公司等买卖合同纠纷上诉案[最高人民法院(2017)最高法民终87号民事判决书,《人民司法·案例》2017年第26期]

控股股东以极低价格转让公司股权,公司债权人依据《公司法》第二十条第三款规定请求控股股东对公司债务承担连带清偿责任的,人民法院应从公司人格与股东人格是否混同、股权转让行为是否造成公司责任财产的不当减少从而降低公司对外偿债能力、损害债权人利益等方面进行分析判断。在无人格混同的情况下,基于股东财产与公司财产的分离,股东转让股权是股东对自有权利的处分,对公司财产和其对外偿债能力并不产生直接影响,股东不因极低价格转让公司股权而对公司债务承担连带清偿责任。

闽发证券有限责任公司与北京辰达科技投资有限公司、上海元盛投资管理有限公司、上海全盛投资发展有限公司、深圳市天纪和源实业发展有限公司合并破产清算案[福建省福州市中级人民法院2012年12月13日民事裁定书,《最高人民法院公报》2013年第11期(总第205期)]

关联公司资产混同、管理混同、经营混同以致无法个别清算的,可将数个关联公司作为一个企业整体合并清算。人民法院对清算工作的职责定位为监督和指导,监督是全面的监督,指导是宏观的指导,不介入具体清算事务以保持中立裁判地位。从破产衍生诉讼中破产企业方实际缺位、管理人与诉讼对方不对称掌握证据和事实的实际情况出发,不简单适用当事人主义审判方式,而是适时适度强化职权主义审判方式的应用。

中国信达资产管理公司成都办事处与四川泰来装饰工程有限公司、四川泰来房屋开发有限公司、四川泰来娱乐有限责任公司借款担保合同纠纷案［最高人民法院(2008)民二终字第55号民事判决书,《最高人民法院公报》2008年第10期(总第144期)］

存在股权关系交叉、均为同一法人出资设立、由同一自然人担任各个公司法定代表人的关联公司,如果该法定代表人利用其对于上述多个公司的控制权,无视各公司的独立人格,随意处置、混淆各个公司的财产及债权债务关系,造成各个公司的人员、财产等无法区分的,该多个公司法人表面上虽然彼此独立,但实质上构成人格混同。因此损害债权人合法权益的,该多个公司法人应承担连带清偿责任。

陶某弟等职务侵占案［浙江省义乌市人民法院(2015)金义刑初字第1281号民事判决书,《人民司法·案例》2018年第14期］

在一人公司中,个人财产与公司财产容易发生混同。行为人将部分公司财产用于个人,主观上难以认定具有非法占有的故意,客观上并未侵犯公司股东的权益,而针对公司外部债权人的权益,则可以通过适用公司法中的公司法人人格否认制度来予以救济,故对此类案件通常无须以犯罪论处。作为例外,当公司经营状况恶化时,行为人将公司财产转为个人财产的,则体现了非法占有意图,可以职务侵占罪来认定。

应某峰诉嘉美德(上海)商贸有限公司、陈某美其他合同纠纷案［上海市第一中级人民法院(2014)二审判决书,《最高人民法院公报》2016年第10期］

在一人公司法人人格否认之诉中,应区分作为原告的债权人起诉所基于的事由。若债权人以一人公司的股东与公司存在财产混同为由起诉要求股东对公司债务承担连带责任,应实行举证责任倒置,由被告股东对其个人财产与公司财产之间不存在混同承担举证责任。而其他情形下需遵循关于有限责任公司法人人格否认举证责任分配的一般原则,即折中的举证责任分配原则。一人公司的财产与股东个人财产是否混同,应当审查公司是否建立了独立规范的财务制度、财务支付是否明晰、是否具有独立的经营场所等进行综合考量。本案中,陈某美提供了上诉人嘉美德公司的相关审计报告,可以反映嘉美德公司有独立完整的财务制度,相关财务报表亦符合会计准则及国家外汇管理的规定,且未见有公司财产与股东个人财产混同的迹象,可以基本反映嘉美德公司财产与陈某美个人财产相分离的事实。应某峰认为上述证据不足以证明嘉美德公司财产与陈某美个人财产没有混同，并提出如下异议：审计报告未反映本案诉讼情况；嘉美德公司一审中提供的银行收支报告反映，应某峰投资后仅一周，嘉美德公司就向均岱公司转移了 96 万余元，包括发放均岱公司员工工资等。法院认为，我国《公司法》第六十四条规定，意在限制一人有限责任公司股东采用将公司财产与个人财产混同等手段，逃避债务，损害公司债权人的利益，因此股东对公司债务承担连带清偿责任的前提是该股东的个人财产与公司财产出现了混同。然而从本案目前的证据材料可以看出，嘉美德公司收到应某峰的投资款后，虽有部分用于支付均岱公司的员工工资及货款等费用，但是，根据双方投资合同的约定，应某峰投资后，均岱公司的业务将全部转入嘉美德公司，因此均岱公司的业务支出与应某峰的投资项目直接有关；这些费用的支出均用于均岱公司的业务支出，并无款项转入陈某美个人账户的记录，而审计报告中是否记载本案诉讼的情况也与财产混同问题无涉。因此，应某峰提出的异议并不能反映嘉美德公司财产与陈某美个人财产有混同的迹象，不足以否定上诉人的举证。陈某美的上诉理由成立，一审判令陈某美对嘉美德公司的债务承担连带清偿责任不当，应依法予以纠正。

重庆金江印染有限公司、重庆川江针纺有限公司破产管理人申请实质合并破产清算案[最高人民法院指导性案例 165 号]

【关键词】

民事　破产清算　实质合并破产　关联企业　听证

【裁判要点】

1. 人民法院审理关联企业破产清算案件，应当尊重关联企业法人人格的独立性，对各企业法人是否具备破产原因进行单独审查并适用单个破产程序为原则。当关联企业之间存在法人人格高度混同、区分各关联企业财产的成本过高、严重损害债权人公平清偿利益时，破产管理人可以申请对已进入破产程序的关联企业进行实质合并破产清算。

2. 人民法院收到实质合并破产清算申请后，应当及时组织申请人、被申请人、债权人代表等利害关系人进行听证，并综合考虑关联企业之间资产的混同程度及其持续时间、各企业之间的利益关系、债权人整体清偿利益、增加企业重整的可能性等因素，依法作出裁定。

【相关法条】

《中华人民共和国企业破产法》第一条、第二条

【基本案情】

2015年7月16日,重庆市江津区人民法院裁定受理重庆金江印染有限公司(以下简称金江公司)破产清算申请,并于2015年9月14日依法指定重庆丽达律师事务所担任金江公司管理人。2016年6月1日,重庆市江津区人民法院裁定受理重庆川江针纺有限公司(以下简称川江公司)破产清算申请,于2016年6月12日依法指定重庆丽达律师事务所担任川江公司管理人。金江公司与川江公司存在以下关联关系:1.实际控制人均为冯某乾。川江公司的控股股东为冯某乾,金江公司的控股股东为川江公司,冯某乾同时也是金江公司的股东,且两公司的法定代表人均为冯某乾。冯某乾实际上是两公司的实际控制人。2.生产经营场所混同。金江公司生产经营场地主要在江津区广兴镇工业园区,川江公司自2012年转为贸易公司后,没有生产厂房,经营中所需的库房也是与金江公司共用,其购买的原材料均直接进入金江公司的库房。3.人员混同。川江公司与金江公司的管理人员存在交叉,且公司发展后期所有职工的劳动关系均在金江公司,但部分职工处理的仍是川江公司的事务,在人员工作安排及管理上两公司并未完全独立。4.主营业务混同。金江公司的主营业务收入主要来源于印染加工及成品布销售、针纺加工及产品销售,川江公司的主营业务收入来源于针纺毛线和布的原材料及成品销售。金江公司的原材料大部分是通过川江公司购买而来,所加工的产品也主要通过川江公司转售第三方,川江公司从中赚取一定的差价。5.资产及负债混同。两公司对经营性财产如流动资金的安排使用上混同度较高,且均与冯某乾的个人账户往来较频繁,无法严格区分。在营业成本的分担和经营利润的分配等方面也无明确约定,往往根据实际利润及税务处理需求进行调整。两公司对外借款也存在相互担保的情况。

2016年4月21日、11月14日重庆市江津区人民法院分别宣告金江公司、川江公司破产。两案审理过程中,金江公司、川江公司管理人以两公司法人人格高度混同,且严重损害债权人利益为由,书面申请对两公司进行实质合并破产清算。2016年11月9日,重庆市江津区人民法院召开听证会,对管理人的申请进行听证。金江公司、川江公司共同委托代理人、金江公司债权人会议主席、债权人委员会成员、川江公司债权人会议主席等参加了听证会。另查明,2016年8月5日川江公司第一次债权人会议、2016年11月18日金江公司第二次债权人会议均表决通过了管理人提交的金江公司、川江公司进行实质合并破产清算的报告。

【裁判结果】

重庆市江津区人民法院于 2016 年 11 月 18 日作出 (2015) 津法民破字第 00001 号之四民事裁定:对金江公司、川江公司进行实质合并破产清算。重庆市江津区人民法院于 2016 年 11 月 21 日作出 (2015) 津法民破字第 00001 号之五民事裁定:认可《金江公司、川江公司合并清算破产财产分配方案》。重庆市江津区人民法院于 2017 年 1 月 10 日作出 (2015) 津法民破字第 00001 号之六民事裁定:终结金江公司、川江公司破产程序。

【裁判理由】

法院生效裁判认为,公司作为企业法人,依法享有独立的法人人格及独立的法人财产。人民法院在审理企业破产案件时,应当尊重企业法人人格的独立性。根据《企业破产法》第二条规定,企业法人破产应当具备资不抵债,不足以清偿全部债务或者明显缺乏清偿能力等破产原因。因此,申请关联企业破产清算一般应单独审查是否具备破产原因后,决定是否分别受理。但受理企业破产后,发现关联企业法人人格高度混同、关联企业间债权债务难以分离、严重损害债权人公平清偿利益时,可以对关联企业进行实质合并破产清算。本案中,因金江公司不能清偿到期债务,并且资产不足以清偿全部债务,法院于 2015 年 7 月 16 日裁定受理金江公司破产清算申请。因川江公司不能清偿到期债务且明显缺乏清偿能力,法院于 2016 年 6 月 1 日裁定受理川江公司破产清算申请。在审理过程中,发现金江公司与川江公司自 1994 年、2002 年成立以来,两公司的人员、经营业务、资产均由冯某乾个人实际控制,在经营管理、主营业务、资产及负债方面存在高度混同,金江公司与川江公司已经丧失法人财产独立性和法人意志独立性,并显著、广泛、持续到 2016 年破产清算期间,两公司法人人格高度混同。另外,金江公司与川江公司在管理成本、债权债务等方面无法完全区分,真实性亦无法确认。同时,川江公司将 85,252,480.23 元经营负债转入金江公司、将 21,266,615.90 元对外集资负债结算给金江公司等行为,已经损害了金江公司及其债权人的利益。根据金江公司和川江公司管理人实质合并破产清算申请,法院组织申请人、被申请人、债权人委员会成员等利害关系人进行听证,查明两公司法人人格高度混同、相互经营中两公司债权债务无从分离且分别清算将严重损害债权人公平清偿利益,故管理人申请金江公司、川江公司合并破产清算符合实质合并的条件。

江苏省纺织工业(集团)进出口有限公司及其五家子公司实质合并破产重整案[最高人民法院指导性案例163号]

【关键词】

民事　破产重整　实质合并破产　关联企业　债转股　预表决

【裁判要点】

1. 当事人申请对关联企业合并破产的,人民法院应当对合并破产的必要性、正当性进行审查。关联企业成员的破产应当以适用单个破产程序为原则,在关联企业成员之间出现法人人格高度混同、区分各关联企业成员财产成本过高、严重损害债权人公平清偿利益的情况下,可以依申请例外适用关联企业实质合并破产方式进行审理。

2. 采用实质合并破产方式的,各关联企业成员之间的债权债务归于消灭,各成员的财产作为合并后统一的破产财产,由各成员的债权人作为一个整体在同一程序中按照法定清偿顺位公平受偿。合并重整后,各关联企业原则上应当合并为一个企业,但债权人会议表决各关联企业继续存续,人民法院审查认为确有需要的,可以准许。

3. 合并重整中,重整计划草案的制定应当综合考虑进入合并的关联企业的资产及经营优势、合并后债权人的清偿比例、出资人权益调整等因素,保障各方合法权益;同时,可以灵活设计"现金+债转股"等清偿方案、通过"预表决"方式事先征求债权人意见并以此为基础完善重整方案,推动重整的顺利进行。

【相关法条】

《中华人民共和国企业破产法》第一条、第二条

【基本案情】

申请人江苏省纺织工业(集团)进出口有限公司、江苏省纺织工业(集团)轻纺进出口有限公司、江苏省纺织工业(集团)针织进出口有限公司、江苏省纺织工业(集团)机电进出口有限公司、无锡新苏纺国际贸易有限公司、江苏省纺织工业(集团)服装进出口有限公司共同的管理人。被申请人江苏省纺织工业(集团)进出口有限公司、江苏省纺织工业(集团)轻纺进出口有限公司、江苏省纺织工业(集团)针织进出口有限公司、江苏省纺织工业(集团)机电进出口有限公司、无锡新苏纺国际贸易有限公司、江苏省纺织工业(集团)服装进出口有限公司。2017年1月24日,南京市中级人民法院(以下简称南京中院)根据镇江福源纺织科技有限公司的申请,裁定受理江苏省纺织工业

(集团)进出口有限公司(以下简称省纺织进出口公司)破产重整案,并于同日指定江苏东恒律师事务所担任管理人。2017年6月14日,南京中院裁定受理省纺织进出口公司对江苏省纺织工业(集团)轻纺进出口有限公司(以下简称省轻纺公司)、江苏省纺织工业(集团)针织进出口有限公司(以下简称省针织公司)、江苏省纺织工业(集团)机电进出口有限公司(以下简称省机电公司)、无锡新苏纺国际贸易有限公司(以下简称无锡新苏纺公司)的重整申请及省轻纺公司对江苏省纺织工业(集团)服装进出口有限公司(以下简称省服装公司)的重整申请(其中,省纺织进出口公司对无锡新苏纺公司的重整申请经请示江苏省高级人民法院,指定由南京中院管辖)。同日,南京中院指定江苏东恒律师事务所担任管理人,在程序上对六家公司进行协调审理。2017年8月11日,管理人以省纺织进出口公司、省轻纺公司、省针织公司、省机电公司、无锡新苏纺公司、省服装公司六家公司人格高度混同为由,向南京中院申请对上述六家公司进行实质合并重整。法院经审理查明:

1. 案涉六家公司股权情况。

略。

2. 省纺织进出口公司注册资本5500万元,其中江苏省纺织(集团)总公司(以下简称省纺织集团)出资占60.71%,公司工会出资占39.29%。省轻纺公司、省针织公司、省机电公司、无锡新苏纺公司、省服装公司(以下简称五家子公司)注册资本分别为1000万元、500万元、637万元、1000万元、1000万元,省纺织进出口公司在五家子公司均出资占51%,五家子公司的其余股份均由职工持有。

3. 案涉六家公司经营管理情况。

(1)除无锡新苏纺公司外,其余案涉公司均登记在同一地址,法定代表人存在互相交叉任职的情况,且五家子公司的法定代表人均为省纺织进出口公司的高管人员,财务人员及行政人员亦存在共用情形,其中五家子公司与省纺织进出口公司共用财务人员进行会计核算,付款及报销最终审批人员相同。

(2)省纺织进出口公司和五家子公司间存在业务交叉混同情形,五家子公司的业务由省纺织进出口公司具体安排,且省纺织进出口公司与五家子公司之间存在大量关联债务及担保。为防止随意对关联企业进行合并,损害公司的独立人格,损害部分债权人等利益相关者的合法权益,在收到合并重整申请后,南京中院对申请人提出的申请事项和事实理由进行了审查,同时组织债权人代表、债务人代表、职工代表、管理人、审计机构等进行全面的听证,听取各方关于公司是否存在混同事实的陈述,同时对管理人清理的债权债务情况、审计报告、以及各方提交的证据进行全面的审核,并听取了各方对于合并破产重整的意见。

【裁判结果】

依照《企业破产法》第一条、第二条的规定,南京中院于2017年9月29日作出(2017)苏01破1、6、7、8、9、10号民事裁定:省轻纺公司、省针织公司、省机电公司、无锡新苏纺公司、省服装公司与省纺织进出口公司合并重整。依照《企业破产法》第八十六条第二款之规定,南京中院于2017年12月8日作出(2017)苏01破1、6、7、8、9、10号之二民事裁定:一、批准省纺织进出口公司、省轻纺公司、省针织公司、省机电公司、无锡新苏纺公司、省服装公司合并重整计划;二、终止省纺织进出口公司、省轻纺公司、省针织公司、省机电公司、无锡新苏纺公司、省服装公司合并重整程序。

【裁判理由】

法院生效裁判认为:公司人格独立是公司制度的基石,关联企业成员的破产亦应以适用单个破产程序为原则。但当关联企业成员之间存在法人人格高度混同、区分各关联企业成员财产成本过高、严重损害债权人公平清偿利益时,可以适用关联企业实质合并破产方式进行审理,从而保障全体债权人能够公平受偿。

本案中,案涉六家公司存在人格高度混同情形,主要表现在:人员任职高度交叉,未形成完整独立的组织架构;共用财务及审批人员,缺乏独立的财务核算体系;业务高度交叉混同,形成高度混同的经营体,客观上导致六家公司收益难以正当区分;六家公司之间存在大量关联债务及担保,导致各公司的资产不能完全相互独立,债权债务清理极为困难。在此情形下,法院认为,及时对各关联企业进行实质性的合并,符合破产法关于公平清理债权债务、公平保护债权人、债务人合法权益的原则要求。企业破产法的立法宗旨在于规范破产程序,公平清理债权债务,公平保护全体债权人和债务人的合法权益,从而维护社会主义市场经济秩序。在关联企业存在人格高度混同及不当利益输送的情形下,不仅严重影响各关联企业的债权人公平受偿,同时也严重影响了社会主义市场经济的公平竞争原则,从根本上违反了企业破产法的实质精神。在此情形下,对人格高度混同的关联企业进行合并重整,纠正关联企业之间不当利益输送、相互控制等违法违规行为,保障各关联企业的债权人公平实现债权,符合法律规定。具体到债权人而言,在分别重整的情形下,各关联企业中的利益实质输入企业的普通债权人将获得额外清偿,而利益实质输出企业的普通债权人将可能遭受损失。因此,在关联企业法人人格高度混同的情况下,单独重整将可能导致普通债权人公平受偿的权利受到损害。进行合并后的整体重整,部分账面资产占优势的关联企业债权人的债权清偿率,虽然可能较分别重整有所降低,使其利益表面上受损,但此种差异的根源在于各关联企业之间先前的不当关联关系,合并重整进行债务清偿正是企业破产法公平清理债权债务的体现。依照《企业破产法》第一条、第二条规定,南京中院于2017年9月29日作出(2017)苏01破1、6、7、8、9、10号民事裁定:省轻纺公司、省针织公司、省机电公司、无锡新苏纺公司、省服装公司与省纺织进出口公司合并重整。合并重整程序启动后,管理人对单个企业的债权进行合并处理,同一债权人对六家公司同时存在债权债务的,经合并进行抵销后对债权余额予以确认,六家关联企业相互之间的债权债务在合并中作抵销处理,并将合并后的全体债权人合为一个整体进行分组。根据《企业破产法》规定,债权人分为有财产担保债权组、职工债权组、税款债权组、普通债权组,本案因全体职工的劳动关系继续保留,不涉及职工债权清偿问题,且税款已按期缴纳,故仅将债权人分为有财产担保债权组和普通债权组。同时设出资人组对出资人权益调整方案进行表决。鉴于省纺织进出口公司作为省内具有较高影响力的纺织外贸企业,具有优质的经营资质及资源,同时五家子公司系外贸企业的重要平台,故重整计划以省纺织进出口公司等六家公司作为整体,引入投资人,综合考虑进入合并的公司的资产及经营优势、合并后债权人的清偿、出资人权益的调整等,予以综合设计编制。其中重点内容包括:一、引入优质资产进行重组,盘活企业经营。进入重整程序前,案涉六家公司已陷入严重的经营危机,重整能否成功的关键在于是否能够真正盘活企业经营。基于此,本案引入苏豪控股、省纺织集团等公司作为重整投资方,以所持上市公司股权等优质资产对省纺织进出口公司进行增资近12亿元。通过优质资产的及时注入对企业进行重组,形成新的经济增长因子,盘活关联企业的整体资源,提高债务清偿能力,恢复企业的经营能力,为重塑企业核心竞争力和顺利推进重整方案执行奠定了坚实基础。同时,作为外贸企业,员工的保留是企业能够获得重生的重要保障。重整计划制定中,根据外贸企业特点,保留全部职工,并通过职工股权注入的方式,形成企业经营的合力和保障,从而保障重整成功后的企业能够真正获得重生。二、调整出资人权益,以"现金+债转股"的方式统一清偿债务,并引入"预表决"机制。案涉六家公司均系外贸公司,自有资产较少,在债务清偿方式上,通过先行对部分企业资产进行处置,提供偿债资金来源。在清偿方式上,对有财产担保、无财产担保债权人进行统一的区分。对有财产担保的债权人,根据重整程序中已处置的担保财产价值及未处置的担保财产的评估价值,确定有财产担保的债权人优先受偿的金额,对有财产担保债权人进行全额现金清偿。对无财产担保的普通债权人,采用部分现金清偿、部分以股权置换债权(债转股)的方式清偿的复合型清偿方式,保障企业的造血、重生能力,最大化保障债权人的利益。其中,将增资入股股东的部分股权与债权人的债权进行置换(债转股部分),具体而言,即重整投资方省纺织集团以所持(将其所持的)省纺织进出口公司的部分股份,交由管理人按比例置换债权人所持有的债权的方式进行清偿,省纺织集团免除省纺织进出口公司及五家子公司对其负有的因置换而产生的债务。清偿完毕后,债权人放弃对省纺织进出口公司及五家子公司的全部剩余债权。由于采用了"现金+债转股"的复合型清偿方式,债权人是否愿意以此种方式进行受偿,是能否重整成功的关键。因此,本案引入了"预表决"机制,在重整计划草案的制定中,由管理人就债转股的必要性、可行性及清偿的具体方法进行了预先的说明,并由债权人对此预先书面发表意见,在此基础上制定完善重整计划草案,并提交债权人会议审议表决。从效果看,通过"债转股"方式清偿债务,在重整计划制定过程中进行预表决,较好地保障了债权人的知情权和选择权,自主发表意见,从而使"债转股"清偿方式得以顺利进行。

2017年11月22日,案涉六家公司合并重整后召开第一次债权人会议。管理人向债权人会议提交了合并重整计划草案,各关联企业继续存续。经表决,有财产担保债权组100%同意,普通债权组亦93.6%表决通过计划草案,出资人组会议也100%表决通过出资人权益调整方案。法院经审查认为,合并重整计划制定、表决程序合法,内容符合法律规定,公平对待债权人,对出资人权益调整公平、公正,经营方案具有可行性。依照《中华人民共和国企业破产法》第八十六条第二款之规定,南京中院于2017年12月8日作出(2017)苏01破1、6、7、8、9、10号之二民事裁定:一、批准省纺织进出口公司、省轻纺公司、省针织公司、省机电公司、无锡新苏纺公司、省服装公司合并重整计划;二、终止省纺织进出口公司、省轻纺公司、省针织公司、省机电公司、无锡新苏纺公司、省服装公司合并重整程序。

第二十四条 【采用电子通信方式召开会议和表决】公司股东会、董事会、监事会召开会议和表决可以采用电子通信方式,公司章程另有规定的除外。

条文应用提示

本条是此次修订新增条文。司法实务中,公司股东会、董事会和监事会的召集一般采用 EMS 邮寄方式通知股东、董事、监事和其他高级管理人员,但随着电子信息化程度的提高以及电子化交易的日益频繁,采取邮件、微信和 QQ 等方式书面通知股东、董事、监事和其他高级管理人员的形式逐渐普及,也极大方便了股东会、董事会和监事会参与人员,但如果公司的公司章程中有特殊约定通知方式的,还应当以公司章程中特别约定的通知方式为准。

第二十五条 【无效决议及其法律后果】公司股东会、董事会的决议内容违反法律、行政法规的无效。

条文应用提示

公司股东会、董事会决议只有在内容违反法律、行政法规的情形下,方为无效。至于决议内容违反公司章程或者决议存在程序瑕疵的,甚至未依法或依章程作出决议的,则可能导致决议的撤销不成立。

旧法对应关系

原《公司法》第二十二条第一款 公司股东会或者股东大会、董事会的决议内容违反法律、行政法规的无效。

《最高人民法院关于适用〈中华人民共和国公司法〉若干问题的规定(四)》(2020 年修正)

第一条 公司股东、董事、监事等请求确认股东会或者股东大会、董事会决议无效或者不成立的,人民法院应当依法予以受理。

第三条 原告请求确认股东会或者股东大会、董事会决议不成立、无效或者撤销决议的案件,应当列公司为被告。对决议涉及的其他利害关系人,可以依法列为第三人。

一审法庭辩论终结前,其他有原告资格的人以相同的诉讼请求申请参加前款规定诉讼的,可以列为共同原告。

第六条 股东会或者股东大会、董事会决议被人民法院判决确认无效或者撤销的,公司依据该决议与善意相对人形成的民事法律关系不受影响。

典型案例指导 ●●●●●●●

刘某某诉常州某某化学科技有限公司等公司决议效力确认纠纷案[人民法院案例库2023-08-2-270-002,《最高人民法院公报》2023年第2期(总第316期),江苏省常州市中级人民法院(2018)苏04民终1874号民事判决]

本案中,案涉股东除名决议的作出和内容于法无据,与实不符,应属无效。一方面,结合除名权的法理基础和功能分析,公司是股东之间、股东与公司以及公司与政府之间达成的契约结合体,因此股东之间的关系自当受该契约的约束。在公司的存续过程中,股东始终应恪守出资义务的全面实际履行,否则构成对其他守约股东合理期待的破坏,进而构成对公司契约的违反。一旦股东未履行出资义务或抽逃全部出资,基于该违约行为已严重危害公司的经营和其他股东的共同利益,背离了契约订立的目的和初衷,故公司法赋予守约股东解除彼此间的合同,让违约股东退出公司的权利。这既体现了法律对违约方的惩罚和制裁,又彰显了对守约方的救济和保护。由此可见,合同"解除权"仅在守约方手中,违约方并不享有解除(合同或股东资格)的权利。本案中,某某公司的所有股东在公司成立时存在通谋的故意,全部虚假出资,恶意侵害公司与债权人之权益,但就股东内部而言,没有所谓的合法权益与利益受损之说,也就谈不上权利救济,否则有悖于权利与义务相较、公平诚信等法律原则。即洪某甲、洪某乙无权通过召开股东会的形式,决议解除刘某某的股东资格,除名决议的启动主体明显不合法。另一方面,从虚假出资和抽逃出资的区别来看,前者是指股东未履行或者未全部履行出资义务,后者则是股东在履行出资义务之后,又将其出资取回。案涉股东除名决议认定刘某某抽逃全部出资,事实上某某公司包括刘某某在内的所有股东在公司设立时均未履行出资义务,属于虚假出资,故该决议认定的内容亦有违客观事实。

许某宏诉泉州南明置业有限公司、林某哲与公司有关的纠纷案[最高人民法院(2017)最高法民终18号民事裁定书,《最高人民法院公报》2019年第7期(总第273期)]

1.人民法院应当根据《公司法》《公司法司法解释(四)》《民事诉讼法》的规定审查提起确认公司决议无效之诉的当事人是否为适格原告。对于在起诉时已经不具有公司股东资格和董事、监事职务的当事人提起的确认公司决议无效之诉,人民法院应当依据《民事诉讼法》第一百一十九条的规定审查其是否符合与案件有直接利害关系等起诉条件。

2. 公司法意义上的董事会决议,是董事会根据法律或者公司章程规定的权限和表决程序,就审议事项经表决形成的反映董事会商业判断和独立意志的决议文件。中外合资经营企业的董事会对于合营一方根据法律规定委派和撤换董事之事项所作的记录性文件,不构成公司法意义上的董事会决议,亦不能成为确认公司决议无效之诉的对象。

林某森与广州市锦桂房地产开发有限公司公司决议效力确认纠纷上诉案
[广东省广州市中级人民法院(2013)穗中法民二终字第1400号民事判决书,《人民司法·案例》2015年第12期]

股东会会议由股东按照出资比例行使表决权,但是,公司章程另有规定的除外。股东会决议没有侵犯股东的实体权益,也没有违反法律、行政法规、公司章程的规定,该决议即使有瑕疵,仍为有效决议。法院不宜径直判令此类股东会决议无效,否则有悖合同意思自治原则。本案为公司决议效力确认纠纷。林某森提起本案诉讼,要求确认效力的《股东会决议》的其中一项事项为:同意林某森将占锦桂公司注册资本28%共人民币560万元的出资转让给汤始公司。该《股东会决议》上"林某森"的签名已经有资质的鉴定机构鉴定并非为林某森本人签名。由于决议的内容主要是涉及林某森所持有的锦桂公司的股权转让给其他股东的事宜,即涉及林某森个人的实体权益,因此,未经其本人同意,该涉及林某森所持有的股权转让的决议本应对林某森本人不发生法律效力。但根据2006年6月10日林某森和曾某坚向汤始公司共同出具确认书以及2006年6月13日汤始公司与林某森签订的股东转让出资合同书,林某森确认其名义上持有锦桂公司28%的股权,并同意将其持有的锦桂公司的股份办理转回给汤始公司的工商变更登记手续。该确认书以及股东转让出资合同书与《股东会决议》的内容一致,林某森已明确表示其同意将其所持有的锦桂公司28%的注册资本转给汤始公司,故该股东会决议并没有侵害林某森的实体权益。况且,根据锦桂公司章程,股东会由股东按照出资比例行使表决权,因此,本案《股东会决议》是否生效应当由股东按照出资比例行使表决权后,按照表决的结果决定决议事项。一审法院以林某森没有在该《股东会决议》上签名,该《股东会决议》不是林某森的真实意思表示为由确认该《股东会决议》无效的理据不充分,林某森认为本案《股东会决议》无效的理由不能成立,二审法院予以驳回。

> **第二十六条 【决议被撤销及撤销权的行使】**公司股东会、董事会的会议召集程序、表决方式违反法律、行政法规或者公司章程,或者决议内容违反公司章程的,股东自决议作出之日起六十日内,可以请求人民法院撤销。但是,股东会、董事会的会议召集程序或者表决方式仅有轻微瑕疵,对决议未产生实质影响的除外。
>
> 未被通知参加股东会会议的股东自知道或者应当知道股东会决议作出之日起六十日内,可以请求人民法院撤销;自决议作出之日起一年内没有行使撤销权的,撤销权消灭。
>
> **对应配套规定**
>
> **《最高人民法院关于适用〈中华人民共和国公司法〉时间效力的若干规定》(法释〔2024〕7号)**
>
> 第一条 公司法施行后的法律事实引起的民事纠纷案件,适用公司法的规定。
>
> 公司法施行前的法律事实引起的民事纠纷案件,当时的法律、司法解释有规定的,适用当时的法律、司法解释的规定,但是适用公司法更有利于实现其立法目的,适用公司法的规定:
>
> (一)公司法施行前,公司的股东会召集程序不当,未被通知参加会议的股东自决议作出之日起一年内请求人民法院撤销的,适用公司法第二十六条第二款的规定;
>
> ……

▌条文应用提示 ●●●●●●

本条是关于公司股东会、董事会决议可撤销的规定,此次修订的变化主要有三:一是增加了轻微瑕疵不影响决议效力的规定;二是增规定了未被通知参加股东会会议的股东可依法请求撤销决议以及股东撤销权的除斥期间;三是删除2018年《公司法》关于"人民法院可以应公司的请求,要求股东提供相应担保"的规定。相较于决议无效的情形,决议可撤销事由主要是违反程序性规则或者公司章程,对于公司法律关系各方主体的实质影响相对较小。

旧法对应关系 ●●●●●●●

原《公司法》第二十二条第二款 股东会或者股东大会、董事会的会议召集程序、表决方式违反法律、行政法规或者公司章程,或者决议内容违反公司章程的,股东可以自决议作出之日起六十日内,请求人民法院撤销。

第三款 股东依照前款规定提起诉讼的,人民法院可以应公司的请求,要求股东提供相应担保。

《最高人民法院关于适用〈中华人民共和国公司法〉若干问题的规定(一)》(2014 年修正)

第三条 原告以公司法第二十二条第二款、第七十四条第二款规定事由,向人民法院提起诉讼时,超过公司法规定期限的,人民法院不予受理。

《最高人民法院关于适用〈中华人民共和国公司法〉若干问题的规定(四)》(2020 年修正)

第二条 依据民法典第八十五条、公司法第二十二条第二款请求撤销股东会或者股东大会、董事会决议的原告,应当在起诉时具有公司股东资格。

第三条 原告请求确认股东会或者股东大会、董事会决议不成立、无效或者撤销决议的案件,应当列公司为被告。对决议涉及的其他利害关系人,可以依法列为第三人。

一审法庭辩论终结前,其他有原告资格的人以相同的诉讼请求申请参加前款规定诉讼的,可以列为共同原告。

第四条 股东请求撤销股东会或者股东大会、董事会决议,符合民法典第八十五条、公司法第二十二条第二款规定的,人民法院应当予以支持,但会议召集程序或者表决方式仅有轻微瑕疵,且对决议未产生实质影响的,人民法院不予支持。

第六条 股东会或者股东大会、董事会决议被人民法院判决确认无效或者撤销的,公司依据该决议与善意相对人形成的民事法律关系不受影响。

关联法律法规 ●●●●●●●

《中华人民共和国民法典》(自 2021 年 1 月 1 日起施行)

第八十五条 营利法人的权力机构、执行机构作出决议的会议召集程序、表决方式违反法律、行政法规、法人章程,或者决议内容违反法人章程的,营利法人的出资人可以请求人民法院撤销该决议。但是,营利法人依据该决议与善意相对人形成的民事法律关系不受影响。

典型案例指导

李某军诉上海佳动力环保科技有限公司公司决议撤销纠纷案[上海市第二中级人民法院(2010)沪二中民四(商)终字第436号民事判决书,最高人民法院指导性案例10号]

【关键词】

民事　公司决议撤销　司法审查范围

【裁判要点】

人民法院在审理公司决议撤销纠纷案件中应当审查:会议召集程序、表决方式是否违反法律、行政法规或者公司章程,以及决议内容是否违反公司章程。在未违反上述规定的前提下,解聘总经理职务的决议所依据的事实是否属实,理由是否成立,不属于司法审查范围。

【相关法条】

《中华人民共和国公司法》第二十二条第二款

【基本案情】

原告李某军诉称:被告上海佳动力环保科技有限公司(以下简称佳动力公司)免除其总经理职务的决议所依据的事实和理由不成立,且董事会的召集程序、表决方式及决议内容均违反了《公司法》的规定,请求法院依法撤销该董事会决议。被告佳动力公司辩称:董事会的召集程序、表决方式及决议内容均符合法律和公司章程的规定,故董事会决议有效。法院经审理查明:原告李某军系被告佳动力公司的股东,并担任总经理。佳动力公司股权结构为:葛某乐持股40%,李某军持股46%,王某胜持股14%。三位股东共同组成董事会,由葛某乐担任董事长,另两人为董事。公司章程规定:董事会行使包括聘任或者解聘公司经理等职权;董事会须由2/3以上的董事出席方才有效;董事会对所议事项作出的决定应由占全体股东2/3以上的董事表决通过方才有效。2009年7月18日,佳动力公司董事长葛某乐召集并主持董事会,三位董事均出席,会议形成了"鉴于总经理李某军不经董事会同意私自动用公司资金在二级市场炒股,造成巨大损失,现免去其总经理职务,即日生效"等内容的决议。该决议由葛某乐、王某胜及监事签名,李某军未在该决议上签名。

【裁判结果】

上海市黄浦区人民法院于 2010 年 2 月 5 日作出(2009)黄民二(商)初字第 4569 号民事判决:撤销被告佳动力公司于 2009 年 7 月 18 日形成的董事会决议。宣判后,佳动力公司提出上诉。上海市第二中级人民法院于 2010 年 6 月 4 日作出(2010)沪二中民四(商)终字第 436 号民事判决:一、撤销上海市黄浦区人民法院(2009)黄民二(商)初字第 4569 号民事判决;二、驳回李某军的诉讼请求。

【裁判理由】

法院生效裁判认为:根据《公司法》第二十二条第二款的规定,董事会决议可撤销的事由包括:一、召集程序违反法律、行政法规或公司章程;二、表决方式违反法律、行政法规或公司章程;三、决议内容违反公司章程。从召集程序看,佳动力公司于 2009 年 7 月 18 日召开的董事会由董事长葛某乐召集,三位董事均出席董事会,该次董事会的召集程序未违反法律、行政法规或公司章程的规定。从表决方式看,根据佳动力公司章程规定,对所议事项作出的决定应由占全体股东 2/3 以上的董事表决通过方才有效,上述董事会决议由三位股东(兼董事)中的两名表决通过,故在表决方式上未违反法律、行政法规或公司章程的规定。从决议内容看,佳动力公司章程规定董事会有权解聘公司经理,董事会决议内容中"总经理李某军不经董事会同意私自动用公司资金在二级市场炒股,造成巨大损失"的陈述,仅是董事会解聘李某军总经理职务的原因,而解聘李某军总经理职务的决议内容本身并不违反公司章程。董事会决议解聘李某军总经理职务的原因如果不存在,并不导致董事会决议撤销。首先,公司法尊重公司自治,公司内部法律关系原则上由公司自治机制调整,司法机关原则上不介入公司内部事务;其次,佳动力公司的章程中未对董事会解聘公司经理的职权作出限制,并未规定董事会解聘公司经理必须要有一定原因,该章程内容未违反公司法的强制性规定,应认定有效,因此佳动力公司董事会可以行使公司章程赋予的权力作出解聘公司经理的决定。故法院应当尊重公司自治,无须审查佳动力公司董事会解聘公司经理的原因是否存在,即无须审查决议所依据的事实是否属实,理由是否成立。综上所述,原告李某军请求撤销董事会决议的诉讼请求不成立,依法予以驳回。

金某诉洛阳某房地产开发有限公司盈余分配纠纷案[人民法院案例库2023-08-2-274-001,江苏省常州市中级人民法院(2018)苏04民终1874号民事判决]

法院生效判决认为:本案争议焦点为,案涉股东除名决议的效力应如何认定?本案中,案涉股东除名决议的作出和内容于法无据,与实不符,应属无效。一方面,结合除名权的法理基础和功能分析,公司是股东之间、股东与公司以及公司与政府之间达成的契约结合体,因此股东之间的关系自当受该契约的约束。在公司的存续过程中,股东始终应恪守出资义务的全面实际履行,否则构成对其他守约股东合理期待的破坏,进而构成对公司契约的违反。一旦股东未履行出资义务或抽逃全部出资,基于该违约行为已严重危害公司的经营和其他股东的共同利益,背离了契约订立的目的和初衷,故公司法赋予守约股东解除彼此间的合同,让违约股东退出公司的权利。这既体现了法律对违约方的惩罚和制裁,又彰显了对守约方的救济和保护。由此可见,合同"解除权"仅在守约方手中,违约方并不享有解除(合同或股东资格)的权利。本案中,某某公司的所有股东在公司成立时存在通谋的故意,全部虚假出资,恶意侵害公司与债权人之权益,但就股东内部而言,没有所谓的合法权益与利益受损之说,也就谈不上权利救济,否则有悖于权利与义务相致、公平诚信等法律原则。即洪某甲、洪某乙无权通过召开股东会的形式,决议解除刘某某的股东资格,除名决议的启动主体明显不合法。另一方面,从虚假出资和抽逃出资的区别来看,前者是指股东未履行或者未全部履行出资义务,后者则是股东在履行出资义务之后,又将其出资取回。案涉股东除名决议认定刘某某抽逃全部出资,事实上某某公司包括刘某某在内的所有股东在公司设立时均未履行出资义务,属于虚假出资,故该决议认定的内容亦有违客观事实。

上海某某企业管理咨询有限公司诉上海某某企业管理有限公司公司决议撤销纠纷案[人民法院案例库2024-08-2-270-002,上海市第二中级人民法院(2019)沪02民终4260号民事判决]

在审查封闭公司的董事会决议应否撤销时,如果结合公司法及公司章程的规定判断出决议内容构成对公司章程的实质性修改,则相关决议应属股东会而非董事会的职权范围,应予撤销。

科技公司诉彭某公司决议撤销纠纷案(2020~2021年江苏法院公司审判典型案例之一)

法院认为,《公司法司法解释(四)》第四条规定,股东请求撤销股东会或者股东大会、董事会决议,符合《民法典》第八十五条、《公司法》第二十二条第二款规定的,人民法院应当予以支持,但会议召集程序或者表决方式仅有轻微瑕疵,且对决议未产生实质影响的,人民法院不予支持。本条适用前提为股东会召集程序仅存在轻微瑕疵,且对决议未产生实质影响,而案涉股东会在召集主体和召集时间上均存在重大瑕疵,不应适用该条款,遂判决撤销科技公司案涉股东会决议。

【典型意义】

股东会决议存在非轻微程序瑕疵时,即使该瑕疵对决议结果未产生实质影响,也应撤销股东会决议。否则,控股股东可能因此任意侵犯中小股东的权利,中小股东参与公司经营决策权利将被架空,公司决议撤销之诉也将丧失其所具有的规范公司治理、维护中小股东利益的制度功能。另外,公司及其股东应当严格遵守法律和公司章程中关于股东会召集程序和表决方式的规定,避免因程序瑕疵引发纠纷。

第二十七条 【决议不成立的情形】有下列情形之一的,公司股东会、董事会的决议不成立:

(一)未召开股东会、董事会会议作出决议;

(二)股东会、董事会会议未对决议事项进行表决;

(三)出席会议的人数或者所持表决权数未达到本法或者公司章程规定的人数或者所持表决权数;

(四)同意决议事项的人数或者所持表决权数未达到本法或者公司章程规定的人数或者所持表决权数。

▎条文应用提示 ●●●●●●

本条是关于公司股东会、董事会决议不成立的规定,系此次修订吸收了司法解释的新增条文。本条规定的不成立情形,依次是:未开会、未表决、未达到形成决议所需的人数或者表决权数,都从根本上导致了股东会、董事会决议根本不能成立,比《公司法》第二十六条决议可撤销的情形更加严重。

▎旧法对应关系 ●●●●●●

《最高人民法院关于适用〈中华人民共和国公司法〉若干问题的规定(四)》(2020年修正)

第一条 公司股东、董事、监事等请求确认股东会或者股东大会、董事会决议无效或者不成立的,人民法院应当依法予以受理。

第三条　原告请求确认股东会或者股东大会、董事会决议不成立、无效或者撤销决议的案件,应当列公司为被告。对决议涉及的其他利害关系人,可以依法列为第三人。

一审法庭辩论终结前,其他有原告资格的人以相同的诉讼请求申请参加前款规定诉讼的,可以列为共同原告。

第五条　股东会或者股东大会、董事会决议存在下列情形之一,当事人主张决议不成立的,人民法院应当予以支持:

(一)公司未召开会议的,但依据公司法第三十七条第二款或者公司章程规定可以不召开股东会或者股东大会而直接作出决定,并由全体股东在决定文件上签名、盖章的除外;

(二)会议未对决议事项进行表决的;

(三)出席会议的人数或者股东所持表决权不符合公司法或者公司章程规定的;

(四)会议的表决结果未达到公司法或者公司章程规定的通过比例的;

(五)导致决议不成立的其他情形。

关联法律法规

《中华人民共和国民法典》(自2021年1月1日起施行)

第一百三十四条　民事法律行为可以基于双方或者多方的意思表示一致成立,也可以基于单方的意思表示成立。

法人、非法人组织依照法律或者章程规定的议事方式和表决程序作出决议的,该决议行为成立。

典型案例指导

华某诉S公司公司决议纠纷案[上海一中院、上海浦东法院联合发布自贸区司法保障十大典型案例之三]

《公司法》中规定的"减少注册资本"应当仅仅指公司注册资本的减少,而并非涵盖减资后股权在各股东之间的分配。股权是股东享受公司权益、承担义务的基础,定向减资会直接突破公司设立时的股权分配情况,如只需经2/3以上表决权的股东通过即可作出不同比减资决议,实际上是以多数决形式改变公司设立时经发起人一致决所形成的股权架构。同时,经查明S公司已出现严重亏损状况。在定向减资后,华某持股比例的增加,在实质上增加了华某作为股东对外所承担的风险,在一定程度上损害了华某的股东利益。涉案股东会决议第一、三、四项符合《公司法司法解释(四)》第五条第(五)项"导致决议不成立的其他情形"的规定。S公司处于持续亏损状况,如果允许S公司向A公司返还500万元投资款,将导致公司的资产大规模减少,损害了公司的财产和信用基础,也损害了公司其他股东和公司债权人的利益。因此,华某主张涉案股东会决议的第二项无效具有事实和法律依据。故判决撤销一审判决,确认涉案股东会决议的第一、三、四项不成立,第二项无效。

第二十八条 【决议无效、撤销或确认不成立的法律后果】公司股东会、董事会决议被人民法院宣告无效、撤销或者确认不成立的,公司应当向公司登记机关申请撤销根据该决议已办理的登记。

股东会、董事会决议被人民法院宣告无效、撤销或者确认不成立的,公司根据该决议与善意相对人形成的民事法律关系不受影响。

对应配套规定

《最高人民法院关于适用〈中华人民共和国公司法〉时间效力的若干规定》(法释〔2024〕7号)

第一条 公司法施行后的法律事实引起的民事纠纷案件,适用公司法的规定。

公司法施行前的法律事实引起的民事纠纷案件,当时的法律、司法解释有规定的,适用当时的法律、司法解释的规定,但是适用公司法更有利于实现其立法目的,适用公司法的规定:

……

(二)公司法施行前的股东会决议、董事会决议被人民法院依法确认不成立,对公司根据该决议与善意相对人形成的法律关系效力发生争议的,适用公司法第二十八条第二款的规定;

……

条文应用提示

公司决议的无效、被撤销或确认不成立,表明公司决议的意思表示存在瑕疵,包括内容上的瑕疵与程序上的瑕疵。根据《最高人民法院关于适用〈中华人民共和国公司法〉若干问题的规定(四)》第1条的规定,公司股东、董事、监事等请求确认股东会或者股东大会、董事会决议无效或者不成立的,人民法院应当依法予以受理。

此外,根据《最高人民法院关于适用〈中华人民共和国公司法〉若干问题的规定(四)》第3条的规定,原告请求确认股东会或者股东大会、董事会决议不成立、无效或者撤销决议的案件,应当列公司为被告。对决议涉及的其他利害关系人,可以依法列为第三人。一审法庭辩论终结前,其他有原告资格的人以相同的诉讼请求申请参加前款规定诉讼的,可以列为共同原告。

旧法对应关系

原《公司法》第二十二条第四款　公司根据股东会或者股东大会、董事会决议已办理变更登记的,人民法院宣告该决议无效或者撤销该决议后,公司应当向公司登记机关申请撤销变更登记。

《最高人民法院关于适用〈中华人民共和国公司法〉若干问题的规定(一)》(2014年修正)

第三条　原告以公司法第二十二条第二款、第七十四条第二款规定事由,向人民法院提起诉讼时,超过公司法规定期限的,人民法院不予受理。

《最高人民法院关于适用〈中华人民共和国公司法〉若干问题的规定(四)》(2020年修正)

第一条　公司股东、董事、监事等请求确认股东会或者股东大会、董事会决议无效或者不成立的,人民法院应当依法予以受理。

第二条　依据民法典第八十五条、公司法第二十二条第二款请求撤销股东会或者股东大会、董事会决议的原告,应当在起诉时具有公司股东资格。

第三条　原告请求确认股东会或者股东大会、董事会决议不成立、无效或者撤销决议的案件,应当列公司为被告。对决议涉及的其他利害关系人,可以依法列为第三人。

一审法庭辩论终结前,其他有原告资格的人以相同的诉讼请求申请参加前款规定诉讼的,可以列为共同原告。

第四条 股东请求撤销股东会或者股东大会、董事会决议,符合民法典第八十五条、公司法第二十二条第二款规定的,人民法院应当予以支持,但会议召集程序或者表决方式仅有轻微瑕疵,且对决议未产生实质影响的,人民法院不予支持。

第五条 股东会或者股东大会、董事会决议存在下列情形之一,当事人主张决议不成立的,人民法院应当予以支持:

(一)公司未召开会议的,但依据公司法第三十七条第二款或者公司章程规定可以不召开股东会或者股东大会而直接作出决定,并由全体股东在决定文件上签名、盖章的除外;

(二)会议未对决议事项进行表决的;

(三)出席会议的人数或者股东所持表决权不符合公司法或者公司章程规定的;

(四)会议的表决结果未达到公司法或者公司章程规定的通过比例的;

(五)导致决议不成立的其他情形。

第六条 股东会或者股东大会、董事会决议被人民法院判决确认无效或者撤销的,公司依据该决议与善意相对人形成的民事法律关系不受影响。

关联法律法规

《中华人民共和国民法典》(自2021年1月1日起施行)

第八十五条 营利法人的权力机构、执行机构作出决议的会议召集程序、表决方式违反法律、行政法规、法人章程,或者决议内容违反法人章程的,营利法人的出资人可以请求人民法院撤销该决议。但是,营利法人依据该决议与善意相对人形成的民事法律关系不受影响。

第二章 公司登记

> **第二十九条 【公司设立登记】**设立公司,应当依法向公司登记机关申请设立登记。
>
> 　　法律、行政法规规定设立公司必须报经批准的,应当在公司登记前依法办理批准手续。

对应配套规定

《中华人民共和国市场主体登记管理条例》(自2022年3月1日起施行)

　　第三条　市场主体应当依照本条例办理登记。未经登记,不得以市场主体名义从事经营活动。法律、行政法规规定无需办理登记的除外。

　　市场主体登记包括设立登记、变更登记和注销登记。

《中华人民共和国市场主体登记管理条例实施细则》(自2022年3月1日起施行)

　　第三条　市场主体应当依照本条例办理登记。未经登记,不得以市场主体名义从事经营活动。法律、行政法规规定无需办理登记的除外。

　　市场主体登记包括设立登记、变更登记和注销登记。

条文应用提示

　　公司设立是公司取得法人资格的法律行为,必须符合法定条件,按照法定的程序进行。我国对于公司设立采取的是以准则主义为原则,以核准主义为例外的立法方式,即具备了公司法规定的设立条件,即可设立公司,无须经过审批;对法律、行政法规规定设立公司必须报经审批的,在公司登记前应当依法办理审批手续。

　　设立公司,股东或发起人必须到公司登记机关办理登记手续。公司登记的作用之一是向全社会公示所登记公司的基本情况,注重信誉的公司会如实地填写登记事项,公司的债权人、交易人可以从公司登记机关非常方便地了解到公司的有关情况。另外,公众有权向公司登记机关申请查询公司登记事项,公司登记机关应当允许查询并提供相应的服务,这样有助于增强公司信息的透明度、维护交易安全,有利于建立公司的良好信誉、维护市场经济秩序。

旧法对应关系 ●●●●●●

原《公司法》第六条第一款　设立公司,应当依法向公司登记机关申请设立登记。符合本法规定的设立条件的,由公司登记机关分别登记为有限责任公司或者股份有限公司;不符合本法规定的设立条件的,不得登记为有限责任公司或者股份有限公司。

第二款　法律、行政法规规定设立公司必须报经批准的,应当在公司登记前依法办理批准手续。

关联法律法规 ●●●●●●

《中华人民共和国民法典》(自2021年1月1日起施行)

第五十八条　法人应当依法成立。

法人应当有自己的名称、组织机构、住所、财产或者经费。法人成立的具体条件和程序,依照法律、行政法规的规定。

设立法人,法律、行政法规规定须经有关机关批准的,依照其规定。

第七十七条　营利法人经依法登记成立。

第三十条　【申请设立公司的文件】申请设立公司,应当提交设立登记申请书、公司章程等文件,提交的相关材料应当真实、合法和有效。

申请材料不齐全或者不符合法定形式的,公司登记机关应当一次性告知需要补正的材料。

对应配套规定

《中华人民共和国市场主体登记管理条例》（自 2022 年 3 月 1 日起施行）

第十五条　市场主体实行实名登记。申请人应当配合登记机关核验身份信息。

第十六条　申请办理市场主体登记,应当提交下列材料：

（一）申请书；

（二）申请人资格文件、自然人身份证明；

（三）住所或者主要经营场所相关文件；

（四）公司、非公司企业法人、农民专业合作社（联合社）章程或者合伙企业合伙协议；

（五）法律、行政法规和国务院市场监督管理部门规定提交的其他材料。

国务院市场监督管理部门应当根据市场主体类型分别制定登记材料清单和文书格式样本,通过政府网站、登记机关服务窗口等向社会公开。

登记机关能够通过政务信息共享平台获取的市场主体登记相关信息,不得要求申请人重复提供。

第十七条　申请人应当对提交材料的真实性、合法性和有效性负责。

第十八条　申请人可以委托其他自然人或者中介机构代其办理市场主体登记。受委托的自然人或者中介机构代为办理登记事宜应当遵守有关规定,不得提供虚假信息和材料。

第十九条　登记机关应当对申请材料进行形式审查。对申请材料齐全、符合法定形式的予以确认并当场登记。不能当场登记的,应当在 3 个工作日内予以登记；情形复杂的,经登记机关负责人批准,可以再延长 3 个工作日。

申请材料不齐全或者不符合法定形式的,登记机关应当一次性告知申请人需要补正的材料。

《中华人民共和国市场主体登记管理条例实施细则》（自 2022 年 3 月 1 日起施行）

第三章 登 记 规 范

第十四条 申请人可以自行或者指定代表人、委托代理人办理市场主体登记、备案事项。

第十五条 申请人应当在申请材料上签名或者盖章。

申请人可以通过全国统一电子营业执照系统等电子签名工具和途径进行电子签名或者电子签章。符合法律规定的可靠电子签名、电子签章与手写签名或者盖章具有同等法律效力。

第十六条 在办理登记、备案事项时，申请人应当配合登记机关通过实名认证系统，采用人脸识别等方式对下列人员进行实名验证：

（一）法定代表人、执行事务合伙人（含委派代表）、负责人；

（二）有限责任公司股东、股份有限公司发起人、公司董事、监事及高级管理人员；

（三）个人独资企业投资人、合伙企业合伙人、农民专业合作社（联合社）成员、个体工商户经营者；

（四）市场主体登记联络员、外商投资企业法律文件送达接受人；

（五）指定的代表人或者委托代理人。

因特殊原因，当事人无法通过实名认证系统核验身份信息的，可以提交经依法公证的自然人身份证明文件，或者由本人持身份证件到现场办理。

第十七条 办理市场主体登记、备案事项，申请人可以到登记机关现场提交申请，也可以通过市场主体登记注册系统提出申请。

申请人对申请材料的真实性、合法性、有效性负责。

办理市场主体登记、备案事项，应当遵守法律法规，诚实守信，不得利用市场主体登记，牟取非法利益，扰乱市场秩序，危害国家安全、社会公共利益。

第十八条 申请材料齐全、符合法定形式的，登记机关予以确认，并当场登记，出具登记通知书，及时制发营业执照。

不予当场登记的,登记机关应当向申请人出具接收申请材料凭证,并在3个工作日内对申请材料进行审查;情形复杂的,经登记机关负责人批准,可以延长3个工作日,并书面告知申请人。

申请材料不齐全或者不符合法定形式的,登记机关应当将申请材料退还申请人,并一次性告知申请人需要补正的材料。申请人补正后,应当重新提交申请材料。

不属于市场主体登记范畴或者不属于本登记机关登记管辖范围的事项,登记机关应当告知申请人向有关行政机关申请。

第十九条 市场主体登记申请不符合法律、行政法规或者国务院决定规定,或者可能危害国家安全、社会公共利益的,登记机关不予登记,并出具不予登记通知书。

利害关系人就市场主体申请材料的真实性、合法性、有效性或者其他有关实体权利提起诉讼或者仲裁,对登记机关依法登记造成影响的,申请人应当在诉讼或者仲裁终结后,向登记机关申请办理登记。

第二十条 市场主体法定代表人依法受到任职资格限制的,在申请办理其他变更登记时,应当依法及时申请办理法定代表人变更登记。

市场主体因通过登记的住所(主要经营场所、经营场所)无法取得联系被列入经营异常名录的,在申请办理其他变更登记时,应当依法及时申请办理住所(主要经营场所、经营场所)变更登记。

第二十一条 公司或者农民专业合作社(联合社)合并、分立的,可以通过国家企业信用信息公示系统公告,公告期45日,应当于公告期届满后申请办理登记。

非公司企业法人合并、分立的,应当经出资人(主管部门)批准,自批准之日起30日内申请办理登记。

市场主体设立分支机构的,应当自决定作出之日起30日内向分支机构所在地登记机关申请办理登记。

第二十二条 法律、行政法规或者国务院决定规定市场主体申请登记、备案事项前需要审批的,在办理登记、备案时,应当在有效期内提交有关批准文件或者许可证书。有关批准文件或者许可证书未规定有效期限,自批准之日起超过 90 日的,申请人应当报审批机关确认其效力或者另行报批。

市场主体设立后,前款规定批准文件或者许可证书内容有变化、被吊销、撤销或者有效期届满的,应当自批准文件、许可证书重新批准之日或者被吊销、撤销、有效期届满之日起 30 日内申请办理变更登记或者注销登记。

第二十三条　市场主体营业执照应当载明名称、法定代表人(执行事务合伙人、个人独资企业投资人、经营者或者负责人)姓名、类型(组成形式)、注册资本(出资额)、住所(主要经营场所、经营场所)、经营范围、登记机关、成立日期、统一社会信用代码。

电子营业执照与纸质营业执照具有同等法律效力,市场主体可以凭电子营业执照开展经营活动。

市场主体在办理涉及营业执照记载事项变更登记或者申请注销登记时,需要在提交申请时一并缴回纸质营业执照正、副本。对于市场主体营业执照拒不缴回或者无法缴回的,登记机关在完成变更登记或者注销登记后,通过国家企业信用信息公示系统公告营业执照作废。

第二十四条　外国投资者在中国境内设立外商投资企业,其主体资格文件或者自然人身份证明应当经所在国家公证机关公证并经中国驻该国使(领)馆认证。中国与有关国家缔结或者共同参加的国际条约对认证另有规定的除外。

香港特别行政区、澳门特别行政区和台湾地区投资者的主体资格文件或者自然人身份证明应当按照专项规定或者协议,依法提供当地公证机构的公证文件。按照国家有关规定,无需提供公证文件的除外。

第四章　设　立　登　记

第二十五条　申请办理设立登记,应当提交下列材料:

(一)申请书;

(二)申请人主体资格文件或者自然人身份证明;

(三)住所(主要经营场所、经营场所)相关文件;

（四）公司、非公司企业法人、农民专业合作社(联合社)章程或者合伙企业合伙协议。

第二十六条　申请办理公司设立登记,还应当提交法定代表人、董事、监事和高级管理人员的任职文件和自然人身份证明。

除前款规定的材料外,募集设立股份有限公司还应当提交依法设立的验资机构出具的验资证明;公开发行股票的,还应当提交国务院证券监督管理机构的核准或者注册文件。涉及发起人首次出资属于非货币财产的,还应当提交已办理财产权转移手续的证明文件。

第二十七条　申请设立非公司企业法人,还应当提交法定代表人的任职文件和自然人身份证明。

第二十八条　申请设立合伙企业,还应当提交下列材料:

（一）法律、行政法规规定设立特殊的普通合伙企业需要提交合伙人的职业资格文件的,提交相应材料。

（二）全体合伙人决定委托执行事务合伙人的,应当提交全体合伙人的委托书和执行事务合伙人的主体资格文件或者自然人身份证明。执行事务合伙人是法人或者其他组织的,还应当提交其委派代表的委托书和自然人身份证明。

第二十九条　申请设立农民专业合作社(联合社),还应当提交下列材料:

（一）全体设立人签名或者盖章的设立大会纪要;

（二）法定代表人、理事的任职文件和自然人身份证明;

（三）成员名册和出资清单,以及成员主体资格文件或者自然人身份证明。

第三十条　申请办理分支机构设立登记,还应当提交负责人的任职文件和自然人身份证明。

条文应用提示 ●●●●●●

申请公司设立登记,应当提交下列材料:(1)申请书;(2)申请人资格文件、自然人身份证明;(3)住所或者主要经营场所相关文件;(4)公司、非公司企业法人、农民专业合作社(联合社)章程或者合伙企业合伙协议；(5)法律、行政法规和国务院市场监督管理部门规定提交的其他材料。国务院市场监督管理部门应当根据市场主体类型分别制定登记材料清单和文书格式样本，通过政府网站、登记机关服务窗口等向社会公开。登记机关能够通过政务信息共享平台获取的市场主体登记相关信息，不得要求申请人重复提供。

旧法对应关系

原《公司法》第二十九条　股东认足公司章程规定的出资后，由全体股东指定的代表或者共同委托的代理人向公司登记机关报送公司登记申请书、公司章程等文件，申请设立登记。

第三十一条　【公司设立的准则主义】申请设立公司，符合本法规定的设立条件的，由公司登记机关分别登记为有限责任公司或者股份有限公司；不符合本法规定的设立条件的，不得登记为有限责任公司或者股份有限公司。

对应配套规定

《中华人民共和国市场主体登记管理条例实施细则》(自2022年3月1日起施行)

第十八条　申请材料齐全、符合法定形式的，登记机关予以确认，并当场登记，出具登记通知书，及时制发营业执照。

不予当场登记的，登记机关应当向申请人出具接收申请材料凭证，并在3个工作日内对申请材料进行审查；情形复杂的，经登记机关负责人批准，可以延长3个工作日，并书面告知申请人。

申请材料不齐全或者不符合法定形式的，登记机关应当将申请材料退还申请人，并一次性告知申请人需要补正的材料。申请人补正后，应当重新提交申请材料。

不属于市场主体登记范畴或者不属于本登记机关登记管辖范围的事项，登记机关应当告知申请人向有关行政机关申请。

> 第十九条 市场主体登记申请不符合法律、行政法规或者国务院决定规定,或者可能危害国家安全、社会公共利益的,登记机关不予登记,并出具不予登记通知书。
> 利害关系人就市场主体申请材料的真实性、合法性、有效性或者其他有关实体权利提起诉讼或者仲裁,对登记机关依法登记造成影响的,申请人应当在诉讼或者仲裁终结后,向登记机关申请办理登记。
> 第二十条 市场主体法定代表人依法受到任职资格限制的,在申请办理其他变更登记时,应当依法及时申请办理法定代表人变更登记。
> 市场主体因通过登记的住所(主要经营场所、经营场所)无法取得联系被列入经营异常名录的,在申请办理其他变更登记时,应当依法及时申请办理住所(主要经营场所、经营场所)变更登记。

▌条文应用提示

我国对一般公司设立采取的是准则主义原则,公司登记机关只是对申请人提交的有关申请材料和证明文件是否齐全进行形式审查,看是否符合有关登记管理法律法规的规定,凡符合法定条件的,不必经国家主管机关批准,一经登记即可设立公司并取得法人资格。在形式审查下,登记机关仅审查申请材料的完整性、相互之间的一致性和是否符合法定形式,以决定是否准予登记,不需要考虑其他信息。采取形式审查标准,登记行为的效率高、结果可预期性强。

▌旧法对应关系

原《公司法》第六条第一款 设立公司,应当依法向公司登记机关申请设立登记。符合本法规定的设立条件的,由公司登记机关分别登记为有限责任公司或者股份有限公司;不符合本法规定的设立条件的,不得登记为有限责任公司或者股份有限公司。

▌关联法律法规

《中华人民共和国民法典》(自2021年1月1日起施行)

第七十七条 营利法人经依法登记成立。

第三十二条 【公司登记事项及公示】公司登记事项包括：
(一)名称；
(二)住所；
(三)注册资本；
(四)经营范围；
(五)法定代表人的姓名；
(六)有限责任公司股东、股份有限公司发起人的姓名或者名称。
公司登记机关应当将前款规定的公司登记事项通过国家企业信用信息公示系统向社会公示。

对应配套规定

《中华人民共和国市场主体登记管理条例》（自 2022 年 3 月 1 日起施行）

第八条 市场主体的一般登记事项包括：
(一)名称；
(二)主体类型；
(三)经营范围；
(四)住所或者主要经营场所；
(五)注册资本或者出资额；
(六)法定代表人、执行事务合伙人或者负责人姓名。
除前款规定外，还应当根据市场主体类型登记下列事项：
(一)有限责任公司股东、股份有限公司发起人、非公司企业法人出资人的姓名或者名称；
(二)个人独资企业的投资人姓名及居所；
(三)合伙企业的合伙人名称或者姓名、住所、承担责任方式；
(四)个体工商户的经营者姓名、住所、经营场所；
(五)法律、行政法规规定的其他事项。
第三十五条 市场主体应当按照国家有关规定公示年度报告和登记相关信息。

《中华人民共和国市场主体登记管理条例实施细则》（自 2022 年 3 月 1 日起施行）

第六条　市场主体应当按照类型依法登记下列事项：

（一）公司：名称、类型、经营范围、住所、注册资本、法定代表人姓名、有限责任公司股东或者股份有限公司发起人姓名或者名称。

（二）非公司企业法人：名称、类型、经营范围、住所、出资额、法定代表人姓名、出资人（主管部门）名称。

（三）个人独资企业：名称、类型、经营范围、住所、出资额、投资人姓名及居所。

（四）合伙企业：名称、类型、经营范围、主要经营场所、出资额、执行事务合伙人名称或者姓名，合伙人名称或者姓名、住所、承担责任方式。执行事务合伙人是法人或者其他组织的，登记事项还应当包括其委派的代表姓名。

（五）农民专业合作社（联合社）：名称、类型、经营范围、住所、出资额、法定代表人姓名。

（六）分支机构：名称、类型、经营范围、经营场所、负责人姓名。

（七）个体工商户：组成形式、经营范围、经营场所、经营者姓名、住所。个体工商户使用名称的，登记事项还应当包括名称。

（八）法律、行政法规规定的其他事项。

条文应用提示 ●●●●●●

本条系此次修订新增条文。值得注意的是，本条规定了 6 项公司法定的登记事项，前 5 项对于有限责任公司与股份有限公司都是相同的，就第 6 项内容而言，有限责任公司的全体股东均属于公司登记的法定事项，就股份有限公司而言，除发起人外的其他股东，不属于登记的法定事项。本条第 2 款将 2018 年《公司法》"公众可以向公司登记机关申请查询公司登记事项，公司登记机关应当提供查询服务"的申请查询，修改为"公司登记机关应当将前款规定的公司登记事项通过国家企业信用信息公示系统向社会公示"的主动公示，有利于增强公司登记事项公示的及时性与透明度。

关联法律法规 ●●●●●●

《中华人民共和国民法典》(自 2021 年 1 月 1 日起施行)

第六十六条　登记机关应当依法及时公示法人登记的有关信息。

《最高人民法院办公厅关于印发〈关于审理公司登记行政案件若干问题的座谈会纪要〉的通知》(法办〔2012〕62 号)

一、以虚假材料获取公司登记的问题

因申请人隐瞒有关情况或者提供虚假材料导致登记错误的,登记机关可以在诉讼中依法予以更正。登记机关依法予以更正且在登记时已尽到审慎审查义务,原告不申请撤诉的,人民法院应当驳回其诉讼请求。原告对错误登记无过错的,应当退还其预交的案件受理费。登记机关拒不更正的,人民法院可以根据具体情况判决撤销登记行为、确认登记行为违法或者判决登记机关履行更正职责。

公司法定代表人、股东等以申请材料不是其本人签字或者盖章为由,请求确认登记行为违法或者撤销登记行为的,人民法院原则上应按照本条第一款规定处理,但能够证明原告此前已明知该情况却未提出异议,并在此基础上从事过相关管理和经营活动的,人民法院对原告的诉讼请求一般不予支持。

因申请人隐瞒有关情况或者提供虚假材料导致登记错误引起行政赔偿诉讼,登记机关与申请人恶意串通的,与申请人承担连带责任;登记机关未尽审慎审查义务的,应当根据其过错程度及其在损害发生中所起作用承担相应的赔偿责任;登记机关已尽审慎审查义务的,不承担赔偿责任。

二、登记机关进一步核实申请材料的问题

登记机关无法确认申请材料中签字或者盖章的真伪,要求申请人进一步提供证据或者相关人员到场确认,申请人在规定期限内未补充证据或者相关人员未到场确认,导致无法核实相关材料真实性,登记机关根据有关规定作出不予登记决定,申请人请求判决登记机关履行登记职责的,人民法院不予支持。

三、公司登记涉及民事法律关系的问题

利害关系人以作为公司登记行为之基础的民事行为无效或者应当撤销为由,对登记行为提起行政诉讼的,人民法院经审查可以作出如下处理：对民事行为的真实性问题，可以根据有效证据在行政诉讼中予以认定；对涉及真实性以外的民事争议，可以告知通过民事诉讼等方式解决。

四、备案行为的受理问题

备案申请人或者备案事项涉及的董事、监事、经理、分公司和清算组等备案关系人，认为登记机关公开的备案信息与申请备案事项内容不一致，要求登记机关予以更正，登记机关拒绝更正或者不予答复，因此提起行政诉讼的，人民法院应予受理。

备案申请人以外的人对登记机关的备案事项与备案申请人之间存在争议，要求登记机关变更备案内容，登记机关不予变更，因此提起行政诉讼的，人民法院不予受理，可以告知通过民事诉讼等方式解决。

五、执行生效裁判和仲裁裁决的问题

对登记机关根据生效裁判、仲裁裁决或者人民法院协助执行通知书确定的内容作出的变更、撤销等登记行为，利害关系人不服提起行政诉讼的，人民法院不予受理，但登记行为与文书内容不一致的除外。

公司登记依据的生效裁判、仲裁裁决被依法撤销，利害关系人申请登记机关重新作出登记行为，登记机关拒绝办理，利害关系人不服提起行政诉讼的，人民法院应予受理。

多份生效裁判、仲裁裁决或者人民法院协助执行通知书涉及同一登记事项且内容相互冲突，登记机关拒绝办理登记，利害关系人提起行政诉讼的，人民法院经审理应当判决驳回原告的诉讼请求，同时建议有关法院或者仲裁机关依法妥善处理。

▎典型案例指导 •••••••

方某跃诉李某宏等股权确认纠纷案［江苏省无锡市中级人民法院（2008）锡民二初字第 049 号民事判决书，《人民司法·案例》2010 年第 4 期］

方某跃于 2001 年 6 月 6 日汇给李某宏的 364,480 元是不是方某跃的出资。法院认为：方某跃认可该 364,480 元中 124,000 元是其为谢某华垫付的出资款，在赛福公司成立时，谢某华取得股东资格是各方真实意思表示，谢某华的股东身份也经工商局登记确认，谢某华是否实际出资并不影响其取得股东资格，虽谢某华已将其股权转让，但并不能据此认定谢某华名下的股权应由方某跃享有。李某宏认可该 364,480 元中的 40,480 元是方某跃的出资，被李某宏登记在其名下,根据《公司法》关于公司设立的有关规定,公司登记机关对内资公司设立审查,仅是程序上的、形式上的审查,故人民法院可以通过民事诉讼的判决结果直接或间接地对公司登记的行政行为作出变更。同时,就该364,480元的争议属公司股东之间的内部争议,应根据股东的实际出资、股东之间的真实意思等实质特征认定,故该40,480元应认定为方某跃的股权。关于该364,480元中的其他款项,方某跃未提供充分证据证明其亦用于赛福公司的出资,故对其该部分请求不予支持。

北京月球村新能源科技有限公司不服北京市工商行政管理局朝阳分局登记驳回通知案[北京市第二中级人民法院(2007)二中行终字第233号行政判决书]

《公司法》第十二条规定,公司的经营范围由公司章程规定,并依法登记;公司可以修改公司章程,改变经营范围,但是应当办理变更登记;公司的经营范围中属于法律、行政法规规定须经批准的项目,应当依法经过批准。《公司登记管理条例》第十五条规定,公司的经营范围由公司章程规定,并依法登记;公司的经营范围用语应当参照国民经济行业分类标准。该条例第五十四条规定,公司登记机关对决定予以受理的登记申请,应当分别情况在规定的期限内作出是否准予登记的决定……公司登记机关需要对申请文件、材料核实的,应当自受理之日起15日内作出是否准予登记的决定。根据上述有关规定内容,月球村公司上诉主张变更公司经营范围的登记申请不属于行政许可事项的意见,法律依据不足,本院不予采信。一审法院认定《国民经济行业分类标准》是工商部门在核定经营范围时确定经营范围用语的参照依据,也是市场经济秩序相应监管部门确认相关事项的参照依据,并无不妥。月球村公司申请增加的经营事项为"销售特定地区的特色空气",该申请内容指向的销售对象具有不确定性,且经营行为所属行业无法参照《国民经济行业分类与代码》予以确认。据此,朝阳工商分局作出驳回登记申请的通知,符合前述法规的规定,有利于维护现阶段我国市场经济发展水平下的市场经济秩序。朝阳工商分局在受理月球村公司变更经营范围的申请后,在合理期限内进行审核,并作出驳回的通知,其执法程序并无不当。

> **第三十三条** 【公司营业执照】依法设立的公司,由公司登记机关发给公司营业执照。公司营业执照签发日期为公司成立日期。
>
> 公司营业执照应当载明公司的名称、住所、注册资本、经营范围、法定代表人姓名等事项。
>
> 公司登记机关可以发给电子营业执照。电子营业执照与纸质营业执照具有同等法律效力。

对应配套规定

《中华人民共和国市场主体登记管理条例》(自 2022 年 3 月 1 日起施行)

第二十二条 营业执照分为正本和副本,具有同等法律效力。

电子营业执照与纸质营业执照具有同等法律效力。

营业执照样式、电子营业执照标准由国务院市场监督管理部门统一制定。

第二十三条 市场主体设立分支机构,应当向分支机构所在地的登记机关申请登记。

第三十六条 市场主体应当将营业执照置于住所或者主要经营场所的醒目位置。从事电子商务经营的市场主体应当在其首页显著位置持续公示营业执照信息或者相关链接标识。

第三十七条 任何单位和个人不得伪造、涂改、出租、出借、转让营业执照。

营业执照遗失或者毁坏的,市场主体应当通过国家企业信用信息公示系统声明作废,申请补领。

登记机关依法作出变更登记、注销登记和撤销登记决定的,市场主体应当缴回营业执照。拒不缴回或者无法缴回营业执照的,由登记机关通过国家企业信用信息公示系统公告营业执照作废。

《中华人民共和国市场主体登记管理条例实施细则》(自 2022 年 3 月 1 日起施行)

第二十三条 市场主体营业执照应当载明名称、法定代表人(执行事务合伙人、个人独资企业投资人、经营者或者负责人)姓名、类型

(组成形式)、注册资本(出资额)、住所(主要经营场所、经营场所)、经营范围、登记机关、成立日期、统一社会信用代码。

电子营业执照与纸质营业执照具有同等法律效力,市场主体可以凭电子营业执照开展经营活动。

市场主体在办理涉及营业执照记载事项变更登记或者申请注销登记时,需要在提交申请时一并缴回纸质营业执照正、副本。对于市场主体营业执照拒不缴回或者无法缴回的,登记机关在完成变更登记或者注销登记后,通过国家企业信用信息公示系统公告营业执照作废。

第六十四条 市场主体应当将营业执照(含电子营业执照)置于住所(主要经营场所、经营场所)的醒目位置。

从事电子商务经营的市场主体应当在其首页显著位置持续公示营业执照信息或者其链接标识。

营业执照记载的信息发生变更时,市场主体应当于 15 日内完成对应信息的更新公示。市场主体被吊销营业执照的,登记机关应当将吊销情况标注于电子营业执照中。

▋条文应用提示 ●●●●●

公司登记机关核发的公司营业执照是确定公司成立的法律文件,公司凭公司登记机关核发的《企业法人营业执照》刻制印章,开立银行账户,申请纳税登记。《企业法人营业执照》《营业执照》分为正本和副本,正本和副本具有同等的法律效力。国家推行电子营业执照,电子营业执照与纸质营业执照具有同等的法律效力。《企业法人营业执照》正本或者《营业执照》正本应当置于公司住所或者分公司营业场所的醒目位置。公司可以根据业务需要向公司登记机关申请核发营业执照副本若干。

公司营业执照应当载明的事项包括公司的名称、住所、注册资本、经营范围、法定代表人姓名等,注意"实收资本"不再作为应载明事项。

▋旧法对应关系 ●●●●●

原《公司法》第七条 依法设立的公司,由公司登记机关发给公司营业执照。公司营业执照签发日期为公司成立日期。

公司营业执照应当载明公司的名称、住所、注册资本、经营范围、法定代表人姓名等事项。

公司营业执照记载的事项发生变更的,公司应当依法办理变更登记,由公司登记机关换发营业执照。

关联法律法规

《中华人民共和国民法典》(自2021年1月1日起施行)

第七十八条 依法设立的营利法人,由登记机关发给营利法人营业执照。营业执照签发日期为营利法人的成立日期。

《最高人民法院行政审判庭关于工商行政管理部门审查颁发个体工商户营业执照是否以环保评价许可为前置条件问题的答复》([2006]行他字第2号)

福建省高级人民法院:

你院《关于工商行政管理部门审查颁发个体工商户营业执照是否适用法律规定环保评价前置许可的请示》收悉。经研究,答复如下:

公民个人租赁住宅楼开办个体餐馆的,不属于环境影响评价法第十六条第三款关于"建设项目的环境影响评价分类名录"规定中的"建设项目"。

公民之间因个体餐馆排放的噪声空气污染产生争议的,可以依照环境噪声污染防治法和大气污染防治法的有关规定处理,经营管理者应采取有效措施,使其边界噪声、排放物达到国家规定的环境噪声、排放物的排放标准;对他人造成危害的,应承担相应的赔偿责任。

此复

《最高人民检察院关于涉嫌犯罪单位被撤销、注销、吊销营业执照或者宣告破产的应如何进行追诉问题的批复》(高检发释字[2002]4号)

四川省人民检察院:

你院《关于对已注销的单位原犯罪行为是否应当追诉的请示》(川检发研[2001]25号)收悉。经研究,批复如下:

涉嫌犯罪的单位被撤销、注销、吊销营业执照或者宣告破产的,应当根据刑法关于单位犯罪的相关规定,对实施犯罪行为的该单位直接负责的主管人员和其他直接责任人员追究刑事责任,对该单位不再追诉。

此复

《最高人民法院关于饶天禄与西安市莲湖区环城西路生产、生活服务公司侵权赔偿再审一案的复函》（〔2001〕民监他字第3号）

陕西省高级人民法院：

你院〔2000〕陕经再字第28号《关于饶天禄与西安市莲湖区环城西路生产、生活服务公司侵权赔偿再审一案的请示报告》收悉。

经研究认为，西安标准件经销站（以下简称经销站）的营业执照虽然登记为西安市莲湖区环城西路生产、生活服务公司（以下简称服务公司）开办的集体企业，但服务公司在开办经销站之初和营业中均未直接投资，该经销站是饶天禄以服务公司名义申请开办、利用赊销的15万元标准件经销运营并逐步发展起来的；经销站自负盈亏，自担经营风险，人员录用、辞退、工资及奖金发放均由饶天禄一人决定，服务公司并不干涉，也未派员参与经营管理；经销站每年仅向服务公司交纳一定数额的管理费。西安市工商行政管理局正式给西安市中级人民法院复函，认定经销站"属于饶天禄等人筹资开办起来，并挂靠在环城企业总公司名下的私营（合伙）企业"。故同意你院审判委员会第一种意见，即西安市标准件经销站的性质为私营企业。

此复

《最高人民法院关于企业法人营业执照被吊销后，其民事诉讼地位如何确定的复函》（法经〔2000〕24号）

辽宁省高级人民法院：

你院《关于企业法人营业执照被吊销后，其民事诉讼地位如何确定的请示》收悉。经研究，答复如下：

吊销企业法人营业执照，是工商行政管理机关依据国家工商行政法规对违法的企业法人作出的一种行政处罚。企业法人被吊销营业执照后，应当依法进行清算，清算程序结束并办理工商注销登记后，该企业法人才归于消灭。因此，企业法人被吊销营业执照后至被注销登记前，该企业法人仍应视为存续，可以自己的名义进行诉讼活动。如果该企业法人组成人员下落不明，无法通知参加诉讼，债权人以被吊销营业执照企业的开办单位为被告起诉的，人民法院也应予以准许。该开办单位对被吊销营业执照的企业法人，如果不存在投资不足或者转移资产逃避债务情形的，仅应作为企业清算人参加诉讼，承担清算责任。你院请示中涉及的问题,可参照上述精神办理。

此复

《最高人民法院经济审判庭关于人民法院不宜以一方当事人公司营业执照被吊销,已丧失民事诉讼主体资格为由,裁定驳回起诉问题的复函》(法经[2000]23号)

甘肃省高级人民法院:

你院[1999]甘经终字第193号请示报告收悉。经研究,答复如下:

吊销企业法人营业执照,是工商行政管理局对实施违法行为的企业法人给予的一种行政处罚。根据《中华人民共和国民法通则》第四十条、第四十六条和《中华人民共和国企业法人登记管理条例》第三十三条的规定,企业法人营业执照被吊销后,应当由其开办单位(包括股东)或者企业组织清算组依法进行清算,停止清算范围外的活动。清算期间,企业民事诉讼主体资格依然存在。本案中人民法院不应以甘肃新科工贸有限责任公司(以下简称新科公司)被吊销企业法人营业执照,丧失民事诉讼主体资格为由,裁定驳回起诉。本案债务人新科公司在诉讼中被吊销企业法人营业执照后,至今未组织清算组依法进行清算,因此,债权人兰州岷山制药厂以新科公司为被告,后又要求追加该公司全体股东为被告,应当准许,追加该公司的股东为共同被告参加诉讼,承担清算责任。

《最高人民法院行政审判庭对吉林省高院"关于个体诊所是否应向工商行政部门办理营业执照的请示"的答复》([1996]法行字第14号)

吉林省高级人民法院:

你院吉高法[1996]59号请示收悉,经研究,答复如下:关于个体诊所是否应向工商行政部门办理营业执照问题,法律、行政法规未作明确规定。人民法院在审理这类案件时,如地方性法规有明确规定,可参照地方性法规的具体规定办理。

《最高人民法院关于领取营业执照的证券公司营业部是否具有民事诉讼主体资格的复函》(法函[1997]98号)

上海市高级人民法院:

你院(1997)沪高经他字第4号请示收悉。经研究,答复如下:

证券公司营业部是经中国人民银行或其授权的分支机构依据《中华人民共和国银行法》的有关规定批准设立,专营证券交易等业务的机构。

其领有《经营金融业务许可证》和《营业执照》，具有一定的运营资金和在核准的经营范围内开展证券交易等业务的行为能力。根据最高人民法院《关于适用〈中华人民共和国民事诉讼法〉若干问题的意见》第 40 条第 (5)项之规定，证券公司营业部可以作为民事诉讼当事人。

《最高人民法院关于聊城市柳园供销公司法人资格认定问题的复函》（法函〔1992〕36 号）

山东省高级人民法院：

你院鲁高法函〔1992〕4 号《关于如何认定企业法人资格的请示》收悉。经研究，答复如下：

依照《中华人民共和国民法通则》第四十一条之规定，集体所有制企业具备法人条件，经主管机关核准登记，取得法人资格。根据《中华人民共和国企业法人登记管理条例》第四条之规定，企业法人登记主管机关是国家工商行政管理局和地方各级工商行政管理局。你院请示中的集体企业聊城市柳园供销公司符合法定条件并经工商行政管理机关核准依法领取有企业法人营业执照，其法人资格应予承认。至于申报单位出资不足问题，可责令其补足注册资金的差额部分，不宜仅据此而否定聊城市柳园供销公司的法人资格。

此复

《最高人民法院关于南京摩托车总公司是否具备法人条件问题的复函》（法经函〔1991〕28 号）

江苏省高级人民法院：

你院[1991]经请字第 1 号请示收悉。经研究，同意你院第二种意见，即南京摩托车总公司具备法人条件。因为它符合《中华人民共和国民法通则》第三十六、三十七条之规定，并经工商行政管理机关核准依法领取有企业法人的营业执照。

此复

《无证无照经营查处办法》（自 2017 年 10 月 1 日起施行）

第一条 为了维护社会主义市场经济秩序，促进公平竞争，保护经营者和消费者的合法权益，制定本办法。

第二条 任何单位或者个人不得违反法律、法规、国务院决定的规定，从事无证无照经营。

第三条　下列经营活动,不属于无证无照经营:

(一)在县级以上地方人民政府指定的场所和时间,销售农副产品、日常生活用品,或者个人利用自己的技能从事依法无须取得许可的便民劳务活动;

(二)依照法律、行政法规、国务院决定的规定,从事无须取得许可或者办理注册登记的经营活动。

第四条　县级以上地方人民政府负责组织、协调本行政区域的无证无照经营查处工作,建立有关部门分工负责、协调配合的无证无照经营查处工作机制。

第五条　经营者未依法取得许可从事经营活动的,由法律、法规、国务院决定规定的部门予以查处;法律、法规、国务院决定没有规定或者规定不明确的,由省、自治区、直辖市人民政府确定的部门予以查处。

第六条　经营者未依法取得营业执照从事经营活动的,由履行工商行政管理职责的部门(以下称工商行政管理部门)予以查处。

第七条　经营者未依法取得许可且未依法取得营业执照从事经营活动的,依照本办法第五条的规定予以查处。

第八条　工商行政管理部门以及法律、法规、国务院决定规定的部门和省、自治区、直辖市人民政府确定的部门(以下统称查处部门)应当依法履行职责,密切协同配合,利用信息网络平台加强信息共享;发现不属于本部门查处职责的无证无照经营,应当及时通报有关部门。

第九条　任何单位或者个人有权向查处部门举报无证无照经营。

查处部门应当向社会公开受理举报的电话、信箱或者电子邮件地址,并安排人员受理举报,依法予以处理。对实名举报的,查处部门应当告知处理结果,并为举报人保密。

第十条　查处部门依法查处无证无照经营,应当坚持查处与引导相结合、处罚与教育相结合的原则,对具备办理证照的法定条件、经营者有继续经营意愿的,应当督促、引导其依法办理相应证照。

第十一条　县级以上人民政府工商行政管理部门对涉嫌无照经营进行查处,可以行使下列职权:

(一)责令停止相关经营活动;

(二)向与涉嫌无照经营有关的单位和个人调查了解有关情况;

(三)进入涉嫌从事无照经营的场所实施现场检查;

(四)查阅、复制与涉嫌无照经营有关的合同、票据、账簿以及其他有关资料。

对涉嫌从事无照经营的场所,可以予以查封;对涉嫌用于无照经营的工具、设备、原材料、产品(商品)等物品,可以予以查封、扣押。

对涉嫌无证经营进行查处,依照相关法律、法规的规定采取措施。

第十二条 从事无证经营的,由查处部门依照相关法律、法规的规定予以处罚。

第十三条 从事无照经营的,由工商行政管理部门依照相关法律、行政法规的规定予以处罚。法律、行政法规对无照经营的处罚没有明确规定的,由工商行政管理部门责令停止违法行为,没收违法所得,并处 1 万元以下的罚款。

第十四条 明知属于无照经营而为经营者提供经营场所,或者提供运输、保管、仓储等条件的,由工商行政管理部门责令停止违法行为,没收违法所得,可以处 5000 元以下的罚款。

第十五条 任何单位或者个人从事无证无照经营的,由查处部门记入信用记录,并依照相关法律、法规的规定予以公示。

第十六条 妨害查处部门查处无证无照经营,构成违反治安管理行为的,由公安机关依照《中华人民共和国治安管理处罚法》的规定予以处罚。

第十七条 查处部门及其工作人员滥用职权、玩忽职守、徇私舞弊的,对负有责任的领导人员和直接责任人员依法给予处分。

第十八条 违反本办法规定,构成犯罪的,依法追究刑事责任。

第十九条 本办法自 2017 年 10 月 1 日起施行。2003 年 1 月 6 日国务院公布的《无照经营查处取缔办法》同时废止。

典型案例指导 ●●●●●●●

常州市国振机械有限公司与常州市武进工商行政管理局行政查封纠纷上诉案[江苏省常州市中级人民法院(2014)常行终字第 89 号行政判决书,《人民司法·案例》2015 年第 4 期]

公司在同一行政许可区域内设立生产基地未办理营业执照的行为,不属无证经营,但应依照法律规定办理相关变更登记。

第三十四条 【公司登记事项的变更及效力】公司登记事项发生变更的,应当依法办理变更登记。

公司登记事项未经登记或者未经变更登记,不得对抗善意相对人。

对应配套规定

《中华人民共和国市场主体登记管理条例》(自 2022 年 3 月 1 日起施行)

第二十四条 市场主体变更登记事项,应当自作出变更决议、决定或者法定变更事项发生之日起 30 日内向登记机关申请变更登记。

市场主体变更登记事项属于依法须经批准的,申请人应当在批准文件有效期内向登记机关申请变更登记。

第二十五条 公司、非公司企业法人的法定代表人在任职期间发生本条例第十二条所列情形之一的,应当向登记机关申请变更登记。

第二十六条 市场主体变更经营范围,属于依法须经批准的项目的,应当自批准之日起 30 日内申请变更登记。许可证或者批准文件被吊销、撤销或者有效期届满的,应当自许可证或者批准文件被吊销、撤销或者有效期届满之日起 30 日内向登记机关申请变更登记或者办理注销登记。

第二十七条 市场主体变更住所或者主要经营场所跨登记机关辖区的,应当在迁入新的住所或者主要经营场所前,向迁入地登记机关申请变更登记。迁出地登记机关无正当理由不得拒绝移交市场主体档案等相关材料。

第二十九条 市场主体变更本条例第九条规定的备案事项的,应当自作出变更决议、决定或者法定变更事项发生之日起 30 日内向登记机关办理备案。农民专业合作社(联合社)成员发生变更的,应当自本会计年度终了之日起 90 日内向登记机关办理备案。

《中华人民共和国市场主体登记管理条例实施细则》(自2022年3月1日起施行)

第五章 变 更 登 记

第三十一条 市场主体变更登记事项,应当自作出变更决议、决定或者法定变更事项发生之日起30日内申请办理变更登记。

市场主体登记事项变更涉及分支机构登记事项变更的,应当自市场主体登记事项变更登记之日起30日内申请办理分支机构变更登记。

第三十二条 申请办理变更登记,应当提交申请书,并根据市场主体类型及具体变更事项分别提交下列材料:

(一)公司变更事项涉及章程修改的,应当提交修改后的章程或者章程修正案;需要对修改章程作出决议决定的,还应当提交相关决议决定;

(二)合伙企业应当提交全体合伙人或者合伙协议约定的人员签署的变更决定书;变更事项涉及修改合伙协议的,应当提交由全体合伙人签署或者合伙协议约定的人员签署修改或者补充的合伙协议;

(三)农民专业合作社(联合社)应当提交成员大会或者成员代表大会作出的变更决议;变更事项涉及章程修改的应当提交修改后的章程或者章程修正案。

第三十三条 市场主体更换法定代表人、执行事务合伙人(含委派代表)、负责人的变更登记申请由新任法定代表人、执行事务合伙人(含委派代表)、负责人签署。

第三十四条 市场主体变更名称,可以自主申报名称并在保留期届满前申请变更登记,也可以直接申请变更登记。

第三十五条 市场主体变更住所(主要经营场所、经营场所),应当在迁入新住所(主要经营场所、经营场所)前向迁入地登记机关申请变更登记,并提交新的住所(主要经营场所、经营场所)使用相关文件。

第三十六条 市场主体变更注册资本或者出资额的,应当办理变更登记。

公司增加注册资本,有限责任公司股东认缴新增资本的出资和股份有限公司的股东认购新股的,应当按照设立时缴纳出资和缴纳股款的规定执行。股份有限公司以公开发行新股方式或者上市公司以非公开发行新股方式增加注册资本,还应当提交国务院证券监督管理机构的核准或者注册文件。

公司减少注册资本,可以通过国家企业信用信息公示系统公告,公告期45日,应当于公告期届满后申请变更登记。法律、行政法规或者国务院决定对公司注册资本有最低限额规定的,减少后的注册资本应当不少于最低限额。

外商投资企业注册资本(出资额)币种发生变更,应当向登记机关申请变更登记。

第三十七条 公司变更类型,应当按照拟变更公司类型的设立条件,在规定的期限内申请变更登记,并提交有关材料。

非公司企业法人申请改制为公司,应当按照拟变更的公司类型设立条件,在规定期限内申请变更登记,并提交有关材料。

个体工商户申请转变为企业组织形式,应当按照拟变更的企业类型设立条件申请登记。

第三十八条 个体工商户变更经营者,应当在办理注销登记后,由新的经营者重新申请办理登记。双方经营者同时申请办理的,登记机关可以合并办理。

第三十九条 市场主体变更备案事项的,应当按照《条例》第二十九条规定办理备案。

农民专业合作社因成员发生变更,农民成员低于法定比例的,应当自事由发生之日起6个月内采取吸收新的农民成员入社等方式使农民成员达到法定比例。农民专业合作社联合社成员退社,成员数低于联合社设立法定条件的,应当自事由发生之日起6个月内采取吸收新的成员入社等方式使农民专业合作社联合社成员达到法定条件。

条文应用提示

本条是在 2018 年《公司法》关于有限责任公司登记效力相关规定基础上进行补充完善的新增条文。将 2018 年《公司法》规定的"第三人"明确为"善意相对人",即对公司未登记事项或未变更登记事项不知情且不应知情者,才受到本条的保护。

旧法对应关系

原《公司法》第三十二条第三款　公司应当将股东的姓名或者名称向公司登记机关登记;登记事项发生变更的,应当办理变更登记。未经登记或者变更登记的,不得对抗第三人。

关联法律法规

《中华人民共和国民法典》(自 2021 年 1 月 1 日起施行)

第六十四条　法人存续期间登记事项发生变化的,应当依法向登记机关申请变更登记。

第六十五条　法人的实际情况与登记的事项不一致的,不得对抗善意相对人。

第三十五条　【变更登记申请文件】 公司申请变更登记,应当向公司登记机关提交公司法定代表人签署的变更登记申请书、依法作出的变更决议或者决定等文件。

公司变更登记事项涉及修改公司章程的,应当提交修改后的公司章程。

公司变更法定代表人的,变更登记申请书由变更后的法定代表人签署。

对应配套规定

《中华人民共和国市场主体登记管理条例实施细则》(自 2022 年 3 月 1 日起施行)

第二十条　市场主体法定代表人依法受到任职资格限制的,在申请办理其他变更登记时,应当依法及时申请办理法定代表人变更登记。

市场主体因通过登记的住所(主要经营场所、经营场所)无法取得联系被列入经营异常名录的,在申请办理其他变更登记时,应当依法及时申请办理住所(主要经营场所、经营场所)变更登记。

第三十一条　市场主体变更登记事项,应当自作出变更决议、决定或者法定变更事项发生之日起 30 日内申请办理变更登记。

市场主体登记事项变更涉及分支机构登记事项变更的,应当自市场主体登记事项变更登记之日起 30 日内申请办理分支机构变更登记。

第三十二条　申请办理变更登记,应当提交申请书,并根据市场主体类型及具体变更事项分别提交下列材料:

(一)公司变更事项涉及章程修改的,应当提交修改后的章程或者章程修正案;需要对修改章程作出决议决定的,还应当提交相关决议决定;

(二)合伙企业应当提交全体合伙人或者合伙协议约定的人员签署的变更决定书;变更事项涉及修改合伙协议的,应当提交由全体合伙人签署或合伙协议约定的人员签署修改或者补充的合伙协议;

(三)农民专业合作社(联合社)应当提交成员大会或者成员代表大会作出的变更决议;变更事项涉及章程修改的应当提交修改后的章程或者章程修正案。

第三十三条　市场主体更换法定代表人、执行事务合伙人(含委派代表)、负责人的变更登记申请由新任法定代表人、执行事务合伙人(含委派代表)、负责人签署。

条文应用提示

本条系此次修订新增条文。本条第 3 款是关于变更法定代表人时签署申请书主体的特别规定。由于 2018 年《公司法》第 13 条仅规定"公司法定代表人变更,应当办理变更登记",对于由变更前还是变更后的法定代表人签署变更申请书没有作出明确规定,此前的行政法规亦未作出明确要求,以往的实践往往要求由变更前的法定代表人签署。对于公司内部产生矛盾的情形,变更前的法定代表人可能不会配合办理法定代理人的变更,因而导致僵局。此次《公司法》修订对此予以明确,有助于解决实践中的此类问题。对于如何确定变更后的法定代表人是真实产生的,应当依据公司章程关于法定代表人的产生办法以及有关法律的规定予以判断。

典型案例指导 ●●●●●●

盛某诉成都某大教育投资有限公司、四川某园林绿化工程有限公司、周某请求变更公司登记纠纷案[人民法院案例库2023-08-2-264-001,成都市中级人民法院(2020)川01民终2506号民事判决]

在无证据证明存在冒名登记的情况下,如公司未就法定代表人变更作出决议,公司法定代表人请求变更法定代表人工商登记的,人民法院不予支持。法定代表人的变更属于公司自治的范围,人民法院无法代替公司选举新的法定代表人,故公司变更法定代表人不属于人民法院民事诉讼审理范围。法定代表人工商信息具有公示效力,债权人在与公司进行商事交易时,亦是基于对公示的法定代表人的信任而建立交易,现该法定代表人已被纳入失信被执行人,涤除将损害债权人利益。

第三十六条 【营业执照记载事项变更后的换发】公司营业执照记载的事项发生变更的,公司办理变更登记后,由公司登记机关换发营业执照。

对应配套规定

《中华人民共和国市场主体登记管理条例》(自2022年3月1日起施行)

第二十八条 市场主体变更登记涉及营业执照记载事项的,登记机关应当及时为市场主体换发营业执照。

旧法对应关系 ●●●●●●●

原《公司法》第七条第三款 公司营业执照记载的事项发生变更的,公司应当依法办理变更登记,由公司登记机关换发营业执照。

第三十七条 【注销登记】公司因解散、被宣告破产或者其他法定事由需要终止的,应当依法向公司登记机关申请注销登记,由公司登记机关公告公司终止。

对应配套规定

《中华人民共和国市场主体登记管理条例》(自2022年3月1日起施行)

第三十一条　市场主体因解散、被宣告破产或者其他法定事由需要终止的,应当依法向登记机关申请注销登记。经登记机关注销登记,市场主体终止。

市场主体注销依法须经批准的,应当经批准后向登记机关申请注销登记。

《中华人民共和国市场主体登记管理条例实施细则》(自2022年3月1日起施行)

第七章　注销登记

第四十四条　市场主体因解散、被宣告破产或者其他法定事由需要终止的,应当依法向登记机关申请注销登记。依法需要清算的,应当自清算结束之日起30日内申请注销登记。依法不需要清算的,应当自决定作出之日起30日内申请注销登记。市场主体申请注销后,不得从事与注销无关的生产经营活动。自登记机关予以注销登记之日起,市场主体终止。

第四十五条　市场主体注销登记前依法应当清算的,清算组应当自成立之日起10日内将清算组成员、清算组负责人名单通过国家企业信用信息公示系统公告。清算组可以通过国家企业信用信息公示系统发布债权人公告。

第四十六条　申请办理注销登记,应当提交下列材料:

(一)申请书;

(二)依法作出解散、注销的决议或者决定,或者被行政机关吊销营业执照、责令关闭、撤销的文件;

(三)清算报告、负责清理债权债务的文件或者清理债务完结的证明;

(四)税务部门出具的清税证明。

除前款规定外,人民法院指定清算人、破产管理人进行清算的,应当提交人民法院指定证明;合伙企业分支机构申请注销登记,还应当提交全体合伙人签署的注销分支机构决定书。

个体工商户申请注销登记的，无需提交第二项、第三项材料；因合并、分立而申请市场主体注销登记的，无需提交第三项材料。

第四十七条 申请办理简易注销登记，应当提交申请书和全体投资人承诺书。

第四十八条 有下列情形之一的，市场主体不得申请办理简易注销登记：

（一）在经营异常名录或者市场监督管理严重违法失信名单中的；

（二）存在股权（财产份额）被冻结、出质或者动产抵押，或者对其他市场主体存在投资的；

（三）正在被立案调查或者采取行政强制措施，正在诉讼或者仲裁程序中的；

（四）被吊销营业执照、责令关闭、撤销的；

（五）受到罚款等行政处罚尚未执行完毕的；

（六）不符合《条例》第三十三条规定的其他情形。

第四十九条 申请办理简易注销登记，市场主体应当将承诺书及注销登记申请通过国家企业信用信息公示系统公示，公示期为20日。

在公示期内无相关部门、债权人及其他利害关系人提出异议的，市场主体可以于公示期届满之日起20日内向登记机关申请注销登记。

▋条文应用提示 ●●●●●

本条是此次修订新增条文。通过对注销登记进行明文规定，确保公司登记与公司实际情况相一致，保证公司登记的公示效力。

▋旧法对应关系 ●●●●●

原《公司法》第一百八十八条 公司清算结束后，清算组应当制作清算报告，报股东会、股东大会或者人民法院确认，并报送公司登记机关，申请注销公司登记，公告公司终止。

关联法律法规 ●●●●●●

《中华人民共和国民法典》(自 2021 年 1 月 1 日起施行)

第六条 民事主体从事民事活动,应当遵循公平原则,合理确定各方的权利和义务。

> **第三十八条 【分公司的设立】**公司设立分公司,应当向公司登记机关申请登记,领取营业执照。
>
> **对应配套规定**
>
> 《中华人民共和国市场主体登记管理条例》(自 2022 年 3 月 1 日起施行)
>
> 第二十三条 市场主体设立分支机构,应当向分支机构所在地的登记机关申请登记。

旧法对应关系 ●●●●●●

原《公司法》第十四条第一款 公司可以设立分公司。设立分公司,应当向公司登记机关申请登记,领取营业执照。分公司不具有法人资格,其民事责任由公司承担。

关联法律法规 ●●●●●●

《中华人民共和国民法典》(自 2021 年 1 月 1 日起施行)

第七十四条第一款 法人可以依法设立分支机构。法律、行政法规规定分支机构应当登记的,依照其规定。

> **第三十九条 【撤销登记】**虚报注册资本、提交虚假材料或者采取其他欺诈手段隐瞒重要事实取得公司设立登记的,公司登记机关应当依照法律、行政法规的规定予以撤销。

对应配套规定

《中华人民共和国市场主体登记管理条例》（自 2022 年 3 月 1 日起施行）

第四十条 提交虚假材料或者采取其他欺诈手段隐瞒重要事实取得市场主体登记的，受虚假市场主体登记影响的自然人、法人和其他组织可以向登记机关提出撤销市场主体登记的申请。

登记机关受理申请后，应当及时开展调查。经调查认定存在虚假市场主体登记情形的，登记机关应当撤销市场主体登记。相关市场主体和人员无法联系或者拒不配合的，登记机关可以将相关市场主体的登记时间、登记事项等通过国家企业信用信息公示系统向社会公示，公示期为 45 日。相关市场主体及其利害关系人在公示期内没有提出异议的，登记机关可以撤销市场主体登记。

因虚假市场主体登记被撤销的市场主体，其直接责任人自市场主体登记被撤销之日起 3 年内不得再次申请市场主体登记。登记机关应当通过国家企业信用信息公示系统予以公示。

第四十一条 有下列情形之一的，登记机关可以不予撤销市场主体登记：

（一）撤销市场主体登记可能对社会公共利益造成重大损害；

（二）撤销市场主体登记后无法恢复到登记前的状态；

（三）法律、行政法规规定的其他情形。

第四十二条 登记机关或者其上级机关认定撤销市场主体登记决定错误的，可以撤销该决定，恢复原登记状态，并通过国家企业信用信息公示系统公示。

《中华人民共和国市场主体登记管理条例实施细则》（自 2022 年 3 月 1 日起施行）

第八章 撤销登记

第五十条 对涉嫌提交虚假材料或者采取其他欺诈手段隐瞒重要事实取得市场主体登记的行为，登记机关可以根据当事人申请或者依职权主动进行调查。

第五十一条　受虚假登记影响的自然人、法人和其他组织,可以向登记机关提出撤销市场主体登记申请。涉嫌冒用自然人身份的虚假登记,被冒用人应当配合登记机关通过线上或者线下途径核验身份信息。

涉嫌虚假登记市场主体的登记机关发生变更的,由现登记机关负责处理撤销登记,原登记机关应当协助进行调查。

第五十二条　登记机关收到申请后,应当在 3 个工作日内作出是否受理的决定,并书面通知申请人。

有下列情形之一的,登记机关可以不予受理:

(一)涉嫌冒用自然人身份的虚假登记,被冒用人未能通过身份信息核验的;

(二)涉嫌虚假登记的市场主体已注销的,申请撤销注销登记的除外;

(三)其他依法不予受理的情形。

第五十三条　登记机关受理申请后,应当于 3 个月内完成调查,并及时作出撤销或者不予撤销市场主体登记的决定。情形复杂的,经登记机关负责人批准,可以延长 3 个月。

在调查期间,相关市场主体和人员无法联系或者拒不配合的,登记机关可以将涉嫌虚假登记市场主体的登记时间、登记事项,以及登记机关联系方式等信息通过国家企业信用信息公示系统向社会公示,公示期 45 日。相关市场主体及其利害关系人在公示期内没有提出异议的,登记机关可以撤销市场主体登记。

第五十四条　有下列情形之一的,经当事人或者其他利害关系人申请,登记机关可以中止调查:

(一)有证据证明与涉嫌虚假登记相关的民事权利存在争议的;

(二)涉嫌虚假登记的市场主体正在诉讼或者仲裁程序中的;

(三)登记机关收到有关部门出具的书面意见,证明涉嫌虚假登记的市场主体或者其法定代表人、负责人存在违法案件尚未结案,或者尚未履行相关法定义务的。

第五十五条　有下列情形之一的,登记机关可以不予撤销市场主体登记:

(一)撤销市场主体登记可能对社会公共利益造成重大损害;

(二)撤销市场主体登记后无法恢复到登记前的状态;

(三)法律、行政法规规定的其他情形。

第五十六条　登记机关作出撤销登记决定后,应当通过国家企业信用信息公示系统向社会公示。

第五十七条　同一登记包含多个登记事项,其中部分登记事项被认定为虚假,撤销虚假的登记事项不影响市场主体存续的,登记机关可以仅撤销虚假的登记事项。

第五十八条　撤销市场主体备案事项的,参照本章规定执行。

条文应用提示

本条是关于公司设立登记撤销的规定,是关于欺诈取得公司设立登记法律后果的规定。删除了2018年《公司法》"情节严重的"条件,增加"应当依照法律、行政法规"后单列条文。撤销公司设立登记从根本上否认了公司的民事主体资格的合法性,被撤销设立登记的公司的民事主体资格归于消灭,需要严格依法定程序进行,因此本条规定由公司登记机关依照法律行政法规的规定撤销设立登记。需要注意的是,本条规定的撤销登记仅适用于公司设立登记,对于存在本条规定情形的,除依照本条规定需要撤销设立登记外,还需要依照本法第250条的规定承担相应的法律责任。

旧法对应关系

原《公司法》第一百九十八条　违反本法规定,虚报注册资本、提交虚假材料或者采取其他欺诈手段隐瞒重要事实取得公司登记的,由公司登记机关责令改正,对虚报注册资本的公司,处以虚报注册资本金额百分之五以上百分之十五以下的罚款;对提交虚假材料或者采取其他欺诈手段隐瞒重要事实的公司,处以五万元以上五十万元以下的罚款;情节严重的,撤销公司登记或者吊销营业执照。

关联法律法规 ●●●●●●

《中华人民共和国刑法》（2023 年修正）

第一百五十八条 【虚报注册资本罪】申请公司登记使用虚假证明文件或者采取其他欺诈手段虚报注册资本，欺骗公司登记主管部门，取得公司登记，虚报注册资本数额巨大、后果严重或者有其他严重情节的，处三年以下有期徒刑或者拘役，并处或者单处虚报注册资本金额百分之一以上百分之五以下罚金。

单位犯前款罪的，对单位判处罚金，并对其直接负责的主管人员和其他直接责任人员，处三年以下有期徒刑或者拘役。

第四十条 【企业信用信息公示】公司应当按照规定通过国家企业信用信息公示系统公示下列事项：

（一）有限责任公司股东认缴和实缴的出资额、出资方式和出资日期，股份有限公司发起人认购的股份数；

（二）有限责任公司股东、股份有限公司发起人的股权、股份变更信息；

（三）行政许可取得、变更、注销等信息；

（四）法律、行政法规规定的其他信息。

公司应当确保前款公示信息真实、准确、完整。

对应配套规定

《国务院关于实施〈中华人民共和国公司法〉注册资本登记管理制度的规定》（自 2024 年 7 月 1 日起施行）

第四条 公司调整股东认缴和实缴的出资额、出资方式、出资期限，或者调整发起人认购的股份数等，应当自相关信息产生之日起 20 个工作日内通过国家企业信用信息公示系统向社会公示。

公司应当确保前款公示信息真实、准确、完整。

条文应用提示 ●●●●●●

本条是此次《公司法》修订新增内容。公司信息公示事项属于公司需要向社会提供的信息。与登记事项相比，企业信息公示事项由公司自行披露，对社会公众特别是公司的交易相对人和潜在投资人了解公司资本、经营许可和存续情况起到重要作用，企业信息公示需要通过国家企业信用信息公示系统进行。

关联法律法规

《企业信息公示暂行条例》（2024年修订）

第十条 企业应当自下列信息形成之日起20个工作日内通过国家企业信用信息公示系统向社会公示：

（一）有限责任公司股东或者股份有限公司发起人认缴和实缴的出资额、出资时间、出资方式等信息；

（二）有限责任公司股东股权转让等股权变更信息；

（三）行政许可取得、变更、延续信息；

（四）知识产权出质登记信息；

（五）受到行政处罚的信息；

（六）其他依法应当公示的信息。

市场监督管理部门发现企业未依照前款规定履行公示义务的，应当责令其限期履行。

第十一条 政府部门和企业分别对其公示信息的真实性、及时性负责。

第四十一条 【优化公司登记流程】公司登记机关应当优化公司登记办理流程，提高公司登记效率，加强信息化建设，推行网上办理等便捷方式，提升公司登记便利化水平。

国务院市场监督管理部门根据本法和有关法律、行政法规的规定，制定公司登记注册的具体办法。

对应配套规定

《中华人民共和国市场主体登记管理条例》（自2022年3月1日起施行）

第四条 市场主体登记管理应当遵循依法合规、规范统一、公开透明、便捷高效的原则。

第六条　国务院市场监督管理部门应当加强信息化建设,制定统一的市场主体登记数据和系统建设规范。

县级以上地方人民政府承担市场主体登记工作的部门(以下称登记机关)应当优化市场主体登记办理流程,提高市场主体登记效率,推行当场办结、一次办结、限时办结等制度,实现集中办理、就近办理、网上办理、异地可办,提升市场主体登记便利化程度。

第十六条　申请办理市场主体登记,应当提交下列材料:

(一)申请书;

(二)申请人资格文件、自然人身份证明;

(三)住所或者主要经营场所相关文件;

(四)公司、非公司企业法人、农民专业合作社(联合社)章程或者合伙企业合伙协议;

(五)法律、行政法规和国务院市场监督管理部门规定提交的其他材料。

国务院市场监督管理部门应当根据市场主体类型分别制定登记材料清单和文书格式样本,通过政府网站、登记机关服务窗口等向社会公开。

登记机关能够通过政务信息共享平台获取的市场主体登记相关信息,不得要求申请人重复提供。

《中华人民共和国市场主体登记管理条例实施细则》(自 2022 年 3 月 1 日起施行)

第三条　国家市场监督管理总局主管全国市场主体统一登记管理工作,制定市场主体登记管理的制度措施,推进登记全程电子化,规范登记行为,指导地方登记机关依法有序开展登记管理工作。

县级以上地方市场监督管理部门主管本辖区市场主体登记管理工作,加强对辖区内市场主体登记管理工作的统筹指导和监督管理,提升登记管理水平。

县级市场监督管理部门的派出机构可以依法承担个体工商户等市场主体的登记管理职责。

各级登记机关依法履行登记管理职责,执行全国统一的登记管理政策文件和规范要求,使用统一的登记材料、文书格式,以及省级统一的市场主体登记管理系统,优化登记办理流程,推行网上办理等便捷方式,健全数据安全管理制度,提供规范化、标准化登记管理服务。

《国务院关于实施〈中华人民共和国公司法〉注册资本登记管理制度的规定》(自2024年7月1日起施行)

第十条 公司登记机关应当对公司调整出资期限、注册资本加强指导,制定具体操作指南,优化办理流程,提高登记效率,提升登记便利化水平。

第十一条 国务院市场监督管理部门根据本规定,制定公司注册资本登记管理的具体实施办法。

条文应用提示 ●●●●●●

本条是优化公司登记流程的规定,是此次《公司法》修订新增内容。本次《公司法》修订借鉴实践总结的经验成果,通过法律形式予以吸收并制度化,有助于进一步优化营商环境,促进社会主义市场经济发展。公司登记效率是对登记机关工作时限的要求,公司登记机关应当根据实际情况:能实现当场办结的,应当让申请人立等可取;能一次办结的,不能让申请人多次折返;无法实现当场办结与一次办结的,应当依照《市场主体登记管理条例》规定的时限办结。推行网上办理等便捷方式,提升公司登记便利化水平,是对登记机关提供便利化服务举措的要求,根据《市场主体登记管理条例》的规定,公司登记机关可以推行集中办理、就近办理、网上办理、异地可办等方式开展登记服务工作,让申请人申请公司登记不受住所地和登记地限制。

第三章　有限责任公司的设立和组织机构

第一节　设　　立

> **第四十二条**　【有限责任公司的股东人数限制】有限责任公司由一个以上五十个以下股东出资设立。

▌条文应用提示 ●●●●●●

公司设立只是公司成立的前提条件,公司虽经设立,但未取得登记主管机关颁发的《企业法人营业执照》,其就并未成立,不能成为权利义务主体,不是独立的法律主体,其内部关系和外部关系,如果没有法律特别规定,类推适用有关合伙的规定,其所负债务,由各股东(发起人)依《民法典》有关合伙的规定承担。未成立的公司不得以公司名义开展经营业务或从事其他法律行为。

我国对有限责任公司股东人数的上限作了严格限制,即不超过50人。股东人数的限制,既包括参与公司设立的发起人(原始股东),也包括公司设立后由于新增出资、转让出资、公司合并等原因新增的股东。股东既可以是自然人,也可以是法人或其他组织。

▌旧法对应关系 ●●●●●●

原《公司法》第二十四条　有限责任公司由五十个以下股东出资设立。

▌典型案例指导 ●●●●●●

苏州某光伏有限公司诉沭阳某太阳能科技有限公司、纪某、徐某买卖合同纠纷案[人民法院案例库 2024-08-2-084-005,江苏省苏州市相城区人民法院(2018)苏 0507 民初 4970 号民事判决]

公司内部股权、资本变更不影响其主体资格,相应的权利义务应由变更后的主体概括承受。股东受让一人公司后，对其非经营期间的债务，不能证明公司财产独立于个人财产时，应对公司债务向债权人承担连带清偿责任。

泰安某公司诉铁岭某公司、陈某、谢某买卖合同纠纷案［人民法院案例库2024-08-2-084-004，山东省泰安市中级人民法院（2022）鲁09民终3392号民事判决］

1. 一人有限责任公司的原股东，是公司原投资者和所有者，对其持股期间发生的债务情况明知且熟悉，股权转让行为既不能免除其应当承担的举证证明责任，也不能产生债务消灭或者责任免除的法律后果。原股东如不能证明股权转让前公司财产独立于自己财产的，应对其持股期间即股权转让前的债务承担连带责任；股权转让后，原股东退出公司的投资和管理，对于公司股东变更后发生的债务，不负有清偿责任。如原股东对股权转让后的债务向债权人出具欠条、承诺书等表示愿意加入债务，债权人未在合理期限内明确拒绝的，视为债务加入，原股东亦应对股权转让后的债务承担连带责任。

2. 一人有限责任公司的现股东，对股权受让后公司债务的承担，直接适用《公司法》第六十三条的规定进行认定；对股权受让前公司债务的承担，如不能证明公司财产独立于其个人财产，亦应对公司债务承担连带责任，理由如下：首先，虽然公司债务形成于股权受让前，但公司的债务始终存在、并未清偿，公司内部股权、资本变更并不影响公司的主体资格，相应的权利义务应由变更后的主体概括承受；其次，现股东作为公司新的投资者和所有者，在决定是否受让股权前，有能力且应当对公司当前的资产负债情况包括既存债务及或有债务情况予以充分了解，以便对是否受让股权、受让股权之对价、公司债务承担规则作出理性决定和妥善安排，而对于债权人等公司外部人来说，现股东对受让股权前已经存在的公司债务应视为已经知晓；最后，结合《公司法》第六十三条的条文规定和立法本意，该条文赋予债权人在特定条件下刺破公司面纱的权利，同时将证明股东财产与公司财产分离的举证责任分配给股东，系对公司股东与债权人之间风险与利益的合理分配，现股东如认为不应承担责任，可依据该条规定进行救济。综上所述，一人有限责任公司的现股东，如不能证明股权受让后公司财产独立于自己的财产，对股权受让前后的公司债务均应承担连带责任。

第四十三条　【有限责任公司设立协议】有限责任公司设立时的股东可以签订设立协议，明确各自在公司设立过程中的权利和义务。

▎**条文应用提示** ●●●●●●

　　有限责任公司同股份有限公司一样，都需要有人负责公司筹备事务，如制定公司章程，租用、购买办公场地、设备，申请设立登记等。有限责任公司由设立时的股东充当发起人。考虑到有限责任公司治理的灵活性，不同于股份有限公司强制要求签订设立协议的规定，对有限责任公司不强制要求签订设立协议，而是鼓励签订设立协议。该协议的目的是确定设立时的股东之间的有关设立公司过程中的权利和义务，以避免日后产生纠纷。

▎**旧法对应关系** ●●●●●●

　　原《公司法》第七十九条第二款　发起人应当签订发起人协议，明确各自在公司设立过程中的权利和义务。

▎**典型案例指导** ●●●●●●

　　朱某某诉四川某集团有限公司与公司有关纠纷案［人民法院案例库2023-08-2-494-002，四川省南充市中级人民法院（2022）川13民终1190号民事判决］

　　股东为成立公司签订的《合作协议》中关于公司设立和公司经营的部分内容已被公司章程吸收，属于公司治理范畴；关于公司经营管理设计的部分内容涉及公司经营理念，并非对于股东之间合同权利义务的约定。公司成立后，股东一方以公司违反《合作协议》前述约定为由要求解除《合作协议》的，不予支持。

　　第四十四条　【有限责任公司设立后的法律后果】有限责任公司设立时的股东为设立公司从事的民事活动，其法律后果由公司承受。

　　公司未成立的，其法律后果由公司设立时的股东承受；设立时的股东为二人以上的，享有连带债权，承担连带债务。

　　设立时的股东为设立公司以自己的名义从事民事活动产生的民事责任，第三人有权选择请求公司或者公司设立时的股东承担。

　　设立时的股东因履行公司设立职责造成他人损害的，公司或者无过错的股东承担赔偿责任后，可以向有过错的股东追偿。

▌条文应用提示 ●●●●●●

本条为参考《民法典》第 75 条的规定及公司法的实践新增加的规定。公司设立的结果有两个:一是设立成功;二是设立失败。公司设立成功的,根据本条第 1 款的规定其法律后果由公司承担,但需要注意的是,必须是为设立公司所从事的民事活动,如果是无关的个人行为则公司不承担相应的权利义务。公司设立失败的,此时设立时的股东之间构成合伙关系,设立中产生的债权债务关系及相关费用的承担,由设立时的股东承担连带责任。

▌旧法对应关系 ●●●●●●

《最高人民法院关于适用〈中华人民共和国公司法〉若干问题的规定（三）》（2020 年修正）

第二条 发起人为设立公司以自己名义对外签订合同,合同相对人请求该发起人承担合同责任的,人民法院应予支持;公司成立后合同相对人请求公司承担合同责任的,人民法院应予支持。

第三条 发起人以设立中公司名义对外签订合同,公司成立后合同相对人请求公司承担合同责任的,人民法院应予支持。

公司成立后有证据证明发起人利用设立中公司的名义为自己的利益与相对人签订合同,公司以此为由主张不承担合同责任的,人民法院应予支持,但相对人为善意的除外。

第四条 公司因故未成立,债权人请求全体或者部分发起人对设立公司行为所产生的费用和债务承担连带清偿责任的,人民法院应予支持。

部分发起人依照前款规定承担责任后,请求其他发起人分担的,人民法院应当判令其他发起人按照约定的责任承担比例分担责任;没有约定责任承担比例的,按照约定的出资比例分担责任;没有约定出资比例的,按照均等份额分担责任。

因部分发起人的过错导致公司未成立,其他发起人主张其承担设立行为所产生的费用和债务的,人民法院应当根据过错情况,确定过错一方的责任范围。

第五条 发起人因履行公司设立职责造成他人损害,公司成立后受害人请求公司承担侵权赔偿责任的,人民法院应予支持;公司未成立,受害人请求全体发起人承担连带赔偿责任的,人民法院应予支持。

公司或者无过错的发起人承担赔偿责任后,可以向有过错的发起人追偿。

▍关联法律法规 ●●●●●●

《中华人民共和国民法典》(自2021年1月1日起施行)

第七十五条　设立人为设立法人从事的民事活动,其法律后果由法人承受;法人未成立的,其法律后果由设立人承受,设立人为二人以上的,享有连带债权,承担连带债务。设立人为设立法人以自己的名义从事民事活动产生的民事责任,第三人有权选择请求法人或者设立人承担。

▍典型案例指导 ●●●●●●

乔某某等与陆某等合同纠纷再审案[江苏省高级人民法院(2017)苏民再156号民事判决书,《人民司法·案例》2018年第11期]

公司发起人以设立中的公司名义为自己的债务提供执行担保,公司设立成功后,未对此提出异议,仍应承担担保责任。他人为公司发起人代垫注册资本,无法按照与公司发起人的约定将垫资款取回时,对公司财产并不享有足以排除强制执行的民事权益。

涂某贞与魏某莹劳动合同纠纷上诉案[北京市第一中级人民法院(2012)一中民终字第2749号民事判决书,《人民司法·案例》2012年第20期]

设立中的单位属于用工主体,应当认定双方之间存在劳动关系。用人单位一旦设立不成功,则不具备成立劳动关系的要件,劳动者与发起人之间构成雇佣关系,并按此关系享受权利、履行义务。

第四十五条　【有限责任公司章程制定】设立有限责任公司,应当由股东共同制定公司章程。

▍旧法对应关系 ●●●●●●

原《公司法》第二十三条　设立有限责任公司,应当具备下列条件:

……

(三)股东共同制定公司章程;

……

第四十六条 【有限责任公司章程的法定事项】有限责任公司章程应当载明下列事项：
(一)公司名称和住所；
(二)公司经营范围；
(三)公司注册资本；
(四)股东的姓名或者名称；
(五)股东的出资额、出资方式和出资日期；
(六)公司的机构及其产生办法、职权、议事规则；
(七)公司法定代表人的产生、变更办法；
(八)股东会认为需要规定的其他事项。
股东应当在公司章程上签名或者盖章。

条文应用提示 ●●●●●●

有限责任公司章程记载事项，可分为绝对必要记载事项和任意记载事项。

绝对必要记载事项，是指《公司法》规定的公司章程必须记载的事项，《公司法》有关公司章程绝对必要记载事项的规定属于强制性规范，体现了公司的强制与自治关系中的强制方面，也践行了公司法中国家干预的理念。若不记载或者记载违法，则章程无效。本条规定的前7项都属于绝对必要记载事项。

任意记载事项，是指《公司法》规定的绝对必要记载事项之外，在不违反法律、行政法规强制性规定和社会公共利益的前提下，经由章程制定者同意自愿记载于公司章程的事项。任意记载事项法律不列举，由当事人自主决定，体现公司自治精神，并使公司章程的规定更具可操作性，这类事项非经股东会修改，公司及股东都应遵照章程执行。本条规定的第8项属于任意记载事项。

旧法对应关系 ●●●●●●

原《公司法》第二十五条 有限责任公司章程应当载明下列事项：
(一)公司名称和住所；
(二)公司经营范围；
(三)公司注册资本；

（四）股东的姓名或者名称；

（五）股东的出资方式、出资额和出资时间；

（六）公司的机构及其产生办法、职权、议事规则；

（七）公司法定代表人；

（八）股东会会议认为需要规定的其他事项。

股东应当在公司章程上签名、盖章。

第四十七条　【有限责任公司的注册资本】有限责任公司的注册资本为在公司登记机关登记的全体股东认缴的出资额。全体股东认缴的出资额由股东按照公司章程的规定自公司成立之日起五年内缴足。

法律、行政法规以及国务院决定对有限责任公司注册资本实缴、注册资本最低限额、股东出资期限另有规定的，从其规定。

对应配套规定

《中华人民共和国市场主体登记管理条例实施细则》（自 2022 年 3 月 1 日起施行）

第三十六条　市场主体变更注册资本或者出资额的，应当办理变更登记。

公司增加注册资本，有限责任公司股东认缴新增资本的出资和股份有限公司的股东认购新股的，应当按照设立时缴纳出资和缴纳股款的规定执行。股份有限公司以公开发行新股方式或者上市公司以非公开发行新股方式增加注册资本，还应当提交国务院证券监督管理机构的核准或者注册文件。

公司减少注册资本，可以通过国家企业信用信息公示系统公告，公告期 45 日，应当于公告期届满后申请变更登记。法律、行政法规或者国务院决定对公司注册资本有最低限额规定的，减少后的注册资本应当不少于最低限额。

外商投资企业注册资本（出资额）币种发生变更，应当向登记机关申请变更登记。

《国务院关于实施〈中华人民共和国公司法〉注册资本登记管理制度的规定》(自 2024 年 7 月 1 日起施行)

第二条 2024 年 6 月 30 日前登记设立的公司,有限责任公司剩余认缴出资期限自 2027 年 7 月 1 日起超过 5 年的,应当在 2027 年 6 月 30 日前将其剩余认缴出资期限调整至 5 年内并记载于公司章程,股东应当在调整后的认缴出资期限内足额缴纳认缴的出资额;股份有限公司的发起人应当在 2027 年 6 月 30 日前按照其认购的股份全额缴纳股款。

公司生产经营涉及国家利益或者重大公共利益,国务院有关主管部门或者省级人民政府提出意见的,国务院市场监督管理部门可以同意其按原出资期限出资。

第九条 公司的股东或者发起人未按照本规定缴纳认缴的出资额或者股款,或者公司未依法公示有关信息的,依照公司法、《企业信息公示暂行条例》的有关规定予以处罚。

条文应用提示 ●●●●●●

注册资本是设立公司的法定登记事项,没有注册资本,公司登记机关不予登记,不发营业执照。有限责任公司实行注册资本认缴登记制。有限责任公司注册资本为在公司登记机关登记的全体股东认缴的出资额,所谓"认缴的出资额",即股东共同制定的公司章程中规定各股东出资的数额。2023 年《公司法》在总结实践的基础上,进一步完善了认缴登记制度,以维护资本充实和交易安全,增加了有限责任公司股东认缴期限不得超过 5 年的规定,另外,按照法律、行政法规以及国务院决定对有限责任公司注册资本实缴、注册资本最低限额另有规定的,注意要从其规定,如《商业银行法》《保险法》《旅行社条例》等都对特定行业的最低注册资本有特别的规定。

旧法对应关系 ●●●●●●

原《公司法》第二十六条 有限责任公司的注册资本为在公司登记机关登记的全体股东认缴的出资额。

法律、行政法规以及国务院决定对有限责任公司注册资本实缴、注册资本最低限额另有规定的,从其规定。

《最高人民法院关于适用〈中华人民共和国公司法〉若干问题的规定（二）》（2020年修正）

第二十二条　公司解散时,股东尚未缴纳的出资均应作为清算财产。股东尚未缴纳的出资,包括到期应缴未缴的出资,以及依照公司法第二十六条和第八十条的规定分期缴纳尚未届满缴纳期限的出资。

公司财产不足以清偿债务时,债权人主张未缴出资股东,以及公司设立时的其他股东或者发起人在未缴出资范围内对公司债务承担连带清偿责任的,人民法院应依法予以支持。

关联法律法规

《国务院关于印发注册资本登记制度改革方案的通知》（国发〔2014〕7号）

一、改革工商登记制度,推进工商注册制度便利化,是党中央、国务院作出的重大决策。改革注册资本登记制度,是深入贯彻党的十八大和十八届二中、三中全会精神,在新形势下全面深化改革的重大举措,对加快政府职能转变、创新政府监管方式、建立公平开放透明的市场规则、保障创业创新,具有重要意义。

二、改革注册资本登记制度涉及面广、政策性强,各级人民政府要加强组织领导,统筹协调解决改革中的具体问题。各地区、各部门要密切配合,加快制定完善配套措施。工商行政管理机关要优化流程、完善制度,确保改革前后管理工作平稳过渡。要强化企业自我管理、行业协会自律和社会组织监督的作用,提高市场监管水平,切实让这项改革举措"落地生根",进一步释放改革红利,激发创业活力,催生发展新动力。

三、根据全国人民代表大会常务委员会关于修改公司法的决定和《方案》,相应修改有关行政法规和国务院决定。具体由国务院另行公布。

《方案》实施中的重大问题,工商总局要及时向国务院请示报告。

第四十八条　【股东出资方式及出资评估】股东可以用货币出资,也可以用实物、知识产权、土地使用权、股权、债权等可以用货币估价并可以依法转让的非货币财产作价出资;但是,法律、行政法规规定不得作为出资的财产除外。

对作为出资的非货币财产应当评估作价,核实财产,不得高估或者低估作价。法律、行政法规对评估作价有规定的,从其规定。

对应配套规定

《中华人民共和国市场主体登记管理条例》(自2022年3月1日起施行)

第十三条 除法律、行政法规或者国务院决定另有规定外,市场主体的注册资本或者出资额实行认缴登记制,以人民币表示。

出资方式应当符合法律、行政法规的规定。公司股东、非公司企业法人出资人、农民专业合作社(联合社)成员不得以劳务、信用、自然人姓名、商誉、特许经营权或者设定担保的财产等作价出资。

《中华人民共和国市场主体登记管理条例实施细则》(自2022年3月1日起施行)

第十三条 申请人申请登记的市场主体注册资本(出资额)应当符合章程或者协议约定。

市场主体注册资本(出资额)以人民币表示。外商投资企业的注册资本(出资额)可以用可自由兑换的货币表示。

依法以境内公司股权或者债权出资的,应当权属清楚、权能完整,依法可以评估、转让,符合公司章程规定。

《最高人民法院关于适用〈中华人民共和国公司法〉时间效力的若干规定》(法释〔2024〕7号)

第一条 公司法施行后的法律事实引起的民事纠纷案件,适用公司法的规定。

公司法施行前的法律事实引起的民事纠纷案件,当时的法律、司法解释有规定的,适用当时的法律、司法解释的规定,但是适用公司法更有利于实现其立法目的,适用公司法的规定:

……

(三)公司法施行前,股东以债权出资,因出资方式发生争议的,适用公司法第四十八条第一款的规定;

……

条文应用提示

有限责任公司股东出资方式包括货币、实物、知识产权、土地使用权以及可以用货币估价并可以依法转让的非货币财产，如股权、债权、采矿权等，作价出资；法律、行政法规规定不得作为出资的财产，如劳务、信用、自然人姓名、商誉、特许经营权以及设定担保的财产等除外。注意，对货币出资所占比例法律不再作硬性要求。

除货币出资外，其他形式的出资都需要进行价值评估。实物等非货币出资的特殊法律问题在于其价值的评定。非货币出资的价值评估必须客观、真实、准确，应避免过高估价和过低估价的两种倾向和做法。为保证非货币出资估价的客观、真实和准确，非货币出资通常需要由中立的专业资产评估机构进行评估作价，资产评估机构应根据公认或专门的评估规则和办法进行评估，因评估不实，损害公司或其他股东利益的，应承担欺诈或过失的民事责任。对于非货币出资的评估，法律、行政法规有特别或具体规定的，应严格执行。

旧法对应关系

原《公司法》第二十七条　股东可以用货币出资，也可以用实物、知识产权、土地使用权等可以用货币估价并可以依法转让的非货币财产作价出资；但是，法律、行政法规规定不得作为出资的财产除外。

对作为出资的非货币财产应当评估作价，核实财产，不得高估或者低估作价。法律、行政法规对评估作价有规定的，从其规定。

《最高人民法院关于适用〈中华人民共和国公司法〉若干问题的规定（三）》（2020年修正）

第七条　出资人以不享有处分权的财产出资，当事人之间对于出资行为效力产生争议的，人民法院可以参照民法典第三百一十一条的规定予以认定。

以贪污、受贿、侵占、挪用等违法犯罪所得的货币出资后取得股权的，对违法犯罪行为予以追究、处罚时，应当采取拍卖或者变卖的方式处置其股权。

第八条　出资人以划拨土地使用权出资，或者以设定权利负担的土地使用权出资，公司、其他股东或者公司债权人主张认定出资人未履行出资义务的,人民法院应当责令当事人在指定的合理期间内办理土地变更手续或者解除权利负担;逾期未办理或者未解除的,人民法院应当认定出资人未依法全面履行出资义务。

第九条 出资人以非货币财产出资,未依法评估作价,公司、其他股东或者公司债权人请求认定出资人未履行出资义务的,人民法院应当委托具有合法资格的评估机构对该财产评估作价。评估确定的价额显著低于公司章程所定价额的,人民法院应当认定出资人未依法全面履行出资义务。

第十条 出资人以房屋、土地使用权或者需要办理权属登记的知识产权等财产出资,已经交付公司使用但未办理权属变更手续,公司、其他股东或者公司债权人主张认定出资人未履行出资义务的,人民法院应当责令当事人在指定的合理期间内办理权属变更手续;在前述期间内办理了权属变更手续的,人民法院应当认定其已经履行了出资义务;出资人主张自其实际交付财产给公司使用时享有相应股东权利的,人民法院应予支持。

出资人以前款规定的财产出资,已经办理权属变更手续但未交付给公司使用,公司或者其他股东主张其向公司交付、并在实际交付之前不享有相应股东权利的,人民法院应予支持。

第十一条 出资人以其他公司股权出资,符合下列条件的,人民法院应当认定出资人已履行出资义务:

(一)出资的股权由出资人合法持有并依法可以转让;
(二)出资的股权无权利瑕疵或者权利负担;
(三)出资人已履行关于股权转让的法定手续;
(四)出资的股权已依法进行了价值评估。

股权出资不符合前款第(一)、(二)、(三)项的规定,公司、其他股东或者公司债权人请求认定出资人未履行出资义务的,人民法院应当责令该出资人在指定的合理期间内采取补正措施,以符合上述条件;逾期未补正的,人民法院应当认定其未依法全面履行出资义务。

股权出资不符合本条第一款第(四)项的规定,公司、其他股东或者公司债权人请求认定出资人未履行出资义务的,人民法院应当按照本规定第九条的规定处理。

关联法律法规

《最高人民法院关于审理中央级财政资金转为部分中央企业国家资本金有关纠纷案件的通知》（法〔2012〕295号）

一、有关中央企业就《通知》所涉中央级财政资金转为国家资本金引发的确认公司或企业出资人权益、返还资金等纠纷提起民事诉讼的，人民法院应予受理。《通知》发布前人民法院已经受理的相关案件，人民法院可以继续审理。

有关中央企业请求返还资金案件的案由为资金返还纠纷。

二、《通知》发布前，当事人之间就确认公司或企业出资人权益、资金返还等达成的协议，不违反国家相关政策规定的，其效力应予认可。

三、除人民法院已经受理的案件外，有关中央企业返还资金请求权的诉讼时效期间自《通知》第五条规定的期限届满之日起算。

当事人主张确认公司或企业出资人权益请求权不适用诉讼时效的规定。

四、有关中央企业请求用资企业返还资金，并请求按照银行同时期同档次贷款基准利率自《通知》第五条规定的期限届满之日起计付利息的，人民法院应予支持。

五、本通知发布前尚未审结的一、二审案件适用本通知；本通知发布前已经审结的案件，当事人申请再审或按审判监督程序提起再审的案件，不适用本通知。但依照最高人民法院《关于因政府调整划转企业国有资产引起的纠纷是否受理问题的批复》（法复〔1996〕4号）的规定或者以相关政策不明确为由，作出不予受理或者驳回起诉裁定的案件除外。

各级人民法院在审理涉及中央级财政资金转为部分中央企业国家资本金纠纷案件过程中遇到的问题，可层报最高人民法院。

《最高人民法院关于审理与企业改制相关的民事纠纷案件若干问题的规定》（2020年修正）

五、企业债权转股权

第十四条　债权人与债务人自愿达成债权转股权协议，且不违反法律和行政法规强制性规定的，人民法院在审理相关的民事纠纷案件中，应当确认债权转股权协议有效。

政策性债权转股权，按照国务院有关部门的规定处理。

第十五条　债务人以隐瞒企业资产或者虚列企业资产为手段,骗取债权人与其签订债权转股权协议,债权人在法定期间内行使撤销权的,人民法院应当予以支持。

债权转股权协议被撤销后,债权人有权要求债务人清偿债务。

第十六条　部分债权人进行债权转股权的行为,不影响其他债权人向债务人主张债权。

《财政部、国家工商行政管理总局关于加强以非货币财产出资的评估管理若干问题的通知》(财企[2009]46号)

一、有下列情形之一的,应当进行资产评估：

(一)投资人以非货币财产出资的；

(二)在验资或申请工商登记时,验资机构或投资人发现用作出资的非货币财产与评估基准日时的资产状态、使用方式、市场环境等方面发生显著变化,或者由于评估假设已发生重大变化,可能导致资产价值发生重大变化的；

(三)法律、行政法规规定的其他需要进行资产评估的事项。

二、以非货币财产出资评估,投资人应当委托依法设立的资产评估机构进行。

三、以非货币财产出资的投资人,应当对所提供的非货币财产的真实性、合法性承担责任。

四、资产评估机构从事以非货币财产出资评估业务时,应当严格遵循有关的资产评估准则和规范,并对评估结论的合理性承担法律责任。

资产评估机构在执行以非货币财产出资评估业务时,可以聘请相关专业的专家协助工作,但不能因此减轻或免除资产评估机构及注册资产评估师应当承担的法律责任。

五、资产评估机构应当遵循独立、客观、公正的原则,不得迎合委托方要求出具虚假的评估报告,不得以给予"回扣"、恶性压价等不正当竞争方式承揽以非货币财产出资评估业务。

六、投资人及其他任何单位和个人不得干预以非货币财产出资的评估业务和评估结果,相关专业的专家在协助资产评估机构执业时,应当只对评估对象的技术状况发表专业意见,不得对评估报告及评估结果是否合理发表意见。

七、财政、工商管理部门应当建立信息通报机制，对以非货币财产出资的投资人和从事以非货币财产出资评估业务的资产评估机构违反上述规定的，应当按国家有关规定进行处理。

八、中国资产评估协会应当加强行业自律和专业指导工作，建立相关专业的专家库，建立并完善相关的诚信信息档案和数据库，为以非货币财产出资评估创建必要的平台，以提高资产评估的执业质量、行业公信力和影响力。

九、本通知印发后，过去有关规定与本通知内容相抵触的，以本通知为准。

典型案例指导 ●●●●●●

北京某建材公司诉北京某科技公司、马某等买卖合同纠纷案[人民法院案例库 2023-08-2-084-028，北京市第一中级人民法院（2021）京01民终4078号民事判决]

公司资本是公司经营的基础和债权人利益的保障，为维护公司资本制度，保护公司债权人利益，应对股东抵销出资义务的条件进行限定。未履行或者未全面履行出资义务的股东对公司享有到期债权，主张以该债权抵销出资义务的，应当符合以下条件：第一，应通过股东会决议修改公司章程，将出资方式变更为债权出资，并确认实缴出资；第二，该股东会决议作出时，公司应具有充足清偿能力；第三，修改后的公司章程应经公司登记机关备案，否则不得对抗善意相对人。

广州晶鹏文化传媒有限公司与王某损害公司利益责任纠纷案[广东省广州市中级人民法院（2022）粤01民终6665号民事判决书，《人民司法·案例》2022年第26期]

快手账号具有非物质性、公示性和排他性，是网络虚拟财产的客体，股东可以快手账号作价出资，股东出资后未经法定程序取回短视频账号构成抽逃出资，对公司造成损害的，应承担赔偿责任。

北京优宝互动科技有限公司与王某股东出资纠纷上诉案[北京市第三中级人民法院（2020）京03民终119号民事判决书，《人民司法·案例》2021年第5期]

股东协议约定一方股东以技术出资，该技术出资股东所持股份对应的注册资本金由控股股东以货币方式替代缴纳，以符合公司法中对于出资形式的规定和设立登记的要求，系股东内部对于实际出资金额与占股比例作出的约定。该约定并不因为违反公司法中关于出资形式的禁止性规定而无效。在公司仅有两名股东的情况下，控股股东利用公司法人的独立地位，向技术出资股东主张缴纳货币出资，与控股股东根据股东协议应承担的履行义务相悖，对其诉讼请求不应支持。

上海保发金属制品有限公司与苏州颐来达模具有限公司等合同纠纷上诉案[上海市第一中级人民法院（2020）沪01民终2064号民事判决书，《人民司法·案例》2021年第2期]

在公司股东与公司之间签订债转股协议，约定将股东对公司的真实、合法金钱债权转为股权后，有关债转股行为的认定应根据《合同法》与《公司法》的规定，首先，债转股作为债权出资方式，虽然《公司法》未明确规定其效力，但司法解释、部门规章均赋予了其合法的效力。其次，债转股应重点审查债权的真实性，法定验资程序被取消后，应侧重于审查债权人与债务人之间的关系、债权标的、往来凭证以及公司账簿，综合认定债权出资的真实性。同时，增资型债转股由于涉及增加公司注册资本、修改公司章程，应召开股东会决议并经过代表2/3以上表决权的股东通过。最后，若债转股行为经认定为真实、合法、有效时，应认定股东履行了出资义务，债权人不得要求股东承担补充清偿责任。

卢某齐与宋某网络侵权责任纠纷案[重庆市第一中级人民法院（2019）渝01民终8536号民事判决书，《人民司法·案例》2020年第29期]

按照《公司法》规定，公司股东以非货币财产出资，需满足可用货币估价、可依法转让且不违反法律法规强制性规定。微信账号经运营产生商业价值，在账号注册人依法享有使用权，且使用权可依法转让的情况下，可以作为公司出资的有效形式。

中国节能减排有限公司与浙江正泰中自企业管理有限公司股东资格确认纠纷案[浙江省杭州市中级人民法院（2018）浙01民终10146号民事判决书，《人民司法·案例》2019年第17期]

当事人对股东资格发生争议时，人民法院应当结合投资协议、公司章程、出资证明书、股东名册、工商登记等因素，充分考虑当事人是否具有成为公司股东的真实意思表示，对其有无股东资格作出综合认定。股东资格的确认不仅涉及纠纷当事人，而且还会对公司以及其他股东甚至公司债权人等诸多主体产生影响。因此，国家资本金不应当然被认定为股权出资，相关出资人代表是否具有股东资格应当综合审查认定。本案中,(1)协议书并未明确正泰中自公司必须将节能减排公司投入的资金作为股权出资以确保节能减排公司享有股东权益,而是约定对投资权益的具体实现方式由双方后续协商并签订相关法律文件。协议书订立后,双方也进行过多次协商,但均未能达成一致并签订正式法律文件。因此,节能减排公司要求确认股东资格缺乏事实依据。(2)节能减排公司欲成为正泰中自公司股东,其法律途径限于收购正泰中自公司其他股东股权或参与正泰中自公司的增资行为。但根据《公司法》的规定,增资需要股东会形成有效决议方能施行,而正泰公司股东会是否能形成相关决议属于公司内部治理和股东权利行使的范畴,不属于法院可以强制裁决的范围。因此,节能减排公司要求确认股东资格亦缺乏法律上的可执行性。

耀县水泥厂与中国建材集团公司、陕西省建材总公司债权转出资纠纷案
[最高人民法院(2005)民二终字第203号民事裁定书,《最高人民法院公报》2006年第10期(总第120期)]

中央级"拨改贷""特种拨改贷"及"基本建设经营性基金"转为国家对企业的出资,系分别根据原国家计委和财政部相关实施办法,通过用款单位申请、原国家计委和财政部批复的方式进行的,并未体现代行国家资本金出资人职能的单位和被出资单位的意志,不同于普通债权人和债务人之间发生的债权转出资,其性质属于政策性债权转出资。故上述债务能否转为国家出资、由谁代行国家资本金出资人职能、转为对谁的出资等问题,均属于国家有关行政主管机关行使行政职权的内容,不属于人民法院受理民事诉讼的范围。当事人之间因上述问题发生纠纷,应当通过有关行政主管机关协调解决;对有关行政主管机关协调解决的具体行政行为存在异议的,可以根据行政法的有关规定寻求救济。

第四十九条 【股东出资义务的履行和出资违约】股东应当按期足额缴纳公司章程规定的各自所认缴的出资额。

股东以货币出资的,应当将货币出资足额存入有限责任公司在银行开设的账户;以非货币财产出资的,应当依法办理其财产权的转移手续。

股东未按期足额缴纳出资的,除应当向公司足额缴纳外,还应当对给公司造成的损失承担赔偿责任。

对应配套规定

《中华人民共和国企业破产法》(2006年8月27日公布)

第三十五条 人民法院受理破产申请后,债务人的出资人尚未完全履行出资义务的,管理人应当要求该出资人缴纳所认缴的出资,而不受出资期限的限制。

《中华人民共和国市场主体登记管理条例实施细则》(自2022年3月1日起施行)

第十三条 申请人申请登记的市场主体注册资本(出资额)应当符合章程或者协议约定。

市场主体注册资本(出资额)以人民币表示。外商投资企业的注册资本(出资额)可以用可自由兑换的货币表示。

依法以境内公司股权或者债权出资的,应当权属清楚、权能完整,依法可以评估、转让,符合公司章程规定。

第二十六条 申请办理公司设立登记,还应当提交法定代表人、董事、监事和高级管理人员的任职文件和自然人身份证明。

除前款规定的材料外,募集设立股份有限公司还应当提交依法设立的验资机构出具的验资证明;公开发行股票的,还应当提交国务院证券监督管理机构的核准或者注册文件。涉及发起人首次出资属于非货币财产的,还应当提交已办理财产权转移手续的证明文件。

条文应用提示

出资义务的履行就是股东将用于出资的财产交付公司或向公司履行其他给付义务。由不同出资的特点决定,其履行出资的方式也不同。货币出资的履行方式最为简单,只需货币的实际交付即可,即将应出资的货币足额存入有限责任公司在银行开设的账户。实物等非货币出资的履行方式则较为复杂,其中不仅需要实物或无形财产的实际交付,更需要相应的权属变更。

旧法对应关系

原《公司法》第二十八条 股东应当按期足额缴纳公司章程中规定的各自所认缴的出资额。股东以货币出资的,应当将货币出资足额存入有限责任公司在银行开设的账户;以非货币财产出资的,应当依法办理其财产权的转移手续。

股东不按照前款规定缴纳出资的,除应当向公司足额缴纳外,还应当向已按期足额缴纳出资的股东承担违约责任。

《最高人民法院关于适用〈中华人民共和国公司法〉若干问题的规定(三)》(2020年修正)

第十三条 股东未履行或者未全面履行出资义务,公司或者其他股东请求其向公司依法全面履行出资义务的,人民法院应予支持。

公司债权人请求未履行或者未全面履行出资义务的股东在未出资本息范围内对公司债务不能清偿的部分承担补充赔偿责任的,人民法院应予支持;未履行或者未全面履行出资义务的股东已经承担上述责任,其他债权人提出相同请求的,人民法院不予支持。

股东在公司设立时未履行或者未全面履行出资义务,依照本条第一款或者第二款提起诉讼的原告,请求公司的发起人与被告股东承担连带责任的,人民法院应予支持;公司的发起人承担责任后,可以向被告股东追偿。

股东在公司增资时未履行或者未全面履行出资义务,依照本条第一款或者第二款提起诉讼的原告,请求未尽公司法第一百四十七条第一款规定的义务而使出资未缴足的董事、高级管理人员承担相应责任的,人民法院应予支持;董事、高级管理人员承担责任后,可以向被告股东追偿。

第十六条 股东未履行或者未全面履行出资义务或者抽逃出资,公司根据公司章程或者股东会决议对其利润分配请求权、新股优先认购权、剩余财产分配请求权等股东权利作出相应的合理限制,该股东请求认定该限制无效的,人民法院不予支持。

第十八条 有限责任公司的股东未履行或者未全面履行出资义务即转让股权,受让人对此知道或者应当知道,公司请求该股东履行出资义务、受让人对此承担连带责任的,人民法院应予支持;公司债权人依照本规定第十三条第二款向该股东提起诉讼,同时请求前述受让人对此承担连带责任的,人民法院应予支持。

受让人根据前款规定承担责任后,向该未履行或者未全面履行出资义务的股东追偿的,人民法院应予支持。但是,当事人另有约定的除外。

第十九条　公司股东未履行或者未全面履行出资义务或者抽逃出资,公司或者其他股东请求其向公司全面履行出资义务或者返还出资,被告股东以诉讼时效为由进行抗辩的,人民法院不予支持。

公司债权人的债权未过诉讼时效期间,其依照本规定第十三条第二款、第十四条第二款的规定请求未履行或者未全面履行出资义务或者抽逃出资的股东承担赔偿责任,被告股东以出资义务或者返还出资义务超过诉讼时效期间为由进行抗辩的,人民法院不予支持。

第二十条　当事人之间对是否已履行出资义务发生争议,原告提供对股东履行出资义务产生合理怀疑证据的,被告股东应当就其已履行出资义务承担举证责任。

▍关联法律法规 ●●●●●●●

《最高人民法院关于印发〈全国法院民商事审判工作会议纪要〉的通知》(法〔2019〕254号)

6.【股东出资应否加速到期】在注册资本认缴制下,股东依法享有期限利益。债权人以公司不能清偿到期债务为由,请求未届出资期限的股东在未出资范围内对公司不能清偿的债务承担补充赔偿责任的,人民法院不予支持。但是,下列情形除外:

(1)公司作为被执行人的案件,人民法院穷尽执行措施无财产可供执行,已具备破产原因,但不申请破产的;

(2)在公司债务产生后,公司股东(大)会决议或以其他方式延长股东出资期限的。

《最高人民法院关于企业主管单位变更后,新主管单位应否在原主管部门出资不实的范围内对被主管企业的债务承担民事责任的复函》(〔2008〕民二他字第2号)

辽宁省高级人民法院:

你院〔2006〕辽民二终字130号请示报告收悉。关于大连保税区投资开发总公司(以下简称开发公司)应否在大连保税区发展建设总公司(以下简称发展建设公司)原主办单位注册资金不实的范围内对发展建设公司的2400万元及其利息的债务承担补充民事责任的问题,经研究,答复如下:

根据你院请示报告反映的案件事实,我们原则上同意你院审判委员会少数意见,即开发公司应当在发展建设公司原主办单位注册资金不实的范围内对发展建设公司的2400万元及其利息的债务承担补充民事责任。但应指出的是,本案开发公司与保税区管委会签订协议约定,发展建设公司变更主管部门后,其变更前后的一切债权债务均由开发公司承担,其中的"债权债务",应当理解为原主办单位保税区管委会对发展建设公司所负的责任,而非发展建设公司自身的债权债务。该约定并不构成债务的加入,也不构成对发展建设公司债权债务的承继。该约定仅表明,开发公司在成为发展建设公司的主办单位后,原主办单位对发展建设公司的责任、义务将无条件的转给开发公司,其中包括原主办单位注资不足的责任。

以上意见,仅供参考。

《最高人民法院关于合营企业起诉股东承担不履行出资义务的违约责任是否得当及合资经营合同仲裁条款是否约束合营企业的请示的复函》([2004]民四他字第41号)

山东省高级人民法院:

你院鲁高法,[2004]203号《关于合营企业起诉股东承担不履行出资义务的违约责任是否得当及合资经营合同仲裁条款是否约束合营企业的请示》收悉。经研究,答复如下:

根据你院请示报告认定的事实,青岛华翔精密技术有限公司(以下简称华翔公司)由青岛保税区华强国际贸易有限公司(以下简称华强公司)、日本国有限会社北条理化学研究所及日本国竹内铁工株式会社三方共同出资设立。合营企业成立后,华强公司将其在合营企业占有的35%股权全部转让给了青岛华强达工贸有限公司(以下简称华强达公司)。由于华强达公司未履行出资义务,合营企业华翔公司直接向华强达公司提起了诉讼,要求其按照合资经营合同的约定履行出资义务或者赔偿损失。我们认为:在合营企业成立之后,合资一方未按合资经营合同履行出资义务的行为,既损害了合资他方的权益,也损害了合资经营企业的权益。在合资他方未依约对违约方提请仲裁或者诉讼的情况下,合营企业有权以自己的名义提起诉讼,要求未履行出资义务的一方股东承担民事责任。因合营企业不是合资经营合同的签约主体,未参与订立仲裁条款,因此,合资经营合同中的仲裁条款不能约束合营企业。对于本案纠纷,合营企业华翔公司未依照合资经营合同的约定提请中国国际经济贸易仲裁委员会仲裁,而是直接向合营企业所在地的青岛市中级人民法院提起诉讼并不违反相关法律规定。同样,由于华强达公司是受让华强公司在合营企业中的股份之后作为股东进入合营企业的,各方当事人在进行股权转让时未明确约定是否受合资经营合同中仲裁条款的约束,因此,合资经营合同中的仲裁条款对受让方华强达公司没有法律约束力。华强达公司以合资经营合同含有有效的仲裁条款,本案应提交仲裁的主张没有法律依据,其管辖权异议依法不能成立,应予驳回。

此复

《最高人民法院关于对帮助他人设立注册资金虚假的公司应当如何承担民事责任的请示的答复》(〔2001〕民二他字第4号)

上海市高级人民法院:

你院〔2000〕沪高经他字第23号关于帮助他人设立注册资金虚假的公司应当如何承担民事责任的请示收悉。经研究,答复如下:

一、上海鞍福物资贸易有限公司(以下简称鞍福公司)成立时,借用上海砖桥贸易城有限公司(以下简称砖桥贸易城)的资金登记注册,虽然该资金在鞍福公司成立后即被抽回,但鞍福公司并未被撤销,其民事主体资格仍然存在,可以作为诉讼当事人。如果确认鞍福公司应当承担责任,可以判决并未实际出资的设立人承担连带清偿责任。

二、砖桥贸易城的不当行为,虽然没有直接给当事人造成损害后果,但由于其行为,使得鞍福公司得以成立,并从事与之实际履行能力不相适应的交易活动,给他人造成不应有的损害后果。因此,砖桥贸易城是有过错的。砖桥贸易城应在鞍福公司注册资金不实的范围内承担补充赔偿责任。

《最高人民法院经济审判庭关于河南省伊川县电业局不服郴州地区中级人民法院〔1992〕经上字第72号民事判决提出申诉有关问题的复函》(法经〔1993〕39号)

湖南省高级人民法院:

河南省伊川县电业局不服郴州地区中级人民法院(1992)经上字第72号民事判决,向我院申诉并请求中止执行。

伊川县电业局于1989年2月24日开办了洛阳市伊川电业铁合金厂

(简称"铁合金厂"),并向工商行政管理机关办理了企业法人营业执照。该厂因与郴州坳上冶炼厂(简称"冶炼厂")发生购销合同纠纷被诉至郴县法院。案经郴州中院二审,认定铁合金厂于 1989 年 11 月停产,1990年、1991 年均未办理年检换证手续,应视同歇业,工商行政管理机关应收缴其法人营业执照,故该厂已不具备法人资格,于 1992 年 10 月 18 日判决由伊川县电业局承担铁合金厂的债务清偿责任。

经审查该案判决书和伊川县电业局提供的材料,我们认为,该案存在以下问题,请予考虑:

1. 根据民法通则第四十八条和国务院国发[1990]68 号文件的规定,具有法人资格的企业应以国家授予其经营管理或其自有的财产承担债务清偿责任。企业是否以其经营管理或者所有的财产承担有限责任,应以其存续期间是否具有法人资格为依据,而不能以企业终止后法人资格消灭为由要求由其上级开办单位为它承担债务清偿责任。开办单位是否承担债务清偿责任,应以国发[1990]68 号文件规定的条件判定。而本案判决书没有明确是否存在这种条件。

2. 即使存在上级主管部门承担债务清偿责任的条件,也应先以终止的企业法人所有的财产承担责任,不足清偿的部分,由上级主管部门在一定范围内承担清偿责任。本案判决没有明确铁合金厂现有财产状况。

3. 伊川县电业局提出铁合金厂一直以法人资格对外进行业务活动,并提供了 1992 年 8、9 月份与其他单位签订的几份合同和铁路货运单据复印件。如此情况属实,则郴州中院 1992 年 10 月 18 日判决认定铁合金厂停产歇业缺乏事实根据。

4. 如果铁合金厂确曾歇业后又恢复营业,在工商行政管理机关未注销其法人营业执照的情况下,应视为该企业继续存在或在原有资产基础上的恢复,其原有债务仍应由其承担或首先承担责任。

《最高人民法院经济审判庭关于对国营新疆五五农工商联合企业公司驻兰州办事处执行问题的函》(法经[1993]38 号)

甘肃省高级人民法院:

国营新疆五五农工商联合企业公司驻兰州办事处(简称"驻兰办")向我院申诉称:兰州五五机电设备供应站(简称"供应站")是其下属单位,其注册资金 15 万元是由该办事处提供担保的。现该供应站已撤销,资不抵债，对外负债105万余元，债权人共十四个单位，已有六起纠纷经法院判决，其中兰州市城关区法院判决并裁定的三件，均确定由驻兰办承担责任。现兰州市城关区法院欲单独执行该院判决的债权人为兰州市电信局工贸中心的案件。驻兰办提出，它只应在其为供应站提供担保的15万元注册资金范围内承担有限责任，法院执行案件应一并考虑所有债权人的利益，要求制止兰州市城关区法院单独执行一案的做法。

本庭经审查认为，若供应站领有企业法人营业执照，或者是实行独立核算，自负盈亏的独立企业，驻兰办对供应站债务责任的承担问题，应适用国务院国发〔1990〕68号文件第四条第二款的规定，即由驻兰办在其担保的注册资金15万元的范围内承担责任。68号文件所说的在担保的注册范围内承担连带责任，是指对被撤销企业的全部债务在注册资金范围内承担连带责任，不是对每一笔债务都必须单独在注册资金范围内承担连带责任。在开办单位用以承担责任的财产仍不足以清偿所有债权的情况下，也应按照68号文件第六条规定顺序和原则清偿，具体程序适用最高人民法院1991年3月16日法（经）发（1991）10号通知第四条的规定。被撤销单位所在地法院在执行本院判决的案件时，应按照上述规定统一清偿债务，保护所有债权人的合法权益。

《最高人民法院经济审判庭关于中国地质宝石矿物公司新疆经营部注册资金不实责任承担问题的复函》（法经〔1992〕176号）

新疆维吾尔自治区高级人民法院：

你院新高法明传（1992）96号关于应如何确认地矿部宝石公司连带清偿责任的请示报告收悉。现中国地质宝石矿物公司（以下称"宝石公司"）提出其在为申请开办宝石公司新疆经营部（以下称"新疆经营部"）而给自治区工商局的〔1988〕028号函和给自治区政府的〔1988〕029号函中均申明新疆经营部注册资金为20万元，而新疆经营部最终取得注册资金为120万元的营业执照，是由于新疆经营部筹建负责人崔志远个人私自将宝石公司1988年5月10日出具的资金信用证明和经宝石公司盖章的商业企业开业申请登记表中所填的资金数额由20万元篡改为120万元的结果。1988年6月9日，远大金融服务社虽证明新疆经营部帐面金额为80万元，但这80万元不是新疆经营部的自有资金，而且新疆经营部在筹建期间的开户银行不是远大金融服务社，而是工商银行天山区办事处，宝石公司1988年6月6日向新疆经营部投入的20万元资金即是汇入该办事处的。自治区工商局对此未能查实，即予办理了注册登记。1990年9月19日公司清理整顿审批表上所称的新疆经营部注册资金为120万元、现有实际资金是160万元，是新疆经营部自行填报的，并未经宝石公司核实盖章。你院的报告中对上述问题并未做出结论。

我们认为，如果宝石公司反映的上述情况属实，则说明该公司在开办新疆经营部时只承诺负担投入20万元注册资金的责任，新疆经营部负责人崔志远将注册资金擅自篡改为120万元的增加部分，宝石公司不应承担。因宝石公司实际已向新疆经营部汇入20万元注册资金，因此即不存在承担经营部注册资金不实的责任问题了。

《最高人民法院经济审判庭关于行政单位开办的公司已无资产偿付应由谁承担民事责任问题的电话答复》(1991年1月4日公布)

山西省高级人民法院：

你院晋法经函字(1990)第3号《关于行政单位开办的公司已无资产偿付应由谁承担民事责任的请示报告》收悉。经研究，答复如下：

吉林省白城地区石油开发总公司是1988年4月4日由白城地区工商行政管理局登记注册的全民预算外企业。企业的主管部门和批准机关均为白城地区行政公署。企业登记的资金总额为380万元。根据民法通则和国发[1990]68号《国务院关于在清理整顿公司中被撤并公司债权债务清理问题的通知》规定，如果白城地区石油开发总公司无力偿还债务，而其注册资金的来源是贷款，或者根本没有资金以及实有资金与注册资金不符的，应由其主管机关和开办单位白城地区行政公署在其注册资金范围内承担清偿责任。

此复

《最高人民法院经济审判庭关于青海人民剧院开办的分支企业停办后是否对分支企业的债务承担责任问题的复函》(法经[1991]9号)

青海省高级人民法院：

你院(91)青法经字第1号《关于青海人民剧院开办的分支企业"艺青商行"停办后，青海人民剧院是否作为诉讼主体对外承担责任的请示》收悉。经研究，答复如下：

西宁艺青商行是由青海人民剧院向工商行政管理部门申请开办的。

经青海省审计局审计认为:艺青商行以欺骗手段取得工商银行验资和工商局核准的营业执照的合法手续,实际上是一个既无资金和固定工作人员,又无经营场地的企业。现在艺青商行已经倒闭,因此应将青海人民剧院列为被告,由艺青商行的财产清偿债务,不足清偿的,由青海人民剧院在注册资金不实的范围内,对艺青商行的债务承担责任。

《最高人民法院经济审判庭关于济南市历城区人武部是否应为其开办的木制品厂承担责任问题的电话答复》(1990年10月10日公布)
山东省高级人民法院:

你院鲁法(经)发第〔1991〕94号《关于如何理解和执行国务院国发〔1990〕68号文件的请示报告》收悉。按照最高人民法院的规定,请示报告有几种不同意见时,应提出倾向性意见,你们报告中未提出倾向性意见。另外,木制品厂成立后,是否实行独立核算、自主经营,人武部与其有何权利义务关系,是否从中收取钱财,这些情况报告中都不清楚。

按照国务院国发〔1990〕68号文件的规定,党政机关及其所属编制序列的事业单位开办的企业实际不具备法人资格,如未实行独立核算、自主经营,开办单位又未从中收取钱财,开办单位可在注册资金不实的范围内承担责任。

典型案例指导 ●●●●●●

朱某某诉陆某某、上海某某能源有限公司追偿权纠纷案[人民法院案例库2023-08-2-143-006,上海市第一中级人民法院(2020)沪01民终7595号民事判决]

即使"未履行或未全面履行出资义务"的瑕疵股权经多次转让,公司或债权人有权要求知道或应当知道股权存在瑕疵的全部继受股东承担资本填补的连带责任。根据连带责任内部求偿原理,已承担责任的继受股东有权追偿。继受股东追偿权的成立,应具备以下行使要件:一是继受瑕疵股权的股东履行了资本填补连带义务导致共同免责,二是继受股东履行的资本填补义务超过其在连带责任中的应分担部分。

中国某资产管理公司河北省分公司与张某、刘某某、胡某某等变更追加被执行人异议之诉案[人民法院案例库2024-07-2-472-004,河北省高级人民法院(2022)冀民终336号民事判决]

从规则适用上看,本案中虽然存在增资的不动产已经交付公司使用但无法办理产权过户登记的情形,这在形式上与《公司法》(2018年修正)第二十八条的要求不符,但实质上并未违反该第二十八条旨在避免虚假出资而损害公司、他人利益之立法目的。而且从法律规范的内涵和外延上来看,本案增资不动产无法办理权属转移手续的情形,该第二十八条是否包括和涉及并不明确。而从最高人民法院针对适用该第二十八条的司法解释《最高人民法院关于适用〈中华人民共和国公司法〉若干问题的规定(三)》(法释[2020]18号)第十条的内容来看,该条主要是对实际交付了出资的财产但未办理权属变更登记,或者虽然办理了权属变更登记但未实际交付财产这两种情况进行的规范。而对于用无法或不能办理权属转移手续的不动产出资的,《最高人民法院关于适用〈中华人民共和国公司法〉若干问题的规定(三)》(法释[2020]18号)第十条也并未进行漏洞补充和规制。另外,该第十条关于人民法院对因出资人以房屋等财产出资且已经交付公司使用但未办理权属变更手续,而要求认定出资人未履行出资义务的主张,并非直接支持,而是责令出资人在指定的合理期间内办理权属变更手续,对按要求补办了手续的,应当认定其已经履行了出资义务的裁判规则,表明了对于虽未办理权属变更手续但已经实际交付公司使用的财产,其已为公司发挥资产效用,则公司收益中也就包含了该财产的贡献,实质上也就达到了出资的目的这一理念的肯定。鉴于此,考虑到本案增资的不动产已实际交付给公司使用,但财产权属的初始登记及权属转移均无法办理也不能补办,且该局面的形成又不能归责于张某、刘某某、胡某某三位股东的实际情况,本着尊重事实、公平公正的原则,不宜苛求本案股东完成事实上无法完成的事情,即对其增资的不动产必须在形式上完成办理权属转移手续。所以,一审判决对张某、刘某某、胡某某股东实缴出资已经到位的事实认定,并无不当,应予确认;中国某资产管理公司河北省分公司所提评估报告等只能反映股东出资的过程,股东实物出资的房产没有房本,没法办理产权过户,就无法确定是股东的财产,也就无法作为股东合法有效资产进行增资的观点和理由,不予支持。

周某某、三亚某公司诉三亚某管理处股东出资纠纷案[人民法院案例库2023-16-2-265-002,最高人民法院(2016)最高法民再87号民事判决]

划拨土地使用权由土地行政部门通过行政划拨行为创设,一般为无偿取得,法律规定划拨的土地使用权只能用于划拨用途,不能擅自进入市场流通。但在司法实践中,如出资人已约定将划拨土地使用权作为出资设立公司,工商行政管理部门已经办理了公司登记,公司和履约股东要求以划拨土地使用权出资人履行出资义务时，人民法院在诉讼过程中应根据《公司法司法解释（三）》第八条的规定责令当事人在指定的合理期间内办理土地变更手续。已经实际补正的，人民法院可以认定当事人以划拨土地使用权出资的效力；逾期未办理的，应当认定出资人未依法全面履行出资义务。

保定市某建材公司诉庄某某、上海某矿业公司等股东损害公司债权人利益纠纷案[人民法院案例库 2023-08-2-277-002，上海市嘉定区人民法院（2021）沪 0114 民初 24658 号民事判决]

根据法律规定，股东应当按期足额缴纳公司章程中规定的各自所认缴的出资额。这是公司资本充实原则的具体体现。未履行或者未全面履行出资义务的股东应在未出资本息范围内对公司债务不能清偿的部分承担补充赔偿责任。股东可基于意思自治，通过修改公司章程的方式延长出资期限，但不得滥用该期限利益逃避出资义务、损害公司债权人的利益。关于上海某装饰公司内部延长出资期限是否构成恶意延长出资期限问题，"恶意延长出资期限"的认定标准，可从以下几个方面进行考虑：第一，对于债务产生之前所进行的延长出资期限的决议，应强化公司的告知义务。第二，对于债务产生之后所进行的延长出资期限的决议，也不能一概而论认为存在恶意，《九民纪要》规制的是通过延长出资期限避免自身利益受损的情形。当债权人请求加速特定股东的出资义务时，应当由该特定股东对不具有逃避特定债务的恶意进行举证。第三，审理中还应当考虑延长期限和所涉金额的问题。期限问题的核心，是比较公司债务到期的期限与公司决议延长的出资期限。如果公司债务即将到期或已经到期，此时不考虑公司的账面资产能否偿还到期债务，延长出资期限就应推定为具有恶意。反之，如果债务到期尚早，延长后的出资期限相比之下处于合理范围，就不应认定恶意，即使将来债务到期公司未清偿债务，债权人也不能要求加速股东出资义务。个案裁判中的基本标准应当是，如果公司决议延长后的出资期限大于公司债务到期的期限，则一般应认定为在延长期限上满足了认定恶意的基本条件。股东主张自己不具有恶意的，应在被债权人要求加速出资义务时承担举证责任。金额问题的核心，是比较公司的债务额度与延期出资的额度。如果延期出资的额度基本等于或者超过公司的债务额度（包括未到期债务和到期债务），此时不考虑公司的账面资产能否偿还到期债务，延长出资期限就应推定为具有恶意。反之如果延期出资的额度显著低于公司的债务额度，就不应认定为恶意。

本案系争的主债权发生时，上海某装饰公司的出资期限为 2021 年 11 月

19 日，上海某石业公司应于 2021 年 11 月 19 日前缴足其认缴的出资 995 万元，但截至目前，根据工商登记记载，仅实缴 10 万元，且在上海某装饰公司已欠付保定市某建材公司债务的情况下，通过修改公司章程的方式延长了出资期限，进而损害了保定市某建材公司作为债权人的合法权益。故上海某装饰公司内部延长出资期限的约定对某建材公司不发生法律效力，上海某石业公司应在未缴纳出资 985 万元的范围内对某建材公司的债务承担补充赔偿责任。此外，值得注意的是，公司延期出资决议被认定为恶意，产生的是对外部债权人无约束力的法律后果，债权人有权按照先前的出资期限主张股东在尚未出资的额度范围内承担补充责任。如果股东尚未缴纳的出资额度超过公司未清偿的债务额度，对于超过部分股东仍然享有按照公司延期决议出资的权利，即享有相应的出资期限利益。

广东兴艺数字印刷股份有限公司诉张某标等股东瑕疵出资纠纷案[2023 年 1 月 19 日《最高人民法院发布 2022 年全国法院十大商事案件》案件五]

【案情简介】

八源公司是于 2014 年 9 月 26 日登记成立的有限责任公司，原公司《章程》规定，公司注册资本 50 万元，股东张某标、颜某纬、黄某林，分别认缴出资额 31 万元、10 万元、9 万元，均应于 2014 年 9 月 22 日前缴足。八源公司在国家企业信用信息公示系统公示的八源公司 2014 年度及 2015 年度报告均记载，公司注册资本 50 万元，各股东认缴的出资均已于 2014 年 9 月 22 日全部实缴。但八源公司银行账户流水显示：该公司基本账户 1994 年 10 月收到 50 万元后，短短几日内就几乎被现金支取完毕，八源公司及各股东均未能解释现金支取原因及用途。

2015 年 9 月 15 日，八源公司制定新章程规定，公司注册资本变更为 100 万元，张某标、颜某纬、黄某林分别认缴 62 万元、20 万元、18 万元，出资期限均至 2025 年 12 月 31 日届满。八源公司在国家企业信用信息公示系统公示的八源公司 2016 年度报告记载，张某标、颜某纬、黄某林分别认缴的上述出资，均已于 2015 年 5 月 18 日实缴。

2017 年 12 月 20 日，张某标将其股权分别转让与颜某纬、黄某林、任某强，同日，办理股权变更登记，四人在向工商行政管理机关填报的《自然人股东股权变更信息记录表》(非公示信息) 中均确认，八源公司实收资本 0 元。自 2018 年 1 月以来，以八源公司为被执行人的终结本次执行案件有多件。于 2020 年 6 月 24 日被吊销营业执照。八源公司欠付兴艺公司货款未偿还，兴艺公司起诉,请求判决八源公司偿还欠款及逾期利息;八源公司股东张某标、颜某纬、黄某林在未出资本息范围内承担补充赔偿责任,颜某纬、黄某林、任某强对张某标的责任承担连带清偿责任等。一、二审判决判令八源公司向兴艺公司偿还欠款及利息,但驳回了兴艺公司的其他诉讼请求。再审法院审理认为,公示年报信息是企业的法定义务,各股东对于八源公司在国家企业信用信息公示系统对外公示的实缴出资信息应当知晓而未依法提出异议,应当认定为其明知且认可年报信息。债权人对于公示信息形成的合理信赖依法应当予以保护,虽然八源公司股东新章程中约定的出资期限未届满,但兴艺公司主张应按八源公司在国家企业信用信息公示系统公示的实缴出资时间作为出资期限,依据充分。因此,张某标、颜某纬、黄某林各自应在未出资本息范围内对八源公司欠兴艺公司的债务承担补充赔偿责任,各股东未缴出资的利息起算点,应按八源公司对外公示的股东实缴出资时间确定。颜某纬、黄某林、任某强明知张某标未出资而受让其债权,应在各自受让股权占张某标出让股权的比例范围内对张某标的补充赔偿责任承担连带责任。再审判决遂对股东的责任方面进行了改判:对八源公司债务,判令张某标、黄某林、颜某纬分别在未出资本息范围内向兴艺公司承担补充赔偿责任,其中50%的利息自2014年9月22日起算,另50%利息自2015年5月18日起算。对于张某标的补充赔偿责任,任某强、颜某纬、黄某林分别在对应份额内承担连带责任。如张某标、黄某林、颜某纬、任某强已因未履行出资义务而对八源公司的其他债务承担了补充赔偿责任,应当予以扣减。

【专家点评】

本案中,股东未届出资期限、未实缴出资,却放纵公司在企业信用信息公示系统公示已经实缴出资,判决股东以其同意公示的实缴出资日期,作为其应缴出资日期,在未出资本息范围内对公司不能清偿的债务承担补充赔偿责任,利息自公示的实缴出资日期起算。以此平衡交易相对人的信赖利益,强化企业信用约束,维护企业信用信息公示制度的公信力,保护并促进交易。本案判决的重大意义有两个方面:一是明确应以公示的出资日作为判断股东对债权人承担赔偿责任的应缴出资日,二是彰显了公司登记的重大意义。就股东出资义务而言,众所周知是以股东设立公司或者加盟公司时的承诺为准,即认缴的出资额或者认购的股份。但是,本案中股东们通过工商登记系统将认缴的出资登记为已缴,即登记为出资已实缴,并通过公示系统对外彰显,产生了公示效力,与公司进行交易的第三方对该公示产生了合理信赖,应当予以保护。

股东对公司债权人的责任应按公示的时间认定。本案法院的裁判准确地体现了这一点，特别值得赞赏。就公司登记而言，此次公司法修订将公司登记专列一章，体现了对这一问题的高度重视。企业信用信息公示制度，是构建新型市场监管体制，强化信用监管，推动商事制度改革的基础性制度，其意义深远，也备受关注。国务院于2014年出台《企业信息公示暂行条例》，首次以行政法规的形式规范企业信息公示制度，通过强化企业信用约束手段，提高信用监管效能。但时至今日，仍有不少企业及股东，违反条例规定，在企业信用信息公示系统公示虚假信息，使之不能正常发挥展示企业基本信息、保护交易安全、降低信用风险的作用，扰乱了市场秩序。本案中，股东未届出资期限、未实缴出资，却放纵公司在企业信用信息公示系统公示已经实缴出资，误导社会公众及交易相对方，因公司不能清偿到期债务，债权人请求股东在未出资本息范围内承担补充赔偿责任，法院判决股东以公示的实缴出资日期，作为其应缴出资日期，在未出资本息范围内对公司不能清偿的债务承担补充赔偿责任。本案的法院裁判具有一定开创性和规则意义，有利于司法审判与行政监管、社会监督形成合力，强化企业信用约束，营造公平、合理、可预期的营商环境，也将节省社会资源，极大提升社会管理效能。（朱慈蕴　清华大学法学院教授、博士生导师）

姚某城与鸿大（上海）投资管理有限公司公司决议纠纷案[上海市第二中级人民法院(2019)沪02民终8024号民事判决书，《人民司法·案例》2021年第26期]

公司资本制度改革赋予股东在认缴出资上有一定自由。在出资期限上，股东可以自行决定出资期限的长短，并享有出资期限利益，仅在特定情形下公司的债权人才能要求股东出资加速到期。修改股东出资期限，涉及公司各股东的出资期限利益，并非一般的修改公司章程事项，应适用股东一致决规则，不适用资本多数决规则。

胡某红与上海申态建设工程有限公司等执行异议纠纷案[上海市宝山区人民法院(2018)沪0113民初11236号民事判决书，《人民司法·案例》2019年第5期]

2014年修改的《公司法》关于股东出资行为不再以验资作为必经程序。股东在公司成立后的后续资本认缴期内，虽未办理注资验资手续，但有证据足以证明股东对公司经营的实际资金投入已超过认缴资本额且未抽回资本，可以认定股东完成了对公司认缴出资的义务。

沈阳重型冶矿机械制造公司四厂与沈阳北重冶矿电站设备研制有限公司等股东出资纠纷案[2016年4月8日《最高人民法院发布十起依法平等保护非公有制经济典型案例》案例七]

【基本案情】

2010年10月18日,国有企业沈阳重型冶矿机械制造公司四厂(以下简称沈重四厂)与民营企业沈阳北重冶矿电站设备研制有限公司(以下简称北重公司)签订了《合资合作协议书》,约定:沈重四厂将五座厂房、办公楼评估作价,以固定资产方式入股到北重公司,所占投资比例为45%;另有五个自然人以货币出资350万元,占北重公司股份的55%;各方按照投资比例进行利益分红;沈重四厂的五处出资房产,经评估入股后归属北重公司,待具备一定条件时,办理产权变更手续。因沈重四厂一直未将出资房产过户至北重公司名下,北重公司诉至法院,要求沈重四厂履行出资义务。

【裁判结果】

辽宁省沈阳市皇姑区人民法院一审认为:本案争议焦点在于沈重四厂是否已履行出资义务?《公司法》第二十八条第一款规定:"股东应当按期足额缴纳公司章程中规定的各自所认缴的出资额。股东以货币出资的,应当将货币出资足额存入有限责任公司在银行开设的账户;以非货币财产出资的,应当依法办理其财产权的转移手续。"本案中,沈重四厂虽然将出资厂房交付北重公司使用,但未办理房产变更手续,沈重四厂未履行完出资义务,构成违约,应向北重公司履行出资义务。判决:沈重四厂于判决生效后10日内向北重公司履行股东出资义务,并协助办理房产的更名过户手续。沈重四厂上诉后,沈阳市中级人民法院判决驳回上诉,维持原判。

【典型意义】

本案是规范国有企业依法履行出资义务的典型案例。沈重四厂与其他五个自然人股东共同出资设立北重公司,但没有按照出资协议履行出资义务,北重公司与其他股东通过诉讼寻求救济。人民法院受理该案后,认真审查沈重四厂出资义务的履行情况,根据《公司法》以及相关司法解释关于实物出资的规定,驳回沈重四厂关于已经履行出资义务的主张,依法支持北重公司与其他五个自然人股东要求沈重四厂履行出资义务的请求,体现了对不同所有制股东平等保护的法律原则,有效地维护了非公有制股东的合法权益。国有资本、集体资本、非国有资本等交叉持股、相互融合的混合所有制经济,是我国基本经济制度的重要实现形式。发展混合所有制经济,必须平等保护国有资本与非国有资本。从公司出资来看，无论是公有制股东还是非公有制股东，都应依法履行出资义务，任何一方未履行出资义务的，另一方均可以依法要求其承担补足出资的违约责任。本案的审理，体现了不同所有制主体出资义务平等的理念，有效保护了混合所有制企业各类股东的合法权益。

沙港公司诉开天公司执行分配方案异议案［2015 年 4 月 1 日《最高人民法院发布的四起典型案例（2015）》案例一］

【基本案情】

2010 年 6 月 11 日，上海市松江区人民法院作出（2010）松民二（商）初字第 275 号民事判决，茸城公司应当向沙港公司支付货款以及相应利息损失。275 号案判决生效后进入执行程序，因未查实茸城公司可供执行的财产线索，终结执行。茸城公司被注销后，沙港公司申请恢复执行，松江法院裁定恢复执行，并追加茸城公司股东开天公司及 7 名自然人股东为被执行人，并在各自出资不实范围内向沙港公司承担责任，扣划到开天公司和 4 个自然人股东款项共计 696,505.68 元（包括开天公司出资不足的 45 万元）。2012 年 7 月 18 日，该院分别立案受理由开天公司提起的两个诉讼：（2012）松民二（商）初字第 1436 号案和（2012）松民三（民）初字第 2084 号案，开天公司要求茸城公司 8 个股东在各自出资不实范围内对茸城公司欠付开天公司借款以及相应利息、房屋租金以及相应逾期付款违约金承担连带清偿责任。该两案判决生效后均进入执行程序。

2013 年 2 月 27 日，沙港公司收到松江法院执行局送达的《被执行人茸城公司追加股东执行款分配方案表》。分配方案表将上述三案合并，确定执行款 696,505.68 元在先行发还三案诉讼费用后，余款再按 31.825% 同比例分配，今后继续执行到款项再行分配处理。沙港公司后向松江法院提交《执行分配方案异议书》，认为开天公司不能就其因出资不到位而被扣划的款项参与分配，且对分配方案未将逾期付款双倍利息纳入执行标的不予认可，开天公司对沙港公司上述执行分配方案异议提出反对意见，要求按原定方案分配。松江法院将此函告沙港公司，2013 年 4 月 27 日，松江法院依法受理原告沙港公司提起的本案诉讼。另查明，上述三案裁判文书认定了茸城公司股东各自应缴注册资本金数额和实缴数额的情况。

【裁判结果】

法院一审认为，本案是一起执行分配方案异议之诉。原、被告双方在本案中围绕相关执行分配方案存在两个争议焦点，一是针对开天公司出资不实而被法院扣划的45万元,开天公司能否以对公司也享有债权为由与沙港公司共同分配该部分执行款;二是执行标的是否应包括加倍支付迟延履行期间的债务利息。关于第一个争议焦点,《公司法》明确规定有限责任公司的股东以其认缴的出资额为限对公司承担责任。开天公司因出资不实而被扣划的45万元应首先补足茸城公司责任资产向作为公司外部的债权人原告沙港公司进行清偿。开天公司以其对茸城公司也享有债权要求参与其自身被扣划款项的分配,对公司外部债权人是不公平的,也与公司股东以其出资对公司承担责任的法律原则相悖。696,505.68元执行款中的45万元应先由原告受偿,余款再按比例进行分配的意见予以采纳。关于第二个争议焦点,相关275号案、1436号案、2084号案民事判决书均判令如债务人未按指定期间履行金钱债务的,须加倍支付迟延履行期间的债务利息。故对原告沙港公司关于执行标的应包括加倍支付迟延履行债务期间的利息的主张,予以采纳。原、被告双方均对各自主张的迟延履行期间双倍利息明确了计算方式,原告沙港公司对系争执行分配方案所提主张基本成立,法院依法予以调整。一审判决后,当事人均未提出上诉,一审判决生效。

【典型意义】

本案当事人对执行分配方案的主要争议在于,出资不实股东因向公司外部债权人承担出资不实的股东责任并被扣划款项后,能否以其对于公司的债权与外部债权人就上述款项进行分配。对此,我国法律尚未明确规定,而美国历史上深石案所确立的衡平居次原则对本案的处理具有一定的借鉴意义。在该类案件的审判实践中,若允许出资不实的问题股东就其对公司的债权与外部债权人处于同等受偿顺位,既会导致对公司外部债权人不公平的结果,也与《公司法》对于出资不实股东课以的法律责任相悖。故本案最终否定了出资不实股东进行同等顺位受偿的主张,社会效果较好,对同类案件的处理也有较好的借鉴意义。

君信创业公司诉绿谷伟业公司等出资合同纠纷案[最高人民法院(2004)民二终字第260号民事判决书,《最高人民法院公报》2005年第6期(总第104期)]

公司股东认为其他股东出资不足而向法院提起诉讼的,其所承担何种举证责任应符合《最高人民法院关于民事诉讼证据的若干规定》。根据该规定第二条,当事人对自己提出的诉讼请求所依据的事实或者反驳对方诉讼请求所依据的事实有责任提供证据加以证明。没有证据或者证据不足以证明当事人的事实主张的,由负有举证责任的当事人承担不利后果。因此,公司股东认为其他股东出资不足的,应该举证证明出资不足的事实,如果不能证明,则要承担不利后果。依据《审计法》及其实施条例关于"没有国有企业股东、国有股不占控股地位或者主导地位的公司不在法定审计范围之内"的规定,本案中的审计报告不具有法律规定的法律效力。又因为该审计报告既非国家机关依职权作出的,也非公司股东等相关利益人或法院委托审计机关作出的,故该审计报告应被认定为一般的书证。

郭某连诉青岛市卫生局、青岛市东部医院借款合同纠纷案[山东省青岛市中级人民法院 2003 年 3 月 10 日民事判决书,《最高人民法院公报》2003 年第 5 期(总第 85 期)]

被上诉人郭某连借给美园酒店 160 万元一事属实,美园酒店应当承担还款责任。本案上诉的争议焦点为核疗养院是否美园酒店的股东?上诉人应否为核疗养院承担投资不到位的还款责任?美园酒店虽然是根据核劳服与美国第一饮料食品公司所签中外合作合同设立的,但核劳服在合同中约定的出资,却是核疗养院所有的房地产。合同履行时,是核疗养院出面将其所有的房地产进行了投资。美园酒店创建过程中所需的手续,也是核疗养院以自己的名义出具的。核疗养院在其向青岛市规划局等部门出具的有关函件中,自称美园酒店是其与美国第一饮料食品公司投资设立。鉴于以上事实和核劳服与核疗养院之间存在的从属关系,可以确定,美园酒店的实际中方投资者是核疗养院。核疗养院作为美园酒店真正的中方股东,投资不到位,在美园酒店被吊销营业执照后,又未及时对该酒店的债权债务进行清算,其行为损害了美园酒店合法债权人的利益,理应承担民事责任。现核疗养院已不存在,上诉人东部医院是在原核疗养院基础上设立的。原核疗养院的所有资产(包括应当作为美园酒店投资的房地产)以及在编人员,均已由东部医院接收。因此,东部医院对原核疗养院的债务应当承担偿还责任。

第五十条 【未按期出资、出资不足或出资不实的责任】有限责任公司设立时,股东未按照公司章程规定实际缴纳出资,或者实际出资的非货币财产的实际价额显著低于所认缴的出资额的,设立时的其他股东与该股东在出资不足的范围内承担连带责任。

条文应用提示 ●●●●●●

出资是股东对公司的基本义务,股东不履行出资义务造成公司资本不足的,全体股东应对出资不足部分承担连带责任。这里强调的是设立时股东的连带责任限于公司成立前未按照章程规定缴纳出资和作为实际出资的非货币财产的实际价额显著低于所认缴的出资额两种情形,不包括设立时股东认缴在公司成立后才需要实缴的部分。

旧法对应关系 ●●●●●●

原《公司法》第三十条 有限责任公司成立后,发现作为设立公司出资的非货币财产的实际价额显著低于公司章程所定价额的,应当由交付该出资的股东补足其差额;公司设立时的其他股东承担连带责任。

《最高人民法院关于适用〈中华人民共和国公司法〉若干问题的规定(三)》(2020年修正)

第十三条 股东未履行或者未全面履行出资义务,公司或者其他股东请求其向公司依法全面履行出资义务的,人民法院应予支持。

公司债权人请求未履行或者未全面履行出资义务的股东在未出资本息范围内对公司债务不能清偿的部分承担补充赔偿责任的,人民法院应予支持;未履行或者未全面履行出资义务的股东已经承担上述责任,其他债权人提出相同请求的,人民法院不予支持。

股东在公司设立时未履行或者未全面履行出资义务,依照本条第一款或者第二款提起诉讼的原告,请求公司的发起人与被告股东承担连带责任的,人民法院应予支持;公司的发起人承担责任后,可以向被告股东追偿。

股东在公司增资时未履行或者未全面履行出资义务,依照本条第一款或者第二款提起诉讼的原告,请求未尽公司法第一百四十七条第一款规定的义务而使出资未缴足的董事、高级管理人员承担相应责任的,人民法院应予支持;董事、高级管理人员承担责任后,可以向被告股东追偿。

第十五条 出资人以符合法定条件的非货币财产出资后,因市场变化或者其他客观因素导致出资财产贬值,公司、其他股东或者公司债权人请求该出资人承担补足出资责任的,人民法院不予支持。但是,当事人另有约定的除外。

第五十一条　【有限责任公司董事会核查催缴义务】有限责任公司成立后,董事会应当对股东的出资情况进行核查,发现股东未按期足额缴纳公司章程规定的出资的,应当由公司向该股东发出书面催缴书,催缴出资。

未及时履行前款规定的义务,给公司造成损失的,负有责任的董事应当承担赔偿责任。

旧法对应关系

《最高人民法院关于适用〈中华人民共和国公司法〉若干问题的规定（三）》（2020年修正）

第十三条第四款　股东在公司增资时未履行或者未全面履行出资义务,依照本条第一款或者第二款提起诉讼的原告,请求未尽公司法第一百四十七条第一款规定的义务而使出资未缴足的董事、高级管理人员承担相应责任的,人民法院应予支持;董事、高级管理人员承担责任后,可以向被告股东追偿。

第五十二条　【股东失权决议程序】股东未按照公司章程规定的出资日期缴纳出资,公司依照前条第一款规定发出书面催缴书催缴出资的,可以载明缴纳出资的宽限期;宽限期自公司发出催缴书之日起,不得少于六十日。宽限期届满,股东仍未履行出资义务的,公司经董事会决议可以向该股东发出失权通知,通知应当以书面形式发出。自通知发出之日起,该股东丧失其未缴纳出资的股权。

依照前款规定丧失的股权应当依法转让,或者相应减少注册资本并注销该股权;六个月内未转让或者注销的,由公司其他股东按照其出资比例足额缴纳相应出资。

股东对失权有异议的,应当自接到失权通知之日起三十日内,向人民法院提起诉讼。

条文应用提示

本条为 2023 年《公司法》新增条款,也是此次法律修改的亮点之一。新增失权制度的目的在于对未按期缴纳出资的股权进行处理,以确保公司出资的充实性,从而保护公司债权人的利益。

股东失权制度的适用条件是"股东未按照公司章程规定的出资日期缴纳出资"以及"宽限期届满股东仍未缴纳出资"。未按期出资既适用于设立时的股东也适用于增资时的股东。但需要注意的是,最终通过的法律删去了修订草案中将"非货币财产的实际价额显著低于所认缴的出资额"这个适用情形去掉了,这个考虑是失权制度适用的情形应该是股东严重违反出资义务,且规则应该是比较清晰的,而"非货币财产的实际价额显著低于所认缴的出资额"产生的原因实践中很多,既有涉及股东的原因,也有其他外在的因素,不宜直接定为股东失权的情形。

股东失权规则的行权主体是董事会。在程序要求上,自失权通知发出之日起,该股东即丧失其未缴纳出资的股权。在后续处理方式上,丧失的股权应当依法转让,或者相应减少注册资本并注销该股权;6 个月内未转让或者注销的,由公司其他股东按照其出资比例足额缴纳相应出资。在司法救济上,考虑到失权制度对股东权利影响较大,本条第 3 款规定,股东对失权有异议的,应当自接到失权通知之日起 30 日内,向人民法院提起诉讼。

旧法对应关系

《最高人民法院关于适用〈中华人民共和国公司法〉若干问题的规定(三)》(2020 年修正)

第十七条 有限责任公司的股东未履行出资义务或者抽逃全部出资,经公司催告缴纳或者返还,其在合理期间内仍未缴纳或者返还出资,公司以股东会决议解除该股东的股东资格,该股东请求确认该解除行为无效的,人民法院不予支持。

在前款规定的情形下,人民法院在判决时应当释明,公司应当及时办理法定减资程序或者由其他股东或者第三人缴纳相应的出资。在办理法定减资程序或者其他股东或者第三人缴纳相应的出资之前,公司债权人依照本规定第十三条或者第十四条请求相关当事人承担相应责任的,人民法院应予支持。

典型案例指导 ●●●●●●●

吴某与某惠公司等公司决议效力确认纠纷案[广东省东莞市中级人民法院(2020)粤19民终11525号民事判决书,《人民司法·案例》2022年第26期]

未履行出资义务或抽逃全部出资的股东欲通过股东会决议解除其他股东的股东资格,由于该部分股东本身亦非诚信守约股东,故其行使对其他未履行出资义务或抽逃全部出资的股东的除名权不具有合法性基础,背离了股东除名制度的立法目的,该股东不享有对其他股东除名决议的表决权,其作出的除名决议应认定为无效。

刘某芳诉常州凯瑞化学科技有限公司等公司决议效力确认纠纷案[江苏省常州市中级人民法院(2018)苏04民终1874号民事判决书,《最高人民法院公报》2023年第2期]

有限责任公司的股东未履行出资义务或者抽逃全部出资,经公司催告缴纳或者返还,在合理期间内仍未缴纳或者返还出资的,公司可以股东会决议解除其股东资格,但如公司股东均为虚假出资或抽逃全部出资,部分股东通过股东会决议解除特定股东的股东资格,由于该分股东本身亦非诚信守约股东,其行使除名表决权丧失合法性基础,该除名决议应认定为无效。

宋某祥与上海万禹国际贸易有限公司股东出资纠纷上诉案[上海市第二中级人民法院(2014)沪二中民四(商)终字第1261号民事判决书,《人民司法·案例》2015年第12期]

股东未按章程约定履行出资义务或抽逃全部出资,经催告后在合理期限内仍未缴纳或返还出资的,公司可以以股东会决议解除该股东的股东资格。对于该股东除名决议,该未出资股东不具有表决权,即便该股东系控股股东。《公司法》修正后降低了股东投资门槛,但不代表减轻股东不履行出资义务的责任,只是股东的出资义务更多源于股东之间的意定,而非法定。当股东不履行约定的出资义务达到根本违约程度时,其他股东可以追究该未出资股东比较严苛的法律责任,直至解除其股东资格。

第五十三条 【禁止股东抽逃出资】公司成立后,股东不得抽逃出资。

违反前款规定的,股东应当返还抽逃的出资;给公司造成损失的,负有责任的董事、监事、高级管理人员应当与该股东承担连带赔偿责任。

对应配套规定

《最高人民法院关于印发〈全国法院民商事审判工作会议纪要〉的通知》(法〔2019〕254号)

(一)关于"对赌协议"的效力及履行

实践中俗称的"对赌协议",又称估值调整协议,是指投资方与融资方在达成股权性融资协议时,为解决交易双方对目标公司未来发展的不确定性、信息不对称以及代理成本而设计的包含了股权回购、金钱补偿等对未来目标公司的估值进行调整的协议。从订立"对赌协议"的主体来看,有投资方与目标公司的股东或者实际控制人"对赌"、投资方与目标公司"对赌"、投资方与目标公司的股东、目标公司"对赌"等形式。人民法院在审理"对赌协议"纠纷案件时,不仅应当适用合同法的相关规定,还应当适用公司法的相关规定;既要坚持鼓励投资方对实体企业特别是科技创新企业投资原则,从而在一定程度上缓解企业融资难问题,又要贯彻资本维持原则和保护债权人合法权益原则,依法平衡投资方、公司债权人、公司之间的利益。对于投资方与目标公司的股东或者实际控制人订立的"对赌协议",如无其他无效事由,认定有效并支持实际履行,实践中并无争议。但投资方与目标公司订立的"对赌协议"是否有效以及能否实际履行,存在争议。对此,应当把握如下处理规则:

5.【与目标公司"对赌"】投资方与目标公司订立的"对赌协议"在不存在法定无效事由的情况下,目标公司仅以存在股权回购或者金钱补偿约定为由,主张"对赌协议"无效的,人民法院不予支持,但投资方主张实际履行的,人民法院应当审查是否符合公司法关于"股东不得抽逃出资"及股份回购的强制性规定,判决是否支持其诉讼请求。

投资方请求目标公司回购股权的,人民法院应当依据《公司法》第35条关于"股东不得抽逃出资"或者第142条关于股份回购的强制性规定进行审查。经审查,目标公司未完成减资程序的,人民法院应当驳回其诉讼请求。

投资方请求目标公司承担金钱补偿义务的,人民法院应当依据《公司法》第35条关于"股东不得抽逃出资"和第166条关于利润分配的强制性规定进行审查。经审查,目标公司没有利润或者虽有利润但不足以补偿投资方的,人民法院应当驳回或者部分支持其诉讼请求。今后目标公司有利润时,投资方还可以依据该事实另行提起诉讼。

▌条文应用提示 ●●●●●●●

本条是关于股东失权制度的规定,第 2 款属于新增规定,也是此次《公司法》修订的亮点之一。

股东的出资一旦进入公司,除非经过法定的回购、减资、分配利润等程序,公司不得将公司的资产返还股东,股东也不得将其出资抽回。构成股东抽逃出资有以下三个要件:(1)公司已成立。(2)股东依据公司章程所约定的出资已到位。(3)抽逃出资的直接责任主体为公司股东,包括单位股东与个人股东。实践中,司法部门一般认为以下行为构成抽逃出资:(1)制作虚假财务会计报表虚增利润进行分配;(2)通过虚构债权债务关系将其出资转出;(3)利用关联交易将出资转出;(4)其他未经法定程序将出资抽回的行为。股东在出资后又抽逃其出资的,实际上构成了对法人独立财产权的侵害,故公司有权起诉抽逃股东,要求其归还抽逃的出资。

抽逃出资的性质属于侵害公司财产权的行为,应根据《民法典》第 179 条的规定,由相关责任人承担返还财产和赔偿损失的法律责任。公司董事、监事、高级管理人员负责公司日常经营管理和监督,因此在股东抽逃出资给公司造成的损失的情况下负有责任的董事、监事、高级管理人员应承担连带赔偿责任。此处的负有责任既包括协助股东抽逃出资,也包括为抽逃出资提供便利或者怠于履行职责放任股东抽逃出资。

▌旧法对应关系 ●●●●●●●

原《公司法》第三十五条　公司成立后,股东不得抽逃出资。

《最高人民法院关于适用〈中华人民共和国公司法〉若干问题的规定(三)》(2020 年修正)

第十二条　公司成立后,公司、股东或者公司债权人以相关股东的行为符合下列情形之一且损害公司权益为由,请求认定该股东抽逃出资的,人民法院应予支持:

（一）制作虚假财务会计报表虚增利润进行分配；
（二）通过虚构债权债务关系将其出资转出；
（三）利用关联交易将出资转出；
（四）其他未经法定程序将出资抽回的行为。

第十四条　股东抽逃出资，公司或者其他股东请求其向公司返还出资本息、协助抽逃出资的其他股东、董事、高级管理人员或者实际控制人对此承担连带责任的，人民法院应予支持。

公司债权人请求抽逃出资的股东在抽逃出资本息范围内对公司债务不能清偿的部分承担补充赔偿责任、协助抽逃出资的其他股东、董事、高级管理人员或者实际控制人对此承担连带责任的，人民法院应予支持；抽逃出资的股东已经承担上述责任，其他债权人提出相同请求的，人民法院不予支持。

典型案例指导 ●●●●●●

上海某针织制衣有限公司诉詹某、周某、詹某甲股东损害公司债权人利益责任纠纷案[人民法院案例库2023-08-2-277-001，上海市第二中级人民法院(2021)沪02民终7070号民事判决]

詹某对于周某、詹某甲的涉案两次抽逃出资应当承担连带责任，关于詹某甲对于詹某、周某的涉案两次抽逃出资，以及周某对于詹某、詹某甲的涉案两次抽逃出资应否承担连带责任的问题。詹某甲与周某在涉案资金转账凭证上并无签章行为，不能仅以其系上海某实业公司股东、涉案增资款系一次性全部转移或者三名股东存在亲属关系及商业合作，即认定詹某甲对于詹某、周某的抽逃出资行为，以及周某对于詹某、詹某甲的抽逃出资行为存在知情或者共同的故意，上海某针织公司对此并未提供充分证据予以证明，周某对于詹某、詹某甲的涉案两次抽逃出资承担连带责任的主张，依据不足，不予支持。

河南省中原小额贷款有限公司、雏鹰农牧集团股份有限公司与河南新郑农村商业银行股份有限公司、郑州正通联合会计师事务所、西藏吉腾实业有限公司、河南泰元投资担保有限公司损害公司债权人利益责任案[2022年1月29日《最高人民法院发布2021年全国法院十大商事案件》案件九]

【案情简介】

河南省中原小额贷款有限公司(以下简称中原小额贷款公司)对河南泰元投资担保有限公司(以下简称泰元公司)享有经过生效判决确定的担保债

权。中原小额贷款公司诉请泰元公司的股东雏鹰农牧集团股份有限公司(以下简称雏鹰公司)、西藏吉腾实业有限公司(以下简称吉腾公司)分别在抽逃出资的范围内对泰元公司的债务承担连带赔偿责任。河南新郑农村商业银行股份有限公司(以下简称新郑农商银行)、郑州正通联合会计师事务所(以下简称正通会计)在虚假验资的范围内对上述债务未足额清偿部分承担赔偿责任。另据查明的事实:1.2018年5月23日,泰元公司召开股东会,一致同意公司增资扩股,原股东雏鹰公司认缴新增注册资本17.55亿元,新股东吉腾公司认缴3.85亿元等;2.为履行增资决议,2018年5月28日,雏鹰公司将第一笔投资款3.81亿元汇入泰元公司账户,泰元公司以债权投资形式把该3.81亿元转入有关合作社及其他单位,后者把该款项转入深圳泽赋基金账户,深圳泽赋基金又通过减资的形式把该款项退回雏鹰公司账户,雏鹰公司再次将3.81亿元以增资款形式汇入泰元公司,如此循环六次,金额达到17.55亿元以上,吉腾公司也以同样方式进行增资,金额达到3.85亿元以上,泰元公司的注册资金达到30亿元;3.2018年5月28日,新郑农商银行向正通会计出具四份《银行询证函回函》,分别载明:收到雏鹰公司投资款金额3.28亿元、3.25亿元、3.28亿元、1.494亿元。同日,正通会计向泰元公司出具《验资报告》,载明:截至2018年5月28日止,泰元公司已收到股东雏鹰公司新增注册资本17.55亿元,收到吉腾公司出资3.85亿元。河南省郑州市中级人民法院一审判决:一、雏鹰公司在其未履行出资、抽逃出资数额17.55亿元的范围内对泰元公司所承担的连带清偿责任向中原小额贷款公司承担补充赔偿责任。二、吉腾公司在其未履行出资、抽逃出资数额3.85亿元的范围内对泰元公司所承担的连带清偿责任向中原小额贷款公司承担补充赔偿责任。三、驳回中原小额贷款公司的其他诉讼请求。中原小额贷款公司、雏鹰公司不服,上诉至河南省高级人民法院。河南省高级人民法院二审认为:雏鹰公司将一笔资金,循环多次投入到泰元公司,虚增增资数额,随后此笔资金流入第三方深圳泽赋基金,雏鹰公司又以第三方股东的身份以减资的名义将资金收回,虽然第三方深圳泽赋基金召开合伙人会议,决议退还出资款,雏鹰公司也公告了减资事宜,但因最终收回的款项发生在上述增资款的循环流转中,并非实质来源于深圳泽赋基金,且此减资也未在国家企业信用信息公示系统作变更登记,应当认为雏鹰公司从深圳泽赋基金收回的资金并非减资款,上述收回资金的行为属于抽逃资金,抽逃出资的股东雏鹰公司应当在抽逃出资的本息范围内就泰元公司的债务对债权人中原小额贷款公司承担补充赔偿责任。中原小额贷款公司没有直接的证据证明其接受泰元公司提供的担保是基于其增资行为,或使用了新郑农商银行、正通会计在泰元公司增资时为其出具的《银行询证函回函》《验资报告》,中原小额贷款公司未收回贷款的损失与新郑农商银行、正通会计师事务所的验资行为不存在法律上的因果关系,依法不应当承担补充赔偿责任。综上,河南省高级人民法院二审遂驳回上诉,维持原判。

【专家点评】

股东损害公司债权人利益纠纷是最为重要的公司诉讼案由之一。本案的典型法律意义主要体现为它对两个疑难法律问题的实践判定颇有贡献。

一是明确了股东抽逃出资可适用"实质优于形式"理念予以认定。本案所涉抽逃出资的行为较为特殊,即股东将同一笔出资循环多次增资到目标公司,其后又将该出资流向其控制的第三方,再通过第三方减资来抽回出资。判决认为,在第三方未作减资变更登记时,股东的整体行为构成抽逃出资,应依法对目标公司的债权人承担补充赔偿责任。这一裁判规则的价值在于,它呈现了在司法领域(而不是行政监管领域)对商事行为的定性,何时可摒弃"形式优于实质"而改采"实质优于形式",从而突破交易的形式安定性,而谋求实质公正性。这也是近年来人民法院在民商事审判中强调的"穿透性思维方式"具体的运用,透过表面复杂的商业交易安排、资金往来,查明当事人真实的交易目的,准确揭示交易模式,根据真实的权利义务关系来认定商事行为的性质与效力,以规范市场主体的行为,建立公平诚信的交易秩序。在抽逃出资的认定上,判决书对"形式与实质"这一疑难私法问题的阐释充分考量了各种价值之间的冲撞与权衡,很有深度,也令人信服。二是肯定了只有在金融机构等为公司出具不实或者虚假验资报告的行为与公司债权人的损害之间存在法律上的因果关系时,侵权责任才能成立。判决书认为,债权人应证明其损害与金融机构等出具不实或者虚假验资报告的行为之间存在因果关系,才能依法请求出资不实的股东承担补充赔偿责任。这一结论殊值肯定。股东与金融机构等侵害公司债权人利益的,其行为应定性为违反保护他人法规的侵权行为。与公司注册资本有关的全部强行法规范的目的都在于保护公司的债权人,任何人违反这些规范造成债权人损害的,都可能成立侵权责任,其成立要件与一般侵权责任无异。(谢鸿飞 中国社会科学院法学研究所研究员、博士生导师,中国法学会民法学研究会副会长)

程某爱与北京中地环铁房地产开发有限公司合同纠纷执行案［北京市朝阳区人民法院（2018）京0105执异1388号执行裁定书，《人民司法·案例》2020年第32期］

未经法定程序和事由，股东会决议减少股东实缴出资，应认定为抽逃出资，执行法院可依法追加该股东在出资不实范围内对公司债务承担连带清偿责任。

周某成与浙江欧意智能厨房股份有限公司协议纠纷案［浙江省金华市中级人民法院（2021）浙07民终2311号民事判决书，《人民司法·案例》2023年第5期］

投资人与目标公司股东之间的对赌协议，如无其他无效事由，依法应当认定有效，目标公司股东应当履行，投资人与目标公司的对赌协议，在无法定无效事由的情况下，不能仅以协议存在现金补偿约定就否定其效力，但投资人主张目标公司支付现金补偿的，还应当考察是否违反股东不得抽逃出资以及利润分配的强制性规定。如目标公司没有利润可供分配，应视为投资人要求目标公司支付现金补偿的条件还未成就。

南京高科新浚成长一期股权投资合伙企业与房某、梁某、绍兴闰康生物医药股权投资合伙企业协议纠纷案［上海市高级人民法院（2021）沪民终745号民事判决书，《人民司法·案例》2023年第5期］

目标公司上市后对赌协议的效力和履行，不仅涉及公司内部关系的调整，还涉及证券监管要求以及证券市场交易秩序和金融安全等问题。当事人隐瞒未披露的对赌条款系属上市前必须依规予以清理的条款，则对其效力的认定应充分考察上市审核规则所体现的公共法益、监管对象是交易行为还是市场准入资格、对金融安全及社会影响等方面内容。与股票市值直接挂钩的回购条款，存在投资人为追求自身投资利益而故意在行权期内操纵二级市场股票交易价格的潜在风险，应认定为无效条款。

苏州工业园区海富投资有限公司与甘肃世恒有色资源再利用有限公司等补偿款纠纷再审案［最高人民法院（2012）民提字第11号民事判决书，《人民司法·案例》2014年第10期］

在民间融资投资活动中，融资方和投资者设置估值调整机制（投资者与融资方根据企业将来的经营情况调整投资条件或给予投资者补偿）时要遵守《公司法》和《合同法》的规定。投资者与目标公司本身之间的补偿条款如果使投资者可以取得相对固定的收益，则该收益会脱离目标公司的经营业绩，直接或间接地损害公司利益和公司债权人利益,故应认定无效。但目标公司股东对投资者的补偿承诺不违反法律法规的禁止性规定,是有效的。在合同约定的补偿条件成立的情况下,根据合同当事人意思自治、诚实信用的原则,引资者(目标公司股东)应信守承诺,投资者应当得到约定的补偿。

河北某投资公司与天津某投资合伙企业、王某某等股权转让纠纷案[天津法院2022年8月发布涉公司类案件纠纷典型案例之1]

法院生效裁判认为:各方当事人在补充协议中有关股权回购条款的约定,并不会减少目标公司的注册资本,不存在损害该公司以及公司债权人利益的情形,亦不违反公司法的强制性规定,应认定为合法有效。目标公司在相应会计年度的净利润未达到约定数额,河北某投资公司赎回权的行使条件已经成就。故判决王某某、陈某、胡某某、天津某投资合伙企业向河北某投资公司支付初始投资额,用于赎回后者持有的目标公司股权,并支付迟延履行的利息损失。

【典型意义】

本案当事人签订的补充协议即为实践中俗称的"对赌协议",又称估值调整协议,是指投资方与融资方在达成股权型融资协议时,为解决交易双方对目标公司未来发展的不确定性、信息不对称以及代理成本而设计的包含股权回购、金钱补偿等条款的协议。准确认定"对赌协议"的效力并支持实际履行,缓解了企业融资难的问题,有利于资本市场合作的多样化发展,维护诚实守信的交易秩序,判决以原股东向投资方支付金钱款项用于回购股权的方式,充分贯彻了资本维持原则和保护债权人合法权益的原则。

第五十四条 【股东出资加速到期】公司不能清偿到期债务的,公司或者已到期债权的债权人有权要求已认缴出资但未届出资期限的股东提前缴纳出资。

对应配套规定

《中华人民共和国企业破产法》(2006年8月27日公布)

第三十五条 人民法院受理破产申请后,债务人的出资人尚未完全履行出资义务的,管理人应当要求该出资人缴纳所认缴的出资,而不受出资期限的限制。

《最高人民法院关于印发〈全国法院民商事审判工作会议纪要〉的通知》(法〔2019〕254号)

(二)关于股东出资加速到期及表决权

6.【股东出资应否加速到期】在注册资本认缴制下,股东依法享有期限利益。债权人以公司不能清偿到期债务为由,请求未届出资期限的股东在未出资范围内对公司不能清偿的债务承担补充赔偿责任的,人民法院不予支持。但是,下列情形除外:

(1)公司作为被执行人的案件,人民法院穷尽执行措施无财产可供执行,已具备破产原因,但不申请破产的;

(2)在公司债务产生后,公司股东(大)会决议或以其他方式延长股东出资期限的。

7.【表决权能否受限】股东认缴的出资未届履行期限,对未缴纳部分的出资是否享有以及如何行使表决权等问题,应当根据公司章程来确定。公司章程没有规定的,应当按照认缴出资的比例确定。如果股东(大)会作出不按认缴出资比例而按实际出资比例或者其他标准确定表决权的决议,股东请求确认决议无效的,人民法院应当审查该决议是否符合修改公司章程所要求的表决程序,即必须经代表三分之二以上表决权的股东通过。符合的,人民法院不予支持;反之,则依法予以支持。

条文应用提示 ●●●●●●

本条为2023年《公司法》新增条款。2013年《公司法》修正之后,将出资期限交由公司章程规定,实践中产生了不少问题,甚至出现不符合常理的出资期限。此次法律修订,在总结实践经验的基础上对股东出资加速到期制度作了规定。按照本条规定,有权请求未届出资期限股东缴纳出资的主体是公司和已到期债权的债权人,加速到期的时点为公司不能清偿到期债务,比《九民纪要》中规定的"公司已具破产原因,但不申请破产"时点要更加宽泛一些。

旧法对应关系 ●●●●●●

《最高人民法院关于适用〈中华人民共和国公司法〉若干问题的规定（二）》(2020年修正)

第二十二条第一款　公司解散时，股东尚未缴纳的出资均应作为清算财产。股东尚未缴纳的出资，包括到期应缴未缴的出资，以及依照公司法第二十六条和第八十条的规定分期缴纳尚未届满缴纳期限的出资。

关联法律法规 ●●●●●●

《最高人民法院关于当前商事审判工作中的若干具体问题》(2015年12月24日公布)

第二，要适应《公司法》新变化积极完善相应裁判规则。《公司法》修改后，如果公司选择过于微小的数额作为注册资本，比如将注册资本设定为1元钱，那么在公司未来不能清偿债务而破产时，要考虑股东能否凭其对公司享有的债权而与其他普通债权人一起参与公司财产分配的问题。对此，我们倾向于认为，股东以过于微小的资本从事经营，很有可能会将股权投资转化为债权投资，相应地也将有限责任的风险完全外部化。

因目前法律上尚未确立专门应对措施，所以法院在司法实践中必须及时确立合理的规则。这方面，国外司法实践中通常将股东债权的受偿顺序安排在其他普通债权人受偿之后，以保障优先清偿其他债权人债权。这一做法值得借鉴。

第三，要遵循《公司法》新精神处理好新类型案件。新《公司法》施行后，会出现一批新类型案件。比如，《公司法》司法解释(三)第十八条对虚假出资时补缴出资民事责任作出了规定。但目前尚无法律、司法解释对股东因出资期限未届满而未缴纳出资就转让股权时由谁承担出资责任进行明确规定。因为此时的未缴纳出资为合法而不是非法，所以不能当然适用上述司法解释的规定。目前还要特别注意债权人请求股东提前履行出资义务以偿债的问题。对此，有不同的认识：

一种意见认为，债务人公司无法清偿到期债务，而股东又有出资款未到期，此时通过出资义务加速到期的方式即可以解决债务清偿问题，所以应当许可此时出资义务加速到期，债权人可以直接向股东主张清偿债务。

另一种意见认为，如果公司不能清偿单个债权人到期债权，那么其往往也资不抵债，或者明显缺乏清偿能力，或者有丧失清偿能力可能。此时按照《企业破产法》第二条，公司已经符合破产条件，所以更应当保障全体债权人的利益。单个的债权追及诉讼不尽符合《企业破产法》第三十一、三十二条的精神。债权人应当申请债务人破产，进入破产程序后再按照《企业破产法》第三十五条使股东出资义务加速到期，最终在真正意义上保护全体债权人利益。以上两种意见中，我们倾向于按照后一种意见处理。

所以，在类似诉讼中，法院应当注意向当事人释明，如债务人公司不能通过融资或其股东自行提前缴纳出资以清偿债务，债权人有权启动破产程序。

典型案例指导 ●●●●●●

王某杰与上海力澄投资管理有限公司、郭某星等民间借贷纠纷案[上海市第二中级人民法院（2019）沪02民终10503号民事判决书，《最高人民法院公报》2022年第1期]

注册资本认缴制下，公司债务产生后公司以股东（大）会决议或其他方式延长股东出资期限的，债权人以公司不能清偿到期债务为由，请求未届修改后出资期限的股东在未出资范围内对公司不能清偿的债务承担补充赔偿责任的，人民法院应予支持。

天津胜星程工贸有限公司诉天津三达铸造有限公司等票据追索权纠纷案[天津市高级人民法院（2018）津02民再38号民事裁定书，《人民司法·案例》2020年第8期]

认缴制股东的认缴出资期限尚未届满，债权人要求股东对公司债务在未出资范围内承担补充责任，缺乏法律依据及请求权基础，亦有悖认缴制设立初衷，损害股东的期限利益。故对债权人要求出资期限尚未届满的股东对公司债务承担补充责任的主张，不应支持。

广东省深圳市宜安延保担保服务有限公司诉上海昊跃投资管理有限公司等股权转让纠纷案[上海市第二中级人民法院（2018）沪02民终9359号民事判决书，《人民司法·案例》2020年第8期]

股东行使期限利益不得动摇法定公司资本充实基础，不得损害公司债权人合法利益。未届认缴期限转让股权，在受让人未履行出资义务时出让股东仍须承担出资责任，以股权转让方式逃避出资的股东不免除其出资义务；不当延长认缴期限属滥用期限利益的行为，股东仍应按照初始公司章程规定的认缴期限承担出资责任;违法减资的认缴股东应在减资范围内对公司不能清偿的债务承担补充赔偿责任。

任某锋诉薛某宇等民间借贷、保证合同纠纷案[福建省泉州市中级人民法院(2018)闽05民终2230号民事判决书,《人民司法·案例》2020年第8期]

有限责任公司的股东未履行或者未全面履行出资义务即转让股权,不论转让股权是否早于公司债权,公司债权人均可向未履行或者未全面履行出资义务的股东请求在未出资本息范围内对公司债务不能清偿的部分承担补充赔偿责任。

曹某与实友公司等公司减资纠纷上诉案[北京市第三中级人民法院(2017)京03民终13422号民事判决书,《人民司法·案例》2018年第20期]

在目标公司非因投资人原因未能成立时,投资人为了成立目标公司而先向准关联公司投入的款项,应视为投资人对该准关联公司的债权。该准关联公司股东对到期应认缴出资瑕疵减资的,应承担出资不实的赔偿责任。根据案件事实,曹某与实友公司的债权债务在实友公司减资前已经形成,曹某应为实友公司能有效联系的已知债权人。实友公司作出减少注册资本的决议并称同日在报纸上刊登减资公告,但并未提供证据证明就减资事宜通知曹某,其行为违反公司法关于减少注册资本应通知债权人之法定程序,亦使曹某丧失了在实友公司减资前要求其清偿债务或提供担保的权利。石某、何某为实友公司设立时的股东,各认缴200万元出资,设立时各实缴40万元,各剩余160万元出资未按期缴纳。实友公司进行减资的工商变更登记无法排除石某、何某所应承担的未全面履行出资义务之责任,曹某有权请求其二人在未出资范围内对实友公司债务不能清偿的部分承担补充赔偿责任。二审法院据此改判实友公司返还曹某投资款100万元并给付利息,石某、何某在减少出资的160万元范围内对实友公司返还投资款及给付利息承担补充赔偿责任。

黄某诉H投资、Y旅社等合伙协议纠纷案[上海一中院、上海浦东法院联合发布自贸区司法保障十大典型案例之四]

一审法院认为,H投资未依约设立合伙企业,导致黄某无法根据约定通过成立合伙企业间接持有Y旅社股份,无法实现黄某的合同目的,已构成违约。故黄某主张解除《合伙协议》及《补充协议》于法有据,H投资应返还投资款并偿付利息损失。要求Y旅社共同返还投资款并支付利息损失的主张,无事实和法律依据。根据《合伙企业法》的规定,陈某系普通合伙人,应对H投资债务承担无限连带责任。而吕某系H投资的有限合伙人,其出资期限尚未届至,H投资也未破产或清算,故黄某要求吕某以其认缴的出资额100万元为限对H投资的债务承担责任缺乏法律依据。一审法院据此作出相应的判决。黄某不服,提起上诉。上海一中院认为,关于黄某要求吕某在其认缴出资范围内对H投资的债务承担连带责任的问题,尽管法律并未将有限合伙人认缴出资到位作为其承担责任的前提,但是有限合伙人对于其出资的期限利益并不因为合伙企业对外负债而消灭。现因吕某认缴出资的最后期限为2025年2月2日,且H投资尚未进行清算程序,故黄某在现阶段要求吕某的出资加速到期,缺乏依据。故判决驳回上诉,维持原判。

【典型意义】

公司、合伙企业等商事主体的投资人就其出资约定期限且尚未到期的,商事主体的债权人能否要求该类出资人在未缴出资范围内对商事主体的债务承担连带清偿责任,亦即债权人能否主张此类股东的出资义务加速到期,此类问题近年来日益频繁地出现在商事纠纷中。对此,我国《企业破产法》及《公司法司法解释(二)》,分别针对企业破产和解散清算的情形规定了股东出资义务加速到期。但对仍在正常经营中的商事主体能否主张股东出资加速到期的问题,相关法律规范均未有规定。本案为合伙企业出资人的出资义务是否可以加速到期提供了明确的裁判规则,明确其出资义务能否加速到期涉及商事主体的资本充实和偿债能力,亦影响到债权人利益保护和商事交易安全,不应轻易剥夺出资人的出资期限利益。本案进一步明晰了此类自贸区商事纠纷的裁判规则,对同类案件的处理具有一定的参考价值,有利于维护自贸区商事交易的秩序与安全。

中国金谷国际信托有限责任公司与浙江优选中小企业投资管理有限公司营业信托纠纷执行案[北京市高级人民法院(2016)京执复106号、(2016)京执复107号民事裁定书,《人民司法·案例》2017年第29期]

执行程序中,人民法院不能支持债权人的股东出资义务加速到期请求权。公司股东会形成推迟出资缴纳期限的决议,影响资本充实的,可认定推迟出资缴纳期限的股东构成出资不实。变更、追加股东为被执行人承担出资不实责任的范围限于未出资到位的金额,不包括未出资到位金额的利息。

贸易公司诉田某、张某、姜某等股东出资纠纷案(2020~2021年江苏法院公司审判典型案例之七)

【关键词】

认缴出资期限　加速到期

【案情简介】

科技公司欠付贸易公司货款23.6万元,因科技公司未能及时付款,贸易公司向法院申请强制执行,因未发现科技公司有可供执行的财产,法院于2021年2月20日裁定终结本次执行程序。

科技公司有4名股东,田某认缴10万元,持股0.5%;张某认缴100万元,持股5%;姜某认缴590万元,持股29.5%;顾问公司认缴1300万元,持股65%,4股东实缴出资均为0元,但出资期限均未届至。

2021年7月14日,贸易公司起诉,请求判令田某、张某、姜某、顾问公司在各自未出资本金范围内对科技公司不能清偿的债务243,622元及利息承担补充清偿责任。

【裁判结果】

法院认为,公司作为被执行人的案件,人民法院穷尽执行措施无财产可供执行,已具备破产原因,但不申请破产的,债权人有权以公司不能清偿到期债务为由,请求未届出资期限的股东在未出资范围内对公司不能清偿的债务承担补充赔偿责任。故贸易公司有权要求科技公司股东田某、张某、姜某、顾问公司出资期限加速到期。

【典型意义】

在资本认缴制下,有限责任公司股东虽然对于认缴资本存在期限利益,但出资义务并未免除,公司股东仍负有充实资本以保证公司具备对外偿债能力的义务,公司认缴出资额越高,股东承担风险越大。因此,投资者应理性对待资本认缴制,在设立公司时,结合公司的经营范围、发展规划以及股东自身的经济状况和抗风险能力等,合理设置注册资本和认缴期限。

第五十五条 【出资证明书】 有限责任公司成立后,应当向股东签发出资证明书,记载下列事项:

(一)公司名称;

(二)公司成立日期;

(三)公司注册资本;

(四)股东的姓名或者名称、认缴和实缴的出资额、出资方式和出资日期;

(五)出资证明书的编号和核发日期。

出资证明书由法定代表人签名,并由公司盖章。

条文应用提示

出资证明书又称股单,是有限责任公司成立后由公司向股东签发的,确认股东已履行出资义务的法律文件,是投资人成为公司股东,并依法享有股东权利和承担股东义务的法律凭证。

出资证明书必须采用记名方式,上面记载的股东姓名应该用本名,如果多份出资证明书为同一人所有时,应记载同一本名;出资证明书为政府或法人所有时,应记载政府或法人的名称,不能仅记载其代表人的姓名。股东依据出资证明书所记载的出资额对公司享有股权,分享公司的利润,证明股东的资信,必要时可用之担保、抵押。出资证明书不得转让,如果发生股东出资的转让,则应该注销原出资证明书,并发给新股东新的出资证明书。

旧法对应关系

原《公司法》第三十一条　有限责任公司成立后,应当向股东签发出资证明书。

出资证明书应当载明下列事项:

(一)公司名称;

(二)公司成立日期;

(三)公司注册资本;

(四)股东的姓名或者名称、缴纳的出资额和出资日期;

(五)出资证明书的编号和核发日期。

出资证明书由公司盖章。

第五十六条　【股东名册】有限责任公司应当置备股东名册,记载下列事项:

(一)股东的姓名或者名称及住所;

(二)股东认缴和实缴的出资额、出资方式和出资日期;

(三)出资证明书编号;

(四)取得和丧失股东资格的日期。

记载于股东名册的股东,可以依股东名册主张行使股东权利。

条文应用提示 ●●●●●●

股东名册是指有限责任公司依据《公司法》的规定必须置备的用以记载股东及其出资额、出资证明书编号等事宜的簿册。股东可以亲自查阅，也可以委托律师或其他人代为查阅。

股东名册的效力:(1)具有确定股东身份的效力,记载于股东名册的股东,可以依股东名册主张行使股东权利。(2)具有推定股东和公司关系的效力,公司仅以股东名册上当前记载的股东为其股东。因此,即使出资证明书发生转让,但未将受让人的姓名或名称及住所记载于股东名册,则不得以其转让对抗公司。(3)具有公示的效力,根据本条规定,公司应当将股东的姓名或者名称及其出资额向公司登记机关登记;登记事项发生变更的,应当办理变更登记。未经登记或者变更登记的,不得对抗第三人。(4)具有公司免责的效力,股东名册上记载着股东的姓名或者名称和股东的住所,因此,公司依法对股东名册上记载的股东履行了通知、送达、公告、支付股利、分配公司剩余财产等义务后,即可免除其相应责任。

旧法对应关系 ●●●●●●

原《公司法》第三十二条第一款 有限责任公司应当置备股东名册,记载下列事项:

(一)股东的姓名或者名称及住所;

(二)股东的出资额;

(三)出资证明书编号。

第二款 记载于股东名册的股东,可以依股东名册主张行使股东权利。

《最高人民法院关于适用〈中华人民共和国公司法〉若干问题的规定(三)》(2020年修正)

第二十一条 当事人向人民法院起诉请求确认其股东资格的,应当以公司为被告,与案件争议股权有利害关系的人作为第三人参加诉讼。

第二十二条 当事人之间对股权归属发生争议,一方请求人民法院确认其享有股权的,应当证明以下事实之一:

(一)已经依法向公司出资或者认缴出资,且不违反法律法规强制性规定;

(二)已经受让或者以其他形式继受公司股权,且不违反法律法规强制性规定。

第二十三条 当事人依法履行出资义务或者依法继受取得股权后,公司未根据公司法第三十一条、第三十二条的规定签发出资证明书、记载于股东名册并办理公司登记机关登记,当事人请求公司履行上述义务的,人民法院应予支持。

第二十四条 有限责任公司的实际出资人与名义出资人订立合同,约定由实际出资人出资并享有投资权益,以名义出资人为名义股东,实际出资人与名义股东对该合同效力发生争议的,如无法律规定的无效情形,人民法院应当认定该合同有效。

前款规定的实际出资人与名义股东因投资权益的归属发生争议,实际出资人以其实际履行了出资义务为由向名义股东主张权利的,人民法院应予支持。名义股东以公司股东名册记载、公司登记机关登记为由否认实际出资人权利的,人民法院不予支持。

实际出资人未经公司其他股东半数以上同意,请求公司变更股东、签发出资证明书、记载于股东名册、记载于公司章程并办理公司登记机关登记的,人民法院不予支持。

第二十五条 名义股东将登记于其名下的股权转让、质押或者以其他方式处分,实际出资人以其对于股权享有实际权利为由,请求认定处分股权行为无效的,人民法院可以参照民法典第三百一十一条的规定处理。

名义股东处分股权造成实际出资人损失,实际出资人请求名义股东承担赔偿责任的,人民法院应予支持。

第二十六条 公司债权人以登记于公司登记机关的股东未履行出资义务为由,请求其对公司债务不能清偿的部分在未出资本息范围内承担补充赔偿责任,股东以其仅为名义股东而非实际出资人为由进行抗辩的,人民法院不予支持。

名义股东根据前款规定承担赔偿责任后,向实际出资人追偿的,人民法院应予支持。

第二十七条 股权转让后尚未向公司登记机关办理变更登记,原股东将仍登记于其名下的股权转让、质押或者以其他方式处分,受让股东以其对于股权享有实际权利为由,请求认定处分股权行为无效的,人民法院可以参照民法典第三百一十一条的规定处理。

原股东处分股权造成受让股东损失,受让股东请求原股东承担赔偿责任、对于未及时办理变更登记有过错的董事、高级管理人员或者实际控制人承担相应责任的,人民法院应予支持;受让股东对于未及时办理变更登记也有过错的,可以适当减轻上述董事、高级管理人员或者实际控制人的责任。

第二十八条 冒用他人名义出资并将该他人作为股东在公司登记机关登记的,冒名登记行为人应当承担相应责任;公司、其他股东或者公司债权人以未履行出资义务为由,请求被冒名登记为股东的承担补足出资责任或者对公司债务不能清偿部分的赔偿责任的,人民法院不予支持。

关联法律法规

《最高人民法院对江苏省高级人民法院关于中国电子进出口公司江苏公司与江苏省信息产业厅等股权纠纷一案请示的答复》([2001]民二他字第19号)

江苏省高级人民法院:

你院〔2002〕苏民终字第038号文《关于中国电子进出口公司江苏公司与江苏省信息产业厅等股权纠纷一案的请示》收悉。本庭经研究,提出以下意见。

从本案卷宗材料反映的基本案情看,苏发公司的合资协议、工商登记、公司章程等文件均记载江苏省电子局(江苏省信息产业厅的前身)为苏发公司的股东。江苏省电子局实际参与了苏发公司的设立,并以自己的名义委派工作人员担任苏发公司的高级管理人员参与公司运营。如果江苏省电子局与中国电子进出口公司江苏公司之间没有明确约定一方形式投资、另一方实际投资,似可认定江苏省电子局为苏发公司30%股份的权利人。

股权关系不仅涉及纠纷当事人,而且还对公司以及其他股东甚至公司债权人等诸多主体产生影响,因股权归属产生的纠纷应及早解决。因此,在法律没有特别规定的情况下,当股权受到他人侵害时,请求法律保护的诉讼时效应适用《民法通则》第一百三十五条的规定。

以上意见,仅供参考。

典型案例指导

叶某诉江苏某工程有限公司、第三人纪某等股东资格确认纠纷案[人民法院案例库 2024-08-2-262-00，江苏省无锡市中级人民法院（2020）苏02民终4197号民事判决]

1. 冒名股东与借名股东性质完全不同，虽然两者都不实际行使股东权利，但后者对于其名义被借用是明知或应知的，前者却根本不知其名义被冒用，完全没有成为公司股东的意思表示，故在对外法律关系上，两者的法律后果截然不同。借名股东遵循的是商事法的外观主义原则和公示公信原则，需对外承担股东责任，而对于冒名股东而言，由于其系在不知情的情况下形成了所谓的股东外观该外观系因侵权行为所致，故应适用民法意思表示的原则，被冒名者不应视为法律上的股东，不应对外承担股东责任。作为股东资格的反向确认，冒名股东的确认旨在推翻登记的公示推定效力，进而免除登记股东补足出资责任及对公司债务不能清偿部分的赔偿责任。因此，对主张被冒名者应适用较为严格的证明标准，以防止其滥用该诉权规避其本应承担的法律责任。

2. 区分冒名股东与借名股东的关键在于当事人对于被登记为公司股东是否知情。由于公司在设立时并不严格要求投资人必须到场，代签可以在被代签者明知或者默认的情形下发生，故被"代签名"并不等同于被"盗用"或"盗用身份"签名，因此，仅凭工商登记材料中的签字并非登记股东亲自签署，并不能得出其系冒名股东的结论，即不能仅凭工商登记材料中的签名情况作为唯一判定标准，而应综合考量冒名者持有其身份材料是否有合理解释、其与冒名者之间是否存在利益牵连等因素作出综合认定。

佳某公司诉汇某公司、飞某公司案外人执行异议之诉案[人民法院案例库 2023-10-2-471-002，最高人民法院（2020）最高法民终675号民事判决]

根据商法公示主义与外观主义原则，公司的工商登记对社会具有公示公信效力。当事人通过省级产权交易所竞得案涉债权，并支付了相应对价，已经尽到审慎义务，其有权信赖公司登记机关的登记文件。案涉增加注册资本及调整持股比例相关协议的履行期间跨越了外资审批制度的实施日，其效力发生条件已发生改变。即便如此，前述协议是否有效亦不影响当事人作为善意相对人执行案涉标的的权利。

吴某好与如皋市金鼎置业有限公司等股东资格确认纠纷案[最高人民法院（2021）最高法民申1074号民事裁定书，《最高人民法院公报》2023年第7期]

外商投资企业股权变更登记行为不属于《外商投资法》第四条所称负面

单管理范围的，当事人以相关法律行为发生在外商投资法实施之前，主张变更登记应征得外商投资企业审批机关同意的，人民法院依照外商投资法规定的"给予国民待遇"和"内外资一致"的原则，不予支持。

程某平诉上海纽鑫达进出口有限公司等股东资格确认纠纷案[上海市第一中级人民法院(2020)沪01民终3024号民事判决书,《最高人民法院公报》2023年第11期]

《外商投资法》对外商投资采取准入前国民待遇和负面清单管理模式。外籍隐名股东诉请确认股权并显名变更登记的，隐名股东除证明自己已实际投资，且具有被认可的股东身份外，如该公司所从事领域不属于外商投资负面清单范围的，人民法院可确认其变更为显名股东；如该公司所从事领域属于负面清单内的限制类领域，还应征得外商投资主管机关的同意。

重庆市蓬江食品有限公司与倪某洋股东资格确认纠纷案[重庆市第四中级人民法院(2019)渝04民终570号民事判决书,《人民司法·案例》2020年第17期]

有限责任公司增资纠纷中，公司章程、工商登记材料、验资报告等文件上均载明股东，该股东并参与公司管理、享受股东分红等股东权利，可认定为具有股东资格。实际出资是股东享有权利的基础，未实际出资并不一定不具有股东资格。

宜宾惠康医院服务有限责任公司与张某华股东资格确认纠纷案[四川省宜宾市中级人民法院(2018)川民终2014号民事判决书,《人民司法·案例》2019年第20期]

股东与公司发生股东资格确认纠纷，应首先判定股东与公司之间存在何种法律关系，再结合公司章程、股东出资证明、股东名册、工商登记等综合判定股东身份；股东投入公司的财产归公司所有，该财产兑换为相应的股权，股东仅能对其股权进行处分；股东决意退出公司，必须遵守公司法的规定，即进行股权转让，要求公司回购或公司减资、提起解散公司等，股东直接请求解除入股协议及退还入股金的请求不能得到支持。

詹某江等诉某爆竹公司股东资格确认纠纷案[贵州省安顺地区(市)中级人民法院(2018)黔04民初37号民事判决书,《人民司法·案例》2019年第11期]

公司股东资格认定，应适用不同认定标准。属于公司内部法律关系不涉及第三人时，应重点审查当事人之间是否达成设立公司的合意，出资人是否是以取得并享有股东权利为目的进行的股权性出资,从而探究行为人的真实意思表示,以保护实际出资人的利益;属于公司外部法律关系牵涉第三人利益时,则应坚持商法的公示主义与外观主义原则,按公司对外公示的内容进行认定,从而维护商事交易安全和经济秩序稳定。

李某河与北京西化达商贸有限公司股东知情权纠纷案[北京市第一中级人民法院(2017)京01民终9358号民事判决书,《人民司法·案例》2018年第17期]

在股东知情权纠纷中,法院对当事人股东资格的审查应以形式审查为一般标准,只有在对方提出的相反证据足以导致当事人股东身份动摇的情况下,法院才应进一步实体审查当事人股东身份之真伪。在尚无充分证据否定股东资格的情况下,应当确认工商登记、股东名册的证明效力。同时,股东知情权纠纷与股东资格确认纠纷、股东出资纠纷等均非同一法律关系,就股东资格是否存在,或股东对公司是否存在出资瑕疵的情形,均可通过其他纠纷解决方式予以救济,该类争议并不必然影响法院依据现有证据对股东知情权纠纷进行审理。

龙元建设集团股份有限公司与上海联华合纤股份有限公司与公司有关的纠纷案[上海市第二中级人民法院(2012)沪二中民四(商)终字第1121号民事判决书,《人民司法·案例》2014年第14期]

法院裁判股权变动属于非基于法律行为的股权变动,股权变动的原因不是当事人的意思表示,不需要交付或登记等公示行为,股权变动的发生是基于生效裁判,在能够导致股权变动的法院裁判文书生效时股权就发生变动。此外,当股权权属发生争议时,法院是对争议进行裁判的终局机关,法院裁判文书具有确定的、终局的法律效力,且具有国家强制力。因此,法院生效裁判中的股权变更内容应具有设权效力,可使权利人取得股东资格,即使裁判生效后未办理股权变更工商登记手续。股东代表诉讼制度的立法本意是保护与公司财产存在直接利益关系的投资人权益。龙元公司的股东资格虽未在工商行政部门备案登记,但龙元公司通过法院裁定书已受让了海泉公司对联海公司11.5%的出资,显然与联海公司财产状况存有利益关系,故而应当获得股东代表诉讼制度的保护。另外,股东资格的确认并不以工商部门备案登记作为必要要件,工商部门备案登记仅起到对抗公司外部善意第三人之作用。因此,龙元公司符合股东代表诉讼的主体资格。此外,龙元公司曾于2011年9月20日致函联海公司董事陈曙华要求追讨联华合纤公司债务,而联海公司怠于行使自己的债权。龙元公司在提起股东代表诉讼之前已竭尽了公司内部的救济手段。

何某与芦某正股东出资纠纷案[河南省高级人民法院(2008)豫法民二终字第8号民事判决书,《人民司法·案例》2008年第24期]

股权变更未进行登记,仅不具有对抗公司之外第三人的效力,并不影响公司内部股东之间所签配送干股协议的效力。公司或股东与其他股东签订的配送干股的协议的效力,应受到尊重和维护。同时还应注意到,干股作为未实际出资而取得的股份,往往与特定的条件联系在一起,如果条件未成就,配送干股的约定也就不发生效力。

王某与吕某等股权确认纠纷案[上海市高级人民法院(2006)沪高民二(商)终字第20号民事判决书,《人民司法·案例》2007年第10期]

股东名册是有限责任公司股东主张股权的首要依据。当公司未置备股东名册,或者股东名册的记载与事实不符时,对公司内部的股权份额,应当综合分析发起人协议、出资证明书、公司章程、盈余分配、经营管理等各项事实后作出认定。夫妻中的一人登记为股东,但有证据表明其配偶在股东资格方面与显名人有混同的,其二人可被视为享有股东权益的共同关联一方。

第五十七条 【有限责任公司股东的知情权】股东有权查阅、复制公司章程、股东名册、股东会会议记录、董事会会议决议、监事会会议决议和财务会计报告。

股东可以要求查阅公司会计账簿、会计凭证。股东要求查阅公司会计账簿、会计凭证的,应当向公司提出书面请求,说明目的。公司有合理根据认为股东查阅会计账簿、会计凭证有不正当目的,可能损害公司合法利益的,可以拒绝提供查阅,并应当自股东提出书面请求之日起十五日内书面答复股东并说明理由。公司拒绝提供查阅的,股东可以向人民法院提起诉讼。

股东查阅前款规定的材料,可以委托会计师事务所、律师事务所等中介机构进行。

股东及其委托的会计师事务所、律师事务所等中介机构查阅、复制有关材料,应当遵守有关保护国家秘密、商业秘密、个人隐私、个人信息等法律、行政法规的规定。

股东要求查阅、复制公司全资子公司相关材料的,适用前四款的规定。

条文应用提示

股东的查阅、复制权也被称为股东知情权,它是一组权利的集合,包括查阅、复制公司章程、股东会会议记录、董事会会议决议、监事会会议决议和财务会计报告,此外,股东还可以要求查阅公司会计账簿,这里的会计账簿包括记载公司经营活动的原始凭证、票据等。

公司拒绝提供查阅的,股东享有诉权,即股东可以请求人民法院要求公司提供查阅。股东在起诉时具有公司股东资格是股东行使起诉的前提,否则人民法院应当驳回起诉,但股东有初步证据证明在持股期间其合法权益受到损害,请求依法查阅或者复制其持股期间的公司特定文件材料的除外。

公司有合理根据认为股东查阅会计账簿有不正当目的,可能损害公司合法利益的,可以拒绝提供查阅。另外,为了避免股东滥用查阅权而影响公司的正常经营活动,或泄露公司商业秘密而损害公司的利益,应该允许公司对股东的查阅权作出某种限制,如对查阅的时间、地点和查阅的目的等方面作出规定。

司法实践中,有限责任公司有证据证明股东存在下列情形之一的,人民法院应当认定股东有本条规定的"不正当目的":

(1)股东自营或者为他人经营与公司主营业务有实质性竞争关系业务的,但公司章程另有规定或者全体股东另有约定的除外;

(2)股东为了向他人通报有关信息查阅公司会计账簿,可能损害公司合法利益的;

(3)股东在向公司提出查阅请求之日前的三年内,曾通过查阅公司会计账簿,向他人通报有关信息损害公司合法利益的;

(4)股东有不正当目的的其他情形。

旧法对应关系

原《公司法》第三十三条 股东有权查阅、复制公司章程、股东会会议记录、董事会会议决议、监事会会议决议和财务会计报告。股东可以要求查阅公司会计账簿。股东要求查阅公司会计账簿的,应当向公司提出书面请求,说明目的。公司有合理根据认为股东查阅会计账簿有不正当目的,可能损害公司合法利益的,可以拒绝提供查阅,并应当自股东提出书面请求之日起十五日内书面答复股东并说明理由。公司拒绝提供查阅的,股东可以请求人民法院要求公司提供查阅。

《最高人民法院关于适用〈中华人民共和国公司法〉若干问题的规定(四)》(2020年修正)

第七条　股东依据公司法第三十三条、第九十七条或者公司章程的规定,起诉请求查阅或者复制公司特定文件材料的,人民法院应当依法予以受理。

公司有证据证明前款规定的原告在起诉时不具有公司股东资格的,人民法院应当驳回起诉,但原告有初步证据证明在持股期间其合法权益受到损害,请求依法查阅或者复制其持股期间的公司特定文件材料的除外。

第八条　有限责任公司有证据证明股东存在下列情形之一的,人民法院应当认定股东有公司法第三十三条第二款规定的"不正当目的":

(一)股东自营或者为他人经营与公司主营业务有实质性竞争关系业务的,但公司章程另有规定或者全体股东另有约定的除外;

(二)股东为了向他人通报有关信息查阅公司会计账簿,可能损害公司合法利益的;

(三)股东在向公司提出查阅请求之日前的三年内,曾通过查阅公司会计账簿,向他人通报有关信息损害公司合法利益的;

(四)股东有不正当目的的其他情形。

第九条　公司章程、股东之间的协议等实质性剥夺股东依据公司法第三十三条、第九十七条规定查阅或者复制公司文件材料的权利,公司以此为由拒绝股东查阅或者复制的,人民法院不予支持。

第十条　人民法院审理股东请求查阅或者复制公司特定文件材料的案件,对原告诉讼请求予以支持的,应当在判决中明确查阅或者复制公司特定文件材料的时间、地点和特定文件材料的名录。

股东依据人民法院生效判决查阅公司文件材料的,在该股东在场的情况下,可以由会计师、律师等依法或者依据执业行为规范负有保密义务的中介机构执业人员辅助进行。

第十一条　股东行使知情权后泄露公司商业秘密导致公司合法利益受到损害,公司请求该股东赔偿相关损失的,人民法院应当予以支持。

根据本规定第十条辅助股东查阅公司文件材料的会计师、律师等泄露公司商业秘密导致公司合法利益受到损害，公司请求其赔偿相关损失的，人民法院应当予以支持。

第十二条 公司董事、高级管理人员等未依法履行职责，导致公司未依法制作或者保存公司法第三十三条、第九十七条规定的公司文件材料，给股东造成损失，股东依法请求负有相应责任的公司董事、高级管理人员承担民事赔偿责任的，人民法院应当予以支持。

▌典型案例指导 ●●●●●●

孙某某诉北京某科技有限公司股东知情权纠纷案[人民法院案例库2023-08-2-267-002，北京市第二中级人民法院（2020）京02民终816号民事判决]

在股东知情权案件中，《公司法解释四》第八条从消极标准的角度对不正当目的的情形予以列举，其中第一项"实质性竞争关系业务"可从以下方面予以认定。

1.基于我国传统的亲属观念与家庭观念，除非有相反证据推翻，否则应当认定公司股东与其配偶、父母、子女或兄弟姐妹等近亲属之间具有亲密关系，因此近亲属出资设立的公司与股东之间自然形成了实际利益链条，与公司存在实质性竞争关系；

2.股东自营或为他人经营或近亲属设立的公司经营范围已经变更的，应结合变更时间、变更前后经营范围、变更后的经营项目是否实际经营，是否有一至两年内相关业务材料等综合判断实质性竞争关系；

3.在当前全球信息化时代背景下，通讯发达，大部分行业的开展是开放性的，股东自营同行业公司或近亲属设立的同行业公司以设立区域不同不足以推翻存在实质性竞争关系的认定。

河南某实业公司诉某银行股份公司股东知情权、公司盈余分配纠纷案[人民法院案例库2023-08-2-267-003，河南省高级人民法院（2020）豫民终126号民事判决]

法院生效裁判认为，《公司法解释四》第七条结合诉的利益原则，明确规定了股东就《中华人民共和国公司法》第三十三条、第九十七条的规定享有的诉权，并规定了公司原股东享有的有限诉权。上述司法解释规定中的"除外"对应的是"驳回起诉"，即原股东有初步证据证明在持股期间其合法权益受到损害的，法院不应驳回起诉，应予以受理，该条规定解决的是原股东在特殊情况下的诉权问题，受理案件后，应审查原股东的证据是否能够证明在持股期间其合法权益受到损害；根据《公司法解释四》第八条规定，需要审查要求查阅账簿的有限责任公司股东是否有不正当目的；审查原股东是否已经查阅过或掌握其诉请的特定文件资料等情形，以综合判定原股东的诉讼请求是否应予支持。本案中，一审法院认定河南某实业公司提交的某银行股份公司在上市时公开发布的财务资料能够初步证明在其持股期间合法权益受到损害，在符合案件受理条件的情况下，对河南某实业公司提交的初步证据及某银行股份公司的抗辩理由未进行实质审理，直接支持河南某实业公司有关知情权的诉讼请求不当。

根据双方诉辩意见，法院经审查对比两份审计报告内容，某银行股份公司在上市时公开发布的财务资料与《2014年度利润分配方案》依据的年度法定审计报告所依据的会计准则、统计口径、编制基础、编制时间等均不同，两份报告存在差异有合理客观原因。且某银行股份公司《2014年度利润分配方案》经过该公司股东会决议通过，该股东会决议在召集程序、表决方式、决议内容等方面均不违反法律、行政法规及公司章程规定，合法有效。因此，河南某实业公司提交的证据不能证明在其持股期间合法权益受到损害，其要求查阅、复制某银行股份公司相关文件资料及补足分红差额的诉讼请求不符合法律规定。

尤某诉无锡某有限公司股东知情权纠纷案[人民法院案例库2024-08-2-267-001，江苏省无锡市中级人民法院(2017)苏02民终1593号民事判决]

股东知情权是股东固有的法定权利，其行使的主体应具有公司股东资格。新《公司法》出台后，公司法的基础理论最为显著的变化即从严格的法定资本制转变为授权资本制，如果瑕疵出资并不导致公司设立无效，一般不宜轻易否定瑕疵出资者的股东资格。在一般的瑕疵出资(如未足额出资、出资评估价值不实)情形下，如果出资者具备认定股东资格诸要素中的其他任何一个，如股东名册、公司章程记载、工商登记，一般即认定其具有股东资格。在具有股东资格后，即意味着股东享有包括自益权和共益权在内的各项权利。自益权指股东以自身利益为目的行使的权利，主要表现为财产权，如按照出资比例分取红利的权利、依照法律、公司章程转让出资的权利、优先购买其他股东转让出资的权利、优先认购公司新增资本的权利、依法分配公司解散清算后的剩余财产的权利；共益权指股东依法参加公司事务的决策和经营管理的权利，是股东基于公司利益兼为自身利益行使的权利，如股东会或股东大会参加权、提案权、质询权、在股东会或股东大会上的表决权、股东会或股东大会召集请求权、临时股东大会自行召集权与主持权、了解公司事务、查阅公司账簿和其他文件的知情权、公司解散请求权等权利。

关于瑕疵出资股东受到的权利限制，从我国《公司法》的规定来看，允许公司对瑕疵出资股东予以限制的权利仅限于利润分配请求权、新股优先认购权、剩余财产分配请求权等直接获得财产利益的权利，而对股东知情权的行使并未进行禁止性规定，故股东的出资瑕疵并不必然导致股东资格的丧失，亦不影响股东知情权的行使。

某甲国际有限责任公司诉德国某甲公司（上海）有限公司股东知情权纠纷案[人民法院案例库 2023-10-2-267-003，上海市第二中级人民法院（2014）沪二中民四（商）终字第 S488 号民事判决]

股东知情权是公司法赋予股东了解公司经营状态、财务状况等重要信息的一项法定权利。但是，由于股东知情权涉及公司与股东之间的利益平衡，在保护股东权利的同时亦应兼顾公司整体利益，以避免股东滥用知情权影响公司的正常经营或者利用知情权损害公司利益。因此，股东提出查阅会计账簿的请求应当基于正当、善意之目的，并与其作为股东的身份或者利益直接相关。如果股东违反诚实信用、善意原则，为了开展同业竞争、获取商业秘密等目的破坏公司日常经营，公司就有权拒绝其查询要求。此时，公司章程中保障股东查阅权的规定，亦不能阻却法律赋予公司对股东不正当目行使抗辩权。

某甲公司诉上海某乙公司股东知情权纠纷案[人民法院案例库 2023-10-2-267-002，上海市第二中级人民法院（2013）沪二中民四（商）终字第 S1264 号民事判决]

1. 公司章程可以合理扩展股东法定知情权的范围。从公司治理的角度而言，公司章程的作用主要体现在两个方面：一是公司设立和运作的指导文件，二是对股东权利义务进行规定。其中，股东知情权不仅是股东行使股权的基础，亦是保护股权的重要手段。因此，公司章程对股东知情权的规定亦应得到尊重，从维护诚信角度看，公司章程是股东自愿达成的公司自治规则，只要不违反法律禁止性规定，对公司及股东均有约束力。

2. 公司章程可以规定母公司股东出于正当理由对子公司资料的查阅权。就股权结构与公司架构而言，母公司股东行使查阅子公司资料的权利实质是母公司行使对子公司的知情权。在母公司完全控股尤其系全资控股子公司的情况下,子公司利益与母公司利益具有高度一致性,充分保障母公司的知情权在根本上与子公司的利益是一致的。

3. 公司章程可以规定审计作为股东行使知情权的方式。我国《公司法》规定股东可以查阅范围包括公司章程、公司会议记录、公司会计报告等。这仅是股东行使知情权的部分载体。股东知情权的真正客体是公司的存续经营管理状况与财务状况,且主要是财务状况。第三方审计具有客观性、准确性优势,是股东行使知情权,了解公司真实财务信息的重要方式。因此,公司章程规定的审计原则上可以作为股东知情权的行使方式,但同时也要防止对公司经营造成不利影响,故股东不能随意行使审计权。在个案中股东行使审计权的方式,还要综合考虑案情予以判断。一是股东行使审计权必须要有正当且迫切的理由;二是股东行使审计权要限定审计范围,一般应将审计限定在股东要求查清的具体财务问题和具体时间段内,不能无限制地对公司进行全面审计;三是审计过程中依法保护公司的商业秘密。

陆某与白帽汇公司股东资格确认纠纷案[北京市第三中级人民法院(2018)京03民终5246号民事判决书,《人民司法·案例》2019年第17期]

人民法院判决确定股权归属,直接产生股东对公司的请求权,可据此要求在股东名册、公司章程、工商登记等证明权利归属文件上予以公示。实际出资人隐名出资的,可向名义股东主张投资权益,而其确认股权的请求则应当以显名化的标准进行审查。该标准亦因股权代持是否具备原始被知悉条件而有所不同。

周某与某节能材料股份有限公司侵权纠纷案[最高人民法院(2015)民申字第2889号民事裁定书,《人民司法·案例》2019年第17期]

在各方签订有效股权代持协议的情况下,受托为他人代持股票者名下的相应股权依约属于被代持者,代持者不能以股份有限公司的工商登记等材料对抗股份有限公司和被代持者。故代持者要求股份有限公司返还其代持股份所对应的股票款的,人民法院不予支持。

上海佳华企业发展有限公司诉上海佳华教育进修学院股东知情权纠纷案[上海市第一中级人民法院(2016)沪01民终4642号民事判决书,《最高人民法院公报》2019年第2期]

民办学校的举办者可以自主选择设立非营利性或者营利性民办学校。营利性民办学校举办者主张行使知情权的,人民法院可以类推适用公司法相关规定。在本案中,上诉人佳华公司作为被上诉人佳华学院的举办者,要求查阅、复制佳华学院自2010年4月成立至今的章程(含章程修正案)、董事会会议决议、监事会会议决议和财务会计报告(包括但不限于资产负债表、损益表、财务状况变动表、财务状况说明表、利润分配表、纳税申报表),有相应法律依据,予以支持。至于佳华公司要求查阅自2010年4月成立至今的会计账簿(含总账、各自明细账、往来账、现金日记账、银行日记账、固定资产卡片明细表、原始凭证、银行对账单交易明细等)的诉讼请求,因佳华公司向佳华学院提出书面请求并说明了理由,其要求查阅会计账簿的诉讼请求,有相应法律依据,予以支持。

徐某与浙江省宁波南苑鞋城有限公司股东知情权纠纷上诉案[浙江省宁波市中级人民法院(2012)浙甬商终字第1026号民事判决书,《人民司法·案例》2014年第14期]

股东知情权制度的法律价值在于实现股东对于公司经营管理的监督,保护股东利益,实现股东权利与公司利益的平衡,完善公司治理结构。因此,作为公司后续股东,其有权查阅成为公司股东之前的公司章程、股东会决议、董事会决议等资料。本案中,虽然原告于2002年3月13日才成为被告的股东,但因公司股东查阅、复制其成为公司股东前的相关文件的行为并未被法律禁止,且有利于公司股东更全面了解公司的经营情况,以便其在参与公司经营、管理过程中作出更准确的判断,故原告有权查阅、复制其成为被告公司股东前的公司相关文件。

江苏天衡会计师事务所有限公司与藏某股东知情权纠纷再审案[江苏省高级人民法院(2007)苏民再终字第0017号民事判决书,《人民司法·案例》2009年第10期]

《公司法》规定,股东有权查阅、复制公司章程、股东会会议记录、董事会会议决议、监事会会议决议和财务会计报告;股东可以要求查阅公司会计账簿。按照该规定,行使股东知情权的主体应当是公司现任股东;失去公司股东身份后,要求行使其担任股东期间的知情权的,没有法律依据。

杨某与福建省厦门市烽胜餐饮管理有限公司股东知情权纠纷案[福建省厦门市中级人民法院(2020)闽02民终5584号民事判决书,《人民司法·案例》2022年第2期]

有限公司会计账的记是以会计凭证为基础,会计凭证的填制,需要以公司实际发生经济业务事项为基础。《公司法》第三十三条第二款规定的会计账簿,其外延应当包括会计凭证和与会计凭证形成有关的基础性材料。

汪某某诉安徽大蔚公司股东知情权纠纷案[安徽省高级人民法院(2019)皖民终291号民事判决书,《人民司法·案例》2020年第32期]

在破产期间的有限责任公司,其股东可以要求查阅公司的会计账簿、会计凭证,也可以要求查阅、复制公司的破产债权申报材料、债权审核结果及依据资料、债权人会议表决记录。

刘某与苏州华瑞腾航空设备有限公司股东知情权纠纷上诉案[江苏省苏州市中级人民法院(2013)苏中商外终字第0007号民事判决书,《人民司法·案例》2014年第24期]

有限责任公司股东知情权的范围包括公司章程、股东会会议记录、董事会及监事会会议决议、财务会计报告以及会计账簿,前部分内容属于绝对知情权之列,其行使不应受到限制,但会计账簿的查阅受到正当目的之限制。当股东成为公司的同业竞争者、竞业公司的股东或高级管理人员时,可认为股东行使知情权具有不正当目的,公司可拒绝其行使账簿查阅权。当股东行使账簿查阅权的目的兼具正当性和不正当性时,股东只要证明了其具体查阅目的之正当性后,即应允许其行使查阅权,但其查阅范围应限制在其所证明的正当目的之内,并以不损害公司利益为限。

马某某与某能源科技公司、李某等股东知情权纠纷案[天津法院2022年8月发布涉公司类案件纠纷典型案例之2]

法院生效裁判认为:根据《公司法》的相关规定,股东有权查阅股东会会议记录和公司财务会计报告。股东要求查阅公司会计账簿的,应当向公司提出书面请求并说明目的。公司有合理根据认为股东查阅会计账簿有不正当目的,可能损害公司合法利益的,可以拒绝提供查阅。某能源科技公司主张马某某申请查阅会计账簿存在不正当目的并损害公司利益,但未提交证据予以证明,故判决某能源科技公司提供自公司成立之日起至本判决生效之日止的股东会会议记录、公司财务会计报告供马某某查阅、复制,并提供上述期间的会计账簿供马某某查阅。

【典型意义】

股东知情权是法律赋予股东通过查阅公司会计账簿在内的有关公司经营、管理、决策的相关资料,获知公司经营状况、重大决策、财务信息等重要信息的基础性权利,同时为防止恶意干扰公司经营的行为,股东应向公司说明查阅会计账簿的正当目的。准确分配股东知情权纠纷中股东与公司的证明责任,是落实股东权利并保障公司正常经营的基础,本案对双方当事人举证责任的分配、证明标准的适用等方面均具有规范和指导意义。

第二节 组织机构

第五十八条 【有限公司股东会的组成及地位】有限责任公司股东会由全体股东组成。股东会是公司的权力机构,依照本法行使职权。

▌ **条文应用提示** ●●●●●●●

有限责任公司股东会由全体股东组成,股东会是公司的最高权力机关,法律一般赋予股东会较大的职权,如有权选举和罢免董事、监事,有权修改公司章程,有权决定公司的经营方针和投资计划等。股东会的设立受法律强制性的约束,当然,也有些例外情况,如一人公司、国有独资公司不设股东会,合营企业设董事会,且董事会为合营企业的最高权力机构等。

▌ **旧法对应关系** ●●●●●●●

原《公司法》第三十六条 有限责任公司股东会由全体股东组成。股东会是公司的权力机构,依照本法行使职权。

▌ **关联法律法规** ●●●●●●●

《中华人民共和国民法典》(自2021年1月1日起施行)

第八十条 营利法人应当设权力机构。

权力机构行使修改法人章程,选举或者更换执行机构、监督机构成员,以及法人章程规定的其他职权。

第五十九条 【有限公司股东会的职权】股东会行使下列职权:
(一)选举和更换董事、监事,决定有关董事、监事的报酬事项;
(二)审议批准董事会的报告;
(三)审议批准监事会的报告;
(四)审议批准公司的利润分配方案和弥补亏损方案;

（五）对公司增加或者减少注册资本作出决议；
（六）对发行公司债券作出决议；
（七）对公司合并、分立、解散、清算或者变更公司形式作出决议；
（八）修改公司章程；
（九）公司章程规定的其他职权。
股东会可以授权董事会对发行公司债券作出决议。
对本条第一款所列事项股东以书面形式一致表示同意的，可以不召开股东会会议，直接作出决定，并由全体股东在决定文件上签名或者盖章。

条文应用提示

股东会为公司最高权力机构，因此，股东会行使的职权一般是针对公司的重大事项。股东会有法定职权和章程规定职权两类，公司可以章程的形式规定股东会拥有除法定职权以外的其他职权，但这些职权的规定不得与《公司法》规定的法定职权相矛盾，不得违反相关法律、法规的规定，不得剥夺股东会的法定职权，否则无效。

旧法对应关系

原《公司法》第三十七条　股东会行使下列职权：
（一）决定公司的经营方针和投资计划；
（二）选举和更换非由职工代表担任的董事、监事，决定有关董事、监事的报酬事项；
（三）审议批准董事会的报告；
（四）审议批准监事会或者监事的报告；
（五）审议批准公司的年度财务预算方案、决算方案；
（六）审议批准公司的利润分配方案和弥补亏损方案；
（七）对公司增加或者减少注册资本作出决议；
（八）对发行公司债券作出决议；
（九）对公司合并、分立、解散、清算或者变更公司形式作出决议；
（十）修改公司章程；
（十一）公司章程规定的其他职权。

对前款所列事项股东以书面形式一致表示同意的,可以不召开股东会会议,直接作出决定,并由全体股东在决定文件上签名、盖章。

《最高人民法院关于适用〈中华人民共和国公司法〉若干问题的规定（四）》(2020年修正)

第十四条　股东提交载明具体分配方案的股东会或者股东大会的有效决议,请求公司分配利润,公司拒绝分配利润且其关于无法执行决议的抗辩理由不成立的,人民法院应当判决公司按照决议载明的具体分配方案向股东分配利润。

典型案例指导

甘肃乾金达矿业开发集团有限公司与万城商务东升庙有限责任公司盈余分配纠纷案[最高人民法院(2021)最高法民再23号民事判决书,《最高人民法院公报》2023年第1期]

股东要求公司分配利润的必要条件是提交载明具体分配方案的股东会决议。具体的利润分配方案应当包括待分配利润数额、分配政策、分配范围以及分配时间等具体分配事项内容。判断利润分配方案是否具体,关键在于综合现有信息能否确定主张分配的权利人根据方案能够得到的具体利润数额。如公司股东会决议确定了待分配利润总额、分配时间,结合公司章程中关于股东按照出资比例分取红利的分配政策之约定,能够确定股东根据方案应当得到的具体利润数额的,该股东会决议载明的利润分配方案应当认为是具体的。载明具体分配方案的股东会决议一经作出,抽象性的利润分配请求权即转化为具体性的利润分配请求权,从股东的成员权转化为独立于股东权利的普通债权。股东转让股权时,抽象性的利润分配请求权随之转让,而具体的利润分配请求权除合同中有明确约定外并不随股权转让而转让,当分配利润时间届至而公司未分配时,权利人可以直接请求公司按照决议载明的具体分配方案给付利润。

姚某城与鸿大(上海)投资管理有限公司、章某等公司决议纠纷案[上海市第二中级人民法院(2019)沪02民终8024号民事判决书,《最高人民法院公报》2021年第3期]

有限责任公司章程或股东出资协议确定的公司注册资本出资期限系股东之间达成的合意。除法律规定或存在其他合理性、紧迫性事由需要修改出资期限的情形外,股东会会议作出修改出资期限的决议应经全体股东一致通过。

公司股东滥用控股地位，以多数决方式通过修改出资期限决议，损害其他股东期限权益，其他股东请求确认该项决议无效的，人民法院应予支持。

甘肃居立门业有限责任公司与庆阳市太一热力有限公司、李某军公司盈余分配纠纷案[最高人民法院(2016)最高法民终528号民事判决书,《最高人民法院公报》2018年第8期(总第262期)]

在公司盈余分配纠纷中，虽请求分配利润的股东未提交载明具体分配方案的股东会或股东大会决议，但当有证据证明公司有盈余且存在部分股东变相分配利润、隐瞒或转移公司利润等滥用股东权利情形的，诉讼中可强制盈余分配，且不以股权回购、代位诉讼等其他救济措施为前提。在确定盈余分配数额时，要严格公司举证责任以保护弱势小股东的利益，但还要注意优先保护公司外部关系中债权人、债务人等的利益，对于有争议的款项因涉及案外人实体权利而不应在公司盈余分配纠纷中作出认定和处理。有盈余分配决议的，在公司股东会或股东大会作出决议时，在公司与股东之间即形成债权债务关系，若未按照决议及时给付则应计付利息，而司法干预的强制盈余分配则不然，在盈余分配判决未生效之前，公司不负有法定给付义务，故不应计付利息。盈余分配义务的给付主体是公司，若公司的应分配资金因被部分股东变相分配利润、隐瞒或转移公司利润而不足以现实支付时，不仅直接损害了公司的利益，也损害到其他股东的利益，利益受损的股东可直接依据《公司法》第二十条第二款的规定向滥用股东权利的公司股东主张赔偿责任，或依据《公司法》第二十一条的规定向利用其关联关系损害公司利益的控股股东、实际控制人、董事、监事、高级管理人员主张赔偿责任，或依据《公司法》第一百四十九条的规定向违反法律、行政法规或者公司章程的规定给公司造成损失的董事、监事、高级管理人员主张赔偿责任。

蔡某与金某辉、卞某萱与公司有关的纠纷案[上海市第二中级人民法院(2020)沪02民终4155号民事判决书,《人民司法·案例》2023年第8期]

股东协议与股东会决议因形式上都是股东间所签署的文件，在司法实践中经常难以区分，存在名为股东会决议实为股东协议，或决议中包含股东协议性质内容的情形。甄别股东协议与股东会决议时，应以《民法典》合同编为基础，辅之以公司法视角，贯之以商事审判思维，对性质上属于民商事主体对权利义务安排的决议内容或事项，应认定为股东协议之范畴，有关股东具有诉权，并享有实体权利。

第六十条 【一人有限责任公司股东行使职权的要求】只有一个股东的有限责任公司不设股东会。股东作出前条第一款所列事项的决定时，应当采用书面形式，并由股东签名或者盖章后置备于公司。

旧法对应关系 ●●●●●●

原《公司法》第六十一条　一人有限责任公司不设股东会。股东作出本法第三十七条第一款所列决定时,应当采用书面形式,并由股东签名后置备于公司。

第六十一条　【首次股东会会议的召集和主持】 首次股东会会议由出资最多的股东召集和主持,依照本法规定行使职权。

旧法对应关系 ●●●●●●

原《公司法》第三十八条　首次股东会会议由出资最多的股东召集和主持,依照本法规定行使职权。

第六十二条　【股东会的会议制度】 股东会会议分为定期会议和临时会议。

定期会议应当按照公司章程的规定按时召开。代表十分之一以上表决权的股东、三分之一以上的董事或者监事会提议召开临时会议的,应当召开临时会议。

条文应用提示 ●●●●●●

股东会的会议分为定期会议和临时会议。定期会议,是指按照公司章程规定的时间召开的、由全体股东出席的例会,对于有限责任公司股东会定期会议的召开时间等事项,由公司章程作出具体规定。临时会议,是指根据公司需要在股东会定期会议间隔期内由代表 1/10 以上表决权的股东,1/3 以上的董事或者监事会提议而召开的会议。

旧法对应关系 ●●●●●●

原《公司法》第三十九条　股东会会议分为定期会议和临时会议。

定期会议应当依照公司章程的规定按时召开。代表十分之一以上表决权的股东,三分之一以上的董事,监事会或者不设监事会的公司的监事提议召开临时会议的,应当召开临时会议。

第六十三条　【股东会会议的召集与主持】股东会会议由董事会召集,董事长主持;董事长不能履行职务或者不履行职务的,由副董事长主持;副董事长不能履行职务或者不履行职务的,由过半数的董事共同推举一名董事主持。

董事会不能履行或者不履行召集股东会会议职责的,由监事会召集和主持;监事会不召集和主持的,代表十分之一以上表决权的股东可以自行召集和主持。

旧法对应关系

原《公司法》第四十条　有限责任公司设立董事会的,股东会会议由董事会召集,董事长主持;董事长不能履行职务或者不履行职务的,由副董事长主持;副董事长不能履行职务或者不履行职务的,由半数以上董事共同推举一名董事主持。

有限责任公司不设董事会的,股东会会议由执行董事召集和主持。

董事会或者执行董事不能履行或者不履行召集股东会会议职责的,由监事会或者不设监事会的公司的监事召集和主持;监事会或者监事不召集和主持的,代表十分之一以上表决权的股东可以自行召集和主持。

关联法律法规

《最高人民法院关于印发〈全国法院民商事审判工作会议纪要〉的通知》(法〔2019〕254号)

29.【请求召开股东(大)会不可诉】公司召开股东(大)会本质上属于公司内部治理范围。股东请求判令公司召开股东(大)会的,人民法院应当告知其按照《公司法》第40条或者第101条规定的程序自行召开。股东坚持起诉的,人民法院应当裁定不予受理;已经受理的,裁定驳回起诉。

第六十四条　【召开股东会会议的通知期限和会议记录】召开股东会会议,应当于会议召开十五日前通知全体股东;但是,公司章程另有规定或者全体股东另有约定的除外。

股东会应当对所议事项的决定作成会议记录,出席会议的股东应当在会议记录上签名或者盖章。

旧法对应关系

原《公司法》第四十一条　召开股东会会议,应当于会议召开十五日前通知全体股东;但是,公司章程另有规定或者全体股东另有约定的除外。

股东会应当对所议事项的决定作成会议记录,出席会议的股东应当在会议记录上签名。

《最高人民法院关于适用〈中华人民共和国公司法〉若干问题的规定（四）》（2020年修正）

第四条　股东请求撤销股东会或者股东大会、董事会决议,符合民法典第八十五条、公司法第二十二条第二款规定的,人民法院应当予以支持,但会议召集程序或者表决方式仅有轻微瑕疵,且对决议未产生实质影响的,人民法院不予支持。

第五条　股东会或者股东大会、董事会决议存在下列情形之一,当事人主张决议不成立的,人民法院应当予以支持:

（一）公司未召开会议的,但依据公司法第三十七条第二款或者公司章程规定可以不召开股东会或者股东大会而直接作出决定,并由全体股东在决定文件上签名、盖章的除外;

（二）会议未对决议事项进行表决的;

（三）出席会议的人数或者股东所持表决权不符合公司法或者公司章程规定的;

（四）会议的表决结果未达到公司法或者公司章程规定的通过比例的;

（五）导致决议不成立的其他情形。

第六十五条　【股东的表决权】股东会会议由股东按照出资比例行使表决权;但是,公司章程另有规定的除外。

条文应用提示

有限责任公司作为以资本为基础、以信任为纽带的经济组织,股东的表决权,一般应当根据股东对公司的出资以及该出资在公司资本中所占比例的大小,来表达自己对公司事务的意见。但为充分尊重公司自治,本条还规定,"公司章程另有规定的除外",即股东在股东会会议上的表决权,公司章程可以规定按照实缴出资比例或者不以出资比例行使表决权,并按此规定执行。

旧法对应关系

原《公司法》第四十二条　股东会会议由股东按照出资比例行使表决权;但是,公司章程另有规定的除外。

第六十六条　【股东会的议事方式和表决程序】股东会的议事方式和表决程序,除本法有规定的外,由公司章程规定。

股东会作出决议,应当经代表过半数表决权的股东通过。

股东会作出修改公司章程、增加或者减少注册资本的决议,以及公司合并、分立、解散或者变更公司形式的决议,应当经代表三分之二以上表决权的股东通过。

条文应用提示

股东会的议事方式和表决程序由公司章程规定,法律另有规定的除外。这里除了特别决议事项外,对一般事项的表决法律授权给了公司章程,体现了有限责任公司的人合性和自治性。股东会的议事方式和表决程序是股东会行使权力的具体途径。由于有限责任公司的人合性质,不同的公司往往有不同的做法,法律为保障各方面的合法权益,也有一定的法定要求。

议事方式,是指公司以什么方式就公司的重大问题进行讨论并作出决议。表决程序,是指公司的股东会如何表决和表决时需要多少股东赞成,才能通过某一特定的决议。本条第3款对几项决议规定了法定的表决程序。修改公司章程,公司增加或者减少注册资本,公司合并、分立、解散或者变更公司形式,股东会应通过表决作出决议,并且必须有代表2/3以上表决权的股东通过。这是法定事项,不能用公司章程或其他方式予以改变。

旧法对应关系

原《公司法》第四十三条　股东会的议事方式和表决程序,除本法有规定的外,由公司章程规定。

股东会会议作出修改公司章程、增加或者减少注册资本的决议,以及公司合并、分立、解散或者变更公司形式的决议,必须经代表三分之二以上表决权的股东通过。

> 第六十七条 【董事会的职权】有限责任公司设董事会,本法第七十五条另有规定的除外。
> 董事会行使下列职权:
> (一)召集股东会会议,并向股东会报告工作;
> (二)执行股东会的决议;
> (三)决定公司的经营计划和投资方案;
> (四)制订公司的利润分配方案和弥补亏损方案;
> (五)制订公司增加或者减少注册资本以及发行公司债券的方案;
> (六)制订公司合并、分立、解散或者变更公司形式的方案;
> (七)决定公司内部管理机构的设置;
> (八)决定聘任或者解聘公司经理及其报酬事项,并根据经理的提名决定聘任或者解聘公司副经理、财务负责人及其报酬事项;
> (九)制定公司的基本管理制度;
> (十)公司章程规定或者股东会授予的其他职权。
> 公司章程对董事会职权的限制不得对抗善意相对人。

▎旧法对应关系 ●●●●●●●

原《公司法》第四十六条 董事会对股东会负责,行使下列职权:
(一)召集股东会会议,并向股东会报告工作;
(二)执行股东会的决议;
(三)决定公司的经营计划和投资方案;
(四)制订公司的年度财务预算方案、决算方案;
(五)制订公司的利润分配方案和弥补亏损方案;
(六)制订公司增加或者减少注册资本以及发行公司债券的方案;
(七)制订公司合并、分立、解散或者变更公司形式的方案;
(八)决定公司内部管理机构的设置;
(九)决定聘任或者解聘公司经理及其报酬事项,并根据经理的提名决定聘任或者解聘公司副经理、财务负责人及其报酬事项;

（十）制定公司的基本管理制度；
（十一）公司章程规定的其他职权。

关联法律法规 ●●●●●●

《中华人民共和国民法典》（自2021年1月1日起施行）

第八十一条　营利法人应当设执行机构。

执行机构行使召集权力机构会议，决定法人的经营计划和投资方案，决定法人内部管理机构的设置，以及法人章程规定的其他职权。

执行机构为董事会或者执行董事的，董事长、执行董事或者经理按照法人章程的规定担任法定代表人；未设董事会或者执行董事的，法人章程规定的主要负责人为其执行机构和法定代表人。

第六十八条　【有限责任公司董事会的组成】有限责任公司董事会成员为三人以上，其成员中可以有公司职工代表。职工人数三百人以上的有限责任公司，除依法设监事会并有公司职工代表的外，其董事会成员中应当有公司职工代表。董事会中的职工代表由公司职工通过职工代表大会、职工大会或者其他形式民主选举产生。

董事会设董事长一人，可以设副董事长。董事长、副董事长的产生办法由公司章程规定。

条文应用提示 ●●●●●●

董事会由董事组成，2023年《公司法》修订删除了公司董事成员的人数上限，只规定"三人以上"，具体设置多少名董事，由公司自主决定。

旧法对应关系 ●●●●●●

原《公司法》第四十四条　有限责任公司设董事会，其成员为三人至十三人；但是，本法第五十条另有规定的除外。

两个以上的国有企业或者两个以上的其他国有投资主体投资设立的有限责任公司，其董事会成员中应当有公司职工代表；其他有限责任公司董事会成员中可以有公司职工代表。董事会中的职工代表由公司职工通过职工代表大会、职工大会或者其他形式民主选举产生。

董事会设董事长一人，可以设副董事长。董事长、副董事长的产生办法由公司章程规定。

第六十九条　【审计委员会的组成及职权】有限责任公司可以按照公司章程的规定在董事会中设置由董事组成的审计委员会,行使本法规定的监事会的职权,不设监事会或者监事。公司董事会成员中的职工代表可以成为审计委员会成员。

第七十条　【董事的选任和期限】董事任期由公司章程规定,但每届任期不得超过三年。董事任期届满,连选可以连任。

董事任期届满未及时改选,或者董事在任期内辞任导致董事会成员低于法定人数的,在改选出的董事就任前,原董事仍应当依照法律、行政法规和公司章程的规定,履行董事职务。

董事辞任的,应当以书面形式通知公司,公司收到通知之日辞任生效,但存在前款规定情形的,董事应当继续履行职务。

▎旧法对应关系 ●●●●●●●

原《公司法》第四十五条　董事任期由公司章程规定,但每届任期不得超过三年。董事任期届满,连选可以连任。

董事任期届满未及时改选,或者董事在任期内辞职导致董事会成员低于法定人数的,在改选出的董事就任前,原董事仍应当依照法律、行政法规和公司章程的规定,履行董事职务。

第七十一条　【董事的解任和责任】股东会可以决议解任董事,决议作出之日解任生效。

无正当理由,在任期届满前解任董事的,该董事可以要求公司予以赔偿。

▎旧法对应关系 ●●●●●●●

《最高人民法院关于适用〈中华人民共和国公司法〉若干问题的规定》(2020年修正)

第三条　董事任期届满前被股东会或者股东大会有效决议解除职

务,其主张解除不发生法律效力的,人民法院不予支持。

董事职务被解除后,因补偿与公司发生纠纷提起诉讼的,人民法院应当依据法律、行政法规、公司章程的规定或者合同的约定,综合考虑解除的原因、剩余任期、董事薪酬等因素,确定是否补偿以及补偿的合理数额。

关联法律法规

《中华人民共和国民法典》(自 2021 年 1 月 1 日起施行)

第九百三十三条 委托人或者受托人可以随时解除委托合同。因解除合同造成对方损失的,除不可归责于该当事人的事由外,无偿委托合同的解除方应当赔偿因解除时间不当造成的直接损失,有偿委托合同的解除方应当赔偿对方的直接损失和合同履行后可以获得的利益。

> 第七十二条 【董事会会议的召集和主持】董事会会议由董事长召集和主持;董事长不能履行职务或者不履行职务的,由副董事长召集和主持;副董事长不能履行职务或者不履行职务的,由过半数的董事共同推举一名董事召集和主持。

旧法对应关系

原《公司法》第四十七条 董事会会议由董事长召集和主持;董事长不能履行职务或者不履行职务的,由副董事长召集和主持;副董事长不能履行职务或者不履行职务的,由半数以上董事共同推举一名董事召集和主持。

> 第七十三条 【董事会的议事方式和表决程序】董事会的议事方式和表决程序,除本法有规定的外,由公司章程规定。
> 董事会会议应当有过半数的董事出席方可举行。董事会作出决议,应当经全体董事的过半数通过。
> 董事会决议的表决,应当一人一票。
> 董事会应当对所议事项的决定作成会议记录,出席会议的董事应当在会议记录上签名。

条文应用提示 ●●●●●●

2023年《公司法》修订增加了董事会会议最低出席人数和表决通过比例的内容。董事会是一个集体行使职权的公司内部机构,董事会决议应当一人一票,即董事会全体成员,不论是董事长、副董事长,还是普通的董事,在董事会决议的表决上,都只享有一票权利,不存在表决权大小问题。这表明董事长、副董事长在董事会中,与其他董事的法律地位是平等的,在董事会决议的表决上,既无加重表决权,也无最后决定权。

旧法对应关系 ●●●●●●

原《公司法》第四十八条 董事会的议事方式和表决程序,除本法有规定的外,由公司章程规定。

董事会应当对所议事项的决定作成会议记录,出席会议的董事应当在会议记录上签名。董事会决议的表决,实行一人一票。

第一百一十一条 董事会会议应有过半数的董事出席方可举行。董事会作出决议,必须经全体董事的过半数通过。董事会决议的表决,实行一人一票。

第七十四条 【有限公司责任经理的产生和职权】有限责任公司可以设经理,由董事会决定聘任或者解聘。

经理对董事会负责,根据公司章程的规定或者董事会的授权行使职权。经理列席董事会会议。

条文应用提示 ●●●●●●

经理是由董事会聘任的、负责组织日常经营管理活动的公司常设业务执行机关。与股东会、董事会、监事会不同,经理机关并非会议形式的机关,其行为不需要通过会议以多数原则形成意志和决议,而是以担任经理的高级管理者的最终意志为准。

经理是受董事会聘任和委托的管理执行人员,因为董事会作出的决策需要有专职人员组织实施,因而要有主持公司日常生产经营工作的执行层。它在公司组织机构中的层次排列为:股东大会为权力机构,董事会由其选举产生并对其负责,董事会作为经营管理决策机构,聘任经理作为执行者并向其负责,这样才是职责分明,层次有序的。

旧法对应关系 ●●●●●●

原《公司法》第四十九条　有限责任公司可以设经理,由董事会决定聘任或者解聘。经理对董事会负责,行使下列职权:

(一)主持公司的生产经营管理工作,组织实施董事会决议;

(二)组织实施公司年度经营计划和投资方案;

(三)拟订公司内部管理机构设置方案;

(四)拟订公司的基本管理制度;

(五)制定公司的具体规章;

(六)提请聘任或者解聘公司副经理、财务负责人;

(七)决定聘任或者解聘除应由董事会决定聘任或者解聘以外的负责管理人员;

(八)董事会授予的其他职权。

公司章程对经理职权另有规定的,从其规定。

经理列席董事会会议。

第七十五条　【不设董事会的有限责任公司】规模较小或者股东人数较少的有限责任公司,可以不设董事会,设一名董事,行使本法规定的董事会的职权。该董事可以兼任公司经理。

旧法对应关系 ●●●●●●

原《公司法》第五十条　股东人数较少或者规模较小的有限责任公司,可以设一名执行董事,不设董事会。执行董事可以兼任公司经理。

执行董事的职权由公司章程规定。

第七十六条　【监事会的设立和组成】有限责任公司设监事会,本法第六十九条、第八十三条另有规定的除外。

监事会成员为三人以上。监事会成员应当包括股东代表和适当比例的公司职工代表,其中职工代表的比例不得低于三分之一,具体比例由公司章程规定。监事会中的职工代表由公司职工通过职工代表大会、职工大会或者其他形式民主选举产生。

> 监事会设主席一人,由全体监事过半数选举产生。监事会主席召集和主持监事会会议;监事会主席不能履行职务或者不履行职务的,由过半数的监事共同推举一名监事召集和主持监事会会议。
> 董事、高级管理人员不得兼任监事。

▌条文应用提示 ●●●●●●

关于监事的任职资格,我国《公司法》对监事任职资格的规定与董事相同。此外,还规定了董事、高级管理人员及财务负责人不得兼任监事。

这是因为监事的职责是监督公司董事会的决策以及董事、高级管理人员的经营活动和公司的财务状况,为了保证监事的独立性,避免监督者与被监督人有利益关系。

▌旧法对应关系 ●●●●●●

原《公司法》第五十一条 有限责任公司设监事会,其成员不得少于三人。股东人数较少或者规模较小的有限责任公司,可以设一至二名监事,不设监事会。

监事会应当包括股东代表和适当比例的公司职工代表,其中职工代表的比例不得低于三分之一,具体比例由公司章程规定。监事会中的职工代表由公司职工通过职工代表大会、职工大会或者其他形式民主选举产生。

监事会设主席一人,由全体监事过半数选举产生。监事会主席召集和主持监事会会议;监事会主席不能履行职务或者不履行职务的,由半数以上监事共同推举一名监事召集和主持监事会会议。

董事、高级管理人员不得兼任监事。

▌典型案例指导 ●●●●●●

上海保翔冷藏有限公司诉上海长翔冷藏物流有限公司公司决议效力确认纠纷案[《最高人民法院公报》2019 年第 11 期(总第 277 期)]

有限责任公司监事会中的职工代表监事应当具有该公司职工的身份,职工代表监事的产生方式应符合《公司法》第五十一条(编者注:对应 2023 年《公司法》第七十六条)规定的职工民主选举产生的程序,并符合该条规定的代表比例。公司股东会作出任命职工代表监事的决议,如果该被任命监事并非本公司职工,或该被任命监事的产生程序、代表比例违反《公司法》第五十一条规定的,该部分决议内容应属无效。

第七十七条 【监事的任职期限】监事的任期每届为三年。监事任期届满,连选可以连任。

监事任期届满未及时改选,或者监事在任期内辞任导致监事会成员低于法定人数的,在改选出的监事就任前,原监事仍应当依照法律、行政法规和公司章程的规定,履行监事职务。

旧法对应关系 ●●●●●●

原《公司法》第五十二条 监事的任期每届为三年。监事任期届满,连选可以连任。

监事任期届满未及时改选,或者监事在任期内辞职导致监事会成员低于法定人数的,在改选出的监事就任前,原监事仍应当依照法律、行政法规和公司章程的规定,履行监事职务。

第七十八条 【监事会的一般职权】监事会行使下列职权:

(一)检查公司财务;

(二)对董事、高级管理人员执行职务的行为进行监督,对违反法律、行政法规、公司章程或者股东会决议的董事、高级管理人员提出解任的建议;

(三)当董事、高级管理人员的行为损害公司的利益时,要求董事、高级管理人员予以纠正;

(四)提议召开临时股东会会议,在董事会不履行本法规定的召集和主持股东会会议职责时召集和主持股东会会议;

(五)向股东会会议提出提案;

(六)依照本法第一百八十九条的规定,对董事、高级管理人员提起诉讼;

(七)公司章程规定的其他职权。

▍旧法对应关系 ●●●●●●

原《公司法》第五十三条　监事会、不设监事会的公司的监事行使下列职权：

（一）检查公司财务；

（二）对董事、高级管理人员执行公司职务的行为进行监督，对违反法律、行政法规、公司章程或者股东会决议的董事、高级管理人员提出罢免的建议；

（三）当董事、高级管理人员的行为损害公司的利益时，要求董事、高级管理人员予以纠正；

（四）提议召开临时股东会会议，在董事会不履行本法规定的召集和主持股东会会议职责时召集和主持股东会会议；

（五）向股东会会议提出提案；

（六）依照本法第一百五十一条的规定，对董事、高级管理人员提起诉讼；

（七）公司章程规定的其他职权。

▍关联法律法规 ●●●●●●

《中华人民共和国民法典》（自 2021 年 1 月 1 日起施行）

第八十二条　营利法人设监事会或者监事等监督机构的，监督机构依法行使检查法人财务，监督执行机构成员、高级管理人员执行法人职务的行为，以及法人章程规定的其他职权。

▍典型案例指导 ●●●●●●

陕西某置业公司诉张某某、朱某某损害公司利益责任纠纷案[人民法院案例库 2023-08-2-276-002，最高人民法院（2021）最高法民中 6621 号民事裁定]

根据《公司法》第五十三条的规定，监事负有检查公司财务及对董事、高级管理人员执行公司职务的行为进行监督的职权，当董事、高级管理人员的行为损害公司的利益时，监事应当要求董事、高级管理人员予以纠正等。在明知公司法定代表人实施损害公司利益的行为时，同时作为公司的财务人员的监事，不仅未予制止，还按照法定代表人的要求执行了损害公司利益行为的，应当认定其未尽到监事的勤勉义务，与该法定代表人对公司的损失承担连带赔偿责任。

南通远丰鞋材有限公司与王某勤等其他合同纠纷案[江苏省海安县人民法院(2019)苏 0621 民初 4691 号民事裁定书,《人民司法·案例》2020 年第 23 期]

监事基于符合特定条件股东的申请,对外以公司的名义提起的监事代表诉讼,其诉的对象仅为公司董事、高级管理人员,不包括董事、高级管理人员以外的他人。同时,监事代表诉讼诉的类型应当包括传统意义上的侵权之诉,而合同之诉应当根据合同当事人的身份进行区分。

> **第七十九条 【监事的质询建议权与调查权】**监事可以列席董事会会议,并对董事会决议事项提出质询或者建议。
>
> 监事会发现公司经营情况异常,可以进行调查;必要时,可以聘请会计师事务所等协助其工作,费用由公司承担。

▎旧法对应关系 ●●●●●●

原《公司法》第五十四条 监事可以列席董事会会议,并对董事会决议事项提出质询或者建议。

监事会、不设监事会的公司的监事发现公司经营情况异常,可以进行调查;必要时,可以聘请会计师事务所等协助其工作,费用由公司承担。

▎典型案例指导 ●●●●●●

上海某实业有限公司诉周某等损害公司利益责任纠纷案[人民法院案例库 2024-08-2-276-001,上海市黄浦区人民法院(2014)黄浦民二(商)初字第 1166 号民事判决]

1. 监事在符合条件的股东书面请求其向法院提起诉讼之后,或者监事认为公司董事等经营者确实存在侵犯公司利益行为的,可以收到股东书面诉讼请求之后 30 日之内,或发现董事等经营者确实存在侵犯公司利益的行为 30 日内,以公司名义提起诉讼。监事为公司诉讼代表人诉讼结果应由公司承担。

2. 监事代表诉讼后,公司和股东不得就同一理由再次向人民法院提起诉讼。

> **第八十条 【监事会的特别职权】**监事会可以要求董事、高级管理人员提交执行职务的报告。
>
> 董事、高级管理人员应当如实向监事会提供有关情况和资料,不得妨碍监事会或者监事行使职权。

条文应用提示

监事会行使监督职权,需要赋予其相应的手段保障和物质保障等,否则,其监督职权就是形同虚设。根据本法第78条和第189条的规定,监事会有权检查公司财务,监督董事、高级管理人员执行职务的行为并纠正损害公司利益的行为,对董事、高级管理人员提起诉讼等。行使这些职权的前提是监事会拥有知情权。为了确保监事会了解董事、高级管理人员执行公司职务的有关情况,正确有效地行使监督职权,本条从法律上规定了董事、高级管理人员对监事会的说明报告义务。首先,监事会可以要求董事、高级管理人员提交执行职务的报告。其次,对董事、高级管理人员的配合义务也作了规定。要求董事、高级管理人员应当如实向监事会提供有关情况和资料,不得妨碍监事会或者监事行使职权。

旧法对应关系

原《公司法》第一百五十条第二款 董事、高级管理人员应当如实向监事会或者不设监事会的有限责任公司的监事提供有关情况和资料,不得妨碍监事会或者监事行使职权。

第八十一条 【监事会的会议制度】监事会每年度至少召开一次会议,监事可以提议召开临时监事会会议。

监事会的议事方式和表决程序,除本法有规定的外,由公司章程规定。

监事会决议应当经全体监事的过半数通过。

监事会决议的表决,应当一人一票。

监事会应当对所议事项的决定作成会议记录,出席会议的监事应当在会议记录上签名。

旧法对应关系

原《公司法》第五十五条 监事会每年度至少召开一次会议,监事可以提议召开临时监事会会议。

监事会的议事方式和表决程序,除本法有规定的外,由公司章程规定。

监事会决议应当经半数以上监事通过。

监事会应当对所议事项的决定作成会议记录,出席会议的监事应当在会议记录上签名。

> **第八十二条　【监事行使职权的费用承担】**监事会行使职权所必需的费用,由公司承担。

旧法对应关系 ●●●●●●

原《公司法》第五十六条　监事会、不设监事会的公司的监事行使职权所必需的费用,由公司承担。

> **第八十三条　【不设立监事会和监事的情形】**规模较小或者股东人数较少的有限责任公司,可以不设监事会,设一名监事,行使本法规定的监事会的职权;经全体股东一致同意,也可以不设监事。

旧法对应关系 ●●●●●●

原《公司法》第五十一条第一款　有限责任公司设监事会,其成员不得少于三人。股东人数较少或者规模较小的有限责任公司,可以设一至二名监事,不设监事会。

第四章　有限责任公司的股权转让

第八十四条　【股权转让的一般规定】有限责任公司的股东之间可以相互转让其全部或者部分股权。

股东向股东以外的人转让股权的,应当将股权转让的数量、价格、支付方式和期限等事项书面通知其他股东,其他股东在同等条件下有优先购买权。股东自接到书面通知之日起三十日内未答复的,视为放弃优先购买权。两个以上股东行使优先购买权的,协商确定各自的购买比例;协商不成的,按照转让时各自的出资比例行使优先购买权。

公司章程对股权转让另有规定的,从其规定。

对应配套规定

《最高人民法院关于印发〈全国法院民商事审判工作会议纪要〉的通知》(法〔2019〕254号)

(三)关于股权转让

8.【有限责任公司的股权变动】当事人之间转让有限责任公司股权,受让人以其姓名或者名称已记载于股东名册为由主张其已经取得股权的,人民法院依法予以支持,但法律、行政法规规定应当办理批准手续生效的股权转让除外。未向公司登记机关办理股权变更登记的,不得对抗善意相对人。

9.【侵犯优先购买权的股权转让合同的效力】审判实践中,部分人民法院对公司法司法解释(四)第21条规定的理解存在偏差,往往以保护其他股东的优先购买权为由认定股权转让合同无效。准确理解该条规定,既要注意保护其他股东的优先购买权,也要注意保护股东以外的股权受让人的合法权益,正确认定有限责任公司的股东与股东以外的股权受让人订立的股权转让合同的效力。一方面,其他股东依法享有优先购买权,在其主张按照股权转让合同约定的同等条件购买股权的情况下,应当支持其诉讼请求,除非出现该条第1款规定的情形。

另一方面,为保护股东以外的股权受让人的合法权益,股权转让合同如无其他影响合同效力的事由,应当认定有效。其他股东行使优先购买权的,虽然股东以外的股权受让人关于继续履行股权转让合同的请求不能得到支持,但不影响其依约请求转让股东承担相应的违约责任。

《最高人民法院关于适用〈中华人民共和国公司法〉时间效力的若干规定》(法释〔2024〕7号)

第一条 公司法施行后的法律事实引起的民事纠纷案件,适用公司法的规定。

公司法施行前的法律事实引起的民事纠纷案件,当时的法律、司法解释有规定的,适用当时的法律、司法解释的规定,但是适用公司法更有利于实现其立法目的,适用公司法的规定:

……

(四)公司法施行前,有限责任公司股东向股东以外的人转让股权,因股权转让发生争议的,适用公司法第八十四条第二款的规定;

……

条文应用提示

有限责任公司具有人合性,因此,股东之间相互转让股权不受限制。有限责任公司股东向股东以外的人转让股权,会导致新股东的加入,而新股东与其他原有股东之间并不一定存在相互信任关系,为了维持有限责任公司的人合性,本条规定除转让股东以外的其他股东中,有超过一半的股东同意,该股东才能向股东以外的人转让股权。另外,需要注意的是,股权的转让还会导致公司登记事项的变更,应当依法及时办理变更登记,以免产生不必要的纠纷。

旧法对应关系

原《公司法》第七十一条 有限责任公司的股东之间可以相互转让其全部或者部分股权。

股东向股东以外的人转让股权,应当经其他股东过半数同意。股东应就其股权转让事项书面通知其他股东征求同意,其他股东自接到书面通知之日起满三十日未答复的,视为同意转让。其他股东半数以上不同意转让的,不同意的股东应当购买该转让的股权;不购买的,视为同意转让。

经股东同意转让的股权,在同等条件下,其他股东有优先购买权。两个以上股东主张行使优先购买权的,协商确定各自的购买比例;协商不成的,按照转让时各自的出资比例行使优先购买权。

公司章程对股权转让另有规定的,从其规定。

《最高人民法院关于适用〈中华人民共和国公司法〉若干问题的规定(四)》(2020年修正)

第十六条 有限责任公司的自然人股东因继承发生变化时,其他股东主张依据公司法第七十一条第三款规定行使优先购买权的,人民法院不予支持,但公司章程另有规定或者全体股东另有约定的除外。

第十七条 有限责任公司的股东向股东以外的人转让股权,应就其股权转让事项以书面或者其他能够确认收悉的合理方式通知其他股东征求同意。其他股东半数以上不同意转让,不同意的股东不购买的,人民法院应当认定视为同意转让。

经股东同意转让的股权,其他股东主张转让股东应当向其以书面或者其他能够确认收悉的合理方式通知转让股权的同等条件的,人民法院应当予以支持。

经股东同意转让的股权,在同等条件下,转让股东以外的其他股东主张优先购买的,人民法院应当予以支持,但转让股东依据本规定第二十条放弃转让的除外。

第十八条 人民法院在判断是否符合公司法第七十一条第三款及本规定所称的"同等条件"时,应当考虑转让股权的数量、价格、支付方式及期限等因素。

第十九条 有限责任公司的股东主张优先购买转让股权的,应当在收到通知后,在公司章程规定的行使期间内提出购买请求。公司章程没有规定行使期间或者规定不明确的,以通知确定的期间为准,通知确定的期间短于三十日或者未明确行使期间的,行使期间为三十日。

第二十条 有限责任公司的转让股东,在其他股东主张优先购买后又不同意转让股权的,对其他股东优先购买的主张,人民法院不予支持,但公司章程另有规定或者全体股东另有约定的除外。其他股东主张转让股东赔偿其损失合理的,人民法院应当予以支持。

第二十一条 有限责任公司的股东向股东以外的人转让股权,未就其股权转让事项征求其他股东意见,或者以欺诈、恶意串通等手段,损害其他股东优先购买权,其他股东主张按照同等条件购买该转让股权的,人民法院应当予以支持,但其他股东自知道或者应当知道行使优先购买权的同等条件之日起三十日内没有主张,或者自股权变更登记之日起超过一年的除外。

前款规定的其他股东仅提出确认股权转让合同及股权变动效力等请求,未同时主张按照同等条件购买转让股权的,人民法院不予支持,但其他股东非因自身原因导致无法行使优先购买权,请求损害赔偿的除外。

股东以外的股权受让人,因股东行使优先购买权而不能实现合同目的的,可以依法请求转让股东承担相应民事责任。

第二十二条 通过拍卖向股东以外的人转让有限责任公司股权的,适用公司法第七十一条第二款、第三款或者第七十二条规定的"书面通知""通知""同等条件"时,根据相关法律、司法解释确定。

在依法设立的产权交易场所转让有限责任公司国有股权的,适用公司法第七十一条第二款、第三款或者第七十二条规定的"书面通知""通知""同等条件"时,可以参照产权交易场所的交易规则。

■ **关联法律法规** ●●●●●●●

《最高人民法院关于适用〈中华人民共和国民法典〉婚姻家庭编的解释(一)》(法释〔2020〕22号)

第七十三条 人民法院审理离婚案件,涉及分割夫妻共同财产中以一方名义在有限责任公司的出资额,另一方不是该公司股东的,按以下情形分别处理:

(一)夫妻双方协商一致将出资额部分或者全部转让给该股东的配偶,其他股东过半数同意,并且其他股东均明确表示放弃优先购买权的,该股东的配偶可以成为该公司股东;

(二)夫妻双方就出资额转让份额和转让价格等事项协商一致后,其他股东半数以上不同意转让,但愿意以同等条件购买该出资额的,人民法院可以对转让出资所得财产进行分割。其他股东半数以上不同意转让，也不愿意以同等条件购买该出资额的，视为其同意转让，该股东的配偶可以成为该公司股东。

用于证明前款规定的股东同意的证据，可以是股东会议材料，也可以是当事人通过其他合法途径取得的股东的书面声明材料。

《最高人民法院关于厦门鑫杰兴工贸有限公司、佘文彬与厦门丰瑞特工贸发展有限公司确认股权转让协议仲裁条款效力的请示的复函》（〔2009〕民四他字第4号）

福建省高级人民法院：

你院（2009）闽民他字第9号《关于厦门鑫杰兴工贸有限公司、佘文彬与厦门丰瑞特工贸发展有限公司确认股权转让协议仲裁条款效力的请示》收悉。经研究，答复如下：

本案为涉台案件，应参照涉外案件法律适用原则确定准据法。本案申请人厦门鑫杰兴工贸有限公司、佘文彬和被申请人厦门丰瑞特工贸发展有限公司在《漳州爱康五金机械有限公司股权转让协议》第五条中约定："本协议签订后，若有争议或违约各方应通过友好协商解决，如协商不能解决者由当地外经贸部门进行调解，经调解无效后由中国对外经济贸易仲裁机构进行仲裁或当地法院诉讼解决。"本案双方当事人在协议中未约定认定仲裁条款效力的准据法，但在仲裁条款中明确约定发生纠纷经调解无效后由中国对外经济贸易仲裁机构仲裁或当地法院诉讼解决，因此大陆应是本案双方当事人约定的仲裁地或法院所在地，依据《最高人民法院关于适用〈中华人民共和国仲裁法〉若干问题的解释》第十六条的规定，应当根据大陆的法律规定认定本案仲裁条款的效力。由于本案仲裁条款约定的仲裁机构和纠纷解决方式不明确，且在纠纷发生后双方当事人未对仲裁条款达成新的补充协议，故依据《中华人民共和国仲裁法》第十八条和《最高人民法院关于适用〈中华人民共和国仲裁法〉若干问题的解释》第七条之规定，上述仲裁条款应当认定为无效。同意你院的审查意见。

此复

《最高人民法院关于广州市迪泰通讯有限公司、海南经济特区产权交易中心、海南证华非上市公司股权登记服务有限公司、翟希亚与因特模式信息技术(深圳)有限公司、INTERMOST CORPORATION 股权转让合同纠纷管辖权异议案中仲裁条款效力问题的请示的答复》(〔2008〕民四他字第 37 号)

海南省高级人民法院:

你院 2008 琼民抗字第 2 号《关于广州市迪泰通讯有限公司、海南经济特区产权交易中心、海南证华非上市公司股权登记服务有限公司、翟希亚与因特模式信息技术(深圳)有限公司、INTERMOST CORPORATION 股权转让合同纠纷管辖权异议案中仲裁条款效力问题的请示》收悉。经研究,答复如下:

一、本案系广州市迪泰通讯有限公司、海南经济特区产权交易中心、海南证华非上市公司股权登记服务有限公司、翟希亚与因特模式信息技术(深圳)有限公司、INTERMOST CORPORATION 因履行《海南谐合金融创新产品开发有限公司股权转让协议》产生的涉外商事合同纠纷,当事人在该合同书中订有仲裁协议。因 INTERMOST CORPORATION 是在英属维尔京群岛注册成立的公司,故该仲裁协议属于涉外仲裁协议。依据《最高人民法院关于适用〈中华人民共和国仲裁法〉若干问题的解释》第十六条的规定,对涉外仲裁协议效力的审查,适用当事人约定的法律;当事人没有约定适用的法律但约定了仲裁地的,适用仲裁地法律;没有约定适用的法律也没有约定仲裁地或者仲裁地约定不明的,适用法院地法律。

本案当事人在《海南谐合金融创新产品开发有限公司股权转让协议》的仲裁条款中没有约定适用的法律,也没有约定仲裁地,故对合同中涉外仲裁条款效力的审查,应适用法院地法律即我国法律。

二、本案当事人在 2004 年 12 月 11 日签订的《海南谐合金融创新产品开发有限公司股权转让协议》第 7.4 条中约定:"如合作出现分歧,五方协商不能解决,则通过中国国际商事仲裁院深圳分院仲裁裁决"。因该仲裁条款约定的仲裁机构不存在,当事人也未就仲裁机构达成补充协议,故根据《中华人民共和国仲裁法》第十八条的规定,应认定上述仲裁条款无效。没有证据证明当事人的该约定系对"中国国际经济贸易仲裁委员会华南分会"或者"中国国际商会仲裁院华南分院"的笔误。

同意你院认为仲裁协议对仲裁机构的约定不明确,应属无效条款,人民法院对本案有管辖权,海南省人民检察院的抗诉意见应予支持的处理意见。

三、本案系涉外股权转让纠纷案件审理过程中出现的管辖权异议。根据我院《关于涉外民商事案件诉讼管辖若干问题的规定》,如海口市龙华区人民法院对本案不具有管辖权,则本案应严格按照我院规定移送有管辖权的法院进行审理。

此复

《最高人民法院关于上诉人练志伟与被上诉人陈如明及原审被告林惠贞、郑秀英及原审第三人福州市常青实业有限公司股权转让一案的请示的复函》([2006]民四他字第22号)

福建省高级人民法院:

你院[2006]闽民终字第498号"关于上诉人练志伟与被上诉人陈如明及原审被告林惠贞、郑秀英及原审第三人福州市常青实业有限公司股权转让一案"的请示报告收悉。经研究,答复如下:

同意你院合议庭及审判委员会多数人意见,本案合同应定性为股权转让合同。

你院合议庭及审判委员会多数人认为对于合同的性质应从合同的名称、内容去审查认定,同时还应考察签约双方的真实意思表示进行分析认定是正确的。首先,本案合同的名称明确表明是"企业股份转让"。第二,本案合同签约主体甲方是"福州市常青实业有限公司(以下简称常青公司)股东代表:练长清",乙方为"陈如明"。练长清以常青公司股东代表的身份签订该合同,符合股权转让合同的主体特征,而如果是企业财产转让合同,则不应由股东而应由企业作为转让的主体。第三,从合同的内容看,合同前言部分表明甲乙就"……股份(权)转让给乙方的有关事宜经友好协商达成如下条款";合同第一条在表述企业的位置、面积时亦明确表明是"甲方转让股权企业"的位置、面积;合同第二条表明"甲方转让以上工厂股份(权)……";合同第三条第三项明确表述乙方应支付甲方"股权(份)转让金",第三条第四项约定甲方负责合同签订后三个月内中止属本合同范围内的租约,迁出所有人员,至此该工厂"股权全部属乙方所有";合同第三条第五项约定"甲方负责承担企业股权转让前的所有债权债务"。根据以上合同内容,可以充分认定该合同系股权转让合同,当事人的真实意思表示是转让股权而非转让企业财产。另，合同第三条第三项约定乙方支付款项后，甲、乙双方即办理企业法定地址及法人代表变更，办妥手续后，甲方把营业执照、公司公章及相关证件移交给乙方；合同第三条第五项约定"甲方负责承担企业股权转让前的所有债权债务"。当事人的上述约定进一步表明该合同系股权转让合同而非财产转让合同，因为如果是企业财产转让合同，则无需变更企业法定代表人，常青公司原股东也无必要把营业执照、公司公章及相关证件移交给受让人陈如明，更无须就转让前企业的债权债务承担问题作出约定。第四，常青公司2000年10月12日出具一份承诺书，该承诺书载明："鉴于福州市常青实业有限公司股东代表练长清与陈如明于2000年7月6日签订《企业股份转让合同》并已开始履行。在该股份未办妥工商变更登记之前，我公司承诺陈如明先生有权对该股份转让合同所约定的范围进行投资建设并使用。"该承诺书的内容进一步证明本案所涉合同性质为股权转让合同。且根据你院请示报告所述，本案的原审被告林惠贞即常青公司的另一股东亦始终认为是股权转让。

综上，根据本案合同的名称、签约主体、合同的内容以及其他证据材料，可以充分认定本案合同为股权转让合同，你院合议庭及审判委员会多数人意见是正确的。

另，根据你院请示报告所述事实，常青公司原为全民所有制企业，诉争地块土地使用权的性质系划拨地，合法使用人是常青公司。本案常青公司股东通过签订股权转让合同，是否实质将该土地使用权转让他人从而改变了国有划拨土地使用权的性质，你院在审理案件时应予以注意，认真审查。

此复

《最高人民法院关于西安嘉侨电力有限公司与百营物业（中国）有限公司、百营物业（武汉）有限公司、施展望股权转让纠纷执行一案的请示的复函》（〔2006〕民四他字第13号）

湖北省高级人民法院：

你院鄂高法〔2006〕72号"关于西安嘉侨电力有限公司与百营物业（中国）有限公司、百营物业（武汉）有限公司、施展望股权转让纠纷执行一案的请示"收悉，经研究，答复如下：

本案当事人之一百营物业(中国)有限公司的注册地在英属处女岛,因此,本案在主体方面存在涉外因素,案涉裁决属于我国仲裁机构作出的涉外仲裁裁决,应当依据有关涉外仲裁司法审查的法律规定进行处理。

从本案程序方面来看,西安仲裁委员会的仲裁裁决作出后,百营物业(中国)有限公司等三被申请人向西安市中级人民法院申请撤销仲裁裁决。2005年4月14日,西安市中级人民法院以[2005]西民四仲字第35号裁定驳回了上述当事人的申请。根据我院法发[2005]26号最高人民法院《关于印发〈第二次全国涉外商事海事审判工作会议纪要〉的通知》内容的精神,当事人向人民法院申请撤销仲裁裁决被驳回后,又在执行程序中提出不予执行抗辩的,人民法院不予支持。武汉市中级人民法院以西安市中级人民法院上述裁定为根据,以[2005]武执字第00043-1号裁定驳回相关被执行人不予执行仲裁裁决的申请是有法律依据的。

从仲裁裁决本身来看,百营物业(武汉)有限公司、施展望虽然与西安嘉侨电力有限公司没有签订书面仲裁协议,但其在被通知参加仲裁后,即选定了仲裁员,提出了答辩意见,积极参加仲裁,该行为表明其认可了仲裁庭的管辖权,仲裁庭有权对本案作出裁决。

本案应当维持武汉市中级人民法院[2005]武执字第00043-1号裁定的相关内容,有关仲裁裁决应当予以执行。

此复

《最高人民法院关于德宝(远东)有限公司与天锋国际有限公司出资纠纷上诉一案合作协议效力问题的请示的复函》([2004]民四他字第26号)

湖北省高级人民法院:

你院[2003]鄂民四终字第46号《关于中国香港特别行政区德宝(远东)有限公司与中国香港特别行政区天锋国际有限公司出资纠纷上诉一案合作协议效力问题的请示》收悉。经研究,答复如下:

关于管辖权和法律适用问题,同意你院意见。香港德宝(远东)有限公司与香港天锋国际有限公司于1995年8月5日在香港订立《合作经营湖北德宝实业有限公司协议书》,将前者在合作企业湖北德宝实业有限公司中54%的股份划分为100股,转让其中49%的股份给后者。该协议处理的是香港德宝(远东)有限公司在中国内地设立的合作企业的股权,涉及该协议的履行行为主要发生在湖北,因此,可以认定协议履行地在中国内地。根据《中华人民共和国民事诉讼法》第二百四十三条之规定,武汉市中级人民法院作为合同履行地法院对本案享有管辖权。此外,武汉市中级人民法院已在2000年5月19日的《人民法院报》上公告送达了驳回管辖异议的裁定书,香港德宝(远东)有限公司未就该裁定提起上诉,反而进行了应诉答辩,应视为其已接受了中国内地法院的管辖,无权再提出管辖权异议。本案双方当事人没有在合同中约定解决其争议应适用的法律,依照《中华人民共和国民法通则》第一百四十五条的规定,应适用最密切联系原则确定准据法。本案双方当事人虽均为香港公司,协议书也在香港订立,甚至在境外作了部分履行,但协议的目的是为了转让设在内地的合作企业的股权,实现香港天锋国际有限公司在合作企业的经营及利益分配,因此,可以认定内地与该协议书具有更密切的联系,应适用中国内地的法律进行认定和处理。

关于合作协议书所反映法律关系的性质,同意你院审判委员会的第二种意见。湖北德宝实业有限公司的原始资本构成中不含香港天锋国际有限公司的投资,两当事人的签约行为发生在合作企业合同订立之后且约定转让香港德宝(远东)有限公司的股权,故依法应认定合作协议书属股权转让法律关系,认定隐名投资法律关系没有事实和法律依据。该合作协议书未履行法定的报批手续,依法应认定无效。

此复

《最高人民法院关于胡克诉王卫平、李立、李欣股东权纠纷一案的答复》（[2003]民二他字第4号）

河南省高级人民法院：

你院《关于股东未出资,亦未向股权转让人支付对价的股东地位如何认定问题的请示》收悉。经研究,答复如下：

原则同意你院第二种意见。从案卷反映的事实看,1993年12月30日,思达设备公司变更公司章程,以书面形式确认新老股东之间就股份转让以及转让的具体份额达成的一致意见,即在公司注册资金100万元不变的情况下,原始股东思达科技公司和胡克将部分股份转让给李欣、魏若其、李立、杨为民、王卫平等五位新股东。1994年4月18日思达设备公司股东会决议,同意吸收李立、李欣、王卫平、魏若其、杨为民为新的股东,原始股东各方的出资部分转让给该五位股东。此后,河南省工商行政管理局对思达设备公司进行年检时在年检报告"投资者投资情况"一栏将公司新老股东及其所占股份予以记载,该项记载具备将公司股东向社会公示的意义。从思达公司新老股东就股份转让达成合意、到公司股东会认可新股东的身份,直至工商行政管理部门通过年检报告将公司股东予以公示,思达设备公司股东完成了李立等人获得股东身份的必要程序。且李立等人自1993年12月30日受让股份,以股东身份行使权利(参与股东大会、参与公司运营决策等)已近10年,此时再否认其股东资格缺乏事实依据。股份转让时各当事人未就股份转让的对价问题做出明示约定,原始股东若就支付对价提出请求,可另案提起诉讼。

此复

典型案例指导

汤某龙诉周某海股权转让纠纷案[最高人民法院(2015)民申字第2532号民事裁定书,最高人民法院指导性案例67号]

【关键词】

民事股权转让 分期付款 合同解除

【裁判要点】

有限责任公司的股权分期支付转让款中发生股权受让人延迟或者拒付等违约情形,股权转让人要求解除双方签订的股权转让合同的,不适用《中华人民共和国合同法》第一百六十七条关于分期付款买卖中出卖人在买受人未支付到期价款的金额达到合同全部价款的五分之一时即可解除合同的规定。

【相关法条】

《中华人民共和国合同法》第九十四条、第一百六十七条

【基本案情】

原告汤某龙与被告周某海于2013年4月3日签订《股权转让协议》及《股权转让资金分期付款协议》。双方约定:周某海将其持有的青岛变压器集团成都双星电器有限公司6.35%股权转让给汤某龙。股权合计710万元,分四期付清,即2013年4月3日付150万元;2013年8月2日付150万元;2013年12月2日付200万元;2014年4月2日付210万元。此协议双方签字生效,永不反悔。协议签订后,汤某龙于2013年4月3日依约向周某海支付第一期股权转让款150万元。因汤某龙逾期未支付约定的第二期股权转让款,周某海于

同年10月11日，以公证方式向汤某龙送达了《关于解除协议的通知》，以汤某龙根本违约为由，提出解除双方签订的《股权转让资金分期付款协议》。次日，汤某龙即向周某海转账支付了第二期150万元股权转让款，并按照约定的时间和数额履行了后续第三、四期股权转让款的支付义务。周某海以其已经解除合同为由，如数退回汤某龙支付的4笔股权转让款。汤某龙遂向人民法院提起诉讼，要求确认周某海发出的解除协议通知无效，并责令其继续履行合同。另查明，2013年11月7日，青岛变压器集团成都双星电器有限公司的变更（备案）登记中，周某海所持有的6.35%股权已经变更登记至汤某龙名下。

【裁判结果】

四川省成都市中级人民法院于2014年4月15日作出（2013）成民初字第1815号民事判决：驳回原告汤某龙的诉讼请求。汤某龙不服，提起上诉。四川省高级人民法院于2014年12月19日作出（2014）川民终字第432号民事判决：一、撤销原审判决；二、确认周某海要求解除双方签订的《股权转让资金分期付款协议》行为无效；三、汤某龙于本判决生效后10日内向周某海支付股权转让款710万元。周某海不服四川省高级人民法院的判决，以二审法院适用法律错误为由，向最高人民法院申请再审。最高人民法院于2015年10月26日作出（2015）民申字第2532号民事裁定，驳回周某海的再审申请。

【裁判理由】

法院生效判决认为：本案争议的焦点问题是周某海是否享有《中华人民共和国合同法》（以下简称《合同法》）第一百六十七条规定的合同解除权。一、《合同法》第一百六十七条第一款规定，"分期付款的买受人未支付到期价款的金额达到全部价款的五分之一的，出卖人可以要求买受人支付全部价款或解除合同"。第二款规定，"出卖人解除合同的，可以向买受人要求支付该标的物的使用费。"《最高人民法院关于审理买卖合同纠纷案件适用法律问题的解释》第三十八条规定，"合同法第一百六十七条第一款规定的'分期付款'，系指买受人将应付的总价款在一定期间内至少分三次向出卖人支付。分期付款买卖合同的约定违反合同法第一百六十七条第一款的规定，损害买受人利益，买受人主张该约定无效的，人民法院应予支持"。依据上述法律和司法解释的规定，分期付款买卖的主要特征为：一是买受人向出卖人支付总价款分三次以上，出卖人交付标的物之后买受人分两次以上向出卖人支付价款；二是多发、常见在经营者和消费者之间，一般是买受人作为消费者为满足生活消费而发生的交易;三是出卖人向买受人授予了一定信用,而作为授信人的出卖人在价款回收上存在一定风险,为保障出卖人剩余价款的回收,出卖人在一定条件下可以行使解除合同的权利。本案系有限责任公司股东将股权转让给公司股东之外的其他人。尽管案涉股权的转让形式也是分期付款,但由于本案买卖的标的物是股权,因此具有与以消费为目的的一般买卖不同的特点:一是汤某龙受让股权是为参与公司经营管理并获取经济利益,并非满足生活消费;二是周某海作为有限责任公司的股权出让人,基于其所持股权一直存在于目标公司中的特点,其因分期回收股权转让款而承担的风险,与一般以消费为目的的分期付款买卖中出卖人收回价款的风险并不同等;三是双方解除股权转让合同,也不存在向受让人要求支付标的物使用费的情况。综上特点,股权转让分期付款合同,与一般以消费为目的的分期付款买卖合同有较大区别。对案涉《股权转让资金分期付款协议》不宜简单适用《合同法》第一百六十七条规定的合同解除权。二、本案中,双方订立《股权转让资金分期付款协议》的合同目的能够实现。汤某龙和周某海订立《股权转让资金分期付款协议》的目的是转让周某海所持青岛变压器集团成都双星电器有限公司 6.35%股权给汤某龙。根据汤某龙履行股权转让款的情况,除第 2 笔股权转让款 150 万元逾期支付两个月,其余 3 笔股权转让款均按约支付,周某海认为汤某龙逾期付款构成违约要求解除合同,退回了汤某龙所付 710 万元,不影响汤某龙按约支付剩余 3 笔股权转让款的事实的成立,且本案一审、二审审理过程中,汤某龙明确表示愿意履行付款义务。因此,周某海签订案涉《股权转让资金分期付款协议》的合同目的能够得以实现。另查明,2013 年 11 月 7 日,青岛变压器集团成都双星电器有限公司的变更(备案)登记中,周某海所持有的 6.35%股权已经变更登记至汤某龙名下。三、从诚实信用的角度,《合同法》第六十条规定,"当事人应当按照约定全面履行自己的义务。当事人应当遵循诚实信用原则,根据合同的性质、目的和交易习惯履行通知、协助、保密等义务"。鉴于双方在股权转让合同上明确约定"此协议一式两份,双方签字生效,永不反悔",因此周某海即使依据《合同法》第一百六十七条的规定,也应当首先选择要求汤某龙支付全部价款,而不是解除合同。四、从维护交易安全的角度,一项有限责任公司的股权交易,关涉诸多方面,如其他股东对受让人汤某龙的接受和信任(过半数同意股权转让),记载到股东名册和在工商部门登记股权,社会成本和影响已经倾注其中。本案中,汤某龙受让股权后已实际参与公司经营管理、股权也已过户登记到其名下,如果不是汤某龙有根本违约行为,动辄撤销合同可能对公司经营管理的稳定产生不利影响。综上所述,本案中,汤某龙主张的周某海依据《合同法》第一百六十七条之规定要求解除合同依据不足的理由,于法有据,应当予以支持。

张某某诉李某某等股权转让纠纷案[人民法院案例库 2023-08-2-269-002,上海市第二中级人民法院(2020)沪02民终7420号民事判决]

股权转让协议的双方在协议中明确约定各方对转让前后的债务承担,股权受让方在受让后发现公司需负担转让前未结清的债务,主张股权转让方承担违约责任的,法院应予支持。违约赔偿责任应以实际损失为限,可通过股权受让方持股比例、股权转让金额等因素综合确定。如果股权转让协议中并没有约定双方股权转让金额的计算方式,那么需要股权受让方举证证明其实际损失,因为实际承担债务的是目标公司,而不是股权受让方,公司承担债务仅能导致公司财产减少,但张某某作为股东实际产生的损失并不等于公司承担的债务金额,如果股权转让协议中约定了在这种情况下,股权转让方应当承担违约责任,并约定了违约责任的具体计算方式,那张某某可以基于该约定主张,如果李某某认为该违约金过高,需要法院调整,也应承担相应的举证责任。如果既未约定违约责任的计算方式,又不能从股权转让款的计算方式来确定股权受让方的实际损失,那么股权受让方应当举证证明其实际受到的损失,此时,法院需要通过股权受让方持股比例、股权转让金额等各种因素综合确定股权受让方的实际损失。

中静实业(集团)有限公司与上海电力实业有限公司、中国水利电力物资有限公司、上海新能源环保工程有限公司、上海联合产权交易所股权转让纠纷案[2016年4月8日《最高人民法院发布十起依法平等保护非公有制经济典型案例》案例8]

【基本案情】

民营企业中静实业(集团)有限公司(以下简称中静公司)、国有企业上海电力实业有限公司(以下简称电力公司)系上海新能源环保工程有限公司(以下简称新能源公司)的股东,分别持股38.2%、61.8%。2012年2月15日,新能源公司通过股东大会决议:同意电力公司转让其所持股份,转让价以评估价为依据;中静公司不放弃优先购买权。5月25日,新能源公司将股权公开转让材料报送某产权交易所。6月1日,产权交易所公告新能源公司61.8%股权转让的信息。7月2日,中静公司向产权交易所发函称,根据框架协议及补充协议,系争转让股权信息披露遗漏、权属存在争议,中静公司享有优先购买权,请求产权交易所暂停挂牌交易,重新披露信息。7月3日,中国水利电力物资有限公司(以下简称水利公司)与电力公司通过产权交易所签订产权交易合同。9月11日,新能源公司向水利公司出具出资证明书,并将其列入公司股东名册,但未能办理工商变更登记。中静公司诉至法院,认为电力公司擅自转让股份侵害了其优先购买权,请求判令中静公司对电力公司转让给水利公司的新能源公司61.8%股权享有优先购买权,并以转让价48,691,000元行使优先购买权。

【裁判结果】

上海市黄浦区人民法院一审认为:股东优先购买权是公司法赋予股东的法定权利。《公司法》第七十一条规定:"有限责任公司的股东之间可以相互转让其全部或者部分股权。股东向股东以外的人转让股权,应当经其他股东过半数同意。股东应就其股权转让事项书面通知其他股东征求同意,其他股东自接到书面通知之日起满三十日未答复的,视为同意转让。其他股东半数以上不同意转让的,不同意的股东应当购买该转让的股权;不购买的,视为同意转让。经股东同意转让的股权,在同等条件下,其他股东有优先购买权。两个以上股东主张行使优先购买权的,协商确定各自的购买比例;协商不成的,按照转让时各自的出资比例行使优先购买权。公司章程对股权转让另有规定的,从其规定。"本案中,中静公司未明示放弃优先购买权,且在股权交易前向产权交易所提出了异议,产权交易所在对中静公司提出的异议未予答复,且未告知交易是否如期进行的情况下,直接将电力公司股权拍卖给水利公司,侵害了中静公司的优先购买权,电力公司与水利公司的股权转让合同不发生效力。判决:中静公司对电力公司转让给水利公司的61.8%新能源公司的股权享有优先购买权。电力公司、水利公司上诉后,上海市第二中级人民法院判决驳回上诉,维持原判。

【典型意义】

本案是保护民营企业在有限责任公司股权转让时享有优先购买权的典型案例。电力公司作为国有企业,转让其股权时必须进场交易,但进场交易不能侵害其他股东的权利。产权交易所在中静公司提出异议却未告知是否如期交易的情况下,将电力公司的股权转让给水利公司,侵害了中静公司的优先购买权。人民法院审理本案时,平等对待不同所有制股东,依法保护非公有制企业中静公司的优先购买权。混合所有制经济中,应当平等保护公有制经济主体与非公有制经济主体。由于混合所有制企业中,不同所有制经济主体的权利体现为对混合所有制企业的股权,故保护非公有制经济主体的权利就体现为对其股东权利的保障。有限责任公司中,股东对外转让股权时,其他股东的优先购买权是股权的重要内容之一,应依法予以保护。人民法院支持中静公司要求行使优先购买权的主张,体现了对混合所有制企业中非公有制股东的平等保护。

福建万坤地工贸有限公司、思必诺(厦门)医疗健康设备控股有限公司居间合同纠纷案[福建省厦门市中级人民法院(2020)闽02民终1357号民事判决书,《人民司法·案例》2023年第8期]

委托人接受中介方提供的订立合同机会与媒介服务,就交易标的以股权交易方式进行替代交易的,应认定中介方已完成居间或中介服务、促成合同成立,委托人应按约定向中介方支付相应报酬。

无锡盛业海港股份有限公司诉国民信托有限公司股权转让纠纷案[北京市东城区人民法院(2019)京0101民初4729号民事判决书,《人民司法·案例》2021年第35期]

信托公司以募集的信托资金专项用于受让目标公司及向目标公司增资,目标公司的股东在回购期限内以投资本金加固定收益回购目标公司股权,对于该种交易模式应探求当事人真实意思表示。各方关于股权回购之约定及股权变更登记的履行并非旨在通过股权合作共同经营目标公司,而是通过股权让与担保的方式保证投资公司回收本金及实现固定债权收益,案涉交易应认定名为股权投资,实为金融借款。

山东华立投资有限公司与新加坡 LAURITZKNUDSENELECTRIC CO. PTE. LTD. 股权转让合同纠纷上诉案[2017年5月15日《最高人民法院发布的第二批涉"一带一路"建设典型案例》案例7]

【基本案情】

埃尔凯公司原为外商独资企业,于2010年9月14日变更为中外合资经营企业,新加坡 LAURITZKNUDSENELECTRIC CO. PTE. LTD.(以下简称LKE公司)是合资方之一。2010年10月,LKE公司与华立公司签订《增资扩股协议》,约定华立公司对埃尔凯公司投资人民币2000万元,华立公司和LKE公司增资扩股,并约定如果LKE公司违反协议任何条款并使协议目的无法实现,华立公司有权终止协议并收回增资扩股投资款项。2010年12月6日,双方又签订一份《股权转让协议》,约定:鉴于埃尔凯公司将申请改制成立股份有限公司即目标公司,改制后华立公司占有目标公司股份800万股。在2013

年10月10日后,华立公司有权向LKE公司提出以原始出资额为限转让目标公司股权份额,LKE公司承诺无条件以自身名义或指定第三方收购华立公司提出的拟转让股份。2011年1月27日,埃尔凯公司的各方股东签订《增资扩股协议》,华立公司溢价认购埃尔凯公司增资,并占10%股权。华立公司有权在出现合同约定情形时通知LKE公司后终止本协议,并收回此次增资扩股的投资。该协议经主管部门批准后各方办理股权变更登记,华立公司持有埃尔凯公司10.001%股权,LKE公司拥有76.499%股权。华立公司以LKE公司拒不依约履行增资义务,又不及时履行回购股份担保责任为由,向广东省珠海市中级人民法院提起诉讼,请求判令LKE公司收购华立公司所持有的埃尔凯公司股权并支付款项人民币2000万元及利息。

【裁判结果】

广东省珠海市中级人民法院一审认为,华立公司请求LKE公司收购华立公司持有的埃尔凯公司的股权缺乏事实和法律依据。据此判决驳回华立公司的全部诉讼请求。华立公司不服一审判决,以双方协议性质实为股权投资估值调整协议,故其有权在融股公司不能按期上市时请求回购股权为由提出上诉。广东省高级人民法院二审认为,《股权转让协议》的内容是附事实条件的股权转让,即只有在埃尔凯公司改制成为股份有限公司后,华立公司才能将其所持有的埃尔凯公司的股权转让给LKE公司。该协议对将来发生事实的约定未违反中国法律、行政法规的强制性规定,依法应认定有效。股权投资估值调整协议是投资公司在向目标公司投资时为合理控制风险而拟定的估值调整条款。订约双方一般会约定在一个固定期限内要达成的经营目标,在该期限内如果企业不能完成经营目标,则一方应当向另一方进行支付或者补偿。但《股权转让协议》并没有将埃尔凯公司改制成为股份有限公司作为双方预先设定的经营目标,且协议中也没有约定作为股东的LKE公司在目标公司埃尔凯公司无法完成股份制改造情况下应承担股权回购的责任。双方在履行协议过程中,既没有出现违约行为导致协议终止的情形,华立公司也已于2011年6月9日取得埃尔凯公司的股权,故华立公司依据《股权转让协议》和《增资扩股协议》请求收回增资扩股投资款的理由缺乏事实和法律依据。据此,广东省高级人民法院判决驳回上诉,维持原判。

【典型意义】

本案是一宗中国国内公司通过股权转让形式对中外合资企业进行投资的案件,其典型意义在于如何判断当事人在合同中约定的股权回购条款的性质,是否属于新型的投融资方式即股权投资估值调整协议,以及该种约定能否得到支持。该判决一方面肯定了股东之间为适应现代市场经济高度融资需求有权自治约定股权投资估值调整的内容;另一方面坚持股权投资估值调整的合意必须清晰地约定于合同中的原则。针对本案《股权转让协议》没有设定经营目标也没有约定埃尔凯公司无法完成股份制改造时由 LKE 公司承担股权回购责任的情况,认定双方真实意思表示是先将埃尔凯公司改制成为股份有限公司,故股权转让协议性质为附未来事实条件的股权转让。在埃尔凯公司改制成为股份有限公司这一条件未成就前,华立公司无权请求 LKE 公司回购股权。该案判决运用文义解释方法,确定当事人的投资意思表示,并有效避免公司资本被随意抽回,维持了中外投资者合资关系的稳定性,依法保护了投资者权益,对于"一带一路"新型投资方式的有序开展起到强有力的保障作用。

左某诉北京鑫丰汇川投资顾问有限公司、宁强泛珠泉实业发展有限公司股权转让纠纷案[北京市第三中级人民法院(2017)京 03 民终 14093 号民事判决书,《人民司法·案例》2019 年第 14 期]

认定股权转让合同中转让人是否具有股权转让的意思表示,首先应当从其行为意思、表示意思及效果意思方面进行考量,在转让人不具备转让股权意思表示的主观要素时,仅因办理股权变更登记时出示了转让人身份证原件,不能推定转让人具有股权转让的真实意思表示。我国有限责任公司的股权变动采登记对抗主义,股权转让合同无效对股权变动的影响应区分对内效力与对外效力,在第三人善意取得被转让的股权后,被冒名转让股东可向冒名行为人主张损害赔偿。

李某春、陈某良等诉浙江钱塘控股集团有限公司、安徽钱塘矿业有限公司股权转让纠纷案[浙江省高级人民法院(2017)浙民终 70 号民事判决书,《人民司法·案例》2017 年第 32 期]

矿业权与股权是两种不同的民事权利,矿业权转让合同与矿山企业股权转让合同的本质区别在于是否涉及矿业权主体的变更。若矿山企业股权转让不导致矿业权主体的变更,则不属于矿业权转让,转让合同无须经批准生效。当事人以矿业权转让纠纷为由主张合同无效,不应予以支持。

孙某荣与杨某香、廊坊愉景房地产开发有限公司公司增资纠纷案[最高人民法院 2016 年 12 月 19 日民事判决书,《最高人民法院公报》2017 年第 8 期(总第 250 期)]

收条作为当事人之间收付款的书证、直接证据,对证明当事人之间收付款的事实具有一定的证明效力,但如果收条记载的内容与当事人之间实际收付款的时间、金额存在不一致的情形,仅凭收条不足以充分证明实际收付款情况,人民法院还应结合汇款单、票据等资金结算凭证,对收条中记载的资金是否实际收付加以综合判断认定。股权转让属于股权的继受取得,增资入股则是股权的原始取得。当事人之间协议将取得股权的方式由股权转让变更为增资入股后,原股权转让合同即被其后签订的增资入股合同所更替而终止。根据定金合同的从属特征,作为原股权转让合同从合同的定金合同亦相应消灭,定金罚则不应再适用。

朱某凯诉韩某进股权让与、担保合同纠纷案[江苏省淮安市淮阴区人民法院(2013)淮商初字第0295号民事判决书,《人民司法·案例》2014年第16期]

债务人与债权人以股权转让方式为债权实现担保的,属于市场经济发展中的特殊担保类型,其能够弥补典型担保和其他非典型担保方式之缺陷,为股权质押方式之有益补充。债权人与债务人签订的名为股权转让实为股权让与担保的合同,系双方当事人的真实意思表示,未违反法律及行政法规的强制性规定,此种担保方式为合法有效。债务人未按约定归还债务的,不能以股权转让无效为由要求返还股权。但借款协议中的流质条款系无效条款,债务人依法清偿债务后,有权要求债权人归还股权。

大宗集团有限公司、宗某晋与淮北圣火矿业有限公司、淮北圣火房地产开发有限责任公司、涡阳圣火房地产开发有限公司股权转让纠纷案[最高人民法院(2015)民二终字第236号民事判决书,《最高人民法院公报》2016年第6期(总第236期)]

矿业权与股权是两种不同的民事权利,如果仅转让公司股权而不导致矿业权主体的变更,则不属于矿业权转让,转让合同无须地质矿产主管部门审批,在不违反法律、行政法规强制性规定的情况下,应认定合同合法有效。迟延履行生效合同约定义务的当事人以迟延履行期间国家政策变化为由主张情势变更的,不予支持。

薛某懿等四人与西藏国能矿业发展有限公司、西藏龙辉矿业有限公司股权转让合同纠纷案[最高人民法院(2014)民二终字第205号民事判决书,2016年7月12日《最高人民法院发布十起审理矿业权民事纠纷案件典型案例》案例七]

股权转让,是指公司股东依法将自己的股东权益有偿转让给他人,使他人取得股权的民事法律行为。采矿权转让,是指已取得采矿权的矿山企业,因企业合并、分立,与他人合资、合作经营,或者因企业资产出售以及其他变更企业资产产权的情形而需要变更采矿权主体,经审批管理机关依法批准将采矿权转让他人开采的行为。当事人之间签订合作协议,但是对于是矿业权转让还是企业股权转让有争议的,但未涉及探矿权人更名及探矿权转让的相关审批手续的,应认定为股权转让协议。

罗某远与富华公司股权确认纠纷上诉案[广东省高级人民法院(2005)粤高法民三终字第251号民事判决书,《人民司法·案例》2007年第14期]

原审关于本案专利权属职务发明的判决正确,双方当事人已无争议,应予维持。根据《公司法》的有关规定,公司享有的法人财产权包括资金、实物和无形资产等,股东按照享有公司股权的份额大小行使资产受益、重大决策等股东权益。罗某远与陈某炽等人签订的股权转让合同和股东转让出资合同书等协议已实际履行,并经工商机关变更登记,罗某远已不再具有富华公司股东身份。同时,即使罗某远仍然是公司股东,在公司正常存续期间也无权请求分割公司财产。其次,在本案股权转让合同中,双方均无权也不应作出任何约定对富华公司的资产进行处分。公司股权的转让是一种概括转让,是股东出让处分自己股权的行为,不应涉及对公司债权债务以及所有资金、实物和无形资产的处分,故不论股权转让时双方是否约定转让涉案专利权,罗某远主张对公司无形资产享有50%的所有权均没有事实和法律依据。法院遂判决驳回上诉,维持原判。

山西京海公司等诉莱芜钢铁集团莱芜矿业有限公司股权转让纠纷案
[2018年6月4日《最高人民法院发布10起人民法院服务保障新时代生态文明建设典型案例》案例六]

【基本案情】

2010年10月30日,山西京海公司等三企业与莱芜矿业公司签订《转让合同》,约定山西京海公司等在尽可能短的时间内完成矿业权整合,并注册成立新公司,作为完成整合后的唯一矿业权人;莱芜矿业公司受让持有矿业权的新公司全部资产。合同签订后,山西京海公司等将矿山和实物资产全部交予莱芜矿业公司。此后,山西京海公司等将矿业权整合方案上报审批。2014年9月1日,新矿业权人丰镇京海公司取得全部整合范围的矿业权。2012年5月29日,莱芜矿业公司提出终止《转让合同》。2012年6月5日,山西京海公司等回函声明不存在违约情况,拒绝接管财产。此后,双方多次函件往来。2012

年8月15日,莱芜矿业公司发出通知,要求山西京海公司等派员接管所有资产,返还预付款等。2014年9月11日,山西京海公司函告莱芜矿业公司,要求莱芜矿业公司派员办理丰镇京海公司的全部股权转让手续。山西京海公司等向法院提起诉讼,请求莱芜矿业公司继续履行合同、支付剩余价款,配合将丰镇京海公司的全部股权变更登记至莱芜矿业公司,并赔偿拒绝履行合同的利息损失。莱芜矿业公司提出反诉,请求确认《转让合同》已解除,山西京海公司等连带返还预付款。

【裁判结果】

内蒙古自治区高级人民法院一审认为,本案性质为股权转让纠纷。山西京海公司等最终完成资源整合,不存在违约行为,莱芜矿业公司提出解除合同的行为不发生效力,合同应继续履行。遂判决莱芜矿业公司继续履行《转让合同》,支付剩余合同价款,配合将丰镇京海公司的全部股权变更登记至莱芜矿业公司。最高人民法院二审认为,矿业权登记在矿山法人企业名下,成为法人财产。虽然矿山法人股权转让可能造成公司资产架构、实际控制人等方面的变动,对矿业权的行使产生影响,但基于公司法人人格独立原则,公司股权转让与公司持有的矿业权转让性质不同,两者在交易主体、交易标的、审批程序、适用法律等方面均存在差别。山西京海公司等将矿业权和实物资产交付莱芜矿业公司,将完成整合后的矿业权划转到丰镇京海公司名下,其与莱芜矿业公司基于合同约定发生的是丰镇京海公司股权转让的法律关系,依法不需行政审批。合同解除权的行使应以符合约定或者法定解除条件为前提,即提出解除合同的一方当事人应以拥有约定解除权或者法定解除权为前提。莱芜矿业公司不具备约定或者法定合同解除权,其关于山西京海公司等未在法定期限三个月内提起异议之诉,解除合同通知当然发生效力的主张不能成立。山西京海公司曾催告莱芜矿业公司协助办理股权变更手续,莱芜矿业公司不予配合,致使股权变更约定未能履行,不利后果应由莱芜矿业公司承担。最高人民法院二审维持原判。

【典型意义】

本案系矿产资源整合过程中矿山法人企业股权转让引发的纠纷,如何准确认定合同性质是审理此类案件的重点和难点。本案中,转让人已将案涉矿业权登记在约定的目标公司名下,其与受让人之间基于合同约定发生的是新矿业权人股权转让的法律关系。矿业权人股权转让与矿业权转让性质不同,在不变更矿业权主体、不发生采矿权和探矿权权属变更的情况下,不宜将股权转让行为视同变相的矿业权转让行为。同时，本案判决明确合同解除权的行使应符合合同约定的解除条件或者法定的解除条件，对于依法确定解除合同通知效力，防止合同解除权的滥用、保护诚信履约方亦具有积极意义。

吉美投资有限公司（GeMeiInvestmentLimited）与河南鹰城集团有限公司、张某义、张某股权转让纠纷案［最高人民法院（2017）最高法民终651号民事判决书，最高法发布第三批涉"一带一路"建设典型案例］

【基本案情】

2012年7月，吉美公司与鹰城集团及华丰集团，经批准设立了外商投资企业鹰城房地产公司。2016年3月，吉美公司与鹰城集团签署《股权转让合同》，约定：吉美公司将其持有的鹰城房地产公司40%的股权，以1亿元价格转让给鹰城集团，鹰城集团于2016年3月31日前支付吉美公司。合同自各方签字或盖章之日起成立，自审批机关批准之日生效。2016年4月11日，平顶山商务局作出同意股权转让的批复，同日又发出通知书，根据鹰城房地产公司撤回申请，不再继续受理股权转让报批事项，故未作出批准证书。吉美公司据此提起诉讼，请求鹰城集团支付1亿元股权转让款。

【裁判结果】

最高人民法院审理认为，2016年10月1日起，我国对外商投资准入特别管理措施以外的外商投资企业的设立、变更，已由行政审批制转为备案管理制。对不属于外资准入负面清单的外商投资企业的股权转让合同，不再将审批作为认定合同生效的要件。当事人关于"自审批机关批准之日起生效"的约定，亦不再具有限定合同生效条件的意义，应当认定合同有效。鹰城集团最迟付款履行期间已经届满，故判决鹰城集团向吉美公司支付股权转让款1亿元。

【典型意义】

我国外商投资管理体制自2016年10月1日起实施重大改革，将运行多年的全面审批制改为普遍备案制与负面清单下的审批制。如何认定备案的性质以及履行期限跨越新法实施日的外商投资企业合同的效力，是司法实践中亟待解决的问题。本案的裁判规则指出，备案不再构成外商投资负面清单以外的外商投资企业合同的生效要件。相应地，未报批的该类外商投资企业股权转让合同亦为生效合同。该判决所确立的裁判规则对于指导外商投资企业纠纷的处理、保护外商投资者的合法权益具有重要意义。

唐某祥与林某丰股权转让纠纷案［福建省漳州市中级人民法院（2019）闽06民终1800号民事判决书，《人民司法·案例》2020年第11期］

股权转让协议系双方当事人的真实意思表示，亦不存在《合同法》第五十二条关于合同无效规定的情形，股权转让协议有效。对股东优先权的保护，并不需要否定股权转让合同的效力，而只要股权权利不予变动，阻止股东以外的股权受让人成为新股东即可。

梁某武诉马某股权转让纠纷案［四川省宜宾市中级人民法院（2019）川15民终1525号民事判决书，《人民司法·案例》2020年第8期］

转让股东与非股东受让方之间的股权转让合同具有独立性，股东优先购买权的存在及行使与否均不影响股权转让合同是否生效，只能影响转让合同能否履行。根据《合同法》第一百一十条第（一）项"法律上不能履行的，当事人一方不可以要求履行"之规定，该股权转让合同法律上不能履行之"法律"便是指《公司法》第七十一条规定的股东优先购买权。

A公司等与B公司等股权转让纠纷上诉案［最高人民法院（2019）最高法民终424号民事判决书，《人民司法·案例》2020年第2期］

股权转让合同中，股东家庭成员的代签行为在没有取得股东明确授权和事后追认的情况下，属于无权代理，但还应考察该行为是否构成表见代理。股权虽然具有人身属性，但是夫妻、父子关系作为特殊社会关系，在其中一方处置另一方所有且如此巨大的财产时，另一方完全不知情，不符合日常经验法则，此时应结合案件的相关事实进行综合判断。如因被代理人容忍家庭成员作为其代理人出现，股权受让方有理由相信代股东签字的行为人有代理权，则构成容忍型表见代理。

深圳市标榜投资发展有限公司与鞍山市财政局股权转让纠纷案［最高人民法院（2016）最高法民终802号民事判决书，《最高人民法院公报》2017年第12期（总第254期）］

本案的《股份转让合同书》虽已经成立，但因未经有权机关批准，应认定其效力为未生效。标榜公司主张涉案合同已经鞍山市人民政府批准，其所依据的是鞍山市国有银行股权转让说明书，但该说明书仅是鞍山市人民政府对涉案股权挂牌出让的批准，并非对涉案《股份转让合同书》的批准。裁决要点如下。第一，合同约定生效要件为报批允准，承担报批义务方不履行报批义务的，应当承担缔约过失责任。第二，缔约过失人获得利益以善意相对人丧失交易机会为代价，善意相对人要求缔约过失人赔偿的，人民法院应予支持。第三,除直接损失外,缔约过失人对善意相对人的交易机会损失等间接损失,应予赔偿。间接损失数额应考虑缔约过失人过错程度及获得利益情况、善意相对人成本支出及预期利益等,综合衡量确定。

北京新奥特公司诉华融公司股权转让合同纠纷案[最高人民法院(2003)民二终字第143号民事判决书,《最高人民法院公报》2005年第2期(总第100期)]

争议焦点为股权转让方与受让方的股权转让协议,因公司其他股东行使优先购买权而终止履行所造成的损失,如何在转让方和受让方之间分配。法院认为,因双方当事人的过错,导致股权转让协议终止履行,一方当事人因准备协议履行及实际履行中产生的损失,应由双方共同承担民事责任。股权转让方与受让方明知公司的其他股东可以行使优先购买权,仍然订立股权转让协议,后因公司其他股东行使优先购买权而终止履行,因此造成的损失,股权的转让方与受让方都存在过错,按照《合同法》第五十八条的规定,双方均需在各自过错范围内承担责任,对于过错比例的裁量,由法院审理决定。

彭某静与梁某平、王某山、河北金海岸房地产开发有限公司股权转让侵权纠纷案[最高人民法院(2007)民二终字第219号民事判决书,《最高人民法院公报》2009年第5期(总第151期)]

1. 夫妻双方共同出资设立公司的,应当以各自所有的财产作为注册资本,并各自承担相应的责任。因此,夫妻双方登记注册公司时应当提交财产分割证明。未进行财产分割的,应当认定为夫妻双方以共同共有财产出资设立公司,在夫妻关系存续期间,夫或妻名下的公司股份属于夫妻双方共同共有的财产,作为共同共有人,夫妻双方对该项财产享有平等的占有、使用、收益和处分的权利。

2. 夫或妻非因日常生活需要对夫妻共同财产做重要处理决定,夫妻双方应当平等协商,取得一致意见。他人有理由相信夫或妻一方做出的处理为夫妻双方共同意思表示的,另一方不得以不同意或不知道为由对抗善意第三人。因此,夫或妻一方转让共同共有的公司股权的行为,属于对夫妻共同财产做出重要处理,应当由夫妻双方协商一致并共同在股权转让协议、股东会决议和公司章程修正案上签名。

3. 夫妻双方共同共有公司股权的,夫或妻一方与他人订立股权转让协议的效力问题,应当根据案件事实,结合另一方对股权转让是否明知、受让人是否为善意等因素进行综合分析。如果能够认定另一方明知股权转让,且受让人是基于善意,则股权转让协议对于另一方具有约束力。

昆明哦客商贸有限公司、熊某民与李某友等股东资格确认纠纷案[江西省高级人民法院(2020)赣民终294号民事判决书,《最高人民法院公报》2022年第6期]

名为股权转让,但转让各方资金往来表现为借贷关系,存在以债务清偿为股权返还条件、转让后受让方未接手公司管理、表达了担保意思等不享有股东权利特征的,应当认定为股权让与担保,股权让与担保权人仅为名义股东,不实际享有股东权利。股权让与担保人请求确认自己享有的股权的,应予支持。在清偿完被担保的债务前,股权让与担保人请求变更股权登记至其名下的,不予支持。人民法院在处理股权让与担保纠纷案件时,应注意审查相关合同的具体约定,准确认定当事人的真实意思表示,充分尊重当事人的意思自治;注意参照质押担保的法律要件准确认定股权让与担保,是否移交公司经营权并非必要要件;注意在涉及移交公司经营权的案件中,综合考虑担保权人的投资和经营贡献、市场行情等因素,运用利益平衡原则妥善处理因经营损益、股权价值变动等引发的纠纷。

某创业投资公司与某公司、唐某某、马某等股东资格确认纠纷案(天津法院2022年8月发布涉公司类案件纠纷典型案例之4)

法院生效判决认为:公司的名义股东与实际出资人不一致的情形下,实际出资人与名义股东之间有关投资权益的约定,属于双方之间的内部约定。有限责任公司具有人合性的特点,股东之间的信赖关系是公司良性运行的基础,公司法司法解释基于上述原因对实际出资人显名化作出了限制性规定。本案中武某虽然去世,但其他股东对其继承人继承股权未提出异议,某公司的人合性并未丧失,在马某、唐某某表示不同意实际出资人显名化的情形下,某创业投资公司的诉讼请求不应予以支持,故判决驳回某投资创业公司的诉讼请求。

【典型意义】

完善现代企业制度、推进公司治理现代化,是我国企业改革发展的重要任务,我国《公司法》旨在规范公司的组织和行为,保护公司、股东和债权人的合法权益。作为重要的市场主体,公司的设立和行为是否规范,治理结构是否科学合理,直接关系到公司能否以最有效的方式从事经营活动。本案通过分析公司法及其司法解释有关隐名股东请求显名化的立法目的,明确了此类案件的裁判规则,即基于有限责任公司的人合性特征,实际出资人未能提供证据证明有限责任公司过半数的其他股东知道实际出资的事实,即使名义出资人丧失权利能力或者行为能力,其他股东对于隐名股东要求显名化仍具有选择权。

黑龙江闽成投资集团有限公司与西林钢铁集团有限公司、第三人刘某平民间借贷纠纷案[最高人民法院(2019)最高法民终133号民事判决书,《最高人民法院公报》2020年第1期]

当事人以签订股权转让协议方式为民间借贷债权进行担保,此种非典型担保方式为让与担保。在不违反法律、行政法规效力性强制性规定的情况下,相关股权转让协议有效。签订股权让与担保协议并依约完成股权登记变更后,因借款人未能按期还款,当事人又约定对目标公司的股权及资产进行评估、抵销相应数额债权、确认此前的股权变更有效,并实际转移目标公司控制权的,应认定此时当事人就真实转让股权达成合意并已实际履行。以此为起算点一年以后借款人才进入重整程序,借款人主张依破产法相关规定撤销该以股抵债行为的,不应支持。对于股权让与担保是否具有物权效力,应以是否已按照物权公示原则进行公示作为核心判断标准。在股权质押中,质权人可就已办理出质登记的股权优先受偿。在已将作为担保财产的股权变更登记到担保权人名下的股权让与担保中,担保权人形式上已经是作为担保标的物的股份的持有者,其就作为担保的股权所享有的优先受偿权利,更应受到保护,原则上享有对抗第三人的物权效力。当借款人进入重整程序时,确认股权让与担保权人享有优先受偿的权利,不构成《企业破产法》第十六条规定所指的个别清偿行为。以股权设定让与担保并办理变更登记后,让与担保权人又同意以该股权为第三人对债务人的债权设定质押并办理质押登记的,第三人对该股权应优于让与担保权人受偿。

滁州市众鑫包装有限公司与赵某某等追收未缴出资纠纷案[安徽省滁州市中级人民法院(2019)皖11民终3138号民事判决书,最高人民法院发布"人民法院高质量服务保障长三角一体化发展典型案例"]

债务人或第三人与债权人订立的合同名为股权转让,实为股权让与担保,应当以当事人的真实意思表示确定双方的权利义务关系。虽然股权已办理变更登记记载于受让人名下,由于该股权受让人并非真正意义上的股东,他人亦不能以发起人股东未全面履行出资义务为由,主张名义上的股权受让人对转让人出资不足部分承担连带缴纳义务。

胡某奇与北京博源工贸有限责任公司等股东资格确认纠纷案[北京市第一中级人民法院(2019)京01民终2736号民事判决书,《人民司法·案例》2021年第8期]

债务人通过将股权转让至债权人名下为债务提供担保的,成立股权让与担保法律关系。由于股权权能的分离,在债权人与公司关系上,债权人仅享有财产性权利,不享有身份性权利,在债务人与公司关系上,债务人仅享有身份性权利,不享有财产性权利,在双方与公司外第三方关系上,需要根据第三方的具体请求指向,在债权人和债务人之间进行权利义务分配。

伯利兹籍居民张某某与谢某某、深圳澳鑫隆投资有限公司等合同纠纷案

[最高人民法院(2020)最高法商初5号民事判决书,2023年9月27日《最高人民法院发布第四批涉"一带一路"建设典型案例》案例七]

【基本案情】

美达菲公司最初由达菲公司和澳鑫隆公司分别持股56.14%和43.86%。根据2013年至2014年达菲公司、澳鑫隆公司、美达菲公司等签署的一系列协议,张某某系达菲公司、澳鑫隆公司、美达菲公司的实际控制人,达菲公司及其关联公司将美达菲公司100%股权变更登记至创东方企业名下作为向创东方企业融资的风险保障措施。后张某某、达菲公司与澳鑫隆公司、谢某某等签订协议,约定澳鑫隆公司股权正式由谢某某等持有,并由澳鑫隆公司筹资用于回购登记在创东方企业名下的美达菲公司99%股权,还约定张某某和达菲公司有权在澳鑫隆公司完成回购后12个月内向澳鑫隆公司购买美达菲公司99%的股权以及购买的价款等。该协议签订后,澳鑫隆公司筹资回购了美达菲公司99%股权并完成了工商变更登记。张某某认为案涉协议约定的有关美达菲公司股权的交易安排系股权让与担保,其作为美达菲公司的实际控制人,请求确认登记在澳鑫隆公司名下的美达菲公司99%股权系谢某某提供的让与担保措施并确认美达菲公司43.86%的股权归其所有。达菲公司另案起诉请求确认相关交易安排系让与担保并确认美达菲公司55.14%的股权归其所有。

【裁判结果】

最高人民法院经审理认为,区分股权让与担保和股权转让,主要应从合同目的以及合同是否具有主从性特征来判断。案涉协议没有张某某、达菲公司向澳鑫隆公司借款的约定,也没有就以美达菲公司99%股权向澳鑫隆公司进行让与担保进行约定,未体现让与担保的从属性特征。案涉协议有关张某某、达菲公司可以在约定的期限内向澳鑫隆公司购买美达菲公司99%股权的约定系相关各方达成的一种商业安排,不同于让与担保中采用的转让方应当在一定期限届满后回购所转让财产的约定。且根据案涉协议,澳鑫隆公司对美达菲公司的经营权仅在回购期内受到一定限制,并未约定对回购期满后澳鑫隆公司的股东权利进行任何限制,亦不同于股权让与担保常见的对受让方股东权利进行限制的约定。即便张某某原为美达菲公司的实际控制人,但未曾直接持有美达菲公司股权,张某某主张美达菲公司股权归其所有欠缺请求权基础。综上,判决驳回张某某的全部诉讼请求。

【典型意义】

本案是最高人民法院国际商事法庭审理的国际商事案件,涉及多份商事合同,相关交易安排参与主体众多,交易背景和交易设计复杂,争议所涉公司股权价值巨大,本案的裁判说理就如何识别股权让与担保和有回购条款的股权转让这一疑难法律问题提供了清晰的指引。

> **第八十五条 【强制执行程序下的股权转让】**人民法院依照法律规定的强制执行程序转让股东的股权时,应当通知公司及全体股东,其他股东在同等条件下有优先购买权。其他股东自人民法院通知之日起满二十日不行使优先购买权的,视为放弃优先购买权。

条文应用提示 ●●●●●●

人民法院依照法律规定的强制执行程序转让股东的股权,是指人民法院依照《民事诉讼法》等法律规定的执行程序,强制执行生效的法律文书时,以拍卖、变卖或者其他方式转让有限责任公司股东的股权。需要注意的是:(1)本条中权利行使的期限和上一条中权利行使的期限是不一样的,目的是尽快结束司法程序,防止法院程序的拖延;(2)我国目前的法律体系中没有对何种情况下可以执行有限责任公司股东的股权这一问题加以明确,原因在于有限责任公司股权的流动性较差,随意地强制执行股权会给有限责任公司带来不稳定因素。

旧法对应关系 ●●●●●●

原《公司法》第七十二条 人民法院依照法律规定的强制执行程序转让股东的股权时,应当通知公司及全体股东,其他股东在同等条件下有优先购买权。其他股东自人民法院通知之日起满二十日不行使优先购买权的,视为放弃优先购买权。

关联法律法规

《最高人民法院关于人民法院强制执行股权若干问题的规定》（法释〔2021〕20号）

第一条 本规定所称股权,包括有限责任公司股权、股份有限公司股份,但是在依法设立的证券交易所上市交易以及在国务院批准的其他全国性证券交易场所交易的股份有限公司股份除外。

第二条 被执行人是公司股东的,人民法院可以强制执行其在公司持有的股权,不得直接执行公司的财产。

第三条 依照民事诉讼法第二百二十四条的规定以被执行股权所在地确定管辖法院的,股权所在地是指股权所在公司的住所地。

第四条 人民法院可以冻结下列资料或者信息之一载明的属于被执行人的股权：

（一）股权所在公司的章程、股东名册等资料；

（二）公司登记机关的登记、备案信息；

（三）国家企业信用信息公示系统的公示信息。

案外人基于实体权利对被冻结股权提出排除执行异议的,人民法院应当依照民事诉讼法第二百二十七条的规定进行审查。

第五条 人民法院冻结被执行人的股权,以其价额足以清偿生效法律文书确定的债权额及执行费用为限,不得明显超标的额冻结。股权价额无法确定的,可以根据申请执行人申请冻结的比例或者数量进行冻结。

被执行人认为冻结明显超标的额的,可以依照民事诉讼法第二百二十五条的规定提出书面异议,并附证明股权等查封、扣押、冻结财产价额的证据材料。人民法院审查后裁定异议成立的,应当自裁定生效之日起七日内解除对明显超标的额部分的冻结。

第六条 人民法院冻结被执行人的股权,应当向公司登记机关送达裁定书和协助执行通知书,要求其在国家企业信用信息公示系统进行公示。股权冻结自在公示系统公示时发生法律效力。多个人民法院冻结同一股权的,以在公示系统先办理公示的为在先冻结。

依照前款规定冻结被执行人股权的,应当及时向被执行人、申请执行人送达裁定书,并将股权冻结情况书面通知股权所在公司。

第七条 被执行人就被冻结股权所作的转让、出质或者其他有碍执行的行为,不得对抗申请执行人。

第八条 人民法院冻结被执行人股权的,可以向股权所在公司送达协助执行通知书,要求其在实施增资、减资、合并、分立等对被冻结股权所占比例、股权价值产生重大影响的行为前向人民法院书面报告有关情况。人民法院收到报告后,应当及时通知申请执行人,但是涉及国家秘密、商业秘密的除外。

股权所在公司未向人民法院报告即实施前款规定行为的,依照民事诉讼法第一百一十四条的规定处理。

股权所在公司或者公司董事、高级管理人员故意通过增资、减资、合并、分立、转让重大资产、对外提供担保等行为导致被冻结股权价值严重贬损,影响申请执行人债权实现的,申请执行人可以依法提起诉讼。

第九条 人民法院冻结被执行人基于股权享有的股息、红利等收益,应当向股权所在公司送达裁定书,并要求其在该收益到期时通知人民法院。人民法院对到期的股息、红利等收益,可以书面通知股权所在公司向申请执行人或者人民法院履行。

股息、红利等收益被冻结后,股权所在公司擅自向被执行人支付或者变相支付的,不影响人民法院要求股权所在公司支付该收益。

第十条 被执行人申请自行变价被冻结股权,经申请执行人及其他已知执行债权人同意或者变价款足以清偿执行债务的,人民法院可以准许,但是应当在能够控制变价款的情况下监督其在指定期限内完成,最长不超过三个月。

第十一条 拍卖被执行人的股权,人民法院应当依照《最高人民法院关于人民法院确定财产处置参考价若干问题的规定》规定的程序确定股权处置参考价,并参照参考价确定起拍价。

确定参考价需要相关材料的,人民法院可以向公司登记机关、税务机关等部门调取,也可以责令被执行人、股权所在公司以及控制相关材料的其他主体提供;拒不提供的,可以强制提取,并可以依照民事诉讼法第一百一十一条、第一百一十四条的规定处理。

为确定股权处置参考价,经当事人书面申请,人民法院可以委托审计机构对股权所在公司进行审计。

第十二条 委托评估被执行人的股权,评估机构因缺少评估所需完整材料无法进行评估或者认为影响评估结果,被执行人未能提供且人民法院无法调取补充材料的,人民法院应当通知评估机构根据现有材料进行评估,并告知当事人因缺乏材料可能产生的不利后果。

评估机构根据现有材料无法出具评估报告的,经申请执行人书面申请,人民法院可以根据具体情况以适当高于执行费用的金额确定起拍价,但是股权所在公司经营严重异常,股权明显没有价值的除外。

依照前款规定确定的起拍价拍卖的,竞买人应当预交的保证金数额由人民法院根据实际情况酌定。

第十三条 人民法院拍卖被执行人的股权,应当采取网络司法拍卖方式。

依据处置参考价并结合具体情况计算,拍卖被冻结股权所得价款可能明显高于债权额及执行费用的,人民法院应当对相应部分的股权进行拍卖。对相应部分的股权拍卖严重减损被冻结股权价值的,经被执行人书面申请,也可以对超出部分的被冻结股权一并拍卖。

第十四条 被执行人、利害关系人以具有下列情形之一为由请求不得强制拍卖股权的,人民法院不予支持:

(一)被执行人未依法履行或者未依法全面履行出资义务;
(二)被执行人认缴的出资未届履行期限;
(三)法律、行政法规、部门规章等对该股权自行转让有限制;
(四)公司章程、股东协议等对该股权自行转让有限制。

人民法院对具有前款第一、二项情形的股权进行拍卖时,应当在拍卖公告中载明被执行人认缴出资额、实缴出资额、出资期限等信息。股权处置后,相关主体依照有关规定履行出资义务。

第十五条 股权变更应当由相关部门批准的,人民法院应当在拍卖公告中载明法律、行政法规或者国务院决定规定的竞买人应当具备的资格或者条件。必要时,人民法院可以就竞买资格或者条件征询相关部门意见。

拍卖成交后,人民法院应当通知买受人持成交确认书向相关部门申请办理股权变更批准手续。买受人取得批准手续的,人民法院作出拍卖成交裁定书;买受人未在合理期限内取得批准手续的,应当重新对股权进行拍卖。重新拍卖的,原买受人不得参加竞买。

买受人明知不符合竞买资格或者条件依然参加竞买,且在成交后未能在合理期限内取得相关部门股权变更批准手续的,交纳的保证金不予退还。保证金不足以支付拍卖产生的费用损失、弥补重新拍卖价款低于原拍卖价款差价的,人民法院可以裁定原买受人补交;拒不补交的,强制执行。

第十六条　生效法律文书确定被执行人交付股权,因股权所在公司在生效法律文书作出后增资或者减资导致被执行人实际持股比例降低或者升高的,人民法院应当按照下列情形分别处理:

(一)生效法律文书已经明确交付股权的出资额的,按照该出资额交付股权;

(二)生效法律文书仅明确交付一定比例的股权的,按照生效法律文书作出时该比例所对应出资额占当前公司注册资本总额的比例交付股权。

第十七条　在审理股东资格确认纠纷案件中,当事人提出要求公司签发出资证明书、记载于股东名册并办理公司登记机关登记的诉讼请求且其主张成立的,人民法院应当予以支持;当事人未提出前述诉讼请求的,可以根据案件具体情况向其释明。

生效法律文书仅确认股权属于当事人所有,当事人可以持该生效法律文书自行向股权所在公司、公司登记机关申请办理股权变更手续;向人民法院申请强制执行的,不予受理。

第十八条　人民法院对被执行人在其他营利法人享有的投资权益强制执行的,参照适用本规定。

第十九条　本规定自2022年1月1日起施行。

施行前本院公布的司法解释与本规定不一致的,以本规定为准。

《最高人民法院执行工作办公室关于中国重型汽车集团公司股权执行案的复函》(执协字〔2001〕第16号)

上海市、安徽省、四川省、陕西省、新疆维吾尔自治区、天津市、北京市、福建省高级人民法院:

近日,联合证券有限责任公司(以下简称联合公司)向我院反映,有多家法院冻结了中国重型汽车集团公司(以下简称重汽公司)所持其公司的股权,冻结股权的数额已超出重汽公司所有的份额,影响了其正常的经营活动,请求本院协调处理。

经查,联合公司反映的情况属实。重汽公司只拥有联合公司8000万股股权,价值9220.8万元人民币,1998年12月至2000年7月,上海二中院、安徽高院、四川眉山中院、陕西西安中院、新疆高院、天津一中院、北京二中院等7家法院在执行以重汽公司为债务人的生效判决过程中,却先后裁定冻结了联合公司的股权共12334万股,超出被执行人拥有的股权份额。按照《最高人民法院关于人民法院执行工作若干问题的规定(试行)》第88条的规定,本案各债权人对执行标的物均无担保物权,应当按照执行法院采取执行措施的先后顺序受偿。在采取执行措施的时间顺序上,各家法院均无争议,依次为上海二中院、安徽高院、四川眉山中院、陕西西安中院、新疆高院、天津一中院、北京二中院。但天津一中院、北京二中院提出,上海二中院和四川眉山中院虽然在先向联合公司送达了冻结股权的相关法律文书,但没有在工商机关办理登记手续,应视其冻结措施无效,不能对抗在后既向联合公司送达了相关法律文书,又在工商机关办理了登记手续的法院所采取的冻结措施。

我们认为,根据《最高人民法院关于人民法院执行工作若干问题的规定(试行)》第53条的规定,人民法院冻结被执行人在有限责任公司、其他法人企业的投资权益或股权的,只要依法向相关有限责任公司、其他法人企业送达了冻结被执行人投资权益或股权的法律文书,即为合法有效。因此,本案中上海二十院、四川眉山中院实施的冻结重汽公司股权的措施是合法有效的。天津一中院、北京二中院关于既向联合公司送达冻结股权的法律文书,又到工商管理机关进行登记才发生冻结效力的主张,并无法律规定,故不能否定上海二中院、四川眉山中院冻结股权的效力。天津一中院、北京二中院冻结股权的措施,实际上是在重汽公司已无股权可供执行的情况下进行的,当属无效,应当解除。两院可依法执行被执行人的其他财产。

此外,厦门中院关于重汽公司不承担有关民事责任的判决已经发生法律效力,应当解除该院在审判过程中对重汽公司股权冻结的保全措施。接此函后,请天津、北京、福建省高级人民法院监督所辖相关法院立即解除对重汽公司的股权冻结措施,以保证本案执行工作的顺利进行。

《最高人民法院关于对中外合资企业股份执行问题的复函》（〔1998〕执他字第1号）

宁夏回族自治区高级人民法院：

你院〔1998〕宁法执字第05号《关于中外合资企业外商股份能否执行即如何办理转股手续的请示报告》收悉，经研究答复如下：

根据我院《关于人民法院执行工作若干问题的规定（试行）》第五十五条规定，中外合资企业的外商股份可以作为执行标的，依法转让。你院将被执行人香港太嘉勋发有限公司在天津温泉大酒店有限公司中的30%股份执行转让给申请执行人中国包装进出口宁夏公司，并无不当，应依据有关规定办结相关手续，其中需要天津市对外经济贸易委员会协助执行的事宜，你院应主动联系，请其按你院协助执行通知书依法处理。

此复

典型案例指导 ●●●●●●

中国对外经济贸易信托有限公司与山西路鑫能源集团有限公司等申请执行异议案〔北京市高级人民法院（2018）京执复134号民事裁定书，《人民司法·案例》2019年第14期〕

冻结被执行人持有的非上市股份有限公司股权或投资权益，应向被执行人及其股权、其他投资权益所在市场主体送达执行裁定，送达时始发生股权冻结的效力。在未送达被执行人及其股权、其他投资权益所在市场主体，仅将执行裁定送达工商登记机关时，并不构成对非上市股份有限公司股权的有效冻结。

第八十六条　【股权转让的通知程序及救济途径】股东转让股权的，应当书面通知公司，请求变更股东名册；需要办理变更登记的，并请求公司向公司登记机关办理变更登记。公司拒绝或者在合理期限内不予答复的，转让人、受让人可以依法向人民法院提起诉讼。

股权转让的，受让人自记载于股东名册时起可以向公司主张行使股东权利。

条文应用提示

本条是新增条文。为了让公司及时变更股东名册及办理变更登记，股东转让其股权的，应当书面通知公司。公司在收到股东转让其股权的通知后，应当履行相应的程序性义务。除了本条规定的变更股东名册和向公司登记机关办理变更登记，公司还应当依照本法第 87 条的规定及时注销原股东的出资证明书，向新股东签发出资证明书，并相应修改公司章程。依照本法第 56 条第 2 款的规定，记载于股东名册的股东，可以依股东名册主张行使股东权利。故而，股权转让的，受让人自记载于股东名册时起可以向公司主张行使股东权利。但股东名册并非设权文件，不应作为股权变动的效力依据。相反，即便股东名册并未变更相应记载，但其他证据已足以证明受让人为公司股东的，受让人有权向人民法院提起诉讼请求确认股东资格并要求公司变更股东名册。

旧法对应关系

原《公司法》第三十二条第二款　记载于股东名册的股东，可以依股东名册主张行使股东权利。

第七十三条　依照本法第七十一条、第七十二条转让股权后，公司应当注销原股东的出资证明书，向新股东签发出资证明书，并相应修改公司章程和股东名册中有关股东及其出资额的记载。对公司章程的该项修改不需再由股东会表决。

第八十七条　【股权转让的变更记载】依照本法转让股权后，公司应当及时注销原股东的出资证明书，向新股东签发出资证明书，并相应修改公司章程和股东名册中有关股东及其出资额的记载。对公司章程的该项修改不需再由股东会表决。

旧法对应关系

《最高人民法院关于适用〈中华人民共和国公司法〉若干问题的规定（三）》（2020 年修正）

第二十七条　股权转让后尚未向公司登记机关办理变更登记，原股东将仍登记于其名下的股权转让、质押或者以其他方式处分，受让股东以其对于股权享有实际权利为由,请求认定处分股权行为无效的,人民法院可以参照民法典第三百一十一条的规定处理。

原股东处分股权造成受让股东损失,受让股东请求原股东承担赔偿责任、对于未及时办理变更登记有过错的董事、高级管理人员或者实际控制人承担相应责任的,人民法院应予支持;受让股东对于未及时办理变更登记也有过错的,可以适当减轻上述董事、高级管理人员或者实际控制人的责任。

关联法律法规 ●●●●●●

《中华人民共和国民法典》(自 2021 年 1 月 1 日起施行)

第三百一十一条 无处分权人将不动产或者动产转让给受让人的,所有权人有权追回;除法律另有规定外,符合下列情形的,受让人取得该不动产或者动产的所有权:

(一)受让人受让该不动产或者动产时是善意;

(二)以合理的价格转让;

(三)转让的不动产或者动产依照法律规定应当登记的已经登记,不需要登记的已经交付给受让人。

受让人依据前款规定取得不动产或者动产的所有权的,原所有权人有权向无处分权人请求损害赔偿。

当事人善意取得其他物权的,参照适用前两款规定。

第八十八条 【瑕疵出资股东股权转让后的出资责任】股东转让已认缴出资但未届出资期限的股权的,由受让人承担缴纳该出资的义务;受让人未按期足额缴纳出资的,转让人对受让人未按期缴纳的出资承担补充责任。

未按照公司章程规定的出资日期缴纳出资或者作为出资的非货币财产的实际价额显著低于所认缴的出资额的股东转让股权的,转让人与受让人在出资不足的范围内承担连带责任;受让人不知道且不应当知道存在上述情形的,由转让人承担责任。

对应配套规定

《最高人民法院关于适用〈中华人民共和国公司法〉时间效力的若干规定》(法释〔2024〕7号)

第四条 公司法施行前的法律事实引起的民事纠纷案件,当时的法律、司法解释没有规定而公司法作出规定的下列情形,适用公司法的规定：

(一)股东转让未届出资期限的股权,受让人未按期足额缴纳出资的,关于转让人、受让人出资责任的认定,适用公司法第八十八条第一款的规定;

……

旧法对应关系

《最高人民法院关于适用〈中华人民共和国公司法〉若干问题的规定(三)》(2020年修正)

第十八条 有限责任公司的股东未履行或者未全面履行出资义务即转让股权,受让人对此知道或者应当知道,公司请求该股东履行出资义务、受让人对此承担连带责任的,人民法院应予支持;公司债权人依照本规定第十三条第二款向该股东提起诉讼,同时请求前述受让人对此承担连带责任的,人民法院应予支持。

受让人根据前款规定承担责任后,向该未履行或者未全面履行出资义务的股东追偿的,人民法院应予支持。但是,当事人另有约定的除外。

典型案例指导

许某勤、常州市通舜机械制造有限公司、周某茹与青岛铸鑫机械有限公司加工合同纠纷案[2021年2月10日《最高人民法院民二庭发布2020年全国法院十大商事案例》案例二]

【基本案情】

2017年5月、6月,青岛铸鑫公司(供方)与常州铸仑机械制造有限公司(需方)签订两份机器设备购销合同。常州铸仑公司支付了定金,青岛铸鑫公司将设备安排托运,常州铸仑公司于同年7月接收设备后,青岛铸鑫公司安排人员对设备进行了安装、调试。2017年9月29日,常州铸仑公司的股东周某茹、庄某芬、通舜公司、常州市吉瑞电梯部件制造有限公司分别将其在铸仓公司的全部认缴出资额90万元、60万元、90万元、60万元（出资均未实缴）无偿转让给许某勤，许某勤成为常州铸仓公司唯一股东和法定代表人，常州铸仓公司变更为自然人独资的有限责任公司。同年11月6日常州铸仓公司注册资本由300万元增加至1000万元。2018年5月15日，许某勤申请注销常州铸仓公司，常州市武进区行政审批局于2019年7月3日对该公司予以注销。截至青岛铸鑫公司起诉，常州铸仓公司尚欠设备款245,360元未付。山东省平度市人民法院判令许某勤向青岛铸鑫公司支付设备款及违约金共计355,932.8元，通舜公司在90万元范围内承担连带清偿责任，周某茹在90万元范围内承担连带清偿责任。一审宣判后，许某勤、通舜公司、周某茹以设备存在质量问题故许某勤无须支付货款其违约金，通舜公司、周某茹以股权转让之时出资并未到期等为由提起上诉，青岛中院驳回上诉，维持原判。

【专家点评】

资本认缴制是2013年《公司法》修正的重大改革，修订后的《公司法》取消了最低注册资本的限制，改实缴制为认缴制。但这一改革并不意味着股东从此对注册资本的认缴和履行可以随心所欲，甚至操弄公司，作为其"空手套白狼"的手段。公司资本制度之设计，在微观上事涉公司、股东、债权人等多方利益主体，在宏观上则涉及国家、地区的投资政策，事关公共利益目标。因此，如若将资本认缴制改革等同于股东完全逃脱其出资义务，规避法律对公司资本的限制，则不仅背离认缴制的初衷，动摇公司资本三原则的根本，也将致使社会上"皮包公司""空壳公司"泛滥，对经济交易秩序危害极大。《公司法司法解释（二）》第二十二条规定，公司解散时，股东尚未缴纳的出资均应作为清算财产。股东尚未缴纳的出资，包括到期应缴未缴的出资，以及依照《公司法》第二十六条和第八十一条的规定分期缴纳尚未届满缴纳期限的出资。公司财产不足以清偿债务时，债权人主张未缴出资股东，以及公司设立时的其他股东或者发起人在未缴出资范围内对公司债务承担连带清偿责任的，人民法院应依法予以支持。据此，认缴的股东未届出资期限即转让公司股权也并不是找到了逃避股东出资责任的"法门"，以为将认缴的出资额股权全部转让给他人就可以全身而退、从此置身事外，显然"打错了算盘"。股东关于出资的约定本质上是股东与公司之间的契约，对于认缴出资期限的确认无异于对公司负有的附期限的合同义务。股东在出资期限届至之前将股权一转了之，仅仅是让渡了自己的合同权利，履行出资的合同义务并不会当然随着股权的转让而转移。当股东出资责任加速到期之时,没有切实履行出资的原股东也依然不能免除其出资义务,应就未尽足额出资的部分对公司债务承担连带责任。(蒋大兴 北京大学法学院教授、博士生导师)

段某诉蒋某股权转让纠纷案[广东省东莞市中级人民法院(2017)粤19民终9068号民事判决书,《人民司法·案例》2020年第8期]

股东在认缴出资期限届满前未尽出资义务虽不影响其股权转让,但股东实际上仍处于瑕疵出资状态,受让人以此主张未满认缴期限的股权具有权利瑕疵,应予支持。同时,受让人主观上应当满足不知道或者不应知道股权存在权利瑕疵的前提条件,否则出让人无须承担瑕疵担保责任。

谢某与西安庆南贸易有限公司股东出资纠纷再审申请案[陕西省高级人民法院(2017)陕民申591号民事裁定书,《人民司法·案例》2017年第32期]

有限责任公司股东负有向公司足额缴纳出资的法定义务。未全面履行出资义务即转让其股权的股东,应向公司承担补齐出资的民事责任,该责任不因其股权转让行为而免除。在受让股东明知所受让的股权存在应当向公司承担的出资责任时,公司具有请求出让股东、受让股东承担连带出资责任的选择权。受让股东在受让股权时确实不知所受让的股权存在权利瑕疵,但未主张撤销、解除股权转让合同的,受让股东构成了对受让股权权利瑕疵的明知,应当向公司承担出资责任。

江苏省南通润通置业有限公司与仲翔等追收抽逃出资纠纷上诉案[江苏省南通市中级人民法院(2016)苏06民终42668号二审裁定书,《人民司法·案例》2018年第35期]

对《公司法解释三》第十八条规定从字面含义上进行理解,股东转让瑕疵出资股权包括股东转让未履行出资股权和未全面履行出资股权两种,不包括转让抽逃出资股权。由于《公司法》规定的抽逃出资与其他瑕疵出资所导致法律后果及民事责任基本相同,则二者股权转让所产生的民事责任亦不应存在差异。因此,应当在遵循立法原意的基础上,对《公司法解释三》第十八条进行合理扩大解释,将股东转让抽逃出资股权认定为瑕疵出资股权的范畴,以该条确定的裁判规则认定股权转让双方的民事责任。

第八十九条 【异议股东的股权收购请求权】有下列情形之一的,对股东会该项决议投反对票的股东可以请求公司按照合理的价格收购其股权:

（一）公司连续五年不向股东分配利润，而公司该五年连续盈利，并且符合本法规定的分配利润条件；

（二）公司合并、分立、转让主要财产；

（三）公司章程规定的营业期限届满或者章程规定的其他解散事由出现，股东会通过决议修改章程使公司存续。

自股东会决议作出之日起六十日内，股东与公司不能达成股权收购协议的，股东可以自股东会决议作出之日起九十日内向人民法院提起诉讼。

公司的控股股东滥用股东权利，严重损害公司或者其他股东利益的，其他股东有权请求公司按照合理的价格收购其股权。

公司因本条第一款、第三款规定的情形收购的本公司股权，应当在六个月内依法转让或者注销。

对应配套规定

《最高人民法院关于适用〈中华人民共和国公司法〉时间效力的若干规定》（法释〔2024〕7号）

第四条　公司法施行前的法律事实引起的民事纠纷案件，当时的法律、司法解释没有规定而公司法作出规定的下列情形，适用公司法的规定：

……

（二）有限责任公司的控股股东滥用股东权利，严重损害公司或者其他股东利益，其他股东请求公司按照合理价格收购其股权的，适用公司法第八十九条第三款、第四款的规定；

……

▎**条文应用提示** ●●●●●●

股东投资一经到有限责任公司账号即为公司资产，股东不得抽逃出资，正常情况下股东退出的途径就是把股权转让给他人，此外，还有两种特殊情况：一是请求公司回购；二是请求法院强制解散公司（见本法第231条）。本条就是关于股权回购请求权的规定，需要注意的是：(1) 只要双方不能就此问题达成协议，异议股东就可以直接向法院起诉，而无须等到 60 日届满；(2) 本法第 162 条仅对股份有限公司回购股份的处理方式作了规定，而对有限责任公司回购后的股权应如何处置没有明确规定，因此，立法还有待完善；(3) 在完成回购之后，公司应当注销出让股东的出资证明书，变更股东名册，并在公司登记机关办理变更登记；(4) 法律也没有明确在股东有异议的股东会决议不再实施的情况下，股东是否仍享有回购请求权。一般认为，如果在股东异议权的行使期间内，公司决定不再实施股东会的决议，则股东的异议回购请求权的基础即不存在，无继续行使股权收购请求权的必要。

2023 年《公司法》修订，增加了公司的控股股东滥用股东权利，严重损害公司或者其他股东利益的，其他股东有权请求公司按照合理的价格收购其股权。实践中，控股股东滥用股东权利侵害小股东权益的情形很多，有些没有通过股东会决议的形式作出，因此利益受到损害的中小股东无法依照本条第 1 款的规定行使异议回购请求权。因此，《公司法》增加上述规定，为严重受侵害的股东提供退出公司的渠道。

作为保护中小股东合理利益的救济措施，为实现救济手段的可操作性，本条规定了股东要求公司收购其股权的协议期限，即自股东会决议作出之日起 60 日内。如果双方在该期限内不能达成股权收购协议，则本条赋予请求收购的股东向人民法院提起诉讼，以寻求司法救济的权利，起诉的法定期间为自股东会决议作出之日起 90 日内。此外，《公司法》还规定公司收购的本公司股权，应当在 6 个月内依法转让或者注销。

▌旧法对应关系 ●●●●●●●

原《公司法》第七十四条　有下列情形之一的，对股东会该项决议投反对票的股东可以请求公司按照合理的价格收购其股权：

（一）公司连续五年不向股东分配利润，而公司该五年连续盈利，并且符合本法规定的分配利润条件的；

（二）公司合并、分立、转让主要财产的；

（三）公司章程规定的营业期限届满或者章程规定的其他解散事由出现，股东会会议通过决议修改章程使公司存续的。

自股东会会议决议通过之日起六十日内，股东与公司不能达成股权收购协议的，股东可以自股东会会议决议通过之日起九十日内向人民法院提起诉讼。

《最高人民法院关于适用〈中华人民共和国公司法〉若干问题的规定（一）》（2014年修正）

第三条　原告以公司法第二十二条第二款、第七十四条第二款规定事由，向人民法院提起诉讼时，超过公司法规定期限的，人民法院不予受理。

典型案例指导 ●●●●●●

上海某实业公司诉上海某房地产公司等请求公司收购股份纠纷案[人民法院案例库 2023-08-2-268-001，上海市第二中级人民法院（2020）沪02民终2746号民事判决]

【裁判理由】

1. 上海某房地产公司出售案涉房产是否应当经过股东会表决。上海某房地产公司章程规定股东会的职权包括决定公司的经营方针和投资计划等。因此案涉房产转让应由上海某房地产公司股东会进行讨论，理由如下：第一，上海某房地产公司原来的经营方式以自有房产出租为主，其出售房产后，转为以转租方式经营，与原有的经营方式发生了重大的变化。上海某房地产公司出售房产的行为符合经营方针转变的评价标准。第二，上海某房地产公司原将案涉房产记载为投资性房产，从持有变为出售就是对投资计划的变更。第三，从小股东权利保护角度来看，作为房产实际所有人的上海某房地产公司的小股东应有权参与讨论表决。因此，上海某房地产公司转让公司案涉房产的事项符合上海某房地产公司关于股东会职权的相关规定，应当提交股东会讨论表决。

2. 上海某实业公司主张由上海某房地产公司收购股权时是否已过法律规定的主张期间。根据《公司法》第七十四条第二款规定，异议股东可以自股东会会议决议通过之日起90日内提起诉讼。该条规定应以异议股东参加股东会并提出异议为前提，在公司应召开而未召开股东会进行表决的情况下，则应以异议股东知道或者应当知道异议事项时起算主张期间。从本案来看，应以上海某房地产公司通知上海某实业公司转让房产的事实这一时间点作为判断上海某实业公司主张期间起算的时点。鉴于上海某房地产公司始终未正式通知上海某实业公司，而上海某实业公司自认于2019年2月28日知悉该事实，故应以该时点起算主张期间。

袁某晖与长江置业(湖南)发展有限公司请求公司收购股份纠纷案[最高人民法院(2014)民申字第2154号民事裁定书,《最高人民法院公报》2016年第1期(总第231期)]

依据《公司法》第七十四条之规定,对股东会决议转让公司主要财产投反对票的股东有权请求公司以合理价格回购其股权。非因自身过错未能参加股东会的股东,虽未对股东会决议投反对票,但对公司转让主要财产明确提出反对意见的,其请求公司以公平价格收购其股权,法院应予支持。

> **第九十条 【自然人股东资格的继承】**自然人股东死亡后,其合法继承人可以继承股东资格;但是,公司章程另有规定的除外。

旧法对应关系 ●●●●●●

原《公司法》第七十七条 股份有限公司的设立,可以采取发起设立或者募集设立的方式。

发起设立,是指由发起人认购公司应发行的全部股份而设立公司。

募集设立,是指由发起人认购公司应发行股份的一部分,其余股份向社会公开募集或者向特定对象募集而设立公司。

典型案例指导 ●●●●●●

张某娣等与郑某菊等继承纠纷上诉案[上海市高级人民法院(2006)沪高民一民终字第62号民事裁定书,《人民司法·案例》2007年第18期]

第一,有限责任公司的自然人股东死亡后,如果公司章程没有限制性规定,法定继承人可以按照《公司法》和《继承法》的规定,继承股东的股份。考虑到股权价值的确定比较困难,同一顺序的继承人所继承的股权份额宜均等分割。第二,股权继承的范围,仅限于被继承人名下的公司股权。公司下属子公司的注册资本的增加和股权的增值,由母公司依法享有法人财产权,法定继承人无权在继承案件中对此直接予以分割。第三,被继承人在夫妻关系存续期间所得到和应当得到的公司分红,属于夫妻共同财产。因分红涉及其他股东的权益,应当另案处理。

金某、金某妮诉上海维克德钢材有限公司、薛某钧股权确认纠纷上诉案

[上海市第一中级人民法院(2009)沪一中民五(商)终字第7号民事判决书,《人民司法·案例》2010年第4期]

根据《公司法》第七十六条的规定,自然人股东死亡后,其合法继承人可以继承股东资格;但是,公司章程另有规定的除外。因此,在公司章程未对股权继承另作约定的情况下,上诉人金某、金某妮合法继承了原股东金非持有的股权,即有权继承其股东资格,获得股东身份。根据《公司登记管理条例》第三十五条第一款、第二款的规定,有限责任公司的自然人股东死亡后,其合法继承人继承股东资格的,公司应当依照规定申请变更登记。至于金某、金某妮以外籍华人身份登记为内资公司股东是否需要取得我国外商投资管理部门的审批,判断公司是内资公司还是外资公司,是根据出资来源地原则。已入外国籍的华人继承内资公司股权,不改变该公司出资来源地,该内资公司不应变更为外商投资企业。本案中,两上诉人作为德国籍华人继承维克德公司股权,未改变该公司注册资金来源地,公司的性质仍为内资公司。在公司性质仍为内资公司的情况下,公司股东的变更无须先行办理外商投资管理部门的行政审批手续。因此,被告维克德公司应当为两上诉人金某、金某妮办理股东变更登记。

第五章　股份有限公司的设立和组织机构

第一节　设　　立

> **第九十一条**　【股份有限公司的设立】设立股份有限公司,可以采取发起设立或者募集设立的方式。
>
> 发起设立,是指由发起人认购设立公司时应发行的全部股份而设立公司。
>
> 募集设立,是指由发起人认购设立公司时应发行股份的一部分,其余股份向特定对象募集或者向社会公开募集而设立公司。

▍条文应用提示 ●●●●●●

设立股份有限公司,可以采取发起设立或者募集设立两种方式:(1)发起设立是指由发起人认购公司应发行的全部股份而设立公司,即公司股份全部由发起人认购,而不向发起人之外的任何人募集股份。与募集方式设立公司相比,发起设立股份有限公司比较简便。(2)募集设立是指由发起人认购公司应发行股份的一部分,其余部分向社会公开募集或者向特定对象募集而设立公司。即以募集设立方式设立股份有限公司的,在其设立时不仅有发起人认购公司股份,还有发起人之外的其他投资者认购公司的股份,其中,发起人认购的股份不得低于公司股份总数的35%。其他投资者包括两种情况:一是广大的社会公众,即发起人向不特定对象募集股份;二是发起人向特定对象募集股份,即发起人不向社会公众募集股份,而是在一定范围内向特定对象募集股份,如特定的机构投资者等。

▍旧法对应关系 ●●●●●●

原《公司法》第七十七条　股份有限公司的设立,可以采取发起设立或者募集设立的方式。

发起设立,是指由发起人认购公司应发行的全部股份而设立公司。

募集设立,是指由发起人认购公司应发行股份的一部分,其余股份向社会公开募集或者向特定对象募集而设立公司。

> **第九十二条 【发起人的限制】**设立股份有限公司,应当有一人以上二百人以下为发起人,其中应当有半数以上的发起人在中华人民共和国境内有住所。

▍条文应用提示 ●●●●●

2023年《公司法》修订,将发起人的人数下限从"二人"改为"一人",即发起人可设立一人股份有限公司,有利于鼓励和引导社会资金投向经济领域,促进市场经济发展。

对于发起人住所是否在我国境内,应当针对不同类型的民事主体结合《民法典》第25、63、108条的相应规定进行判断。

▍旧法对应关系 ●●●●●

原《公司法》第七十八条 设立股份有限公司,应当有二人以上二百人以下为发起人,其中须有半数以上的发起人在中国境内有住所。

> **第九十三条 【发起人职责、发起人协议】**股份有限公司发起人承担公司筹办事务。
>
> 发起人应当签订发起人协议,明确各自在公司设立过程中的权利和义务。

▍条文应用提示 ●●●●●

股份有限公司的设立有赖于发起人筹办设立公司的有关事务,否则,股份有限公司就不能成立,为此,本条规定股份有限公司发起人承担公司筹办事务。公司筹办事务主要包括:制定公司章程,办理公开募集股份的核准手续及办理具体募集事宜,召开创立大会,申请设立登记等。

发起人之间签订发起人协议的规定,突出了发起人协议在公司设立过程中的重要地位。通过发起人之间签订协议,明确各自在设立公司过程中的权利义务关系,以避免日后产生纠纷。发起人协议的内容除符合本法规定外,还应遵守《民法典》等相关法律规范。

旧法对应关系

原《公司法》第七十九条　股份有限公司发起人承担公司筹办事务。

发起人应当签订发起人协议,明确各自在公司设立过程中的权利和义务。

《最高人民法院关于适用〈中华人民共和国公司法〉若干问题的规定(三)》(2020年修正)

第一条　为设立公司而签署公司章程、向公司认购出资或者股份并履行公司设立职责的人,应当认定为公司的发起人,包括有限责任公司设立时的股东。

第二条　发起人为设立公司以自己名义对外签订合同,合同相对人请求该发起人承担合同责任的,人民法院应予支持;公司成立后合同相对人请求公司承担合同责任的,人民法院应予支持。

第三条　发起人以设立中公司名义对外签订合同,公司成立后合同相对人请求公司承担合同责任的,人民法院应予支持。

公司成立后有证据证明发起人利用设立中公司的名义为自己的利益与相对人签订合同,公司以此为由主张不承担合同责任的,人民法院应予支持,但相对人为善意的除外。

第四条　公司因故未成立,债权人请求全体或者部分发起人对设立公司行为所产生的费用和债务承担连带清偿责任的,人民法院应予支持。

部分发起人依照前款规定承担责任后,请求其他发起人分担的,人民法院应当判令其他发起人按照约定的责任承担比例分担责任;没有约定责任承担比例的,按照约定的出资比例分担责任;没有约定出资比例的,按照均等份额分担责任。

因部分发起人的过错导致公司未成立,其他发起人主张其承担设立行为所产生的费用和债务的,人民法院应当根据过错情况,确定过错一方的责任范围。

第五条　发起人因履行公司设立职责造成他人损害,公司成立后受害人请求公司承担侵权赔偿责任的,人民法院应予支持;公司未成立,受害人请求全体发起人承担连带赔偿责任的,人民法院应予支持。

公司或者无过错的发起人承担赔偿责任后,可以向有过错的发起人追偿。

第六条　股份有限公司的认股人未按期缴纳所认股份的股款,经公司发起人催缴后在合理期间内仍未缴纳,公司发起人对该股份另行募集的,人民法院应当认定该募集行为有效。认股人延期缴纳股款给公司造成损失,公司请求该认股人承担赔偿责任的,人民法院应予支持。

第九十四条　【股份有限公司章程的制订】设立股份有限公司,应当由发起人共同制订公司章程。

▎旧法对应关系 ●●●●●●●

原《公司法》第七十六条　设立股份有限公司,应当具备下列条件:
……
(四)发起人制订公司章程,采用募集方式设立的经创立大会通过;
……

第九十五条　【股份有限公司章程的法定记载事项】股份有限公司章程应当载明下列事项:

(一)公司名称和住所;

(二)公司经营范围;

(三)公司设立方式;

(四)公司注册资本、已发行的股份数和设立时发行的股份数,面额股的每股金额;

(五)发行类别股的,每一类别股的股份数及其权利和义务;

(六)发起人的姓名或者名称、认购的股份数、出资方式;

(七)董事会的组成、职权和议事规则;

(八)公司法定代表人的产生、变更办法;

(九)监事会的组成、职权和议事规则;

(十)公司利润分配办法;

(十一)公司的解散事由与清算办法;

(十二)公司的通知和公告办法;
(十三)股东会认为需要规定的其他事项。

旧法对应关系

原《公司法》第八十一条　股份有限公司章程应当载明下列事项:
(一)公司名称和住所;
(二)公司经营范围;
(三)公司设立方式;
(四)公司股份总数、每股金额和注册资本;
(五)发起人的姓名或者名称、认购的股份数、出资方式和出资时间;
(六)董事会的组成、职权和议事规则;
(七)公司法定代表人;
(八)监事会的组成、职权和议事规则;
(九)公司利润分配办法;
(十)公司的解散事由与清算办法;
(十一)公司的通知和公告办法;
(十二)股东大会会议认为需要规定的其他事项。

关联法律法规

《上市公司章程指引》(2023年修订)(略)

第九十六条　【股份有限公司注册资本】股份有限公司的注册资本为在公司登记机关登记的已发行股份的股本总额。在发起人认购的股份缴足前,不得向他人募集股份。

法律、行政法规以及国务院决定对股份有限公司注册资本最低限额另有规定的,从其规定。

旧法对应关系

原《公司法》第八十条　股份有限公司采取发起设立方式设立的,注册资本为在公司登记机关登记的全体发起人认购的股本总额。在发起人认购的股份缴足前,不得向他人募集股份。

股份有限公司采取募集方式设立的,注册资本为在公司登记机关登记的实收股本总额。

法律、行政法规以及国务院决定对股份有限公司注册资本实缴、注册资本最低限额另有规定的,从其规定。

▌关联法律法规 ●●●●●●

《全国人民代表大会常务委员会关于〈中华人民共和国刑法〉第一百五十八条、第一百五十九条的解释》(2014年4月24日公布)

全国人民代表大会常务委员会讨论了公司法修改后刑法第一百五十八条、第一百五十九条对实行注册资本实缴登记制、认缴登记制的公司的适用范围问题,解释如下:

刑法第一百五十八条、第一百五十九条的规定,只适用于依法实行注册资本实缴登记制的公司。

第九十七条 【发起人认购股份】以发起设立方式设立股份有限公司的,发起人应当认足公司章程规定的公司设立时应发行的股份。

以募集设立方式设立股份有限公司的,发起人认购的股份不得少于公司章程规定的公司设立时应发行股份总数的百分之三十五;但是,法律、行政法规另有规定的,从其规定。

▌旧法对应关系 ●●●●●●

原《公司法》第八十三条第一款 以发起设立方式设立股份有限公司的,发起人应当书面认足公司章程规定其认购的股份,并按照公司章程规定缴纳出资。以非货币财产出资的,应当依法办理其财产权的转移手续。

第八十四条 以募集设立方式设立股份有限公司的,发起人认购的股份不得少于公司股份总数的百分之三十五;但是,法律、行政法规另有规定的,从其规定。

▌关联法律法规 ●●●●●●

《股票发行与交易管理暂行条例》(1993年4月22日公布)

第八条 设立股份有限公司申请公开发行股票,应当符合下列条件:
(一)其生产经营符合国家产业政策;

（二）其发行的普通股限于一种，同股同权；

（三）发起人认购的股本数额不少于公司拟发行的股本总额的百分之三十五；

（四）在公司拟发行的股本总额中，发起人认购的部分不少于人民币三千万元，但是国家另有规定的除外；

（五）向社会公众发行的部分不少于公司拟发行的股本总额的百分之二十五，其中公司职工认购的股本数额不得超过拟向社会公众发行的股本总额的百分之十；公司拟发行的股本总额超过人民币四亿元的，证监会按照规定可以酌情降低向社会公众发行的部分的比例，但是最低不少于公司拟发行的股本总额的百分之十；

（六）发起人在近三年内没有重大违法行为；

（七）证券委规定的其他条件。

第九十八条　【发起人的出资义务】发起人应当在公司成立前按照其认购的股份全额缴纳股款。

发起人的出资，适用本法第四十八条、第四十九条第二款关于有限责任公司股东出资的规定。

对应配套规定

《中华人民共和国市场主体登记管理条例实施细则》（自2022年3月1日起施行）

第十三条　申请人申请登记的市场主体注册资本（出资额）应当符合章程或者协议约定。

市场主体注册资本（出资额）以人民币表示。外商投资企业的注册资本（出资额）可以用可自由兑换的货币表示。

依法以境内公司股权或者债权出资的，应当权属清楚、权能完整，依法可以评估、转让，符合公司章程规定。

旧法对应关系 ●●●●●●

原《公司法》第八十二条　发起人的出资方式，适用本法第二十七条的规定。

第八十三条第一款 以发起设立方式设立股份有限公司的,发起人应当书面认足公司章程规定其认购的股份,并按照公司章程规定缴纳出资。以非货币财产出资的,应当依法办理其财产权的转移手续。

> **第九十九条 【发起人的出资责任】** 发起人不按照其认购的股份缴纳股款,或者作为出资的非货币财产的实际价额显著低于所认购的股份的,其他发起人与该发起人在出资不足的范围内承担连带责任。

▌旧法对应关系 ●●●●●●

《最高人民法院关于适用〈中华人民共和国公司法〉若干问题的规定(三)》(2020年修正)

第十三条第三款 股东在公司设立时未履行或者未全面履行出资义务,依照本条第一款或者第二款提起诉讼的原告,请求公司的发起人与被告股东承担连带责任的,人民法院应予支持;公司的发起人承担责任后,可以向被告股东追偿。

▌典型案例指导 ●●●●●●

文某诉四川某投资顾问股份有限公司、黄某国等新增资本认购纠纷案[人民法院案例库2023-08-2-266-002,四川省成都市中级人民法院(2020)川01民终12126号民事判决]

文某主张公司股东在未出资范围内对公司债务承担补充赔偿责任,法律依据为《最高人民法院关于适用〈中华人民共和国公司法〉若干问题的规定(三)》第十三条第二款规定。该条文原理在于债权人基于代位权向股东主张履行出资义务的权利,对权利本身而言,该缴付出资请求权并不受诉讼时效的约束,股东对该请求权并不享有诉讼时效抗辩的权利。但债权人享有代位权的前提,应为其债权未过诉讼时效期间,这在《最高人民法院关于适用〈中华人民共和国公司法〉若干问题的规定(三)》第十九条第二款:"公司债权人的债权未过诉讼时效期间……"规定中亦有体现,故应当对债权人对公司所享债权是否过诉讼时效期间进行审查,此即赋予了股东对债权人的债权请求权进行诉讼时效抗辩的权利。

> **第一百条 【募集股份公告和认股书】** 发起人向社会公开募集股份,应当公告招股说明书,并制作认股书。认股书应当载明本法第一百

五十四条第二款、第三款所列事项,由认股人填写认购的股份数、金额、住所,并签名或者盖章。认股人应当按照所认购股份足额缴纳股款。

▍条文应用提示 ●●●●●●●

认股书是发起人向社会公众发出的要约,认股人填写认股书是一种承诺的行为,因此,认股书经认股人填写并签名盖章后,就成为一项合同,作为当事人的发起人和认股人都应当履行。这就意味着发起人有义务使认股人能够购买其所认购的股份,认股人有义务按照认购股份数缴纳股款。如果认股人没有按照所认购股份数足额缴纳股款,就应当依法承担相应的违约责任。

▍旧法对应关系 ●●●●●●●

原《公司法》第八十五条　发起人向社会公开募集股份,必须公告招股说明书,并制作认股书。认股书应当载明本法第八十六条所列事项,由认股人填写认购股数、金额、住所,并签名、盖章。认股人按照所认购股数缴纳股款。

《最高人民法院关于适用〈中华人民共和国公司法〉若干问题的规定(三)》(2020年修正)

第六条　股份有限公司的认股人未按期缴纳所认股份的股款,经公司发起人催缴后在合理期间内仍未缴纳,公司发起人对该股份另行募集的,人民法院应当认定该募集行为有效。认股人延期缴纳股款给公司造成损失,公司请求该认股人承担赔偿责任的,人民法院应予支持。

▍关联法律法规 ●●●●●●●

《中华人民共和国民法典》(自2021年1月1日起施行)

第四百七十三条第一款　要约邀请是希望他人向自己发出要约的表示。拍卖公告、招标公告、招股说明书、债券募集办法、基金招募说明书、商业广告和宣传、寄送的价目表等为要约邀请。

《中华人民共和国证券法》(2019年修订)

第十一条　设立股份有限公司公开发行股票,应当符合《中华人民共和国公司法》规定的条件和经国务院批准的国务院证券监督管理机构规定的其他条件,向国务院证券监督管理机构报送募股申请和下列文件:

(一)公司章程;

(二)发起人协议;

(三)发起人姓名或者名称,发起人认购的股份数、出资种类及验资证明;

(四)招股说明书;

(五)代收股款银行的名称及地址;

(六)承销机构名称及有关的协议。

依照本法规定聘请保荐人的,还应当报送保荐人出具的发行保荐书。

法律、行政法规规定设立公司必须报经批准的,还应当提交相应的批准文件。

第一百零一条 【股款缴足后的验资及证明】向社会公开募集股份的股款缴足后,应当经依法设立的验资机构验资并出具证明。

对应配套规定

《中华人民共和国市场主体登记管理条例实施细则》(自2022年3月1日起施行)

第二十六条第二款 除前款规定的材料外,募集设立股份有限公司还应当提交依法设立的验资机构出具的验资证明;公开发行股票的,还应当提交国务院证券监督管理机构的核准或者注册文件。涉及发起人首次出资属于非货币财产的,还应当提交已办理财产权转移手续的证明文件。

旧法对应关系 ●●●●●●

原《公司法》第八十九条第一款 发行股份的股款缴足后,必须经依法设立的验资机构验资并出具证明。发起人应当自股款缴足之日起三十日内主持召开公司创立大会。创立大会由发起人、认股人组成。

▎**关联法律法规** ●●●●●●●

《股票发行与交易管理暂行细则》(1993年4月22日公布)

第十三条 申请公开发行股票,应当向地方政府或者中央企业主管部门报送下列文件:

……

(十)经二名以上专业评估人员及其所在机构签字、盖章的资产评估报告,经二名以上注册会计师及其所在事务所签字、盖章的验资报告;涉及国有资产的,还应当提供国有资产管理部门出具的确认文件;

……

> **第一百零二条 【股东名册记载事项】**股份有限公司应当制作股东名册并置备于公司。股东名册应当记载下列事项:
> (一)股东的姓名或者名称及住所;
> (二)各股东所认购的股份种类及股份数;
> (三)发行纸面形式的股票的,股票的编号;
> (四)各股东取得股份的日期。

▎**旧法对应关系** ●●●●●●

原《公司法》第一百三十条 公司发行记名股票的,应当置备股东名册,记载下列事项:

(一)股东的姓名或者名称及住所;
(二)各股东所持股份数;
(三)各股东所持股票的编号;
(四)各股东取得股份的日期。

发行无记名股票的,公司应当记载其股票数量、编号及发行日期。

▎**关联法律法规** ●●●●●●

《上市公司章程指引》(2023年修正)

第三十一条 公司依据证券登记机构提供的凭证建立股东名册,股东名册是证明股东持有公司股份的充分证据。股东按其所持有股份的种类享有权利,承担义务;持有同一种类股份的股东,享有同等权利,承担同种义务。

注释：公司应当与证券登记机构签订股份保管协议，定期查询主要股东资料以及主要股东的持股变更（包括股权的出质）情况，及时掌握公司的股权结构。

第一百零三条　【股份有限公司成立大会的举行】募集设立股份有限公司的发起人应当自公司设立时应发行股份的股款缴足之日起三十日内召开公司成立大会。发起人应当在成立大会召开十五日前将会议日期通知各认股人或者予以公告。成立大会应当有持有表决权过半数的认股人出席，方可举行。

以发起设立方式设立股份有限公司成立大会的召开和表决程序由公司章程或者发起人协议规定。

旧法对应关系

原《公司法》第八十九条第一款　发行股份的股款缴足后，必须经依法设立的验资机构验资并出具证明。发起人应当自股款缴足之日起三十日内主持召开公司创立大会。创立大会由发起人、认股人组成。

第九十条第一款　发起人应当在创立大会召开十五日前将会议日期通知各认股人或者予以公告。创立大会应有代表股份总数过半数的发起人、认股人出席，方可举行。

第一百零四条　【股份有限公司成立大会的职权、决议程序】公司成立大会行使下列职权：

（一）审议发起人关于公司筹办情况的报告；
（二）通过公司章程；
（三）选举董事、监事；
（四）对公司的设立费用进行审核；
（五）对发起人非货币财产出资的作价进行审核；
（六）发生不可抗力或者经营条件发生重大变化直接影响公司设立的，可以作出不设立公司的决议。

成立大会对前款所列事项作出决议，应当经出席会议的认股人所持表决权过半数通过。

旧法对应关系

原《公司法》第九十条第二款　创立大会行使下列职权：

（一）审议发起人关于公司筹办情况的报告；

（二）通过公司章程；

（三）选举董事会成员；

（四）选举监事会成员；

（五）对公司的设立费用进行审核；

（六）对发起人用于抵作股款的财产的作价进行审核；

（七）发生不可抗力或者经营条件发生重大变化直接影响公司设立的，可以作出不设立公司的决议。

第三款　创立大会对前款所列事项作出决议，必须经出席会议的认股人所持表决权过半数通过。

第一百零五条　【返还股款及抽回股本的情形】公司设立时应发行的股份未募足，或者发行股份的股款缴足后，发起人在三十日内未召开成立大会的，认股人可以按照所缴股款并加算银行同期存款利息，要求发起人返还。

发起人、认股人缴纳股款或者交付非货币财产出资后，除未按期募足股份、发起人未按期召开成立大会或者成立大会决议不设立公司的情形外，不得抽回其股本。

旧法对应关系

原《公司法》第八十九条第二款　发行的股份超过招股说明书规定的截止期限尚未募足的，或者发行股份的股款缴足后，发起人在三十日内未召开创立大会的，认股人可以按照所缴股款并加算银行同期存款利息，要求发起人返还。

第九十一条　发起人、认股人缴纳股款或者交付抵作股款的出资后，除未按期募足股份、发起人未按期召开创立大会或者创立大会决议不设立公司的情形外，不得抽回其股本。

《最高人民法院关于适用〈中华人民共和国公司法〉若干问题的规定（三）》（2020年修正）

第六条　股份有限公司的认股人未按期缴纳所认股份的股款，经公司发起人催缴后在合理期间内仍未缴纳，公司发起人对该股份另行募集的，人民法院应当认定该募集行为有效。认股人延期缴纳股款给公司造成损失，公司请求该认股人承担赔偿责任的，人民法院应予支持。

第十三条　股东未履行或者未全面履行出资义务，公司或者其他股东请求其向公司依法全面履行出资义务的，人民法院应予支持。

公司债权人请求未履行或者未全面履行出资义务的股东在未出资本息范围内对公司债务不能清偿的部分承担补充赔偿责任的，人民法院应予支持；未履行或者未全面履行出资义务的股东已经承担上述责任，其他债权人提出相同请求的，人民法院不予支持。

股东在公司设立时未履行或者未全面履行出资义务，依照本条第一款或者第二款提起诉讼的原告，请求公司的发起人与被告股东承担连带责任的，人民法院应予支持；公司的发起人承担责任后，可以向被告股东追偿。

股东在公司增资时未履行或者未全面履行出资义务，依照本条第一款或者第二款提起诉讼的原告，请求未尽公司法第一百四十七条第一款规定的义务而使出资未缴足的董事、高级管理人员承担相应责任的，人民法院应予支持；董事、高级管理人员承担责任后，可以向被告股东追偿。

▌关联法律法规

《最高人民法院民二庭关于"股东以土地使用权的部分年限对应价值作价出资，期满后收回土地是否构成抽逃出资"的答复》（〔2009〕民二他字第5号）

辽宁省高级人民法院：

你院（2006）辽民二终字第314号《关于鞍山市人民政府与大连大锻锻造有限公司、鞍山第一工程机械股份有限公司、鞍山市国有资产监督管理委员会加工承揽合同欠款纠纷一案的请示报告》收悉。经研究，答复如下：

根据我国公司法及相关法律法规的规定，股份有限公司设立时发起人可以用土地使用权出资。土地使用权不同于土地所有权,其具有一定的存续期间即年限,发起人将土地使用权出资实际是将土地使用权的某部分年限作价用于出资,发起人可以将土地使用权的全部年限作价用于出资,作为公司的资本。发起人将土地使用权的部分年限作价作为出资投入公司,在其他发起人同意且公司章程没有相反的规定时,并不违反法律法规的禁止性规定,此时发起人投入公司的资本数额应当是土地使用权该部分年限作价的价值。

在该部分年限届至后,土地使用权在该部分年限内的价值已经为公司所享有和使用,且该部分价值也已经凝结为公司财产,发起人事实上无法抽回。由于土地使用权的剩余年限并未作价并用于出资,所以发起人收回土地使用权是取回自己财产的行为,这种行为与发起人出资后再将原先出资的资本抽回的行为具有明显的区别,不应认定为抽逃出资。发起人取回剩余年限的土地使用权后,公司的资本没有发生变动,所以无须履行公示程序。

本案中,你院应当查明作为股东的鞍山市人民政府在公司即鞍山一工设立时投入的570620平方米土地使用权作价1710万元所对应的具体年限。如果该作价1710万元的土地使用权对应的出资年限就是10年,在10年期满后,鞍山市人民政府将剩余年限的土地使用权收回,不构成抽逃出资,也无需履行公示程序;反之,则鞍山市人民政府存在抽逃出资的行为,其应当承担对公司债务的赔偿责任,但以抽逃出资的价值为限。

以上意见,仅供参考。

《最高人民法院执行工作办公室关于股份有限公司转让其正在被执行的独资开办的企业能否追加该股份有限公司为被执行人问题的复函》([2002]执他字第2号)

广西壮族自治区高级人民法院:

你院桂高法[2001]294号《关于股份有限公司转让其正在被执行的独资开办的企业能否追加该股份有限公司为被执行人的请示》,收悉,经研究,答复如下:

一、中国四川国际合作股份有限公司(以下简称四川公司)转让北海中川国际房地产开发公司(以下简称北海公司)的股权,收取受让人支付的对价款不属抽逃北海公司的注册资金,即不能以抽逃资金为由追加四川公司为广西城乡房地产开发北海公司申请执行北海公司一案的被执行人。

二、四川公司转让北海公司股权的行为,是依据《公司法》的规定合法转让的行为。因该转让既不改变北海公司的独立法人地位;也未造成北海公司资产的减少;且四川公司转让北海公司而获益的1000万元,是四川公司通过转让股权获得的对价款,该对价款也不是四川公司在北海公司获得的投资权益或投资收益;至于四川公司与北海公司的并表财务报告等,并不表明四川公司对北海公司的债权债务有继受关系或者属法人格滥用行为。因此,北海市中级人民法院追加四川公司为被执行人没有事实依据和法律依据。

此复

典型案例指导

天津某教育公司诉上海某泵业公司等股东出资纠纷案[人民法院案例库2023-08-2-265-002,上海市第一中级人民法院(2021)沪01民终14513号民事判决]

股东抽逃出资侵害的是目标公司财产权益,公司其他股东依据《公司法司法解释三》第十四条行使出资请求权属于共益权范畴,目的是维持公司资本,对该法条中行使出资请求权的"其他股东"进行限缩与公司资本制度也不符。即便行权股东自身出资存在瑕疵,或公司明确表示无需返还,从出资责任、请求权性质、价值选择三个方面考虑,抽逃出资的股东也不能以此主张免除自己的返还义务。在公司尚未经法定清算、清偿债权债务的情况下,为保障公司债权人的合法权益,股东抽逃的公司资本仍需补足,可主张返还出资的主体应包括所有股东。

第一百零六条 【申请设立登记】董事会应当授权代表,于公司成立大会结束后三十日内向公司登记机关申请设立登记。

对应配套规定

《中华人民共和国市场主体登记管理条例实施细则》(自2022年3月1日起施行)

第二十五条 申请办理设立登记,应当提交下列材料:

（一）申请书；
（二）申请人主体资格文件或者自然人身份证明；
（三）住所（主要经营场所、经营场所）相关文件；
（四）公司、非公司企业法人、农民专业合作社（联合社）章程或者合伙企业合伙协议。

▌旧法对应关系 ●●●●●●

原《公司法》第九十二条第一款　董事会应于创立大会结束后三十日内，向公司登记机关报送下列文件，申请设立登记：

……

第一百零七条　【股东、董事、监事、高级管理人员的设立责任及资本充实责任】本法第四十四条、第四十九条第三款、第五十一条、第五十二条、第五十三条的规定，适用于股份有限公司。

▌条文应用提示 ●●●●●●

本法第44条是关于有限责任公司设立时的股东之设立责任的规定，第49条第3款是关于股东瑕疵出资的赔偿责任的规定，第51条是关于董事会催缴出资及负有责任的董事承担赔偿责任的规定，第52条是关于未履行出资义务的股东失权及其救济的规定，第53条是关于抽逃出资及股东返还抽逃出资和负有责任的董事、监事、高级管理人员承担连带赔偿责任的规定。上述规定适用于股份有限公司。

▌旧法对应关系 ●●●●●●

《最高人民法院关于适用〈中华人民共和国公司法〉若干问题的规定（三）》（2020年修正）

第十三条　股东未履行或者未全面履行出资义务，公司或者其他股东请求其向公司依法全面履行出资义务的，人民法院应予支持。

公司债权人请求未履行或者未全面履行出资义务的股东在未出资本息范围内对公司债务不能清偿的部分承担补充赔偿责任的，人民法院应予支持；未履行或者未全面履行出资义务的股东已经承担上述责任，其他债权人提出相同请求的,人民法院不予支持。

股东在公司设立时未履行或者未全面履行出资义务,依照本条第一款或者第二款提起诉讼的原告,请求公司的发起人与被告股东承担连带责任的,人民法院应予支持;公司的发起人承担责任后,可以向被告股东追偿。

股东在公司增资时未履行或者未全面履行出资义务,依照本条第一款或者第二款提起诉讼的原告,请求未尽公司法第一百四十七条第一款规定的义务而使出资未缴足的董事、高级管理人员承担相应责任的,人民法院应予支持;董事、高级管理人员承担责任后,可以向被告股东追偿。

第十七条第一款　有限责任公司的股东未履行出资义务或者抽逃全部出资,经公司催告缴纳或者返还,其在合理期间内仍未缴纳或者返还出资,公司以股东会决议解除该股东的股东资格,该股东请求确认该解除行为无效的,人民法院不予支持。

第一百零八条　【有限责任公司变更为股份有限公司的要求】有限责任公司变更为股份有限公司时,折合的实收股本总额不得高于公司净资产额。有限责任公司变更为股份有限公司,为增加注册资本公开发行股份时,应当依法办理。

▍旧法对应关系 ●●●●●●

原《公司法》第九十五条　有限责任公司变更为股份有限公司时,折合的实收股本总额不得高于公司净资产额。有限责任公司变更为股份有限公司,为增加资本公开发行股份时,应当依法办理。

▍关联法律法规 ●●●●●●

《中华人民共和国证券法》(2019年修订)

第十二条　公司首次公开发行新股,应当符合下列条件:

(一)具备健全且运行良好的组织机构;

(二)具有持续经营能力;

(三)最近三年财务会计报告被出具无保留意见审计报告;

(四)发行人及其控股股东、实际控制人最近三年不存在贪污、贿赂、

侵占财产、挪用财产或者破坏社会主义市场经济秩序的刑事犯罪;

(五)经国务院批准的国务院证券监督管理机构规定的其他条件。

上市公司发行新股,应当符合经国务院批准的国务院证券监督管理机构规定的条件,具体管理办法由国务院证券监督管理机构规定。

公开发行存托凭证的,应当符合首次公开发行新股的条件以及国务院证券监督管理机构规定的其他条件。

第一百零九条 【重要资料的置备】股份有限公司应当将公司章程、股东名册、股东会会议记录、董事会会议记录、监事会会议记录、财务会计报告、债券持有人名册置备于本公司。

旧法对应关系 ●●●●●●

原《公司法》第九十六条　股份有限公司应当将公司章程、股东名册、公司债券存根、股东大会会议记录、董事会会议记录、监事会会议记录、财务会计报告置备于本公司。

第一百一十条 【股份有限公司股东的知情权】股东有权查阅、复制公司章程、股东名册、股东会会议记录、董事会会议决议、监事会会议决议、财务会计报告,对公司的经营提出建议或者质询。

连续一百八十日以上单独或者合计持有公司百分之三以上股份的股东要求查阅公司的会计账簿、会计凭证的,适用本法第五十七条第二款、第三款、第四款的规定。公司章程对持股比例有较低规定的,从其规定。

股东要求查阅、复制公司全资子公司相关材料的,适用前两款的规定。

上市公司股东查阅、复制相关材料的,应当遵守《中华人民共和国证券法》等法律、行政法规的规定。

条文应用提示 ●●●●●●

司法实践中,人民法院审理股东请求查阅或者复制公司特定文件材料的案件,对原告诉讼请求予以支持的,应当在判决中明确查阅或者复制公司特定文件材料的时间、地点和特定文件材料的名录。股东依据人民法院生效判决查阅公司文件材料的,在该股东在场的情况下,可以由会计师、律师等依法或者依据执业行为规范负有保密义务的中介机构执业人员辅助进行。

股东行使知情权后泄露公司商业秘密导致公司合法利益受到损害,或者辅助股东查阅公司文件材料的会计师、律师等泄露公司商业秘密导致公司合法利益受到损害,公司请求该股东赔偿相关损失的,人民法院应当予以支持。

旧法对应关系

原《公司法》第九十七条　股东有权查阅公司章程、股东名册、公司债券存根、股东大会会议记录、董事会会议决议、监事会会议决议、财务会计报告,对公司的经营提出建议或者质询。

《最高人民法院关于适用〈中华人民共和国公司法〉若干问题的规定(四)》(2020年修正)

第七条　股东依据公司法第三十三条、第九十七条或者公司章程的规定,起诉请求查阅或者复制公司特定文件材料的,人民法院应当依法予以受理。

公司有证据证明前款规定的原告在起诉时不具有公司股东资格的,人民法院应当驳回起诉,但原告有初步证据证明在持股期间其合法权益受到损害,请求依法查阅或者复制其持股期间的公司特定文件材料的除外。

第十条　人民法院审理股东请求查阅或者复制公司特定文件材料的案件,对原告诉讼请求予以支持的,应当在判决中明确查阅或者复制公司特定文件材料的时间、地点和特定文件材料的名录。

股东依据人民法院生效判决查阅公司文件材料的,在该股东在场的情况下,可以由会计师、律师等依法或者依据执业行为规范负有保密义务的中介机构执业人员辅助进行。

第十一条　股东行使知情权后泄露公司商业秘密导致公司合法利益受到损害,公司请求该股东赔偿相关损失的,人民法院应当予以支持。

根据本规定第十条辅助股东查阅公司文件材料的会计师、律师等泄露公司商业秘密导致公司合法利益受到损害,公司请求其赔偿相关损失的,人民法院应当予以支持。

第十二条 公司董事、高级管理人员等未依法履行职责,导致公司未依法制作或者保存公司法第三十三条、第九十七条规定的公司文件材料,给股东造成损失,股东依法请求负有相应责任的公司董事、高级管理人员承担民事赔偿责任的,人民法院应当予以支持。

典型案例指导

河南中汇实业集团有限公司诉中原银行股份有限公司股东知情权、公司盈余分配纠纷案[2021年2月10日《最高人民法院民二庭发布2020年全国法院十大商事案例》案例三]

【基本案情】

2012年10月,中汇公司因签订《投资入股协议书》认购持有周口银行×××0万股股份,取得股东地位。2014年7月,因改革重组,中汇公司持有的周口银行股份折股为中原银行股份6435万余股份。2014年12月,中原银行成立。2015年4月中原银行股东大会审议通过,将2014年年末可分配利润50,132,930.25元进行现金分红。2016年2月,中汇公司收到中原银行支付分红534,283.59元。2015年2月10日,中汇公司将其在中原银行的股份转让给河南省豫南高速投资有限公司,约定中汇公司在中原银行股权的相应收益计算至2014年12月31日。中原银行上市时公开发布的财务资料中显示的中原银行2014年度净利润比其《2014年度利润分配方案》中显示的净利润高出1亿多元。中汇公司遂主张其获得的收益与中原银行的盈利严重不符,中原银行取得巨额净利润不向股东分配损害了其合法权益,向一审法院起诉请求查阅、复制持股期间相应的公司章程、股东大会会议记录、会计账簿等特定文件材料;补足分红差额及其他收益3000万元及利息。该案经过了四次审理,二审法院为河南高院。第一次一审,裁定驳回中汇公司的起诉。二审裁定指令一审法院审理。第二次一审,判决中原银行提供中汇公司持股期间的周口银行和中原银行的公司章程、股东大会会议记录、财务会计报告等供中汇公司查阅、复制;中原银行提供中汇公司持股期间的周口银行和中原银行的会计账簿供中汇公司查阅。二审改判驳回中汇公司的诉讼请求。

【专家点评】

对中小投资者的权利保护是世行营商环境评价与法院相关三项重要指标

之一。股东知情权是中小投资者的基础性权利,保护股东知情权也是中小投资者行使其他权利的基础。对股东退出公司后又以公司在其股东资格存续期间对其隐瞒真实经营状况为由,诉请对公司行使知情权的,应当如何认识和处理,原股东是否具备提起知情权诉讼的主体资格,《公司法》未作出明确规定,学术界存在较大争议,主要有绝对有权说、绝对无权说与相对有权说。实务界亦有不同认识,比如2005年上海市高级人民法院《关于审理股东请求对公司行使知情权纠纷若干问题的问答》、山东省高级人民法院《关于审理公司纠纷案件若干问题的意见(试行)》对该问题均采绝对无权的观点。《最高人民法院关于适用〈中华人民共和国公司法〉若干问题的规定(四)》(法释〔2017〕16号)第七条第二款明确原股东的知情权的诉权问题,采纳相对有权说观点,即原则上应当驳回起诉,但原告有初步证据证明在持股期间其合法权益受到损害的除外。在除外情形下,人民法院受理后应当进行实体审理,作出是否支持的判决。河南中汇实业集团有限公司诉中原银行股份有限公司股东知情权纠纷一案的二审判决,采纳相对有权说,即在诉讼程序中如原股东有证据证明其实质利益受有损害,即支持其行使知情权。因此,二审在审理中仔细审查了一审原告实质利益是否受损的证据之后,认为其利益并无受损的事实,从而未支持其诉讼请求。这一审理结果堪称合理,它既考虑并维护了一审原告的诉权利益,也避免了简单从形式上赋予一审原告股东知情权后,会不当影响公司正常经营活动的后果。该结果建立在正确的学理基础之上,对《公司法司法解释(四)》第七条作出了正确的理解。它厘清了适用该条款所要解决的程序问题和实体问题的界限,很好贯彻了兼顾股东利益和公司利益的股东知情权的保护政策。该案判决在保护原股东知情权诉权的同时,又依法保护了上市金融机构的经营秩序,避免了运营成本的不当增加,很好地处理了股东与公司之间的权利纠纷,是一篇非常优秀的案例。(耿林 清华大学法学院副教授)

第二节 股 东 会

第一百一十一条 【股份有限公司股东会的组成与地位】股份有限公司股东会由全体股东组成。股东会是公司的权力机构,依照本法行使职权。

旧法对应关系

原《公司法》第九十八条　股份有限公司股东大会由全体股东组成。股东大会是公司的权力机构,依照本法行使职权。

关联法律法规

《上市公司股东大会规则》(2022年修订)

第一条　为规范上市公司行为,保证股东大会依法行使职权,根据《中华人民共和国公司法》(以下简称《公司法》)、《中华人民共和国证券法》(以下简称《证券法》)的规定,制定本规则。

第二条　上市公司应当严格按照法律、行政法规、本规则及公司章程的相关规定召开股东大会,保证股东能够依法行使权利。

公司董事会应当切实履行职责,认真、按时组织股东大会。公司全体董事应当勤勉尽责,确保股东大会正常召开和依法行使职权。

第三条　股东大会应当在《公司法》和公司章程规定的范围内行使职权。

第四条　股东大会分为年度股东大会和临时股东大会。年度股东大会每年召开一次,应当于上一会计年度结束后的六个月内举行。临时股东大会不定期召开,出现《公司法》第一百条规定的应当召开临时股东大会的情形时,临时股东大会应当在二个月内召开。

公司在上述期限内不能召开股东大会的,应当报告公司所在地中国证券监督管理委员会(以下简称中国证监会)派出机构和公司股票挂牌交易的证券交易所(以下简称证券交易所),说明原因并公告。

第五条　公司召开股东大会,应当聘请律师对以下问题出具法律意见并公告:

(一)会议的召集、召开程序是否符合法律、行政法规、本规则和公司章程的规定;

(二)出席会议人员的资格、召集人资格是否合法有效;

(三)会议的表决程序、表决结果是否合法有效;

(四)应公司要求对其他有关问题出具的法律意见。

第一百一十二条 【股份有限公司股东会的职权】本法第五十九条第一款、第二款关于有限责任公司股东会职权的规定,适用于股份有限公司股东会。

本法第六十条关于只有一个股东的有限责任公司不设股东会的规定,适用于只有一个股东的股份有限公司。

▌旧法对应关系 ●●●●●●

原《公司法》第九十九条 本法第三十七条第一款关于有限责任公司股东会职权的规定,适用于股份有限公司股东大会。

第一百一十三条 【股份有限公司股东会年会及临时股东大会】股东会应当每年召开一次年会。有下列情形之一的,应当在两个月内召开临时股东会会议:

(一)董事人数不足本法规定人数或者公司章程所定人数的三分之二时;

(二)公司未弥补的亏损达股本总额三分之一时;

(三)单独或者合计持有公司百分之十以上股份的股东请求时;

(四)董事会认为必要时;

(五)监事会提议召开时;

(六)公司章程规定的其他情形。

▌旧法对应关系 ●●●●●●

原《公司法》第一百条 股东大会应当每年召开一次年会。有下列情形之一的,应当在两个月内召开临时股东大会:

(一)董事人数不足本法规定人数或者公司章程所定人数的三分之二时;

(二)公司未弥补的亏损达实收股本总额三分之一时;

(三)单独或者合计持有公司百分之十以上股份的股东请求时;

(四)董事会认为必要时;

(五)监事会提议召开时;

(六)公司章程规定的其他情形。

关联法律法规

《上市公司股东大会规则》(2022年修订)

第四条 股东大会分为年度股东大会和临时股东大会。年度股东大会每年召开一次,应当于上一会计年度结束后的六个月内举行。临时股东大会不定期召开,出现《公司法》第一百条规定的应当召开临时股东大会的情形时,临时股东大会应当在二个月内召开。

公司在上述期限内不能召开股东大会的,应当报告公司所在地中国证券监督管理委员会(以下简称中国证监会)派出机构和公司股票挂牌交易的证券交易所(以下简称证券交易所),说明原因并公告。

第一百一十四条 【股东会会议的召集和主持】股东会会议由董事会召集,董事长主持;董事长不能履行职务或者不履行职务的,由副董事长主持;副董事长不能履行职务或者不履行职务的,由过半数的董事共同推举一名董事主持。

董事会不能履行或者不履行召集股东会会议职责的,监事会应当及时召集和主持;监事会不召集和主持的,连续九十日以上单独或者合计持有公司百分之十以上股份的股东可以自行召集和主持。

单独或者合计持有公司百分之十以上股份的股东请求召开临时股东会会议的,董事会、监事会应当在收到请求之日起十日内作出是否召开临时股东会会议的决定,并书面答复股东。

旧法对应关系

原《公司法》第一百零一条 股东大会会议由董事会召集,董事长主持;董事长不能履行职务或者不履行职务的,由副董事长主持;副董事长不能履行职务或者不履行职务的,由半数以上董事共同推举一名董事主持。

董事会不能履行或者不履行召集股东大会会议职责的,监事会应当及时召集和主持;监事会不召集和主持的,连续九十日以上单独或者合计持有公司百分之十以上股份的股东可以自行召集和主持。

关联法律法规 ●●●●●●

《上市公司股东大会规则》(2022年修订)
第二章 股东大会的召集

第六条 董事会应当在本规则第四条规定的期限内按时召集股东大会。

第七条 独立董事有权向董事会提议召开临时股东大会。对独立董事要求召开临时股东大会的提议,董事会应当根据法律、行政法规和公司章程的规定,在收到提议后十日内提出同意或不同意召开临时股东大会的书面反馈意见。

董事会同意召开临时股东大会的,应当在作出董事会决议后的五日内发出召开股东大会的通知;董事会不同意召开临时股东大会的,应当说明理由并公告。

第八条 监事会有权向董事会提议召开临时股东大会,并应当以书面形式向董事会提出。董事会应当根据法律、行政法规和公司章程的规定,在收到提议后十日内提出同意或不同意召开临时股东大会的书面反馈意见。

董事会同意召开临时股东大会的,应当在作出董事会决议后的五日内发出召开股东大会的通知,通知中对原提议的变更,应当征得监事会的同意。

董事会不同意召开临时股东大会,或者在收到提议后十日内未作出书面反馈的,视为董事会不能履行或者不履行召集股东大会会议职责,监事会可以自行召集和主持。

第九条 单独或者合计持有公司百分之十以上股份的普通股股东(含表决权恢复的优先股股东)有权向董事会请求召开临时股东大会,并应当以书面形式向董事会提出。董事会应当根据法律、行政法规和公司章程的规定,在收到请求后十日内提出同意或不同意召开临时股东大会的书面反馈意见。

董事会同意召开临时股东大会的,应当在作出董事会决议后的五日内发出召开股东大会的通知,通知中对原请求的变更,应当征得相关股东的同意。

董事会不同意召开临时股东大会,或者在收到请求后十日内未作出反馈的,单独或者合计持有公司百分之十以上股份的普通股股东(含表决权恢复的优先股股东)有权向监事会提议召开临时股东大会,并应当以书面形式向监事会提出请求。

监事会同意召开临时股东大会的,应在收到请求五日内发出召开股东大会的通知,通知中对原请求的变更,应当征得相关股东的同意。

监事会未在规定期限内发出股东大会通知的,视为监事会不召集和主持股东大会,连续九十日以上单独或者合计持有公司百分之十以上股份的普通股股东(含表决权恢复的优先股股东)可以自行召集和主持。

第十条 监事会或股东决定自行召集股东大会的,应当书面通知董事会,同时向证券交易所备案。

第四章 股东大会的召开

第二十条 公司应当在公司住所地或公司章程规定的地点召开股东大会。

股东大会应当设置会场,以现场会议形式召开,并应当按照法律、行政法规、中国证监会或公司章程的规定,采用安全、经济、便捷的网络和其他方式为股东参加股东大会提供便利。股东通过上述方式参加股东大会的,视为出席。

股东可以亲自出席股东大会并行使表决权,也可以委托他人代为出席和在授权范围内行使表决权。

第二十一条 公司应当在股东大会通知中明确载明网络或其他方式的表决时间以及表决程序。

股东大会网络或其他方式投票的开始时间,不得早于现场股东大会召开前一日下午3:00,并不得迟于现场股东大会召开当日上午9:30,其结束时间不得早于现场股东大会结束当日下午3:00。

第二十二条 董事会和其他召集人应当采取必要措施,保证股东大会的正常秩序。对于干扰股东大会、寻衅滋事和侵犯股东合法权益的行为,应当采取措施加以制止并及时报告有关部门查处。

第二十三条 股权登记日登记在册的所有普通股股东(含表决权恢复的优先股股东)或其代理人,均有权出席股东大会,公司和召集人不得以任何理由拒绝。

优先股股东不出席股东大会会议,所持股份没有表决权,但出现以下情况之一的,公司召开股东大会会议应当通知优先股股东,并遵循《公司法》及公司章程通知普通股股东的规定程序。优先股股东出席股东大会会议时,有权与普通股股东分类表决,其所持每一优先股有一表决权,但公司持有的本公司优先股没有表决权:

(一)修改公司章程中与优先股相关的内容;
(二)一次或累计减少公司注册资本超过百分之十;
(三)公司合并、分立、解散或变更公司形式;
(四)发行优先股;
(五)公司章程规定的其他情形。

上述事项的决议,除须经出席会议的普通股股东(含表决权恢复的优先股股东)所持表决权的三分之二以上通过之外,还须经出席会议的优先股股东(不含表决权恢复的优先股股东)所持表决权的三分之二以上通过。

第二十四条 股东应当持股票账户卡、身份证或其他能够表明其身份的有效证件或证明出席股东大会。代理人还应当提交股东授权委托书和个人有效身份证件。

第二十五条 召集人和律师应当依据证券登记结算机构提供的股东名册共同对股东资格的合法性进行验证,并登记股东姓名或名称及其所持有表决权的股份数。在会议主持人宣布现场出席会议的股东和代理人人数及所持有表决权的股份总数之前,会议登记应当终止。

第二十六条 公司召开股东大会,全体董事、监事和董事会秘书应当出席会议,经理和其他高级管理人员应当列席会议。

第二十七条 股东大会由董事长主持。董事长不能履行职务或不履行职务时,由副董事长主持;副董事长不能履行职务或者不履行职务时,由半数以上董事共同推举的一名董事主持。

监事会自行召集的股东大会,由监事会主席主持。监事会主席不能履行职务或不履行职务时,由监事会副主席主持;监事会副主席不能履行职务或者不履行职务时,由半数以上监事共同推举的一名监事主持。

股东自行召集的股东大会,由召集人推举代表主持。

公司应当制定股东大会议事规则。召开股东大会时,会议主持人违反议事规则使股东大会无法继续进行的,经现场出席股东大会有表决权过半数的股东同意,股东大会可推举一人担任会议主持人,继续开会。

第二十八条 在年度股东大会上,董事会、监事会应当就其过去一年的工作向股东大会作出报告,每名独立董事也应作出述职报告。

第二十九条 董事、监事、高级管理人员在股东大会上应就股东的质询作出解释和说明。

第三十条 会议主持人应当在表决前宣布现场出席会议的股东和代理人人数及所持有表决权的股份总数,现场出席会议的股东和代理人人数及所持有表决权的股份总数以会议登记为准。

第三十一条 股东与股东大会拟审议事项有关联关系时,应当回避表决,其所持有表决权的股份不计入出席股东大会有表决权的股份总数。

股东大会审议影响中小投资者利益的重大事项时,对中小投资者的表决应当单独计票。单独计票结果应当及时公开披露。

公司持有自己的股份没有表决权,且该部分股份不计入出席股东大会有表决权的股份总数。

股东买入公司有表决权的股份违反《证券法》第六十三条第一款、第二款规定的,该超过规定比例部分的股份在买入后的三十六个月内不得行使表决权,且不计入出席股东大会有表决权的股份总数。

公司董事会、独立董事、持有百分之一以上有表决权股份的股东或者依照法律、行政法规或者中国证监会的规定设立的投资者保护机构可以公开征集股东投票权。征集股东投票权应当向被征集人充分披露具体投票意向等信息。禁止以有偿或者变相有偿的方式征集股东投票权。除法定条件外,公司不得对征集投票权提出最低持股比例限制。

第三十二条 股东大会就选举董事、监事进行表决时,根据公司章程的规定或者股东大会的决议,可以实行累积投票制。单一股东及其一致行动人拥有权益的股份比例在百分之三十及以上的上市公司,应当采用累积投票制。

前款所称累积投票制是指股东大会选举董事或者监事时,每一普通股(含表决权恢复的优先股)股份拥有与应选董事或者监事人数相同的表决权,股东拥有的表决权可以集中使用。

第三十三条 除累积投票制外,股东大会对所有提案应当逐项表决。对同一事项有不同提案的,应当按提案提出的时间顺序进行表决。除因不可抗力等特殊原因导致股东大会中止或不能作出决议外,股东大会不得对提案进行搁置或不予表决。

股东大会就发行优先股进行审议,应当就下列事项逐项进行表决:

(一)本次发行优先股的种类和数量;

(二)发行方式、发行对象及向原股东配售的安排;

(三)票面金额、发行价格或定价区间及其确定原则;

(四)优先股股东参与分配利润的方式,包括:股息率及其确定原则、股息发放的条件、股息支付方式、股息是否累积、是否可以参与剩余利润分配等;

(五)回购条款,包括回购的条件、期间、价格及其确定原则、回购选择权的行使主体等(如有);

(六)募集资金用途;

(七)公司与相应发行对象签订的附条件生效的股份认购合同;

(八)决议的有效期;

(九)公司章程关于优先股股东和普通股股东利润分配政策相关条款的修订方案;

(十)对董事会办理本次发行具体事宜的授权;

(十一)其他事项。

第三十四条　股东大会审议提案时,不得对提案进行修改,否则,有关变更应当被视为一个新的提案,不得在本次股东大会上进行表决。

第三十五条　同一表决权只能选择现场、网络或其他表决方式中的一种。同一表决权出现重复表决的以第一次投票结果为准。

第三十六条　出席股东大会的股东,应当对提交表决的提案发表以下意见之一:同意、反对或弃权。证券登记结算机构作为内地与香港股票市场交易互联互通机制股票的名义持有人,按照实际持有人意思表示进行申报的除外。

未填、错填、字迹无法辨认的表决票或未投的表决票均视为投票人放弃表决权利,其所持股份数的表决结果应计为"弃权"。

第三十七条　股东大会对提案进行表决前,应当推举二名股东代表参加计票和监票。审议事项与股东有关联关系的,相关股东及代理人不得参加计票、监票。

股东大会对提案进行表决时,应当由律师、股东代表与监事代表共同负责计票、监票。

通过网络或其他方式投票的公司股东或其代理人,有权通过相应的投票系统查验自己的投票结果。

第三十八条　股东大会会议现场结束时间不得早于网络或其他方式,会议主持人应当在会议现场宣布每一提案的表决情况和结果,并根据表决结果宣布提案是否通过。

在正式公布表决结果前,股东大会现场、网络及其他表决方式中所涉及的公司、计票人、监票人、主要股东、网络服务方等相关各方对表决情况均负有保密义务。

第三十九条　股东大会决议应当及时公告,公告中应列明出席会议的股东和代理人人数、所持有表决权的股份总数及占公司有表决权股份总数的比例、表决方式、每项提案的表决结果和通过的各项决议的详细内容。

发行优先股的公司就本规则第二十三条第二款所列情形进行表决的,应当对普通股股东(含表决权恢复的优先股股东)和优先股股东(不含表决权恢复的优先股股东)出席会议及表决的情况分别统计并公告。

发行境内上市外资股的公司,应当对内资股股东和外资股股东出席会议及表决情况分别统计并公告。

第四十条　提案未获通过,或者本次股东大会变更前次股东大会决议的,应当在股东大会决议公告中作特别提示。

第四十一条　股东大会会议记录由董事会秘书负责,会议记录应记载以下内容:

(一)会议时间、地点、议程和召集人姓名或名称;

(二)会议主持人以及出席或列席会议的董事、监事、董事会秘书、经理和其他高级管理人员姓名;

(三)出席会议的股东和代理人人数、所持有表决权的股份总数及占公司股份总数的比例;

(四)对每一提案的审议经过、发言要点和表决结果;

(五)股东的质询意见或建议以及相应的答复或说明;

(六)律师及计票人、监票人姓名;

（七）公司章程规定应当载入会议记录的其他内容。

出席会议的董事、监事、董事会秘书、召集人或其代表、会议主持人应当在会议记录上签名，并保证会议记录内容真实、准确和完整。会议记录应当与现场出席股东的签名册及代理出席的委托书、网络及其他方式表决情况的有效资料一并保存，保存期限不少于十年。

第四十二条　召集人应当保证股东大会连续举行，直至形成最终决议。因不可抗力等特殊原因导致股东大会中止或不能作出决议的，应采取必要措施尽快恢复召开股东大会或直接终止本次股东大会，并及时公告。同时，召集人应向公司所在地中国证监会派出机构及证券交易所报告。

第四十三条　股东大会通过有关董事、监事选举提案的，新任董事、监事按公司章程的规定就任。

第四十四条　股东大会通过有关派现、送股或资本公积转增股本提案的，公司应当在股东大会结束后二个月内实施具体方案。

第四十五条　公司以减少注册资本为目的的回购普通股公开发行优先股，以及以非公开发行优先股为支付手段向公司特定股东回购普通股的，股东大会就回购普通股作出决议，应当经出席会议的普通股股东（含表决权恢复的优先股股东）所持表决权的三分之二以上通过。

公司应当在股东大会作出回购普通股决议后的次日公告该决议。

第四十六条　公司股东大会决议内容违反法律、行政法规的无效。

公司控股股东、实际控制人不得限制或者阻挠中小投资者依法行使投票权，不得损害公司和中小投资者的合法权益。

股东大会的会议召集程序、表决方式违反法律、行政法规或者公司章程，或者决议内容违反公司章程的，股东可以自决议作出之日起六十日内，请求人民法院撤销。

在股东大会决议公告前，召集普通股股东（含表决权恢复的优先股股东）持股比例不得低于百分之十。

监事会和召集股东应在发出股东大会通知及发布股东大会决议公告时，向证券交易所提交有关证明材料。

> **第一百一十五条 【召开股东会的通知、公告以及临时提案】**召开股东会会议,应当将会议召开的时间、地点和审议的事项于会议召开二十日前通知各股东;临时股东会会议应当于会议召开十五日前通知各股东。
>
> 单独或者合计持有公司百分之一以上股份的股东,可以在股东会会议召开十日前提出临时提案并书面提交董事会。临时提案应当有明确议题和具体决议事项。董事会应当在收到提案后二日内通知其他股东,并将该临时提案提交股东会审议;但临时提案违反法律、行政法规或者公司章程的规定,或者不属于股东会职权范围的除外。公司不得提高提出临时提案股东的持股比例。
>
> 公开发行股份的公司,应当以公告方式作出前两款规定的通知。
>
> 股东会不得对通知中未列明的事项作出决议。

▌条文应用提示 ●●●●●●

股东的临时提案必须符合法定要求:(1)提出临时议案的股东必须符合一定的条件,2023年《公司法》修订时将符合条件的股东的持股比例由单独或者合计持有公司股份3%以上改为1%以上。(2)临时提案必须在股东会会议召开10日前提出并书面提交董事会。(3)临时提案内容不得违反法律、行政法规或者公司章程的规定,应当属于股东会的职权范围,并有明确议题和具体决议事项。

需要注意的是,有权提出临时提案的股东是单独或者合计持有公司1%以上股份的股东。实践中有些公司为了限制股东提案权,规定了比法律规定百分比高的持股股东才能提出临时提案。为了避免公司通过公司章程限制股东提案权,2023年《公司法》增加规定,公司不得提高提出临时提案股东的持股比例。

▌旧法对应关系 ●●●●●●

原《公司法》第一百零二条 召开股东大会会议,应当将会议召开的时间、地点和审议的事项于会议召开二十日前通知各股东;临时股东大会应当于会议召开十五日前通知各股东;发行无记名股票的,应当于会议召开三十日前公告会议召开的时间、地点和审议事项。

单独或者合计持有公司百分之三以上股份的股东,可以在股东大会召开十日前提出临时提案并书面提交董事会;董事会应当在收到提案后二日内通知其他股东,并将该临时提案提交股东大会审议。临时提案的内容应当属于股东大会职权范围,并有明确议题和具体决议事项。

股东大会不得对前两款通知中未列明的事项作出决议。

无记名股票持有人出席股东大会会议的,应当于会议召开五日前至股东大会闭会时将股票交存于公司。

关联法律法规 ●●●●●●●

《上市公司股东大会规则》(2022年修订)
第三章 股东大会的提案与通知

第十三条 提案的内容应当属于股东大会职权范围,有明确议题和具体决议事项,并且符合法律、行政法规和公司章程的有关规定。

第十四条 单独或者合计持有公司百分之三以上股份的普通股股东(含表决权恢复的优先股股东),可以在股东大会召开十日前提出临时提案并书面提交召集人。召集人应当在收到提案后二日内发出股东大会补充通知,公告临时提案的内容。

除前款规定外,召集人在发出股东大会通知后,不得修改股东大会通知中已列明的提案或增加新的提案。

股东大会通知中未列明或不符合本规则第十三条规定的提案,股东大会不得进行表决并作出决议。

第十五条 召集人应当在年度股东大会召开二十日前以公告方式通知各普通股股东(含表决权恢复的优先股股东),临时股东大会应当于会议召开十五日前以公告方式通知各普通股股东(含表决权恢复的优先股股东)。

第十六条 股东大会通知和补充通知中应当充分、完整披露所有提案的具体内容,以及为使股东对拟讨论的事项作出合理判断所需的全部资料或解释。拟讨论的事项需要独立董事发表意见的,发出股东大会通知或补充通知时应当同时披露独立董事的意见及理由。

第十七条 股东大会拟讨论董事、监事选举事项的,股东大会通知中应当充分披露董事、监事候选人的详细资料,至少包括以下内容:

（一）教育背景、工作经历、兼职等个人情况；
（二）与公司或其控股股东及实际控制人是否存在关联关系；
（三）披露持有上市公司股份数量；
（四）是否受过中国证监会及其他有关部门的处罚和证券交易所惩戒。

除采取累积投票制选举董事、监事外，每位董事、监事候选人应当以单项提案提出。

第十八条　股东大会通知中应当列明会议时间、地点，并确定股权登记日。股权登记日与会议日期之间的间隔应当不多于七个工作日。股权登记日一旦确认，不得变更。

第十九条　发出股东大会通知后，无正当理由，股东大会不得延期或取消，股东大会通知中列明的提案不得取消。一旦出现延期或取消的情形，召集人应当在原定召开日前至少二个工作日公告并说明原因。

第一百一十六条　【股份有限公司股东会议事规则】股东出席股东会会议，所持每一股份有一表决权，类别股股东除外。公司持有的本公司股份没有表决权。

股东会作出决议，应当经出席会议的股东所持表决权过半数通过。

股东会作出修改公司章程、增加或者减少注册资本的决议，以及公司合并、分立、解散或者变更公司形式的决议，应当经出席会议的股东所持表决权的三分之二以上通过。

旧法对应关系 ●●●●●●

原《公司法》第一百零三条　股东出席股东大会会议，所持每一股份有一表决权。但是，公司持有的本公司股份没有表决权。

股东大会作出决议，必须经出席会议的股东所持表决权过半数通过。但是，股东大会作出修改公司章程、增加或者减少注册资本的决议，以及公司合并、分立、解散或者变更公司形式的决议，必须经出席会议的股东所持表决权的三分之二以上通过。

关联法律法规

《上市公司重大资产重组管理办法》(2023年修订)

第二十四条第一款 上市公司股东大会就重大资产重组事项作出决议,必须经出席会议的股东所持表决权的三分之二以上通过。

> **第一百一十七条 【董事、监事选举以及累积投票制】**股东会选举董事、监事,可以按照公司章程的规定或者股东会的决议,实行累积投票制。
>
> 本法所称累积投票制,是指股东会选举董事或者监事时,每一股份拥有与应选董事或者监事人数相同的表决权,股东拥有的表决权可以集中使用。

条文应用提示

股东的表决权以"每一股份有一表决权"为原则,在选举董事、监事时也是如此。为了防止股东大会中处于控制地位的股东凭其优势把持董事、监事的选举,致使持股分散的公众股东提名的董事、监事丧失当选的机会,在公司法中引入累积投票制,即股东大会选举董事或者监事时,每一股份拥有与应选董事或者监事人数相同的表决权,股东拥有的表决权既可以集中向其中的一名候选人投票,也可以将表决权分配给数名候选人,以得票多者当选。在累积投票制度下,中小股东通过其投票权的集中使用,可以增加其提名人的当选机会。例如,某股份公司有1000股,其中某大股东占70%,其余股东占30%。如公司拟选3名董事,在实行直接投票制的情况下,则只能是大股东中意的人选才有可能当选。而实行累积投票制时,大股东的累积表决权数为2100票,其余股东为900票。如果其余股东将900票集中投向一名候选人,该1人必然当选;而大股东要想使其3名被提名人都能当选,则最少需要超过2700票,在这种情况下,大股东也只能保证其提名的2人当选。通过累计投票制,中小股东提名的人选有可能进入董事会、监事会,参与公司的经营决策和监督。

旧法对应关系

原《公司法》第一百零五条 股东大会选举董事、监事,可以依照公司章程的规定或者股东大会的决议,实行累积投票制。

本法所称累积投票制,是指股东大会选举董事或者监事时,每一股份拥有与应选董事或者监事人数相同的表决权,股东拥有的表决权可以集中使用。

▍关联法律法规

《上市公司独立董事管理办法》(自2023年9月4日起施行)

第十二条第一款　上市公司股东大会选举两名以上独立董事的,应当实行累积投票制。鼓励上市公司实行差额选举,具体实施细则由公司章程规定。

第一百一十八条　【表决权的代理行使】股东委托代理人出席股东会会议的,应当明确代理人代理的事项、权限和期限;代理人应当向公司提交股东授权委托书,并在授权范围内行使表决权。

▍旧法对应关系

原《公司法》第一百零六条　股东可以委托代理人出席股东大会会议,代理人应当向公司提交股东授权委托书,并在授权范围内行使表决权。

▍关联法律法规

《上市公司股东大会规则》(2022年修订)

第二十条第三款　股东可以亲自出席股东大会并行使表决权,也可以委托他人代为出席和在授权范围内行使表决权。

第二十四条　股东应当持股票账户卡、身份证或其他能够表明其身份的有效证件或证明出席股东大会。代理人还应当提交股东授权委托书和个人有效身份证件。

第一百一十九条　【股东会会议记录要求】股东会应当对所议事项的决定作成会议记录,主持人、出席会议的董事应当在会议记录上签名。会议记录应当与出席股东的签名册及代理出席的委托书一并保存。

旧法对应关系 ●●●●●●

原《公司法》第一百零七条 股东大会应当对所议事项的决定作成会议记录,主持人、出席会议的董事应当在会议记录上签名。会议记录应当与出席股东的签名册及代理出席的委托书一并保存。

关联法律法规 ●●●●●●

《上市公司股东大会规则》(2022年修订)

第四十一条 股东大会会议记录由董事会秘书负责,会议记录应记载以下内容:

(一)会议时间、地点、议程和召集人姓名或名称;

(二)会议主持人以及出席或列席会议的董事、监事、董事会秘书、经理和其他高级管理人员姓名;

(三)出席会议的股东和代理人人数、所持有表决权的股份总数及占公司股份总数的比例;

(四)对每一提案的审议经过、发言要点和表决结果;

(五)股东的质询意见或建议以及相应的答复或说明;

(六)律师及计票人、监票人姓名;

(七)公司章程规定应当载入会议记录的其他内容。

出席会议的董事、监事、董事会秘书、召集人或其代表、会议主持人应当在会议记录上签名,并保证会议记录内容真实、准确和完整。会议记录应当与现场出席股东的签名册及代理出席的委托书、网络及其他方式表决情况的有效资料一并保存,保存期限不少于十年。

第三节 董事会、经理

第一百二十条 【股份有限公司董事会设置、职权】股份有限公司设董事会,本法第一百二十八条另有规定的除外。

本法第六十七条、第六十八条第一款、第七十条、第七十一条的规定,适用于股份有限公司。

旧法对应关系 ●●●●●●●

原《公司法》第一百零八条　股份有限公司设董事会,其成员为五人至十九人。

董事会成员中可以有公司职工代表。董事会中的职工代表由公司职工通过职工代表大会、职工大会或者其他形式民主选举产生。

本法第四十五条关于有限责任公司董事任期的规定,适用于股份有限公司董事。

本法第四十六条关于有限责任公司董事会职权的规定,适用于股份有限公司董事会。

关联法律法规 ●●●●●●●

《上市公司独立董事管理办法》(自 2023 年 9 月 4 日起施行)

第五条　上市公司独立董事占董事会成员的比例不得低于三分之一,且至少包括一名会计专业人士。

上市公司应当在董事会中设置审计委员会。审计委员会成员应当为不在上市公司担任高级管理人员的董事,其中独立董事应当过半数,并由独立董事中会计专业人士担任召集人。

上市公司可以根据需要在董事会中设置提名、薪酬与考核、战略等专门委员会。提名委员会、薪酬与考核委员会中独立董事应当过半数并担任召集人。

《中华全国总工会关于加强公司制企业职工董事制度、职工监事制度建设的意见》(2016 年)

二、依法推进公司建立职工董事制度、职工监事制度

(一)着力推进公司依法建立职工董事制度、职工监事制度。

各级工会应当依据《公司法》等法规政策的规定,推动和督促国有及国有控股公司率先依法建立职工董事制度,引导和支持混合所有制公司、非公有制公司的董事会设立职工董事,同时要督促设立了监事会的各类公司都依法建立职工监事制度。

(二)切实保证职工董事、职工监事候选人条件和人数比例。

1. 职工董事、职工监事候选人应符合以下基本条件:与公司存在劳动关系;能够代表和反映职工合理诉求,维护职工和公司合法权益,为职工

群众信赖和拥护;熟悉公司经营管理或具有相关的工作经验,熟知劳动法律法规,有较强的协调沟通能力;遵纪守法,品行端正,秉公办事,廉洁自律;符合法律法规和公司章程规定的其他条件。遵循职工董事、职工监事任职回避原则,坚持公司高级管理人员和监事不得兼任职工董事,公司高级管理人员和董事不得兼任职工监事。公司高管的近亲属,不宜担(兼)任职工董事、职工监事。

2. 职工董事、职工监事的人数和具体比例应依法在公司章程中作出明确规定。国有及国有控股公司,其董事会成员中应当有公司职工代表;引导和支持国有及国有控股公司以外的其他公司董事会成员中配备适当比例的职工董事,力促董事会成员中至少有一名职工董事。所有公司监事会中职工监事的比例不低于三分之一。督促公司在设立(或改制)的初始阶段,依照相关法律规定在董事会、监事会中预留职工董事、职工监事的席位,并在公司章程中予以明确规定。

3. 职工持股会选派到董事会、监事会的董事、监事,一般不占职工董事、职工监事的名额。

《国务院办公厅关于进一步完善国有企业法人治理结构的指导意见》(国办发[2017]36号)

(二)加强董事会建设,落实董事会职权。

1. 董事会是公司的决策机构,要对股东会负责,执行股东会决定,依照法定程序和公司章程授权决定公司重大事项,接受股东会、监事会监督,认真履行决策把关、内部管理、防范风险、深化改革等职责。国有独资公司要依法落实和维护董事会行使重大决策、选人用人、薪酬分配等权利,增强董事会的独立性和权威性,落实董事会年度工作报告制度;董事会应与党组织充分沟通,有序开展国有独资公司董事会选聘经理层试点,加强对经理层的管理和监督。

2. 优化董事会组成结构。国有独资、全资公司的董事长、总经理原则上分设,应均为内部执行董事,定期向董事会报告工作。国有独资公司的董事长作为企业法定代表人,对企业改革发展负首要责任,要及时向董事会和国有股东报告重大经营问题和经营风险。国有独资公司的董事对出资人机构负责,接受出资人机构指导,其中外部董事人选由出资人机构商有关部门提名,并按照法定程序任命。国有全资公司、国有控股企业的董事由相关股东依据股权份额推荐派出,由股东会选举或更换,国有股东派出的董事要积极维护国有资本权益;国有全资公司的外部董事人选由控股股东商其他股东推荐,由股东会选举或更换;国有控股企业应有一定比例的外部董事,由股东会选举或更换。

3. 规范董事会议事规则。董事会要严格实行集体审议、独立表决、个人负责的决策制度,平等充分发表意见,一人一票表决,建立规范透明的重大事项信息公开和对外披露制度,保障董事会会议记录和提案资料的完整性,建立董事会决议跟踪落实以及后评估制度,做好与其他治理主体的联系沟通。董事会应当设立提名委员会、薪酬与考核委员会、审计委员会等专门委员会,为董事会决策提供咨询,其中薪酬与考核委员会、审计委员会应由外部董事组成。改进董事会和董事评价办法,完善年度和任期考核制度,逐步形成符合企业特点的考核评价体系及激励机制。

4. 加强董事队伍建设。开展董事任前和任期培训,做好董事派出和任期管理工作。建立完善外部董事选聘和管理制度,严格资格认定和考试考察程序,拓宽外部董事来源渠道,扩大专职外部董事队伍,选聘一批现职国有企业负责人转任专职外部董事,定期报告外部董事履职情况。国有独资公司要健全外部董事召集人制度,召集人由外部董事定期推选产生。外部董事要与出资人机构加强沟通。

第一百二十一条 【股份有限公司审计委员会设立及职权】股份有限公司可以按照公司章程的规定在董事会中设置由董事组成的审计委员会,行使本法规定的监事会的职权,不设监事会或者监事。

审计委员会成员为三名以上,过半数成员不得在公司担任除董事以外的其他职务,且不得与公司存在任何可能影响其独立客观判断的关系。公司董事会成员中的职工代表可以成为审计委员会成员。

审计委员会作出决议,应当经审计委员会成员的过半数通过。

审计委员会决议的表决,应当一人一票。

审计委员会的议事方式和表决程序,除本法有规定的外,由公司章程规定。

公司可以按照公司章程的规定在董事会中设置其他委员会。

对应配套规定

《国务院关于实施〈中华人民共和国公司法〉注册资本登记管理制度的规定》(自 2024 年 7 月 1 日起施行)

第十二条　上市公司依照公司法和国务院规定,在公司章程中规定在董事会中设置审计委员会,并载明审计委员会的组成、职权等事项。

第一百二十二条　【董事长、副董事长的产生及职责】董事会设董事长一人,可以设副董事长。董事长和副董事长由董事会以全体董事的过半数选举产生。

董事长召集和主持董事会会议,检查董事会决议的实施情况。副董事长协助董事长工作,董事长不能履行职务或者不履行职务的,由副董事长履行职务;副董事长不能履行职务或者不履行职务的,由过半数的董事共同推举一名董事履行职务。

旧法对应关系

原《公司法》第一百零九条　董事会设董事长一人,可以设副董事长。董事长和副董事长由董事会以全体董事的过半数选举产生。

董事长召集和主持董事会会议,检查董事会决议的实施情况。副董事长协助董事长工作,董事长不能履行职务或者不履行职务的,由副董事长履行职务;副董事长不能履行职务或者不履行职务的,由半数以上董事共同推举一名董事履行职务。

第一百二十三条　【董事会召开】董事会每年度至少召开两次会议,每次会议应当于会议召开十日前通知全体董事和监事。

代表十分之一以上表决权的股东、三分之一以上董事或者监事会,可以提议召开临时董事会会议。董事长应当自接到提议后十日内,召集和主持董事会会议。

董事会召开临时会议,可以另定召集董事会的通知方式和通知时限。

旧法对应关系

原《公司法》第一百一十条　董事会每年度至少召开两次会议,每次会议应当于会议召开十日前通知全体董事和监事。

代表十分之一以上表决权的股东、三分之一以上董事或者监事会,可以提议召开董事会临时会议。董事长应当自接到提议后十日内,召集和主持董事会会议。

董事会召开临时会议,可以另定召集董事会的通知方式和通知时限。

第一百二十四条　【董事会议事规则】董事会会议应当有过半数的董事出席方可举行。董事会作出决议,应当经全体董事的过半数通过。

董事会决议的表决,应当一人一票。

董事会应当对所议事项的决定作成会议记录,出席会议的董事应当在会议记录上签名。

旧法对应关系

原《公司法》第一百一十一条　董事会会议应有过半数的董事出席方可举行。董事会作出决议,必须经全体董事的过半数通过。

董事会决议的表决,实行一人一票。

第一百一十二条第二款　董事会应当对会议所议事项的决定作成会议记录,出席会议的董事应当在会议记录上签名。

第一百二十五条　【董事的出席与责任承担】董事会会议,应当由董事本人出席;董事因故不能出席,可以书面委托其他董事代为出席,委托书应当载明授权范围。

董事应当对董事会的决议承担责任。董事会的决议违反法律、行政法规或者公司章程、股东会决议,给公司造成严重损失的,参与决议的董事对公司负赔偿责任;经证明在表决时曾表明异议并记载于会议记录的,该董事可以免除责任。

旧法对应关系

原《公司法》第一百一十二条　董事会会议,应由董事本人出席;董事因故不能出席,可以书面委托其他董事代为出席,委托书中应载明授权范围。

董事会应当对会议所议事项的决定作成会议记录,出席会议的董事应当在会议记录上签名。

董事应当对董事会的决议承担责任。董事会的决议违反法律、行政法规或者公司章程、股东大会决议,致使公司遭受严重损失的,参与决议的董事对公司负赔偿责任。但经证明在表决时曾表明异议并记载于会议记录的,该董事可以免除责任。

> **第一百二十六条　【股份有限公司经理的产生及职权】**股份有限公司设经理,由董事会决定聘任或者解聘。
>
> 经理对董事会负责,根据公司章程的规定或者董事会的授权行使职权。经理列席董事会会议。

旧法对应关系

原《公司法》第一百一十三条　股份有限公司设经理,由董事会决定聘任或者解聘。

本法第四十九条关于有限责任公司经理职权的规定,适用于股份有限公司经理。

> **第一百二十七条　【董事会成员兼任经理】**公司董事会可以决定由董事会成员兼任经理。

旧法对应关系

原《公司法》第一百一十四条　公司董事会可以决定由董事会成员兼任经理。

> **第一百二十八条　【不设置董事会的股份有限公司】**规模较小或者股东人数较少的股份有限公司,可以不设董事会,设一名董事,行使本法规定的董事会的职权。该董事可以兼任公司经理。

> **第一百二十九条　【董监高报酬的定期披露制定】**公司应当定期向股东披露董事、监事、高级管理人员从公司获得报酬的情况。

▌旧法对应关系 ●●●●●●●

　　原《公司法》第一百一十六条　公司应当定期向股东披露董事、监事、高级管理人员从公司获得报酬的情况。

▌关联法律法规 ●●●●●●●

《上市公司信息披露管理办法》（2021年修订）

第十四条　年度报告应当记载以下内容：

（一）公司基本情况；

（二）主要会计数据和财务指标；

（三）公司股票、债券发行及变动情况，报告期末股票、债券总额、股东总数，公司前十大股东持股情况；

（四）持股百分之五以上股东、控股股东及实际控制人情况；

（五）董事、监事、高级管理人员的任职情况、持股变动情况、年度报酬情况；

（六）董事会报告；

（七）管理层讨论与分析；

（八）报告期内重大事件及对公司的影响；

（九）财务会计报告和审计报告全文；

（十）中国证监会规定的其他事项。

第四节　监　事　会

> **第一百三十条　【股份有限公司监事会设立及监事选任】**股份有限公司设监事会，本法第一百二十一条第一款、第一百三十三条另有规定的除外。
>
> 　　监事会成员为三人以上。监事会成员应当包括股东代表和适当比例的公司职工代表，其中职工代表的比例不得低于三分之一，具体比

例由公司章程规定。监事会中的职工代表由公司职工通过职工代表大会、职工大会或者其他形式民主选举产生。

监事会设主席一人,可以设副主席。监事会主席和副主席由全体监事过半数选举产生。监事会主席召集和主持监事会会议;监事会主席不能履行职务或者不履行职务的,由监事会副主席召集和主持监事会会议;监事会副主席不能履行职务或者不履行职务的,由过半数的监事共同推举一名监事召集和主持监事会会议。

董事、高级管理人员不得兼任监事。

本法第七十七条关于有限责任公司监事任期的规定,适用于股份有限公司监事。

旧法对应关系 ●●●●●●●

原《公司法》第一百一十七条 股份有限公司设监事会,其成员不得少于三人。

监事会应当包括股东代表和适当比例的公司职工代表,其中职工代表的比例不得低于三分之一,具体比例由公司章程规定。监事会中的职工代表由公司职工通过职工代表大会、职工大会或者其他形式民主选举产生。

监事会设主席一人,可以设副主席。监事会主席和副主席由全体监事过半数选举产生。监事会主席召集和主持监事会会议;监事会主席不能履行职务或者不履行职务的,由监事会副主席召集和主持监事会会议;监事会副主席不能履行职务或者不履行职务的,由半数以上监事共同推举一名监事召集和主持监事会会议。

董事、高级管理人员不得兼任监事。

本法第五十二条关于有限责任公司监事任期的规定,适用于股份有限公司监事。

第一百三十一条 【股份有限公司监事会的职权及费用承担】本法第七十八条至第八十条的规定,适用于股份有限公司监事会。

监事会行使职权所必需的费用,由公司承担。

旧法对应关系 ●●●●●●

原《公司法》第一百一十八条 本法第五十三条、第五十四条关于有限责任公司监事会职权的规定,适用于股份有限公司监事会。监事会行使职权所必需的费用,由公司承担。

> **第一百三十二条 【监事会议事规则】**监事会每六个月至少召开一次会议。监事可以提议召开临时监事会会议。
> 监事会的议事方式和表决程序,除本法有规定的外,由公司章程规定。
> 监事会决议应当经全体监事的过半数通过。
> 监事会决议的表决,应当一人一票。
> 监事会应当对所议事项的决定作成会议记录,出席会议的监事应当在会议记录上签名。

旧法对应关系 ●●●●●●

原《公司法》第一百一十九条 监事会每六个月至少召开一次会议。监事可以提议召开临时监事会会议。

监事会的议事方式和表决程序,除本法有规定的外,由公司章程规定。

监事会决议应当经半数以上监事通过。

监事会应当对所议事项的决定作成会议记录,出席会议的监事应当在会议记录上签名。

> **第一百三十三条 【不设监事会的股份有限公司】**规模较小或者股东人数较少的股份有限公司,可以不设监事会,设一名监事,行使本法规定的监事会的职权。

关联法律法规 ●●●●●●

《国有企业公司章程制定管理办法》(国资发改革规〔2020〕86号)

第十二条 设立监事会的国有企业,应当在监事会条款中明确监事会组成、职责和议事规则。不设监事会仅设监事的国有企业,应当明确监事人数和职责。

第五节 上市公司组织机构的特别规定

第一百三十四条 【上市公司的定义】本法所称上市公司,是指其股票在证券交易所上市交易的股份有限公司。

▌条文应用提示 ••••••

上市公司具有以下两个特征:一是上市公司必须是已向社会发行股票的股份有限公司。即以募集设立方式成立的股份有限公司,可以依照法律规定的条件,申请其股票在证券交易所内进行交易,成为上市公司。以发起设立方式成立的股份有限公司,在公司成立后,经过批准向社会公开发行股份后,又达到《公司法》规定的上市条件的,也可以依法申请为上市公司。二是上市公司的股票必须在证券交易所开设的交易场所公开竞价交易。

▌旧法对应关系 ••••••

原《公司法》第一百二十条 本法所称上市公司,是指其股票在证券交易所上市交易的股份有限公司。

第一百三十五条 【上市公司重大资产买卖与重要担保的议事规则】上市公司在一年内购买、出售重大资产或者向他人提供担保的金额超过公司资产总额百分之三十的,应当由股东会作出决议,并经出席会议的股东所持表决权的三分之二以上通过。

▌旧法对应关系 ••••••

原《公司法》第一百二十一条 上市公司在一年内购买、出售重大资产或者担保金额超过公司资产总额百分之三十的,应当由股东大会作出决议,并经出席会议的股东所持表决权的三分之二以上通过。

关联法律法规

《中华人民共和国证券法》(2019年修订)

第八十条 发生可能对上市公司、股票在国务院批准的其他全国性证券交易场所交易的公司的股票交易价格产生较大影响的重大事件,投资者尚未得知时,公司应当立即将有关该重大事件的情况向国务院证券监督管理机构和证券交易场所报送临时报告,并予公告,说明事件的起因、目前的状态和可能产生的法律后果。

前款所称重大事件包括:

……

(二)公司的重大投资行为,公司在一年内购买、出售重大资产超过公司资产总额百分之三十,或者公司营业用主要资产的抵押、质押、出售或者报废一次超过该资产的百分之三十;

……

公司的控股股东或者实际控制人对重大事件的发生、进展产生较大影响的,应当及时将其知悉的有关情况书面告知公司,并配合公司履行信息披露义务。

第一百三十六条 【上市公司独立董事及公司章程载明事项】上市公司设独立董事,具体管理办法由国务院证券监督管理机构规定。

上市公司的公司章程除载明本法第九十五条规定的事项外,还应当依照法律、行政法规的规定载明董事会专门委员会的组成、职权以及董事、监事、高级管理人员薪酬考核机制等事项。

条文应用提示

独立董事,是指不在公司担任董事外的其他职务,并与受聘的公司及其主要股东不存在妨碍其进行独立客观判断关系的董事。独立董事的职责是按照相关法律、行政法规、公司章程,认真履行职责,维护公司整体利益,尤其是要关注中小股东的合法权益不受侵害。独立董事应当独立履行职责,不受公司主要股东、实际控制人或者与公司存在利益关系的单位或者个人的影响。一般来说,独立董事由具有法律、经济、财会等方面专业知识、社会信用良好的人士担任。独立董事在任期内应当保证有一定时间在公司了解情况,公司应当为独立董事开展工作提供必要条件。

▌旧法对应关系 ●●●●●●

原《公司法》第一百二十二条 上市公司设独立董事,具体办法由国务院规定。

▌关联法律法规 ●●●●●●

《上市公司独立董事管理办法》(自2023年9月4日起施行)
第一章 总 则

第一条 为规范独立董事行为,充分发挥独立董事在上市公司治理中的作用,促进提高上市公司质量,依据《中华人民共和国公司法》《中华人民共和国证券法》《国务院办公厅关于上市公司独立董事制度改革的意见》等规定,制定本办法。

第二条 独立董事是指不在上市公司担任除董事外的其他职务,并与其所受聘的上市公司及其主要股东、实际控制人不存在直接或者间接利害关系,或者其他可能影响其进行独立客观判断关系的董事。

独立董事应当独立履行职责,不受上市公司及其主要股东、实际控制人等单位或者个人的影响。

第三条 独立董事对上市公司及全体股东负有忠实与勤勉义务,应当按照法律、行政法规、中国证券监督管理委员会(以下简称中国证监会)规定、证券交易所业务规则和公司章程的规定,认真履行职责,在董事会中发挥参与决策、监督制衡、专业咨询作用,维护上市公司整体利益,保护中小股东合法权益。

第四条 上市公司应当建立独立董事制度。独立董事制度应当符合法律、行政法规、中国证监会规定和证券交易所业务规则的规定,有利于上市公司的持续规范发展,不得损害上市公司利益。上市公司应当为独立董事依法履职提供必要保障。

第五条 上市公司独立董事占董事会成员的比例不得低于三分之一,且至少包括一名会计专业人士。

上市公司应当在董事会中设置审计委员会。审计委员会成员应当为不在上市公司担任高级管理人员的董事,其中独立董事应当过半数,并由独立董事中会计专业人士担任召集人。

上市公司可以根据需要在董事会中设置提名、薪酬与考核、战略等专门委员会。提名委员会、薪酬与考核委员会中独立董事应当过半数并担任召集人。

第二章 任职资格与任免

第六条 独立董事必须保持独立性。下列人员不得担任独立董事：

（一）在上市公司或者其附属企业任职的人员及其配偶、父母、子女、主要社会关系；

（二）直接或者间接持有上市公司已发行股份百分之一以上或者是上市公司前十名股东中的自然人股东及其配偶、父母、子女；

（三）在直接或者间接持有上市公司已发行股份百分之五以上的股东或者在上市公司前五名股东任职的人员及其配偶、父母、子女；

（四）在上市公司控股股东、实际控制人的附属企业任职的人员及其配偶、父母、子女；

（五）与上市公司及其控股股东、实际控制人或者其各自的附属企业有重大业务往来的人员，或者在有重大业务往来的单位及其控股股东、实际控制人任职的人员；

（六）为上市公司及其控股股东、实际控制人或者其各自附属企业提供财务、法律、咨询、保荐等服务的人员，包括但不限于提供服务的中介机构的项目组全体人员、各级复核人员、在报告上签字的人员、合伙人、董事、高级管理人员及主要负责人；

（七）最近十二个月内曾经具有第一项至第六项所列举情形的人员；

（八）法律、行政法规、中国证监会规定、证券交易所业务规则和公司章程规定的不具备独立性的其他人员。

前款第四项至第六项中的上市公司控股股东、实际控制人的附属企业，不包括与上市公司受同一国有资产管理机构控制且按照相关规定未与上市公司构成关联关系的企业。

独立董事应当每年对独立性情况进行自查，并将自查情况提交董事会。董事会应当每年对在任独立董事独立性情况进行评估并出具专项意见，与年度报告同时披露。

第七条 担任独立董事应当符合下列条件：

（一）根据法律、行政法规和其他有关规定，具备担任上市公司董事的资格；

（二）符合本办法第六条规定的独立性要求；

（三）具备上市公司运作的基本知识，熟悉相关法律法规和规则；

（四）具有五年以上履行独立董事职责所必需的法律、会计或者经济等工作经验；

（五）具有良好的个人品德，不存在重大失信等不良记录；

（六）法律、行政法规、中国证监会规定、证券交易所业务规则和公司章程规定的其他条件。

第八条　独立董事原则上最多在三家境内上市公司担任独立董事，并应当确保有足够的时间和精力有效地履行独立董事的职责。

第九条　上市公司董事会、监事会、单独或者合计持有上市公司已发行股份百分之一以上的股东可以提出独立董事候选人，并经股东大会选举决定。

依法设立的投资者保护机构可以公开请求股东委托其代为行使提名独立董事的权利。

第一款规定的提名人不得提名与其存在利害关系的人员或者有其他可能影响独立履职情形的关系密切人员作为独立董事候选人。

第十条　独立董事的提名人在提名前应当征得被提名人的同意。提名人应当充分了解被提名人职业、学历、职称、详细的工作经历、全部兼职、有无重大失信等不良记录等情况，并对其符合独立性和担任独立董事的其他条件发表意见。被提名人应当就其符合独立性和担任独立董事的其他条件作出公开声明。

第十一条　上市公司在董事会中设置提名委员会的，提名委员会应当对被提名人任职资格进行审查，并形成明确的审查意见。

上市公司应当在选举独立董事的股东大会召开前，按照本办法第十条以及前款的规定披露相关内容，并将所有独立董事候选人的有关材料报送证券交易所，相关报送材料应当真实、准确、完整。

证券交易所依照规定对独立董事候选人的有关材料进行审查，审慎判断独立董事候选人是否符合任职资格并有权提出异议。证券交易所提出异议的，上市公司不得提交股东大会选举。

第十二条　上市公司股东大会选举两名以上独立董事的，应当实行累积投票制。鼓励上市公司实行差额选举，具体实施细则由公司章程规定。

中小股东表决情况应当单独计票并披露。

第十三条　独立董事每届任期与上市公司其他董事任期相同，任期届满，可以连选连任，但是连续任职不得超过六年。

第十四条　独立董事任期届满前，上市公司可以依照法定程序解除其职务。提前解除独立董事职务的，上市公司应当及时披露具体理由和依据。独立董事有异议的，上市公司应当及时予以披露。

独立董事不符合本办法第七条第一项或者第二项规定的，应当立即停止履职并辞去职务。未提出辞职的，董事会知悉或者应当知悉该事实发生后应当立即按规定解除其职务。

独立董事因触及前款规定情形提出辞职或者被解除职务导致董事会或者其专门委员会中独立董事所占的比例不符合本办法或者公司章程的规定，或者独立董事中欠缺会计专业人士的，上市公司应当自前述事实发生之日起六十日内完成补选。

第十五条　独立董事在任期届满前可以提出辞职。独立董事辞职应当向董事会提交书面辞职报告，对任何与其辞职有关或者其认为有必要引起上市公司股东和债权人注意的情况进行说明。上市公司应当对独立董事辞职的原因及关注事项予以披露。

独立董事辞职将导致董事会或者其专门委员会中独立董事所占的比例不符合本办法或者公司章程的规定，或者独立董事中欠缺会计专业人士的，拟辞职的独立董事应当继续履行职责至新任独立董事产生之日。上市公司应当自独立董事提出辞职之日起六十日内完成补选。

第十六条　中国上市公司协会负责上市公司独立董事信息库建设和管理工作。上市公司可以从独立董事信息库选聘独立董事。

第三章　职责与履职方式

第十七条　独立董事履行下列职责：

（一）参与董事会决策并对所议事项发表明确意见；

（二）对本办法第二十三条、第二十六条、第二十七条和第二十八条所列上市公司与其控股股东、实际控制人、董事、高级管理人员之间的潜在重大利益冲突事项进行监督，促使董事会决策符合上市公司整体利益，保护中小股东合法权益；

（三）对上市公司经营发展提供专业、客观的建议，促进提升董事会决策水平；

（四）法律、行政法规、中国证监会规定和公司章程规定的其他职责。

第十八条　独立董事行使下列特别职权：

（一）独立聘请中介机构，对上市公司具体事项进行审计、咨询或者核查；

（二）向董事会提议召开临时股东大会；

（三）提议召开董事会会议；

（四）依法公开向股东征集股东权利；

（五）对可能损害上市公司或者中小股东权益的事项发表独立意见；

（六）法律、行政法规、中国证监会规定和公司章程规定的其他职权。

独立董事行使前款第一项至第三项所列职权的，应当经全体独立董事过半数同意。

独立董事行使第一款所列职权的，上市公司应当及时披露。上述职权不能正常行使的，上市公司应当披露具体情况和理由。

第十九条　董事会会议召开前，独立董事可以与董事会秘书进行沟通，就拟审议事项进行询问、要求补充材料、提出意见建议等。董事会及相关人员应当对独立董事提出的问题、要求和意见认真研究，及时向独立董事反馈议案修改等落实情况。

第二十条　独立董事应当亲自出席董事会会议。因故不能亲自出席会议的，独立董事应当事先审阅会议材料，形成明确的意见，并书面委托其他独立董事代为出席。

独立董事连续两次未能亲自出席董事会会议，也不委托其他独立董事代为出席的，董事会应当在该事实发生之日起三十日内提议召开股东大会解除该独立董事职务。

第二十一条　独立董事对董事会议案投反对票或者弃权票的，应当说明具体理由及依据、议案所涉事项的合法合规性、可能存在的风险以及对上市公司和中小股东权益的影响等。上市公司在披露董事会决议时，应当同时披露独立董事的异议意见，并在董事会决议和会议记录中载明。

第二十二条　独立董事应当持续关注本办法第二十三条、第二十六条、第二十七条和第二十八条所列事项相关的董事会决议执行情况,发现存在违反法律、行政法规、中国证监会规定、证券交易所业务规则和公司章程规定,或者违反股东大会和董事会决议等情形的,应当及时向董事会报告,并可以要求上市公司作出书面说明。涉及披露事项的,上市公司应当及时披露。

上市公司未按前款规定作出说明或者及时披露的,独立董事可以向中国证监会和证券交易所报告。

第二十三条 下列事项应当经上市公司全体独立董事过半数同意后,提交董事会审议:

(一)应当披露的关联交易;

(二)上市公司及相关方变更或者豁免承诺的方案;

(三)被收购上市公司董事会针对收购所作出的决策及采取的措施;

(四)法律、行政法规、中国证监会规定和公司章程规定的其他事项。

第二十四条 上市公司应当定期或者不定期召开全部由独立董事参加的会议(以下简称独立董事专门会议)。本办法第十八条第一款第一项至第三项、第二十三条所列事项,应当经独立董事专门会议审议。

独立董事专门会议可以根据需要研究讨论上市公司其他事项。

独立董事专门会议应当由过半数独立董事共同推举一名独立董事召集和主持;召集人不履职或者不能履职时,两名及以上独立董事可以自行召集并推举一名代表主持。

上市公司应当为独立董事专门会议的召开提供便利和支持。

第二十五条 独立董事在上市公司董事会专门委员会中应当依照法律、行政法规、中国证监会规定、证券交易所业务规则和公司章程履行职责。独立董事应当亲自出席专门委员会会议,因故不能亲自出席会议的,应当事先审阅会议材料,形成明确的意见,并书面委托其他独立董事代为出席。独立董事履职中关注到专门委员会职责范围内的上市公司重大事项,可以依照程序及时提请专门委员会进行讨论和审议。

上市公司应当按照本办法规定在公司章程中对专门委员会的组成、职责等作出规定,并制定专门委员会工作规程,明确专门委员会的人员构成、任期、职责范围、议事规则、档案保存等相关事项。国务院有关主管部门对专门委员会的召集人另有规定的,从其规定。

第二十六条 上市公司董事会审计委员会负责审核公司财务信息及其披露、监督及评估内外部审计工作和内部控制,下列事项应当经审计委员会全体成员过半数同意后,提交董事会审议:

(一)披露财务会计报告及定期报告中的财务信息、内部控制评价报告;

(二)聘用或者解聘承办上市公司审计业务的会计师事务所;

(三)聘任或者解聘上市公司财务负责人;

(四)因会计准则变更以外的原因作出会计政策、会计估计变更或者重大会计差错更正;

(五)法律、行政法规、中国证监会规定和公司章程规定的其他事项。

审计委员会每季度至少召开一次会议,两名及以上成员提议,或者召集人认为有必要时,可以召开临时会议。审计委员会会议须有三分之二以上成员出席方可举行。

第二十七条 上市公司董事会提名委员会负责拟定董事、高级管理人员的选择标准和程序,对董事、高级管理人员人选及其任职资格进行遴选、审核,并就下列事项向董事会提出建议:

(一)提名或者任免董事;

(二)聘任或者解聘高级管理人员;

(三)法律、行政法规、中国证监会规定和公司章程规定的其他事项。

董事会对提名委员会的建议未采纳或者未完全采纳的,应当在董事会决议中记载提名委员会的意见及未采纳的具体理由,并进行披露。

第二十八条 上市公司董事会薪酬与考核委员会负责制定董事、高级管理人员的考核标准并进行考核,制定、审查董事、高级管理人员的薪酬政策与方案,并就下列事项向董事会提出建议:

(一)董事、高级管理人员的薪酬;

(二)制定或者变更股权激励计划、员工持股计划,激励对象获授权益、行使权益条件成就;

(三)董事、高级管理人员在拟分拆所属子公司安排持股计划;

(四)法律、行政法规、中国证监会规定和公司章程规定的其他事项。

董事会对薪酬与考核委员会的建议未采纳或者未完全采纳的,应当在董事会决议中记载薪酬与考核委员会的意见及未采纳的具体理由,并进行披露。

第二十九条　上市公司未在董事会中设置提名委员会、薪酬与考核委员会的,由独立董事专门会议按照本办法第十一条对被提名人任职资格进行审查,就本办法第二十七条第一款、第二十八条第一款所列事项向董事会提出建议。

第三十条　独立董事每年在上市公司的现场工作时间应当不少于十五日。

除按规定出席股东大会、董事会及其专门委员会、独立董事专门会议外,独立董事可以通过定期获取上市公司运营情况等资料、听取管理层汇报、与内部审计机构负责人和承办上市公司审计业务的会计师事务所等中介机构沟通、实地考察、与中小股东沟通等多种方式履行职责。

第三十一条　上市公司董事会及其专门委员会、独立董事专门会议应当按规定制作会议记录,独立董事的意见应当在会议记录中载明。独立董事应当对会议记录签字确认。

独立董事应当制作工作记录,详细记录履行职责的情况。独立董事履行职责过程中获取的资料、相关会议记录、与上市公司及中介机构工作人员的通讯记录等,构成工作记录的组成部分。对于工作记录中的重要内容,独立董事可以要求董事会秘书等相关人员签字确认,上市公司及相关人员应当予以配合。

独立董事工作记录及上市公司向独立董事提供的资料,应当至少保存十年。

第三十二条　上市公司应当健全独立董事与中小股东的沟通机制,独立董事可以就投资者提出的问题及时向上市公司核实。

第三十三条　独立董事应当向上市公司年度股东大会提交年度述职报告,对其履行职责的情况进行说明。年度述职报告应当包括下列内容:

(一)出席董事会次数、方式及投票情况,出席股东大会次数;

(二)参与董事会专门委员会、独立董事专门会议工作情况;

(三)对本办法第二十三条、第二十六条、第二十七条、第二十八条所列事项进行审议和行使本办法第十八条第一款所列独立董事特别职权的情况;

(四)与内部审计机构及承办上市公司审计业务的会计师事务所就公

司财务、业务状况进行沟通的重大事项、方式及结果等情况；

（五）与中小股东的沟通交流情况；

（六）在上市公司现场工作的时间、内容等情况；

（七）履行职责的其他情况。

独立董事年度述职报告最迟应当在上市公司发出年度股东大会通知时披露。

第三十四条　独立董事应当持续加强证券法律法规及规则的学习，不断提高履职能力。中国证监会、证券交易所、中国上市公司协会可以提供相关培训服务。

第四章　履职保障

第三十五条　上市公司应当为独立董事履行职责提供必要的工作条件和人员支持，指定董事会办公室、董事会秘书等专门部门和专门人员协助独立董事履行职责。

董事会秘书应当确保独立董事与其他董事、高级管理人员及其他相关人员之间的信息畅通，确保独立董事履行职责时能够获得足够的资源和必要的专业意见。

第三十六条　上市公司应当保障独立董事享有与其他董事同等的知情权。为保证独立董事有效行使职权，上市公司应当向独立董事定期通报公司运营情况，提供资料，组织或者配合独立董事开展实地考察等工作。

上市公司可以在董事会审议重大复杂事项前，组织独立董事参与研究论证等环节，充分听取独立董事意见，并及时向独立董事反馈意见采纳情况。

第三十七条　上市公司应当及时向独立董事发出董事会会议通知，不迟于法律、行政法规、中国证监会规定或者公司章程规定的董事会会议通知期限提供相关会议资料，并为独立董事提供有效沟通渠道；董事会专门委员会召开会议的，上市公司原则上应当不迟于专门委员会会议召开前三日提供相关资料和信息。上市公司应当保存上述会议资料至少十年。

两名及以上独立董事认为会议材料不完整、论证不充分或者提供不及时的，可以书面向董事会提出延期召开会议或者延期审议该事项，董事会应当予以采纳。

董事会及专门委员会会议以现场召开为原则。在保证全体参会董事能够充分沟通并表达意见的前提下,必要时可以依照程序采用视频、电话或者其他方式召开。

第三十八条 独立董事行使职权的,上市公司董事、高级管理人员等相关人员应当予以配合,不得拒绝、阻碍或者隐瞒相关信息,不得干预其独立行使职权。

独立董事依法行使职权遭遇阻碍的,可以向董事会说明情况,要求董事、高级管理人员等相关人员予以配合,并将受到阻碍的具体情形和解决状况记入工作记录;仍不能消除阻碍的,可以向中国证监会和证券交易所报告。

独立董事履职事项涉及应披露信息的,上市公司应当及时办理披露事宜;上市公司不予披露的,独立董事可以直接申请披露,或者向中国证监会和证券交易所报告。

中国证监会和证券交易所应当畅通独立董事沟通渠道。

第三十九条 上市公司应当承担独立董事聘请专业机构及行使其他职权时所需的费用。

第四十条 上市公司可以建立独立董事责任保险制度,降低独立董事正常履行职责可能引致的风险。

第四十一条 上市公司应当给予独立董事与其承担的职责相适应的津贴。津贴的标准应当由董事会制订方案,股东大会审议通过,并在上市公司年度报告中进行披露。

除上述津贴外,独立董事不得从上市公司及其主要股东、实际控制人或者有利害关系的单位和人员取得其他利益。

第五章 监督管理与法律责任

第四十二条 中国证监会依法对上市公司独立董事及相关主体在证券市场的活动进行监督管理。

证券交易所、中国上市公司协会依照法律、行政法规和本办法制定相关自律规则,对上市公司独立董事进行自律管理。

有关自律组织可以对上市公司独立董事履职情况进行评估,促进其不断提高履职效果。

第四十三条 中国证监会、证券交易所可以要求上市公司、独立董事及其他相关主体对独立董事有关事项作出解释、说明或者提供相关资料。上市公司、独立董事及相关主体应当及时回复，并配合中国证监会的检查、调查。

第四十四条 上市公司、独立董事及相关主体违反本办法规定的，中国证监会可以采取责令改正、监管谈话、出具警示函、责令公开说明、责令定期报告等监管措施。依法应当给予行政处罚的，中国证监会依照有关规定进行处罚。

第四十五条 对独立董事在上市公司中的履职尽责情况及其行政责任，可以结合独立董事履行职责与相关违法违规行为之间的关联程度，兼顾其董事地位和外部身份特点，综合下列方面进行认定：

（一）在信息形成和相关决策过程中所起的作用；

（二）相关事项信息来源和内容、了解信息的途径；

（三）知情程度及知情后的态度；

（四）对相关异常情况的注意程度，为核验信息采取的措施；

（五）参加相关董事会及其专门委员会、独立董事专门会议的情况；

（六）专业背景或者行业背景；

（七）其他与相关违法违规行为关联的方面。

第四十六条 独立董事能够证明其已履行基本职责，且存在下列情形之一的，可以认定其没有主观过错，依照《中华人民共和国行政处罚法》不予行政处罚：

（一）在审议或者签署信息披露文件前，对不属于自身专业领域的相关具体问题，借助会计、法律等专门职业的帮助仍然未能发现问题的；

（二）对违法违规事项提出具体异议，明确记载于董事会、董事会专门委员会或者独立董事专门会议的会议记录中，并在董事会会议中投反对票或者弃权票的；

（三）上市公司或者相关方有意隐瞒，且没有迹象表明独立董事知悉或者能够发现违法违规线索的；

（四）因上市公司拒绝、阻碍独立董事履行职责，导致其无法对相关信息披露文件是否真实、准确、完整作出判断，并及时向中国证监会和证券交易所书面报告的；

(五)能够证明勤勉尽责的其他情形。

在违法违规行为揭露日或者更正日之前,独立董事发现违法违规行为后及时向上市公司提出异议并监督整改,且向中国证监会和证券交易所书面报告的,可以不予行政处罚。

独立董事提供证据证明其在履职期间能够按照法律、行政法规、部门规章、规范性文件以及公司章程的规定履行职责的,或者在违法违规行为被揭露后及时督促上市公司整改且效果较为明显的,中国证监会可以结合违法违规行为事实和性质、独立董事日常履职情况等综合判断其行政责任。

第六章 附 则

第四十七条 本办法下列用语的含义:

(一)主要股东,是指持有上市公司百分之五以上股份,或者持有股份不足百分之五但对上市公司有重大影响的股东;

(二)中小股东,是指单独或者合计持有上市公司股份未达到百分之五,且不担任上市公司董事、监事和高级管理人员的股东;

(三)附属企业,是指受相关主体直接或者间接控制的企业;

(四)主要社会关系,是指兄弟姐妹、兄弟姐妹的配偶、配偶的父母、配偶的兄弟姐妹、子女的配偶、子女配偶的父母等;

(五)违法违规行为揭露日,是指违法违规行为在具有全国性影响的报刊、电台、电视台或者监管部门网站、交易场所网站、主要门户网站、行业知名的自媒体等媒体上,首次被公开揭露并为证券市场知悉之日;

(六)违法违规行为更正日,是指信息披露义务人在证券交易场所网站或者符合中国证监会规定条件的媒体上自行更正之日。

第四十八条 本办法自 2023 年 9 月 4 日起施行。2022 年 1 月 5 日发布的《上市公司独立董事规则》(证监会公告〔2022〕14 号)同时废止。

自本办法施行之日起的一年为过渡期。过渡期内,上市公司董事会及专门委员会的设置、独立董事专门会议机制、独立董事的独立性、任职条件、任职期限及兼职家数等事项与本办法不一致的,应当逐步调整至符合本办法规定。

《上市公司股权激励管理办法》《上市公司收购管理办法》《上市公司重大资产重组管理办法》等本办法施行前中国证监会发布的规章与本

办法的规定不一致的,适用本办法。

《国务院办公厅关于上市公司独立董事制度改革的意见》(国办发〔2023〕9号)

各省、自治区、直辖市人民政府,国务院各部委、各直属机构:

上市公司独立董事制度是中国特色现代企业制度的重要组成部分,是资本市场基础制度的重要内容。独立董事制度作为上市公司治理结构的重要一环,在促进公司规范运作、保护中小投资者合法权益、推动资本市场健康稳定发展等方面发挥了积极作用。但随着全面深化资本市场改革向纵深推进,独立董事定位不清晰、责权利不对等、监督手段不够、履职保障不足等制度性问题亟待解决,已不能满足资本市场高质量发展的内在要求。为进一步优化上市公司独立董事制度,提升独立董事履职能力,充分发挥独立董事作用,经党中央、国务院同意,现提出以下意见。

一、总体要求

(一)指导思想。坚持以习近平新时代中国特色社会主义思想为指导,深入贯彻党的二十大精神,坚持以人民为中心的发展思想,完整、准确、全面贯彻新发展理念,加强资本市场基础制度建设,系统完善符合中国特色现代企业制度要求的上市公司独立董事制度,大力提高上市公司质量,为加快建设规范、透明、开放、有活力、有韧性的资本市场提供有力支撑。

(二)基本原则。坚持基本定位,将独立董事制度作为上市公司治理重要制度安排,更加有效发挥独立董事的决策、监督、咨询作用。坚持立足国情,体现中国特色和资本市场发展阶段特征,构建符合我国国情的上市公司独立董事制度体系。坚持系统观念,平衡好企业各治理主体的关系,把握好制度供给和市场培育的协同,做好立法、执法、司法各环节衔接,增强改革的系统性、整体性、协同性。坚持问题导向,着力补短板强弱项,从独立董事的地位、作用、选择、管理、监督等方面作出制度性规范,切实解决制约独立董事发挥作用的突出问题,强化独立董事监督效能,确保独立董事发挥应有作用。

(三)主要目标。通过改革,加快形成更加科学的上市公司独立董事制度体系,推动独立董事权责更加匹配、职能更加优化、监督更加有力、选任管理更加科学,更好发挥上市公司独立董事制度在完善中国特色现代企业制度、健全企业监督体系、推动资本市场健康稳定发展方面的重要作用。

二、主要任务

（一）明确独立董事职责定位。完善制度供给，明确独立董事在上市公司治理中的法定地位和职责界限。独立董事作为上市公司董事会成员，对上市公司及全体股东负有忠实义务、勤勉义务，在董事会中发挥参与决策、监督制衡、专业咨询作用，推动更好实现董事会定战略、作决策、防风险的功能。更加充分发挥独立董事的监督作用，根据独立董事独立性、专业性特点，明确独立董事应当特别关注公司与其控股股东、实际控制人、董事、高级管理人员之间的潜在重大利益冲突事项，重点对关联交易、财务会计报告、董事及高级管理人员任免、薪酬等关键领域进行监督，促使董事会决策符合公司整体利益，尤其是保护中小股东合法权益。压实独立董事监督职责，对独立董事审议潜在重大利益冲突事项设置严格的履职要求。推动修改公司法，完善独立董事相关规定。

（二）优化独立董事履职方式。鼓励上市公司优化董事会组成结构，上市公司董事会中独立董事应当占三分之一以上，国有控股上市公司董事会中外部董事（含独立董事）应当占多数。加大监督力度，搭建独立董事有效履职平台，前移监督关口。上市公司董事会应当设立审计委员会，成员全部由非执行董事组成，其中独立董事占多数。审计委员会承担审核公司财务信息及其披露、监督及评估内外部审计工作和公司内部控制等职责。财务会计报告及其披露等重大事项应当由审计委员会事前认可后，再提交董事会审议。在上市公司董事会中逐步推行建立独立董事占多数的提名委员会、薪酬与考核委员会，负责审核董事及高级管理人员的任免、薪酬等事项并向董事会提出建议。建立全部由独立董事参加的专门会议机制，关联交易等潜在重大利益冲突事项在提交董事会审议前，应当由独立董事专门会议进行事前认可。完善独立董事参与董事会专门委员会和专门会议的信息披露要求，提升独立董事履职的透明度。完善独立董事特别职权，推动独立董事合理行使独立聘请中介机构、征集股东权利等职权，更好履行监督职责。健全独立董事与中小投资者之间的沟通交流机制。

（三）强化独立董事任职管理。独立董事应当具备履行职责所必需的专业知识、工作经验和良好的个人品德，符合独立性要求，与上市公司及其主要股东、实际控制人存在亲属、持股、任职、重大业务往来等利害关系（以下简称利害关系）的人员不得担任独立董事。建立独立董事资格认定制度，明确独立董事资格的申请、审查、公开等要求，审慎判断上市公司拟聘任的独立董事是否符合要求，证券监督管理机构要加强对资格认定工作的组织和监督。国有资产监督管理机构要加强对国有控股上市公司独立董事选聘管理的监督。拓展优秀独立董事来源，适应市场化发展需要，探索建立独立董事信息库，鼓励具有丰富的行业经验、企业经营管理经验和财务会计、金融、法律等业务专长，在所从事的领域内有较高声誉的人士担任独立董事。制定独立董事职业道德规范，倡导独立董事塑造正直诚信、公正独立、积极履职的良好职业形象。提升独立董事培训针对性，明确最低时间要求，增强独立董事合规意识。

（四）改善独立董事选任制度。优化提名机制，支持上市公司董事会、监事会、符合条件的股东提名独立董事，鼓励投资者保护机构等主体依法通过公开征集股东权利的方式提名独立董事。建立提名回避机制，上市公司提名人不得提名与其存在利害关系的人员或者有其他可能影响独立履职情形的关系密切人员作为独立董事候选人。董事会提名委员会应当对候选人的任职资格进行审查，上市公司在股东大会选举前应当公开提名人、被提名人和候选人资格审查情况。上市公司股东大会选举独立董事推行累积投票制，鼓励通过差额选举方式实施累积投票制，推动中小投资者积极行使股东权利。建立独立董事独立性定期测试机制，通过独立董事自查、上市公司评估、信息公开披露等方式，确保独立董事持续独立履职，不受上市公司及其主要股东、实际控制人影响。对不符合独立性要求的独立董事，上市公司应当立即停止其履行职责，按照法定程序解聘。

（五）加强独立董事履职保障。健全上市公司独立董事履职保障机制，上市公司应当从组织、人员、资源、信息、经费等方面为独立董事履职提供必要条件，确保独立董事依法充分履职。鼓励上市公司推动独立董事提前参与重大复杂项目研究论证等环节，推动独立董事履职与公司内部决策流程有效融合。落实上市公司及相关主体的独立董事履职保障责任，丰富证券监督管理机构监管手段，强化对上市公司及相关主体不配合、阻挠独立董事履职的监督管理。畅通独立董事与证券监督管理机构、证券交易所的沟通渠道,健全独立董事履职受限救济机制。鼓励上市公司为独立董事投保董事责任保险,支持保险公司开展符合上市公司需求的相关责任保险业务,降低独立董事正常履职的风险。

(六)严格独立董事履职情况监督管理。压紧压实独立董事履职责任,进一步规范独立董事日常履职行为,明确最低工作时间,提出制作工作记录、定期述职等要求,确定独立董事合理兼职的上市公司家数,强化独立董事履职投入。证券监督管理机构、证券交易所通过现场检查、非现场监管、自律管理等方式,加大对独立董事履职的监管力度,督促独立董事勤勉尽责。发挥自律组织作用,持续优化自我管理和服务,加强独立董事职业规范和履职支撑。完善独立董事履职评价制度,研究建立覆盖科学决策、监督问效、建言献策等方面的评价标准,国有资产监督管理机构加强对国有控股上市公司独立董事履职情况的跟踪指导。建立独立董事声誉激励约束机制,将履职情况纳入资本市场诚信档案,推动实现正向激励与反面警示并重,增强独立董事职业认同感和荣誉感。

(七)健全独立董事责任约束机制。坚持"零容忍"打击证券违法违规行为,加大对独立董事不履职不尽责的责任追究力度,独立董事不勤勉履行法定职责、损害公司或者股东合法权益的,依法严肃追责。按照责权利匹配的原则,兼顾独立董事的董事地位和外部身份特点,明确独立董事与非独立董事承担共同而有区别的法律责任,在董事对公司董事会决议、信息披露负有法定责任的基础上,推动针对性设置独立董事的行政责任、民事责任认定标准,体现过罚相当、精准追责。结合独立董事的主观过错、在决策过程中所起的作用、了解信息的途径、为核验信息采取的措施等情况综合判断,合理认定独立董事承担民事赔偿责任的形式、比例和金额,实现法律效果和社会效果的有机统一。推动修改相关法律法规,构建完善的独立董事责任体系。

(八)完善协同高效的内外部监督体系。建立健全与独立董事监督相协调的内部监督体系,形成各类监督全面覆盖、各有侧重、有机互动的上市公司内部监督机制,全面提升公司治理水平。推动加快建立健全依法从严打击证券违法犯罪活动的执法司法体制机制,有效发挥证券服务机构、社会舆论等监督作用,形成对上市公司及其控股股东、实际控制人等主体的强大监督合力。健全具有中国特色的国有企业监督机制,推动加强纪检监察监督、巡视监督、国有资产监管、审计监督、财会监督、社会监督等统筹衔接,进一步提高国有控股上市公司监督整体效能。

三、组织实施

(一)加强党的领导。坚持党对上市公司独立董事制度改革工作的全面领导,确保正确政治方向。各相关地区、部门和单位要切实把思想和行动统一到党中央、国务院决策部署上来,高度重视和支持上市公司独立董事制度改革工作,明确职责分工和落实措施,确保各项任务落到实处。各相关地区、部门和单位要加强统筹协调衔接,形成工作合力,提升改革整体效果。国有控股上市公司要落实"两个一以贯之"要求,充分发挥党委(党组)把方向、管大局、保落实的领导作用,支持董事会和独立董事依法行使职权。

(二)完善制度供给。各相关地区、部门和单位要根据自身职责,完善上市公司独立董事制度体系,推动修改公司法等法律,明确独立董事的设置、责任等基础性法律规定。制定上市公司监督管理条例,落实独立董事的职责定位、选任管理、履职方式、履职保障、行政监管等制度措施。完善证券监督管理机构、证券交易所等配套规则,细化上市公司独立董事制度各环节具体要求,构建科学合理、互相衔接的规则体系,充分发挥法治的引领、规范、保障作用。国有资产监督管理机构加强对国有控股上市公司的监督管理,指导国有控股股东依法履行好职责,推动上市公司独立董事更好发挥作用。财政部门和金融监督管理部门统筹完善金融机构独立董事相关规则。国有文化企业国资监管部门统筹落实坚持正确导向相关要求,推动国有文化企业坚持把社会效益放在首位、实现社会效益和经济效益相统一,加强对国有文化上市公司独立董事的履职管理。各相关地区、部门和单位要加强协作,做好上市公司独立董事制度与国有控股上市公司、金融类上市公司等主体公司治理相关规定的衔接。

(三)加大宣传力度。各相关地区、部门和单位要做好宣传工作,多渠道、多平台加强对上市公司独立董事制度改革重要意义的宣传,增进认知认同、凝聚各方共识,营造良好的改革环境和崇法守信的市场环境。

> **第一百三十七条 【须经审计委员会通过的事项】**上市公司在董事会中设置审计委员会的，董事会对下列事项作出决议前应当经审计委员会全体成员过半数通过：
> （一）聘用、解聘承办公司审计业务的会计师事务所；
> （二）聘任、解聘财务负责人；
> （三）披露财务会计报告；
> （四）国务院证券监督管理机构规定的其他事项。

▍关联法律法规 ●●●●●●

《上市公司独立董事管理办法》（2023年7月28日）

第二十六条第一款　上市公司董事会审计委员会负责审核公司财务信息及其披露、监督及评估内外部审计工作和内部控制，下列事项应当经审计委员会全体成员过半数同意后，提交董事会审议：

（一）披露财务会计报告及定期报告中的财务信息、内部控制评价报告；

（二）聘用或者解聘承办上市公司审计业务的会计师事务所；

（三）聘任或者解聘上市公司财务负责人；

（四）因会计准则变更以外的原因作出会计政策、会计估计变更或者重大会计差错更正；

（五）法律、行政法规、中国证监会规定和公司章程规定的其他事项。

> **第一百三十八条 【上市公司董事会秘书】**上市公司设董事会秘书，负责公司股东会和董事会会议的筹备、文件保管以及公司股东资料的管理，办理信息披露事务等事宜。

▍条文应用提示 ●●●●●●

董事会秘书，是指掌管董事会文书并协助董事会成员处理日常事务的人员。董事会秘书的主要职责是负责公司股东大会和董事会会议的筹备、文件保管以及公司股东资料的管理，办理信息披露事务等事宜，它是上市公司固有的职务。董事会秘书只是上市公司董事会设置的服务席位,既不能代表董事会,也不能代表董事长。上市公司董事会秘书是公司的高级管理人员,承担法律、行政法规以及公司章程对公司高级管理人员所要求的义务,享有相应的工作职权,并获取相应的报酬。

旧法对应关系 ●●●●●●

原《公司法》第一百二十三条　上市公司设董事会秘书,负责公司股东大会和董事会会议的筹备、文件保管以及公司股东资料的管理,办理信息披露事务等事宜。

> **第一百三十九条　【上市公司董事关联交易书面报告及回避制度】** 上市公司董事与董事会会议决议事项所涉及的企业或者个人有关联关系的,该董事应当及时向董事会书面报告。有关联关系的董事不得对该项决议行使表决权,也不得代理其他董事行使表决权。该董事会会议由过半数的无关联关系董事出席即可举行,董事会会议所作决议须经无关联关系董事过半数通过。出席董事会会议的无关联关系董事人数不足三人的,应当将该事项提交上市公司股东会审议。

旧法对应关系 ●●●●●●

原《公司法》第一百二十四条　上市公司董事与董事会会议决议事项所涉及的企业有关联关系的,不得对该项决议行使表决权,也不得代理其他董事行使表决权。该董事会会议由过半数的无关联关系董事出席即可举行,董事会会议所作决议须经无关联关系董事过半数通过。出席董事会的无关联关系董事人数不足三人的,应将该事项提交上市公司股东大会审议。

关联法律法规 ●●●●●●

《上市公司收购管理办法》(2020年修正)

第五十一条　上市公司董事、监事、高级管理人员、员工或者其所控制或者委托的法人或者其他组织,拟对本公司进行收购或者通过本办法第五章规定的方式取得本公司控制权(以下简称管理层收购)的,该上市公司应当具备健全且运行良好的组织机构以及有效的内部控制制度,公司董事会成员中独立董事的比例应当达到或者超过1/2。公司应当聘请符合《证券法》规定的资产评估机构提供公司资产评估报告,本次收购应当经董事会非关联董事作出决议,且取得2/3以上的独立董事同意后,提交公司股东大会审议,经出席股东大会的非关联股东所持表决权过半数通过。独立董事发表意见前,应当聘请独立财务顾问就本次收购出具专业意见,独立董事及独立财务顾问的意见应当一并予以公告。

上市公司董事、监事、高级管理人员存在《公司法》第一百四十八条规定情形,或者最近3年有证券市场不良诚信记录的,不得收购本公司。

《上市公司重大资产重组管理办法》(2023年修订)

第二十四条 上市公司股东大会就重大资产重组事项作出决议,必须经出席会议的股东所持表决权的三分之二以上通过。

上市公司重大资产重组事宜与本公司股东或者其关联人存在关联关系的,股东大会就重大资产重组事项进行表决时,关联股东应当回避表决。

交易对方已经与上市公司控股股东就受让上市公司股权或者向上市公司推荐董事达成协议或者合意,可能导致上市公司的实际控制权发生变化的,上市公司控股股东及其关联人应当回避表决。

上市公司就重大资产重组事宜召开股东大会,应当以现场会议形式召开,并应当提供网络投票和其他合法方式为股东参加股东大会提供便利。除上市公司的董事、监事、高级管理人员、单独或者合计持有上市公司百分之五以上股份的股东以外,其他股东的投票情况应当单独统计并予以披露。

第一百四十条 【上市公司信息披露制度及禁止股票代持】上市公司应当依法披露股东、实际控制人的信息,相关信息应当真实、准确、完整。

禁止违反法律、行政法规的规定代持上市公司股票。

对应配套规定

《最高人民法院关于适用〈中华人民共和国公司法〉时间效力的若干规定》(法释[2024]7号)

第三条 公司法施行前订立的与公司有关的合同,合同的履行持续至公司法施行后,因公司法施行前的履行行为发生争议的,适用当时的法律、司法解释的规定;因公司法施行后的履行行为发生争议的下列情形,适用公司法的规定:

（一）代持上市公司股票合同,适用公司法第一百四十条第二款的规定;

……

条文应用提示 ●●●●●

本条是 2023 年《公司法》修订新增的条文。根据《证券法》第 80 条的规定,持有公司 5% 以上股份的股东或者实际控制人持有股份或者控制公司的情况发生较大变化,公司的实际控制人及其控制的其他企业从事与公司相同或者相似业务的情况发生较大变化,公司应当立即将有关该重大事件的情况向国务院证券监督管理机构和证券交易场所报送临时报告,并予以公告,说明事件的起因、目前的状态和可能产生的法律后果。本条与该条文相衔接,增加了上市公司应当依法披露股东、实际控制人信息的规定。上市公司对于股东、实际控制人的相关信息应当通过年度报告、中期报告、临时报告等真实、准确、完整披露。同时,上市公司的股东、实际控制人发生相关重大事件时,应当主动告知上市公司董事会,并配合上市公司履行信息披露义务。

禁止代持上市公司股票是信息披露制度的必然要求。依照《证券法》第 78 条第 2 款的规定,信息披露义务人披露的信息,应当真实、准确、完整,简明清晰,通俗易懂,不得有虚假记载、误导性陈述或者重大遗漏。上市公司股票若仅由披露的股东代持,而实际出资人却未被依法披露,则影响所披露信息的真实性、准确性和完整性,对于上市公司监管及投资者保护都可能带来不利后果。

关联法律法规 ●●●●●

《中华人民共和国证券法》(2019 年修订)

第七十八条第二款 信息披露义务人披露的信息,应当真实、准确、完整,简明清晰,通俗易懂,不得有虚假记载、误导性陈述或者重大遗漏。

第八十三条 信息披露义务人披露的信息应当同时向所有投资者披

露,不得提前向任何单位和个人泄露。但是,法律、行政法规另有规定的除外。

任何单位和个人不得非法要求信息披露义务人提供依法需要披露但尚未披露的信息。任何单位和个人提前获知的前述信息,在依法披露前应当保密。

《上市公司信息披露管理办法》(自 2021 年 5 月 1 日起施行)

第十四条 年度报告应当记载以下内容:

……

(四)持股百分之五以上股东、控股股东及实际控制人情况;

……

第二十七条 涉及上市公司的收购、合并、分立、发行股份、回购股份等行为导致上市公司股本总额、股东、实际控制人等发生重大变化的,信息披露义务人应当依法履行报告、公告义务,披露权益变动情况。

典型案例指导 ●●●●●●●

杨某国诉林某坤、常州亚玛顿股份有限公司股权转让纠纷再审案[最高人民法院(2017)最高法民申 2454 号民事裁定书]

关于诉争协议之法律效力。诉争协议即为上市公司股权代持协议,对于其效力的认定则应当根据上市公司监管相关法律法规以及《合同法》等规定综合予以判定。首先,中国证券监督管理委员会于 2006 年 5 月 17 日颁布的《首次公开发行股票并上市管理办法》第十三条规定:"发行人的股权清晰,控股股东和受控股股东、实际控制人支配的股东持有的发行人股份不存在重大权属纠纷。"《证券法》第十二条规定:"设立股份有限公司公开发行股票,应当符合《公司法》规定的条件和经国务院批准的国务院证券监督管理机构规定的其他条件"。第六十三条规定:"发行人、上市公司依法披露的信息,必须真实、准确、完整,不得有虚假记载、误导性陈述或者重大遗漏。"中国证券监督管理委员会于 2007 年 1 月 30 日颁布的《上市公司信息披露管理办法》第三条规定:"发行人、上市公司的董事、监事、高级管理人员应当忠实、勤勉地履行职责,保证披露信息的真实、准确、完整、及时、公平"。根据上述规定可以看出,公司上市发行人必须股权清晰,且股份不存在重大权属纠纷,并公司上市需遵守如实披露的义务,披露的信息必须真实、准确、完整,这是证券行业监管的基本要求,也是证券行业的基本共识。由此可见,上市公司发行人必须真实,并不允许发行过程中隐匿真实股东,否则公司股票不得上市发行,通俗而言,即上市公司股权不得隐名代持。本案中,在亚玛顿公司上市前,林某坤代杨某国持有股份,以林某坤名义参与公司上市发行,实际隐瞒了真实股东或投资人身份,违反了发行人如实披露义务,为上述规定明令禁止。其次,中国证券监督管理委员会根据《证券法》授权对证券行业进行监督管理,是为保护广大非特定投资者的合法权益。要求拟上市公司股权必须清晰,约束上市公司不得隐名代持股权,系对上市公司监管的基本要求,否则如上市公司真实股东都不清晰的话,其他对于上市公司系列信息披露要求、关联交易审查、高管人员任职回避等监管举措必然落空,必然损害到广大非特定投资者的合法权益,从而损害到资本市场基本交易秩序与基本交易安全,损害到金融安全与社会稳定,进而损害到社会公共利益。据此,根据《合同法》第五十二条的规定,"有下列情形之一的,合同无效:(一)一方以欺诈、胁迫的手段订立合同,损害国家利益;(二)恶意串通,损害国家、集体或者第三人利益;(三)以合法形式掩盖非法目的;(四)损害社会公共利益;(五)违反法律、行政法规的强制性规定"。本案杨某国与林某坤签订的《委托投资协议书》与《协议书》,违反了公司上市系列监管规定,而这些规定有些属于法律明确应予遵循之规定,有些虽属于部门规章性质,但因经法律授权且与法律并不冲突,并属于证券行业监管基本要求与业内共识,并对广大非特定投资人利益构成重要保障,对社会公共利益亦为必要保障所在,故依据《合同法》第五十二条第(四)项等规定,本案上述诉争协议应认定为无效。

第一百四十一条 【禁止交叉持股】上市公司控股子公司不得取得该上市公司的股份。

上市公司控股子公司因公司合并、质权行使等原因持有上市公司股份的,不得行使所持股份对应的表决权,并应当及时处分相关上市公司股份。

对应配套规定

《最高人民法院关于适用〈中华人民共和国公司法〉时间效力的若干规定》(法释〔2024〕7号)

第三条 公司法施行前订立的与公司有关的合同,合同的履行持续至公司法施行后,因公司法施行前的履行行为发生争议的,适用当时的法律、司法解释的规定;因公司法施行后的履行行为发生争议的下列情形,适用公司法的规定:

……

(二)上市公司控股子公司取得该上市公司股份合同,适用公司法第一百四十一条的规定;

……

关联法律法规

《上海证券交易所股票上市规则》

3.4.15 上市公司控股子公司不得取得该上市公司发行的股份。确因特殊原因持有股份的,应当在1年内消除该情形。前述情形消除前,相关子公司不得行使所持股份对应的表决权。

第六章　股份有限公司的股份发行和转让

第一节　股份发行

> **第一百四十二条** 【股份及其形式】公司的资本划分为股份。公司的全部股份,根据公司章程的规定择一采用面额股或者无面额股。采用面额股的,每一股的金额相等。
>
> 公司可以根据公司章程的规定将已发行的面额股全部转换为无面额股或者将无面额股全部转换为面额股。
>
> 采用无面额股的,应当将发行股份所得股款的二分之一以上计入注册资本。

▌**条文应用提示** ●●●●●●

股份是股份有限公司特有的概念,是股份有限公司资本最基本的构成单位。(1)股份是股份有限公司资本的基本构成单位,是公司资本的计算单位。股份有限公司的全部资本划分为股份,且每一股的金额相等,即等额股份。这样,所有股份的总额就是公司的资本总额。(2)股份是股东权利义务的产生根据和计算单位。股东按照其持有的股份数额行使股东权利,如表决权、分红权、剩余财产分配权、新股认购权等。

股票是公司签发的证明股东所持股份的凭证。股票的概念包括以下几层含义:(1)股票是股份的表现形式,作为法律概念的股份在具体生活中的表现形式就是股票。(2)股票是证明股东权利的有价证券。股票可以流通并可以设置质押,因此,股票是一种有价证券,是证明股东权利的凭证。(3)股票是一种要式证券。股票必须由公司签发,由公司的法定代表人签名、公司盖章。同时,股票的形式、记载事项等必须符合法律的规定。

旧法对应关系 ●●●●●●

原《公司法》第一百二十五条　股份有限公司的资本划分为股份,每一股的金额相等。

公司的股份采取股票的形式。股票是公司签发的证明股东所持股份的凭证。

第一百二十七条　股票发行价格可以按票面金额,也可以超过票面金额,但不得低于票面金额。

> **第一百四十三条　【股份发行的原则】**股份的发行,实行公平、公正的原则,同类别的每一股份应当具有同等权利。
>
> 同次发行的同类别股份,每股的发行条件和价格应当相同;认购人所认购的股份,每股应当支付相同价额。

旧法对应关系 ●●●●●●

原《公司法》第一百二十六条　股份的发行,实行公平、公正的原则,同种类的每一股份应当具有同等权利。同次发行的同种类股票,每股的发行条件和价格应当相同;任何单位或者个人所认购的股份,每股应当支付相同价额。

关联法律法规 ●●●●●●

《中华人民共和国证券法》(2019年修订)

第三条　证券的发行、交易活动,必须遵循公开、公平、公正的原则。

第四条　证券发行、交易活动的当事人具有平等的法律地位,应当遵守自愿、有偿、诚实信用的原则。

第五条　证券的发行、交易活动,必须遵守法律、行政法规;禁止欺诈、内幕交易和操纵证券市场的行为。

第九条　公开发行证券,必须符合法律、行政法规规定的条件,并依法报经国务院证券监督管理机构或者国务院授权的部门注册。未经依法注册,任何单位和个人不得公开发行证券。证券发行注册制的具体范围、实施步骤,由国务院规定。

有下列情形之一的,为公开发行:

（一）向不特定对象发行证券；

（二）向特定对象发行证券累计超过二百人，但依法实施员工持股计划的员工人数不计算在内；

（三）法律、行政法规规定的其他发行行为。

非公开发行证券，不得采用广告、公开劝诱和变相公开方式。

第十条　发行人申请公开发行股票、可转换为股票的公司债券，依法采取承销方式的，或者公开发行法律、行政法规规定实行保荐制度的其他证券的，应当聘请证券公司担任保荐人。

保荐人应当遵守业务规则和行业规范，诚实守信，勤勉尽责，对发行人的申请文件和信息披露资料进行审慎核查，督导发行人规范运作。

保荐人的管理办法由国务院证券监督管理机构规定。

第十一条　设立股份有限公司公开发行股票，应当符合《中华人民共和国公司法》规定的条件和经国务院批准的国务院证券监督管理机构规定的其他条件，向国务院证券监督管理机构报送募股申请和下列文件：

（一）公司章程；

（二）发起人协议；

（三）发起人姓名或者名称，发起人认购的股份数、出资种类及验资证明；

（四）招股说明书；

（五）代收股款银行的名称及地址；

（六）承销机构名称及有关的协议。

依照本法规定聘请保荐人的，还应当报送保荐人出具的发行保荐书。

法律、行政法规规定设立公司必须报经批准的，还应当提交相应的批准文件。

第十二条　公司首次公开发行新股，应当符合下列条件：

（一）具备健全且运行良好的组织机构；

（二）具有持续经营能力；

（三）最近三年财务会计报告被出具无保留意见审计报告；

（四）发行人及其控股股东、实际控制人最近三年不存在贪污、贿赂、侵占财产、挪用财产或者破坏社会主义市场经济秩序的刑事犯罪；

（五）经国务院批准的国务院证券监督管理机构规定的其他条件。

上市公司发行新股,应当符合经国务院批准的国务院证券监督管理机构规定的条件,具体管理办法由国务院证券监督管理机构规定。

公开发行存托凭证的,应当符合首次公开发行新股的条件以及国务院证券监督管理机构规定的其他条件。

第十三条　公司公开发行新股,应当报送募股申请和下列文件:

(一)公司营业执照;

(二)公司章程;

(三)股东大会决议;

(四)招股说明书或者其他公开发行募集文件;

(五)财务会计报告;

(六)代收股款银行的名称及地址。

依照本法规定聘请保荐人的,还应当报送保荐人出具的发行保荐书。依照本法规定实行承销的,还应当报送承销机构名称及有关的协议。

第十四条　公司对公开发行股票所募集资金,必须按照招股说明书或者其他公开发行募集文件所列资金用途使用;改变资金用途,必须经股东大会作出决议。擅自改变用途,未作纠正的,或者未经股东大会认可的,不得公开发行新股。

第十五条　公开发行公司债券,应当符合下列条件:

(一)具备健全且运行良好的组织机构;

(二)最近三年平均可分配利润足以支付公司债券一年的利息;

(三)国务院规定的其他条件。

公开发行公司债券筹集的资金,必须按照公司债券募集办法所列资金用途使用;改变资金用途,必须经债券持有人会议作出决议。公开发行公司债券筹集的资金,不得用于弥补亏损和非生产性支出。

上市公司发行可转换为股票的公司债券,除应当符合第一款规定的条件外,还应当遵守本法第十二条第二款的规定。但是,按照公司债券募集办法,上市公司通过收购本公司股份的方式进行公司债券转换的除外。

第十六条　申请公开发行公司债券,应当向国务院授权的部门或者国务院证券监督管理机构报送下列文件:

(一)公司营业执照;

(二)公司章程;

（三）公司债券募集办法；

（四）国务院授权的部门或者国务院证券监督管理机构规定的其他文件。

依照本法规定聘请保荐人的，还应当报送保荐人出具的发行保荐书。

第十七条　有下列情形之一的，不得再次公开发行公司债券：

（一）对已公开发行的公司债券或者其他债务有违约或者延迟支付本息的事实，仍处于继续状态；

（二）违反本法规定，改变公开发行公司债券所募资金的用途。

第十八条　发行人依法申请公开发行证券所报送的申请文件的格式、报送方式，由依法负责注册的机构或者部门规定。

第十九条　发行人报送的证券发行申请文件，应当充分披露投资者作出价值判断和投资决策所必需的信息，内容应当真实、准确、完整。

为证券发行出具有关文件的证券服务机构和人员，必须严格履行法定职责，保证所出具文件的真实性、准确性和完整性。

第二十条　发行人申请首次公开发行股票的，在提交申请文件后，应当按照国务院证券监督管理机构的规定预先披露有关申请文件。

第二十一条　国务院证券监督管理机构或者国务院授权的部门依照法定条件负责证券发行申请的注册。证券公开发行注册的具体办法由国务院规定。

按照国务院的规定，证券交易所等可以审核公开发行证券申请，判断发行人是否符合发行条件、信息披露要求，督促发行人完善信息披露内容。

依照前两款规定参与证券发行申请注册的人员，不得与发行申请人有利害关系，不得直接或者间接接受发行申请人的馈赠，不得持有所注册的发行申请的证券，不得私下与发行申请人进行接触。

第二十二条　国务院证券监督管理机构或者国务院授权的部门应当自受理证券发行申请文件之日起三个月内，依照法定条件和法定程序作出予以注册或者不予注册的决定，发行人根据要求补充、修改发行申请文件的时间不计算在内。不予注册的，应当说明理由。

第二十三条　证券发行申请经注册后，发行人应当依照法律、行政法规的规定，在证券公开发行前公告公开发行募集文件，并将该文件置备于指定场所供公众查阅。

发行证券的信息依法公开前,任何知情人不得公开或者泄露该信息。

发行人不得在公告公开发行募集文件前发行证券。

第二十四条　国务院证券监督管理机构或者国务院授权的部门对已作出的证券发行注册的决定,发现不符合法定条件或者法定程序,尚未发行证券的,应当予以撤销,停止发行。已经发行尚未上市的,撤销发行注册决定,发行人应当按照发行价并加算银行同期存款利息返还证券持有人;发行人的控股股东、实际控制人以及保荐人,应当与发行人承担连带责任,但是能够证明自己没有过错的除外。

股票的发行人在招股说明书等证券发行文件中隐瞒重要事实或者编造重大虚假内容,已经发行并上市的,国务院证券监督管理机构可以责令发行人回购证券,或者责令负有责任的控股股东、实际控制人买回证券。

第二十五条　股票依法发行后,发行人经营与收益的变化,由发行人自行负责;由此变化引致的投资风险,由投资者自行负责。

第一百四十四条　【类别股的发行】公司可以按照公司章程的规定发行下列与普通股权利不同的类别股:

(一)优先或者劣后分配利润或者剩余财产的股份;

(二)每一股的表决权数多于或者少于普通股的股份;

(三)转让须经公司同意等转让受限的股份;

(四)国务院规定的其他类别股。

公开发行股份的公司不得发行前款第二项、第三项规定的类别股;公开发行前已发行的除外。

公司发行本条第一款第二项规定的类别股的,对于监事或者审计委员会成员的选举和更换,类别股与普通股每一股的表决权数相同。

▍旧法对应关系 ●●●●●●●

原《公司法》第一百三十一条　国务院可以对公司发行本法规定以外的其他种类的股份,另行作出规定。

关联法律法规 ●●●●●●

《优先股试点管理办法》(2023年修订)
第一章 总 则

第一条 为规范优先股发行和交易行为,保护投资者合法权益,根据《中华人民共和国公司法》(以下简称《公司法》)、《中华人民共和国证券法》(以下简称《证券法》)、《国务院关于开展优先股试点的指导意见》及相关法律法规,制定本办法。

第二条 本办法所称优先股是指依照《公司法》,在一般规定的普通种类股份之外,另行规定的其他种类股份,其股份持有人优先于普通股股东分配公司利润和剩余财产,但参与公司决策管理等权利受到限制。

第三条 上市公司可以发行优先股,非上市公众公司可以向特定对象发行优先股。

第四条 优先股试点应当符合《公司法》、《证券法》、《国务院关于开展优先股试点的指导意见》和本办法的相关规定,并遵循公开、公平、公正的原则,禁止欺诈、内幕交易和操纵市场的行为。

第五条 证券公司及其他证券服务机构参与优先股试点,应当遵守法律法规及中国证券监督管理委员会(以下简称中国证监会)相关规定,遵循行业公认的业务标准和行为规范,诚实守信、勤勉尽责。

第六条 试点期间不允许发行在股息分配和剩余财产分配上具有不同优先顺序的优先股,但允许发行在其他条款上具有不同设置的优先股。

同一公司既发行强制分红优先股,又发行不含强制分红条款优先股的,不属于发行在股息分配上具有不同优先顺序的优先股。

第七条 相同条款的优先股应当具有同等权利。同次发行的相同条款优先股,每股发行的条件、价格和票面股息率应当相同;任何单位或者个人认购的股份,每股应当支付相同价额。

第二章 优先股股东权利的行使

第八条 发行优先股的公司除按《国务院关于开展优先股试点的指导意见》制定章程有关条款外,还应当按本办法在章程中明确优先股股东的有关权利和义务。

第九条 优先股股东按照约定的股息率分配股息后,有权同普通股股东一起参加剩余利润分配的,公司章程应明确优先股股东参与剩余利润分配的比例、条件等事项。

第十条　出现以下情况之一的，公司召开股东大会会议应通知优先股股东，并遵循《公司法》及公司章程通知普通股股东的规定程序。优先股股东有权出席股东大会会议，就以下事项与普通股股东分类表决，其所持每一优先股有一表决权，但公司持有的本公司优先股没有表决权：

（一）修改公司章程中与优先股相关的内容；

（二）一次或累计减少公司注册资本超过百分之十；

（三）公司合并、分立、解散或变更公司形式；

（四）发行优先股；

（五）公司章程规定的其他情形。

上述事项的决议，除须经出席会议的普通股股东（含表决权恢复的优先股股东）所持表决权的三分之二以上通过之外，还须经出席会议的优先股股东（不含表决权恢复的优先股股东）所持表决权的三分之二以上通过。

第十一条　公司股东大会可授权公司董事会按公司章程的约定向优先股支付股息。公司累计三个会计年度或连续两个会计年度未按约定支付优先股股息的，股东大会批准当年不按约定分配利润的方案次日起，优先股股东有权出席股东大会与普通股股东共同表决，每股优先股股份享有公司章程规定的一定比例表决权。

对于股息可累积到下一会计年度的优先股，表决权恢复直至公司全额支付所欠股息。对于股息不可累积的优先股，表决权恢复直至公司全额支付当年股息。公司章程可规定优先股表决权恢复的其他情形。

第十二条　优先股股东有权查阅公司章程、股东名册、公司债券存根、股东大会会议记录、董事会会议决议、监事会会议决议、财务会计报告。

第十三条　发行人回购优先股包括发行人要求赎回优先股和投资者要求回售优先股两种情况，并应在公司章程和招股文件中规定其具体条件。发行人要求赎回优先股的，必须完全支付所欠股息，但商业银行发行优先股补充资本的除外。优先股回购后相应减记发行在外的优先股股份总数。

第十四条　公司董事、监事、高级管理人员应当向公司申报所持有的本公司优先股及其变动情况,在任职期间每年转让的股份不得超过其所持本公司优先股股份总数的百分之二十五。公司章程可以对公司董事、监事、高级管理人员转让其所持有的本公司优先股股份作出其他限制性规定。

第十五条 除《国务院关于开展优先股试点的指导意见》规定的事项外,计算股东人数和持股比例时应分别计算普通股和优先股。

第十六条 公司章程中规定优先股采用固定股息率的,可以在优先股存续期内采取相同的固定股息率,或明确每年的固定股息率,各年度的股息率可以不同;公司章程中规定优先股采用浮动股息率的,应当明确优先股存续期内票面股息率的计算方法。

第三章 上市公司发行优先股

第一节 一般规定

第十七条 上市公司应当与控股股东或实际控制人的人员、资产、财务分开,机构、业务独立。

第十八条 上市公司内部控制制度健全,能够有效保证公司运行效率、合法合规和财务报告的可靠性,内部控制的有效性应当不存在重大缺陷。

第十九条 上市公司发行优先股,最近三个会计年度实现的年均可分配利润应当不少于优先股一年的股息。

第二十条 上市公司最近三年现金分红情况应当符合公司章程及中国证监会的有关监管规定。

第二十一条 上市公司报告期不存在重大会计违规事项。向不特定对象发行优先股,最近三年财务报表被注册会计师出具的审计报告应当为标准审计报告或带强调事项段的无保留意见的审计报告;向特定对象发行优先股,最近一年财务报表被注册会计师出具的审计报告为非标准审计报告的,所涉及事项对公司无重大不利影响或者在发行前重大不利影响已经消除。

第二十二条 上市公司发行优先股募集资金应有明确用途,与公司业务范围、经营规模相匹配,募集资金用途符合国家产业政策和有关环境保护、土地管理等法律和行政法规的规定。

除金融类企业外,本次募集资金使用项目不得为持有交易性金融资产和可供出售的金融资产、借予他人等财务性投资,不得直接或间接投资于以买卖有价证券为主要业务的公司。

第二十三条　上市公司已发行的优先股不得超过公司普通股股份总数的百分之五十,且筹资金额不得超过发行前净资产的百分之五十,已回购、转换的优先股不纳入计算。

第二十四条　上市公司同一次发行的优先股,条款应当相同。每次优先股发行完毕前,不得再次发行优先股。

第二十五条　上市公司存在下列情形之一的,不得发行优先股:

(一)本次发行申请文件有虚假记载、误导性陈述或重大遗漏;

(二)最近十二个月内受到过中国证监会的行政处罚;

(三)因涉嫌犯罪正被司法机关立案侦查或涉嫌违法违规正被中国证监会立案调查;

(四)上市公司的权益被控股股东或实际控制人严重损害且尚未消除;

(五)上市公司及其附属公司违规对外提供担保且尚未解除;

(六)存在可能严重影响公司持续经营的担保、诉讼、仲裁、市场重大质疑或其他重大事项;

(七)其董事和高级管理人员不符合法律、行政法规和规章规定的任职资格;

(八)严重损害投资者合法权益和社会公共利益的其他情形。

第二节　向不特定对象发行的特别规定

第二十六条　上市公司向不特定对象发行优先股,应当符合以下情形之一:

(一)其普通股为上证50指数成份股;

(二)以向不特定对象发行优先股作为支付手段收购或吸收合并其他上市公司;

(三)以减少注册资本为目的回购普通股的,可以向不特定对象发行优先股作为支付手段,或者在回购方案实施完毕后,可向不特定对象发行不超过回购减资总额的优先股。

中国证监会同意向不特定对象发行优先股注册后不再符合本条第(一)项情形的,上市公司仍可实施本次发行。

第二十七条 上市公司最近三个会计年度应当连续盈利。扣除非经常性损益后的净利润与扣除前的净利润相比，以孰低者作为计算依据。

第二十八条 上市公司向不特定对象发行优先股应当在公司章程中规定以下事项：

（一）采取固定股息率；

（二）在有可分配税后利润的情况下必须向优先股股东分配股息；

（三）未向优先股股东足额派发股息的差额部分应当累积到下一会计年度；

（四）优先股股东按照约定的股息率分配股息后，不再同普通股股东一起参加剩余利润分配。

商业银行发行优先股补充资本的，可就第（二）项和第（三）项事项另行约定。

第二十九条 上市公司向不特定对象发行优先股的，可以向原股东优先配售。

第三十条 除本办法第二十五条的规定外，上市公司最近三十六个月内因违反工商、税收、土地、环保、海关法律、行政法规或规章，受到行政处罚且情节严重的，不得向不特定对象发行优先股。

第三十一条 上市公司向不特定对象发行优先股，公司及其控股股东或实际控制人最近十二个月内应当不存在违反向投资者作出的公开承诺的行为。

第三节 其他规定

第三十二条 优先股每股票面金额为一百元。

优先股发行价格和票面股息率应当公允、合理，不得损害股东或其他利益相关方的合法利益，发行价格不得低于优先股票面金额。

向不特定对象发行优先股的价格或票面股息率以市场询价或中国证监会认可的其他公开方式确定。向特定对象发行优先股的票面股息率不得高于最近两个会计年度的年均加权平均净资产收益率。

第三十三条 上市公司不得发行可转换为普通股的优先股。但商业银行可根据商业银行资本监管规定，向特定对象发行触发事件发生时强制转换为普通股的优先股，并遵守有关规定。

第三十四条 上市公司向特定对象发行优先股仅向本办法规定的合

格投资者发行,每次发行对象不得超过二百人,且相同条款优先股的发行对象累计不得超过二百人。

发行对象为境外战略投资者的,还应当符合国务院相关部门的规定。

第四节 发行程序

第三十五条 上市公司申请发行优先股,董事会应当按照中国证监会有关信息披露规定,公开披露本次优先股发行预案,并依法就以下事项作出决议,提请股东大会批准。

(一)本次优先股的发行方案。

(二)向特定对象发行优先股且发行对象确定的,上市公司与相应发行对象签订的附条件生效的优先股认购合同。认购合同应当载明发行对象拟认购优先股的数量、认购价格或定价原则、票面股息率或其确定原则,以及其他必要条款。认购合同应当约定发行对象不得以竞价方式参与认购,且本次发行一经上市公司董事会、股东大会批准并经中国证监会注册,该合同即应生效。

(三)向特定对象发行优先股且发行对象尚未确定的,决议应包括发行对象的范围和资格、定价原则、发行数量或数量区间。

上市公司的控股股东、实际控制人或其控制的关联人参与认购本次向特定对象发行优先股的,按照前款第(二)项执行。

第三十六条 上市公司独立董事应当就上市公司本次发行对公司各类股东权益的影响发表专项意见,并与董事会决议一同披露。

第三十七条 上市公司股东大会就发行优先股进行审议,应当就下列事项逐项进行表决:

(一)本次发行优先股的种类和数量;

(二)发行方式、发行对象及向原股东配售的安排;

(三)票面金额、发行价格或其确定原则;

(四)优先股股东参与分配利润的方式,包括:票面股息率或其确定原则、股息发放的条件、股息支付方式、股息是否累积、是否可以参与剩余利润分配等;

(五)回购条款,包括回购的条件、期间、价格及其确定原则、回购选择权的行使主体等(如有);

(六)募集资金用途;

（七）公司与发行对象签订的附条件生效的优先股认购合同(如有)；

（八）决议的有效期；

（九）公司章程关于优先股股东和普通股股东利润分配、剩余财产分配、优先股表决权恢复等相关政策条款的修订方案；

（十）对董事会办理本次发行具体事宜的授权；

（十一）其他事项。

上述决议，须经出席会议的普通股股东(含表决权恢复的优先股股东)所持表决权的三分之二以上通过。已发行优先股的，还须经出席会议的优先股股东(不含表决权恢复的优先股股东)所持表决权的三分之二以上通过。上市公司向公司特定股东及其关联人发行优先股的，股东大会就发行方案进行表决时，关联股东应当回避。

第三十八条 上市公司就发行优先股事项召开股东大会，应当提供网络投票，还可以通过中国证监会认可的其他方式为股东参加股东大会提供便利。

第三十九条 上市公司申请发行优先股应当由保荐人保荐并向证券交易所申报，其申请、审核、注册、发行等相关程序参照《上市公司证券发行注册管理办法》和《证券发行与承销管理办法》或《北京证券交易所上市公司证券发行注册管理办法》的规定。

第四十条 上市公司发行优先股，可以申请一次注册，分次发行，不同次发行的优先股除票面股息率外，其他条款应当相同。自中国证监会同意注册之日起，公司应在六个月内实施首次发行，剩余数量应当在二十四个月内发行完毕。超过注册文件时限的，须申请中国证监会重新注册。首次发行数量应当不少于总发行数量的百分之五十，剩余各次发行的数量由公司自行确定，每次发行完毕后五个工作日内报中国证监会备案。

第四章 非上市公众公司向特定对象发行优先股

第四十一条 非上市公众公司向特定对象发行优先股应符合下列条件：

（一）合法规范经营；

（二）公司治理机制健全；

（三）依法履行信息披露义务。

第四十二条 非上市公众公司向特定对象发行优先股应当遵守本办

法第二十三条、第二十四条、第二十五条、第三十二条、第三十三条的规定。

第四十三条　非上市公众公司向特定对象发行优先股仅向本办法规定的合格投资者发行,每次发行对象不得超过二百人,且相同条款优先股的发行对象累计不得超过二百人。

第四十四条　非上市公众公司拟发行优先股的,董事会应依法就具体方案、本次发行对公司各类股东权益的影响、发行优先股的目的、募集资金的用途及其他必须明确的事项作出决议,并提请股东大会批准。

董事会决议确定具体发行对象的,董事会决议应当确定具体的发行对象名称及其认购价格或定价原则、认购数量或数量区间等;同时应在召开董事会前与相应发行对象签订附条件生效的股份认购合同。董事会决议未确定具体发行对象的,董事会决议应当明确发行对象的范围和资格、定价原则等。

第四十五条　非上市公众公司股东大会就发行优先股进行审议,表决事项参照本办法第三十七条执行。发行优先股决议,须经出席会议的普通股股东(含表决权恢复的优先股股东)所持表决权的三分之二以上通过。已发行优先股的,还须经出席会议的优先股股东(不含表决权恢复的优先股股东)所持表决权的三分之二以上通过。非上市公众公司向公司特定股东及其关联人发行优先股的,股东大会就发行方案进行表决时,关联股东应当回避,公司普通股股东(不含表决权恢复的优先股股东)人数少于二百人的除外。

第四十六条　非上市公众公司发行优先股的申请、审核、注册(豁免)、发行等相关程序应按照《非上市公众公司监督管理办法》等相关规定办理。

第五章　交易转让和登记结算

第四十七条　优先股发行后可以申请上市交易或转让,不设限售期。

向不特定对象发行的优先股可以在证券交易所上市交易。上市公司向特定对象发行的优先股可以在证券交易所转让,非上市公众公司向特定对象发行的优先股可以在全国中小企业股份转让系统转让,转让范围仅限合格投资者。交易或转让的具体办法由证券交易所或全国中小企业股份转让系统另行制定。

第四十八条　优先股交易或转让环节的投资者适当性标准应当与发行环节保持一致；向特定对象发行的相同条款优先股经交易或转让后，投资者不得超过二百人。

第四十九条　中国证券登记结算公司为优先股提供登记、存管、清算、交收等服务。

第六章　信息披露

第五十条　公司应当按照中国证监会有关信息披露规则编制募集优先股说明书或其他信息披露文件，依法履行信息披露义务。上市公司相关信息披露程序和要求参照《上市公司证券发行注册管理办法》、《北京证券交易所上市公司证券发行注册管理办法》及有关监管指引的规定。非上市公众公司向特定对象发行优先股的信息披露程序和要求参照《非上市公众公司监督管理办法》及有关监管指引的规定。

第五十一条　发行优先股的公司披露定期报告时，应当以专门章节披露已发行优先股情况、持有公司优先股股份最多的前十名股东的名单和持股数额、优先股股东的利润分配情况、优先股的回购情况、优先股股东表决权恢复及行使情况、优先股会计处理情况及其他与优先股有关的情况，具体内容与格式由中国证监会规定。

第五十二条　发行优先股的上市公司，发生表决权恢复、回购普通股等事项，以及其他可能对其普通股或优先股交易或转让价格产生较大影响事项的，上市公司应当按照《证券法》第八十条以及中国证监会的相关规定，履行临时报告、公告等信息披露义务。

第五十三条　发行优先股的非上市公众公司按照《非上市公众公司监督管理办法》、《非上市公众公司信息披露管理办法》及有关监管指引的规定履行日常信息披露义务。

第七章　回购与并购重组

第五十四条　上市公司可以向特定对象发行优先股作为支付手段，向公司特定股东回购普通股。上市公司回购普通股的价格应当公允、合理，不得损害股东或其他利益相关方的合法利益。

第五十五条　上市公司以减少注册资本为目的回购普通股向不特定对象发行优先股的，以及以向特定对象发行优先股为支付手段向公司特定股东回购普通股的，除应当符合优先股发行条件和程序，还应符合以下规定：

（一）上市公司回购普通股应当由董事会依法作出决议并提交股东大会批准。

（二）上市公司股东大会就回购普通股作出的决议，应当包括下列事项：回购普通股的价格区间，回购普通股的数量和比例，回购普通股的期限，决议的有效期，对董事会办理本次回购股份事宜的具体授权，其他相关事项。以发行优先股作为支付手段的，应当包括拟用于支付的优先股总金额以及支付比例；回购方案实施完毕之日起一年内向不特定对象发行优先股的，应当包括回购的资金总额以及资金来源。

（三）上市公司股东大会就回购普通股作出决议，必须经出席会议的普通股股东（含表决权恢复的优先股股东）所持表决权的三分之二以上通过。

（四）上市公司应当在股东大会作出回购普通股决议后的次日公告该决议。

（五）依法通知债权人。

本办法未做规定的应当符合中国证监会有关上市公司回购的其他规定。

第五十六条　上市公司收购要约适用于被收购公司的所有股东，但可以针对优先股股东和普通股股东提出不同的收购条件。

第五十七条　上市公司可以按照《上市公司重大资产重组管理办法》规定的条件发行优先股购买资产，同时应当遵守本办法第三十三条，以及第三十五条至第三十八条的规定，依法披露有关信息、履行相应程序。

第五十八条　上市公司发行优先股作为支付手段购买资产的，可以同时募集配套资金。

第五十九条　非上市公众公司发行优先股的方案涉及重大资产重组的，应当符合中国证监会有关重大资产重组的规定。

第八章　监管措施和法律责任

第六十条　公司及其控股股东或实际控制人，公司董事、监事、高级管理人员以及其他直接责任人员，相关市场中介机构及责任人员，以及优先股试点的其他市场参与者违反本办法规定的，依照《公司法》、《证券法》和中国证监会的有关规定处理；涉嫌犯罪的，依法移送司法机关，追究其刑事责任。

第六十一条　上市公司、非上市公众公司违反本办法规定,存在未按规定制定有关章程条款、不按照约定召集股东大会恢复优先股股东表决权等损害优先股股东和中小股东权益等行为的,中国证监会应当责令改正,对上市公司、非上市公众公司和其直接负责的主管人员和其他直接责任人员,可以采取相应的行政监管措施以及警告、三万元以下罚款等行政处罚。

第六十二条　上市公司违反本办法第二十二条第二款规定的,中国证监会可以责令改正,并可以对有关责任人员采取证券市场禁入的措施。

第六十三条　上市公司、非上市公众公司向特定对象发行优先股,相关投资者为本办法规定的合格投资者以外的投资者的,中国证监会应当责令改正,并可以自确认之日起对有关责任人员采取证券市场禁入的措施。

第六十四条　承销机构在承销向特定对象发行的优先股时,将优先股配售给不符合本办法合格投资者规定的对象的,中国证监会可以责令改正,并可以对有关责任人员采取证券市场禁入的措施。

第六十五条　证券交易所负责对发行人及其控股股东、实际控制人、保荐人、承销商、证券服务机构等进行自律监管。

证券交易所发现发行上市过程中存在违反自律监管规则的行为,可以对有关单位和责任人员采取一定期限内不接受与证券发行相关的文件、认定为不适当人选等自律监管措施或者纪律处分。

第九章　附　　则

第六十六条　本办法所称合格投资者包括:

(一)经有关金融监管部门批准设立的金融机构,包括商业银行、证券公司、基金管理公司、信托公司和保险公司等;

(二)上述金融机构面向投资者发行的理财产品,包括但不限于银行理财产品、信托产品、投连险产品、基金产品、证券公司资产管理产品等;

(三)实收资本或实收股本总额不低于人民币五百万元的企业法人;

(四)实缴出资总额不低于人民币五百万元的合伙企业;

(五)合格境外机构投资者(QFII)、人民币合格境外机构投资者(RQFII)、符合国务院相关部门规定的境外战略投资者;

（六）除发行人董事、高级管理人员及其配偶以外的，名下各类证券账户、资金账户、资产管理账户的资产总额不低于人民币五百万元的个人投资者；

（七）经中国证监会认可的其他合格投资者。

第六十七条 非上市公众公司首次公开发行普通股并同时向特定对象发行优先股的，其优先股的发行与信息披露应符合本办法中关于上市公司向特定对象发行优先股的有关规定。

第六十八条 注册在境内的境外上市公司在境外发行优先股，应当符合境外募集股份及上市的有关规定。

注册在境内的境外上市公司在境内发行优先股，参照执行本办法关于非上市公众公司发行优先股的规定，以及《非上市公众公司监督管理办法》等相关规定，其优先股可以在全国中小企业股份转让系统进行转让。

第六十九条 本办法下列用语含义如下：

（一）强制分红：公司在有可分配税后利润的情况下必须向优先股股东分配股息；

（二）可分配税后利润：发行人股东依法享有的未分配利润；

（三）加权平均净资产收益率：按照《公开发行证券的公司信息披露编报规则第9号——净资产收益率和每股收益的计算及披露》计算的加权平均净资产收益率；

（四）上证50指数：中证指数有限公司发布的上证50指数。

第七十条 本办法中计算合格投资者人数时，同一资产管理机构以其管理的两只以上产品认购或受让优先股的，视为一人。

第七十一条 本办法自公布之日起施行。

《国务院关于开展优先股试点的指导意见》（国发〔2013〕46号）

各省、自治区、直辖市人民政府，国务院各部委、各直属机构：

为贯彻落实党的十八大、十八届三中全会精神，深化金融体制改革，支持实体经济发展，依照公司法、证券法相关规定，国务院决定开展优先股试点。开展优先股试点，有利于进一步深化企业股份制改革，为发行人提供灵活的直接融资工具，优化企业财务结构，推动企业兼并重组；有利于丰富证券品种，为投资者提供多元化的投资渠道，提高直接融资比重，促进资本市场稳定发展。为稳妥有序开展优先股试点，现提出如下指导意见。

一、优先股股东的权利与义务

（一）优先股的含义。优先股是指依照公司法,在一般规定的普通种类股份之外,另行规定的其他种类股份,其股份持有人优先于普通股股东分配公司利润和剩余财产,但参与公司决策管理等权利受到限制。

除本指导意见另有规定以外,优先股股东的权利、义务以及优先股份的管理应当符合公司法的规定。试点期间不允许发行在股息分配和剩余财产分配上具有不同优先顺序的优先股,但允许发行在其他条款上具有不同设置的优先股。

（二）优先分配利润。优先股股东按照约定的票面股息率,优先于普通股股东分配公司利润。公司应当以现金的形式向优先股股东支付股息,在完全支付约定的股息之前,不得向普通股股东分配利润。

公司应当在公司章程中明确以下事项:(1)优先股股息率是采用固定股息率还是浮动股息率,并相应明确固定股息率水平或浮动股息率计算方法。(2)公司在有可分配税后利润的情况下是否必须分配利润。(3)如果公司因本会计年度可分配利润不足而未向优先股股东足额派发股息,差额部分是否累积到下一会计年度。(4)优先股股东按照约定的股息率分配股息后,是否有权同普通股股东一起参加剩余利润分配。(5)优先股利润分配涉及的其他事项。

（三）优先分配剩余财产。公司因解散、破产等原因进行清算时,公司财产在按照公司法和破产法有关规定进行清偿后的剩余财产,应当优先向优先股股东支付未派发的股息和公司章程约定的清算金额,不足以支付的按照优先股股东持股比例分配。

（四）优先股转换和回购。公司可以在公司章程中规定优先股转换为普通股、发行人回购优先股的条件、价格和比例。转换选择权或回购选择权可规定由发行人或优先股股东行使。发行人要求回购优先股的,必须完全支付所欠股息,但商业银行发行优先股补充资本的除外。优先股回购后相应减记发行在外的优先股股份总数。

（五）表决权限制。除以下情况外,优先股股东不出席股东大会会议,所持股份没有表决权:(1)修改公司章程中与优先股相关的内容;(2)一次或累计减少公司注册资本超过百分之十;(3)公司合并、分立、解散或变更公司形式;(4)发行优先股;(5)公司章程规定的其他情形。上述事项的决议,除须经出席会议的普通股股东(含表决权恢复的优先股股东)所持表决权的三分之二以上通过之外,还须经出席会议的优先股股东(不含表决权恢复的优先股股东)所持表决权的三分之二以上通过。

(六)表决权恢复。公司累计3个会计年度或连续2个会计年度未按约定支付优先股股息的,优先股股东有权出席股东大会,每股优先股股份享有公司章程规定的表决权。对于股息可累积到下一会计年度的优先股,表决权恢复直至公司全额支付所欠股息。对于股息不可累积的优先股,表决权恢复直至公司全额支付当年股息。公司章程可规定优先股表决权恢复的其他情形。

(七)与股份种类相关的计算。以下事项计算持股比例时,仅计算普通股和表决权恢复的优先股:(1)根据公司法第一百零一条,请求召开临时股东大会;(2)根据公司法第一百零二条,召集和主持股东大会;(3)根据公司法第一百零三条,提交股东大会临时提案;(4)根据公司法第二百一十七条,认定控股股东。

二、优先股发行与交易

(八)发行人范围。公开发行优先股的发行人限于证监会规定的上市公司,非公开发行优先股的发行人限于上市公司(含注册地在境内的境外上市公司)和非上市公众公司。

(九)发行条件。公司已发行的优先股不得超过公司普通股股份总数的百分之五十,且筹资金额不得超过发行前净资产的百分之五十,已回购、转换的优先股不纳入计算。公司公开发行优先股以及上市公司非公开发行优先股的其他条件适用证券法的规定。非上市公众公司非公开发行优先股的条件由证监会另行规定。

(十)公开发行。公司公开发行优先股的,应当在公司章程中规定以下事项:(1)采取固定股息率;(2)在有可分配税后利润的情况下必须向优先股股东分配股息;(3)未向优先股股东足额派发股息的差额部分应当累积到下一会计年度;(4)优先股股东按照约定的股息率分配股息后,不再同普通股股东一起参加剩余利润分配。商业银行发行优先股补充资本的,可就第(2)项和第(3)项事项另行规定。

(十一)交易转让及登记存管。优先股应当在证券交易所、全国中小企业股份转让系统或者在国务院批准的其他证券交易场所交易或转让。

优先股应当在中国证券登记结算公司集中登记存管。优先股交易或转让环节的投资者适当性标准应当与发行环节一致。

(十二)信息披露。公司应当在发行文件中详尽说明优先股股东的权利义务,充分揭示风险。同时,应按规定真实、准确、完整、及时、公平地披露或者提供信息,不得有虚假记载、误导性陈述或重大遗漏。

(十三)公司收购。优先股可以作为并购重组支付手段。上市公司收购要约适用于被收购公司的所有股东,但可以针对优先股股东和普通股股东提出不同的收购条件。根据证券法第八十六条计算收购人持有上市公司已发行股份比例,以及根据证券法第八十八条和第九十六条计算触发要约收购义务时,表决权未恢复的优先股不计入持股数额和股本总额。

(十四)与持股数额相关的计算。以下事项计算持股数额时,仅计算普通股和表决权恢复的优先股:(1)根据证券法第五十四条和第六十六条,认定持有公司股份最多的前十名股东的名单和持股数额;(2)根据证券法第四十七条、第六十七条和第七十四条,认定持有公司百分之五以上股份的股东。

三、组织管理和配套政策

(十五)加强组织管理。证监会应加强与有关部门的协调配合,积极稳妥地组织开展优先股试点工作。证监会应当根据公司法、证券法和本指导意见,制定并发布优先股试点的具体规定,指导证券自律组织完善相关业务规则。

证监会应当加强市场监管,督促公司认真履行信息披露义务,督促中介机构诚实守信、勤勉尽责,依法查处违法违规行为,切实保护投资者合法权益。

(十六)完善配套政策。优先股相关会计处理和财务报告,应当遵循财政部发布的企业会计准则及其他相关会计标准。企业投资优先股获得的股息、红利等投资收益,符合税法规定条件的,可以作为企业所得税免税收入。全国社会保障基金、企业年金投资优先股的比例不受现行证券品种投资比例的限制,具体政策由国务院主管部门制定。外资行业准入管理中外资持股比例优先股与普通股合并计算。试点中需要配套制定的其他政策事项,由证监会根据试点进展情况提出,商有关部门办理,重大事项报告国务院。

第一百四十五条　【类别股的公司章程载明事项】发行类别股的公司,应当在公司章程中载明以下事项:

(一)类别股分配利润或者剩余财产的顺序;

(二)类别股的表决权数;

(三)类别股的转让限制;

(四)保护中小股东权益的措施;

(五)股东会认为需要规定的其他事项。

第一百四十六条　【类别股公司的决议事项和表决程序】发行类别股的公司,有本法第一百一十六条第三款规定的事项等可能影响类别股股东权利的,除应当依照第一百一十六条第三款的规定经股东会决议外,还应当经出席类别股股东会议的股东所持表决权的三分之二以上通过。

公司章程可以对需经类别股股东会议决议的其他事项作出规定。

第一百四十七条　【记名股票】公司的股份采取股票的形式。股票是公司签发的证明股东所持股份的凭证。

公司发行的股票,应当为记名股票。

旧法对应关系

原《公司法》第一百二十五条第二款　公司的股份采取股票的形式。股票是公司签发的证明股东所持股份的凭证。

第一百二十九条　公司发行的股票,可以为记名股票,也可以为无记名股票。

公司向发起人、法人发行的股票,应当为记名股票,并应当记载该发起人、法人的名称或者姓名,不得另立户名或者以代表人姓名记名。

第一百四十八条　【股票发行的价格】面额股股票的发行价格可以按票面金额,也可以超过票面金额,但不得低于票面金额。

条文应用提示 ●●●●●●

股票的发行价格是股票发行时所使用的价格,也是投资者认购股票时所支付的价格。股票发行价格一般由发行公司根据股票面额、股市行情和其他有关因素决定。股票的发行价格可以分为平价发行价格和溢价发行价格。平价发行也叫等价发行,是指股票的发行价格与股票的票面金额相同。溢价发行是指股票的实际发行价格超过其票面金额。我国不允许折价发行,即不允许股票以低于其票面金额的价格发行。

旧法对应关系 ●●●●●●

原《公司法》第一百二十七条　股票发行价格可以按票面金额,也可以超过票面金额,但不得低于票面金额。

第一百四十九条　【股票的形式与应载明的事项】股票采用纸面形式或者国务院证券监督管理机构规定的其他形式。

股票采用纸面形式的,应当载明下列主要事项:

(一)公司名称;

(二)公司成立日期或者股票发行的时间;

(三)股票种类、票面金额及代表的股份数,发行无面额股的,股票代表的股份数。

股票采用纸面形式的,还应当载明股票的编号,由法定代表人签名,公司盖章。

发起人股票采用纸面形式的,应当标明发起人股票字样。

旧法对应关系 ●●●●●●

原《公司法》第一百二十八条　股票采用纸面形式或者国务院证券监督管理机构规定的其他形式。

股票应当载明下列主要事项:

(一)公司名称;

(二)公司成立日期;

(三)股票种类、票面金额及代表的股份数;

(四)股票的编号。股票由法定代表人签名,公司盖章。

发起人的股票,应当标明发起人股票字样。

第一百五十条 【向股东交付股票的时间】股份有限公司成立后,即向股东正式交付股票。公司成立前不得向股东交付股票。

旧法对应关系 ●●●●●●

原《公司法》第一百三十二条 股份有限公司成立后,即向股东正式交付股票。公司成立前不得向股东交付股票。

第一百五十一条 【发行新股的决议事项】公司发行新股,股东会应当对下列事项作出决议:
(一)新股种类及数额;
(二)新股发行价格;
(三)新股发行的起止日期;
(四)向原有股东发行新股的种类及数额;
(五)发行无面额股的,新股发行所得股款计入注册资本的金额。
公司发行新股,可以根据公司经营情况和财务状况,确定其作价方案。

条文应用提示 ●●●●●●

根据《公司法》第148条的规定,我国不允许面额股股票的折价发行,面额股股票的发行价格应当等于或者高于股票的票面金额。除了这一限制以外,法律对公司新股发行价格未规定限制条件,而是由公司自主决定。按照本条的规定,公司发行新股,可以根据公司的经营情况和财务状况来确定其作价方案。在实际操作中,公司在确定其新股作价方案时,需要考虑的因素有很多,如公司的投资计划、公司的盈利状况、公司的发展前景等;通过公开发行的方式发行新股的,同时还要考虑股票市场的状况,如股票一级市场的供求情况以及二级市场的整体股价水平、股票市场的走势、股票的市盈率、同类股票的价格水平以及同期银行利率水平等因素。

旧法对应关系

原《公司法》第一百三十三条　公司发行新股,股东大会应当对下列事项作出决议:

(一)新股种类及数额;

(二)新股发行价格;

(三)新股发行的起止日期;

(四)向原有股东发行新股的种类及数额。

第一百三十五条　公司发行新股,可以根据公司经营情况和财务状况,确定其作价方案。

关联法律法规

《中华人民共和国证券法》(2019年修订)

第十二条　公司首次公开发行新股,应当符合下列条件:

(一)具备健全且运行良好的组织机构;

(二)具有持续经营能力;

(三)最近三年财务会计报告被出具无保留意见审计报告;

(四)发行人及其控股股东、实际控制人最近三年不存在贪污、贿赂、侵占财产、挪用财产或者破坏社会主义市场经济秩序的刑事犯罪;

(五)经国务院批准的国务院证券监督管理机构规定的其他条件。

上市公司发行新股,应当符合经国务院批准的国务院证券监督管理机构规定的条件,具体管理办法由国务院证券监督管理机构规定。

公开发行存托凭证的,应当符合首次公开发行新股的条件以及国务院证券监督管理机构规定的其他条件。

第一百五十二条　【授权董事会发行股份】公司章程或者股东会可以授权董事会在三年内决定发行不超过已发行股份百分之五十的股份。但以非货币财产作价出资的应当经股东会决议。

董事会依照前款规定决定发行股份导致公司注册资本、已发行股份数发生变化的,对公司章程该项记载事项的修改不需再由股东会表决。

第一百五十三条 【董事会发行新股的决策】公司章程或者股东会授权董事会决定发行新股的,董事会决议应当经全体董事三分之二以上通过。

第一百五十四条 【公开募集股份规则】公司向社会公开募集股份,应当经国务院证券监督管理机构注册,公告招股说明书。

招股说明书应当附有公司章程,并载明下列事项:

(一)发行的股份总数;

(二)面额股的票面金额和发行价格或者无面额股的发行价格;

(三)募集资金的用途;

(四)认股人的权利和义务;

(五)股份种类及其权利和义务;

(六)本次募股的起止日期及逾期未募足时认股人可以撤回所认股份的说明。

公司设立时发行股份的,还应当载明发起人认购的股份数。

旧法对应关系

原《公司法》第八十五条 发起人向社会公开募集股份,必须公告招股说明书,并制作认股书。认股书应当载明本法第八十六条所列事项,由认股人填写认购股数、金额、住所,并签名、盖章。认股人按照所认购股数缴纳股款。

第八十六条 招股说明书应当附有发起人制订的公司章程,并载明下列事项:

(一)发起人认购的股份数;

(二)每股的票面金额和发行价格;

(三)无记名股票的发行总数;

(四)募集资金的用途;

(五)认股人的权利、义务;

(六)本次募股的起止期限及逾期未募足时认股人可以撤回所认股份的说明。

关联法律法规

《中华人民共和国证券法》(2019 年修订)

第十三条　公司公开发行新股,应当报送募股申请和下列文件：
(一)公司营业执照；
(二)公司章程；
(三)股东大会决议；
(四)招股说明书或者其他公开发行募集文件；
(五)财务会计报告；
(六)代收股款银行的名称及地址。

依照本法规定聘请保荐人的,还应当报送保荐人出具的发行保荐书。依照本法规定实行承销的,还应当报送承销机构名称及有关的协议。

第十四条　公司对公开发行股票所募集资金,必须按照招股说明书或者其他公开发行募集文件所列资金用途使用；改变资金用途,必须经股东大会作出决议。擅自改变用途,未作纠正的,或者未经股东大会认可的,不得公开发行新股。

> **第一百五十五条　【公开募集股份承销协议】**公司向社会公开募集股份,应当由依法设立的证券公司承销,签订承销协议。

条文应用提示

证券承销是指发行人委托证券经营机构向社会公开销售证券的行为。发行人向不特定对象公开发行证券,依法应当由证券公司承销。证券承销业务采取代销或者包销方式。

证券代销是指证券公司代发行人发售证券,在承销期结束时,将未售出的证券全部退还给发行人的承销方式。

证券包销是指证券公司将发行人的证券按照协议全部购入或者在承销期结束时将售后剩余证券全部自行购入的承销方式。公开发行证券的发行人有权依法自主选择承销的证券公司。

旧法对应关系

原《公司法》第八十七条　发起人向社会公开募集股份,应当由依法设立的证券公司承销,签订承销协议。

关联法律法规

《中华人民共和国证券法》(2019年修订)

第二十六条　发行人向不特定对象发行的证券,法律、行政法规规定应当由证券公司承销的,发行人应当同证券公司签订承销协议。证券承销业务采取代销或者包销方式。

证券代销是指证券公司代发行人发售证券,在承销期结束时,将未售出的证券全部退还给发行人的承销方式。

证券包销是指证券公司将发行人的证券按照协议全部购入或者在承销期结束时将售后剩余证券全部自行购入的承销方式。

第二十七条　公开发行证券的发行人有权依法自主选择承销的证券公司。

第二十八条　证券公司承销证券,应当同发行人签订代销或者包销协议,载明下列事项:

(一)当事人的名称、住所及法定代表人姓名;

(二)代销、包销证券的种类、数量、金额及发行价格;

(三)代销、包销的期限及起止日期;

(四)代销、包销的付款方式及日期;

(五)代销、包销的费用和结算办法;

(六)违约责任;

(七)国务院证券监督管理机构规定的其他事项。

第二十九条　证券公司承销证券,应当对公开发行募集文件的真实性、准确性、完整性进行核查。发现有虚假记载、误导性陈述或者重大遗漏的,不得进行销售活动;已经销售的,必须立即停止销售活动,并采取纠正措施。

证券公司承销证券,不得有下列行为:

(一)进行虚假的或者误导投资者的广告宣传或者其他宣传推介活动;

(二)以不正当竞争手段招揽承销业务；

(三)其他违反证券承销业务规定的行为。

证券公司有前款所列行为,给其他证券承销机构或者投资者造成损失的,应当依法承担赔偿责任。

第三十条　向不特定对象发行证券聘请承销团承销的,承销团应当由主承销和参与承销的证券公司组成。

第三十一条　证券的代销、包销期限最长不得超过九十日。

证券公司在代销、包销期内,对所代销、包销的证券应当保证先行出售给认购人,证券公司不得为本公司预留所代销的证券和预先购入并留存所包销的证券。

第三十二条　股票发行采取溢价发行的,其发行价格由发行人与承销的证券公司协商确定。

第三十三条　股票发行采用代销方式,代销期限届满,向投资者出售的股票数量未达到拟公开发行股票数量百分之七十的,为发行失败。发行人应当按照发行价并加算银行同期存款利息返还股票认购人。

第三十四条　公开发行股票,代销、包销期限届满,发行人应当在规定的期限内将股票发行情况报国务院证券监督管理机构备案。

《证券发行与承销管理办法》(2023年修订)

第一章　总　　则

第一条　为规范证券发行与承销行为,保护投资者合法权益,根据《中华人民共和国证券法》(以下简称《证券法》)和《中华人民共和国公司法》,制定本办法。

第二条　发行人在境内发行股票、存托凭证或者可转换公司债券(以下统称证券),证券公司在境内承销证券以及投资者认购境内发行的证券,首次公开发行证券时公司股东向投资者公开发售其所持股份(以下简称老股转让),适用本办法。中国证券监督管理委员会(以下简称中国证监会)另有规定的,从其规定。

存托凭证境外基础证券发行人应当履行本办法中发行人的义务,承担相应的法律责任。

第三条　中国证监会依法对证券发行与承销行为进行监督管理。证券交易所、证券登记结算机构和中国证券业协会应当制定相关业务规则,规范证券发行与承销行为。

中国证监会依法批准证券交易所制定的发行承销制度规则,建立对证券交易所发行承销过程监管的监督机制,持续关注证券交易所发行承销过程监管情况。

证券交易所对证券发行承销过程实施监管,对发行人及其控股股东、实际控制人、董事、监事、高级管理人员,承销商、证券服务机构、投资者等进行自律管理。

中国证券业协会负责对承销商、网下投资者进行自律管理。

第四条　证券公司承销证券,应当依据本办法以及中国证监会有关风险控制和内部控制等相关规定,制定严格的风险管理制度和内部控制制度,加强定价和配售过程管理,落实承销责任。

为证券发行出具相关文件的证券服务机构和人员,应当按照本行业公认的业务标准和道德规范,严格履行法定职责,对其所出具文件的真实性、准确性和完整性承担责任。

第二章　定价与配售

第五条　首次公开发行证券,可以通过询价的方式确定证券发行价格,也可以通过发行人与主承销商自主协商直接定价等其他合法可行的方式确定发行价格。发行人和主承销商应当在招股意向书(或招股说明书,下同)和发行公告中披露本次发行证券的定价方式。

首次公开发行证券通过询价方式确定发行价格的,可以初步询价后确定发行价格,也可以在初步询价确定发行价格区间后,通过累计投标询价确定发行价格。

第六条　首次公开发行证券发行数量二千万股(份)以下且无老股转让计划的,发行人和主承销商可以通过直接定价的方式确定发行价格。发行人尚未盈利的,应当通过向网下投资者询价方式确定发行价格,不得直接定价。

通过直接定价方式确定的发行价格对应市盈率不得超过同行业上市公司二级市场平均市盈率;已经或者同时境外发行的,通过直接定价方式确定的发行价格还不得超过发行人境外市场价格。

首次公开发行证券采用直接定价方式的,除本办法第二十三条第三款规定的情形外全部向网上投资者发行,不进行网下询价和配售。

第七条　首次公开发行证券采用询价方式的,应当向证券公司、基金管理公司、期货公司、信托公司、保险公司、财务公司、合格境外投资者和私募基金管理人等专业机构投资者,以及经中国证监会批准的证券交易所规则规定的其他投资者询价。上述询价对象统称网下投资者。

网下投资者应当具备丰富的投资经验、良好的定价能力和风险承受能力,向中国证券业协会注册,接受中国证券业协会的自律管理,遵守中国证券业协会的自律规则。

发行人和主承销商可以在符合中国证监会相关规定和证券交易所、中国证券业协会自律规则前提下,协商设置网下投资者的具体条件,并在发行公告中预先披露。主承销商应当对网下投资者是否符合预先披露的条件进行核查,对不符合条件的投资者,应当拒绝或剔除其报价。

第八条　首次公开发行证券采用询价方式的,主承销商应当遵守中国证券业协会关于投资价值研究报告的规定,向网下投资者提供投资价值研究报告。

第九条　首次公开发行证券采用询价方式的,符合条件的网下投资者可以自主决定是否报价。符合条件的网下投资者报价的,主承销商无正当理由不得拒绝。网下投资者应当遵循独立、客观、诚信的原则合理报价,不得协商报价或者故意压低、抬高价格。

网下投资者参与报价时,应当按照中国证券业协会的规定持有一定金额的非限售股份或存托凭证。

参与询价的网下投资者可以为其管理的不同配售对象分别报价,具体适用证券交易所规定。首次公开发行证券发行价格或价格区间确定后,提供有效报价的投资者方可参与申购。

第十条　首次公开发行证券采用询价方式的,网下投资者报价后,发行人和主承销商应当剔除拟申购总量中报价最高的部分,然后根据剩余报价及拟申购数量协商确定发行价格。剔除部分的配售对象不得参与网下申购。最高报价剔除的具体要求适用证券交易所相关规定。

公开发行证券数量在四亿股(份)以下的,有效报价投资者的数量不少于十家;公开发行证券数量超过四亿股(份)的,有效报价投资者的数量不少于二十家。剔除最高报价部分后有效报价投资者数量不足的,应当中止发行。

第十一条　首次公开发行证券时,发行人和主承销商可以自主协商确定有效报价条件、配售原则和配售方式,并按照事先确定的配售原则在有效申购的网下投资者中选择配售证券的对象。

第十二条　首次公开发行证券采用询价方式在主板上市的,公开发行后总股本在四亿股(份)以下的,网下初始发行比例不低于本次公开发行证券数量的百分之六十;公开发行后总股本超过四亿股(份)或者发行人尚未盈利的,网下初始发行比例不低于本次公开发行证券数量的百分之七十。首次公开发行证券采用询价方式在科创板、创业板上市的,公开发行后总股本在四亿股(份)以下的,网下初始发行比例不低于本次公开发行证券数量的百分之七十;公开发行后总股本超过四亿股(份)或者发行人尚未盈利的,网下初始发行比例不低于本次公开发行证券数量的百分之八十。

发行人和主承销商应当安排不低于本次网下发行证券数量的一定比例的证券优先向公募基金、社保基金、养老金、年金基金、保险资金和合格境外投资者资金等配售,网下优先配售比例下限遵守证券交易所相关规定。公募基金、社保基金、养老金、年金基金、保险资金和合格境外投资者资金有效申购不足安排数量的,发行人和主承销商可以向其他符合条件的网下投资者配售剩余部分。

对网下投资者进行分类配售的,同类投资者获得配售的比例应当相同。公募基金、社保基金、养老金、年金基金、保险资金和合格境外投资者资金的配售比例应当不低于其他投资者。

安排战略配售的,应当扣除战略配售部分后确定网下网上发行比例。

第十三条　首次公开发行证券,网下投资者应当结合行业监管要求、资产规模等合理确定申购金额,不得超资产规模申购,承销商应当认定超资产规模的申购为无效申购。

第十四条　首次公开发行证券采用询价方式的,发行人和主承销商可以安排一定比例的网下发行证券设置一定期限的限售期,具体安排适用证券交易所规定。

第十五条　首次公开发行证券采用询价方式的,网上投资者有效申购数量超过网上初始发行数量一定倍数的,应当从网下向网上回拨一定数量的证券。有效申购倍数、回拨比例及回拨后无限售期网下发行证券占本次公开发行证券数量比例由证券交易所规定。

网上投资者申购数量不足网上初始发行数量的,发行人和主承销商可以将网上发行部分向网下回拨。

网下投资者申购数量不足网下初始发行数量的,发行人和主承销商不得将网下发行部分向网上回拨,应当中止发行。

第十六条 首次公开发行证券,网上投资者应当持有一定数量非限售股份或存托凭证,并自主表达申购意向,不得概括委托证券公司进行证券申购。采用其他方式进行网上申购和配售的,应当符合中国证监会的有关规定。

第十七条 首次公开发行证券的网下发行应当和网上发行同时进行,网下和网上投资者在申购时无需缴付申购资金。

网上申购时仅公告发行价格区间、未确定发行价格的,主承销商应当安排投资者按价格区间上限申购。

投资者应当自行选择参与网下或网上发行,不得同时参与。

第十八条 首次公开发行证券,市场发生重大变化的,发行人和主承销商可以要求网下投资者缴纳保证金,保证金占拟申购金额比例上限由证券交易所规定。

第十九条 网下和网上投资者申购证券获得配售后,应当按时足额缴付认购资金。网上投资者在一定期限内多次未足额缴款的,由中国证券业协会会同证券交易所进行自律管理。

除本办法规定的中止发行情形外,发行人和主承销商还可以在符合中国证监会和证券交易所相关规定前提下约定中止发行的其他具体情形并预先披露。中止发行后,在注册文件有效期内,经向证券交易所报备,可以重新启动发行。

第二十条 首次公开发行证券,市场发生重大变化,投资者弃购数量占本次公开发行证券数量的比例较大的,发行人和主承销商可以就投资者弃购部分向网下投资者进行二次配售,具体要求适用证券交易所规定。

第二十一条 首次公开发行证券,可以实施战略配售。

参与战略配售的投资者不得参与本次公开发行证券网上发行与网下发行,但证券投资基金管理人管理的未参与战略配售的公募基金、社保基金、养老金、年金基金除外。参与战略配售的投资者应当按照最终确定的发行价格认购其承诺认购数量的证券,并承诺获得本次配售的证券持有期限不少于十二个月,持有期限自本次公开发行的证券上市之日起计算。

参与战略配售的投资者在承诺的持有期限内,可以按规定向证券金融公司借出获得配售的证券。借出期限届满后,证券金融公司应当将借入的证券返还给参与战略配售的投资者。

参与战略配售的投资者应当使用自有资金认购,不得接受他人委托或者委托他人参与配售,但依法设立并符合特定投资目的的证券投资基金等除外。

第二十二条　首次公开发行证券实施战略配售的,参与战略配售的投资者的数量应当不超过三十五名,战略配售证券数量占本次公开发行证券数量的比例应当不超过百分之五十。

发行人和主承销商应当根据本次公开发行证券数量、证券限售安排等情况,合理确定参与战略配售的投资者数量和配售比例,保障证券上市后必要的流动性。

发行人应当与参与战略配售的投资者事先签署配售协议。主承销商应当对参与战略配售的投资者的选取标准、配售资格等进行核查,要求发行人、参与战略配售的投资者就核查事项出具承诺函,并聘请律师事务所出具法律意见书。

发行人和主承销商应当在发行公告中披露参与战略配售的投资者的选择标准、向参与战略配售的投资者配售的证券数量、占本次公开发行证券数量的比例以及持有期限等。

第二十三条　发行人的高级管理人员与核心员工可以通过设立资产管理计划参与战略配售。前述资产管理计划获配的证券数量不得超过本次公开发行证券数量的百分之十。

发行人的高级管理人员与核心员工按照前款规定参与战略配售的,应当经发行人董事会审议通过,并在招股说明书中披露参与人员的姓名、担任职务、参与比例等事项。

保荐人的相关子公司或者保荐人所属证券公司的相关子公司参与发行人证券配售的具体规则由证券交易所另行规定。

第二十四条　首次公开发行证券,发行人和主承销商可以在发行方案中采用超额配售选择权。采用超额配售选择权发行证券的数量不得超过首次公开发行证券数量的百分之十五。超额配售选择权的实施应当遵守证券交易所、证券登记结算机构和中国证券业协会的规定。

第二十五条　首次公开发行证券时公司股东公开发售股份的,公司股东应当遵循平等自愿的原则协商确定首次公开发行时公司股东之间各自公开发售股份的数量。公司股东公开发售股份的发行价格应当与公司发行股份的价格相同。

首次公开发行证券时公司股东公开发售的股份,公司股东已持有时间应当在三十六个月以上。

公司股东公开发售股份的,股份发售后,公司的股权结构不得发生重大变化,实际控制人不得发生变更。

公司股东公开发售股份的具体办法由证券交易所规定。

第二十六条　首次公开发行证券网下配售时,发行人和主承销商不得向下列对象配售证券:

(一)发行人及其股东、实际控制人、董事、监事、高级管理人员和其他员工;发行人及其股东、实际控制人、董事、监事、高级管理人员能够直接或间接实施控制、共同控制或施加重大影响的公司,以及该公司控股股东、控股子公司和控股股东控制的其他子公司;

(二)主承销商及其持股比例百分之五以上的股东,主承销商的董事、监事、高级管理人员和其他员工;主承销商及其持股比例百分之五以上的股东、董事、监事、高级管理人员能够直接或间接实施控制、共同控制或施加重大影响的公司,以及该公司控股股东、控股子公司和控股股东控制的其他子公司;

(三)承销商及其控股股东、董事、监事、高级管理人员和其他员工;

(四)本条第(一)、(二)、(三)项所述人士的关系密切的家庭成员,包括配偶、子女及其配偶、父母及配偶的父母、兄弟姐妹及其配偶、配偶的兄弟姐妹、子女配偶的父母;

(五)过去六个月内与主承销商存在保荐、承销业务关系的公司及其持股百分之五以上的股东、实际控制人、董事、监事、高级管理人员,或已与主承销商签署保荐、承销业务合同或达成相关意向的公司及其持股百分之五以上的股东、实际控制人、董事、监事、高级管理人员;

(六)通过配售可能导致不当行为或不正当利益的其他自然人、法人和组织。

本条第(二)、(三)项规定的禁止配售对象管理的公募基金、社保基金、养老金、年金基金不受前款规定的限制,但应当符合中国证监会和国务院其他主管部门的有关规定。

第二十七条　发行人和承销商及相关人员不得有下列行为:

(一)泄露询价和定价信息;

(二)劝诱网下投资者抬高报价,干扰网下投资者正常报价和申购;

(三)以提供透支、回扣或者中国证监会认定的其他不正当手段诱使他人申购证券;

(四)以代持、信托持股等方式谋取不正当利益或向其他相关利益主体输送利益;

(五)直接或通过其利益相关方向参与认购的投资者提供财务资助或者补偿;

(六)以自有资金或者变相通过自有资金参与网下配售;

(七)与网下投资者互相串通,协商报价和配售;

(八)收取网下投资者回扣或其他相关利益;

(九)以任何方式操纵发行定价。

第三章　证 券 承 销

第二十八条　证券公司承销证券,应当依照《证券法》第二十六条的规定采用包销或者代销方式。

发行人和主承销商应当签订承销协议,在承销协议中界定双方的权利义务关系,约定明确的承销基数。采用包销方式的,应当明确包销责任;采用代销方式的,应当约定发行失败后的处理措施。

证券发行由承销团承销的,组成承销团的承销商应当签订承销团协议,由主承销商负责组织承销工作。证券发行由两家以上证券公司联合主承销的,所有担任主承销商的证券公司应当共同承担主承销责任,履行相关义务。承销团由三家以上承销商组成的,可以设副主承销商,协助主承销商组织承销活动。

证券公司不得以不正当竞争手段招揽承销业务。承销团成员应当按照承销团协议及承销协议的规定进行承销活动,不得进行虚假承销。

第二十九条　证券发行采用代销方式的,应当在发行公告或者认购邀请书中披露发行失败后的处理措施。证券发行失败后,主承销商应当协助发行人按照发行价并加算银行同期存款利息返还证券认购人。

第三十条 证券公司实施承销前,应当向证券交易所报送发行与承销方案。

第三十一条 投资者申购缴款结束后,发行人和主承销商应当聘请符合《证券法》规定的会计师事务所对申购和募集资金进行验证,并出具验资报告;应当聘请符合《证券法》规定的律师事务所对网下发行过程、配售行为、参与定价和配售的投资者资质条件及其与发行人和承销商的关联关系、资金划拨等事项进行见证,并出具专项法律意见书。

首次公开发行证券和上市公司向不特定对象发行证券在证券上市之日起十个工作日内,上市公司向特定对象发行证券在验资完成之日起十个工作日内,主承销商应当将验资报告、专项法律意见书、承销总结报告等文件一并通过证券交易所向中国证监会备案。

第四章 上市公司证券发行与承销的特别规定

第三十二条 上市公司向特定对象发行证券未采用自行销售方式或者上市公司向原股东配售股份(以下简称配股)的,应当采用代销方式。

上市公司向特定对象发行证券采用自行销售方式的,应当遵守中国证监会和证券交易所的相关规定。

第三十三条 上市公司发行证券,存在利润分配方案、公积金转增股本方案尚未提交股东大会表决或者虽经股东大会表决通过但未实施的,应当在方案实施后发行。相关方案实施前,主承销商不得承销上市公司发行的证券。

利润分配方案实施完毕时间为股息、红利发放日,公积金转增股本方案实施完毕时间为除权日。

第三十四条 上市公司配股的,应当向股权登记日登记在册的股东配售,且配售比例应当相同。

上市公司向不特定对象募集股份(以下简称增发)或者向不特定对象发行可转换公司债券的,可以全部或者部分向原股东优先配售,优先配售比例应当在发行公告中披露。

网上投资者在申购可转换公司债券时无需缴付申购资金。

第三十五条 上市公司增发或者向不特定对象发行可转换公司债

的,经审慎评估,主承销商可以对参与网下配售的机构投资者进行分类,对不同类别的机构投资者设定不同的配售比例,对同一类别的机构投资者应当按相同的比例进行配售。主承销商应当在发行公告中明确机构投资者的分类标准。

主承销商未对机构投资者进行分类的,应当在网下配售和网上发行之间建立回拨机制,回拨后两者的获配比例应当一致。

第三十六条　上市公司和主承销商可以在增发发行方案中采用超额配售选择权,具体比照本办法第二十四条执行。

第三十七条　上市公司向不特定对象发行证券的,应当比照本办法第十三条关于首次公开发行证券网下投资者不得超资产规模申购、第二十条关于首次公开发行证券二次配售的规定执行。

第三十八条　上市公司向特定对象发行证券的,上市公司及其控股股东、实际控制人、主要股东不得向发行对象做出保底保收益或者变相保底保收益承诺,也不得直接或者通过利益相关方向发行对象提供财务资助或者其他补偿。

第三十九条　上市公司向特定对象发行证券采用竞价方式的,认购邀请书内容、认购邀请书发送对象范围、发行价格及发行对象的确定原则等应当符合中国证监会及证券交易所相关规定,上市公司和主承销商的控股股东、实际控制人、董事、监事、高级管理人员及其控制或者施加重大影响的关联方不得参与竞价。

第四十条　上市公司发行证券期间相关证券的停复牌安排,应当遵守证券交易所的相关业务规则。

第五章　信 息 披 露

第四十一条　发行人和主承销商在发行过程中,应当按照中国证监会规定的要求编制信息披露文件,履行信息披露义务。发行人和承销商在发行过程中披露的信息,应当真实、准确、完整、及时,不得有虚假记载、误导性陈述或者重大遗漏。

第四十二条　首次公开发行证券申请文件受理后至发行人发行申请经中国证监会注册、依法刊登招股意向书前,发行人及与本次发行有关的当事人不得采取任何公开方式或变相公开方式进行与证券发行相关的推介活动,也不得通过其他利益关联方或委托他人等方式进行相关活动。

第四十三条　首次公开发行证券招股意向书刊登后,发行人和主承销商可以向网下投资者进行推介和询价,并通过互联网等方式向公众投资者进行推介。

发行人和主承销商向公众投资者进行推介时,向公众投资者提供的发行人信息的内容及完整性应当与向网下投资者提供的信息保持一致。

第四十四条　发行人和主承销商在推介过程中不得夸大宣传,或者以虚假广告等不正当手段诱导、误导投资者,不得披露除招股意向书等公开信息以外的发行人其他信息。

承销商应当保留推介、定价、配售等承销过程中的相关资料至少三年并存档备查,包括推介宣传材料、路演现场录音等,如实、全面反映询价、定价和配售过程。

第四十五条　发行人和主承销商在发行过程中公告的信息,应当在证券交易所网站和符合中国证监会规定条件的媒体发布,同时将其置备于公司住所、证券交易所,供社会公众查阅。

第四十六条　发行人披露的招股意向书除不含发行价格、筹资金额以外,其内容与格式应当与招股说明书一致,并与招股说明书具有同等法律效力。

第四十七条　首次公开发行证券的发行人和主承销商应当在发行和承销过程中公开披露以下信息,并遵守证券交易所的相关规定:

(一)招股意向书刊登首日,应当在发行公告中披露发行定价方式、定价程序、参与网下询价投资者条件、证券配售原则、配售方式、有效报价的确定方式、中止发行安排、发行时间安排和路演推介相关安排等信息;发行人股东进行老股转让的,还应当披露预计老股转让的数量上限,老股转让股东名称及各自转让老股数量,并明确新股发行与老股转让数量的调整机制;

(二)网上申购前,应当披露每位网下投资者的详细报价情况,包括投资者名称、申购价格及对应的拟申购数量;剔除最高报价有关情况;剔除最高报价后网下投资者报价的中位数和加权平均数以及公募基金、社保基金、养老金、年金基金、保险资金和合格境外投资者资金报价的中位数和加权平均数;有效报价和发行价格或者价格区间的确定过程;发行价格或者价格区间及对应的市盈率;按照发行价格计算的募集资金情况,所筹资金不能满足使用需求的,还应当披露相关投资风险;网下网上的发行方式和发行数量;回拨机制;中止发行安排;申购缴款要求等。已公告老股转让方案的,还应当披露老股转让和新股发行的确定数量,老股转让股东名称及各自转让老股数量,并提示投资者关注,发行人将不会获得老股转让部分所得资金;

(三)采用询价方式且存在以下情形之一的,应当在网上申购前发布投资风险特别公告,详细说明定价合理性,提示投资者注意投资风险:发行价格对应市盈率超过同行业上市公司二级市场平均市盈率的;发行价格超过剔除最高报价后网下投资者报价的中位数和加权平均数,以及剔除最高报价后公募基金、社保基金、养老金、年金基金、保险资金和合格境外投资者资金报价中位数和加权平均数的孰低值的;发行价格超过境外市场价格的;发行人尚未盈利的;

(四)在发行结果公告中披露获配投资者名称以及每个获配投资者的报价、申购数量和获配数量等,并明确说明自主配售的结果是否符合事先公布的配售原则;对于提供有效报价但未参与申购,或实际申购数量明显少于报价时拟申购量的投资者应当列表公示并着重说明;披露网上、网下投资者获配未缴款金额以及主承销商的包销比例,列表公示获得配售但未足额缴款的网下投资者;披露保荐费用、承销费用、其他中介费用等发行费用信息;

(五)实施战略配售的,应当在网下配售结果公告中披露参与战略配售的投资者的名称、认购数量及持有期限等情况。

第四十八条 发行人和主承销商在披露发行市盈率时,应当同时披露发行市盈率的计算方式。在进行市盈率比较分析时,应当合理确定发行人行业归属,并分析说明行业归属的依据。存在多个市盈率口径时,应当充分列示可供选择的比较基准,并按照审慎、充分提示风险的原则选取和披露行业平均市盈率。发行人还可以同时披露市净率等反映发行人所在行业特点的估值指标。

发行人尚未盈利的,可以不披露发行市盈率及与同行业市盈率比较的相关信息,但应当披露市销率、市净率等反映发行人所在行业特点的估值指标。

第六章 监督管理和法律责任

第四十九条 证券交易所应当建立内部防火墙制度,发行承销监管部门与其他部门隔离运行。

证券交易所应当建立定期报告制度,及时总结发行承销监管的工作情况,并向中国证监会报告。

发行承销涉嫌违法违规或者存在异常情形的,证券交易所应当及时调查处理。发现违法违规情形的,可以按照自律监管规则对有关单位和责任人员采取一定期限内不接受与证券承销业务相关的文件、认定为不适当人选等自律监管措施或纪律处分。

证券交易所在发行承销监管过程中,发现重大敏感事项、重大无先例情况、重大舆情、重大违法线索的,应当及时向中国证监会请示报告。

第五十条 中国证券业协会应当建立对承销商询价、定价、配售行为和网下投资者报价、申购行为的日常监管制度,加强相关行为的监督检查,发现违法违规情形的,可以按照自律监管规则对有关单位和责任人员采取认定不适合从事相关业务等自律监管措施或者纪律处分。

中国证券业协会应当建立对网下投资者和承销商的跟踪分析和评价体系,并根据评价结果采取奖惩措施。

第五十一条 证券公司承销擅自公开发行或者变相公开发行的证券的,中国证监会可以采取本办法第五十五条规定的措施。依法应予行政处罚的,依照《证券法》第一百八十三条的规定处罚。

第五十二条 证券公司及其直接负责的主管人员和其他直接责任人员在承销证券过程中,有下列行为之一的,中国证监会可以采取本办法第五十五条规定的监管措施;依法应予行政处罚的,依照《证券法》第一百八十四条的规定予以处罚:

(一)进行虚假的或者误导投资者的广告宣传或者其他宣传推介活动;

(二)以不正当竞争手段招揽承销业务;

(三)从事本办法第二十七条规定禁止的行为;

(四)向不符合本办法第七条规定的网下投资者配售证券,或向本办法第二十六条规定禁止配售的对象配售证券;

(五)未按本办法要求披露有关文件;

（六）未按照事先披露的原则和方式配售证券，或其他未依照披露文件实施的行为；

（七）向投资者提供除招股意向书等公开信息以外的发行人其他信息；

（八）未按照本办法要求保留推介、定价、配售等承销过程中相关资料；

（九）其他违反证券承销业务规定的行为。

第五十三条　发行人及其直接负责的主管人员和其他直接责任人员有下列行为之一的，中国证监会可以采取本办法第五十五条规定的监管措施；违反《证券法》相关规定的，依法进行行政处罚：

（一）从事本办法第二十七条规定禁止的行为；

（二）夸大宣传，或者以虚假广告等不正当手段诱导、误导投资者；

（三）向投资者提供除招股意向书等公开信息以外的发行人信息。

第五十四条　公司股东公开发售股份违反本办法第二十五条规定的，中国证监会可以采取本办法第五十五条规定的监管措施；违反法律、行政法规、中国证监会其他规定和证券交易所规则规定的，依法进行查处；涉嫌犯罪的，依法移送司法机关，追究刑事责任。

第五十五条　发行人及其控股股东和实际控制人、证券公司、证券服务机构、投资者及其直接负责的主管人员和其他直接责任人员有失诚信，存在其他违反法律、行政法规或者本办法规定的行为的，中国证监会可以视情节轻重采取责令改正、监管谈话、出具警示函、责令公开说明等监管措施；情节严重的，可以对有关责任人员采取证券市场禁入措施；依法应予行政处罚的，依照有关规定进行处罚；涉嫌犯罪的，依法移送司法机关，追究其刑事责任。

第五十六条　中国证监会发现发行承销涉嫌违法违规或者存在异常情形的，可以要求证券交易所对相关事项进行调查处理，或者直接责令发行人和承销商暂停或者中止发行。

第五十七条　中国证监会发现证券交易所自律监管措施或者纪律处分失当的，可以责令证券交易所改正。

中国证监会对证券交易所发行承销过程监管工作进行年度例行检查，定期或者不定期按一定比例对证券交易所发行承销过程监管等相关工作进行抽查。

对于中国证监会在检查和抽查过程中发现的问题,证券交易所应当整改。

证券交易所发现重大敏感事项、重大无先例情况、重大舆情、重大违法线索未向中国证监会请示报告或者请示报告不及时,不配合中国证监会对发行承销监管工作的检查、抽查或者不按中国证监会的整改要求进行整改的,由中国证监会责令改正;情节严重的,追究直接责任人员相关责任。

第五十八条 中国证监会将遵守本办法的情况记入证券市场诚信档案,会同有关部门加强信息共享,依法实施守信激励与失信惩戒。

第七章 附　则

第五十九条 北京证券交易所的证券发行与承销适用中国证监会其他相关规定。

上市公司向不特定对象发行优先股的发行程序参照本办法关于上市公司增发的相关规定执行,向特定对象发行优先股的发行程序参照本办法关于上市公司向特定对象发行证券的相关规定执行,《优先股试点管理办法》或者中国证监会另有规定的,从其规定。

第六十条 本办法所称"公募基金"是指通过公开募集方式设立的证券投资基金;"社保基金"是指全国社会保障基金;"养老金"是指基本养老保险基金;"年金基金"是指企业年金基金和职业年金基金;"保险资金"是指符合《保险资金运用管理办法》等规定的保险资金。

本办法所称"同行业上市公司二级市场平均市盈率"按以下原则确定:

(一)中证指数有限公司发布的同行业最近一个月静态平均市盈率;

(二)中证指数有限公司未发布本款第(一)项市盈率的,可以由主承销商计算不少于三家同行业可比上市公司的二级市场最近一个月静态平均市盈率得出。

本办法所称"以上"、"以下"、"不少于"、"不超过"、"低于"均含本数,所称"超过"、"不足"均不含本数。

第六十一条 本办法自公布之日起施行。

> **第一百五十六条 【公开募集股份时收取股款的方式】**公司向社会公开募集股份,应当同银行签订代收股款协议。
> 　　代收股款的银行应当按照协议代收和保存股款,向缴纳股款的认股人出具收款单据,并负有向有关部门出具收款证明的义务。
> 　　公司发行股份募足股款后,应予公告。

旧法对应关系

原《公司法》第八十八条　发起人向社会公开募集股份,应当同银行签订代收股款协议。代收股款的银行应当按照协议代收和保存股款,向缴纳股款的认股人出具收款单据,并负有向有关部门出具收款证明的义务。

第一百三十六条　公司发行新股募足股款后,必须向公司登记机关办理变更登记,并公告。

第二节　股　份　转　让

> **第一百五十七条 【股份可依法转让】**股份有限公司的股东持有的股份可以向其他股东转让,也可以向股东以外的人转让;公司章程对股份转让有限制的,其转让按照公司章程的规定进行。

对应配套规定

《最高人民法院关于适用〈中华人民共和国公司法〉时间效力的若干规定》(法释〔2024〕7号)

第五条　公司法施行前的法律事实引起的民事纠纷案件,当时的法律、司法解释已有原则性规定,公司法作出具体规定的下列情形,适用公司法的规定:

(一)股份有限公司章程对股份转让作了限制规定,因该规定发生争议的,适用公司法第一百五十七条的规定;

……

旧法对应关系 ●●●●●●

原《公司法》第一百三十七条　股东持有的股份可以依法转让。

典型案例指导 ●●●●●●

申银万国证券股份有限公司诉上海国宏置业有限公司财产权属纠纷案
[上海市高级人民法院 2009 年 8 月 7 日民事判决书,《最高人民法院公报》2010 年第 3 期(总第 161 期)]

1. 股权的挂靠或代持行为,也就是通常意义上的法人股隐名持有。法人股隐名持有存在实际出资人和挂名持有人,双方应签订相应的协议以确定双方的关系,从而否定挂名股东的股东权利。对于一方原本就是法人股的所有人,对方则是通过有偿转让的方式取得法人股的所有权,双方所签订的是法人股转让协议,协议中确定了转让对价以及所有权的转移问题的,不属于股权的代持或挂靠,可以认定双方是通过出售方式转移法人股的所有权,即使受让方没有支付过任何对价,出让方也已丧失了对系争法人股的所有权,而只能根据转让协议主张相应的债权。

2. 根据我国《公司法》和《证券法》的相关规定,公司股权转让应办理变更登记手续,以取得对外的公示效力,否则不得对抗第三人。同时,根据《证券法》公开、公平、公正的交易原则以及上市公司信息公开的有关规定,对上市公司信息披露的要求,关系到社会公众对上市公司的信赖以及证券市场的交易安全和秩序。因此,作为上市公司,其股东持有股权和变动的情况必须以具有公示效力的登记为据。

上海市浦东新区人民检察院诉上海安基生物科技股份有限公司、郑某擅自发行股票案[上海市浦东新区人民法院 2009 年 9 月 24 日刑事判决书,《最高人民法院公报》2010 年第 9 期(总第 167 期)]

擅自发行股票,公司、企业债券罪,是指未经国家有关主管部门批准,擅自发行股票,公司、企业债券,数额巨大,后果严重或者有其他严重情节的行为。非上市股份有限公司在未经证券监管部门批准的情况下,向不特定社会公众转让公司股东的股权,其行为属于未经批准擅自发行股票的行为,数额巨大、后果严重或者有其他严重情节的,侵犯了国家对发行股票的管理秩序,应当以擅自发行股票罪定罪处罚。

第一百五十八条 【转让股份的场所】股东转让其股份,应当在依法设立的证券交易场所进行或者按照国务院规定的其他方式进行。

旧法对应关系

原《公司法》第一百三十八条 股东转让其股份,应当在依法设立的证券交易场所进行或者按照国务院规定的其他方式进行。

关联法律法规

《中华人民共和国证券法》(2019年修订)
第七章 证券交易场所

第九十六条 证券交易所、国务院批准的其他全国性证券交易场所为证券集中交易提供场所和设施,组织和监督证券交易,实行自律管理,依法登记,取得法人资格。

证券交易所、国务院批准的其他全国性证券交易场所的设立、变更和解散由国务院决定。

国务院批准的其他全国性证券交易场所的组织机构、管理办法等,由国务院规定。

第九十七条 证券交易所、国务院批准的其他全国性证券交易场所可以根据证券品种、行业特点、公司规模等因素设立不同的市场层次。

第九十八条 按照国务院规定设立的区域性股权市场为非公开发行证券的发行、转让提供场所和设施,具体管理办法由国务院规定。

第九十九条 证券交易所履行自律管理职能,应当遵守社会公共利益优先原则,维护市场的公平、有序、透明。

设立证券交易所必须制定章程。证券交易所章程的制定和修改,必须经国务院证券监督管理机构批准。

第一百条 证券交易所必须在其名称中标明证券交易所字样。其他任何单位或者个人不得使用证券交易所或者近似的名称。

第一百零一条 证券交易所可以自行支配的各项费用收入,应当首先用于保证其证券交易场所和设施的正常运行并逐步改善。

实行会员制的证券交易所的财产积累归会员所有,其权益由会员共同享有,在其存续期间,不得将其财产积累分配给会员。

第一百零二条　实行会员制的证券交易所设理事会、监事会。

证券交易所设总经理一人,由国务院证券监督管理机构任免。

第一百零三条　有《中华人民共和国公司法》第一百四十六条规定的情形或者下列情形之一的,不得担任证券交易所的负责人:

(一)因违法行为或者违纪行为被解除职务的证券交易场所、证券登记结算机构的负责人或者证券公司的董事、监事、高级管理人员,自被解除职务之日起未逾五年;

(二)因违法行为或者违纪行为被吊销执业证书或者被取消资格的律师、注册会计师或者其他证券服务机构的专业人员,自被吊销执业证书或者被取消资格之日起未逾五年。

第一百零四条　因违法行为或者违纪行为被开除的证券交易场所、证券公司、证券登记结算机构、证券服务机构的从业人员和被开除的国家机关工作人员,不得招聘为证券交易所的从业人员。

第一百零五条　进入实行会员制的证券交易所参与集中交易的,必须是证券交易所的会员。证券交易所不得允许非会员直接参与股票的集中交易。

第一百零六条　投资者应当与证券公司签订证券交易委托协议,并在证券公司实名开立账户,以书面、电话、自助终端、网络等方式,委托该证券公司代其买卖证券。

第一百零七条　证券公司为投资者开立账户,应当按照规定对投资者提供的身份信息进行核对。

证券公司不得将投资者的账户提供给他人使用。

投资者应当使用实名开立的账户进行交易。

第一百零八条　证券公司根据投资者的委托,按照证券交易规则提出交易申报,参与证券交易所场内的集中交易,并根据成交结果承担相应的清算交收责任。证券登记结算机构根据成交结果,按照清算交收规则,与证券公司进行证券和资金的清算交收,并为证券公司客户办理证券的登记过户手续。

第一百零九条　证券交易所应当为组织公平的集中交易提供保障,实时公布证券交易即时行情,并按交易日制作证券市场行情表,予以公布。

证券交易即时行情的权益由证券交易所依法享有。未经证券交易所许可,任何单位和个人不得发布证券交易即时行情。

第一百一十条 上市公司可以向证券交易所申请其上市交易股票的停牌或者复牌,但不得滥用停牌或者复牌损害投资者的合法权益。

证券交易所可以按照业务规则的规定,决定上市交易股票的停牌或者复牌。

第一百一十一条 因不可抗力、意外事件、重大技术故障、重大人为差错等突发性事件而影响证券交易正常进行时,为维护证券交易正常秩序和市场公平,证券交易所可以按照业务规则采取技术性停牌、临时停市等处置措施,并应当及时向国务院证券监督管理机构报告。

因前款规定的突发性事件导致证券交易结果出现重大异常,按交易结果进行交收将对证券交易正常秩序和市场公平造成重大影响的,证券交易所按照业务规则可以采取取消交易、通知证券登记结算机构暂缓交收等措施,并应当及时向国务院证券监督管理机构报告并公告。

证券交易所对其依照本条规定采取措施造成的损失,不承担民事赔偿责任,但存在重大过错的除外。

第一百一十二条 证券交易所对证券交易实行实时监控,并按照国务院证券监督管理机构的要求,对异常的交易情况提出报告。

证券交易所根据需要,可以按照业务规则对出现重大异常交易情况的证券账户的投资者限制交易,并及时报告国务院证券监督管理机构。

第一百一十三条 证券交易所应当加强对证券交易的风险监测,出现重大异常波动的,证券交易所可以按照业务规则采取限制交易、强制停牌等处置措施,并向国务院证券监督管理机构报告;严重影响证券市场稳定的,证券交易所可以按照业务规则采取临时停市等处置措施并公告。

证券交易所对其依照本条规定采取措施造成的损失,不承担民事赔偿责任,但存在重大过错的除外。

第一百一十四条 证券交易所应当从其收取的交易费用和会员费、席位费中提取一定比例的金额设立风险基金。风险基金由证券交易所理事会管理。

风险基金提取的具体比例和使用办法,由国务院证券监督管理机构会同国务院财政部门规定。

证券交易所应当将收存的风险基金存入开户银行专门账户,不得擅自使用。

第一百一十五条　证券交易所依照法律、行政法规和国务院证券监督管理机构的规定,制定上市规则、交易规则、会员管理规则和其他有关业务规则,并报国务院证券监督管理机构批准。

在证券交易所从事证券交易,应当遵守证券交易所依法制定的业务规则。违反业务规则的,由证券交易所给予纪律处分或者采取其他自律管理措施。

第一百一十六条　证券交易所的负责人和其他从业人员执行与证券交易有关的职务时,与其本人或者其亲属有利害关系的,应当回避。

第一百一十七条　按照依法制定的交易规则进行的交易,不得改变其交易结果,但本法第一百一十一条第二款规定的除外。对交易中违规交易者应负的民事责任不得免除;在违规交易中所获利益,依照有关规定处理。

>　　第一百五十九条　【股票的转让方式】股票的转让,由股东以背书方式或者法律、行政法规规定的其他方式进行;转让后由公司将受让人的姓名或者名称及住所记载于股东名册。
>　　股东会会议召开前二十日内或者公司决定分配股利的基准日前五日内,不得变更股东名册。法律、行政法规或者国务院证券监督管理机构对上市公司股东名册变更另有规定的,从其规定。

条文应用提示 ●●●●●●

"记名股票,由股东以背书方式或者法律、行政法规规定的其他方式进行",所谓背书,是有价证券转让的一种法定形式,对记名股票转让而言,是指记名股票上所记载的股东作为背书人,在股票上签章,并在股票背面或者股票所粘附的粘单上记载受让人即被背书人的名称或者姓名,以表示将该股票所代表的股东权利转让给受让人的行为,以背书方式转让的股票,由于其形式上的要求,必须为实物券式的股票。实践中还有很多股份有限公司的股票是采取无纸化的形式,对于这些股票,应依据本条规定,由股东以法律、行政法规规定的其他方式转让。如我国目前上市交易的公司股票,采取的是簿记券式,即以在证券登记结算机构记载股东账户的方式发行股票,不印制实物股票。这些股票的交易,按照有关法律、行政法规的规定,要依照交易者在证券公司开户、委托证券公司买卖、达成交易合同、进行清算交割、办理证券的登记过户手续等程序进行。这种交易方式,就属于"法律、行政法规规定的其他方式"。

▎旧法对应关系 ●●●●●●

原《公司法》第一百三十九条　记名股票,由股东以背书方式或者法律、行政法规规定的其他方式转让;转让后由公司将受让人的姓名或者名称及住所记载于股东名册。

股东大会召开前二十日内或者公司决定分配股利的基准日前五日内,不得进行前款规定的股东名册的变更登记。但是,法律对上市公司股东名册变更登记另有规定的,从其规定。

第一百四十条　无记名股票的转让,由股东将该股票交付给受让人后即发生转让的效力。

▎关联法律法规 ●●●●●●

《上市公司章程指引》(2023年修正)

第三十一条　公司依据证券登记机构提供的凭证建立股东名册,股东名册是证明股东持有公司股份的充分证据。股东按其所持有股份的种类享有权利,承担义务;持有同一种类股份的股东,享有同等权利,承担同种义务。

注释:公司应当与证券登记机构签订股份保管协议,定期查询主要股东资料以及主要股东的持股变更(包括股权的出质)情况,及时掌握公司的股权结构。

第三十二条　公司召开股东大会、分配股利、清算及从事其他需要确认股东身份的行为时,由董事会或股东大会召集人确定股权登记日,股权登记日收市后登记在册的股东为享有相关权益的股东。

第一百六十条　【股份转让限制】公司公开发行股份前已发行的股份,自公司股票在证券交易所上市交易之日起一年内不得转让。法律、行政法规或者国务院证券监督管理机构对上市公司的股东、实际控

制人转让其所持有的本公司股份另有规定的,从其规定。

公司董事、监事、高级管理人员应当向公司申报所持有的本公司的股份及其变动情况,在就任时确定的任职期间每年转让的股份不得超过其所持有本公司股份总数的百分之二十五;所持本公司股份自公司股票上市交易之日起一年内不得转让。上述人员离职后半年内,不得转让其所持有的本公司股份。公司章程可以对公司董事、监事、高级管理人员转让其所持有的本公司股份作出其他限制性规定。

股份在法律、行政法规规定的限制转让期限内出质的,质权人不得在限制转让期限内行使质权。

旧法对应关系

原《公司法》第一百四十一条　发起人持有的本公司股份,自公司成立之日起一年内不得转让。公司公开发行股份前已发行的股份,自公司股票在证券交易所上市交易之日起一年内不得转让。

公司董事、监事、高级管理人员应当向公司申报所持有的本公司的股份及其变动情况,在任职期间每年转让的股份不得超过其所持有本公司股份总数的百分之二十五;所持本公司股份自公司股票上市交易之日起一年内不得转让。上述人员离职后半年内,不得转让其所持有的本公司股份。公司章程可以对公司董事、监事、高级管理人员转让其所持有的本公司股份作出其他限制性规定。

关联法律法规

《中华人民共和国证券法》(2019年修订)

第三十六条　依法发行的证券,《中华人民共和国公司法》和其他法律对其转让期限有限制性规定的,在限定的期限内不得转让。

上市公司持有百分之五以上股份的股东、实际控制人、董事、监事、高级管理人员,以及其他持有发行人首次公开发行前发行的股份或者上市公司向特定对象发行的股份的股东,转让其持有的本公司股份的,不得违反法律、行政法规和国务院证券监督管理机构关于持有期限、卖出时间、卖出数量、卖出方式、信息披露等规定,并应当遵守证券交易所的业务规则。

《最高人民法院执行工作办公室关于上市公司发起人股份质押合同及红利抵债协议效力问题请示案的复函》（〔2002〕执他字第22号）

一、关于本案发起人股份质押合同效力的问题。《公司法》第一百四十七条规定对发起人股份转让的期间限制，应当理解为是对股权实际转让的时间的限制，而不是对达成股权转让协议的时间的限制。本案质押的股份不得转让期截止到2002年3月3日，而质押权行使期至2005年9月25日才可开始，在质押权人有权行使质押权时，该质押的股份已经没有转让期间的限制，因此不应以该股份在设定质押时依法尚不得转让为由确认质押合同无效。

二、关于本案中三方当事人达成的以股份所产生的红利抵债的协议（简称三方抵债协议），我们认为：首先，该协议性质上属于三方当事人之间的连环债务的协议抵销关系。在协议抵销的情况下，抵销的条件、标的物、范围，均由当事人自主约定。《合同法》第一百条关于双方当事人协议抵销的规定，并不排除本案中三方当事人协议抵销的做法。其次，该协议属于预定抵销合同。根据这种合同，当事人之间将来发生可以抵销的债务时，无须另行作出抵销的意思表示，而当然发生抵销债务的效果。这种协议并不违反法律的强制性规定，应予以认可。本案中吴江工艺织造厂（以下简称织造厂）在中国服装股份有限公司（以下简称服装公司）中的预期红利收益处于不确定状态，符合这种预定抵销合同的特点。

三、关于股份质押协议与三方抵债协议的关系问题，因本案股份质押权的行使附有期限，故质押的效力只能及于质押权行使期到来（即2005年9月25日）之后该股份产生的红利，质押权人中国银行吴江支行（以下简称吴江支行）不能对此前的红利行使质押权。因此，对于织造厂于2001年6月9日从服装公司分得的该期红利，吴江支行不能以股份质押合同有效而对抗服装公司依据三方抵债协议所为的抵销。

《最高人民法院执行办公室关于执行股份有限公司发起人股份问题的复函》（执他字〔2000〕第1号）

《公司法》第一百四十七条中关于发起人股份在3年（现修改为1年）内不得转让的规定，是对公司创办者自主转让其股权的限制，其目的是为防止发起人借设立公司投机牟利，损害其他股东的利益。人民法院强制执行不存在这一问题。被执行人持有发起人股份的有关公司和部门应当协助人民法院办理转让股份的变更登记手续。为保护债权人的利益,该股份转让的时间应从人民法院向有关单位送达转让股份的裁定书和协助执行通知书之日起算。该股份受让人应当继受发起人的地位,承担发起人的责任。

《上市公司董事、监事和高级管理人员所持本公司股份及其变动管理规则》(中国证券监督管理委员会公告〔2024〕9号)

第一条 为加强对上市公司董事、监事和高级管理人员所持本公司股份及其变动的管理,维护证券市场秩序,根据《中华人民共和国公司法》(以下简称《公司法》)、《中华人民共和国证券法》(以下简称《证券法》)、《上市公司股东减持股份管理暂行办法》等法律、行政法规和中国证券监督管理委员会(以下简称中国证监会)规章的规定,制定本规则。

第二条 上市公司董事、监事和高级管理人员应当遵守《公司法》《证券法》和有关法律、行政法规,中国证监会规章、规范性文件以及证券交易所规则中关于股份变动的限制性规定。

上市公司董事、监事和高级管理人员就其所持股份变动相关事项作出承诺的,应当严格遵守。

第三条 上市公司董事、监事和高级管理人员所持本公司股份,是指登记在其名下和利用他人账户持有的所有本公司股份。

上市公司董事、监事和高级管理人员从事融资融券交易的,其所持本公司股份还包括记载在其信用账户内的本公司股份。

第四条 存在下列情形之一的,上市公司董事、监事和高级管理人员所持本公司股份不得转让:

(一)本公司股票上市交易之日起一年内;

(二)本人离职后半年内;

(三)上市公司因涉嫌证券期货违法犯罪,被中国证监会立案调查或者被司法机关立案侦查,或者被行政处罚、判处刑罚未满六个月的;

(四)本人因涉嫌与本上市公司有关的证券期货违法犯罪,被中国证监会立案调查或者被司法机关立案侦查,或者被行政处罚、判处刑罚未满六个月的;

(五)本人因涉及证券期货违法,被中国证监会行政处罚,尚未足额缴纳罚没款的,但法律、行政法规另有规定或者减持资金用于缴纳罚没款的除外；

（六）本人因涉及与本上市公司有关的违法违规，被证券交易所公开谴责未满三个月的；

（七）上市公司可能触及重大违法强制退市情形，在证券交易所规定的限制转让期限内的；

（八）法律、行政法规、中国证监会和证券交易所规则以及公司章程规定的其他情形。

第五条　上市公司董事、监事和高级管理人员在就任时确定的任职期间，每年通过集中竞价、大宗交易、协议转让等方式转让的股份，不得超过其所持本公司股份总数的百分之二十五，因司法强制执行、继承、遗赠、依法分割财产等导致股份变动的除外。

上市公司董事、监事和高级管理人员所持股份不超过一千股的，可一次全部转让，不受前款转让比例的限制。

第六条　上市公司董事、监事和高级管理人员以上年末其所持有的本公司股份总数为基数，计算其可转让股份的数量。

董事、监事和高级管理人员所持本公司股份年内增加的，新增无限售条件的股份当年可转让百分之二十五，新增有限售条件的股份计入次年可转让股份的计算基数。

因上市公司年内进行权益分派导致董事、监事和高级管理人员所持本公司股份增加的，可同比例增加当年可转让数量。

第七条　上市公司董事、监事和高级管理人员当年可转让但未转让的本公司股份，计入当年末其所持有本公司股份的总数，该总数作为次年可转让股份的计算基数。

第八条　上市公司章程可以对董事、监事和高级管理人员转让其所持本公司股份规定比本规则更长的限制转让期间、更低的可转让股份比例或者附加其他限制转让条件。

第九条　上市公司董事、监事和高级管理人员计划通过证券交易所集中竞价交易或者大宗交易方式转让股份的，应当在首次卖出前十五个交易日向证券交易所报告并披露减持计划。

减持计划应当包括下列内容：

（一）拟减持股份的数量、来源；

（二）减持时间区间、价格区间、方式和原因。减持时间区间应当符合证券交易所的规定。

（三）不存在本规则第四条规定情形的说明。

（四）证券交易所规定的其他内容。

减持计划实施完毕后，董事、监事和高级管理人员应当在二个交易日内向证券交易所报告，并予公告；在预先披露的减持时间区间内，未实施减持或者减持计划未实施完毕的，应当在减持时间区间届满后的二个交易日内向证券交易所报告，并予公告。

上市公司董事、监事和高级管理人员所持本公司股份被人民法院通过证券交易所集中竞价交易或者大宗交易方式强制执行的，董事、监事和高级管理人员应当在收到相关执行通知后二个交易日内披露。披露内容应当包括拟处置股份数量、来源、方式、时间区间等。

第十条 上市公司董事、监事和高级管理人员因离婚导致其所持本公司股份减少的，股份的过出方和过入方应当持续共同遵守本规则的有关规定。法律、行政法规、中国证监会另有规定的除外。

第十一条 上市公司董事、监事和高级管理人员应当在下列时点或者期间内委托上市公司通过证券交易所网站申报其姓名、职务、身份证号、证券账户、离任职时间等个人信息：

（一）新上市公司的董事、监事和高级管理人员在公司申请股票初始登记时；

（二）新任董事、监事在股东大会（或者职工代表大会）通过其任职事项、新任高级管理人员在董事会通过其任职事项后二个交易日内；

（三）现任董事、监事和高级管理人员在其已申报的个人信息发生变化后的二个交易日内；

（四）现任董事、监事和高级管理人员在离任后二个交易日内；

（五）证券交易所要求的其他时间。

第十二条 上市公司董事、监事和高级管理人员所持本公司股份发生变动的，应当自该事实发生之日起二个交易日内，向上市公司报告并通过上市公司在证券交易所网站进行公告。公告内容应当包括：

（一）本次变动前持股数量；

（二）本次股份变动的日期、数量、价格；

（三）本次变动后的持股数量；

（四）证券交易所要求披露的其他事项。

第十三条　上市公司董事、监事和高级管理人员在下列期间不得买卖本公司股票：

（一）上市公司年度报告、半年度报告公告前十五日内；

（二）上市公司季度报告、业绩预告、业绩快报公告前五日内；

（三）自可能对本公司证券及其衍生品种交易价格产生较大影响的重大事件发生之日起或者在决策过程中，至依法披露之日止；

（四）证券交易所规定的其他期间。

第十四条　上市公司应当制定专项制度，加强对董事、监事和高级管理人员持有本公司股份及买卖本公司股份行为的监督。

上市公司董事会秘书负责管理公司董事、监事和高级管理人员的身份及所持本公司股份的数据，统一为董事、监事和高级管理人员办理个人信息的网上申报，每季度检查董事、监事和高级管理人员买卖本公司股票的披露情况。发现违法违规的，应当及时向中国证监会、证券交易所报告。

第十五条　上市公司董事、监事和高级管理人员应当保证本人申报数据的及时、真实、准确、完整。

第十六条　上市公司董事、监事和高级管理人员转让本公司股份违反本规则的，中国证监会依照《上市公司股东减持股份管理暂行办法》采取责令购回违规减持股份并向上市公司上缴差价、监管谈话、出具警示函等监管措施。

第十七条　上市公司董事、监事、高级管理人员存在下列情形之一的，中国证监会依照《证券法》第一百八十六条处罚；情节严重的，中国证监会可以对有关责任人员采取证券市场禁入的措施：

（一）违反本规则第四条、第十三条的规定，在限制期限内转让股份的；

（二）违反本规则第五条的规定，超出规定的比例转让股份的；

（三）违反本规则第九条的规定，未预先披露减持计划，或者披露的减持计划不符合规定转让股份的；

（四）其他违反法律、行政法规和中国证监会规定转让股份的情形。

第十八条　本规则自公布之日起施行。《上市公司董事、监事和高级管理人员所持本公司股份及其变动管理规则》(证监会公告〔2022〕19号)同时废止。

典型案例指导 ●●●●●●

九江联豪九鼎投资中心(有限合伙)与谢某与公司有关的纠纷案[北京市第三中级人民法院(2019)京03民终9876号民事判决书,《人民司法·案例》2020年第11期]

在多层次资本市场环境中,对赌协议投资者股份回购请求权,是以未按时完成A股上市还是新三板挂牌为条件约定不明时,判断条件是否成就,应在正确把握资本市场相关概念及术语的基础上,结合投融资法律关系特征及交易模式、过程、当事人约定目的、约定沿革、约定体系、条款内容等因素综合衡量。股份回购请求权的诉讼时效起算点应自权利人通知履行而回购义务人明确表示不履行或者约定履行期限届满时计算,通知期限没有约定或者约定不明的,法院应以鼓励投资为原则,对其合理性进行实质审查。

张某平诉王某股份转让合同案[江苏省高级人民法院2005年12月6日民事判决书,《最高人民法院公报》2007年第5期(总第127期)]

第一,《公司法》原第一百四十七条第一款关于"发起人持有的本公司股份,自公司成立之日起三年内不得转让"的规定,旨在防范发起人利用公司设立谋取不当利益,并通过转让股份逃避发起人可能承担的法律责任。第二,股份有限公司的发起人在公司成立后三年内,与他人签订股权转让协议,约定待公司成立三年后为受让方办理股权过户手续,并在协议中约定将股权委托受让方行使的,该股权转让合同不违反《公司法》原第一百四十七条第一款的规定。协议双方在《公司法》所规定的发起人股份禁售期内,将股权委托给未来的股权受让方行使,也并不违反法律的强制性规定,且在双方正式办理股权登记过户前,上述行为并不能免除转让股份的发起人的法律责任,也不能免除其股东责任。因此,上述股权转让合同应认定为合法有效。

第一百六十一条　【异议股东的股份回购请求权】有下列情形之一的,对股东会该项决议投反对票的股东可以请求公司按照合理的价格收购其股份,公开发行股份的公司除外:

> (一)公司连续五年不向股东分配利润,而公司该五年连续盈利,并且符合本法规定的分配利润条件;
> (二)公司转让主要财产;
> (三)公司章程规定的营业期限届满或者章程规定的其他解散事由出现,股东会通过决议修改章程使公司存续。
> 自股东会决议作出之日起六十日内,股东与公司不能达成股份收购协议的,股东可以自股东会决议作出之日起九十日内向人民法院提起诉讼。
> 公司因本条第一款规定的情形收购的本公司股份,应当在六个月内依法转让或者注销。

对应配套规定

《最高人民法院关于适用〈中华人民共和国公司法〉时间效力的若干规定》(法释〔2024〕7号)

第四条 公司法施行前的法律事实引起的民事纠纷案件,当时的法律、司法解释没有规定而公司法作出规定的下列情形,适用公司法的规定:

……

(三)对股份有限公司股东会决议投反对票的股东请求公司按照合理价格收购其股份的,适用公司法第一百六十一条的规定;

……

条文应用提示 ●●●●●●●

本条是2018年《公司法》修正时对先前《公司法》第142条作出的修改,旨在进一步对公司法有关资本制度的规定进行修改完善,赋予公司更多自主权,有利于促进完善公司治理、推动资本市场稳定健康发展。此次修正主要从三个方面进行:

一是修正增加允许股份回购的情形,将先前《公司法》第142条规定中"(三)将股份奖励给本公司职工"修改为"(三)用于员工持股计划或者股权激励",并增加"(五)将股份用于转换上市公司发行的可转换为股票的公司债券"和"(六)上市公司为维护公司价值及股东权益所必需"两种情形。

二是适当简化股份回购的决策程序,提高公司持有本公司股份的数额上限,延长公司持有所回购股份的期限。

三是增加信息披露规定。为防止上市公司滥用股份回购制度,引发操纵市场、内幕交易等利益输送行为,增加规定上市公司收购本公司股份应当依照《证券法》的规定履行信息披露义务。

> **第一百六十二条 【公司股份回购】**公司不得收购本公司股份。但是,有下列情形之一的除外:
> (一)减少公司注册资本;
> (二)与持有本公司股份的其他公司合并;
> (三)将股份用于员工持股计划或者股权激励;
> (四)股东因对股东会作出的公司合并、分立决议持异议,要求公司收购其股份;
> (五)将股份用于转换公司发行的可转换为股票的公司债券;
> (六)上市公司为维护公司价值及股东权益所必需。
> 公司因前款第一项、第二项规定的情形收购本公司股份的,应当经股东会决议;公司因前款第三项、第五项、第六项规定的情形收购本公司股份的,可以按照公司章程或者股东会的授权,经三分之二以上董事出席的董事会会议决议。
> 公司依照本条第一款规定收购本公司股份后,属于第一项情形的,应当自收购之日起十日内注销;属于第二项、第四项情形的,应当在六个月内转让或者注销;属于第三项、第五项、第六项情形的,公司合计持有的本公司股份数不得超过本公司已发行股份总数的百分之十,并应当在三年内转让或者注销。
> 上市公司收购本公司股份的,应当依照《中华人民共和国证券法》的规定履行信息披露义务。上市公司因本条第一款第三项、第五项、第六项规定的情形收购本公司股份的,应当通过公开的集中交易方式进行。
> 公司不得接受本公司的股份作为质权的标的。

旧法对应关系 ●●●●●●

原《公司法》第一百四十二条　公司不得收购本公司股份。但是,有下列情形之一的除外:

(一)减少公司注册资本;

(二)与持有本公司股份的其他公司合并;

(三)将股份用于员工持股计划或者股权激励;

(四)股东因对股东大会作出的公司合并、分立决议持异议,要求公司收购其股份;

(五)将股份用于转换上市公司发行的可转换为股票的公司债券;

(六)上市公司为维护公司价值及股东权益所必需。

公司因前款第(一)项、第(二)项规定的情形收购本公司股份的,应当经股东大会决议;公司因前款第(三)项、第(五)项、第(六)项规定的情形收购本公司股份的,可以依照公司章程的规定或者股东大会的授权,经三分之二以上董事出席的董事会会议决议。

公司依照本条第一款规定收购本公司股份后,属于第(一)项情形的,应当自收购之日起十日内注销;属于第(二)项、第(四)项情形的,应当在六个月内转让或者注销;属于第(三)项、第(五)项、第(六)项情形的,公司合计持有的本公司股份数不得超过本公司已发行股份总额的百分之十,并应当在三年内转让或者注销。

上市公司收购本公司股份的,应当依照《中华人民共和国证券法》的规定履行信息披露义务。上市公司因本条第一款第(三)项、第(五)项、第(六)项规定的情形收购本公司股份的,应当通过公开的集中交易方式进行。

公司不得接受本公司的股票作为质押权的标的。

关联法律法规 ●●●●●●

《上市公司股份回购规则》(中国证券监督管理委员会公告〔2023〕63号)

第一章　总　　则

第一条　为规范上市公司股份回购行为,依据《中华人民共和国公司法》(以下简称《公司法》)、《中华人民共和国证券法》(以下简称《证券法》)等法律、行政法规,制定本规则。

第二条　本规则所称上市公司回购股份,是指上市公司因下列情形之一收购本公司股份的行为:

(一)减少公司注册资本;

(二)将股份用于员工持股计划或者股权激励;

(三)将股份用于转换上市公司发行的可转换为股票的公司债券;

(四)为维护公司价值及股东权益所必需。

前款第(四)项所指情形,应当符合以下条件之一:

(一)公司股票收盘价格低于最近一期每股净资产;

(二)连续二十个交易日内公司股票收盘价格跌幅累计达到百分之二十;

(三)公司股票收盘价格低于最近一年股票最高收盘价格的百分之五十;

(四)中国证监会规定的其他条件。

第三条　上市公司回购股份,应当有利于公司的可持续发展,不得损害股东和债权人的合法权益。

上市公司的董事、监事和高级管理人员在回购股份中应当忠实、勤勉地履行职责。

第四条　鼓励上市公司在章程或其他治理文件中完善股份回购机制,明确股份回购的触发条件、回购流程等具体安排。

第五条　上市公司回购股份,应当依据本规则和证券交易所的规定履行决策程序和信息披露义务。

上市公司及其董事、监事、高级管理人员应当保证所披露的信息真实、准确、完整,无虚假记载、误导性陈述或重大遗漏。

第六条　上市公司回购股份,可以结合实际,自主决定聘请财务顾问、律师事务所、会计师事务所等证券服务机构出具专业意见,并与回购股份方案一并披露。

前款规定的证券服务机构及人员应当诚实守信,勤勉尽责,对回购股份相关事宜进行尽职调查,并保证其出具的文件真实、准确、完整。

第七条　任何人不得利用上市公司回购股份从事内幕交易、操纵市场和证券欺诈等违法违规活动。

第二章 一 般 规 定

第八条 上市公司回购股份应当同时符合以下条件：

（一）公司股票上市已满六个月；

（二）公司最近一年无重大违法行为；

（三）回购股份后，上市公司具备持续经营能力和债务履行能力；

（四）回购股份后，上市公司的股权分布原则上应当符合上市条件；公司拟通过回购股份终止其股票上市交易的，应当符合证券交易所的相关规定；

（五）中国证监会、证券交易所规定的其他条件。

上市公司因本规则第二条第一款第（四）项回购股份并减少注册资本的，不适用前款第（一）项。

第九条 上市公司回购股份可以采取以下方式之一进行：

（一）集中竞价交易方式；

（二）要约方式；

（三）中国证监会认可的其他方式。

上市公司因本规则第二条第一款第（二）项、第（三）项、第（四）项规定的情形回购股份的，应当通过本条第一款第（一）项、第（二）项规定的方式进行。

上市公司采用要约方式回购股份的，参照《上市公司收购管理办法》关于要约收购的规定执行。

第十条 上市公司触及本规则第二条第二款规定条件的，董事会应当及时了解是否存在对股价可能产生较大影响的重大事件和其他因素，通过多种渠道主动与股东特别是中小股东进行沟通和交流，充分听取股东关于公司是否应实施股份回购的意见和诉求。

第十一条 上市公司因本规则第二条第一款第（一）项、第（二）项、第（三）项规定的情形回购股份的，回购期限自董事会或者股东大会审议通过最终回购股份方案之日起不超过十二个月。

上市公司因本规则第二条第一款第（四）项规定的情形回购股份的，回购期限自董事会或者股东大会审议通过最终回购股份方案之日起不超过三个月。

第十二条 上市公司用于回购的资金来源必须合法合规。

第十三条　上市公司实施回购方案前,应当在证券登记结算机构开立由证券交易所监控的回购专用账户;该账户仅可用于存放已回购的股份。

上市公司回购的股份自过户至上市公司回购专用账户之日起即失去其权利,不享有股东大会表决权、利润分配、公积金转增股本、认购新股和可转换公司债券等权利,不得质押和出借。

上市公司在计算相关指标时,应当从总股本中扣减已回购的股份数量。

第十四条　上市公司不得同时实施股份回购和股份发行行为,但依照有关规定实施优先股发行行为的除外。

前款所称实施股份回购行为,是指上市公司股东大会或者董事会通过回购股份方案后,上市公司收购本公司股份的行为。实施股份发行行为,是指上市公司自向特定对象发送认购邀请书或者取得注册批复并启动向不特定对象发行股份之日起至新增股份完成登记之日止的股份发行行为。

第十五条　上市公司相关股东、董事、监事、高级管理人员在上市公司回购股份期间减持股份的,应当符合中国证监会、证券交易所关于股份减持的相关规定。

第十六条　因上市公司回购股份,导致投资者持有或者通过协议、其他安排与他人共同持有该公司已发行的有表决权股份超过百分之三十的,投资者可以免于发出要约。

第十七条　上市公司因本规则第二条第一款第(一)项规定情形回购股份的,应当在自回购之日起十日内注销;因第(二)项、第(三)项、第(四)项规定情形回购股份的,公司合计持有的本公司股份数不得超过本公司已发行股份总额的百分之十,并应当在三年内按照依法披露的用途进行转让,未按照披露用途转让的,应当在三年期限届满前注销。

上市公司因本规则第二条第一款第(四)项规定情形回购股份的,可以按照证券交易所规定的条件和程序,在履行预披露义务后,通过集中竞价交易方式出售。

第十八条　上市公司以现金为对价,采用要约方式、集中竞价方式回购股份的,视同上市公司现金分红,纳入现金分红的相关比例计算。

第十九条　股东大会授权董事会实施股份回购的,可以依法一并授权董事会实施再融资。上市公司实施股份回购的,可以同时申请发行可转换公司债券,募集时间由上市公司按照有关规定予以确定。

第三章　回购程序和信息披露

第二十条　上市公司因本规则第二条第一款第(一)项规定情形回购股份的,应当由董事会依法作出决议,并提交股东大会审议,经出席会议的股东所持表决权的三分之二以上通过;因第(二)项、第(三)项、第(四)项规定情形回购股份的,可以依照公司章程的规定或者股东大会的授权,经三分之二以上董事出席的董事会会议决议。

上市公司股东大会对董事会作出授权的,应当在决议中明确授权实施股份回购的具体情形和授权期限等内容。

第二十一条　根据法律法规及公司章程等享有董事会、股东大会提案权的回购提议人向上市公司董事会提议回购股份的,应当遵守证券交易所的规定。

第二十二条　上市公司应当在董事会作出回购股份决议后两个交易日内,按照证券交易所的规定至少披露下列文件:

(一)董事会决议;

(二)回购股份方案。

回购股份方案须经股东大会决议的,上市公司应当及时发布召开股东大会的通知。

第二十三条　回购股份方案至少应当包括以下内容:

(一)回购股份的目的、方式、价格区间;

(二)拟回购股份的种类、用途、数量及占公司总股本的比例;

(三)拟用于回购的资金总额及资金来源;

(四)回购股份的实施期限;

(五)预计回购后公司股权结构的变动情况;

(六)管理层对本次回购股份对公司经营、财务及未来发展影响的分析;

(七)上市公司董事、监事、高级管理人员在董事会作出回购股份决议前六个月是否存在买卖上市公司股票的行为,是否存在单独或者与他人联合进行内幕交易及市场操纵的说明;

(八)证券交易所规定的其他事项。

以要约方式回购股份的,还应当披露股东预受要约的方式和程序、股东撤回预受要约的方式和程序,以及股东委托办理要约回购中相关股份预受、撤回、结算、过户登记等事宜的证券公司名称及其通讯方式。

第二十四条　上市公司应当在披露回购股份方案后五个交易日内,披露董事会公告回购股份决议的前一个交易日登记在册的前十大股东和前十大无限售条件股东的名称及持股数量、比例。

回购方案需经股东大会决议的,上市公司应当在股东大会召开前三日,披露股东大会的股权登记日登记在册的前十大股东和前十大无限售条件股东的名称及持股数量、比例。

第二十五条　上市公司股东大会审议回购股份方案的,应当对回购股份方案披露的事项逐项进行表决。

第二十六条　上市公司应当在董事会或者股东大会审议通过最终回购股份方案后及时披露回购报告书。

回购报告书至少应当包括本规则第二十三条回购股份方案所列事项及其他应说明的事项。

第二十七条　上市公司回购股份后拟予以注销的,应当在股东大会作出回购股份的决议后,依照《公司法》有关规定通知债权人。

第二十八条　未经法定或章程规定的程序授权或审议,上市公司、大股东不得对外发布回购股份的有关信息。

第二十九条　上市公司回购股份方案披露后,非因充分正当事由不得变更或者终止。确需变更或终止的,应当符合中国证监会、证券交易所的相关规定,并履行相应的决策程序。

上市公司回购股份用于注销的,不得变更为其他用途。

第四章　以集中竞价交易方式回购股份的特殊规定

第三十条　上市公司以集中竞价交易方式回购股份的,应当符合证券交易所的规定,交易申报应当符合下列要求:

(一)申报价格不得为公司股票当日交易涨幅限制的价格;

(二)不得在证券交易所开盘集合竞价、收盘集合竞价及股票价格无涨跌幅限制的交易日内进行股份回购的委托。

第三十一条　上市公司以集中竞价交易方式回购股份的,在下列期间不得实施：

（一）自可能对本公司证券及其衍生品种交易价格产生重大影响的重大事项发生之日或者在决策过程中至依法披露之日内；

（二）中国证监会规定的其他情形。

上市公司因本规则第二条第一款第（四）项规定的情形回购股份并减少注册资本的，不适用前款规定。

第三十二条　上市公司以集中竞价交易方式回购股份的，应当按照以下规定履行公告义务：

（一）上市公司应当在首次回购股份事实发生的次一交易日予以公告；

（二）上市公司回购股份占上市公司总股本的比例每增加百分之一的，应当自该事实发生之日起三个交易日内予以公告；

（三）在回购股份期间，上市公司应当在每个月的前三个交易日内，公告截至上月末的回购进展情况，包括已回购股份总额、购买的最高价和最低价、支付的总金额；

（四）上市公司在回购期间应当在定期报告中公告回购进展情况，包括已回购股份的数量和比例、购买的最高价和最低价、支付的总金额；

（五）上市公司在回购股份方案规定的回购实施期限过半时，仍未实施回购的，董事会应当公告未能实施回购的原因和后续回购安排；

（六）回购期届满或者回购方案已实施完毕的，上市公司应当停止回购行为，并在二个交易日内公告回购股份情况以及公司股份变动报告，包括已回购股份总额、购买的最高价和最低价以及支付的总金额等内容。

第五章　以要约方式回购股份的特殊规定

第三十三条　上市公司以要约方式回购股份的，要约价格不得低于回购股份方案公告日前三十个交易日该种股票每日加权平均价的算术平均值。

第三十四条　上市公司以要约方式回购股份的，应当在公告回购报告书的同时，将回购所需资金全额存放于证券登记结算机构指定的银行账户。

第三十五条　上市公司以要约方式回购股份，股东预受要约的股份数量超出预定回购的股份数量的，上市公司应当按照相同比例回购股东预受的股份;股东预受要约的股份数量不足预定回购的股份数量的,上市公司应当全部回购股东预受的股份。

第三十六条　上市公司以要约方式回购境内上市外资股的,还应当符合证券交易所和证券登记结算机构业务规则的有关规定。

第六章　监管措施和法律责任

第三十七条　上市公司及相关方违反本规则,或者未按照回购股份报告书约定实施回购的,中国证监会可以采取责令改正、出具警示函等监管措施,证券交易所可以按照业务规则采取自律监管措施或者予以纪律处分。

第三十八条　在股份回购信息公开前,该信息的知情人和非法获取该信息的人,买卖该公司的证券,或者泄露该信息,或者建议他人买卖该证券的,中国证监会依照《证券法》第一百九十一条进行处罚。

第三十九条　利用上市公司股份回购,从事《证券法》第五十五条禁止行为的,中国证监会依照《证券法》第一百九十二条进行处罚。

第四十条　上市公司未按照本规则以及证券交易所规定披露回购信息的,中国证监会、证券交易所可以要求其补充披露、暂停或者终止回购股份活动。

第四十一条　上市公司未按照本规则以及证券交易所规定披露回购股份的相关信息,或者所披露的信息存在虚假记载、误导性陈述或者重大遗漏的,中国证监会依照《证券法》第一百九十七条予以处罚。

第四十二条　为上市公司回购股份出具专业文件的证券服务机构及其从业人员未履行诚实守信、勤勉尽责义务,违反行业规范、业务规则的,由中国证监会采取责令改正、监管谈话、出具警示函等监管措施。

前款规定的证券服务机构及其从业人员所制作、出具的文件存在虚假记载、误导性陈述或者重大遗漏的,依照《证券法》第二百一十三条予以处罚;情节严重的,可以采取市场禁入的措施。

第七章　附　　则

第四十三条　本规则自公布之日起施行。《上市公司股份回购规则》(证监会公告〔2022〕4号)同时废止。

典型案例指导 ●●●●●●

南京高科新浚成长一期股权投资合伙企业(有限合伙)诉房某某、梁某某等上市公司股份回购合同纠纷案[2023年1月19日《最高人民法院发布2022年全国法院十大商事案件》案件四]

【案情简介】

2016年12月,房某某、梁某某与南京高科新浚成长一期股权投资合伙企业(有限合伙)(以下简称高科新浚)、南京高科新创投资有限公司(以下简称高科新创)签订协议,约定高科新浚、高科新创认购绍兴闰康生物医药股权投资合伙企业(有限合伙)(以下简称绍兴闰康)新增出资1亿元,而绍兴闰康是作为江苏硕世的股东之一,对江苏硕世进行股权投资。此后,各方签订《修订合伙人协议》,其中第4.2条上市后回售权约定:在江苏硕世完成合格首次公开发行之日起6个月届满之日,投资方有权要求任一回售义务人(房某某、梁某某或绍兴闰康)按照规定的价格购买其全部或部分合伙份额对应的收益权;上市后回售价款以按发出回售通知之日前30个交易日江苏硕世股份在二级市场收盘价算术平均值作为计算依据。

2019年12月,江苏硕世在上海证券交易所科创板上市。根据《上海证券交易所科创板股票发行上市审核问答二》第十条规定,前述第4.2条约定属于发行人在申报科创板股票发行上市前应予以清理的对赌协议。但江苏硕世在申报发行过程中,未按监管要求对回购条款予以披露和清理。2020年7月13日,高科新浚、高科新创向房某某、梁某某、绍兴闰康发出《回售通知书》,要求绍兴闰康履行上市后回购义务。当日,江苏硕世盘中的股票交易价格达到历史最高价476.76元。此前30个交易日,江苏硕世的股票价格涨幅达155%。次日起江苏硕世股价一直处于跌势,直至2020年9月11日交易收盘价为183.80元。因房某某、梁某某、绍兴闰康未于高科新浚发出回售通知后3个月内支付相应回购价款。高科新浚遂提起本案诉讼:1.判令房某某、梁某某、绍兴闰康共同向高科新浚支付合伙份额的回售价款499,023,228.60元;2.判令房某某、梁某某、绍兴闰康共同向高科新浚赔偿因逾期支付回售价款导致的利息损失;3.判令绍兴闰康协助高科新浚办理绍兴闰康所持江苏硕世204.0995万股股份的质押登记手续,在前述股份质押登记手续办结后或逾期未在法院判决限定期限内办理股份质押手续的,高科新浚可通过协议折价或以拍卖、变卖后的价款在房某某、梁某某、绍兴闰康应向高科新浚支付的回售价款及利息损失范围内享有优先受偿权。上海市第二中级人民法院一审认为,案涉上后回售权的约定违反金融监管秩序,判决驳回高科新浚、高科新创的全部诉讼请求。高科新浚、高科新创上诉至上海市高级人民法院。二审认为,案涉《修订合伙人协议》系绍兴闰康的合伙人之间签订,但房某某、梁某某系江苏硕世的实际控制人,高科新浚、高科新创借合伙形式,实质上与上市公司股东、实际控制人签订了直接与二级市场短期内股票交易市值挂钩的回购条款,不仅变相架空了禁售期的限制规定,更是对二级市场投资人的不公平对待,有操纵股票价格的风险,扰乱证券市场秩序,属于《民法典》第一百五十三条违反公序良俗之情形,应认定无效,故驳回上诉,维持原判。

【专家点评】

贯彻以人民为中心的发展思想是证券监管和金融司法服务金融高质量发展、推动法治中国建设的应有之义。近年来,在最高人民法院的指导下,全国法院贯彻以人民为中心的发展思想,积极支持金融体制改革,坚持协同治理,司法理念与金融监管政策相向而行,切实保护金融消费者和中小投资者的合法权益,为资本市场稳定有序、高质量发展保驾护航。2022年6月最高人民法院发布的《关于为深化新三板改革、设立北京证券交易所提供司法保障的若干意见》明确上市公司"定增保底"条款无效。本案正是人民法院对上市公司对赌协议效力认定作出的示范性裁判。涉案上市后回购股权条款的效力认定,不仅涉及公司内部关系的调整,还涉及证券市场交易秩序维护和金融安全稳定等问题。本案的典型意义在于:一是对违反证券监管规则的行为效力作出妥当的司法认定,以使金融政策实现完善金融市场治理的使命。根据上海证券交易所的上市审核规则,系争回购条款属于江苏硕世股票发行上市前应当披露,且应予以及时清理的对赌协议。《证券法》将发行上市审核权和规则制定权授权给证券交易所,证券交易所审核规则的效力层级虽然下降,但依然具有规范意义上的强制力。一方面是因为在实质层面上,加大对证券市场违法违规行为的规制,保障广大投资者准确评估证券价值和风险,维护证券市场正常交易秩序,乃是这些规则设置的目的所在;另一方面是因为在形式层面上,低级规范的创造由高级规范决定,高级规范又由更为高级的规范决定,监管规则与上位阶规范同属于法律规范等级体系的有机组成部分。生效裁判参照2019年《全国法院民商事审判工作会议纪要》第31条精神,充分考察证券监管规则背后所保护的法益实质,对系争回购条款的合法性进行审查。涉案回购条款约定的价格完全按照二级市场短期内股票交易市值计算,已经背离了估值调整协议中"估值补偿"的基本属性,且从回购通知前后江苏硕世股票价格走势来看,不排除存在人为操纵股价的可能。上述与二级市场股票市值直接挂钩的回购条款约定,扰乱证券市场正常交易秩序和金融安全稳定,损害社会公共利益,应当认定为违背公序良俗的无效条款。二是形成司法裁判与证券监管的协同互动,实现优势互补,并以此提升金融市场风险治理的绩效。本案当事人均是专业投资人,在目标公司发行上市申报期间隐瞒了涉案回购条款,违规获取上市发行资格。对于上述故意规避监管的违规行为,司法裁判应与金融监管同频共振,坚决予以遏制,否则将助长市场主体通过抽屉协议或设立马甲公司等隐蔽手段规避证券监管,侵蚀注册制以信息披露真实性、准确性、完整性为核心的制度根基。本案裁判受到证券市场广泛关注,也得到了广大投资者和监管部门的良好反响。本案通过司法裁判对规避证券监管要求的行为给予否定评价,不仅提高了违法者的违法成本,避免违法者因违法而不当获益,而且能充分发挥金融司法与证券监管不同的功能优势,提升金融市场的治理实效。尤其在当前 IPO 注册制背景下,对保障证券监管要求不被架空,维护金融系统安全,推动金融服务实体经济、服务经济高质量发展具有积极意义。(李建伟 中国政法大学民商经济法学院教授、博士生导师)

强制收购广东恒通集团股份有限公司持有的股份以抵顶其债务执行案
[江苏省无锡市中级人民法院 2001 年 4 月 28 日民事裁定书,《最高人民法院公报》2001 年第 6 期(总第 74 期)]

《公司法》第一百四十九条规定:公司不得收购本公司的股票,但为减少公司资本而注销股份或者与持有本公司股票的其他公司合并时除外。公司控股股东拖欠公司债务,没有财产可供偿债,公司为实现债权,可以收回控股股东的股份以抵消其债务,收购股票后,应该注销股份,减少注册资本。回购公司股份、减少注册资本需要经过公司股东会的同意,如果因控股股东反对的原因而使决议无法通过时,人民法院可以依职权强制执行回购交易。

第一百六十三条【禁止财务资助】公司不得为他人取得本公司或者其母公司的股份提供赠与、借款、担保以及其他财务资助,公司实施员工持股计划的除外。

为公司利益,经股东会决议,或者董事会按照公司章程或者股东会的授权作出决议,公司可以为他人取得本公司或者其母公司的股份提供财务资助,但财务资助的累计总额不得超过已发行股本总额的百分之十。董事会作出决议应当经全体董事的三分之二以上通过。

违反前两款规定,给公司造成损失的,负有责任的董事、监事、高级管理人员应当承担赔偿责任。

> **对应配套规定**
>
> **《最高人民法院关于适用〈中华人民共和国公司法〉时间效力的若干规定》(法释〔2024〕7号)**
>
> 第三条 公司法施行前订立的与公司有关的合同,合同的履行持续至公司法施行后,因公司法施行前的履行行为发生争议的,适用当时的法律、司法解释的规定;因公司法施行后的履行行为发生争议的下列情形,适用公司法的规定:
>
> ……
>
> (三)股份有限公司为他人取得本公司或者母公司的股份提供赠与、借款、担保以及其他财务资助合同,适用公司法第一百六十三条的规定。

▌关联法律法规 ●●●●●●●

《非上市公众公司监督管理办法》(2023年修订)

第十六条 进行公众公司收购,收购人或者其实际控制人应当具有健全的公司治理机制和良好的诚信记录。收购人不得以任何形式从被收购公司获得财务资助,不得利用收购活动损害被收购公司及其股东的合法权益。

在公众公司收购中,收购人应该承诺所持有的被收购公司的股份,在收购完成后十二个月内不得转让。

《上市公司收购管理办法》(2020年修正)

第八条 被收购公司的董事、监事、高级管理人员对公司负有忠实义务和勤勉义务,应当公平对待收购本公司的所有收购人。

被收购公司董事会针对收购所做出的决策及采取的措施,应当有利于维护公司及其股东的利益,不得滥用职权对收购设置不适当的障碍,不得利用公司资源向收购人提供任何形式的财务资助,不得损害公司及其股东的合法权益。

《非上市公众公司收购管理办法》(2020年修正)

第八条 被收购公司的董事、监事、高级管理人员对公司负有忠实义务和勤勉义务,应当公平对待收购本公司的所有收购人。

被收购公司董事会针对收购所做出的决策及采取的措施,应当有利于维护公司及其股东的利益,不得滥用职权对收购设置不适当的障碍,不得利用公司资源向收购人提供任何形式的财务资助。

《上市公司章程指引》(2023年修正)

第二十一条 公司或公司的子公司(包括公司的附属企业)不得以赠与、垫资、担保、补偿或贷款等形式,对购买或者拟购买公司股份的人提供任何资助。

第一百六十四条 【记名股票丢失的救济】 股票被盗、遗失或者灭失,股东可以依照《中华人民共和国民事诉讼法》规定的公示催告程序,请求人民法院宣告该股票失效。人民法院宣告该股票失效后,股东可以向公司申请补发股票。

条文应用提示

公示催告程序,是我国《民事诉讼法》规定的一种非诉程序,是指在票据持有人丧失票据的情况下,人民法院根据权利人的申请,以公告的方式,告知并催告利害关系人在指定期限内向人民法院申报权利,如不申报权利,人民法院依法作出宣告票据或者其他事项无效的程序。

根据本条和《民事诉讼法》的有关规定,股票被盗、遗失或者灭失,股东依照公示催告程序请求法院宣告该股票无效的,应经过以下程序:(1)提出申请,即股东向人民法院提出公示催告申请,并向人民法院递交申请书,写明股票的主要内容和申请的理由、事实。(2)人民法院决定受理申请的,应当同时通知公司停止该记名股票所代表股东权利的行使,并在3日内发布公告,催促利害关系人申报权利。公示催告的期间,由人民法院根据情况决定,但不得少于60日。(3)有关利害关系人认为股东的公示催告请求与事实不符的,应当在公示催告期间向人民法院申报。如申报该股票并不是被盗、遗失或者灭失,而是被合法转让给自己等。(4)在公示催告期间没有人申报的,人民法院即根据申请人的申请作出判决,宣告该股票无效。

人民法院通过公示催告程序宣告股票无效后,股东可以依据本条规定,请求公司向其补发股票。

旧法对应关系 ●●●●●●

原《公司法》第一百四十三条 记名股票被盗、遗失或者灭失,股东可以依照《中华人民共和国民事诉讼法》规定的公示催告程序,请求人民法院宣告该股票失效。人民法院宣告该股票失效后,股东可以向公司申请补发股票。

关联法律法规 ●●●●●●

《中华人民共和国民事诉讼法》(2023年修正)

第二百二十九条 按照规定可以背书转让的票据持有人,因票据被盗、遗失或者灭失,可以向票据支付地的基层人民法院申请公示催告。依照法律规定可以申请公示催告的其他事项,适用本章规定。

申请人应当向人民法院递交申请书,写明票面金额、发票人、持票人、背书人等票据主要内容和申请的理由、事实。

第二百三十条 人民法院决定受理申请,应当同时通知支付人停止支付,并在三日内发出公告,催促利害关系人申报权利。公示催告的期间,由人民法院根据情况决定,但不得少于六十日。

第二百三十一条 支付人收到人民法院停止支付的通知,应当停止支付,至公示催告程序终结。

公示催告期间,转让票据权利的行为无效。

第二百三十二条 利害关系人应当在公示催告期间向人民法院申报。

人民法院收到利害关系人的申报后,应当裁定终结公示催告程序,并通知申请人和支付人。

申请人或者申报人可以向人民法院起诉。

第二百三十三条 没有人申报的,人民法院应当根据申请人的申请,作出判决,宣告票据无效。判决应当公告,并通知支付人。自判决公告之日起,申请人有权向支付人请求支付。

第二百三十四条 利害关系人因正当理由不能在判决前向人民法院

申报的,自知道或者应当知道判决公告之日起一年内,可以向作出判决的人民法院起诉。

第一百六十五条 【上市公司的股票交易】上市公司的股票,依照有关法律、行政法规及证券交易所交易规则上市交易。

旧法对应关系

原《公司法》第一百四十四条 上市公司的股票,依照有关法律、行政法规及证券交易所交易规则上市交易。

关联法律法规

《中华人民共和国证券法》(2019年修订)

第三章 证券交易
第一节 一般规定

第三十五条 证券交易当事人依法买卖的证券,必须是依法发行并交付的证券。

非依法发行的证券,不得买卖。

第三十六条 依法发行的证券,《中华人民共和国公司法》和其他法律对其转让期限有限制性规定的,在限定的期限内不得转让。

上市公司持有百分之五以上股份的股东、实际控制人、董事、监事、高级管理人员,以及其他持有发行人首次公开发行前发行的股份或者上市公司向特定对象发行的股份的股东,转让其持有的本公司股份的,不得违反法律、行政法规和国务院证券监督管理机构关于持有期限、卖出时间、卖出数量、卖出方式、信息披露等规定,并应当遵守证券交易所的业务规则。

第三十七条 公开发行的证券,应当在依法设立的证券交易所上市交易或者在国务院批准的其他全国性证券交易场所交易。

非公开发行的证券,可以在证券交易所、国务院批准的其他全国性证券交易场所、按照国务院规定设立的区域性股权市场转让。

第三十八条 证券在证券交易所上市交易,应当采用公开的集中交易方式或者国务院证券监督管理机构批准的其他方式。

第三十九条　证券交易当事人买卖的证券可以采用纸面形式或者国务院证券监督管理机构规定的其他形式。

第四十条　证券交易场所、证券公司和证券登记结算机构的从业人员,证券监督管理机构的工作人员以及法律、行政法规规定禁止参与股票交易的其他人员,在任期或者法定限期内,不得直接或者以化名、借他人名义持有、买卖股票或者其他具有股权性质的证券,也不得收受他人赠送的股票或者其他具有股权性质的证券。

任何人在成为前款所列人员时,其原已持有的股票或者其他具有股权性质的证券,必须依法转让。

实施股权激励计划或者员工持股计划的证券公司的从业人员,可以按照国务院证券监督管理机构的规定持有、卖出本公司股票或者其他具有股权性质的证券。

第四十一条　证券交易场所、证券公司、证券登记结算机构、证券服务机构及其工作人员应当依法为投资者的信息保密,不得非法买卖、提供或者公开投资者的信息。

证券交易场所、证券公司、证券登记结算机构、证券服务机构及其工作人员不得泄露所知悉的商业秘密。

第四十二条　为证券发行出具审计报告或者法律意见书等文件的证券服务机构和人员,在该证券承销期内和期满后六个月内,不得买卖该证券。

除前款规定外,为发行人及其控股股东、实际控制人,或者收购人、重大资产交易方出具审计报告或者法律意见书等文件的证券服务机构和人员,自接受委托之日起至上述文件公开后五日内,不得买卖该证券。实际开展上述有关工作之日早于接受委托之日的,自实际开展上述有关工作之日起至上述文件公开后五日内,不得买卖该证券。

第四十三条　证券交易的收费必须合理,并公开收费项目、收费标准和管理办法。

第四十四条　上市公司、股票在国务院批准的其他全国性证券交易场所交易的公司持有百分之五以上股份的股东、董事、监事、高级管理人员,将其持有的该公司的股票或者其他具有股权性质的证券在买入后六个月内卖出,或者在卖出后六个月内又买入,由此所得收益归该公司所有，公司董事会应当收回其所得收益。但是，证券公司因购入包销售后剩余股票而持有百分之五以上股份，以及有国务院证券监督管理机构规定的其他情形的除外。

前款所称董事、监事、高级管理人员、自然人股东持有的股票或者其他具有股权性质的证券，包括其配偶、父母、子女持有的及利用他人账户持有的股票或者其他具有股权性质的证券。

公司董事会不按照第一款规定执行的，股东有权要求董事会在三十日内执行。公司董事会未在上述期限内执行的，股东有权为了公司的利益以自己的名义直接向人民法院提起诉讼。

公司董事会不按照第一款的规定执行的，负有责任的董事依法承担连带责任。

第四十五条　通过计算机程序自动生成或者下达交易指令进行程序化交易的，应当符合国务院证券监督管理机构的规定，并向证券交易所报告，不得影响证券交易所系统安全或者正常交易秩序。

第二节　证券上市

第四十六条　申请证券上市交易，应当向证券交易所提出申请，由证券交易所依法审核同意，并由双方签订上市协议。

证券交易所根据国务院授权的部门的决定安排政府债券上市交易。

第四十七条　申请证券上市交易，应当符合证券交易所上市规则规定的上市条件。

证券交易所上市规则规定的上市条件，应当对发行人的经营年限、财务状况、最低公开发行比例和公司治理、诚信记录等提出要求。

第四十八条　上市交易的证券，有证券交易所规定的终止上市情形的，由证券交易所按照业务规则终止其上市交易。

证券交易所决定终止证券上市交易的，应当及时公告，并报国务院证券监督管理机构备案。

第四十九条　对证券交易所作出的不予上市交易、终止上市交易决定不服的，可以向证券交易所设立的复核机构申请复核。

第三节　禁止的交易行为

第五十条　禁止证券交易内幕信息的知情人和非法获取内幕信息的人利用内幕信息从事证券交易活动。

第五十一条　证券交易内幕信息的知情人包括：

（一）发行人及其董事、监事、高级管理人员；

（二）持有公司百分之五以上股份的股东及其董事、监事、高级管理人员，公司的实际控制人及其董事、监事、高级管理人员；

（三）发行人控股或者实际控制的公司及其董事、监事、高级管理人员；

（四）由于所任公司职务或者因与公司业务往来可以获取公司有关内幕信息的人员；

（五）上市公司收购人或者重大资产交易方及其控股股东、实际控制人、董事、监事和高级管理人员；

（六）因职务、工作可以获取内幕信息的证券交易场所、证券公司、证券登记结算机构、证券服务机构的有关人员；

（七）因职责、工作可以获取内幕信息的证券监督管理机构工作人员；

（八）因法定职责对证券的发行、交易或者对上市公司及其收购、重大资产交易进行管理可以获取内幕信息的有关主管部门、监管机构的工作人员；

（九）国务院证券监督管理机构规定的可以获取内幕信息的其他人员。

第五十二条　证券交易活动中，涉及发行人的经营、财务或者对该发行人证券的市场价格有重大影响的尚未公开的信息，为内幕信息。

本法第八十条第二款、第八十一条第二款所列重大事件属于内幕信息。

第五十三条　证券交易内幕信息的知情人和非法获取内幕信息的人，在内幕信息公开前，不得买卖该公司的证券，或者泄露该信息，或者建议他人买卖该证券。

持有或者通过协议、其他安排与他人共同持有公司百分之五以上股份的自然人、法人、非法人组织收购上市公司的股份，本法另有规定的，适用其规定。

内幕交易行为给投资者造成损失的，应当依法承担赔偿责任。

第五十四条　禁止证券交易场所、证券公司、证券登记结算机构、证券服务机构和其他金融机构的从业人员、有关监管部门或者行业协会的工作人员,利用因职务便利获取的内幕信息以外的其他未公开的信息,违反规定,从事与该信息相关的证券交易活动,或者明示、暗示他人从事相关交易活动。

利用未公开信息进行交易给投资者造成损失的,应当依法承担赔偿责任。

第五十五条 禁止任何人以下列手段操纵证券市场,影响或者意图影响证券交易价格或者证券交易量:

(一)单独或者通过合谋,集中资金优势、持股优势或者利用信息优势联合或者连续买卖;

(二)与他人串通,以事先约定的时间、价格和方式相互进行证券交易;

(三)在自己实际控制的账户之间进行证券交易;

(四)不以成交为目的,频繁或者大量申报并撤销申报;

(五)利用虚假或者不确定的重大信息,诱导投资者进行证券交易;

(六)对证券、发行人公开作出评价、预测或者投资建议,并进行反向证券交易;

(七)利用在其他相关市场的活动操纵证券市场;

(八)操纵证券市场的其他手段。

操纵证券市场行为给投资者造成损失的,应当依法承担赔偿责任。

第五十六条 禁止任何单位和个人编造、传播虚假信息或者误导性信息,扰乱证券市场。

禁止证券交易场所、证券公司、证券登记结算机构、证券服务机构及其从业人员,证券业协会、证券监督管理机构及其工作人员,在证券交易活动中作出虚假陈述或者信息误导。

各种传播媒介传播证券市场信息必须真实、客观,禁止误导。传播媒介及其从事证券市场信息报道的工作人员不得从事与其工作职责发生利益冲突的证券买卖。

编造、传播虚假信息或者误导性信息,扰乱证券市场,给投资者造成损失的,应当依法承担赔偿责任。

第五十七条 禁止证券公司及其从业人员从事下列损害客户利益的行为:

(一)违背客户的委托为其买卖证券;

(二)不在规定时间内向客户提供交易的确认文件;

(三)未经客户的委托,擅自为客户买卖证券,或者假借客户的名义买卖证券;

(四)为牟取佣金收入,诱使客户进行不必要的证券买卖;

(五)其他违背客户真实意思表示,损害客户利益的行为。

违反前款规定给客户造成损失的,应当依法承担赔偿责任。

第五十八条　任何单位和个人不得违反规定,出借自己的证券账户或者借用他人的证券账户从事证券交易。

第五十九条　依法拓宽资金入市渠道,禁止资金违规流入股市。

禁止投资者违规利用财政资金、银行信贷资金买卖证券。

第六十条　国有独资企业、国有独资公司、国有资本控股公司买卖上市交易的股票,必须遵守国家有关规定。

第六十一条　证券交易场所、证券公司、证券登记结算机构、证券服务机构及其从业人员对证券交易中发现的禁止的交易行为,应当及时向证券监督管理机构报告。

《最高人民法院关于上海水仙电器股份有限公司股票终止上市后引发的诉讼应否受理等问题的复函》([2001]民立他字第32号)

一、水仙公司作为上市公司,虽已被证监会终止上市,但其作为独立法人的资格并不因此受到影响,对债权人以水仙公司为被告提起的民事诉讼,只要符合《民事诉讼法》第一百零八条规定的起诉条件,人民法院以受理为宜。

二、根据《公司法》和《证券法》的规定,证监会是依法具有行政职权的证券市场的监督管理者。证监会按照其法定职权针对特定的上市公司作出的退市决定,属于在《行政诉讼法》中可诉的具体行政行为,股东对证监会作出的退市决定提起诉讼的,人民法院应依法受理。

三、关于正在审理、执行的民事案件是否中止审理、执行的问题,法律已有明确规定,不属请示的范围,可根据案件的具体情况依法视情而定。

第一百六十六条　【上市公司的信息披露制度】上市公司应当依照法律、行政法规的规定披露相关信息。

条文应用提示

上市公司是最典型的资合性公司、开放式公司,其股票在依法设立的证券交易所进行交易,面对的是广大投资者。为了方便投资者进行投资决策、保护投资者的合法权益,上市公司应当将公司的有关情况及时、准确地予以披露。因此,本条规定,上市公司必须依照法律、行政法规的规定,公开其财务状况、经营情况及重大诉讼,在每会计年度内半年公布一次财务会计报告。此外,《证券法》对上市公司的信息披露,作了更详尽、更具体的规定。

旧法对应关系

原《公司法》第一百四十五条　上市公司必须依照法律、行政法规的规定,公开其财务状况、经营情况及重大诉讼,在每会计年度内半年公布一次财务会计报告。

关联法律法规

《中华人民共和国证券法》(2019 年修订)

第五章　信 息 披 露

第七十八条　发行人及法律、行政法规和国务院证券监督管理机构规定的其他信息披露义务人,应当及时依法履行信息披露义务。

信息披露义务人披露的信息,应当真实、准确、完整,简明清晰,通俗易懂,不得有虚假记载、误导性陈述或者重大遗漏。

证券同时在境内境外公开发行、交易的,其信息披露义务人在境外披露的信息,应当在境内同时披露。

第七十九条　上市公司、公司债券上市交易的公司、股票在国务院批准的其他全国性证券交易场所交易的公司,应当按照国务院证券监督管理机构和证券交易场所规定的内容和格式编制定期报告,并按照以下规定报送和公告:

(一)在每一会计年度结束之日起四个月内,报送并公告年度报告,其中的年度财务会计报告应当经符合本法规定的会计师事务所审计;

(二)在每一会计年度的上半年结束之日起二个月内,报送并公告中期报告。

第八十条　发生可能对上市公司、股票在国务院批准的其他全国性证券交易场所交易的公司的股票交易价格产生较大影响的重大事件,投资者尚未得知时,公司应当立即将有关该重大事件的情况向国务院证券监督管理机构和证券交易场所报送临时报告,并予公告,说明事件的起因、目前的状态和可能产生的法律后果。

前款所称重大事件包括:

(一)公司的经营方针和经营范围的重大变化;

(二)公司的重大投资行为,公司在一年内购买、出售重大资产超过公司资产总额百分之三十,或者公司营业用主要资产的抵押、质押、出售或者报废一次超过该资产的百分之三十;

(三)公司订立重要合同、提供重大担保或者从事关联交易,可能对公司的资产、负债、权益和经营成果产生重要影响;

(四)公司发生重大债务和未能清偿到期重大债务的违约情况;

(五)公司发生重大亏损或者重大损失;

(六)公司生产经营的外部条件发生的重大变化;

(七)公司的董事、三分之一以上监事或者经理发生变动,董事长或者经理无法履行职责;

(八)持有公司百分之五以上股份的股东或者实际控制人持有股份或者控制公司的情况发生较大变化,公司的实际控制人及其控制的其他企业从事与公司相同或者相似业务的情况发生较大变化;

(九)公司分配股利、增资的计划,公司股权结构的重要变化,公司减资、合并、分立、解散及申请破产的决定,或者依法进入破产程序、被责令关闭;

(十)涉及公司的重大诉讼、仲裁,股东大会、董事会决议被依法撤销或者宣告无效;

(十一)公司涉嫌犯罪被依法立案调查,公司的控股股东、实际控制人、董事、监事、高级管理人员涉嫌犯罪被依法采取强制措施;

(十二)国务院证券监督管理机构规定的其他事项。

公司的控股股东或者实际控制人对重大事件的发生、进展产生较大影响的,应当及时将其知悉的有关情况书面告知公司,并配合公司履行信息披露义务。

第八十一条　发生可能对上市交易公司债券的交易价格产生较大影

响的重大事件,投资者尚未得知时,公司应当立即将有关该重大事件的情况向国务院证券监督管理机构和证券交易场所报送临时报告,并予公告,说明事件的起因、目前的状态和可能产生的法律后果。

前款所称重大事件包括:

(一)公司股权结构或者生产经营状况发生重大变化;

(二)公司债券信用评级发生变化;

(三)公司重大资产抵押、质押、出售、转让、报废;

(四)公司发生未能清偿到期债务的情况;

(五)公司新增借款或者对外提供担保超过上年末净资产的百分之二十;

(六)公司放弃债权或者财产超过上年末净资产的百分之十;

(七)公司发生超过上年末净资产百分之十的重大损失;

(八)公司分配股利,作出减资、合并、分立、解散及申请破产的决定,或者依法进入破产程序、被责令关闭;

(九)涉及公司的重大诉讼、仲裁;

(十)公司涉嫌犯罪被依法立案调查,公司的控股股东、实际控制人、董事、监事、高级管理人员涉嫌犯罪被依法采取强制措施;

(十一)国务院证券监督管理机构规定的其他事项。

第八十二条　发行人的董事、高级管理人员应当对证券发行文件和定期报告签署书面确认意见。

发行人的监事会应当对董事会编制的证券发行文件和定期报告进行审核并提出书面审核意见。监事应当签署书面确认意见。

发行人的董事、监事和高级管理人员应当保证发行人及时、公平地披露信息,所披露的信息真实、准确、完整。

董事、监事和高级管理人员无法保证证券发行文件和定期报告内容的真实性、准确性、完整性或者有异议的,应当在书面确认意见中发表意见并陈述理由,发行人应当披露。发行人不予披露的,董事、监事和高级管理人员可以直接申请披露。

第八十三条　信息披露义务人披露的信息应当同时向所有投资者披露,不得提前向任何单位和个人泄露。但是,法律、行政法规另有规定的除外。

任何单位和个人不得非法要求信息披露义务人提供依法需要披露但尚未披露的信息。任何单位和个人提前获知的前述信息,在依法披露前应当保密。

第八十四条　除依法需要披露的信息之外,信息披露义务人可以自愿披露与投资者作出价值判断和投资决策有关的信息,但不得与依法披露的信息相冲突,不得误导投资者。

发行人及其控股股东、实际控制人、董事、监事、高级管理人员等作出公开承诺的,应当披露。不履行承诺给投资者造成损失的,应当依法承担赔偿责任。

第八十五条　信息披露义务人未按照规定披露信息,或者公告的证券发行文件、定期报告、临时报告及其他信息披露资料存在虚假记载、误导性陈述或者重大遗漏,致使投资者在证券交易中遭受损失的,信息披露义务人应当承担赔偿责任;发行人的控股股东、实际控制人、董事、监事、高级管理人员和其他直接责任人员以及保荐人、承销的证券公司及其直接责任人员,应当与发行人承担连带赔偿责任,但是能够证明自己没有过错的除外。

第八十六条　依法披露的信息,应当在证券交易场所的网站和符合国务院证券监督管理机构规定条件的媒体发布,同时将其置备于公司住所、证券交易场所,供社会公众查阅。

第八十七条　国务院证券监督管理机构对信息披露义务人的信息披露行为进行监督管理。

证券交易场所应当对其组织交易的证券的信息披露义务人的信息披露行为进行监督,督促其依法及时、准确地披露信息。

《上市公司信息披露管理办法》(自 2021 年 5 月 1 日起施行)
第一章　总　　则

第一条　为了规范上市公司及其他信息披露义务人的信息披露行为,加强信息披露事务管理,保护投资者合法权益,根据《中华人民共和国公司法》(以下简称《公司法》)、《中华人民共和国证券法》(以下简称《证券法》)等法律、行政法规,制定本办法。

第二条　信息披露义务人履行信息披露义务应当遵守本办法的规定,中国证券监督管理委员会(以下简称中国证监会)对首次公开发行股票并上市、上市公司发行证券信息披露另有规定的,从其规定。

第三条 信息披露义务人应当及时依法履行信息披露义务,披露的信息应当真实、准确、完整,简明清晰、通俗易懂,不得有虚假记载、误导性陈述或者重大遗漏。

信息披露义务人披露的信息应当同时向所有投资者披露,不得提前向任何单位和个人泄露。但是,法律、行政法规另有规定的除外。

在内幕信息依法披露前,内幕信息的知情人和非法获取内幕信息的人不得公开或者泄露该信息,不得利用该信息进行内幕交易。任何单位和个人不得非法要求信息披露义务人提供依法需要披露但尚未披露的信息。

证券及其衍生品种同时在境内境外公开发行、交易的,其信息披露义务人在境外市场披露的信息,应当同时在境内市场披露。

第四条 上市公司的董事、监事、高级管理人员应当忠实、勤勉地履行职责,保证披露信息的真实、准确、完整,信息披露及时、公平。

第五条 除依法需要披露的信息之外,信息披露义务人可以自愿披露与投资者作出价值判断和投资决策有关的信息,但不得与依法披露的信息相冲突,不得误导投资者。

信息披露义务人自愿披露的信息应当真实、准确、完整。自愿性信息披露应当遵守公平原则,保持信息披露的持续性和一致性,不得进行选择性披露。

信息披露义务人不得利用自愿披露的信息不当影响公司证券及其衍生品种交易价格,不得利用自愿性信息披露从事市场操纵等违法违规行为。

第六条 上市公司及其控股股东、实际控制人、董事、监事、高级管理人员等作出公开承诺的,应当披露。

第七条 信息披露文件包括定期报告、临时报告、招股说明书、募集说明书、上市公告书、收购报告书等。

第八条 依法披露的信息,应当在证券交易所的网站和符合中国证监会规定条件的媒体发布,同时将其置备于上市公司住所、证券交易所,供社会公众查阅。

信息披露文件的全文应当在证券交易所的网站和符合中国证监会规

定条件的报刊依法开办的网站披露,定期报告、收购报告书等信息披露文件的摘要应当在证券交易所的网站和符合中国证监会规定条件的报刊披露。

信息披露义务人不得以新闻发布或者答记者问等任何形式代替应当履行的报告、公告义务,不得以定期报告形式代替应当履行的临时报告义务。

第九条 信息披露义务人应当将信息披露公告文稿和相关备查文件报送上市公司注册地证监局。

第十条 信息披露文件应当采用中文文本。同时采用外文文本的,信息披露义务人应当保证两种文本的内容一致。两种文本发生歧义时,以中文文本为准。

第十一条 中国证监会依法对信息披露文件及公告的情况、信息披露事务管理活动进行监督检查,对信息披露义务人的信息披露行为进行监督管理。

证券交易所应当对上市公司及其他信息披露义务人的信息披露行为进行监督,督促其依法及时、准确地披露信息,对证券及其衍生品种交易实行实时监控。证券交易所制定的上市规则和其他信息披露规则应当报中国证监会批准。

第二章 定期报告

第十二条 上市公司应当披露的定期报告包括年度报告、中期报告。凡是对投资者作出价值判断和投资决策有重大影响的信息,均应当披露。

年度报告中的财务会计报告应当经符合《证券法》规定的会计师事务所审计。

第十三条 年度报告应当在每个会计年度结束之日起四个月内,中期报告应当在每个会计年度的上半年结束之日起两个月内编制完成并披露。

第十四条 年度报告应当记载以下内容:

(一)公司基本情况;

(二)主要会计数据和财务指标;

(三)公司股票、债券发行及变动情况,报告期末股票、债券总额、股东总数,公司前十大股东持股情况;

（四）持股百分之五以上股东、控股股东及实际控制人情况；

（五）董事、监事、高级管理人员的任职情况、持股变动情况、年度报酬情况；

（六）董事会报告；

（七）管理层讨论与分析；

（八）报告期内重大事件及对公司的影响；

（九）财务会计报告和审计报告全文；

（十）中国证监会规定的其他事项。

第十五条　中期报告应当记载以下内容：

（一）公司基本情况；

（二）主要会计数据和财务指标；

（三）公司股票、债券发行及变动情况、股东总数、公司前十大股东持股情况，控股股东及实际控制人发生变化的情况；

（四）管理层讨论与分析；

（五）报告期内重大诉讼、仲裁等重大事件及对公司的影响；

（六）财务会计报告；

（七）中国证监会规定的其他事项。

第十六条　定期报告内容应当经上市公司董事会审议通过。未经董事会审议通过的定期报告不得披露。

公司董事、高级管理人员应当对定期报告签署书面确认意见，说明董事会的编制和审议程序是否符合法律、行政法规和中国证监会的规定，报告的内容是否能够真实、准确、完整地反映上市公司的实际情况。

监事会应当对董事会编制的定期报告进行审核并提出书面审核意见。监事应当签署书面确认意见。监事会对定期报告出具的书面审核意见，应当说明董事会的编制和审议程序是否符合法律、行政法规和中国证监会的规定，报告的内容是否能够真实、准确、完整地反映上市公司的实际情况。

董事、监事无法保证定期报告内容的真实性、准确性、完整性或者有异议的，应当在董事会或者监事会审议、审核定期报告时投反对票或者弃权票。

董事、监事和高级管理人员无法保证定期报告内容的真实性、准确性、完整性或者有异议的,应当在书面确认意见中发表意见并陈述理由,上市公司应当披露。上市公司不予披露的,董事、监事和高级管理人员可以直接申请披露。

董事、监事和高级管理人员按照前款规定发表意见,应当遵循审慎原则,其保证定期报告内容的真实性、准确性、完整性的责任不仅因发表意见而当然免除。

第十七条 上市公司预计经营业绩发生亏损或者发生大幅变动的,应当及时进行业绩预告。

第十八条 定期报告披露前出现业绩泄露,或者出现业绩传闻且公司证券及其衍生品种交易出现异常波动的,上市公司应当及时披露本报告期相关财务数据。

第十九条 定期报告中财务会计报告被出具非标准审计意见的,上市公司董事会应当针对该审计意见涉及事项作出专项说明。

定期报告中财务会计报告被出具非标准审计意见,证券交易所认为涉嫌违法的,应当提请中国证监会立案调查。

第二十条 上市公司未在规定期限内披露年度报告和中期报告的,中国证监会应当立即立案调查,证券交易所应当按照股票上市规则予以处理。

第二十一条 年度报告、中期报告的格式及编制规则,由中国证监会和证券交易所制定。

第三章 临 时 报 告

第二十二条 发生可能对上市公司证券及其衍生品种交易价格产生较大影响的重大事件,投资者尚未得知时,上市公司应当立即披露,说明事件的起因、目前的状态和可能产生的影响。

前款所称重大事件包括:

(一)《证券法》第八十条第二款规定的重大事件;

(二)公司发生大额赔偿责任;

(三)公司计提大额资产减值准备;

(四)公司出现股东权益为负值;

(五)公司主要债务人出现资不抵债或者进入破产程序,公司对相应债权未提取足额坏账准备;

（六）新公布的法律、行政法规、规章、行业政策可能对公司产生重大影响；

（七）公司开展股权激励、回购股份、重大资产重组、资产分拆上市或者挂牌；

（八）法院裁决禁止控股股东转让其所持股份；任一股东所持公司百分之五以上股份被质押、冻结、司法拍卖、托管、设定信托或者被依法限制表决权等，或者出现被强制过户风险；

（九）主要资产被查封、扣押或者冻结；主要银行账户被冻结；

（十）上市公司预计经营业绩发生亏损或者发生大幅变动；

（十一）主要或者全部业务陷入停顿；

（十二）获得对当期损益产生重大影响的额外收益，可能对公司的资产、负债、权益或者经营成果产生重要影响；

（十三）聘任或者解聘为公司审计的会计师事务所；

（十四）会计政策、会计估计重大自主变更；

（十五）因前期已披露的信息存在差错、未按规定披露或者虚假记载，被有关机关责令改正或者经董事会决定进行更正；

（十六）公司或者其控股股东、实际控制人、董事、监事、高级管理人员受到刑事处罚，涉嫌违法违规被中国证监会立案调查或者受到中国证监会行政处罚，或者受到其他有权机关重大行政处罚；

（十七）公司的控股股东、实际控制人、董事、监事、高级管理人员涉嫌严重违纪违法或者职务犯罪被纪检监察机关采取留置措施且影响其履行职责；

（十八）除董事长或者经理外的公司其他董事、监事、高级管理人员因身体、工作安排等原因无法正常履行职责达到或者预计达到三个月以上，或者因涉嫌违法违规被有权机关采取强制措施且影响其履行职责；

（十九）中国证监会规定的其他事项。

上市公司的控股股东或者实际控制人对重大事件的发生、进展产生较大影响的，应当及时将其知悉的有关情况书面告知上市公司，并配合上市公司履行信息披露义务。

第二十三条　上市公司变更公司名称、股票简称、公司章程、注册资本、注册地址、主要办公地址和联系电话等，应当立即披露。

第二十四条　上市公司应当在最先发生的以下任一时点,及时履行重大事件的信息披露义务:

(一)董事会或者监事会就该重大事件形成决议时;

(二)有关各方就该重大事件签署意向书或者协议时;

(三)董事、监事或者高级管理人员知悉该重大事件发生时。

在前款规定的时点之前出现下列情形之一的,上市公司应当及时披露相关事项的现状、可能影响事件进展的风险因素:

(一)该重大事件难以保密;

(二)该重大事件已经泄露或者市场出现传闻;

(三)公司证券及其衍生品种出现异常交易情况。

第二十五条　上市公司披露重大事件后,已披露的重大事件出现可能对上市公司证券及其衍生品种交易价格产生较大影响的进展或者变化的,上市公司应当及时披露进展或者变化情况、可能产生的影响。

第二十六条　上市公司控股子公司发生本办法第二十二条规定的重大事件,可能对上市公司证券及其衍生品种交易价格产生较大影响的,上市公司应当履行信息披露义务。

上市公司参股公司发生可能对上市公司证券及其衍生品种交易价格产生较大影响的事件的,上市公司应当履行信息披露义务。

第二十七条　涉及上市公司的收购、合并、分立、发行股份、回购股份等行为导致上市公司股本总额、股东、实际控制人等发生重大变化的,信息披露义务人应当依法履行报告、公告义务,披露权益变动情况。

第二十八条　上市公司应当关注本公司证券及其衍生品种的异常交易情况及媒体关于本公司的报道。

证券及其衍生品种发生异常交易或者在媒体中出现的消息可能对公司证券及其衍生品种的交易产生重大影响时,上市公司应当及时向相关各方了解真实情况,必要时应当以书面方式问询。

上市公司控股股东、实际控制人及其一致行动人应当及时、准确地告知上市公司是否存在拟发生的股权转让、资产重组或者其他重大事件,并配合上市公司做好信息披露工作。

第二十九条　公司证券及其衍生品种交易被中国证监会或者证券交易所认定为异常交易的,上市公司应当及时了解造成证券及其衍生品种交易异常波动的影响因素,并及时披露。

第四章 信息披露事务管理

第三十条 上市公司应当制定信息披露事务管理制度。信息披露事务管理制度应当包括:

(一)明确上市公司应当披露的信息,确定披露标准;

(二)未公开信息的传递、审核、披露流程;

(三)信息披露事务管理部门及其负责人在信息披露中的职责;

(四)董事和董事会、监事和监事会、高级管理人员等的报告、审议和披露的职责;

(五)董事、监事、高级管理人员履行职责的记录和保管制度;

(六)未公开信息的保密措施,内幕信息知情人登记管理制度,内幕信息知情人的范围和保密责任;

(七)财务管理和会计核算的内部控制及监督机制;

(八)对外发布信息的申请、审核、发布流程;与投资者、证券服务机构、媒体等的信息沟通制度;

(九)信息披露相关文件、资料的档案管理制度;

(十)涉及子公司的信息披露事务管理和报告制度;

(十一)未按规定披露信息的责任追究机制,对违反规定人员的处理措施。

上市公司信息披露事务管理制度应当经公司董事会审议通过,报注册地证监局和证券交易所备案。

第三十一条 上市公司董事、监事、高级管理人员应当勤勉尽责,关注信息披露文件的编制情况,保证定期报告、临时报告在规定期限内披露。

第三十二条 上市公司应当制定定期报告的编制、审议、披露程序。经理、财务负责人、董事会秘书等高级管理人员应当及时编制定期报告草案,提请董事会审议;董事会秘书负责送达董事审阅;董事长负责召集和主持董事会会议审议定期报告;监事会负责审核董事会编制的定期报告;董事会秘书负责组织定期报告的披露工作。

第三十三条 上市公司应当制定重大事件的报告、传递、审核、披露程序。董事、监事、高级管理人员知悉重大事件发生时,应当按照公司规定立即履行报告义务;董事长在接到报告后,应当立即向董事会报告,并敦促董事会秘书组织临时报告的披露工作。

上市公司应当制定董事、监事、高级管理人员对外发布信息的行为规范,明确非经董事会书面授权不得对外发布上市公司未披露信息的情形。

第三十四条 上市公司通过业绩说明会、分析师会议、路演、接受投资者调研等形式就公司的经营情况、财务状况及其他事件与任何单位和个人进行沟通的,不得提供内幕信息。

第三十五条 董事应当了解并持续关注公司生产经营情况、财务状况和公司已经发生的或者可能发生的重大事件及其影响,主动调查、获取决策所需要的资料。

第三十六条 监事应当对公司董事、高级管理人员履行信息披露职责的行为进行监督;关注公司信息披露情况,发现信息披露存在违法违规问题的,应当进行调查并提出处理建议。

第三十七条 高级管理人员应当及时向董事会报告有关公司经营或者财务方面出现的重大事件、已披露的事件的进展或者变化情况及其他相关信息。

第三十八条 董事会秘书负责组织和协调公司信息披露事务,汇集上市公司应予披露的信息并报告董事会,持续关注媒体对公司的报道并主动求证报道的真实情况。董事会秘书有权参加股东大会、董事会会议、监事会会议和高级管理人员相关会议,有权了解公司的财务和经营情况,查阅涉及信息披露事宜的所有文件。董事会秘书负责办理上市公司信息对外公布等相关事宜。

上市公司应当为董事会秘书履行职责提供便利条件,财务负责人应当配合董事会秘书在财务信息披露方面的相关工作。

第三十九条 上市公司的股东、实际控制人发生以下事件时,应当主动告知上市公司董事会,并配合上市公司履行信息披露义务:

(一)持有公司百分之五以上股份的股东或者实际控制人持有股份或者控制公司的情况发生较大变化,公司的实际控制人及其控制的其他企业从事与公司相同或者相似业务的情况发生较大变化;

(二)法院裁决禁止控股股东转让其所持股份,任一股东所持公司百分之五以上股份被质押、冻结、司法拍卖、托管、设定信托或者被依法限制

表决权等,或者出现被强制过户风险;

(三)拟对上市公司进行重大资产或者业务重组;

(四)中国证监会规定的其他情形。

应当披露的信息依法披露前,相关信息已在媒体上传播或者公司证券及其衍生品种出现交易异常情况的,股东或者实际控制人应当及时、准确地向上市公司作出书面报告,并配合上市公司及时、准确地公告。

上市公司的股东、实际控制人不得滥用其股东权利、支配地位,不得要求上市公司向其提供内幕信息。

第四十条　上市公司向特定对象发行股票时,其控股股东、实际控制人和发行对象应当及时向上市公司提供相关信息,配合上市公司履行信息披露义务。

第四十一条　上市公司董事、监事、高级管理人员、持股百分之五以上的股东及其一致行动人、实际控制人应当及时向上市公司董事会报送上市公司关联人名单及关联关系的说明。上市公司应当履行关联交易的审议程序,并严格执行关联交易回避表决制度。交易各方不得通过隐瞒关联关系或者采取其他手段,规避上市公司的关联交易审议程序和信息披露义务。

第四十二条　通过接受委托或者信托等方式持有上市公司百分之五以上股份的股东或者实际控制人,应当及时将委托人情况告知上市公司,配合上市公司履行信息披露义务。

第四十三条　信息披露义务人应当向其聘用的证券公司、证券服务机构提供与执业相关的所有资料,并确保资料的真实、准确、完整,不得拒绝、隐匿、谎报。

证券公司、证券服务机构在为信息披露出具专项文件时,发现上市公司及其他信息披露义务人提供的材料有虚假记载、误导性陈述、重大遗漏或者其他重大违法行为的,应当要求其补充、纠正。信息披露义务人不予补充、纠正的,证券公司、证券服务机构应当及时向公司注册地证监局和证券交易所报告。

第四十四条　上市公司解聘会计师事务所的,应当在董事会决议后及时通知会计师事务所,公司股东大会就解聘会计师事务所进行表决时,应当允许会计师事务所陈述意见。股东大会作出解聘、更换会计师事务所决议的,上市公司应当在披露时说明解聘、更换的具体原因和会计师事务所的陈述意见。

第四十五条　为信息披露义务人履行信息披露义务出具专项文件的证券公司、证券服务机构及其人员,应当勤勉尽责、诚实守信,按照法律、行政法规、中国证监会规定、行业规范、业务规则等发表专业意见,保证所出具文件的真实性、准确性和完整性。

证券服务机构应当妥善保存客户委托文件、核查和验证资料、工作底稿以及与质量控制、内部管理、业务经营有关的信息和资料。证券服务机构应当配合中国证监会的监督管理,在规定的期限内提供、报送或者披露相关资料、信息,保证其提供、报送或者披露的资料、信息真实、准确、完整,不得有虚假记载、误导性陈述或者重大遗漏。

第四十六条　会计师事务所应当建立并保持有效的质量控制体系、独立性管理和投资者保护机制,秉承风险导向审计理念,遵守法律、行政法规、中国证监会的规定,严格执行注册会计师执业准则、职业道德守则及相关规定,完善鉴证程序,科学选用鉴证方法和技术,充分了解被鉴证单位及其环境,审慎关注重大错报风险,获取充分、适当的证据,合理发表鉴证结论。

第四十七条　资产评估机构应当建立并保持有效的质量控制体系、独立性管理和投资者保护机制,恪守职业道德,遵守法律、行政法规、中国证监会的规定,严格执行评估准则或者其他评估规范,恰当选择评估方法,评估中提出的假设条件应当符合实际情况,对评估对象所涉及交易、收入、支出、投资等业务的合法性、未来预测的可靠性取得充分证据,充分考虑未来各种可能性发生的概率及其影响,形成合理的评估结论。

第四十八条　任何单位和个人不得非法获取、提供、传播上市公司的内幕信息,不得利用所获取的内幕信息买卖或者建议他人买卖公司证券及其衍生品种,不得在投资价值分析报告、研究报告等文件中使用内幕信息。

第四十九条　媒体应当客观、真实地报道涉及上市公司的情况,发挥舆论监督作用。

任何单位和个人不得提供、传播虚假或者误导投资者的上市公司信息。

第五章　监督管理与法律责任

第五十条　中国证监会可以要求信息披露义务人或者其董事、监事、高级管理人员对有关信息披露问题作出解释、说明或者提供相关资料，并要求上市公司提供证券公司或者证券服务机构的专业意见。

中国证监会对证券公司和证券服务机构出具的文件的真实性、准确性、完整性有疑义的，可以要求相关机构作出解释、补充，并调阅其工作底稿。

信息披露义务人及其董事、监事、高级管理人员，证券公司和证券服务机构应当及时作出回复，并配合中国证监会的检查、调查。

第五十一条　上市公司董事、监事、高级管理人员应当对公司信息披露的真实性、准确性、完整性、及时性、公平性负责，但有充分证据表明其已经履行勤勉尽责义务的除外。

上市公司董事长、经理、董事会秘书，应当对公司临时报告信息披露的真实性、准确性、完整性、及时性、公平性承担主要责任。

上市公司董事长、经理、财务负责人应当对公司财务会计报告的真实性、准确性、完整性、及时性、公平性承担主要责任。

第五十二条　信息披露义务人及其董事、监事、高级管理人员违反本办法的，中国证监会为防范市场风险，维护市场秩序，可以采取以下监管措施：

（一）责令改正；

（二）监管谈话；

（三）出具警示函；

（四）责令公开说明；

（五）责令定期报告；

（六）责令暂停或者终止并购重组活动；

（七）依法可以采取的其他监管措施。

第五十三条　上市公司未按本办法规定制定上市公司信息披露事务管理制度的，由中国证监会责令改正；拒不改正的，给予警告并处国务院规定限额以下罚款。

第五十四条　信息披露义务人未按照《证券法》规定在规定期限内报送有关报告、履行信息披露义务，或者报送的报告、披露的信息有虚假记载、误导性陈述或者重大遗漏的,由中国证监会按照《证券法》第一百九十七条处罚。

上市公司通过隐瞒关联关系或者采取其他手段,规避信息披露、报告义务的,由中国证监会按照《证券法》第一百九十七条处罚。

第五十五条　为信息披露义务人履行信息披露义务出具专项文件的证券公司、证券服务机构及其人员,违反法律、行政法规和中国证监会规定的,中国证监会为防范市场风险,维护市场秩序,可以采取责令改正、监管谈话、出具警示函、责令公开说明、责令定期报告等监管措施;依法应当给予行政处罚的,由中国证监会依照有关规定进行处罚。

第五十六条　任何单位和个人泄露上市公司内幕信息,或者利用内幕信息买卖证券的,由中国证监会按照《证券法》第一百九十一条处罚。

第五十七条　任何单位和个人编造、传播虚假信息或者误导性信息,扰乱证券市场的;证券交易场所、证券公司、证券登记结算机构、证券服务机构及其从业人员,证券业协会、中国证监会及其工作人员,在证券交易活动中作出虚假陈述或者信息误导的;传播媒介传播上市公司信息不真实、不客观的,由中国证监会按照《证券法》第一百九十三条处罚。

第五十八条　上市公司董事、监事在董事会或者监事会审议、审核定期报告时投赞成票,又在定期报告披露时表示无法保证定期报告内容的真实性、准确性、完整性或者有异议的,中国证监会可以对相关人员给予警告并处国务院规定限额以下罚款;情节严重的,可以对有关责任人员采取证券市场禁入的措施。

第五十九条　利用新闻报道以及其他传播方式对上市公司进行敲诈勒索的,由中国证监会责令改正,并向有关部门发出监管建议函,由有关部门依法追究法律责任。

第六十条　信息披露义务人违反本办法的规定,情节严重的,中国证监会可以对有关责任人员采取证券市场禁入的措施。

第六十一条　违反本办法,涉嫌犯罪的,依法移送司法机关追究刑事责任。

第六章　附　　则

第六十二条　本办法下列用语的含义:

(一)为信息披露义务人履行信息披露义务出具专项文件的证券公

司、证券服务机构,是指为证券发行、上市、交易等证券业务活动制作、出具保荐书、审计报告、资产评估报告、估值报告、法律意见书、财务顾问报告、资信评级报告等文件的证券公司、会计师事务所、资产评估机构、律师事务所、财务顾问机构、资信评级机构等。

(二)信息披露义务人,是指上市公司及其董事、监事、高级管理人员、股东、实际控制人、收购人,重大资产重组、再融资、重大交易有关各方等自然人、单位及其相关人员,破产管理人及其成员,以及法律、行政法规和中国证监会规定的其他承担信息披露义务的主体。

(三)及时,是指自起算日起或者触及披露时点的两个交易日内。

(四)上市公司的关联交易,是指上市公司或者其控股子公司与上市公司关联人之间发生的转移资源或者义务的事项。

关联人包括关联法人(或者其他组织)和关联自然人。

具有以下情形之一的法人(或者其他组织),为上市公司的关联法人(或者其他组织):

1. 直接或者间接地控制上市公司的法人(或者其他组织);

2. 由前项所述法人(或者其他组织)直接或者间接控制的除上市公司及其控股子公司以外的法人(或者其他组织);

3. 关联自然人直接或者间接控制的、或者担任董事、高级管理人员的,除上市公司及其控股子公司以外的法人(或者其他组织);

4. 持有上市公司百分之五以上股份的法人(或者其他组织)及其一致行动人;

5. 在过去十二个月内或者根据相关协议安排在未来十二月内,存在上述情形之一的;

6. 中国证监会、证券交易所或者上市公司根据实质重于形式的原则认定的其他与上市公司有特殊关系,可能或者已经造成上市公司对其利益倾斜的法人(或者其他组织)。

具有以下情形之一的自然人,为上市公司的关联自然人:

1. 直接或者间接持有上市公司百分之五以上股份的自然人;

2. 上市公司董事、监事及高级管理人员;

3. 直接或者间接地控制上市公司的法人的董事、监事及高级管理人员;

4. 上述第 1、2 项所述人士的关系密切的家庭成员,包括配偶、父母、年满十八周岁的子女及其配偶、兄弟姐妹及其配偶,配偶的父母、兄弟姐妹,子女配偶的父母;

5. 在过去十二个月内或者根据相关协议安排在未来十二个月内,存在上述情形之一的;

6. 中国证监会、证券交易所或者上市公司根据实质重于形式的原则认定的其他与上市公司有特殊关系,可能或者已经造成上市公司对其利益倾斜的自然人。

第六十三条 中国证监会可以对金融、房地产等特定行业上市公司的信息披露作出特别规定。

第六十四条 境外企业在境内发行股票或者存托凭证并上市的,依照本办法履行信息披露义务。法律、行政法规或者中国证监会另有规定的,从其规定。

第六十五条 本办法自 2021 年 5 月 1 日起施行。2007 年 1 月 30 日发布的《上市公司信息披露管理办法》(证监会令第 40 号)、2016 年 12 月 9 日发布的《公开发行证券的公司信息披露编报规则第 13 号——季度报告的内容与格式》(证监会公告〔2016〕33 号)同时废止。

第一百六十七条 【股份有限公司自然人股东资格继承及例外】自然人股东死亡后,其合法继承人可以继承股东资格;但是,股份转让受限的股份有限公司的章程另有规定的除外。

第七章　国家出资公司组织机构的特别规定

> **第一百六十八条　【国家出资公司的设立】**国家出资公司的组织机构,适用本章规定;本章没有规定的,适用本法其他规定。
>
> 　　本法所称国家出资公司,是指国家出资的国有独资公司、国有资本控股公司,包括国家出资的有限责任公司、股份有限公司。

▌条文应用提示 ●●●●●●

　　2023年《公司法》第七章是对国家出资公司的规定。2023年《公司法》将2018年《公司法》的国有独资公司专节改为国家出资公司专章;既包括国家出资的有限责任公司,也涵盖国家出资的股份有限公司;既包括国有独资公司,也包括国有资本控股公司。同时,考虑到国家出资公司与一般公司的主要区别在于其组织机构不同于一般公司,特别是国有独资公司不设股东会,履行出资人职责的机构可以授权公司董事会行使股东会的部分职权。因此,该章主要聚焦于国家出资公司组织机构的特别规定,名称由2018年《公司法》的"国有独资公司的特别规定"修改为"国家出资公司组织机构的特别规定"。

▌旧法对应关系 ●●●●●●

　　原《公司法》第六十四条　国有独资公司的设立和组织机构,适用本节规定;本节没有规定的,适用本章第一节、第二节的规定。

　　本法所称国有独资公司,是指国家单独出资、由国务院或者地方人民政府授权本级人民政府国有资产监督管理机构履行出资人职责的有限责任公司。

▌关联法律法规 ●●●●●●

《中华人民共和国企业国有资产法》(自2009年5月1日起施行)

第一章　总　　则

　　第一条　为了维护国家基本经济制度,巩固和发展国有经济,加强对国有资产的保护,发挥国有经济在国民经济中的主导作用,促进社会主义市场经济发展,制定本法。

第二条　本法所称企业国有资产(以下称国有资产),是指国家对企业各种形式的出资所形成的权益。

第三条　国有资产属于国家所有即全民所有。国务院代表国家行使国有资产所有权。

第四条　国务院和地方人民政府依照法律、行政法规的规定,分别代表国家对国家出资企业履行出资人职责,享有出资人权益。

国务院确定的关系国民经济命脉和国家安全的大型国家出资企业,重要基础设施和重要自然资源等领域的国家出资企业,由国务院代表国家履行出资人职责。其他的国家出资企业,由地方人民政府代表国家履行出资人职责。

第五条　本法所称国家出资企业,是指国家出资的国有独资企业、国有独资公司,以及国有资本控股公司、国有资本参股公司。

第六条　国务院和地方人民政府应当按照政企分开、社会公共管理职能与国有资产出资人职能分开、不干预企业依法自主经营的原则,依法履行出资人职责。

第七条　国家采取措施,推动国有资本向关系国民经济命脉和国家安全的重要行业和关键领域集中,优化国有经济布局和结构,推进国有企业的改革和发展,提高国有经济的整体素质,增强国有经济的控制力、影响力。

第八条　国家建立健全与社会主义市场经济发展要求相适应的国有资产管理与监督体制,建立健全国有资产保值增值考核和责任追究制度,落实国有资产保值增值责任。

第九条　国家建立健全国有资产基础管理制度。具体办法按照国务院的规定制定。

第十条　国有资产受法律保护,任何单位和个人不得侵害。

第二章　履行出资人职责的机构

第十一条　国务院国有资产监督管理机构和地方人民政府按照国务院的规定设立的国有资产监督管理机构,根据本级人民政府的授权,代表本级人民政府对国家出资企业履行出资人职责。

国务院和地方人民政府根据需要,可以授权其他部门、机构代表本级人民政府对国家出资企业履行出资人职责。

代表本级人民政府履行出资人职责的机构、部门,以下统称履行出资人职责的机构。

第十二条　履行出资人职责的机构代表本级人民政府对国家出资企业依法享有资产收益、参与重大决策和选择管理者等出资人权利。

履行出资人职责的机构依照法律、行政法规的规定,制定或者参与制定国家出资企业的章程。

履行出资人职责的机构对法律、行政法规和本级人民政府规定须经本级人民政府批准的履行出资人职责的重大事项,应当报请本级人民政府批准。

第十三条　履行出资人职责的机构委派的股东代表参加国有资本控股公司、国有资本参股公司召开的股东会会议、股东大会会议,应当按照委派机构的指示提出提案、发表意见、行使表决权,并将其履行职责的情况和结果及时报告委派机构。

第十四条　履行出资人职责的机构应当依照法律、行政法规以及企业章程履行出资人职责,保障出资人权益,防止国有资产损失。

履行出资人职责的机构应当维护企业作为市场主体依法享有的权利,除依法履行出资人职责外,不得干预企业经营活动。

第十五条　履行出资人职责的机构对本级人民政府负责,向本级人民政府报告履行出资人职责的情况,接受本级人民政府的监督和考核,对国有资产的保值增值负责。

履行出资人职责的机构应当按照国家有关规定,定期向本级人民政府报告有关国有资产总量、结构、变动、收益等汇总分析的情况。

第三章　国家出资企业

第十六条　国家出资企业对其动产、不动产和其他财产依照法律、行政法规以及企业章程享有占有、使用、收益和处分的权利。

国家出资企业依法享有的经营自主权和其他合法权益受法律保护。

第十七条　国家出资企业从事经营活动,应当遵守法律、行政法规,加强经营管理,提高经济效益,接受人民政府及其有关部门、机构依法实施的管理和监督,接受社会公众的监督,承担社会责任,对出资人负责。

国家出资企业应当依法建立和完善法人治理结构,建立健全内部监督管理和风险控制制度。

第十八条　国家出资企业应当依照法律、行政法规和国务院财政部门的规定,建立健全财务、会计制度,设置会计账簿,进行会计核算,依照法律、行政法规以及企业章程的规定向出资人提供真实、完整的财务、会计信息。

国家出资企业应当依照法律、行政法规以及企业章程的规定,向出资人分配利润。

第十九条　国有独资公司、国有资本控股公司和国有资本参股公司依照《中华人民共和国公司法》的规定设立监事会。国有独资企业由履行出资人职责的机构按照国务院的规定委派监事组成监事会。

国家出资企业的监事会依照法律、行政法规以及企业章程的规定,对董事、高级管理人员执行职务的行为进行监督,对企业财务进行监督检查。

第二十条　国家出资企业依照法律规定,通过职工代表大会或者其他形式,实行民主管理。

第二十一条　国家出资企业对其所出资企业依法享有资产收益、参与重大决策和选择管理者等出资人权利。

国家出资企业对其所出资企业,应当依照法律、行政法规的规定,通过制定或者参与制定所出资企业的章程,建立权责明确、有效制衡的企业内部监督管理和风险控制制度,维护其出资人权益。

第四章　国家出资企业管理者的选择与考核

第二十二条　履行出资人职责的机构依照法律、行政法规以及企业章程的规定,任免或者建议任免国家出资企业的下列人员:

(一)任免国有独资企业的经理、副经理、财务负责人和其他高级管理人员;

(二)任免国有独资公司的董事长、副董事长、董事、监事会主席和监事;

(三)向国有资本控股公司、国有资本参股公司的股东会、股东大会提出董事、监事人选。

国家出资企业中应当由职工代表出任的董事、监事,依照有关法律、行政法规的规定由职工民主选举产生。

第二十三条　履行出资人职责的机构任命或者建议任命的董事、监事、高级管理人员,应当具备下列条件:

(一)有良好的品行;

(二)有符合职位要求的专业知识和工作能力;

(三)有能够正常履行职责的身体条件;

(四)法律、行政法规规定的其他条件。

董事、监事、高级管理人员在任职期间出现不符合前款规定情形或者出现《中华人民共和国公司法》规定的不得担任公司董事、监事、高级管理人员情形的,履行出资人职责的机构应当依法予以免职或者提出免职建议。

第二十四条　履行出资人职责的机构对拟任命或者建议任命的董事、监事、高级管理人员的人选,应当按照规定的条件和程序进行考察。考察合格的,按照规定的权限和程序任命或者建议任命。

第二十五条　未经履行出资人职责的机构同意,国有独资企业、国有独资公司的董事、高级管理人员不得在其他企业兼职。未经股东会、股东大会同意,国有资本控股公司、国有资本参股公司的董事、高级管理人员不得在经营同类业务的其他企业兼职。

未经履行出资人职责的机构同意,国有独资公司的董事长不得兼任经理。未经股东会、股东大会同意,国有资本控股公司的董事长不得兼任经理。

董事、高级管理人员不得兼任监事。

第二十六条　国家出资企业的董事、监事、高级管理人员,应当遵守法律、行政法规以及企业章程,对企业负有忠实义务和勤勉义务,不得利用职权收受贿赂或者取得其他非法收入和不当利益,不得侵占、挪用企业资产,不得超越职权或者违反程序决定企业重大事项,不得有其他侵害国有资产出资人权益的行为。

第二十七条　国家建立国家出资企业管理者经营业绩考核制度。履行出资人职责的机构应当对其任命的企业管理者进行年度和任期考核,并依据考核结果决定对企业管理者的奖惩。

履行出资人职责的机构应当按照国家有关规定,确定其任命的国家出资企业管理者的薪酬标准。

第二十八条　国有独资企业、国有独资公司和国有资本控股公司的主要负责人,应当接受依法进行的任期经济责任审计。

第二十九条　本法第二十二条第一款第一项、第二项规定的企业管理者,国务院和地方人民政府规定由本级人民政府任免的,依照其规定。履行出资人职责的机构依照本章规定对上述企业管理者进行考核、奖惩并确定其薪酬标准。

第一百六十九条　【履行国家出资公司出资人职责的主体】国家出资公司,由国务院或者地方人民政府分别代表国家依法履行出资人职责,享有出资人权益。国务院或者地方人民政府可以授权国有资产监督管理机构或者其他部门、机构代表本级人民政府对国家出资公司履行出资人职责。

代表本级人民政府履行出资人职责的机构、部门,以下统称为履行出资人职责的机构。

关联法律法规

《中华人民共和国企业国有资产法》(自2009年5月1日起施行)
第五章　关系国有资产出资人权益的重大事项
第一节　一般规定

第三十条　国家出资企业合并、分立、改制、上市,增加或者减少注册资本,发行债券,进行重大投资,为他人提供大额担保,转让重大财产,进行大额捐赠,分配利润,以及解散、申请破产等重大事项,应当遵守法律、行政法规以及企业章程的规定,不得损害出资人和债权人的权益。

第三十一条　国有独资企业、国有独资公司合并、分立,增加或者减少注册资本,发行债券,分配利润,以及解散、申请破产,由履行出资人职责的机构决定。

第三十二条　国有独资企业、国有独资公司有本法第三十条所列事项的,除依照本法第三十一条和有关法律、行政法规以及企业章程的规定,由履行出资人职责的机构决定的以外,国有独资企业由企业负责人集体讨论决定,国有独资公司由董事会决定。

第三十三条　国有资本控股公司、国有资本参股公司有本法第三十条所列事项的,依照法律、行政法规以及公司章程的规定,由公司股东会、股东大会或者董事会决定。由股东会、股东大会决定的,履行出资人职责的机构委派的股东代表应当依照本法第十三条的规定行使权利。

第三十四条　重要的国有独资企业、国有独资公司、国有资本控股公司的合并、分立、解散、申请破产以及法律、行政法规和本级人民政府规定应当由履行出资人职责的机构报经本级人民政府批准的重大事项,履行出资人职责的机构在作出决定或者向其委派参加国有资本控股公司股东会会议、股东大会会议的股东代表作出指示前,应当报请本级人民政府批准。

本法所称的重要的国有独资企业、国有独资公司和国有资本控股公司,按照国务院的规定确定。

第三十五条　国家出资企业发行债券、投资等事项,有关法律、行政法规规定应当报经人民政府或者人民政府有关部门、机构批准、核准或者备案的,依照其规定。

第三十六条　国家出资企业投资应当符合国家产业政策,并按照国家规定进行可行性研究;与他人交易应当公平、有偿,取得合理对价。

第三十七条　国家出资企业的合并、分立、改制、解散、申请破产等重大事项,应当听取企业工会的意见,并通过职工代表大会或者其他形式听取职工的意见和建议。

第三十八条　国有独资企业、国有独资公司、国有资本控股公司对其所出资企业的重大事项参照本章规定履行出资人职责。具体办法由国务院规定。

第二节　企业改制

第三十九条　本法所称企业改制是指:

(一)国有独资企业改为国有独资公司;

(二)国有独资企业、国有独资公司改为国有资本控股公司或者非国有资本控股公司;

(三)国有资本控股公司改为非国有资本控股公司。

第四十条　企业改制应当依照法定程序,由履行出资人职责的机构决定或者由公司股东会、股东大会决定。

重要的国有独资企业、国有独资公司、国有资本控股公司的改制,履行出资人职责的机构在作出决定或者向其委派参加国有资本控股公司股东会会议、股东大会会议的股东代表作出指示前,应当将改制方案报请本级人民政府批准。

第四十一条　企业改制应当制定改制方案,载明改制后的企业组织形式、企业资产和债权债务处理方案、股权变动方案、改制的操作程序、资产评估和财务审计等中介机构的选聘等事项。

企业改制涉及重新安置企业职工的,还应当制定职工安置方案,并经职工代表大会或者职工大会审议通过。

第四十二条　企业改制应当按照规定进行清产核资、财务审计、资产评估,准确界定和核实资产,客观、公正地确定资产的价值。

企业改制涉及以企业的实物、知识产权、土地使用权等非货币财产折算为国有资本出资或者股份的,应当按照规定对折价财产进行评估,以评估确认价格作为确定国有资本出资额或者股份数额的依据。不得将财产低价折股或者有其他损害出资人权益的行为。

第三节　与关联方的交易

第四十三条　国家出资企业的关联方不得利用与国家出资企业之间的交易,谋取不当利益,损害国家出资企业利益。

本法所称关联方,是指本企业的董事、监事、高级管理人员及其近亲属,以及这些人员所有或者实际控制的企业。

第四十四条　国有独资企业、国有独资公司、国有资本控股公司不得无偿向关联方提供资金、商品、服务或者其他资产,不得以不公平的价格与关联方进行交易。

第四十五条　未经履行出资人职责的机构同意,国有独资企业、国有独资公司不得有下列行为:

(一)与关联方订立财产转让、借款的协议;

(二)为关联方提供担保;

(三)与关联方共同出资设立企业,或者向董事、监事、高级管理人员或者其近亲属所有或者实际控制的企业投资。

第四十六条　国有资本控股公司、国有资本参股公司与关联方的交易,依照《中华人民共和国公司法》和有关行政法规以及公司章程的规定,由公司股东会、股东大会或者董事会决定。由公司股东会、股东大会决定的,履行出资人职责的机构委派的股东代表,应当依照本法第十三条的规定行使权利。

公司董事会对公司与关联方的交易作出决议时,该交易涉及的董事不得行使表决权,也不得代理其他董事行使表决权。

第四节 资产评估

第四十七条 国有独资企业、国有独资公司和国有资本控股公司合并、分立、改制,转让重大财产,以非货币财产对外投资,清算或者有法律、行政法规以及企业章程规定应当进行资产评估的其他情形的,应当按照规定对有关资产进行评估。

第四十八条 国有独资企业、国有独资公司和国有资本控股公司应当委托依法设立的符合条件的资产评估机构进行资产评估;涉及应当报经履行出资人职责的机构决定的事项的,应当将委托资产评估机构的情况向履行出资人职责的机构报告。

第四十九条 国有独资企业、国有独资公司、国有资本控股公司及其董事、监事、高级管理人员应当向资产评估机构如实提供有关情况和资料,不得与资产评估机构串通评估作价。

第五十条 资产评估机构及其工作人员受托评估有关资产,应当遵守法律、行政法规以及评估执业准则,独立、客观、公正地对受托评估的资产进行评估。资产评估机构应当对其出具的评估报告负责。

第五节 国有资产转让

第五十一条 本法所称国有资产转让,是指依法将国家对企业的出资所形成的权益转移给其他单位或者个人的行为;按照国家规定无偿划转国有资产的除外。

第五十二条 国有资产转让应当有利于国有经济布局和结构的战略性调整,防止国有资产损失,不得损害交易各方的合法权益。

第五十三条 国有资产转让由履行出资人职责的机构决定。履行出资人职责的机构决定转让全部国有资产的,或者转让部分国有资产致使国家对该企业不再具有控股地位的,应当报请本级人民政府批准。

第五十四条 国有资产转让应当遵循等价有偿和公开、公平、公正的原则。

除按照国家规定可以直接协议转让的以外,国有资产转让应当在依法设立的产权交易场所公开进行。转让方应当如实披露有关信息,征集受让方;征集产生的受让方为两个以上的,转让应当采用公开竞价的交易方式。

转让上市交易的股份依照《中华人民共和国证券法》的规定进行。

第五十五条 国有资产转让应当以依法评估的、经履行出资人职责的机构认可或者由履行出资人职责的机构报经本级人民政府核准的价格为依据,合理确定最低转让价格。

第五十六条 法律、行政法规或者国务院国有资产监督管理机构规定可以向本企业的董事、监事、高级管理人员或者其近亲属,或者这些人员所有或者实际控制的企业转让的国有资产,在转让时,上述人员或者企业参与受让的,应当与其他受让参与者平等竞买;转让方应当按照国家有关规定,如实披露有关信息;相关的董事、监事和高级管理人员不得参与转让方案的制定和组织实施的各项工作。

第五十七条 国有资产向境外投资者转让的,应当遵守国家有关规定,不得危害国家安全和社会公共利益。

第六章 国有资本经营预算

第五十八条 国家建立健全国有资本经营预算制度,对取得的国有资本收入及其支出实行预算管理。

第五十九条 国家取得的下列国有资本收入,以及下列收入的支出,应当编制国有资本经营预算:

(一)从国家出资企业分得的利润;

(二)国有资产转让收入;

(三)从国家出资企业取得的清算收入;

(四)其他国有资本收入。

第六十条 国有资本经营预算按年度单独编制,纳入本级人民政府预算,报本级人民代表大会批准。

国有资本经营预算支出按照当年预算收入规模安排,不列赤字。

第六十一条 国务院和有关地方人民政府财政部门负责国有资本经营预算草案的编制工作,履行出资人职责的机构向财政部门提出由其履行出资人职责的国有资本经营预算建议草案。

第六十二条　国有资本经营预算管理的具体办法和实施步骤,由国务院规定,报全国人民代表大会常务委员会备案。

第七章　国有资产监督

第六十三条　各级人民代表大会常务委员会通过听取和审议本级人民政府履行出资人职责的情况和国有资产监督管理情况的专项工作报告,组织对本法实施情况的执法检查等,依法行使监督职权。

第六十四条　国务院和地方人民政府应当对其授权履行出资人职责的机构履行职责的情况进行监督。

第六十五条　国务院和地方人民政府审计机关依照《中华人民共和国审计法》的规定,对国有资本经营预算的执行情况和属于审计监督对象的国家出资企业进行审计监督。

第六十六条　国务院和地方人民政府应当依法向社会公布国有资产状况和国有资产监督管理工作情况,接受社会公众的监督。

任何单位和个人有权对造成国有资产损失的行为进行检举和控告。

第六十七条　履行出资人职责的机构根据需要,可以委托会计师事务所对国有独资企业、国有独资公司的年度财务会计报告进行审计,或者通过国有资本控股公司的股东会、股东大会决议,由国有资本控股公司聘请会计师事务所对公司的年度财务会计报告进行审计,维护出资人权益。

第八章　法　律　责　任

第六十八条　履行出资人职责的机构有下列行为之一的,对其直接负责的主管人员和其他直接责任人员依法给予处分:

(一)不按照法定的任职条件,任命或者建议任命国家出资企业管理者的;

(二)侵占、截留、挪用国家出资企业的资金或者应当上缴的国有资本收入的;

(三)违反法定的权限、程序,决定国家出资企业重大事项,造成国有资产损失的;

(四)有其他不依法履行出资人职责的行为,造成国有资产损失的。

第六十九条　履行出资人职责的机构的工作人员玩忽职守、滥用职权、徇私舞弊,尚不构成犯罪的,依法给予处分。

第七十条　履行出资人职责的机构委派的股东代表未按照委派机构

的指示履行职责,造成国有资产损失的,依法承担赔偿责任;属于国家工作人员的,并依法给予处分。

第七十一条　国家出资企业的董事、监事、高级管理人员有下列行为之一,造成国有资产损失的,依法承担赔偿责任;属于国家工作人员的,并依法给予处分:

(一)利用职权收受贿赂或者取得其他非法收入和不当利益的;

(二)侵占、挪用企业资产的;

(三)在企业改制、财产转让等过程中,违反法律、行政法规和公平交易规则,将企业财产低价转让、低价折股的;

(四)违反本法规定与本企业进行交易的;

(五)不如实向资产评估机构、会计师事务所提供有关情况和资料,或者与资产评估机构、会计师事务所串通出具虚假资产评估报告、审计报告的;

(六)违反法律、行政法规和企业章程规定的决策程序,决定企业重大事项的;

(七)有其他违反法律、行政法规和企业章程执行职务行为的。

国家出资企业的董事、监事、高级管理人员因前款所列行为取得的收入,依法予以追缴或者归国家出资企业所有。

履行出资人职责的机构任命或者建议任命的董事、监事、高级管理人员有本条第一款所列行为之一,造成国有资产重大损失的,由履行出资人职责的机构依法予以免职或者提出免职建议。

第七十二条　在涉及关联方交易、国有资产转让等交易活动中,当事人恶意串通,损害国有资产权益的,该交易行为无效。

第七十三条　国有独资企业、国有独资公司、国有资本控股公司的董事、监事、高级管理人员违反本法规定,造成国有资产重大损失,被免职的,自免职之日起五年内不得担任国有独资企业、国有独资公司、国有资本控股公司的董事、监事、高级管理人员;造成国有资产特别重大损失,或者因贪污、贿赂、侵占财产、挪用财产或者破坏社会主义市场经济秩序被判处刑罚的,终身不得担任国有独资企业、国有独资公司、国有资本控股公司的董事、监事、高级管理人员。

第七十四条　接受委托对国家出资企业进行资产评估、财务审计的资产评估机构、会计师事务所违反法律、行政法规的规定和执业准则,出具虚假的资产评估报告或者审计报告的,依照有关法律、行政法规的规定追究法律责任。

第七十五条　违反本法规定,构成犯罪的,依法追究刑事责任。

《国务院办公厅关于进一步完善国有企业法人治理结构的指导意见》（国办发〔2017〕36号）

（一）理顺出资人职责,转变监管方式。

1. 股东会是公司的权力机构。股东会主要依据法律法规和公司章程,通过委派或更换董事、监事（不含职工代表）,审核批准董事会、监事会年度工作报告,批准公司财务预决算、利润分配方案等方式,对董事会、监事会以及董事、监事的履职情况进行评价和监督。出资人机构根据本级人民政府授权对国家出资企业依法享有股东权利。

2. 国有独资公司不设股东会,由出资人机构依法行使股东会职权。以管资本为主改革国有资本授权经营体制,对直接出资的国有独资公司,出资人机构重点管好国有资本布局、规范资本运作、强化资本约束、提高资本回报、维护资本安全。对国有全资公司、国有控股企业,出资人机构主要依据股权份额通过参加股东会议、审核需由股东决定的事项、与其他股东协商作出决议等方式履行职责,除法律法规或公司章程另有规定外,不得干预企业自主经营活动。

3. 出资人机构依据法律法规和公司章程规定行使股东权利、履行股东义务,有关监管内容应依法纳入公司章程。按照以管资本为主的要求,出资人机构要转变工作职能、改进工作方式,加强公司章程管理,清理有关规章、规范性文件,研究提出出资人机构审批事项清单,建立对董事会重大决策的合规性审查机制,制定监事会建设、责任追究等具体措施,适时制定国有资本优先股和国家特殊管理股管理办法。

第一百七十条　【国家出资公司中党组织的领导作用】国家出资公司中中国共产党的组织,按照中国共产党章程的规定发挥领导作用,研究讨论公司重大经营管理事项,支持公司的组织机构依法行使职权。

关联法律法规 ●●●●●●●

《中国共产党章程》

第三十三条第二款 国有企业党委(党组)发挥领导作用,把方向、管大局、保落实,依照规定讨论和决定企业重大事项。国有企业和集体企业中党的基层组织,围绕企业生产经营开展工作。保证监督党和国家的方针、政策在本企业的贯彻执行;支持股东会、董事会、监事会和经理(厂长)依法行使职权;全心全意依靠职工群众,支持职工代表大会开展工作;参与企业重大问题的决策;加强党组织的自身建设,领导思想政治工作、精神文明建设、统一战线工作和工会、共青团、妇女组织等群团组织。

《中国共产党国有企业基层组织工作条例(试行)》(2019年12月30日)

第十一条 国有企业党委(党组)发挥领导作用,把方向、管大局、保落实,依照规定讨论和决定企业重大事项。主要职责是:

(一)加强企业党的政治建设,坚持和落实中国特色社会主义根本制度、基本制度、重要制度,教育引导全体党员始终在政治立场、政治方向、政治原则、政治道路上同以习近平同志为核心的党中央保持高度一致;

(二)深入学习和贯彻习近平新时代中国特色社会主义思想,学习宣传党的理论,贯彻执行党的路线方针政策,监督、保证党中央重大决策部署和上级党组织决议在本企业贯彻落实;

(三)研究讨论企业重大经营管理事项,支持股东(大)会、董事会、监事会和经理层依法行使职权;

(四)加强对企业选人用人的领导和把关,抓好企业领导班子建设和干部队伍、人才队伍建设;

(五)履行企业党风廉政建设主体责任,领导、支持内设纪检组织履行监督执纪问责职责,严明政治纪律和政治规矩,推动全面从严治党向基层延伸;

(六)加强基层党组织建设和党员队伍建设,团结带领职工群众积极投身企业改革发展;

(七)领导企业思想政治工作、精神文明建设、统一战线工作,领导企业工会、共青团、妇女组织等群团组织。

第十二条 国有企业党支部(党总支)以及内设机构中设立的党委围

绕生产经营开展工作,发挥战斗堡垒作用。主要职责是:

(一)学习宣传和贯彻落实党的理论和路线方针政策,宣传和执行党中央、上级党组织和本组织的决议,团结带领职工群众完成本单位各项任务。

(二)按照规定参与本单位重大问题的决策,支持本单位负责人开展工作。

(三)做好党员教育、管理、监督、服务和发展党员工作,严格党的组织生活,组织党员创先争优,充分发挥党员先锋模范作用。

(四)密切联系职工群众,推动解决职工群众合理诉求,认真做好思想政治工作。领导本单位工会、共青团、妇女组织等群团组织,支持它们依照各自章程独立负责地开展工作。

(五)监督党员、干部和企业其他工作人员严格遵守国家法律法规、企业财经人事制度,维护国家、集体和群众的利益。

(六)实事求是对党的建设、党的工作提出意见建议,及时向上级党组织报告重要情况。按照规定向党员、群众通报党的工作情况。

第十三条 国有企业应当将党建工作要求写入公司章程,写明党组织的职责权限、机构设置、运行机制、基础保障等重要事项,明确党组织研究讨论是董事会、经理层决策重大问题的前置程序,落实党组织在公司治理结构中的法定地位。

第十四条 坚持和完善"双向进入、交叉任职"领导体制,符合条件的党委(党组)班子成员可以通过法定程序进入董事会、监事会、经理层,董事会、监事会、经理层成员中符合条件的党员可以依照有关规定和程序进入党委(党组)。

党委(党组)书记、董事长一般由一人担任,党员总经理担任副书记。确因工作需要由上级企业领导人员兼任董事长的,根据企业实际,党委书记可以由党员总经理担任,也可以单独配备。

不设董事会只设执行董事的独立法人企业,党委书记和执行董事一般由一人担任。总经理单设且是党员的,一般应当担任党委副书记。

分公司等非独立法人企业,党委书记和总经理是否分设,结合实际确定。分设的一般由党委书记担任副总经理、党员总经理担任党委副书记。

中央企业党委(党组)配备专职副书记,专职副书记一般进入董事会且不在经理层任职,专责抓好党建工作。规模较大、职工和党员人数较多的中央企业所属企业(单位)和地方国有企业党委,可以配备专职副书记。国有企业党委(党组)班子中的内设纪检组织负责人,一般不兼任其他职务,确需兼任的,报上级党组织批准。

国有企业党组织实行集体领导和个人分工负责相结合的制度,进入董事会、监事会、经理层的党组织领导班子成员必须落实党组织决定。

第十五条　国有企业重大经营管理事项必须经党委(党组)研究讨论后,再由董事会或者经理层作出决定。研究讨论的事项主要包括:

(一)贯彻党中央决策部署和落实国家发展战略的重大举措;

(二)企业发展战略、中长期发展规划、重要改革方案;

(三)企业资产重组、产权转让、资本运作和大额投资中的原则性方向性问题;

(四)企业组织架构设置和调整,重要规章制度的制定和修改;

(五)涉及企业安全生产、维护稳定、职工权益、社会责任等方面的重大事项;

(六)其他应当由党委(党组)研究讨论的重要事项。

国有企业党委(党组)应当结合企业实际制定研究讨论的事项清单,厘清党委(党组)和董事会、监事会、经理层等其他治理主体的权责。

具有人财物重大事项决策权且不设党委的独立法人企业的党支部(党总支),一般由党员负责人担任书记和委员,由党支部(党总支)对企业重大事项进行集体研究把关。

第十六条　国有企业党组织应当按照干部管理权限,规范动议提名、组织考察、讨论决定等程序,落实对党忠诚、勇于创新、治企有方、兴企有为、清正廉洁的要求,做好选配企业领导人员工作,加大优秀年轻领导人员培养选拔力度,加强企业领导人员管理监督,保证党对干部人事工作的领导权和对重要干部的管理权。

实施人才强企战略,健全人才培养、引进、使用机制,重点做好企业经营管理人才、专业技术人才、高技能人才以及特殊领域紧缺人才工作,激发和保护企业家精神,营造鼓励创新创业的良好环境。

第一百七十一条　【国有独资公司章程】国有独资公司章程由履行出资人职责的机构制定。

旧法对应关系 ●●●●●●●

原《公司法》第六十五条　国有独资公司章程由国有资产监督管理机构制定,或者由董事会制订报国有资产监督管理机构批准。

第一百七十二条　【国有独资公司重大事项的决定】国有独资公司不设股东会,由履行出资人职责的机构行使股东会职权。履行出资人职责的机构可以授权公司董事会行使股东会的部分职权,但公司章程的制定和修改,公司的合并、分立、解散、申请破产,增加或者减少注册资本,分配利润,应当由履行出资人职责的机构决定。

旧法对应关系 ●●●●●●●

原《公司法》第六十六条　国有独资公司不设股东会,由国有资产监督管理机构行使股东会职权。国有资产监督管理机构可以授权公司董事会行使股东会的部分职权,决定公司的重大事项,但公司的合并、分立、解散、增加或者减少注册资本和发行公司债券,必须由国有资产监督管理机构决定;其中,重要的国有独资公司合并、分立、解散、申请破产的,应当由国有资产监督管理机构审核后,报本级人民政府批准。

前款所称重要的国有独资公司,按照国务院的规定确定。

第一百七十三条　【国有独资公司董事会】国有独资公司的董事会依照本法规定行使职权。

国有独资公司的董事会成员中,应当过半数为外部董事,并应当有公司职工代表。

董事会成员由履行出资人职责的机构委派;但是,董事会成员中的职工代表由公司职工代表大会选举产生。

董事会设董事长一人,可以设副董事长。董事长、副董事长由履行出资人职责的机构从董事会成员中指定。

旧法对应关系

原《公司法》第六十七条　国有独资公司设董事会,依照本法第四十六条、第六十六条的规定行使职权。董事每届任期不得超过三年。董事会成员中应当有公司职工代表。

董事会成员由国有资产监督管理机构委派;但是,董事会成员中的职工代表由公司职工代表大会选举产生。董事会设董事长一人,可以设副董事长。董事长、副董事长由国有资产监督管理机构从董事会成员中指定。

关联法律法规

《国务院办公厅关于进一步完善国有企业法人治理结构的指导意见》(国办发〔2017〕36号)

(二)加强董事会建设,落实董事会职权。

1. 董事会是公司的决策机构,要对股东会负责,执行股东会决定,依照法定程序和公司章程授权决定公司重大事项,接受股东会、监事会监督,认真履行决策把关、内部管理、防范风险、深化改革等职责。国有独资公司要依法落实和维护董事会行使重大决策、选人用人、薪酬分配等权利,增强董事会的独立性和权威性,落实董事会年度工作报告制度;董事会应与党组织充分沟通,有序开展国有独资公司董事会选聘经理层试点,加强对经理层的管理和监督。

2. 优化董事会组成结构。国有独资、全资公司的董事长、总经理原则上分设,应均为内部执行董事,定期向董事会报告工作。国有独资公司的董事长作为企业法定代表人,对企业改革发展负首要责任,要及时向董事会和国有股东报告重大经营问题和经营风险。国有独资公司的董事对出资人机构负责,接受出资人机构指导,其中外部董事人选由出资人机构商有关部门提名,并按照法定程序任命。国有全资公司、国有控股企业的董事由相关股东依据股权份额推荐派出,由股东会选举或更换,国有股东派出的董事要积极维护国有资本权益;国有全资公司的外部董事人选由控股股东商其他股东推荐,由股东会选举或更换;国有控股企业应有一定比例的外部董事,由股东会选举或更换。

3. 规范董事会议事规则。董事会要严格实行集体审议、独立表决、个人负责的决策制度,平等充分发表意见,一人一票表决,建立规范透明的重大事项信息公开和对外披露制度,保障董事会会议记录和提案资料的完整性,建立董事会决议跟踪落实以及后评估制度,做好与其他治理主体的联系沟通。董事会应当设立提名委员会、薪酬与考核委员会、审计委员会等专门委员会,为董事会决策提供咨询,其中薪酬与考核委员会、审计委员会应由外部董事组成。改进董事会和董事评价办法,完善年度和任期考核制度,逐步形成符合企业特点的考核评价体系和激励机制。

4. 加强董事队伍建设。开展董事任前和任期培训,做好董事派出和任期管理工作。建立完善外部董事选聘和管理制度,严格资格认定和考试考察程序,拓宽外部董事来源渠道,扩大专职外部董事队伍,选聘一批现职国有企业负责人转任专职外部董事,定期报告外部董事履职情况。国有独资公司要健全外部董事召集人制度,召集人由外部董事定期推选产生。外部董事要与出资人机构加强沟通。

《国有独资公司董事会试点企业职工董事管理办法(试行)》(国资发群工[2006]21号)

第一章 总 则

第一条 为推进中央企业完善公司法人治理结构,充分发挥职工董事在董事会中的作用,根据《中华人民共和国公司法》(以下简称《公司法》)和《国务院国有资产监督管理委员会关于国有独资公司董事会建设的指导意见(试行)》,制定本办法。

第二条 本办法适用于中央企业建立董事会试点的国有独资公司(以下简称公司)。

第三条 本办法所称职工董事,是指公司职工民主选举产生,并经国务院国有资产监督管理委员会(以下简称国资委)同意,作为职工代表出任的公司董事。

第四条 公司董事会成员中,至少有1名职工董事。

第二章 任 职 条 件

第五条 担任职工董事应当具备下列条件:

(一)经公司职工民主选举产生;

(二)具有良好的品行和较好的群众基础;

(三)具备相关的法律知识,遵守法律、行政法规和公司章程,保守公司秘密；

（四）熟悉本公司经营管理情况，具有相关知识和工作经验，有较强的参与经营决策和协调沟通能力；

（五）《公司法》等法律法规规定的其他条件。

第六条　下列人员不得担任公司职工董事：

（一）公司党委（党组）书记和未兼任工会主席的党委副书记、纪委书记（纪检组组长）；

（二）公司总经理、副总经理、总会计师。

第三章　职工董事的提名、选举、聘任

第七条　职工董事候选人由公司工会提名和职工自荐方式产生。

职工董事候选人可以是公司工会主要负责人，也可以是公司其他职工代表。

第八条　候选人确定后由公司职工代表大会、职工大会或其他形式以无记名投票的方式差额选举产生职工董事。

公司未建立职工代表大会的，职工董事可以由公司全体职工直接选举产生，也可以由公司总部全体职工和部分子（分）公司的职工代表选举产生。

第九条　职工董事选举前，公司党委（党组）应征得国资委同意；选举后，选举结果由公司党委（党组）报国资委备案后，由公司聘任。

第四章　职工董事的权利、义务、责任

第十条　职工董事代表职工参加董事会行使职权，享有与公司其他董事同等权利，承担相应义务。

第十一条　职工董事应当定期参加国资委及其委托机构组织的有关业务培训，不断提高工作能力和知识水平。

第十二条　董事会研究决定公司重大问题，职工董事发表意见时要充分考虑出资人、公司和职工的利益关系。

第十三条　董事会研究决定涉及职工切身利益的问题时，职工董事应当事先听取公司工会和职工的意见，全面准确反映职工意见，维护职工的合法权益。

第十四条　董事会研究决定生产经营的重大问题、制定重要的规章制度时，职工董事应当听取公司工会和职工的意见和建议，并在董事会上

予以反映。

第十五条　职工董事应当参加职工代表团(组)长和专门小组(或者专门委员会)负责人联席会议,定期到职工中开展调研,听取职工的意见和建议。职工董事应当定期向职工代表大会或者职工大会报告履行职工董事职责的情况,接受监督、质询和考核。

第十六条　公司应当为职工董事履行董事职责提供必要的条件。职工董事履行职务时的出差、办公等有关待遇参照其他董事执行。

职工董事不额外领取董事薪酬或津贴,但因履行董事职责而减少正常收入的,公司应当给予相应补偿。具体补偿办法由公司职工代表大会或职工大会提出,经公司董事会批准后执行。

第十七条　职工董事应当对董事会的决议承担相应的责任。董事会的决议违反法律、行政法规或者公司章程,致使公司遭受严重损失的,参与决议的职工董事应当按照有关法律法规和公司章程的规定,承担赔偿责任。但经证明在表决时曾表明异议并载于会议记录的,可以免除责任。

第五章　职工董事的任期、补选、罢免

第十八条　职工董事的任期每届不超过三年,任期届满,可连选连任。

第十九条　职工董事的劳动合同在董事任期内到期的,自动延长至董事任期结束。

职工董事任职期间,公司不得因其履行董事职务的原因降职减薪、解除劳动合同。

第二十条　职工董事因故出缺,按本办法第七条、第八条规定补选。

职工董事在任期内调离本公司的,其职工董事资格自行终止,缺额另行补选。

第二十一条　职工代表大会有权罢免职工董事,公司未建立职工代表大会的,罢免职工董事的权力由职工大会行使。职工董事有下列行为之一的,应当罢免:

(一)职工代表大会或职工大会年度考核评价结果较差的;

(二)对公司的重大违法违纪问题隐匿不报或者参与公司编造虚假报告的;

(三)泄露公司商业秘密,给公司造成重大损失的;

（四）以权谋私，收受贿赂，或者为自己及他人从事与公司利益有冲突的行为损害公司利益的；

（五）不向职工代表大会或职工大会报告工作或者连续两次未能亲自出席也不委托他人出席董事会的；

（六）其他违反法律、行政法规应予罢免的行为。

第二十二条　罢免职工董事，须由十分之一以上全体职工或者三分之一以上职工代表大会代表联名提出罢免案，罢免案应当写明罢免理由。

第二十三条　公司召开职工代表大会或职工大会，讨论罢免职工董事事项时，职工董事有权在主席团会议和大会全体会议上提出申辩理由或者书面提出申辩意见，由主席团印发职工代表或全体职工。

第二十四条　罢免案经职工代表大会或职工大会审议后，由主席团提请职工代表大会或职工大会表决。罢免职工董事采用无记名投票的表决方式。

第二十五条　罢免职工董事，须经职工代表大会过半数的职工代表通过。

公司未建立职工代表大会的，须经全体职工过半数同意。

第二十六条　职工代表大会罢免决议经公司党委（党组）审核，报国资委备案后，由公司履行解聘手续。

第六章　附　　则

第二十七条　各试点企业可以依据本办法制订实施细则。

第二十八条　本办法自发布之日起施行。

《国务院国有资产监督管理委员会关于国有独资公司董事会建设的指导意见（试行）》（国资发改革〔2004〕229号）

为指导大型中央企业开展国有独资公司（以下简称公司）建立和完善董事会试点工作，加强董事会建设，依据《中华人民共和国公司法》（以下简称《公司法》）、《企业国有资产监督管理暂行条例》（以下简称《条例》）等法律法规，提出以下指导意见。

一、董事会的职责

（一）董事会依照《公司法》第四十六条的规定行使以下职权：

1. 选聘或者解聘公司总经理（中央管理主要领导人员的企业，按照有关规定执行，下同），并根据总经理的提名，聘任或者解聘公司副总经理、财务负责人；负责对总经理的考核，决定其报酬事项，并根据总经理建议决定副总经理、财务负责人的报酬；

2. 决定公司的经营计划、投资方案（含投资设立企业、收购股权和实物资产投资方案），以及公司对外担保；

3. 制订公司的年度财务预算方案、决算方案；

4. 制订公司的利润分配方案和弥补亏损方案；

5. 制订公司增加或者减少注册资本的方案以及发行公司债券的方案；

6. 拟订公司合并、分立、变更公司形式、解散的方案；

7. 决定公司内部管理机构的设置，决定公司分支机构的设立或者撤销；

8. 制定公司的基本管理制度。

（二）根据公司具体情况，董事会可以行使以下职权：

1. 审核公司的发展战略和中长期发展规划，并对其实施进行监督；

2. 决定公司的年度经营目标；

3. 决定公司的风险管理体制，包括风险评估、财务控制、内部审计、法律风险控制，并对实施进行监控；

4. 制订公司主营业务资产的股份制改造方案（包括各类股权多元化方案和转让国有产权方案）、与其他企业重组方案；

5. 除依照《条例》规定须由国务院国有资产监督管理委员会（以下简称国资委）批准外，决定公司内部业务重组和改革事项；

6. 除依照《条例》规定须由国资委批准的重要子企业的重大事项外，依照法定程序决定或参与决定公司所投资的全资、控股、参股企业的有关事项；

7. 制订公司章程草案和公司章程的修改方案。

（三）国资委依照《公司法》第六十六条和《条例》第二十八条规定，授予董事会行使出资人的部分职权（另行制定）。

（四）董事会应对以下有关决策制度作出全面、明确、具体的规定，并将其纳入公司章程：

1. 应由董事会决定的重大事项的范围和数量界限（指可量化的标准，下同），其中重大投融资应有具体金额或占公司净资产比重的规定。公司

累计投资额占公司净资产比重应符合法律法规的规定;

2. 公司发展战略、中长期发展规划、重大投融资项目等决策的程序、方法,并确定投资收益的内部控制指标;

3. 对决策所需信息的管理。其中提供信息的部门及有关人员对来自于公司内部且可客观描述的信息的真实性、准确性应承担责任;对来自于公司外部且不可控的信息的可靠性应进行评估;

4. 董事会表决前必须对决策的风险进行讨论,出席董事会会议的董事应作出自己的判断;

5. 董事会对董事长、董事的授权事项应有具体的范围、数量和时间界限。

(五)董事会履行以下义务:

1. 执行国资委的决定,对国资委负责,最大限度地追求所有者的投资回报,完成国家交给的任务;

2. 向国资委提交年度经营业绩考核指标和资产经营责任制目标完成情况的报告;

3. 向国资委提供董事会的重大投融资决策信息;

4. 向国资委提供真实、准确、全面的财务和运营信息;

5. 向国资委提供董事和经理人员的实际薪酬以及经理人员的提名、聘任或解聘的程序和方法等信息;

6. 维护公司职工、债权人和用户的合法权益;

7. 确保国家有关法律法规和国资委规章在公司的贯彻执行。

二、董事及外部董事制度

(六)董事通过出席董事会会议、参加董事会的有关活动行使权利。

(七)董事履行以下义务:

1. 讲求诚信,严格遵守法律、法规和公司章程的规定,依法承担保守商业秘密和竞业禁止义务;

2. 忠实履行职责,最大限度维护所有者的利益,追求国有资产的保值增值;

3. 勤勉工作,投入足够的时间和精力行使职权;

4. 关注董事会的事务,了解和掌握足够的信息,深入细致地研究和分析,独立、谨慎地表决;

5. 努力提高履行职务所需的技能。

（八）董事对行使职权的结果负责，对失职、失察、重大决策失误等过失承担责任，违反《公司法》、《条例》等法律、法规规定的，追究其法律责任。

董事会决议违反法律、法规或公司章程规定，致使公司遭受损失，投赞成票和弃权票的董事个人承担直接责任（包括赔偿责任），对经证明在表决时曾表明异议并载于会议记录的投反对票的董事，可免除个人责任。

（九）外部董事指由非本公司员工的外部人员担任的董事。外部董事不在公司担任除董事和董事会专门委员会有关职务外的其他职务，不负责执行层的事务。

外部董事与其担任董事的公司不应存在任何可能影响其公正履行外部董事职务的关系。本人及其直系亲属近两年内未曾在公司和公司的全资、控股子企业任职，未曾从事与公司有关的商业活动，不持有公司所投资企业的股权，不在与公司同行业的企业或与公司有业务关系的单位兼职等。

（十）专门在若干户中央企业担任外部董事职务的为专职外部董事。除外部董事职务外，在中央企业或其他单位还担任其他职务的为兼职外部董事，该单位应出具同意其兼任外部董事职务并在工作时间上予以支持的有效文件。外部董事本人应保证有足够的时间和精力履行该职务。

（十一）国资委选聘外部董事，可以特别邀请国内外知名专家、学者、企业家；可以从中央企业有关人员中挑选；可以面向社会公开选聘。逐步建立外部董事人才库制度，向全社会、国内外公开信息，自愿申请入库，经审核符合条件的予以入库，国资委从人才库中选聘外部董事。

（十二）除特别邀请的外部董事外，外部董事任职前需参加国资委或国资委委托有关单位举办的任职培训。

（十三）外部董事应是公司主营业务投资、企业经营管理、财务会计、金融、法律、人力资源管理等某一方面的专家或具有实践经验的人士。

（十四）除专职外部董事外，外部董事任期结束后不再续聘的为自动解聘，国资委不承担为其另行安排职务的义务。

（十五）确定外部董事的薪酬应充分考虑其担任的职务和承担的责任。外部董事薪酬由国资委确定，由所任职公司支付。外部董事在履行职务时的出差、办公等有关待遇比照本公司非外部董事待遇执行。除此以外，外部董事不得在公司获得任何形式的其他收入或福利。

三、董事会的组成和专门委员会

（十六）董事会成员原则上不少于9人，其中至少有1名由公司职工民主选举产生的职工代表。试点初期外部董事不少于2人。根据外部董事人力资源开发情况，在平稳过渡的前提下，逐步提高外部董事在董事会成员中的比例。

（十七）董事会设董事长1人，可视需要设副董事长1人。董事长、副董事长由国资委指定。

（十八）董事长行使以下职权：

1. 召集和主持董事会会议；
2. 检查董事会决议的实施情况；
3. 组织制订董事会运作的各项制度，协调董事会的运作；
4. 签署董事会重要文件和法律法规规定的其他文件；
5. 在重大决策、参加对外活动等方面对外代表公司；
6. 《公司法》等法律法规赋予的其他职权；
7. 董事会授予的其他职权，但应由董事会集体决策的重大事项不得授权董事长决定。

（十九）董事会每届任期为3年。董事任期届满，经国资委聘任可以连任。外部董事在一家公司连任董事不得超过两届。

（二十）建立董事会的同时，要加强党的建设。公司党委（党组）主要负责人应当进入董事会；非外部董事中的党员可依照《中国共产党章程》有关规定进入党委（党组）；党委（党组）书记和董事长可由一人担任。

（二十一）董事会应下设战略委员会、提名委员会、薪酬与考核委员会，也可设立法律风险监控委员会等董事会认为需要的其他专门委员会。专门委员会要充分发挥董事长和外部董事的作用。

（二十二）战略委员会的主要职责是研究公司发展战略、中长期发展规划、投融资、重组、转让公司所持股权、企业改革等重大决策，并向董事会提交建议草案。该委员会由董事长担任召集人，若干董事为成员。

（二十三）提名委员会的主要职责是研究经理人员的选择标准、程序和方法以及总经理继任计划（包括人选）并向董事会提出建议；对总经理提出的副总经理、财务负责人等人选进行考察,并向董事会提出考察意见。该委员会由不兼任总经理的董事长担任召集人,由该董事长和外部董事组成。董事长兼任总经理的,由外部董事担任召集人。

(二十四)薪酬与考核委员会的主要职责是拟订经理人员的薪酬方案以及对总经理的考核与奖惩建议并提交董事会;拟订非外部董事的薪酬方案以及对其考核与奖惩、续聘或解聘的建议,并提交国资委。该委员会由外部董事担任召集人,外部董事为成员。非外部董事担任董事长但不兼任总经理的,可作为该委员会的成员,并可担任召集人。

(二十五)各专门委员会履行职权时应尽量使其成员达成一致意见;确实难以达成一致意见时,应向董事会提交各项不同意见并作说明。各专门委员会经董事会授权可聘请中介机构为其提供专业意见,费用由公司承担。

(二十六)公司各业务部门有义务为董事会及其下设的各专门委员会提供工作服务。经董事会同意,公司业务部门负责人可参加专门委员会的有关工作。

(二十七)拟提交董事会表决的公司发展战略、中长期发展规划、投融资、重组、转让公司所持股权等重大决策草案,聘请咨询机构咨询的,外部董事应当阅研咨询报告、听取有关咨询人员关于决策的风险评估,并就该风险在董事会发表意见。

(二十八)设立董事会办公室作为董事会常设工作机构,负责筹备董事会会议,办理董事会日常事务,与董事、外部董事沟通信息,为董事工作提供服务等事项。

(二十九)董事会秘书负责董事会办公室的工作,并列席董事会,负责作董事会会议记录。

(三十)董事会秘书应当具备企业管理、法律等方面专业知识和经验。董事会秘书由董事长提名,董事会决定聘任或解聘。

四、董事会会议

(三十一)董事会会议分为定期董事会会议和临时董事会会议。公司章程应对定期董事会会议的内容、次数、召开的时间作出具体的规定。有以下情况之一时,董事长应在 7 个工作日内签发召开临时董事会会议的通知:

1. 三分之一以上董事提议时；
2. 监事会提议时；
3. 董事长认为有必要时；
4. 国资委认为有必要时。

（三十二）公司章程应对董事必须亲自出席的董事会会议的性质、内容等作出规定。董事会会议原则上应以现场会形式举行，只有在时间紧急和讨论一般性议题时才可采用可视电话会或制成书面材料分别审议方式开会及对议案作出决议。

（三十三）定期董事会会议应在会议召开10日以前通知全体董事、监事及其他列席人员。临时董事会会议可以在章程中另定通知时限。会议通知的内容至少应包括时间、地点、期限、议程、事由、议题及有关资料、通知发出的日期等。对董事会会议审议的重大决策事项，必须事先向董事提供充分的资料，公司章程应对资料的充分性和提前的时限作出规定，以确保董事有足够的时间阅研材料。

（三十四）当四分之一以上董事或2名以上（含2名）外部董事认为资料不充分或论证不明确时，可联名提出缓开董事会会议或缓议董事会会议所议议题，董事会应予采纳。

（三十五）董事会会议应由二分之一以上的董事出席方可举行。公司章程应对必须由全体董事三分之二以上表决同意方可通过的决议作出具体规定；其余决议可由全体董事过半数表决同意即为有效。

（三十六）董事会会议表决，各董事会成员均为一票。各董事应按自己的判断独立投票。

（三十七）董事会会议应对所议事项做成详细的会议记录。该记录至少应包括会议召开的日期、地点、主持人姓名、出席董事姓名、会议议程、董事发言要点、决议的表决方式和结果（赞成、反对或弃权的票数及投票人姓名）。出席会议的董事和列席会议的董事会秘书应在会议记录上签名。会议记录应妥善保存于公司。

五、董事会与总经理的关系

（三十八）总经理负责执行董事会决议，依照《公司法》和公司章程的规定行使职权，向董事会报告工作，对董事会负责，接受董事会的聘任或解聘、评价、考核、奖惩。

（三十九）董事会根据总经理的提名或建议,聘任或解聘、考核和奖惩副总经理、财务负责人。

（四十）按谨慎与效率相结合的决策原则,在确保有效监控的前提下,董事会可将其职权范围内的有关具体事项有条件地授权总经理处理。

（四十一）不兼任总经理的董事长不承担执行性事务。在公司执行性事务中实行总经理负责的领导体制。

六、国资委对董事会和董事的职权

（四十二）国资委依照《公司法》、《条例》等法律法规行使以下职权：

1. 批准公司章程和章程修改方案；

2. 批准董事会提交的增加或减少注册资本和发行公司债券方案以及公司合并、分立、变更公司形式、解散和清算方案；

3. 审核董事会提交的公司财务预算、决策和利润分配方案；

4. 批准董事会提交的公司经营方针、重大投资计划以及重要子企业的有关重大事项；

5. 批准董事会提交的公司重组、股份制改造方案；

6. 向董事会下达年度经营业绩考核指标和资产经营责任制目标,并进行考核、评价；

7. 选聘或解聘董事,决定董事的薪酬与奖惩；

8. 对董事会重大投融资决策的实施效果进行跟踪监督,要求董事会对决策失误作出专项报告；

9. 法律法规规定的其他职权。

七、中央企业可参考本意见管理其所投资的国有独资公司、国有独资企业

第一百七十四条　【国有独资公司经理选任】国有独资公司的经理由董事会聘任或者解聘。

经履行出资人职责的机构同意,董事会成员可以兼任经理。

▌旧法对应关系 ●●●●●●

原《公司法》第六十八条　国有独资公司设经理,由董事会聘任或者解聘。经理依照本法第四十九条规定行使职权。

经国有资产监督管理机构同意,董事会成员可以兼任经理。

▍关联法律法规 ●●●●●●

《国务院办公厅关于进一步完善国有企业法人治理结构的指导意见》（国办发〔2017〕36号）

(三)维护经营自主权,激发经理层活力。

1.经理层是公司的执行机构,依法由董事会聘任或解聘,接受董事会管理和监事会监督。总经理对董事会负责,依法行使管理生产经营、组织实施董事会决议等职权,向董事会报告工作,董事会闭会期间向董事长报告工作。

2.建立规范的经理层授权管理制度,对经理层成员实行与选任方式相匹配、与企业功能性质相适应、与经营业绩相挂钩的差异化薪酬分配制度,国有独资公司经理层逐步实行任期制和契约化管理。根据企业产权结构、市场化程度等不同情况,有序推进职业经理人制度建设,逐步扩大职业经理人队伍,有序实行市场化薪酬,探索完善中长期激励机制,研究出台相关指导意见。国有独资公司要积极探索推行职业经理人制度,实行内部培养和外部引进相结合,畅通企业经理层成员与职业经理人的身份转换通道。开展出资人机构委派国有独资公司总会计师试点。

第一百七十五条 【国有独资公司董事、高级管理人员禁止兼职】国有独资公司的董事、高级管理人员,未经履行出资人职责的机构同意,不得在其他有限责任公司、股份有限公司或者其他经济组织兼职。

▍旧法对应关系 ●●●●●●

原《公司法》第六十九条　国有独资公司的董事长、副董事长、董事、高级管理人员,未经国有资产监督管理机构同意,不得在其他有限责任公司、股份有限公司或者其他经济组织兼职。

▍关联法律法规 ●●●●●●

《中华人民共和国企业国有资产法》（自2009年5月1日起施行）

第二十五条　未经履行出资人职责的机构同意,国有独资企业、国有独资公司的董事、高级管理人员不得在其他企业兼职。未经股东会、股东大会同意,国有资本控股公司、国有资本参股公司的董事、高级管理人员不得在经营同类业务的其他企业兼职。

未经履行出资人职责的机构同意,国有独资公司的董事长不得兼任经理。未经股东会、股东大会同意,国有资本控股公司的董事长不得兼任经理。

董事、高级管理人员不得兼任监事。

第一百七十六条 【国有独资公司监事会设置例外】 国有独资公司在董事会中设置由董事组成的审计委员会行使本法规定的监事会职权的,不设监事会或者监事。

旧法对应关系 ●●●●●●

原《公司法》第七十条　国有独资公司监事会成员不得少于五人,其中职工代表的比例不得低于三分之一,具体比例由公司章程规定。

监事会成员由国有资产监督管理机构委派;但是,监事会成员中的职工代表由公司职工代表大会选举产生。监事会主席由国有资产监督管理机构从监事会成员中指定。

监事会行使本法第五十三条第(一)项至第(三)项规定的职权和国务院规定的其他职权。

关联法律法规 ●●●●●●

《国务院办公厅关于进一步完善国有企业法人治理结构的指导意见》(国办发〔2017〕36号)

(四)发挥监督作用,完善问责机制。

1. 监事会是公司的监督机构,依照有关法律法规和公司章程设立,对董事会、经理层成员的职务行为进行监督。要提高专职监事比例,增强监事会的独立性和权威性。对国有资产监管机构所出资企业依法实行外派监事会制度。外派监事会由政府派出,负责检查企业财务,监督企业重大决策和关键环节以及董事会、经理层履职情况,不参与、不干预企业经营管理活动。

2. 健全以职工代表大会为基本形式的企业民主管理制度,支持和保证职工代表大会依法行使职权,加强职工民主管理与监督,维护职工合法权益。国有独资、全资公司的董事会、监事会中须有职工董事和职工监事。建立国有企业重大事项信息公开和对外披露制度。

3. 强化责任意识,明确权责边界,建立与治理主体履职相适应的责任追究制度。董事、监事、经理层成员应当遵守法律法规和公司章程,对公司负有忠实义务和勤勉义务;要将其信用记录纳入全国信用信息共享平台,违约失信的按规定在"信用中国"网站公开。董事应当出席董事会会议,对董事会决议承担责任;董事会决议违反法律法规或公司章程、股东会决议,致使公司遭受严重损失的,应依法追究有关董事责任。经理层成员违反法律法规或公司章程,致使公司遭受损失的,应依法追究有关经理层成员责任。执行董事和经理层成员未及时向董事会或国有股东报告重大经营问题和经营风险的,应依法追究相关人员责任。企业党组织成员履职过程中有重大失误和失职、渎职行为的,应按照党组织有关规定严格追究责任。按照"三个区分开来"的要求,建立必要的改革容错纠错机制,激励企业领导人员干事创业。

第一百七十七条 【国有独资公司的风控及合规管理】国家出资公司应当依法建立健全内部监督管理和风险控制制度,加强内部合规管理。

关联法律法规

《中央企业合规管理办法》(自2022年10月1日起施行)

第一章 总 则

第一条 为深入贯彻习近平法治思想,落实全面依法治国战略部署,深化法治央企建设,推动中央企业加强合规管理,切实防控风险,有力保障深化改革与高质量发展,根据《中华人民共和国公司法》、《中华人民共和国企业国有资产法》等有关法律法规,制定本办法。

第二条 本办法适用于国务院国有资产监督管理委员会(以下简称国资委)根据国务院授权履行出资人职责的中央企业。

第三条 本办法所称合规,是指企业经营管理行为和员工履职行为符合国家法律法规、监管规定、行业准则和国际条约、规则,以及公司章程、相关规章制度等要求。

本办法所称合规风险,是指企业及其员工在经营管理过程中因违规行为引发法律责任、造成经济或者声誉损失以及其他负面影响的可能性。

本办法所称合规管理,是指企业以有效防控合规风险为目的,以提升依法合规经营管理水平为导向,以企业经营管理行为和员工履职行为为对象,开展的包括建立合规制度、完善运行机制、培育合规文化、强化监督问责等有组织、有计划的管理活动。

第四条 国资委负责指导、监督中央企业合规管理工作,对合规管理体系建设情况及其有效性进行考核评价,依据相关规定对违规行为开展责任追究。

第五条 中央企业合规管理工作应当遵循以下原则:

(一)坚持党的领导。充分发挥企业党委(党组)领导作用,落实全面依法治国战略部署有关要求,把党的领导贯穿合规管理全过程。

(二)坚持全面覆盖。将合规要求嵌入经营管理各领域各环节,贯穿决策、执行、监督全过程,落实到各部门、各单位和全体员工,实现多方联动、上下贯通。

(三)坚持权责清晰。按照"管业务必须管合规"要求,明确业务及职能部门、合规管理部门和监督部门职责,严格落实员工合规责任,对违规行为严肃问责。

(四)坚持务实高效。建立健全符合企业实际的合规管理体系,突出对重点领域、关键环节和重要人员的管理,充分利用大数据等信息化手段,切实提高管理效能。

第六条 中央企业应当在机构、人员、经费、技术等方面为合规管理工作提供必要条件,保障相关工作有序开展。

第二章 组织和职责

第七条 中央企业党委(党组)发挥把方向、管大局、促落实的领导作用,推动合规要求在本企业得到严格遵循和落实,不断提升依法合规经营管理水平。

中央企业应当严格遵守党内法规制度,企业党建工作机构在党委(党组)领导下,按照有关规定履行相应职责,推动相关党内法规制度有效贯彻落实。

第八条　中央企业董事会发挥定战略、作决策、防风险作用,主要履行以下职责:

(一)审议批准合规管理基本制度、体系建设方案和年度报告等。

(二)研究决定合规管理重大事项。

(三)推动完善合规管理体系并对其有效性进行评价。

(四)决定合规管理部门设置及职责。

第九条　中央企业经理层发挥谋经营、抓落实、强管理作用,主要履行以下职责:

(一)拟订合规管理体系建设方案,经董事会批准后组织实施。

(二)拟订合规管理基本制度,批准年度计划等,组织制定合规管理具体制度。

(三)组织应对重大合规风险事件。

(四)指导监督各部门和所属单位合规管理工作。

第十条　中央企业主要负责人作为推进法治建设第一责任人,应当切实履行依法合规经营管理重要组织者、推动者和实践者的职责,积极推进合规管理各项工作。

第十一条　中央企业设立合规委员会,可以与法治建设领导机构等合署办公,统筹协调合规管理工作,定期召开会议,研究解决重点难点问题。

第十二条　中央企业应当结合实际设立首席合规官,不新增领导岗位和职数,由总法律顾问兼任,对企业主要负责人负责,领导合规管理部门组织开展相关工作,指导所属单位加强合规管理。

第十三条　中央企业业务及职能部门承担合规管理主体责任,主要履行以下职责:

(一)建立健全本部门业务合规管理制度和流程,开展合规风险识别评估,编制风险清单和应对预案。

(二)定期梳理重点岗位合规风险,将合规要求纳入岗位职责。

(三)负责本部门经营管理行为的合规审查。

(四)及时报告合规风险,组织或者配合开展应对处置。

(五)组织或者配合开展违规问题调查和整改。

中央企业应当在业务及职能部门设置合规管理员,由业务骨干担任,接受合规管理部门业务指导和培训。

第十四条 中央企业合规管理部门牵头负责本企业合规管理工作,主要履行以下职责:

(一)组织起草合规管理基本制度、具体制度、年度计划和工作报告等。

(二)负责规章制度、经济合同、重大决策合规审查。

(三)组织开展合规风险识别、预警和应对处置,根据董事会授权开展合规管理体系有效性评价。

(四)受理职责范围内的违规举报,提出分类处置意见,组织或者参与对违规行为的调查。

(五)组织或者协助业务及职能部门开展合规培训,受理合规咨询,推进合规管理信息化建设。

中央企业应当配备与经营规模、业务范围、风险水平相适应的专职合规管理人员,加强业务培训,提升专业化水平。

第十五条 中央企业纪检监察机构和审计、巡视巡察、监督追责等部门依据有关规定,在职权范围内对合规要求落实情况进行监督,对违规行为进行调查,按照规定开展责任追究。

第三章 制度建设

第十六条 中央企业应当建立健全合规管理制度,根据适用范围、效力层级等,构建分级分类的合规管理制度体系。

第十七条 中央企业应当制定合规管理基本制度,明确总体目标、机构职责、运行机制、考核评价、监督问责等内容。

第十八条 中央企业应当针对反垄断、反商业贿赂、生态环保、安全生产、劳动用工、税务管理、数据保护等重点领域,以及合规风险较高的业务,制定合规管理具体制度或者专项指南。

中央企业应当针对涉外业务重要领域,根据所在国家(地区)法律法规等,结合实际制定专项合规管理制度。

第十九条 中央企业应当根据法律法规、监管政策等变化情况,及时对规章制度进行修订完善,对执行落实情况进行检查。

第四章 运行机制

第二十条 中央企业应当建立合规风险识别评估预警机制,全面梳理经营管理活动中的合规风险,建立并定期更新合规风险数据库,对风险发生的可能性、影响程度、潜在后果等进行分析,对典型性、普遍性或者可能产生严重后果的风险及时预警。

第二十一条　中央企业应当将合规审查作为必经程序嵌入经营管理流程,重大决策事项的合规审查意见应当由首席合规官签字,对决策事项的合规性提出明确意见。业务及职能部门、合规管理部门依据职责权限完善审查标准、流程、重点等,定期对审查情况开展后评估。

第二十二条　中央企业发生合规风险,相关业务及职能部门应当及时采取应对措施,并按照规定向合规管理部门报告。

中央企业因违规行为引发重大法律纠纷案件、重大行政处罚、刑事案件,或者被国际组织制裁等重大合规风险事件,造成或者可能造成企业重大资产损失或者严重不良影响的,应当由首席合规官牵头,合规管理部门统筹协调,相关部门协同配合,及时采取措施妥善应对。

中央企业发生重大合规风险事件,应当按照相关规定及时向国资委报告。

第二十三条　中央企业应当建立违规问题整改机制,通过健全规章制度、优化业务流程等,堵塞管理漏洞,提升依法合规经营管理水平。

第二十四条　中央企业应当设立违规举报平台,公布举报电话、邮箱或者信箱,相关部门按照职责权限受理违规举报,并就举报问题进行调查和处理,对造成资产损失或者严重不良后果的,移交责任追究部门;对涉嫌违纪违法的,按照规定移交纪检监察等相关部门或者机构。

中央企业应当对举报人的身份和举报事项严格保密,对举报属实的举报人可以给予适当奖励。任何单位和个人不得以任何形式对举报人进行打击报复。

第二十五条　中央企业应当完善违规行为追责问责机制,明确责任范围,细化问责标准,针对问题和线索及时开展调查,按照有关规定严肃追究违规人员责任。

中央企业应当建立所属单位经营管理和员工履职违规行为记录制度,将违规行为性质、发生次数、危害程度等作为考核评价、职级评定等工作的重要依据。

第二十六条　中央企业应当结合实际建立健全合规管理与法务管

理、内部控制、风险管理等协同运作机制,加强统筹协调,避免交叉重复,提高管理效能。

第二十七条　中央企业应当定期开展合规管理体系有效性评价,针对重点业务合规管理情况适时开展专项评价,强化评价结果运用。

第二十八条　中央企业应当将合规管理作为法治建设重要内容,纳入对所属单位的考核评价。

第五章　合 规 文 化

第二十九条　中央企业应当将合规管理纳入党委(党组)法治专题学习,推动企业领导人员强化合规意识,带头依法依规开展经营管理活动。

第三十条　中央企业应当建立常态化合规培训机制,制定年度培训计划,将合规管理作为管理人员、重点岗位人员和新入职人员培训必修内容。

第三十一条　中央企业应当加强合规宣传教育,及时发布合规手册,组织签订合规承诺,强化全员守法诚信、合规经营意识。

第三十二条　中央企业应当引导全体员工自觉践行合规理念,遵守合规要求,接受合规培训,对自身行为合规性负责,培育具有企业特色的合规文化。

第六章　信息化建设

第三十三条　中央企业应当加强合规管理信息化建设,结合实际将合规制度、典型案例、合规培训、违规行为记录等纳入信息系统。

第三十四条　中央企业应当定期梳理业务流程,查找合规风险点,运用信息化手段将合规要求和防控措施嵌入流程,针对关键节点加强合规审查,强化过程管控。

第三十五条　中央企业应当加强合规管理信息系统与财务、投资、采购等其他信息系统的互联互通,实现数据共用共享。

第三十六条　中央企业应当利用大数据等技术,加强对重点领域、关键节点的实时动态监测,实现合规风险即时预警、快速处置。

第七章　监 督 问 责

第三十七条　中央企业违反本办法规定,因合规管理不到位引发违规行为的,国资委可以约谈相关企业并责成整改;造成损失或者不良影响的,国资委根据相关规定开展责任追究。

第三十八条 中央企业应当对在履职过程中因故意或者重大过失应当发现而未发现违规问题,或者发现违规问题存在失职渎职行为,给企业造成损失或者不良影响的单位和人员开展责任追究。

第八章 附　　则

第三十九条 中央企业应当根据本办法,结合实际制定完善合规管理制度,推动所属单位建立健全合规管理体系。

第四十条 地方国有资产监督管理机构参照本办法,指导所出资企业加强合规管理工作。

第四十一条 本办法由国资委负责解释。

第四十二条 本办法自2022年10月1日起施行。

第八章　公司董事、监事、高级管理人员的资格和义务

> 　　**第一百七十八条　【董监高的资格禁止】**有下列情形之一的，不得担任公司的董事、监事、高级管理人员：
> 　　（一）无民事行为能力或者限制民事行为能力；
> 　　（二）因贪污、贿赂、侵占财产、挪用财产或者破坏社会主义市场经济秩序，被判处刑罚，或者因犯罪被剥夺政治权利，执行期满未逾五年，被宣告缓刑的，自缓刑考验期满之日起未逾二年；
> 　　（三）担任破产清算的公司、企业的董事或者厂长、经理，对该公司、企业的破产负有个人责任的，自该公司、企业破产清算完结之日起未逾三年；
> 　　（四）担任因违法被吊销营业执照、责令关闭的公司、企业的法定代表人，并负有个人责任的，自该公司、企业被吊销营业执照、责令关闭之日起未逾三年；
> 　　（五）个人因所负数额较大债务到期未清偿被人民法院列为失信被执行人。
> 　　违反前款规定选举、委派董事、监事或者聘任高级管理人员的，该选举、委派或者聘任无效。
> 　　董事、监事、高级管理人员在任职期间出现本条第一款所列情形的，公司应当解除其职务。

▌旧法对应关系 ●●●●●●●

　　原《公司法》第一百四十六条　有下列情形之一的，不得担任公司的董事、监事、高级管理人员：
　　（一）无民事行为能力或者限制民事行为能力；
　　（二）因贪污、贿赂、侵占财产、挪用财产或者破坏社会主义市场经济秩序，被判处刑罚，执行期满未逾五年，或者因犯罪被剥夺政治权利，执行

期满未逾五年；

（三）担任破产清算的公司、企业的董事或者厂长、经理，对该公司、企业的破产负有个人责任的，自该公司、企业破产清算完结之日起未逾三年；

（四）担任因违法被吊销营业执照、责令关闭的公司、企业的法定代表人，并负有个人责任的，自该公司、企业被吊销营业执照之日起未逾三年；

（五）个人所负数额较大的债务到期未清偿。

公司违反前款规定选举、委派董事、监事或者聘任高级管理人员的，该选举、委派或者聘任无效。

董事、监事、高级管理人员在任职期间出现本条第一款所列情形的，公司应当解除其职务。

《最高人民法院关于适用〈中华人民共和国公司法〉若干问题的规定（五）》(2020年修正)

第三条 董事任期届满前被股东会或者股东大会有效决议解除职务，其主张解除不发生法律效力的，人民法院不予支持。

董事职务被解除后，因补偿与公司发生纠纷提起诉讼的，人民法院应当依据法律、行政法规、公司章程的规定或者合同的约定，综合考虑解除的原因、剩余任期、董事薪酬等因素，确定是否补偿以及补偿的合理数额。

▍关联法律法规 ●●●●●●●

《中华人民共和国个人信息保护法》(自2021年11月1日起施行)

第六十六条 违反本法规定处理个人信息，或者处理个人信息未履行本法规定的个人信息保护义务的，由履行个人信息保护职责的部门责令改正，给予警告，没收违法所得，对违法处理个人信息的应用程序，责令暂停或者终止提供服务；拒不改正的，并处一百万元以下罚款；对直接负责的主管人员和其他直接责任人员处一万元以上十万元以下罚款。

有前款规定的违法行为，情节严重的，由省级以上履行个人信息保护职责的部门责令改正，没收违法所得，并处五千万元以下或者上一年度营业额百分之五以下罚款，并可以责令暂停相关业务或者停业整顿、通报有关主管部门吊销相关业务许可或者吊销营业执照；对直接负责的主管人员和其他直接责任人员处十万元以上一百万元以下罚款，并可以决定禁止其在一定期限内担任相关企业的董事、监事、高级管理人员和个人信息保护负责人。

《期货公司董事、监事和高级管理人员任职管理办法》（2022年8月12日第二次修正）

第十九条 有下列情形之一的，不得担任期货公司董事、监事和高级管理人员：

（一）《公司法》第一百四十六条规定的情形；

（二）因违法行为或者违纪行为被解除职务的期货交易所、证券交易所、证券登记结算机构的负责人，或者期货公司、证券公司、基金管理公司的董事、监事、高级管理人员，自被解除职务之日起未逾5年；

（三）因违法行为或者违纪行为被吊销执业证书或者被取消资格的律师、注册会计师或者投资咨询机构、财务顾问机构、资信评级机构、资产评估机构、验证机构的专业人员，自被吊销执业证书或者被取消资格之日起未逾5年；

（四）因违法行为或者违纪行为被开除的期货交易所、证券交易所、证券登记结算机构、证券服务机构、期货公司、证券公司、基金管理公司的从业人员和被开除的国家机关工作人员，自被开除之日起未逾5年；

（五）国家机关工作人员和法律、行政法规规定的禁止在公司中兼职的其他人员；

（六）因重大违法违规行为受到金融监管部门的行政处罚，执行期满未逾3年；

（七）自被中国证监会或者其派出机构认定为不适当人选之日起未逾2年；

（八）因违法违规行为或者出现重大风险被监管部门责令停业整顿、托管、接管或者撤销的金融机构及分支机构，其负有责任的主管人员和其他直接责任人员，自该金融机构及分支机构被停业整顿、托管、接管或者撤销之日起未逾3年；

（九）中国证监会规定的其他情形。

《证券基金经营机构董事、监事、高级管理人员及从业人员监督管理办法》（自2022年4月1日起施行）

第七条 有下列情形之一的，不得担任证券基金经营机构董事、监事和高级管理人员：

（一）存在《公司法》第一百四十六条、《证券法》第一百二十四条第二款、第一百二十五条第二款和第三款，以及《证券投资基金法》第十五条规定的情形；

（二）因犯有危害国家安全、恐怖主义、贪污、贿赂、侵占财产、挪用财产、黑社会性质犯罪或者破坏社会经济秩序罪被判处刑罚，或者因犯罪被剥夺政治权利；

（三）因重大违法违规行为受到金融监管部门的行政处罚或者被中国证监会采取证券市场禁入措施，执行期满未逾5年；

（四）最近5年被中国证监会撤销基金从业资格或者被基金业协会取消基金从业资格；

（五）担任被接管、撤销、宣告破产或吊销营业执照机构的法定代表人和经营管理的主要负责人，自该公司被接管、撤销、宣告破产或吊销营业执照之日起未逾5年，但能够证明本人对该公司被接管、撤销、宣告破产或吊销营业执照不负有个人责任的除外；

（六）被中国证监会认定为不适当人选或者被行业协会采取不适合从事相关业务的纪律处分，期限尚未届满；

（七）因涉嫌违法犯罪被行政机关立案调查或者被司法机关立案侦查，尚未形成最终处理意见；

（八）中国证监会依法认定的其他情形。

《保险公司董事、监事和高级管理人员任职资格管理规定》（自2021年7月3日起施行）

第二十五条　保险公司拟任董事、监事或者高级管理人员有下列情形之一的，银保监会及其派出机构对其任职资格不予核准：

（一）无民事行为能力或者限制民事行为能力；

（二）因贪污、贿赂、侵占财产、挪用财产或者破坏社会主义市场经济秩序，被判处刑罚，执行期满未逾5年，或者因犯罪被剥夺政治权利，执行期满未逾5年；

（三）被判处其他刑罚，执行期满未逾3年；

（四）被金融监管部门取消、撤销任职资格，自被取消或者撤销任职资格年限期满之日起未逾5年；

(五)被金融监管部门禁止进入市场,期满未逾5年;

(六)被国家机关开除公职,自作出处分决定之日起未逾5年,或受国家机关警告、记过、记大过、降级、撤职等其他处分,在受处分期间内的;

(七)因违法行为或者违纪行为被吊销执业资格的律师、注册会计师或者资产评估机构、验证机构等机构的专业人员,自被吊销执业资格之日起未逾5年;

(八)担任破产清算的公司、企业的董事或者厂长、经理,对该公司、企业的破产负有个人责任的,自该公司、企业破产清算完结之日起未逾3年;

(九)担任因违法被吊销营业执照、责令关闭的公司、企业的法定代表人,并负有个人责任的,自该公司、企业被吊销营业执照之日起未逾3年;

(十)个人所负数额较大的债务到期未清偿;

(十一)申请前1年内受到银保监会或其派出机构警告或者罚款的行政处罚;

(十二)因涉嫌严重违法违规行为,正接受有关部门立案调查,尚未作出处理结论;

(十三)受到境内其他行政机关重大行政处罚,执行期满未逾2年;

(十四)因严重失信行为被国家有关单位确定为失信联合惩戒对象且应当在保险领域受到相应惩戒,或者最近5年内具有其他严重失信不良记录的;

(十五)银保监会规定的其他情形。

《金融控股公司董事、监事、高级管理人员任职备案管理暂行规定》(自2021年5月1日起施行)

第十一条 有下列情形之一的,不得担任金融控股公司董事、监事、高级管理人员:

(一)因犯有危害国家安全、恐怖主义、贪污、贿赂、侵占财产、挪用财产、黑社会性质犯罪或者破坏社会主义经济秩序罪,被判处刑罚,自执行期满之日起未逾5年;或者因犯罪被剥夺政治权利,自执行期满之日起未逾5年;或者涉嫌从事重大违法活动、被相关部门调查尚未作出处理结论。

(二)对曾任职机构违法违规行为、重大损失负有个人责任或者直接领导责任,情节严重的,或者对曾任职机构被接管、撤销、宣告破产或者吊销营业执照负有个人责任,自该机构被接管、撤销、宣告破产或者吊销营业执照之日起未逾3年。

(三)不配合或者指使他人不配合依法监管或者案件查处而受到处罚未逾3年。

(四)被金融管理部门取消、撤销任职资格未逾3年,或者被金融管理部门禁止进入市场期满未逾3年,或者被金融管理部门处罚未逾3年。

(五)被国家机关开除公职,自作出处分决定之日起未逾3年。

(六)本人或者其配偶有数额较大的逾期债务未能偿还的,或者被司法机关列入失信被执行人名单。

(七)本人或者其近亲属存在妨碍履职独立性的情形,包括但不限于:本人与其近亲属合并持有该金融控股公司5%以上股份,且从该金融控股集团获得的授信总额明显超过其持有的该金融控股集团股权净值的;本人及其所控股的股东单位合并持有该金融控股公司5%以上股份,且从该金融控股集团获得的授信总额明显超过其持有的该金融控股集团股权净值的;本人或者其配偶在持有该金融控股公司5%以上股份的股东单位任职,且该股东单位从该金融控股集团获得的授信总额明显超过其持有的该金融控股集团股权净值的,但能够证明相应授信与本人或者其配偶没有关系的除外。

(八)有违反社会公德、职业道德等不良行为,或者造成重大损失或者恶劣影响的其他情形。

第十二条 金融控股公司独立董事除不得存在第十一条所列情形外,还不得存在下列情形:

(一)本人及其近亲属合并持有该金融控股公司或者其所控股单个机构1%以上股份或者股权;

(二)本人或者其近亲属在持有该金融控股公司1%以上股份或者股权的股东单位任职;

(三)本人或者其近亲属在该金融控股公司或者其所控股机构任职,其中不包括本人在该金融控股公司担任独立董事;

(四)本人或者其近亲属任职的机构与该金融控股公司之间存在因法律、会计、审计、管理咨询、担保合作等方面的业务联系或者债权债务等方

面的利益关系,以致于妨碍其履职独立性的情形;

(五)本人或者其近亲属可能被该金融控股公司主要股东、高级管理层控制或者施加重大影响,以致于妨碍其履职独立性的其他情形。

第一百七十九条 【董监高的一般义务】董事、监事、高级管理人员应当遵守法律、行政法规和公司章程。

▍旧法对应关系 ●●●●●●●

原《公司法》第一百四十七条第一款 董事、监事、高级管理人员应当遵守法律、行政法规和公司章程,对公司负有忠实义务和勤勉义务。

第一百八十条 【董监高的忠实勤勉义务】董事、监事、高级管理人员对公司负有忠实义务,应当采取措施避免自身利益与公司利益冲突,不得利用职权牟取不正当利益。

董事、监事、高级管理人员对公司负有勤勉义务,执行职务应当为公司的最大利益尽到管理者通常应有的合理注意。

公司的控股股东、实际控制人不担任公司董事但实际执行公司事务的,适用前两款规定。

对应配套规定

《最高人民法院关于适用〈中华人民共和国公司法〉时间效力的若干规定》(法释〔2024〕7号)

第四条 公司法施行前的法律事实引起的民事纠纷案件,当时的法律、司法解释没有规定而公司法作出规定的下列情形,适用公司法的规定:

……

(四)不担任公司董事的控股股东、实际控制人执行公司事务的民事责任认定,适用公司法第一百八十条的规定;

……

旧法对应关系

原《公司法》第一百四十七条第一款　董事、监事、高级管理人员应当遵守法律、行政法规和公司章程，对公司负有忠实义务和勤勉义务。

典型案例指导

上海某流体设备技术有限公司诉施某某损害公司利益责任纠纷案［人民法院案例库2023-08-2-276-003，上海市青浦区人民法院（2019）沪0118民初17485号民事判决］

1. 在商业机会的归属认定上，坚持以公平为原则，着重从公司的经营活动范围、公司对商业机会的实质性努力等方面综合判断。在明确当事人的职务身份的基础上，采用客观化的要素分析考量商业机会的归属。首先，通过公司的经营活动范围确定公司商业机会的保护边界，在司法审查中从形式和实质两个层面进行把握：形式上对公司登记的经营范围进行审查，若该商业机会不在注册的范围内，则需进一步从实质方面进行审查，即公司实际的经营活动范围。其次，属于公司的商业机会产生离不开公司的实质性努力。实质性努力是公司董事、高管等具有特定身份的人实施的营造行为，这种营造行为一般表现为公司为获取该商业机会而投入的人力、财力等资源，或者是在以往经营中逐渐形成的，尤其在案件审理过程中需明确商业机会来源的核心资源，对于核心资源的判断应以对商业机会生成起到关键作用为标准，比如人力资本、财力、信息、渠道、资料等。最后，对商业机会归属的判断，也应考量机会提供者对交易相对人的预期，理论界及实务界对这一因素普遍持认可态度，实务中多数机会提供者没有明确意向，但若机会提供者有明确意向，在案证据亦可佐证，审理中可据此作出判断。

2. 在高管的行为是否构成"谋取"上，应以善意为标准，重点审查披露的及时性、完全性、有效性。针对有限责任公司合意性较强的特点，重点审查公司是否在事实上同意，而公司同意的前置条件在于高管对公司尽到了如实的披露义务，甄别高管的披露动机是否善意，以判断其是否履行忠实义务。在披露时间的及时性上，从理性管理人的角度考虑，审查高管是否在利用公司机会之前就将商业机会披露给公司，除非在诉讼中能够承担其行为对公司公平的举证责任；在披露内容的完全性，高管向公司应真实、准确以及完整地披露包括交易相对方、性质及标的等与机会本身有关的事实、与公司利益有关联的信息，不得故意陈述虚伪事实或者隐瞒真实情况，具体认定上应从正常合理的角度去考量,高管应作出一个普通谨慎的人在同等情形下应作出的勤勉和公正;在披露效果的有效性上,需确保公司决定是在已及时、充分了解商业机会相关的所有内容,而非基于瑕疵披露的"引诱"而作出错误决定。

滕州市某机械制造有限责任公司诉李某专利权权属纠纷案[人民法院案例库 2023-13-2-160-021,最高人民法院(2021)最高法知民终 194 号民事判决]

法院生效裁判认为:2013 年修正的《公司法》第一百四十七条规定,董事、监事、高级管理人员应当遵守法律、行政法规和公司章程,对公司负有忠实义务和勤勉义务。董事、监事、高级管理人员不得利用职权收受贿赂或者其他非法收入,不得侵占公司的财产。本案中,李某在其担任滕州市某机械制造有限责任公司执行董事兼经理期间,于 2018 年 8 月 29 日签署涉案专利权转让声明,将涉案专利权的一切权利无偿转让给自己,并到国家知识产权局办理了相应变更手续。虽然李某在一审庭审中陈述,其代表公司将涉案专利权转至自己名下时,曾口头通知另一股东,但李某未提供相应证据加以证明,且该股东在一审中表示其对此转让并不知情,亦不同意。因此,虽然在涉案专利权转让时李某系占滕州市某机械制造有限责任公司 2/3 以上股权的股东,但涉案专利权的转让系李某利用职务之便将滕州市某机械制造有限责任公司的专利权无偿转让到个人名下,且李某未提供充分证据证明其代表滕州市某机械制造有限责任公司转让涉案专利权时按照公司章程的规定履行了合法手续,也未提供充分证据证明该转让行为系为滕州市某机械制造有限责任公司利益所为,故这一转让行为违反了李某对公司的忠实义务,应属无效。涉案专利权转让声明及所办理的变更手续并不能产生转让专利权的法律效力,涉案专利权仍应归滕州市某机械制造有限责任公司所有。

W 媒体网络有限公司诉吴某等损害公司利益责任纠纷案[人民法院案例库 2023-10-2-276-002,上海市第二中级人民法院(2016)沪 02 民终 1156 号民事判决]

董事、监事、高管人员对公司的忠实勤勉义务作为公司治理中的重点问题,核心是解决董事、监事、高管人员与公司的利益冲突,实现公司与个人之间的利益平衡。董事、监事、高管人员在执行公司职务时,应最大限度地为公司最佳利益努力工作,不得在履行职责时掺杂个人私利或为第一人谋取利益,即不得在公司不知道或未授权的情况下取得不属于自己的有形利益(如资金)及无形利益(如商业机会、知识产权等)。违反前述义务,应当向公司承担赔偿责任。

慈溪富盛化纤有限公司等诉施某平损害股东利益责任纠纷案[浙江省慈溪市人民法院(2007)慈民二初字第519号民事判决书,《人民司法·案例》2009年第14期]

董事对公司负有勤勉义务,原告对被告违反勤勉义务承担证明责任,可从以下几方面举证:1.经营判断另有所图,并非为了公司的利益;2.在经营判断的过程中,没有合理地进行信息收集和调查分析;3.站在一个通常谨慎的董事的立场上,经营判断的内容在当时的情况下存在明显的不合理。

第一百八十一条 【董监高的禁止行为】董事、监事、高级管理人员不得有下列行为:

(一)侵占公司财产、挪用公司资金;

(二)将公司资金以其个人名义或者以其他个人名义开立账户存储;

(三)利用职权贿赂或者收受其他非法收入;

(四)接受他人与公司交易的佣金归为己有;

(五)擅自披露公司秘密;

(六)违反对公司忠实义务的其他行为。

对应配套规定

《最高人民法院关于适用〈中华人民共和国公司法〉时间效力的若干规定》(法释〔2024〕7号)

第五条 公司法施行前的法律事实引起的民事纠纷案件,当时的法律、司法解释已有原则性规定,公司法作出具体规定的下列情形,适用公司法的规定:

……

(二)对公司监事实施挪用公司资金等禁止性行为、违法关联交易、不当谋取公司商业机会、经营限制的同类业务的赔偿责任认定,分别适用公司法第一百八十一条、第一百八十二条第一款、第一百八十三条、第一百八十四条的规定;

……

旧法对应关系

原《公司法》第一百四十七条第二款　董事、监事、高级管理人员不得利用职权收受贿赂或者其他非法收入，不得侵占公司的财产。

第一百四十八条　董事、高级管理人员不得有下列行为：

（一）挪用公司资金；

（二）将公司资金以其个人名义或者以其他个人名义开立账户存储；

（三）违反公司章程的规定，未经股东会、股东大会或者董事会同意，将公司资金借贷给他人或者以公司财产为他人提供担保；

（四）违反公司章程的规定或者未经股东会、股东大会同意，与本公司订立合同或者进行交易；

（五）未经股东会或者股东大会同意，利用职务便利为自己或者他人谋取属于公司的商业机会，自营或者为他人经营与所任职公司同类的业务；

（六）接受他人与公司交易的佣金归为己有；

（七）擅自披露公司秘密；

（八）违反对公司忠实义务的其他行为。

董事、高级管理人员违反前款规定所得的收入应当归公司所有。

第一百八十二条　【董监高及其关联人交易报告】董事、监事、高级管理人员，直接或者间接与本公司订立合同或者进行交易，应当就与订立合同或者进行交易有关的事项向董事会或者股东会报告，并按照公司章程的规定经董事会或者股东会决议通过。

董事、监事、高级管理人员的近亲属，董事、监事、高级管理人员或者其近亲属直接或者间接控制的企业，以及与董事、监事、高级管理人员有其他关联关系的关联人，与公司订立合同或者进行交易，适用前款规定。

> **对应配套规定**
>
> **《最高人民法院关于适用〈中华人民共和国公司法〉时间效力的若干规定》(法释〔2024〕7号)**
>
> 第五条 公司法施行前的法律事实引起的民事纠纷案件,当时的法律、司法解释已有原则性规定,公司法作出具体规定的下列情形,适用公司法的规定:
>
> ……
>
> (二)对公司监事实施挪用公司资金等禁止性行为、违法关联交易、不当谋取公司商业机会、经营限制的同类业务的赔偿责任认定,分别适用公司法第一百八十一条、第一百八十二条第一款、第一百八十三条、第一百八十四条的规定;
>
> ……
>
> (四)对关联关系主体范围以及关联交易性质的认定,适用公司法第一百八十二条、第二百六十五条第四项的规定。

▋旧法对应关系 ●●●●●●●

原《公司法》第一百四十八条第一款第四项 (四)违反公司章程的规定或者未经股东会、股东大会同意,与本公司订立合同或者进行交易。

> **第一百八十三条 【董监高合法牟取商业机会】**董事、监事、高级管理人员,不得利用职务便利为自己或者他人谋取属于公司的商业机会。但是,有下列情形之一的除外:
>
> (一)向董事会或者股东会报告,并按照公司章程的规定经董事会或者股东会决议通过;
>
> (二)根据法律、行政法规或者公司章程的规定,公司不能利用该商业机会。

对应配套规定

《最高人民法院关于适用〈中华人民共和国公司法〉时间效力的若干规定》(法释[2024]7号)

第五条 公司法施行前的法律事实引起的民事纠纷案件,当时的法律、司法解释已有原则性规定,公司法作出具体规定的下列情形,适用公司法的规定:

......

(二)对公司监事实施挪用公司资金等禁止性行为、违法关联交易、不当谋取公司商业机会、经营限制的同类业务的赔偿责任认定,分别适用公司法第一百八十一条、第一百八十二条第一款、第一百八十三条、第一百八十四条的规定;

(三)对公司董事、高级管理人员不当谋取公司商业机会、经营限制的同类业务的赔偿责任认定,分别适用公司法第一百八十三条、第一百八十四条的规定;

......

旧法对应关系

原《公司法》第一百四十八条第一款第五项 (五)未经股东会或者股东大会同意,利用职务便利为自己或者他人谋取属于公司的商业机会,自营或者为他人经营与所任职公司同类的业务。

第一百八十四条 【董监高的竞业禁止】董事、监事、高级管理人员未向董事会或者股东会报告,并按照公司章程的规定经董事会或者股东会决议通过,不得自营或者为他人经营与其任职公司同类的业务。

对应配套规定

《最高人民法院关于适用〈中华人民共和国公司法〉时间效力的若干规定》(法释[2024]7号)

第五条 公司法施行前的法律事实引起的民事纠纷案件,当时的

法律、司法解释已有原则性规定,公司法作出具体规定的下列情形,适用公司法的规定:

……

(二)对公司监事实施挪用公司资金等禁止性行为、违法关联交易、不当谋取公司商业机会、经营限制的同类业务的赔偿责任认定,分别适用公司法第一百八十一条、第一百八十二条第一款、第一百八十三条、第一百八十四条的规定;

(三)对公司董事、高级管理人员不当谋取公司商业机会、经营限制的同类业务的赔偿责任认定,分别适用公司法第一百八十三条、第一百八十四条的规定;

……

旧法对应关系

原《公司法》第一百四十八条第一款第五项 (五)未经股东会或者股东大会同意,利用职务便利为自己或者他人谋取属于公司的商业机会,自营或者为他人经营与所任职公司同类的业务。

典型案例指导

武汉大西洋连铸设备工程有限责任公司与宋某兴公司盈余分配纠纷案[最高人民法院(2019)最高法民再135号民事判决书,《最高人民法院公报》2021年第3期(总第293期)]

民刑交叉案件中,刑事裁判认定的事实一般对于后续的民事诉讼具有预决效力。但是,先行刑事案件中无罪的事实认定则需要区分具体情况。刑事裁判认定无罪,并不导致民事案件必然认定侵权行为或违约行为不存在,相关行为是否存在还需结合证据进行判断和认定。

梁某与蔡某等竞业限制纠纷再审案[上海市高级人民法院(2016)沪02民再26号民事判决书,《人民司法·案例》2017年第11期]

董事、高管对公司负有的竞业禁止义务来源于法律的强制性规定,公司原则上无权放弃对董事、高管的竞业禁止要求,董事、高管互相之间亦无权通过私下协议免除该义务,否则即是对公司利益和外部债权人利益均造成损害,该协议应当无效。当各方均违反竞业禁止义务时,应当将各方因此所得的收入均归入公司后再行处理,而不能简单加以抵销。

> **第一百八十五条 【董事关联交易回避制度】**董事会对本法第一百八十二条至第一百八十四条规定的事项决议时,关联董事不得参与表决,其表决权不计入表决权总数。出席董事会会议的无关联关系董事人数不足三人的,应当将该事项提交股东会审议。

> **第一百八十六条 【董监高违规收入的处理】**董事、监事、高级管理人员违反本法第一百八十一条至第一百八十四条规定所得的收入应当归公司所有。

▍旧法对应关系

原《公司法》第一百四十八条第二款 董事、高级管理人员违反前款规定所得的收入应当归公司所有。

▍关联法律法规

《中华人民共和国证券法》(2019 年修订)

第四十四条 上市公司、股票在国务院批准的其他全国性证券交易场所交易的公司持有百分之五以上股份的股东、董事、监事、高级管理人员,将其持有的该公司的股票或者其他具有股权性质的证券在买入后六个月内卖出,或者在卖出后六个月内又买入,由此所得收益归该公司所有,公司董事会应当收回其所得收益。但是,证券公司因购入包销售后剩余股票而持有百分之五以上股份,以及有国务院证券监督管理机构规定的其他情形的除外。

前款所称董事、监事、高级管理人员、自然人股东持有的股票或者其他具有股权性质的证券,包括其配偶、父母、子女持有的及利用他人账户持有的股票或者其他具有股权性质的证券。

公司董事会不按照第一款规定执行的,股东有权要求董事会在三十日内执行。公司董事会未在上述期限内执行的,股东有权为了公司的利益以自己的名义直接向人民法院提起诉讼。

公司董事会不按照第一款的规定执行的,负有责任的董事依法承担连带责任。

第一百八十七条　【董监高列席股东会并接受股东质询】股东会要求董事、监事、高级管理人员列席会议的,董事、监事、高级管理人员应当列席并接受股东的质询。

▌旧法对应关系 ●●●●●●

原《公司法》第一百五十条第一款　股东会或者股东大会要求董事、监事、高级管理人员列席会议的,董事、监事、高级管理人员应当列席并接受股东的质询。

第一百八十八条　【董监高对公司的损害赔偿责任】董事、监事、高级管理人员执行职务违反法律、行政法规或者公司章程的规定,给公司造成损失的,应当承担赔偿责任。

▌旧法对应关系 ●●●●●●

原《公司法》第一百四十九条　董事、监事、高级管理人员执行公司职务时违反法律、行政法规或者公司章程的规定,给公司造成损失的,应当承担赔偿责任。

▌典型案例指导 ●●●●●●

仪陇县某商贸有限公司诉刘某某、仪陇县供销合作社联合社等损害公司利益责任纠纷案[人民法院案例库 2023-08-2-276-001,四川省仪陇县人民法院(2021)川1324民初1272号民事判决]

公司成立后,股东会作出的"对投资款按月支付利息"决议,从表象上看是公司自治行为,但实质系与《最高人民法院关于适用〈中华人民共和国公司法〉若干问题的规定(三)》第十二条第四项所规定的"其他未经法定程序将出资收回的行为"相同的变相"抽逃出资",不仅损害公司财产利益,也可能降低公司的对外偿债能力,因此,支付的利息依法应予返还。

上海泰琪房地产有限公司与迈克·默里·皮尔斯等损害公司利益责任纠纷案[上海市第二中级人民法院(2019)沪02民终11661号民事判决书,《人民司法·案例》2022年第5期]

损害公司利益责任,实质系一种商事侵权责任,当事人首先应证明行为人存在侵害公司利益的主观过错,其次应审查行为人是否存在违反《公司法》第一百四十九条规定的违反法律、行政法规或公司章程规定,给公司造成损失的情形。对于董事违反信义义务责任的认定及免除,可参考适用商业判断原则,考察董事行为是否系获得足够信息基础上作出的合理商业判断,是否基于公司最佳利益,以及所涉交易的利害关系及独立性等因素。

薛某与北京国际艺苑有限公司损害公司利益纠纷上诉案[北京市第二中级人民法院(2008)二中民终字第03331号民事判决书,《人民司法·案例》2010年第2期]

公司的高级管理人员应当遵守法律、行政法规和公司章程,对公司负有忠实义务和勤勉义务。总经理应按公司章程的规定,组织领导公司的日常经营管理工作,直接对董事会负责,执行董事会的各项决定。其不及时向第三方交付董事会决议从而导致公司利益受损,是消极不作为的侵权,公司高级管理人员执行职务时违反法律、行政法规或者公司章程的规定,给公司造成损失的应当承担赔偿责任。

第一百八十九条 【股东代表诉讼】董事、高级管理人员有前条规定的情形的,有限责任公司的股东、股份有限公司连续一百八十日以上单独或者合计持有公司百分之一以上股份的股东,可以书面请求监事会向人民法院提起诉讼;监事有前条规定的情形的,前述股东可以书面请求董事会向人民法院提起诉讼。

监事会或者董事会收到前款规定的股东书面请求后拒绝提起诉讼,或者自收到请求之日起三十日内未提起诉讼,或者情况紧急、不立即提起诉讼将会使公司利益受到难以弥补的损害的,前款规定的股东有权为公司利益以自己的名义直接向人民法院提起诉讼。

他人侵犯公司合法权益,给公司造成损失的,本条第一款规定的股东可以依照前两款的规定向人民法院提起诉讼。

公司全资子公司的董事、监事、高级管理人员有前条规定情形,或者他人侵犯公司全资子公司合法权益造成损失的,有限责任公司的股东、股份有限公司连续一百八十日以上单独或者合计持有公司百分之一以上股份的股东,可以依照前三款规定书面请求全资子公司的监事会、董事会向人民法院提起诉讼或者以自己的名义直接向人民法院提起诉讼。

条文应用提示

在实践中,大股东操纵董事、高级管理人员损害公司利益以及公司中小股东利益的情况时有发生,迫切需要强化对公司利益和中小股东利益的保护机制。本条就规定了股东享有提起代表诉讼的权利。在董事、高级管理人员违反忠实和勤勉义务,给公司利益造成损害,而公司又怠于追究其责任时,股东可以代表公司提起诉讼,维护公司的合法权益。股东提起代表诉讼应当符合以下法定要求:(1)提起代表诉讼的股东资格。根据本条规定,有限责任公司的股东以及股份有限公司连续180日以上单独或者合计持有公司1%以上股份的股东,有权提起股东代表诉讼。(2)提起代表诉讼的前置条件。根据本法规定,当发生董事、监事、高级管理人员违反法定义务,损害公司利益的情形时,股东应当依法先向有关公司机关提出请求,请有关公司机关向人民法院提起诉讼。如果有关公司机关拒绝履行职责或者怠于履行职责,则股东为维护公司利益可以向人民法院提起代表诉讼。这样一方面符合法定程序,另一方面也可以对股东诉讼做适当限制,避免滥诉给公司造成不利影响。(3)诉讼事由。股东代表诉讼主要是针对董事、监事、高级管理人员违反对公司的忠实和勤勉义务,给公司造成损害的行为提起的诉讼。当然,公司董事、监事、高级管理人员以外的其他人侵犯公司合法权益,给公司造成损害的,也同样适用股东代表诉讼。

旧法对应关系

原《公司法》第一百五十一条 董事、高级管理人员有本法第一百四十九条规定的情形的,有限责任公司的股东、股份有限公司连续一百八十日以上单独或者合计持有公司百分之一以上股份的股东,可以书面请求监事会或者不设监事会的有限责任公司的监事向人民法院提起诉讼;监事有本法第一百四十九条规定的情形的,前述股东可以书面请求董事会或者不设董事会的有限责任公司的执行董事向人民法院提起诉讼。

监事会、不设监事会的有限责任公司的监事,或者董事会、执行董事收到前款规定的股东书面请求后拒绝提起诉讼,或者自收到请求之日起三十日内未提起诉讼,或者情况紧急、不立即提起诉讼将会使公司利益受到难以弥补的损害的,前款规定的股东有权为了公司的利益以自己的名义直接向人民法院提起诉讼。

他人侵犯公司合法权益,给公司造成损失的,本条第一款规定的股东可以依照前两款的规定向人民法院提起诉讼。

《最高人民法院关于适用〈中华人民共和国公司法〉若干问题的规定(四)》(2020年修正)

第二十三条　监事会或者不设监事会的有限责任公司的监事依据公司法第一百五十一条第一款规定对董事、高级管理人员提起诉讼的,应当列公司为原告,依法由监事会主席或者不设监事会的有限责任公司的监事代表公司进行诉讼。

董事会或者不设董事会的有限责任公司的执行董事依据公司法第一百五十一条第一款规定对监事提起诉讼的,或者依据公司法第一百五十一条第三款规定对他人提起诉讼的,应当列公司为原告,依法由董事长或者执行董事代表公司进行诉讼。

第二十四条　符合公司法第一百五十一条第一款规定条件的股东,依据公司法第一百五十一条第二款、第三款规定,直接对董事、监事、高级管理人员或者他人提起诉讼的,应当列公司为第三人参加诉讼。

一审法庭辩论终结前,符合公司法第一百五十一条第一款规定条件的其他股东,以相同的诉讼请求申请参加诉讼的,应当列为共同原告。

第二十五条　股东依据公司法第一百五十一条第二款、第三款规定直接提起诉讼的案件,胜诉利益归属于公司。股东请求被告直接向其承担民事责任的,人民法院不予支持。

第二十六条　股东依据公司法第一百五十一条第二款、第三款规定直接提起诉讼的案件,其诉讼请求部分或者全部得到人民法院支持的,公司应当承担股东因参加诉讼支付的合理费用。

《最高人民法院关于适用〈中华人民共和国公司法〉若干问题的规定(二)》(2020年修正)

第二十三条　清算组成员从事清算事务时,违反法律、行政法规或者公司章程给公司或者债权人造成损失,公司或者债权人主张其承担赔偿责任的,人民法院应依法予以支持。

有限责任公司的股东、股份有限公司连续一百八十日以上单独或者合计持有公司百分之一以上股份的股东,依据公司法第一百五十一条第三款的规定,以清算组成员有前款所述行为为由向人民法院提起诉讼的,人民法院应予受理。

公司已经清算完毕注销,上述股东参照公司法第一百五十一条第三款的规定,直接以清算组成员为被告、其他股东为第三人向人民法院提起诉讼的,人民法院应予受理。

《最高人民法院关于适用〈中华人民共和国公司法〉若干问题的规定（一）》(2014 年修正)

第四条 公司法第一百五十一条规定的 180 日以上连续持股期间,应为股东向人民法院提起诉讼时,已期满的持股时间;规定的合计持有公司百分之一以上股份,是指两个以上股东持股份额的合计。

关联法律法规

《最高人民法院关于印发〈全国法院民商事审判工作会议纪要〉的通知》(法〔2019〕254 号)

24.【何时成为股东不影响起诉】股东提起股东代表诉讼,被告以行为发生时原告尚未成为公司股东为由抗辩该股东不是适格原告的,人民法院不予支持。

25.【正确适用前置程序】根据《公司法》第 151 条的规定,股东提起代表诉讼的前置程序之一是,股东必须先书面请求公司有关机关向人民法院提起诉讼。一般情况下,股东没有履行该前置程序的,应当驳回起诉。但是,该项前置程序针对的是公司治理的一般情况,即在股东向公司有关机关提出书面申请之时,存在公司有关机关提起诉讼的可能性。如果查明的相关事实表明,根本不存在该种可能性的,人民法院不应当以原告未履行前置程序为由驳回起诉。

26.【股东代表诉讼的反诉】股东依据《公司法》第 151 条第 3 款的规定提起股东代表诉讼后,被告以原告股东恶意起诉侵犯其合法权益为由提起反诉的,人民法院应予受理。被告以公司在案涉纠纷中应当承担侵权或者违约等责任为由对公司提出的反诉,因不符合反诉的要件,人民法院应当裁定不予受理;已经受理的,裁定驳回起诉。

27.【股东代表诉讼的调解】公司是股东代表诉讼的最终受益人,为避免因原告股东与被告通过调解损害公司利益,人民法院应当审查调解协议是否为公司的意思。只有在调解协议经公司股东（大）会、董事会决议通过后，人民法院才能出具调解书予以确认。至于具体决议机关，取决于公司章程的规定。公司章程没有规定的，人民法院应当认定公司股东（大）会为决议机关。

典型案例指导 ●●●●●●

周某春与庄士中国投资有限公司、李某慰、彭某傑及第三人湖南汉业房地产开发有限公司损害公司利益责任纠纷案[最高人民法院（2019）最高法民终1679号民事裁定书，《最高人民法院公报》2020年第6期]

在能够证明依法有权代表公司提起诉讼的公司机关基本不存在提起诉讼的可能性，由原告履行前置程序已无意义的情况下，不宜以股东未履行《公司法》第一百五十一条规定的前置程序为由驳回起诉。

吕某诉彭某、彭某林、王某英、重庆渝嘉建筑安装工程有限公司、重庆旺聚贸易有限公司、重庆品尊投资咨询有限公司、重庆首成房地产开发有限公司及一审第三人重庆竣尊房地产开发有限公司损害公司利益纠纷案[2022年1月29日《最高人民法院发布2021年全国法院十大商事案件》案件七]

【案情简介】

彭某系重庆竣尊房地产开发有限公司（以下简称竣尊公司）财务总监，梁某系竣尊公司总经理及重庆品尊投资咨询有限公司（以下简称品尊公司）实际控制人。2013年，彭某将其在竣尊公司38%的股份转让给品尊公司，转让价格1.7亿元。协议签订后，梁某、彭某采用虚构交易背景等方式，将竣尊公司的1.2亿元资金转至彭某实际控制的重庆渝嘉建筑安装工程有限公司（以下简称渝嘉公司）、重庆市联达建材有限公司（后更名为重庆旺聚贸易有限公司，简称旺聚公司）作为股权转让款。2016年10月，竣尊公司向公安机关举报梁某、彭某的犯罪事实。2017年1月10日，竣尊公司与彭某、彭某林、王某英、渝嘉公司、旺聚公司签订《竣尊公司款项追回及遗留问题的解决协议》，约定彭某、彭某林将1.2亿元资金及利息退还竣尊公司，王某英、渝嘉公司、旺聚公司承担连带清偿责任。2017年6月20日，竣尊公司与彭某、彭某林、王某英、品尊公司、梁某等签订《和解协议》，约定由王某英、彭某、彭某林、品尊公司、梁某共同筹资8500万元退还竣尊公司，并将原彭某转让给品尊公司的股份转让给竣尊公司大股东重庆斌鑫集团有限公司，以弥补给竣尊公司造成的损失；竣尊公司不再另行追究王某英、彭某、梁某、彭某林、品尊公司的经济责任。

2019年4月16日，竣尊公司股东吕某向公司监事郭某发送函件，要求公司对本案被告提起诉讼，追回被转走的资金，郭某明确表示拒绝起诉。2020年11月23日，重庆市永川区人民法院判决：梁某、彭某犯挪用资金罪；责令梁某退赔竣尊公司被挪用的资金1.7亿余元，彭某在1.2亿元范围内承担共同退赔责任。

重庆市第五中级人民法院一审判决驳回吕某的全部诉讼请求。吕某不服，上诉至重庆市高级人民法院。重庆市高级人民法院二审裁定撤销一审判决，驳回吕某的起诉。

【专家点评】

为了更好地维护公司利益尤其少数股东利益、完善公司治理结构，《公司法》规定了股东代表诉讼制度。该制度对公司的董事、监事、高级管理人员具有一定的震慑作用。然而，如果少数股东滥用诉权，将会干扰乃至侵害公司自治，可能导致公司面临大量诉讼困扰，日常经营难以为继。故公司法在设置股东代表诉讼制度的同时，还为防止少数股东滥用诉权设置了防火墙，股东代表诉讼前置程序就是其中的重要措施之一。前置程序是股东代表诉讼"穷尽内部救济原则"的体现，对于尊重公司自治，过滤无价值诉讼，实现股东代表诉讼的真正价值，避免扰乱公司正常的经营活动具有重要作用。股东代表诉讼的诉权来源在于股东个人或者公司利益有受损之虞而无其他挽救之机会，因此在司法实践中应当结合制度目的与诉权来源正确理解股东代表诉讼前置程序的规定。《公司法》第一百五十一条有关"向人民法院提起诉讼"的表述，旨在敦促公司积极行使权利，强调公司应当在利益受损后依法积极寻求救济，保护公司利益，而非要求公司仅能"向人民法院提起诉讼"来维护公司利益。也即本条的"向人民法院提起诉讼"要立足于股东代表诉讼前置程序的立法目的来理解，而不应局限于"向人民法院提起诉讼"之一途。具体到本案中，公司发现资金被挪用后虽未提起民事诉讼，但已经通过刑事报案、协商及和解的方式积极采取补救措施挽回公司损失，并不存在公司利益受损而无法挽救的情形，股东提起诉讼并不会再增加公司利益，此时赋予股东提起代表诉讼的权利已经缺乏必要性，有违股东代表诉讼制度设置之本旨，人民法院对此行为予以否定性评价，对于防止少数股东滥用诉权随意提起股东代表诉讼具有积极意义。另外，本案实际上已经涉及公司拒绝起诉决定的效力问题，对于我国公司法今后关于股东代表诉讼前置程序中公司不起诉决定效力的研究，也有一定

的启发意义。(李建伟 中国政法大学民商经济法学院教授、博士生导师)

林某恩与李某山等损害公司利益纠纷案[最高人民法院(2012)民四终字第15号民事判决书,《最高人民法院公报》2014年第11期(总第217期)]

本案系香港股东代表香港公司向另一香港股东及他人提起的损害公司利益之诉。原告提起诉讼的基点是认为另一香港股东利用实际控制香港公司及该公司在内地设立的全资子公司等机会,伙同他人采取非正当手段,剥夺了本属于香港公司的商业机会,从而损害了香港公司及其作为股东的合法权益。但原告所称的商业机会并非当然地专属于香港公司,实际上能够满足投资要求及法定程序的任何公司均可获取该商业机会。原告在内地子公司经营效益欠佳时明确要求撤回其全部投资,其与另一香港股东也达成了撤资协议。鉴于另一香港股东及他人未采取任何欺骗、隐瞒或者其他非正当手段,且商业机会的最终获取系另一股东及他人共同投资及努力的结果,终审判决最终驳回了原告的诉讼请求。

陈某华等与韦跃公司纠纷再审案[重庆市高级人民法院(2012)渝高法民提字第00091号民事判决书,《人民司法·案例》2013年第8期]

有限责任公司是建立在成员相互信任基础上的社团性法人,具有人合性和资合性的双重特点。有限责任公司在作出很多重要决定时不是通过严密的会议制度和规范的表决程序,更多的是通过公司长期经营过程中形成的习惯决策方式。确定有限责任公司的投资决策主体时,在依据公司章程的同时也要考虑长期形成的公司治理模式、长期形成的经营决策方式。

第一百九十条 【股东直接诉讼】董事、高级管理人员违反法律、行政法规或者公司章程的规定,损害股东利益的,股东可以向人民法院提起诉讼。

▍**条文应用提示** ●●●●●●●

股东是公司的投资人,有权维护自己在公司的合法权益。公司董事、高级管理人员违反法律、行政法规或者公司章程的规定,损害股东利益的,股东有权为自己的利益向人民法院提起诉讼。本条对股东为维护自身权益向人民法院提起对董事、高级管理人员诉讼的规定,主要有以下内容:(1)每一个股东都可以在董事、高级管理人员损害其自身权益时提起诉讼。(2)提起诉讼的事由,是董事、高级管理人员违反法律、行政法规或者公司章程的规定,损害了股东的利益。(3)提起诉讼的时间。本法未做限制,根据《民法典》的规定,除法律另有规定外,向人民法院请求保护民事权利的诉讼时效期间为3年,股东从知道或者应当知道其权利被侵害时起3年内向人民法院提起诉讼,其权利都可以获得合法有效的保护;但是,从权利被侵害之日起超过20年的,人民法院不予保护。因此,股东在知道自己的利益被损害后,应当及时提起诉讼,保护自己的合法权益。

▍旧法对应关系 ●●●●●●

原《公司法》第一百五十二条 董事、高级管理人员违反法律、行政法规或者公司章程的规定,损害股东利益的,股东可以向人民法院提起诉讼。

第一百九十一条 【董事、高级管理人员的损害赔偿责任】董事、高级管理人员执行职务,给他人造成损害的,公司应当承担赔偿责任;董事、高级管理人员存在故意或者重大过失的,也应当承担赔偿责任。

▍关联法律法规 ●●●●●●

《中华人民共和国民法典》(自2021年1月1日起施行)

第一千一百九十一条 用人单位的工作人员因执行工作任务造成他人损害的,由用人单位承担侵权责任。用人单位承担侵权责任后,可以向有故意或者重大过失的工作人员追偿。

《中华人民共和国证券法》(2019年修订)

第八十五条 信息披露义务人未按照规定披露信息,或者公告的证券发行文件、定期报告、临时报告及其他信息披露资料存在虚假记载、误导性陈述或者重大遗漏,致使投资者在证券交易中遭受损失的,信息披露义务人应当承担赔偿责任;发行人的控股股东、实际控制人、董事、监事、高级管理人员和其他直接责任人员以及保荐人、承销的证券公司及其直接责任人员,应当与发行人承担连带赔偿责任,但是能够证明自己没有过错的除外。

> **第一百九十二条 【控股股东、实际控制人指示责任】**公司的控股股东、实际控制人指示董事、高级管理人员从事损害公司或者股东利益的行为的，与该董事、高级管理人员承担连带责任。

> **对应配套规定**
>
> **《最高人民法院关于适用〈中华人民共和国公司法〉时间效力的若干规定》（法释〔2024〕7号）**
>
> 第四条 公司法施行前的法律事实引起的民事纠纷案件，当时的法律、司法解释没有规定而公司法作出规定的下列情形，适用公司法的规定：
>
> ……
>
> （五）公司的控股股东、实际控制人指示董事、高级管理人员从事活动损害公司或者股东利益的民事责任认定，适用公司法第一百九十二条的规定；
>
> ……

> **第一百九十三条 【董事责任保险】**公司可以在董事任职期间为董事因执行公司职务承担的赔偿责任投保责任保险。
>
> 公司为董事投保责任保险或者续保后，董事会应当向股东会报告责任保险的投保金额、承保范围及保险费率等内容。

▋条文应用提示

本条为2023年《公司法》增加的公司为董事购买责任保险新规定。董事责任保险是以董事对公司及第三人承担民事赔偿责任为保险标的的一种职业责任保险。依照本条规定，投保人是公司，被保险人是董事。当董事在履行职责时，存在因不当履职行为损害公司及其股东利益而遭受索赔的风险时，由所承保的保险公司依法承担赔偿责任。

当然，法律也没有限制公司为监事、高级管理人员购买责任保险，公司可以根据自身安排决定是否为监事、高级管理人员等购买责任险。

关联法律法规

《上市公司独立董事管理办法》(自 2023 年 9 月 4 日起施行)

第四十条　上市公司可以建立独立董事责任保险制度,降低独立董事正常履行职责可能引致的风险。

第九章 公 司 债 券

> **第一百九十四条 【公司债券的定义及发行规定】**本法所称公司债券,是指公司发行的约定按期还本付息的有价证券。
>
> 公司债券可以公开发行,也可以非公开发行。
>
> 公司债券的发行和交易应当符合《中华人民共和国证券法》等法律、行政法规的规定。

▍条文应用提示

公司债券,是指公司依照法定程序发行、约定在一定期限还本付息的有价证券。《证券法》第15条规定,公开发行公司债券,应当符合下列条件:(1)具备健全且运行良好的组织机构;(2)最近三年平均可分配利润足以支付公司债券一年的利息;(3)国务院规定的其他条件。公开发行公司债券筹集的资金,必须按照公司债券募集办法所列资金用途使用;改变资金用途,必须经债券持有人会议作出决议。公开发行公司债券筹集的资金,不得用于弥补亏损和非生产性支出。上市公司发行可转换为股票的公司债券,除应当符合第一款规定的条件外,还应当遵守《证券法》第12条第2款的规定。但是,按照公司债券募集办法,上市公司通过收购本公司股份的方式进行公司债券转换的除外。

▍旧法对应关系

原《公司法》第一百五十三条 本法所称公司债券,是指公司依照法定程序发行、约定在一定期限还本付息的有价证券。

公司发行公司债券应当符合《中华人民共和国证券法》规定的发行条件。

▍关联法律法规

《中华人民共和国证券法》(2019年修订)

第十五条 公开发行公司债券,应当符合下列条件:

（一）具备健全且运行良好的组织机构；
（二）最近三年平均可分配利润足以支付公司债券一年的利息；
（三）国务院规定的其他条件。

公开发行公司债券筹集的资金，必须按照公司债券募集办法所列资金用途使用；改变资金用途，必须经债券持有人会议作出决议。公开发行公司债券筹集的资金，不得用于弥补亏损和非生产性支出。

上市公司发行可转换为股票的公司债券，除应当符合第一款规定的条件外，还应当遵守本法第十二条第二款的规定。但是，按照公司债券募集办法，上市公司通过收购本公司股份的方式进行公司债券转换的除外。

第十六条　申请公开发行公司债券，应当向国务院授权的部门或者国务院证券监督管理机构报送下列文件：
（一）公司营业执照；
（二）公司章程；
（三）公司债券募集办法；
（四）国务院授权的部门或者国务院证券监督管理机构规定的其他文件。

依照本法规定聘请保荐人的，还应当报送保荐人出具的发行保荐书。

第十七条　有下列情形之一的，不得再次公开发行公司债券：
（一）对已公开发行的公司债券或者其他债务有违约或者延迟支付本息的事实，仍处于继续状态；
（二）违反本法规定，改变公开发行公司债券所募资金的用途。

第十八条　发行人依法申请公开发行证券所报送的申请文件的格式、报送方式，由依法负责注册的机构或者部门规定。

第十九条　发行人报送的证券发行申请文件，应当充分披露投资者作出价值判断和投资决策所必需的信息，内容应当真实、准确、完整。

为证券发行出具有关文件的证券服务机构和人员，必须严格履行法定职责，保证所出具文件的真实性、准确性和完整性。

《企业债券管理条例》(2011年修订)
第一章　总　　则

第一条　为了加强对企业债券的管理，引导资金的合理流向，有效利用社会闲散资金，保护投资者的合法权益，制定本条例。

第二条　本条例适用于中华人民共和国境内具有法人资格的企业(以下简称企业)在境内发行的债券。但是,金融债券和外币债券除外。

除前款规定的企业外,任何单位和个人不得发行企业债券。

第三条　企业进行有偿筹集资金活动,必须通过公开发行企业债券的形式进行。但是,法律和国务院另有规定的除外。

第四条　发行和购买企业债券应当遵循自愿、互利、有偿的原则。

第二章　企业债券

第五条　本条例所称企业债券,是指企业依照法定程序发行、约定在一定期限内还本付息的有价证券。

第六条　企业债券的票面应当载明下列内容:

(一)企业的名称、住所;

(二)企业债券的面额;

(三)企业债券的利率;

(四)还本期限和方式;

(五)利息的支付方式;

(六)企业债券发行日期和编号;

(七)企业的印记和企业法定代表人的签章;

(八)审批机关批准发行的文号、日期。

第七条　企业债券持有人有权按照约定期限取得利息、收回本金,但是无权参与企业的经营管理。

第八条　企业债券持有人对企业的经营状况不承担责任。

第九条　企业债券可以转让、抵押和继承。

第三章　企业债券的管理

第十条　国家计划委员会会同中国人民银行、财政部、国务院证券委员会拟订全国企业债券发行的年度规模和规模内的各项指标,报国务院批准后,下达各省、自治区、直辖市、计划单列市人民政府和国务院有关部门执行。

未经国务院同意,任何地方、部门不得擅自突破企业债券发行的年度规模,并不得擅自调整年度规模内的各项指标。

第十一条　企业发行企业债券必须按照本条例的规定进行审批;未经批准的,不得擅自发行和变相发行企业债券。

中央企业发行企业债券,由中国人民银行会同国家计划委员会审批;地方企业发行企业债券,由中国人民银行省、自治区、直辖市、计划单列市分行会同同级计划主管部门审批。

第十二条　企业发行企业债券必须符合下列条件:

(一)企业规模达到国家规定的要求;

(二)企业财务会计制度符合国家规定;

(三)具有偿债能力;

(四)企业经济效益良好,发行企业债券前连续3年盈利;

(五)所筹资金用途符合国家产业政策。

第十三条　企业发行企业债券应当制订发行章程。

发行章程应当包括下列内容:

(一)企业的名称、住所、经营范围、法定代表人;

(二)企业近3年的生产经营状况和有关业务发展的基本情况;

(三)财务报告;

(四)企业自有资产净值;

(五)筹集资金的用途;

(六)效益预测;

(七)发行对象、时间、期限、方式;

(八)债券的种类及期限;

(九)债券的利率;

(十)债券总面额;

(十一)还本付息方式;

(十二)审批机关要求载明的其他事项。

第十四条　企业申请发行企业债券,应当向审批机关报送下列文件:

(一)发行企业债券的申请书;

(二)营业执照;

(三)发行章程;

(四)经会计师事务所审计的企业近3年的财务报告;

(五)审批机关要求提供的其他材料。

企业发行企业债券用于固定资产投资,按照国家有关规定需要经有关部门审批的,还应当报送有关部门的审批文件。

第十五条　企业发行企业债券应当公布经审批机关批准的发行章程。

企业发行企业债券,可以向经认可的债券评信机构申请信用评级。

第十六条　企业发行企业债券的总面额不得大于该企业的自有资产净值。

第十七条　企业发行企业债券用于固定资产投资的,依照国家有关固定资产投资的规定办理。

第十八条　企业债券的利率不得高于银行相同期限居民储蓄定期存款利率的40%。

第十九条　任何单位不得以下列资金购买企业债券:

(一)财政预算拨款;

(二)银行贷款;

(三)国家规定不得用于购买企业债券的其他资金。

办理储蓄业务的机构不得将所吸收的储蓄存款用于购买企业债券。

第二十条　企业发行企业债券所筹资金应当按照审批机关批准的用途,用于本企业的生产经营。

企业发行企业债券所筹资金不得用于房地产买卖、股票买卖和期货交易等与本企业生产经营无关的风险性投资。

第二十一条　企业发行企业债券,应当由证券经营机构承销。

证券经营机构承销企业债券,应当对发行债券的企业的发行章程和其他有关文件的真实性、准确性、完整性进行核查。

第二十二条　企业债券的转让,应当在经批准的可以进行债券交易的场所进行。

第二十三条　非证券经营机构和个人不得经营企业债券的承销和转让业务。

第二十四条　单位和个人所得的企业债券利息收入,按照国家规定纳税。

第二十五条　中国人民银行及其分支机构和国家证券监督管理机构,依照规定的职责,负责对企业债券的发行和交易活动,进行监督检查。

第四章　法 律 责 任

第二十六条　未经批准发行或者变相发行企业债券的,以及未通过证券经营机构发行企业债券的,责令停止发行活动,退还非法所筹资金,处以相当于非法所筹资金金额5%以下的罚款。

第二十七条　超过批准数额发行企业债券的,责令退还超额发行部分或者核减相当于超额发行金额的贷款额度,处以相当于超额发行部分5%以下的罚款。

第二十八条　超过本条例第十八条规定的最高利率发行企业债券的,责令改正,处以相当于所筹资金金额5%以下的罚款。

第二十九条　用财政预算拨款、银行贷款或者国家规定不得用于购买企业债券的其他资金购买企业债券的,以及办理储蓄业务的机构用所吸收的储蓄存款购买企业债券的,责令收回该资金,处以相当于所购买企业债券金额5%以下的罚款。

第三十条　未按批准用途使用发行企业债券所筹资金的,责令改正,没收其违反批准用途使用资金所获收益,并处以相当于违法使用资金金额5%以下的罚款。

第三十一条　非证券经营机构和个人经营企业债券的承销或者转让业务的,责令停止非法经营,没收非法所得,并处以承销或者转让企业债券金额5%以下的罚款。

第三十二条　本条例第二十六条、第二十七条、第二十八条、第二十九条、第三十条、第三十一条规定的处罚,由中国人民银行及其分支机构决定。

第三十三条　对有本条例第二十六条、第二十七条、第二十八条、第二十九条、第三十条、第三十一条所列违法行为的单位的法定代表人和直接责任人员,由中国人民银行及其分支机构给予警告或者处以1万元以上10万元以下的罚款;构成犯罪的,依法追究刑事责任。

第三十四条　地方审批机关违反本条例规定,批准发行企业债券的,责令改正,给予通报批评,根据情况相应核减该地方企业债券的发行规模。

第三十五条　企业债券监督管理机关的工作人员玩忽职守、徇私舞弊的,给予行政处分;构成犯罪的,依法追究刑事责任。

第三十六条　发行企业债券的企业违反本条例规定,给他人造成损失的,应当依法承担民事赔偿责任。

第五章　附　　则

第三十七条　企业发行短期融资券,按照中国人民银行有关规定执行。

第三十八条　本条例由中国人民银行会同国家计划委员会解释。

第三十九条　本条例自发布之日起施行。1987年3月27日国务院发布的《企业债券管理暂行条例》同时废止。

《公司债券发行与交易管理办法》(自2023年10月20日起施行)

第一章　总　　则

第一条　为了规范公司债券(含企业债券)的发行、交易或转让行为,保护投资者的合法权益和社会公共利益,根据《证券法》《公司法》和其他相关法律法规,制定本办法。

第二条　在中华人民共和国境内,公开发行公司债券并在证券交易所、全国中小企业股份转让系统交易,非公开发行公司债券并在证券交易所、全国中小企业股份转让系统、证券公司柜台转让的,适用本办法。法律法规和中国证券监督管理委员会(以下简称中国证监会)另有规定的,从其规定。本办法所称公司债券,是指公司依照法定程序发行、约定在一定期限还本付息的有价证券。

第三条　公司债券可以公开发行,也可以非公开发行。

第四条　发行人及其他信息披露义务人应当及时、公平地履行披露义务,所披露或者报送的信息必须真实、准确、完整,简明清晰,通俗易懂,不得有虚假记载、误导性陈述或者重大遗漏。

第五条　发行人及其控股股东、实际控制人、董事、监事、高级管理人员应当诚实守信、勤勉尽责,维护债券持有人享有的法定权利和债券募集说明书约定的权利。

发行人及其控股股东、实际控制人、董事、监事、高级管理人员不得怠于履行偿债义务或者通过财产转移、关联交易等方式逃废债务,故意损害债券持有人权益。

第六条　为公司债券发行提供服务的承销机构、受托管理人,以及资信评级机构、会计师事务所、资产评估机构、律师事务所等专业机构和人员应当勤勉尽责,严格遵守执业规范和监管规则,按规定和约定履行义务。

发行人及其控股股东、实际控制人应当全面配合承销机构、受托管理人、证券服务机构的相关工作,及时提供资料,并确保内容真实、准确、完整。

第七条　发行人、承销机构及其相关工作人员在发行定价和配售过程中,不得有违反公平竞争、进行利益输送、直接或间接谋取不正当利益以及其他破坏市场秩序的行为。

第八条　中国证监会对公司债券发行的注册,证券交易所对公司债券发行出具的审核意见,或者中国证券业协会按照本办法对公司债券发行的报备,不表明其对发行人的经营风险、偿债风险、诉讼风险以及公司债券的投资风险或收益等作出判断或者保证。公司债券的投资风险,由投资者自行承担。

第九条　中国证监会依法对公司债券的发行及其交易或转让活动进行监督管理。证券自律组织依照相关规定对公司债券的发行、上市交易或挂牌转让、登记结算、承销、尽职调查、信用评级、受托管理及增信等进行自律管理。

证券自律组织应当制定相关业务规则,明确公司债券发行、承销、报备、上市交易或挂牌转让、信息披露、登记结算、投资者适当性管理、持有人会议及受托管理等具体规定,报中国证监会批准或备案。

第二章　发行和交易转让的一般规定

第十条　发行公司债券,发行人应当依照《公司法》或者公司章程相关规定对以下事项作出决议:

(一)发行债券的金额;

(二)发行方式;

(三)债券期限;

(四)募集资金的用途;

(五)其他按照法律法规及公司章程规定需要明确的事项。

发行公司债券,如果对增信机制、偿债保障措施作出安排的,也应当在决议事项中载明。

第十一条　发行公司债券,可以附认股权、可转换成相关股票等条款。上市公司、股票公开转让的非上市公众公司股东可以发行附可交换成上市公司或非上市公众公司股票条款的公司债券。商业银行等金融机构可以按照有关规定发行公司债券补充资本。上市公司发行附认股权、可转换成股票条款的公司债券,应当符合上市公司证券发行管理的相关规定。股票公开转让的非上市公众公司发行附认股权、可转换成股票条款的公司债券,由中国证监会另行规定。

第十二条 根据财产状况、金融资产状况、投资知识和经验、专业能力等因素,公司债券投资者可以分为普通投资者和专业投资者。专业投资者的标准按照中国证监会的相关规定执行。

证券自律组织可以在中国证监会相关规定的基础上,设定更为严格的投资者适当性要求。

发行人的董事、监事、高级管理人员及持股比例超过百分之五的股东,可视同专业投资者参与发行人相关公司债券的认购或交易、转让。

第十三条 公开发行公司债券筹集的资金,必须按照公司债券募集说明书所列资金用途使用;改变资金用途,必须经债券持有人会议作出决议。非公开发行公司债券,募集资金应当用于约定的用途;改变资金用途,应当履行募集说明书约定的程序。

鼓励公开发行公司债券的募集资金投向符合国家宏观调控政策和产业政策的项目建设。

公开发行公司债券筹集的资金,不得用于弥补亏损和非生产性支出。发行人应当指定专项账户,用于公司债券募集资金的接收、存储、划转。

第三章 公开发行及交易

第一节 注册规定

第十四条 公开发行公司债券,应当符合下列条件:

(一)具备健全且运行良好的组织机构;

(二)最近三年平均可分配利润足以支付公司债券一年的利息;

(三)具有合理的资产负债结构和正常的现金流量;

(四)国务院规定的其他条件。

公开发行公司债券,由证券交易所负责受理、审核,并报中国证监会注册。

第十五条 存在下列情形之一的,不得再次公开发行公司债券:

(一)对已公开发行的公司债券或者其他债务有违约或者延迟支付本息的事实,仍处于继续状态;

(二)违反《证券法》规定,改变公开发行公司债券所募资金用途。

第十六条 资信状况符合以下标准的公开发行公司债券,专业投资者和普通投资者可以参与认购:

(一)发行人最近三年无债务违约或者延迟支付本息的事实;

(二)发行人最近三年平均可分配利润不少于债券一年利息的1.5倍;

(三)发行人最近一期末净资产规模不少于250亿元;

(四)发行人最近36个月内累计公开发行债券不少于3期,发行规模不少于100亿元;

(五)中国证监会根据投资者保护的需要规定的其他条件。

未达到前款规定标准的公开发行公司债券,仅限于专业投资者参与认购。

第二节 注册程序

第十七条 发行人公开发行公司债券,应当按照中国证监会有关规定制作注册申请文件,由发行人向证券交易所申报。证券交易所收到注册申请文件后,在五个工作日内作出是否受理的决定。

第十八条 自注册申请文件受理之日起,发行人及其控股股东、实际控制人、董事、监事、高级管理人员,以及与本次债券公开发行并上市相关的主承销商、证券服务机构及相关责任人员,即承担相应法律责任。

第十九条 注册申请文件受理后,未经中国证监会或者证券交易所同意,不得改动。

发生重大事项的,发行人、主承销商、证券服务机构应当及时向证券交易所报告,并按要求更新注册申请文件和信息披露资料。

第二十条 证券交易所负责审核发行人公开发行公司债券并上市申请。

证券交易所主要通过向发行人提出审核问询、发行人回答问题方式开展审核工作,判断发行人是否符合发行条件、上市条件和信息披露要求。

第二十一条 证券交易所按照规定的条件和程序,提出审核意见。认为发行人符合发行条件和信息披露要求的,将审核意见、注册申请文件及相关审核资料报送中国证监会履行发行注册程序。认为发行人不符合发行条件或信息披露要求的,作出终止发行上市审核决定。

第二十二条 证券交易所应当建立健全审核机制,强化质量控制,提高审核工作透明度,公开审核工作相关事项,接受社会监督。

证券交易所在审核中发现申报文件涉嫌虚假记载、误导性陈述或者重大遗漏的,可以对发行人进行现场检查,对相关主承销商、证券服务机构执业质量开展延伸检查。

第二十三条 中国证监会收到证券交易所报送的审核意见、发行人注册申请文件及相关审核资料后,履行发行注册程序。中国证监会认为存在需要进一步说明或者落实事项的,可以问询或要求证券交易所进一步问询。

中国证监会认为证券交易所的审核意见依据不充分的,可以退回证券交易所补充审核。

第二十四条 证券交易所应当自受理注册申请文件之日起二个月内出具审核意见,中国证监会应当自证券交易所受理注册申请文件之日起三个月内作出同意注册或者不予注册的决定。发行人根据中国证监会、证券交易所要求补充、修改注册申请文件的时间不计算在内。

第二十五条 公开发行公司债券,可以申请一次注册,分期发行。中国证监会同意注册的决定自作出之日起两年内有效,发行人应当在注册决定有效期内发行公司债券,并自主选择发行时点。

公开发行公司债券的募集说明书自最后签署之日起六个月内有效。发行人应当及时更新债券募集说明书等公司债券发行文件,并在每期发行前报证券交易所备案。

第二十六条 中国证监会作出注册决定后,主承销商及证券服务机构应当持续履行尽职调查职责;发生重大事项的,发行人、主承销商、证券服务机构应当及时向证券交易所报告。

证券交易所应当对上述事项及时处理,发现发行人存在重大事项影响发行条件、上市条件的,应当出具明确意见并及时向中国证监会报告。

第二十七条 中国证监会作出注册决定后、发行人公司债券上市前,发现可能影响本次发行的重大事项的,中国证监会可以要求发行人暂缓或者暂停发行、上市;相关重大事项导致发行人不符合发行条件的,可以撤销注册。

中国证监会撤销注册后,公司债券尚未发行的,发行人应当停止发行;公司债券已经发行尚未上市的,发行人应当按照发行价并加算银行同期存款利息返还债券持有人。

第二十八条　中国证监会应当按规定公开公司债券发行注册行政许可事项相关的监管信息。

第二十九条　存在下列情形之一的,发行人、主承销商、证券服务机构应当及时书面报告证券交易所或者中国证监会,证券交易所或者中国证监会应当中止相应发行上市审核程序或者发行注册程序:

(一)发行人因涉嫌违法违规被行政机关调查,或者被司法机关侦查,尚未结案,对其公开发行公司债券行政许可影响重大;

(二)发行人的主承销商,以及律师事务所、会计师事务所、资信评级机构等证券服务机构被中国证监会依法采取限制业务活动、责令停业整顿、指定其他机构托管、接管等监管措施,或者被证券交易所实施一定期限内不接受其出具的相关文件的纪律处分,尚未解除;

(三)发行人的主承销商,以及律师事务所、会计师事务所、资信评级机构等证券服务机构签字人员被中国证监会依法采取限制从事证券服务业务等监管措施或者证券市场禁入的措施,或者被证券交易所实施一定期限内不接受其出具的相关文件的纪律处分,尚未解除;

(四)发行人或主承销商主动要求中止发行上市审核程序或者发行注册程序,理由正当且经证券交易所或者中国证监会批准;

(五)中国证监会或证券交易所规定的其他情形。

中国证监会、证券交易所根据发行人、主承销商申请,决定中止审核的,待相关情形消失后,发行人、主承销商可以向中国证监会、证券交易所申请恢复审核。中国证监会、证券交易所依据相关规定中止审核的,待相关情形消失后,中国证监会、证券交易所按规定恢复审核。

第三十条　存在下列情形之一的,证券交易所或者中国证监会应当终止相应发行上市审核程序或者发行注册程序,并向发行人说明理由:

(一)发行人主动要求撤回申请或主承销商申请撤回所出具的核查意见;

(二)发行人未在要求的期限内对注册申请文件作出解释说明或者补充、修改;

（三）注册申请文件存在虚假记载、误导性陈述或重大遗漏；

（四）发行人阻碍或者拒绝中国证监会、证券交易所依法对发行人实施检查、核查；

（五）发行人及其关联方以不正当手段严重干扰发行上市审核或者发行注册工作；

（六）发行人法人资格终止；

（七）发行人注册申请文件内容存在重大缺陷，严重影响投资者理解和发行上市审核或者发行注册工作；

（八）发行人中止发行上市审核程序超过证券交易所规定的时限或者中止发行注册程序超过六个月仍未恢复；

（九）证券交易所认为发行人不符合发行条件或信息披露要求；

（十）中国证监会或证券交易所规定的其他情形。

第三节 交　　易

第三十一条　公开发行的公司债券，应当在证券交易场所交易。

公开发行公司债券并在证券交易场所交易的，应当符合证券交易场所规定的上市、挂牌条件。

第三十二条　证券交易场所应当对公开发行公司债券的上市交易实施分类管理，实行差异化的交易机制，建立相应的投资者适当性管理制度，健全风险控制机制。证券交易场所应当根据债券资信状况的变化及时调整交易机制和投资者适当性安排。

第三十三条　公开发行公司债券申请上市交易的，应当在发行前根据证券交易场所的相关规则，明确交易机制和交易环节投资者适当性安排。发行环节和交易环节的投资者适当性要求应当保持一致。

第四章　非公开发行及转让

第三十四条　非公开发行的公司债券应当向专业投资者发行，不得采用广告、公开劝诱和变相公开方式，每次发行对象不得超过二百人。

第三十五条　承销机构应当按照中国证监会、证券自律组织规定的投资者适当性制度，了解和评估投资者对非公开发行公司债券的风险识别和承担能力，确认参与非公开发行公司债券认购的投资者为专业投资者，并充分揭示风险。

第三十六条　非公开发行公司债券，承销机构或依照本办法第三十九条规定自行销售的发行人应当在每次发行完成后五个工作日内向中国证券业协会报备。

中国证券业协会在材料齐备时应当及时予以报备。报备不代表中国证券业协会实行合规性审查,不构成市场准入,也不豁免相关主体的违规责任。

第三十七条　非公开发行公司债券,可以申请在证券交易场所、证券公司柜台转让。

非公开发行公司债券并在证券交易场所转让的,应当遵守证券交易场所制定的业务规则,并经证券交易场所同意。

非公开发行公司债券并在证券公司柜台转让的,应当符合中国证监会的相关规定。

第三十八条　非公开发行的公司债券仅限于专业投资者范围内转让。转让后,持有同次发行债券的投资者合计不得超过二百人。

第五章　发行与承销管理

第三十九条　发行公司债券应当依法由具有证券承销业务资格的证券公司承销。

取得证券承销业务资格的证券公司、中国证券金融股份有限公司非公开发行公司债券可以自行销售。

第四十条　承销机构承销公司债券,应当依据本办法以及中国证监会、中国证券业协会有关风险管理和内部控制等相关规定,制定严格的风险管理和内部控制制度,明确操作规程,保证人员配备,加强定价和配售等过程管理,有效控制业务风险。

承销机构应当建立健全内部问责机制,相关业务人员因违反公司债券相关规定被采取自律监管措施、自律处分、行政监管措施、市场禁入措施、行政处罚、刑事处罚等的,承销机构应当进行内部问责。

承销机构应当制定合理的薪酬考核体系,不得以业务包干等承包方式开展公司债券承销业务,或者以其他形式实施过度激励。

承销机构应当综合评估项目执行成本与风险责任,合理确定报价,不得以明显低于行业定价水平等不正当竞争方式招揽业务。

第四十一条　主承销商应当遵守业务规则和行业规范,诚实守信、勤勉尽责、保持合理怀疑,按照合理性、必要性和重要性原则,对公司债券发行文件的真实性、准确性和完整性进行审慎核查，并有合理谨慎的理由确信发行文件披露的信息不存在虚假记载、误导性陈述或者重大遗漏。

主承销商对公司债券发行文件中证券服务机构出具专业意见的重要内容存在合理怀疑的，应当履行审慎核查和必要的调查、复核工作，排除合理怀疑。证券服务机构应当配合主承销商的相关核查工作。

第四十二条　承销机构承销公司债券，应当依照《证券法》相关规定采用包销或者代销方式。

第四十三条　发行人和主承销商应当签订承销协议，在承销协议中界定双方的权利义务关系，约定明确的承销基数。采用包销方式的，应当明确包销责任。组成承销团的承销机构应当签订承销团协议，由主承销商负责组织承销工作。公司债券发行由两家以上承销机构联合主承销的，所有担任主承销商的承销机构应当共同承担主承销责任，履行相关义务。承销团由三家以上承销机构组成的，可以设副主承销商，协助主承销商组织承销活动。承销团成员应当按照承销团协议及承销协议的约定进行承销活动，不得进行虚假承销。

第四十四条　公司债券公开发行的价格或利率以询价或公开招标等市场化方式确定。发行人和主承销商应当协商确定公开发行的定价与配售方案并予公告，明确价格或利率确定原则、发行定价流程和配售规则等内容。

第四十五条　发行人及其控股股东、实际控制人、董事、监事、高级管理人员和承销机构不得操纵发行定价、暗箱操作；不得以代持、信托等方式谋取不正当利益或向其他相关利益主体输送利益；不得直接或通过其利益相关方向参与认购的投资者提供财务资助；不得有其他违反公平竞争、破坏市场秩序等行为。

发行人不得在发行环节直接或间接认购其发行的公司债券。发行人的董事、监事、高级管理人员、持股比例超过百分之五的股东及其他关联方认购或交易、转让其发行的公司债券的，应当披露相关情况。

第四十六条　公开发行公司债券的，发行人和主承销商应当聘请律师事务所对发行过程、配售行为、参与认购的投资者资质条件、资金划拨等事项进行见证，并出具专项法律意见书。公开发行的公司债券上市后十个工作日内，主承销商应当将专项法律意见、承销总结报告等文件一并报证券交易场所。

第四十七条　发行人和承销机构在推介过程中不得夸大宣传,或以虚假广告等不正当手段诱导、误导投资者,不得披露除债券募集说明书等信息以外的发行人其他信息。承销机构应当保留推介、定价、配售等承销过程中的相关资料,并按相关法律法规规定存档备查,包括推介宣传材料、路演现场录音等,如实、全面反映询价、定价和配售过程。相关推介、定价、配售等的备查资料应当按中国证券业协会的规定制作并妥善保管。

第四十八条　中国证券业协会应当制定非公开发行公司债券承销业务的风险控制管理规定,根据市场风险状况对承销业务范围进行限制并动态调整。

第四十九条　债券募集说明书及其他信息披露文件所引用的审计报告、法律意见书、评级报告及资产评估报告等,应当由符合《证券法》规定的证券服务机构出具。

证券服务机构应当严格遵守法律法规、中国证监会制定的监管规则、执业准则、职业道德守则、证券交易场所制定的业务规则及其他相关规定,建立并保持有效的质量控制体系、独立性管理和投资者保护机制,审慎履行职责,作出专业判断与认定,并对募集说明书或者其他信息披露文件中与其专业职责有关的内容及其出具的文件的真实性、准确性、完整性负责。

证券服务机构及其相关执业人员应当对与本专业相关的业务事项履行特别注意义务,对其他业务事项履行普通注意义务,并承担相应法律责任。

证券服务机构及其执业人员从事证券服务业务应当配合中国证监会的监督管理,在规定的期限内提供、报送或披露相关资料、信息,并保证其提供、报送或披露的资料、信息真实、准确、完整,不得有虚假记载、误导性陈述或者重大遗漏。

证券服务机构应当妥善保存客户委托文件、核查和验证资料、工作底稿以及与质量控制、内部管理、业务经营有关的信息和资料。

第六章　信息披露

第五十条　发行人及其他信息披露义务人应当按照中国证监会及证券自律组织的相关规定履行信息披露义务。

第五十一条　公司债券上市交易的发行人应当按照中国证监会、证券交易所的规定及时披露债券募集说明书,并在债券存续期内披露中期报告和经符合《证券法》规定的会计师事务所审计的年度报告。非公开发行公司债券的发行人信息披露的时点、内容,应当按照募集说明书的约定及证券交易场所的规定履行。

发行人及其控股股东、实际控制人、董事、监事、高级管理人员等作出公开承诺的,应当在募集说明书等文件中披露。

第五十二条　公司债券募集资金的用途应当在债券募集说明书中披露。发行人应当在定期报告中披露公开发行公司债券募集资金的使用情况、募投项目进展情况(如涉及)。非公开发行公司债券的,应当在债券募集说明书中约定募集资金使用情况的披露事宜。

第五十三条　发行人的董事、高级管理人员应当对公司债券发行文件和定期报告签署书面确认意见。

发行人的监事会应当对董事会编制的公司债券发行文件和定期报告进行审核并提出书面审核意见。监事应当签署书面确认意见。

发行人的董事、监事和高级管理人员应当保证发行人及时、公平地披露信息,所披露的信息真实、准确、完整。

董事、监事和高级管理人员无法保证公司债券发行文件和定期报告内容的真实性、准确性、完整性或者有异议的,应当在书面确认意见中发表意见并陈述理由,发行人应当披露。发行人不予披露的,董事、监事和高级管理人员可以直接申请披露。

第五十四条　发生可能对上市交易公司债券的交易价格产生较大影响的重大事件,投资者尚未得知时,发行人应当立即将有关该重大事件的情况向中国证监会、证券交易场所报送临时报告,并予公告,说明事件的起因、目前的状态和可能产生的法律后果。

前款所称重大事件包括:

(一)公司股权结构或者生产经营状况发生重大变化;

(二)公司债券信用评级发生变化;

(三)公司重大资产抵押、质押、出售、转让、报废;

(四)公司发生未能清偿到期债务的情况;

(五)公司新增借款或者对外提供担保超过上年末净资产的百分之

二十；

（六）公司放弃债权或者财产超过上年末净资产的百分之十；

（七）公司发生超过上年末净资产百分之十的重大损失；

（八）公司分配股利，作出减资、合并、分立、解散及申请破产的决定，或者依法进入破产程序、被责令关闭；

（九）涉及公司的重大诉讼、仲裁；

（十）公司涉嫌犯罪被依法立案调查，公司的控股股东、实际控制人、董事、监事、高级管理人员涉嫌犯罪被依法采取强制措施；

（十一）募投项目情况发生重大变化，可能影响募集资金投入和使用计划，或者导致项目预期运营收益实现存在较大不确定性；

（十二）中国证监会规定的其他事项。

发行人的控股股东或者实际控制人对重大事件的发生、进展产生较大影响的，应当及时将其知悉的有关情况书面告知发行人，并配合发行人履行信息披露义务。

第五十五条 资信评级机构为公开发行公司债券进行信用评级的，应当符合以下规定或约定：

（一）将评级信息告知发行人，并及时向市场公布首次评级报告、定期和不定期跟踪评级报告；

（二）公司债券的期限为一年以上的，在债券有效存续期间，应当每年至少向市场公布一次定期跟踪评级报告；

（三）应充分关注可能影响评级对象信用等级的所有重大因素，及时向市场公布信用等级调整及其他与评级相关的信息变动情况，并向证券交易场所报告。

第五十六条 公开发行公司债券的发行人及其他信息披露义务人应当将披露的信息刊登在其证券交易场所的互联网网站和符合中国证监会规定条件的媒体，同时将其置备于公司住所、证券交易场所，供社会公众查阅。

第七章 债券持有人权益保护

第五十七条 公开发行公司债券的，发行人应当为债券持有人聘请债券受托管理人，并订立债券受托管理协议；非公开发行公司债券的，发行人应当在募集说明书中约定债券受托管理事项。在债券存续期限内，由债券受托管理人按照规定或协议的约定维护债券持有人的利益。

发行人应当在债券募集说明书中约定,投资者认购或持有本期公司债券视作同意债券受托管理协议、债券持有人会议规则及债券募集说明书中其他有关发行人、债券持有人权利义务的相关约定。

第五十八条　债券受托管理人由本次发行的承销机构或其他经中国证监会认可的机构担任。债券受托管理人应当为中国证券业协会会员。为本次发行提供担保的机构不得担任本次债券发行的受托管理人。债券受托管理人应当勤勉尽责,公正履行受托管理职责,不得损害债券持有人利益。对于债券受托管理人在履行受托管理职责时可能存在的利益冲突情形及相关风险防范、解决机制,发行人应当在债券募集说明书及债券存续期间的信息披露文件中予以充分披露,并同时在债券受托管理协议中载明。

第五十九条　公开发行公司债券的受托管理人应当按规定或约定履行下列职责:

(一)持续关注发行人和保证人的资信状况、担保物状况、增信措施及偿债保障措施的实施情况,出现可能影响债券持有人重大权益的事项时,召集债券持有人会议;

(二)在债券存续期内监督发行人募集资金的使用情况;

(三)对发行人的偿债能力和增信措施的有效性进行全面调查和持续关注,并至少每年向市场公告一次受托管理事务报告;

(四)在债券存续期内持续督导发行人履行信息披露义务;

(五)预计发行人不能偿还债务时,要求发行人追加担保,并可以依法申请法定机关采取财产保全措施;

(六)在债券存续期内勤勉处理债券持有人与发行人之间的谈判或者诉讼事务;

(七)发行人为债券设定担保的,债券受托管理人应在债券发行前或债券募集说明书约定的时间内取得担保的权利证明或其他有关文件,并在增信措施有效期内妥善保管;

(八)发行人不能按期兑付债券本息或出现募集说明书约定的其他违约事件的,可以接受全部或部分债券持有人的委托,以自己名义代表债券持有人提起、参加民事诉讼或者破产等法律程序,或者代表债券持有人申请处置抵质押物。

第六十条　非公开发行公司债券的,债券受托管理人应当按照债券受托管理协议的约定履行职责。

第六十一条　受托管理人为履行受托管理职责,有权代表债券持有人查询债券持有人名册及相关登记信息、专项账户中募集资金的存储与划转情况。证券登记结算机构应当予以配合。

第六十二条　发行公司债券,应当在债券募集说明书中约定债券持有人会议规则。

债券持有人会议规则应当公平、合理。债券持有人会议规则应当明确债券持有人通过债券持有人会议行使权利的范围,债券持有人会议的召集、通知、决策生效条件与决策程序、决策效力范围和其他重要事项。债券持有人会议按照本办法的规定及会议规则的程序要求所形成的决议对全体债券持有人有约束力,债券持有人会议规则另有约定的除外。

第六十三条　存在下列情形的,债券受托管理人应当按规定或约定召集债券持有人会议:

(一)拟变更债券募集说明书的约定;

(二)拟修改债券持有人会议规则;

(三)拟变更债券受托管理人或受托管理协议的主要内容;

(四)发行人不能按期支付本息;

(五)发行人减资、合并等可能导致偿债能力发生重大不利变化,需要决定或者授权采取相应措施;

(六)发行人分立、被托管、解散、申请破产或者依法进入破产程序;

(七)保证人、担保物或者其他偿债保障措施发生重大变化;

(八)发行人、单独或合计持有本期债券总额百分之十以上的债券持有人书面提议召开;

(九)发行人管理层不能正常履行职责,导致发行人债务清偿能力面临严重不确定性;

(十)发行人提出债务重组方案的;

(十一)发生其他对债券持有人权益有重大影响的事项。

在债券受托管理人应当召集而未召集债券持有人会议时,单独或合计持有本期债券总额百分之十以上的债券持有人有权自行召集债券持有人会议。

第六十四条　发行人可采取内外部增信机制、偿债保障措施,提高偿债能力,控制公司债券风险。内外部增信机制、偿债保障措施包括但不限于下列方式:

(一)第三方担保;

(二)商业保险;

(三)资产抵押、质押担保;

(四)限制发行人债务及对外担保规模;

(五)限制发行人对外投资规模;

(六)限制发行人向第三方出售或抵押主要资产;

(七)设置债券回售条款。

公司债券增信机构可以成为中国证券业协会会员。

第六十五条　发行人应当在债券募集说明书中约定构成债券违约的情形、违约责任及其承担方式以及公司债券发生违约后的诉讼、仲裁或其他争议解决机制。

第八章　监督管理和法律责任

第六十六条　中国证监会建立对证券交易场所公司债券业务监管工作的监督机制,持续关注证券交易场所发行审核、发行承销过程及其他公司债券业务监管情况,并开展定期或不定期检查。中国证监会在检查和抽查过程中发现问题的,证券交易场所应当整改。

证券交易场所应当建立定期报告制度,及时总结公司债券发行审核、发行承销过程及其他公司债券业务监管工作情况,并报告中国证监会。

第六十七条　证券交易场所公司债券发行上市审核工作违反本办法规定,有下列情形之一的,由中国证监会责令改正;情节严重的,追究直接责任人员相关责任:

(一)未按审核标准开展公司债券发行上市审核工作;

(二)未按程序开展公司债券发行上市审核工作;

(三)不配合中国证监会对发行上市审核工作、发行承销过程及其他公司债券业务监管工作的检查、抽查,或者不按中国证监会的整改要求进行整改。

第六十八条　中国证监会及其派出机构可以依法对发行人以及相关主承销商、受托管理人、证券服务机构等开展检查,检查对象及其工作人员应当配合,保证提供的有关文件和资料真实、准确、完整、及时,不得拒绝、阻碍和隐瞒。

第六十九条　违反法律法规及本办法等规定的,中国证监会可以对相关机构和人员采取责令改正、监管谈话、出具警示函、责令公开说明、责令定期报告等相关监管措施;依法应予行政处罚的,依照《证券法》、《行政处罚法》等法律法规和中国证监会的有关规定进行处罚;涉嫌犯罪的,依法移送司法机关,追究其刑事责任。

第七十条　非公开发行公司债券,发行人及其他信息披露义务人披露的信息存在虚假记载、误导性陈述或者重大遗漏的,中国证监会可以对发行人、其他信息披露义务人及其直接负责的主管人员和其他直接责任人员采取本办法第六十九条规定的相关监管措施;情节严重的,依照《证券法》第一百九十七条予以处罚。

第七十一条　非公开发行公司债券,发行人违反本办法第十三条规定的,中国证监会可以对发行人及其直接负责的主管人员和其他直接责任人员采取本办法第六十九条规定的相关监管措施;情节严重的,处以警告、罚款。

第七十二条　除中国证监会另有规定外,承销或自行销售非公开发行公司债券未按规定进行报备的,中国证监会可以对承销机构及其直接负责的主管人员和其他直接责任人员采取本办法第六十九条规定的相关监管措施;情节严重的,处以警告、罚款。

第七十三条　承销机构在承销公司债券过程中,有下列行为之一的,中国证监会依照《证券法》第一百八十四条予以处罚。

(一)未勤勉尽责,违反本办法第四十一条规定的行为;

(二)以不正当竞争手段招揽承销业务;

(三)从事本办法第四十五条规定禁止的行为;

(四)从事本办法第四十七条规定禁止的行为;

(五)未按本办法及相关规定要求披露有关文件;

(六)未按照事先披露的原则和方式配售公司债券,或其他未依照披露文件实施的行为;

（七）未按照本办法及相关规定要求保留推介、定价、配售等承销过程中相关资料；

（八）其他违反承销业务规定的行为。

第七十四条　发行人及其控股股东、实际控制人、债券受托管理人等违反本办法规定，损害债券持有人权益的，中国证监会可以对发行人、发行人的控股股东和实际控制人、受托管理人及其直接负责的主管人员和其他直接责任人员采取本办法第六十九条规定的相关监管措施；情节严重的，处以警告、罚款。

第七十五条　发行人及其控股股东、实际控制人、董事、监事、高级管理人员违反本办法第五条第二款的规定，严重损害债券持有人权益的，中国证监会可以依法限制其市场融资等活动，并将其有关信息纳入证券期货市场诚信档案数据库。

第九章　附　　则

第七十六条　发行公司债券并在证券交易场所交易或转让的，应当由中国证券登记结算有限责任公司依法集中统一办理登记结算业务。非公开发行公司债券并在证券公司柜台转让的，可以由中国证券登记结算有限责任公司或者其他依法从事证券登记、结算业务的机构办理。

第七十七条　发行公司债券，应当符合地方政府性债务管理的相关规定，不得新增政府债务。

第七十八条　证券公司和其他金融机构次级债券的发行、交易或转让，适用本办法。境外注册公司在中国证监会监管的证券交易场所的债券发行、交易或转让，参照适用本办法。

第七十九条　本办法所称证券自律组织包括证券交易所、全国中小企业股份转让系统、中国证券登记结算有限责任公司、中国证券业协会以及中国证监会认定的其他自律组织。

本办法所称证券交易场所包括证券交易所、全国中小企业股份转让系统。

第八十条　本办法自公布之日起施行。2021年2月26日发布的《公司债券发行与交易管理办法》(证监会令第180号)同时废止。

> **第一百九十五条　【公司债券募集办法】**公开发行公司债券,应当经国务院证券监督管理机构注册,公告公司债券募集办法。
> 　　公司债券募集办法应当载明下列主要事项:
> 　　(一)公司名称;
> 　　(二)债券募集资金的用途;
> 　　(三)债券总额和债券的票面金额;
> 　　(四)债券利率的确定方式;
> 　　(五)还本付息的期限和方式;
> 　　(六)债券担保情况;
> 　　(七)债券的发行价格、发行的起止日期;
> 　　(八)公司净资产额;
> 　　(九)已发行的尚未到期的公司债券总额;
> 　　(十)公司债券的承销机构。

▍旧法对应关系 ●●●●●●●

原《公司法》第一百五十四条　发行公司债券的申请经国务院授权的部门核准后,应当公告公司债券募集办法。

公司债券募集办法中应当载明下列主要事项:

(一)公司名称;

(二)债券募集资金的用途;

(三)债券总额和债券的票面金额;

(四)债券利率的确定方式;

(五)还本付息的期限和方式;

(六)债券担保情况;

(七)债券的发行价格、发行的起止日期;

(八)公司净资产额;

(九)已发行的尚未到期的公司债券总额;

(十)公司债券的承销机构。

关联法律法规

《中华人民共和国证券法》(2019年修订)

第二十三条　证券发行申请经注册后,发行人应当依照法律、行政法规的规定,在证券公开发行前公告公开发行募集文件,并将该文件置备于指定场所供公众查阅。

发行证券的信息依法公开前,任何知情人不得公开或者泄露该信息。

发行人不得在公告公开发行募集文件前发行证券。

典型案例指导

某基金公司与天津某公司、某投资担保公司债券交易纠纷案[天津法院发布涉公司类案件纠纷典型案例之5]

法院生效裁判认为:案涉《认购协议》合法有效,某基金公司向托管账户支付认购款,根据《发行结果公告》《证券持有名册》显示的账户名称,能够确认某基金公司作为资产管理产品的管理人,运用其管理的资产并以该基金公司的名义与天津某公司发生债券交易关系,有权作为原告提起诉讼。某投资担保公司在债券发行前出具的《担保函》与发行人出具《募集说明书》中记载的担保事项一致,应当承担连带保证责任,其抗辩《担保函》早于主合同之前形成而无效的理由不能成立,故判决支持了某基金公司的诉讼请求。

【典型意义】

近年来,资产管理业务的快速发展在满足企业投融资需求、改善社会融资结构等方面发挥了积极作用,本案系资产管理产品的管理人运用受托资金,投资于私募债券市场所引发的纠纷,由于监管机构对公司债券发行具有严格的准入标准及审批程序,此类案件鲜见于司法诉讼程序。本案依据债券发行人发布的《募集说明书》结合不同主体之间订立的承销协议、认购协议、担保协议、受托管理协议以及证券交易所出具的备案通知书,发行结果公告等各类监管文件,认定资产管理产品的管理人具备原告主体资格,同时根据证券交易所的相关规范性要求确定担保人责任等方面均具有普遍指导意义。

第一百九十六条　【公司债券票面的记载事项】公司以纸面形式发行公司债券的,应当在债券上载明公司名称、债券票面金额、利率、偿还期限等事项,并由法定代表人签名,公司盖章。

旧法对应关系 ●●●●●●

原《公司法》第一百五十五条　公司以实物券方式发行公司债券的，必须在债券上载明公司名称、债券票面金额、利率、偿还期限等事项，并由法定代表人签名，公司盖章。

第一百九十七条　【公司债券的种类】公司债券应当为记名债券。

旧法对应关系 ●●●●●●

原《公司法》第一百五十六条　公司债券，可以为记名债券，也可以为无记名债券。

第一百九十八条　【公司债券持有人名册】公司发行公司债券应当置备公司债券持有人名册。

发行公司债券的，应当在公司债券持有人名册上载明下列事项：

（一）债券持有人的姓名或者名称及住所；

（二）债券持有人取得债券的日期及债券的编号；

（三）债券总额，债券的票面金额、利率、还本付息的期限和方式；

（四）债券的发行日期。

旧法对应关系 ●●●●●●

原《公司法》第一百五十七条　公司发行公司债券应当置备公司债券存根簿。

发行记名公司债券的，应当在公司债券存根簿上载明下列事项：

（一）债券持有人的姓名或者名称及住所；

（二）债券持有人取得债券的日期及债券的编号；

（三）债券总额，债券的票面金额、利率、还本付息的期限和方式；

（四）债券的发行日期。

发行无记名公司债券的，应当在公司债券存根簿上载明债券总额、利率、偿还期限和方式、发行日期及债券的编号。

> **第一百九十九条　【公司债券登记结算机构的制度要求】**公司债券的登记结算机构应当建立债券登记、存管、付息、兑付等相关制度。

条文应用提示

《公司债券发行与交易管理办法》第 76 条规定,发行公司债券并在证券交易场所交易或转让的,应当由中国证券登记结算有限责任公司依法集中统一办理登记结算业务。非公开发行公司债券并在证券公司柜台转让的,可以由中国证券登记结算有限责任公司或者其他依法从事证券登记、结算业务的机构办理。

旧法对应关系

原《公司法》第一百五十八条　记名公司债券的登记结算机构应当建立债券登记、存管、付息、兑付等相关制度。

关联法律法规

《中华人民共和国证券法》(2019 年修订)

第一百四十五条　证券登记结算机构为证券交易提供集中登记、存管与结算服务,不以营利为目的,依法登记,取得法人资格。

设立证券登记结算机构必须经国务院证券监督管理机构批准。

第一百四十六条　设立证券登记结算机构,应当具备下列条件:

(一)自有资金不少于人民币二亿元;

(二)具有证券登记、存管和结算服务所必须的场所和设施;

(三)国务院证券监督管理机构规定的其他条件。

证券登记结算机构的名称中应当标明证券登记结算字样。

第一百四十七条　证券登记结算机构履行下列职能:

(一)证券账户、结算账户的设立;

(二)证券的存管和过户;

(三)证券持有人名册登记;

(四)证券交易的清算和交收;

(五)受发行人的委托派发证券权益;

(六)办理与上述业务有关的查询、信息服务;

(七)国务院证券监督管理机构批准的其他业务。

《公司债券发行与交易管理办法》(自2023年10月20日起施行)

第七十六条 发行公司债券并在证券交易场所交易或转让的,应当由中国证券登记结算有限责任公司依法集中统一办理登记结算业务。非公开发行公司债券并在证券公司柜台转让的,可以由中国证券登记结算有限责任公司或者其他依法从事证券登记、结算业务的机构办理。

第二百条 【公司债券转让】公司债券可以转让,转让价格由转让人与受让人约定。

公司债券的转让应当符合法律、行政法规的规定。

旧法对应关系

原《公司法》第一百五十九条 公司债券可以转让,转让价格由转让人与受让人约定。

公司债券在证券交易所上市交易的,按照证券交易所的交易规则转让。

第二百零一条 【公司债券的转让方式】公司债券由债券持有人以背书方式或者法律、行政法规规定的其他方式转让;转让后由公司将受让人的姓名或者名称及住所记载于公司债券持有人名册。

旧法对应关系

原《公司法》第一百六十条 记名公司债券,由债券持有人以背书方式或者法律、行政法规规定的其他方式转让;转让后由公司将受让人的姓名或者名称及住所记载于公司债券存根簿。

无记名公司债券的转让,由债券持有人将该债券交付给受让人后即发生转让的效力。

第二百零二条 【可转换债券的发行及载明事项】股份有限公司经股东会决议,或者经公司章程、股东会授权由董事会决议,可以发行

> 可转换为股票的公司债券,并规定具体的转换办法。上市公司发行可转换为股票的公司债券,应当经国务院证券监督管理机构注册。
>
> 　　发行可转换为股票的公司债券,应当在债券上标明可转换公司债券字样,并在公司债券持有人名册上载明可转换公司债券的数额。

▌条文应用提示 ●●●●●●

　　可转换公司债券的持有人,享有在一定期限内将所持有的公司债券转换成公司股票的权利,通过行使转换权取得公司股权,使其对公司的债权消灭,即可转换公司债券潜在地拥有股票的性质。债券持有人通常在经过一定时间后,根据股价行情选择是否行使转换权。债券持有人如果不行使转换权,那么不管公司经营效益如何,都可以得到确定的利息收益。发行可转换公司债券,可以为具有不同投资偏好的认购人提供一种更加灵活的选择机制,有利于债券持有人回避风险、保障收益。同时,对发行公司来说,发行可转换公司债券也是公司筹资的重要手段。

　　为了规范可转换公司债券的发行,本条对发行程序作了原则规定,主要包含以下内容:(1)发行主体;(2)发行事项的决定;(3)发行程序;(4)债券的票面格式及登记。

▌旧法对应关系 ●●●●●●

　　原《公司法》第一百六十一条　上市公司经股东大会决议可以发行可转换为股票的公司债券,并在公司债券募集办法中规定具体的转换办法。上市公司发行可转换为股票的公司债券,应当报国务院证券监督管理机构核准。

　　发行可转换为股票的公司债券,应当在债券上标明可转换公司债券字样,并在公司债券存根簿上载明可转换公司债券的数额。

▌关联法律法规 ●●●●●●

　　《可转换公司债券管理办法公司债券发行与交易管理办法》(自2021年1月31日起施行)

　　第一条　为了规范可转换公司债券(以下简称可转债)的交易行为,保护投资者合法权益,维护市场秩序和社会公共利益,根据《证券法》、

《公司法》等法律法规,制定本办法。

第二条　可转债在证券交易所或者国务院批准的其他全国性证券交易场所(以下简称证券交易场所)的交易、转让、信息披露、转股、赎回与回售等相关活动,适用本办法。

本办法所称可转债,是指公司依法发行、在一定期间内依据约定的条件可以转换成本公司股票的公司债券,属于《证券法》规定的具有股权性质的证券。

第三条　向不特定对象发行的可转债应当在依法设立的证券交易所上市交易或者在国务院批准的其他全国性证券交易场所交易。

证券交易场所应当根据可转债的风险和特点,完善交易规则,防范和抑制过度投机。

进行可转债程序化交易的,应当符合中国证监会的规定,并向证券交易所报告,不得影响证券交易所系统安全或者正常交易秩序。

第四条　发行人向特定对象发行的可转债不得采用公开的集中交易方式转让。

上市公司向特定对象发行的可转债转股的,所转换股票自可转债发行结束之日起十八个月内不得转让。

第五条　证券交易场所应当根据可转债的特点及正股所属板块的投资者适当性要求,制定相应的投资者适当性管理规则。

证券公司应当充分了解客户,对客户是否符合可转债投资者适当性要求进行核查和评估,不得接受不符合适当性要求的客户参与可转债交易。证券公司应当引导客户理性、规范地参与可转债交易。

第六条　证券交易场所应当加强对可转债的风险监测,建立跨正股与可转债的监测机制,并根据可转债的特点制定针对性的监测指标。

可转债交易出现异常波动时,证券交易场所可以根据业务规则要求发行人进行核查、披露异常波动公告,向市场充分提示风险,也可以根据业务规则采取临时停牌等处置措施。

第七条　发生可能对可转债的交易转让价格产生较大影响的重大事件,投资者尚未得知时,发行人应当立即将有关该重大事件的情况向中国证监会和证券交易场所报送临时报告,并予公告,说明事件的起因、目前的状态和可能产生的法律后果。

前款所称重大事件包括：

（一）《证券法》第八十条第二款、第八十一条第二款规定的重大事件；

（二）因配股、增发、送股、派息、分立、减资及其他原因引起发行人股份变动，需要调整转股价格，或者依据募集说明书约定的转股价格向下修正条款修正转股价格的；

（三）募集说明书约定的赎回条件触发，发行人决定赎回或者不赎回；

（四）可转债转换为股票的数额累计达到可转债开始转股前公司已发行股票总额的百分之十；

（五）未转换的可转债总额少于三千万元；

（六）可转债担保人发生重大资产变动、重大诉讼、合并、分立等情况；

（七）中国证监会规定的其他事项。

第八条 可转债自发行结束之日起不少于六个月后方可转换为公司股票，转股期限由公司根据可转债的存续期限及公司财务状况确定。

可转债持有人对转股或者不转股有选择权，并于转股的次日成为发行人股东。

第九条 上市公司向不特定对象发行可转债的转股价格应当不低于募集说明书公告日前二十个交易日发行人股票交易均价和前一个交易日均价，且不得向上修正。

上市公司向特定对象发行可转债的转股价格应当不低于认购邀请书发出前二十个交易日发行人股票交易均价和前一个交易日均价，且不得向下修正。

第十条 募集说明书应当约定转股价格调整的原则及方式。发行可转债后，因配股、增发、送股、派息、分立、减资及其他原因引起发行人股份变动的，应当同时调整转股价格。

上市公司可转债募集说明书约定转股价格向下修正条款的，应当同时约定：

（一）转股价格修正方案须提交发行人股东大会表决，且须经出席会议的股东所持表决权的三分之二以上同意，持有发行人可转债的股东应当回避；

（二）修正后的转股价格不低于前项通过修正方案的股东大会召开日

前二十个交易日该发行人股票交易均价和前一个交易日均价。

第十一条　募集说明书可以约定赎回条款,规定发行人可按事先约定的条件和价格赎回尚未转股的可转债。

募集说明书可以约定回售条款,规定可转债持有人可按事先约定的条件和价格将所持可转债回售给发行人。募集说明书应当约定,发行人改变募集资金用途的,赋予可转债持有人一次回售的权利。

第十二条　发行人在决定是否行使赎回权或者对转股价格进行调整、修正时,应当遵守诚实信用的原则,不得误导投资者或者损害投资者的合法权益。保荐人应当在持续督导期内对上述行为予以监督。

第十三条　在可转债存续期内,发行人应当持续关注赎回条件是否满足,预计可能满足赎回条件的,应当在赎回条件满足的五个交易日前及时披露,向市场充分提示风险。

第十四条　发行人应当在赎回条件满足后及时披露,明确说明是否行使赎回权。

发行人决定行使赎回权的,应当披露赎回公告,明确赎回的期间、程序、价格等内容,并在赎回期结束后披露赎回结果公告。

发行人决定不行使赎回权的,在证券交易场所规定的期限内不得再次行使赎回权。

发行人决定行使或者不行使赎回权的,还应当充分披露其实际控制人、控股股东、持股百分之五以上的股东、董事、监事、高级管理人员在赎回条件满足前的六个月内交易该可转债的情况,上述主体应当予以配合。

第十五条　发行人应当在回售条件满足后披露回售公告,明确回售的期间、程序、价格等内容,并在回售期结束后披露回售结果公告。

第十六条　向不特定对象发行可转债的,发行人应当为可转债持有人聘请受托管理人,并订立可转债受托管理协议。向特定对象发行可转债的,发行人应当在募集说明书中约定可转债受托管理事项。

可转债受托管理人应当按照《公司债券发行与交易管理办法》的规定以及可转债受托管理协议的约定履行受托管理职责。

第十七条　募集说明书应当约定可转债持有人会议规则。可转债持有人会议规则应当公平、合理。

可转债持有人会议规则应当明确可转债持有人通过可转债持有人会

议行使权利的范围,可转债持有人会议的召集、通知、决策机制和其他重要事项。

可转债持有人会议按照本办法的规定及会议规则的程序要求所形成的决议对全体可转债持有人具有约束力。

第十八条　可转债受托管理人应当按照《公司债券发行与交易管理办法》规定或者有关约定及时召集可转债持有人会议。

在可转债受托管理人应当召集而未召集可转债持有人会议时,单独或合计持有本期可转债总额百分之十以上的持有人有权自行召集可转债持有人会议。

第十九条　发行人应当在募集说明书中约定构成可转债违约的情形、违约责任及其承担方式以及可转债发生违约后的诉讼、仲裁或其他争议解决机制。

第二十条　违反本办法规定的,中国证监会可以对当事人采取责令改正、监管谈话、出具警示函以及中国证监会规定的相关监管措施;依法应予行政处罚的,依照《证券法》、《公司法》等法律法规和中国证监会的有关规定进行处罚;情节严重的,对有关责任人员采取证券市场禁入措施;涉嫌犯罪的,依法移送司法机关,追究其刑事责任。

第二十一条　可转债的发行活动,适用中国证监会有关发行的相关规定。

在并购重组活动中发行的可转债适用本办法,其重组报告书、财务顾问适用本办法关于募集说明书、保荐人的要求;中国证监会另有规定的,从其规定。

第二十二条　对于本办法施行日以前已经核准注册发行或者尚未核准注册但发行申请已被受理的可转债,其募集说明书、重组报告书的内容要求按照本办法施行日以前的规则执行。

第二十三条　本办法自2021年1月31日起施行。

《财政部关于国有金融企业发行可转换公司债券有关事宜的通知》（财金〔2013〕116号）

各中央管理金融企业,各省、自治区、直辖市、计划单列市财政厅(局),新疆生产建设兵团财务局:

为规范国有金融企业发行可转换公司债券行为,促进证券市场健康

发展,根据《中华人民共和国公司法》和《中华人民共和国证券法》等法律规定,现就有关事项通知如下:

一、国有金融企业发行可转换公司债券,发行主体应当为境内外上市公司,同时符合以下原则:

(一)审慎性原则。国有金融企业发行可转换公司债券,要综合考虑经济形势、产业发展前景、外部融资环境、长期发展战略等因素,分析论证各种融资方式后统筹进行决策。

(二)控制力原则。国有金融企业发行可转换公司债券,要切实维护国有出资人权益,保持国有控制力。可转换公司债券行权后,原则上国有控股地位应当保持不变。

(三)合理布局原则。国有金融企业发行可转换公司债券,要坚持以金融为主业的发展方向,募集资金投向应当符合宏观经济政策和国家产业政策,满足公司业务布局调整和优化的需要。

(四)保护投资者权益原则。国有金融企业发行可转换公司债券,应当严格遵守有关法律法规,有利于提高上市公司的核心竞争力和可持续发展能力,保障投资者的合法权益。

二、国有金融企业发行可转换公司债券,应当满足上市公司证券发行管理相关规定的要求。发行认股权和债券分离交易的可转换公司债券的,还应当同时满足以下要求:

(一)公司最近一期末经审计的净资产不低于人民币50亿元。

(二)最近3个会计年度实现的可分配利润均不低于公司发行债券1年的利息。

(三)本次发行后,累计公司债券余额不得超过最近一期末净资产额的20%,预计所附认股权全部行权后募集资金总额,不得超过本次拟发行可转换公司债券的金额。

三、国有金融企业发行可转换公司债券,应当根据国家有关产业政策规定、资本市场状况以及公司发展需要,进行充分的可行性研究,严格履行内部决策程序。

四、国有金融企业发行可转换公司债券,应当按照市场化原则,综合考虑银行贷款利率、同类债券利率以及上市公司未来发展前景等因素,合理确定债券利率和转股价格。

五、可转换公司债券转股价格应不低于债券募集说明书公告日前1个交易日、前20个交易日、前30个交易日该公司股票均价中的最高者。

六、可转换公司债券发行后,因配股、增发、送股、派息、分立及其他原因引起公司股份变动的,国有金融企业应当同时调整转股价格。

七、国有金融企业发行可转换公司债券,应当设定有条件赎回条款。在转股期内,公司股票在任何连续30个交易日中超过15个交易日(含)的收盘价格高于(含)当期转股价格的130%(含)时,国有金融企业控股股东有权通过公司治理程序,要求以约定价格赎回全部或部分未转股债券。

八、完成公司制改革的中央直接管理国有金融企业及其子公司发行可转换公司债券,按照公司治理程序进行决策,并报财政部备案;未完成公司制改革的中央直接管理国有金融企业,其子公司发行可转换公司债券,报财政部审核。

九、地方管理的国有金融企业及其子公司发行可转换公司债券,参照中央直接管理国有金融企业的做法,报省级财政部门备案或者审核。

十、国有金融企业发行可转换公司债券,须履行审核手续的,相关申请材料应在上市公司股东大会的20个工作日前报送财政部门;履行备案手续的,应在可转换公司债券发行前、上市公司股东大会召开后20个工作日内,将备案材料报送至财政部门。

十一、国有金融企业发行可转换公司债券,应当向财政部门报送以下材料:

(一)发行可转换公司债券的请示或报告,以及公司董事会关于发行可转换公司债券的决议。履行备案手续的,还需提供股东大会关于发行可转换公司债券的决议。

(二)可转换公司债券发行方案,以及国有金融企业关于上市公司发行可转换公司债券对控股股东地位、上市公司股价和资本市场影响的分析及应对预案。

(三)国有金融企业和上市公司控股股东基本情况、营业执照、公司章程、国有资产产权登记文件、认购股份情况及上一年度经会计师事务所审计的财务会计报告。

(四)公司基本情况、最近一期年度财务会计报告和中期财务会计报告,以及上市公司前次募集资金使用情况的报告及本次募集资金使用方向是否符合国家相关政策规定。

(五)上市公司发行可转换公司债券投资项目可行性报告,以及上市公司发行可转换公司债券的风险评估论证情况、还本付息的具体方案以及发生债务风险的应对预案。

(六)律师事务所出具的法律意见书,以及财政部门要求提供的其他材料。

十二、国有金融企业发行可转换公司债券,须履行审核手续的,财政部门应在20个工作日内作出答复。在召开股东大会时,国有控股股东应当按照财政部门出具的意见对方案进行表决。股东大会召开前尚未取得财政部门意见的,国有控股股东应当按照规定,提议延期召开股东大会。

十三、国有金融企业不得发行可交换公司债券。本通知所称可交换公司债券是指公司发行的在一定期限内依据约定的条件可以交换成该公司所持特定公司股份的债券。

十四、可转换公司债券行权后,国有金融企业应当按照国家有关规定及时办理国有产权变更登记手续。年度终了后3个月内,省级财政部门和中央直接管理金融企业应将上一年度国有金融企业发行可转换公司债券情况统计汇总后报财政部。

十五、本通知适用的国有金融企业,是指依法设立的国有独资及国有控股金融企业(含实业类子公司),包括政策性银行、国有商业银行、股份制商业银行、城市商业银行、农村商业银行、农村合作银行、农村信用合作社、城市信用合作社、新型农村金融机构、信托公司、金融资产管理公司、金融租赁公司、财务公司、保险类公司、证券类公司、期货公司、基金管理公司,以及金融控股公司、融资性担保公司等。其他金融类企业参照执行。

十六、本通知自公布之日起30日后施行。

《上市公司向特定对象发行可转换公司债券购买资产规则》(〔2023〕58号)

第一条 为了规范上市公司以向特定对象发行的可转换公司债券(以下简称定向可转债)为支付工具的购买资产活动,保护上市公司和投资者的合法权益,根据《中华人民共和国公司法》《中华人民共和国证券法》《上市公司重大资产重组管理办法》(以下简称《重组办法》)、《可转换公司债券管理办法》(以下简称《可转债办法》)、《上市公司证券发行注册管理办法》(以下简称《再融资办法》)等有关规定,制定本规则。

第二条 上市公司发行定向可转债购买资产的,适用本规则;本规则未规定的,参照适用《重组办法》等关于发行股份购买资产的有关规定,并适用《可转债办法》和中国证监会其他相关规定。

第三条 上市公司股东大会就发行定向可转债购买资产作出的决议,除应当包括《重组办法》第二十三条规定的事项外,还应当包括下列事项:定向可转债的发行对象、发行数量、债券期限、债券利率、还本付息的期限和方式、转股价格的确定、转股股份来源、转股期等。定向可转债约定赎回条款、回售条款、转股价格向上修正条款等事项的,应当经股东大会决议。

第四条 上市公司发行定向可转债购买资产的,应当符合以下规定:

(一)符合《重组办法》第十一条、第四十三条的规定,构成重组上市的,符合《重组办法》第十三条的规定;

(二)符合《再融资办法》第十三条第一款第一项至第三项的规定,且不存在《再融资办法》第十四条规定的情形;

(三)不存在《再融资办法》第十一条第一项、第三项、第五项、第六项规定的情形。

上市公司通过收购本公司股份的方式进行公司债券转换的,不适用《重组办法》第四十三条和前款第三项规定。

第五条 上市公司发行定向可转债购买资产的,定向可转债的初始转股价格应当不低于董事会决议公告日前二十个交易日、六十个交易日或者一百二十个交易日公司股票交易均价之一的百分之八十。

本次发行定向可转债购买资产的董事会决议可以明确,在中国证监会注册前,上市公司的股票价格相比最初确定的定向可转债转股价格发生重大变化的,董事会可以按照已经设定的调整方案对定向可转债转股价格进行一次调整,转股价格调整方案应当符合《重组办法》有关股票发行价格调整方案的规定。上市公司同时发行股份购买资产的,应当明确股票发行价格是否和定向可转债转股价格一并进行调整。

第六条 上市公司购买资产所发行的定向可转债,存续期限应当充分考虑本规则第七条规定的限售期限的执行和业绩承诺义务的履行,且不得短于业绩承诺期结束后六个月。

第七条 特定对象以资产认购而取得的定向可转债,自发行结束之日起十二个月内不得转让;属于下列情形之一的,三十六个月内不得转让:

(一)特定对象为上市公司控股股东、实际控制人或者其控制的关联人;

(二)特定对象通过认购本次发行的股份或者定向可转债取得上市公司的实际控制权;

(三)特定对象取得本次发行的定向可转债时,对其用于认购定向可转债的资产持续拥有权益的时间不足十二个月。

构成重组上市的,除收购人及其关联人以外的特定对象应当公开承诺,其以资产认购而取得的定向可转债自发行结束之日起二十四个月内不得转让。

本条第一款第一项、第二项规定的特定对象应当参照《重组办法》第四十七条第二款作出公开承诺。

第八条 上市公司购买资产所发行的定向可转债,不得在本规则第七条规定的限售期限内转让,但可以根据约定实施转股。转股后的股份应当继续锁定,直至限售期限届满,转股前后的限售期限合并计算。

特定对象作出业绩承诺的,还应当承诺以资产认购取得的定向可转债,在相应年度的业绩补偿义务履行完毕前不得转让,转股后的股份继续锁定至相应年度的业绩补偿义务履行完毕。

第九条 上市公司购买资产所发行的定向可转债,不得约定在本规则第七条规定的限售期限内进行回售和赎回。特定对象作出业绩承诺的,还应当约定以资产认购取得的定向可转债,不得在相应年度的业绩补偿义务履行完毕前进行回售和赎回。

第十条 以资产认购取得定向可转债的特定对象不符合标的股票投资者适当性管理要求的,所持定向可转债可以转股,转股后仅能卖出、不能买入标的股票。

受让定向可转债的投资者,应当符合证券交易所关于定向可转债的投资者适当性管理要求。

第十一条　上市公司发行定向可转债募集部分配套资金的,审议程序、发行条件、发行对象、募集资金使用、转股价格、限售期限等应当符合《再融资办法》相关规定。

第十二条　适用《重组办法》第十一条第二项、第十三条第一款,以及本规则第七条第一款第二项等规定,计算投资者、非社会公众股东等拥有上市公司权益数量及比例的,应当将其所持有的上市公司已发行的定向可转债与其所持有的同一上市公司的其他权益合并计算,并将其持股比例与合并计算非股权类证券转为股份后的比例相比,以二者中的较高者为准。较高者的具体计算公式,参照适用《上市公司收购管理办法》第八十五条第二款的规定。

第十三条　上市公司发行定向可转债购买资产或者募集部分配套资金的,应当在定向可转债挂牌、开始转股、解除限售、转股价格调整或向上修正、赎回、回售、本息兑付、回购注销等重要时点,及时披露与定向可转债相关的信息。

第十四条　上市公司发行定向可转债购买资产或者募集部分配套资金的,应当在年度报告中披露定向可转债累计转股、解除限售、转股价格调整或向上修正、赎回、回售、本息兑付、回购注销等情况。独立财务顾问应当对上述事项出具持续督导意见。

第十五条　上市公司发行定向可转债购买资产或者募集部分配套资金的,应当在重组报告书中披露定向可转债受托管理事项和债券持有人会议规则,构成可转债违约的情形、违约责任及其承担方式,以及定向可转债发生违约后的诉讼、仲裁或其他争议解决机制等。

上市公司还应当在重组报告书中明确,投资者受让或持有本期定向可转债视作同意债券受托管理事项、债券持有人会议规则及重组报告书中其他有关上市公司、债券持有人权利义务的相关约定。

第十六条　上市公司发行定向可转债用于与其他公司合并的,按照本规则执行。

第十七条　本规则自公布之日起施行。

第二百零三条 【债券持有人对可转换债券享有选择权】发行可转换为股票的公司债券的,公司应当按照其转换办法向债券持有人换发股票,但债券持有人对转换股票或者不转换股票有选择权。法律、行政法规另有规定的除外。

▎旧法对应关系 ●●●●●●

原《公司法》第一百六十二条　发行可转换为股票的公司债券的,公司应当按照其转换办法向债券持有人换发股票,但债券持有人对转换股票或者不转换股票有选择权。

第二百零四条 【债券持有人会议】公开发行公司债券的,应当为同期债券持有人设立债券持有人会议,并在债券募集办法中对债券持有人会议的召集程序、会议规则和其他重要事项作出规定。债券持有人会议可以对与债券持有人有利害关系的事项作出决议。

除公司债券募集办法另有约定外,债券持有人会议决议对同期全体债券持有人发生效力。

▎关联法律法规 ●●●●●●

《中华人民共和国证券法》(2019年修订)

第九十二条第一款　公开发行公司债券的,应当设立债券持有人会议,并应当在募集说明书中说明债券持有人会议的召集程序、会议规则和其他重要事项。

第二百零五条 【债券受托管理人的聘任】公开发行公司债券的,发行人应当为债券持有人聘请债券受托管理人,由其为债券持有人办理受领清偿、债权保全、与债券相关的诉讼以及参与债务人破产程序等事项。

关联法律法规 ●●●●●●●

《中华人民共和国证券法》(2019 年修订)

第九十二条第二款、第三款 公开发行公司债券的,发行人应当为债券持有人聘请债券受托管理人,并订立债券受托管理协议。受托管理人应当由本次发行的承销机构或者其他经国务院证券监督管理机构认可的机构担任,债券持有人会议可以决议变更债券受托管理人。债券受托管理人应当勤勉尽责,公正履行受托管理职责,不得损害债券持有人利益。

债券发行人未能按期兑付债券本息的,债券受托管理人可以接受全部或者部分债券持有人的委托,以自己名义代表债券持有人提起、参加民事诉讼或者清算程序。

第二百零六条 【债券受托管理人的职责】债券受托管理人应当勤勉尽责,公正履行受托管理职责,不得损害债券持有人利益。

受托管理人与债券持有人存在利益冲突可能损害债券持有人利益的,债券持有人会议可以决议变更债券受托管理人。

债券受托管理人违反法律、行政法规或者债券持有人会议决议,损害债券持有人利益的,应当承担赔偿责任。

关联法律法规 ●●●●●●●

《中华人民共和国证券法》(2019 年修订)

第九十二条第二款 公开发行公司债券的,发行人应当为债券持有人聘请债券受托管理人,并订立债券受托管理协议。受托管理人应当由本次发行的承销机构或者其他经国务院证券监督管理机构认可的机构担任,债券持有人会议可以决议变更债券受托管理人。债券受托管理人应当勤勉尽责,公正履行受托管理职责,不得损害债券持有人利益。

《公司债券发行与交易管理办法》(自 2023 年 10 月 20 日起施行)

第五十八条 债券受托管理人由本次发行的承销机构或其他经中国证监会认可的机构担任。债券受托管理人应当为中国证券业协会会员。为本次发行提供担保的机构不得担任本次债券发行的受托管理人。债券受托管理人应当勤勉尽责,公正履行受托管理职责,不得损害债券持有人利益。对于债券受托管理人在履行受托管理职责时可能存在的利益冲突情形及相关风险防范、解决机制,发行人应当在债券募集说明书及债券存续期间的信息披露文件中予以充分披露,并同时在债券受托管理协议中载明。

第五十九条 公开发行公司债券的受托管理人应当按规定或约定履行下列职责:

(一)持续关注发行人和保证人的资信状况、担保物状况、增信措施及偿债保障措施的实施情况,出现可能影响债券持有人重大权益的事项时,召集债券持有人会议;

(二)在债券存续期内监督发行人募集资金的使用情况;

(三)对发行人的偿债能力和增信措施的有效性进行全面调查和持续关注,并至少每年向市场公告一次受托管理事务报告;

(四)在债券存续期内持续督导发行人履行信息披露义务;

(五)预计发行人不能偿还债务时,要求发行人追加担保,并可以依法申请法定机关采取财产保全措施;

(六)在债券存续期内勤勉处理债券持有人与发行人之间的谈判或者诉讼事务;

(七)发行人为债券设定担保的,债券受托管理人应在债券发行前或债券募集说明书约定的时间内取得担保的权利证明或其他有关文件,并在增信措施有效期内妥善保管;

(八)发行人不能按期兑付债券本息或出现募集说明书约定的其他违约事件的,可以接受全部或部分债券持有人的委托,以自己名义代表债券持有人提起、参加民事诉讼或者破产等法律程序,或者代表债券持有人申请处置抵质押物。

《全国法院审理债券纠纷案件座谈会纪要》(法〔2020〕185号)

近年来,我国债券市场发展迅速,为服务实体经济发展和国家重点项目建设提供了有力的支持和保障。债券市场在平稳、有序、健康发展的同时,也出现了少数债券发行人因经营不善、盲目扩张、违规担保等原因而不能按期还本付息,以及欺诈发行、虚假陈述等违法违规事件,严重损害了债券持有人和债券投资者的合法权益。为正确审理因公司债券、企业债券、非金融企业债务融资工具的发行和交易所引发的合同、侵权和破产民商事案件,统一法律适用,最高人民法院于2019年12月24日在北京召开了全国法院审理债券纠纷相关案件座谈会,邀请全国人大常委会法制工作委员会、司法部、国家发展和改革委员会、中国人民银行、中国证监会等单位有关负责同志参加会议,各省、自治区、直辖市高级人民法院和解放军军事法院以及新疆维吾尔自治区高级人民法院生产建设兵团分院主管民商事审判工作的院领导、相关庭室的负责同志,沪、深证券交易所、中国银行间市场交易商协会等市场自律监管机构、市场中介机构的代表也参加了会议。与会同志经认真讨论,就案件审理中的主要问题取得了一致意见,现纪要如下:

一、关于案件审理的基本原则

会议认为,当前债券市场风险形势总体稳定。债券市场风险的有序释放和平稳化解,是防范和化解金融风险的重要组成部分,事关国家金融安全和社会稳定。因此,人民法院必须高度重视此类案件,并在审理中注意坚持以下原则:

1. 坚持保障国家金融安全原则。民商事审判工作是国家维护经济秩序、防范和化解市场风险、维护国家经济安全的重要手段。全国法院必须服从和服务于防范和化解金融风险的国家工作大局,以民法总则、合同法、侵权责任法、公司法、中国人民银行法、证券法、信托法、破产法、企业债券管理条例等法律和行政法规为依据,将法律规则的适用与中央监管政策目标的实现相结合,将个案风险化解与国家经济政策、金融市场监管和社会影响等因素相结合,本着规范债券市场、防范金融风险、维护金融稳定和安全的宗旨,依法公正审理此类纠纷案件,妥善防范和化解金融风险,为国家经济秩序稳定和金融安全提供有力司法服务和保障。

2. 坚持依法公正原则。目前,债券发行和交易市场的规则体系,主要由法律、行政法规、部门规章、行政规范性文件构成。人民法院在审理此类案件中,要根据法律和行政法规规定的基本原理,对具有还本付息这一共同属性的公司债券、企业债券、非金融企业债务融资工具适用相同的法律标准。正确处理好保护债券持有人和债券投资者的合法权益、强化对发行人的信用约束、保障债券市场风险处置的平稳有序和促进债券市场健康发展之间的关系,统筹兼顾公募与私募、场内与场外等不同市场发展的实际情况,妥善合理弥补部门规章、行政规范性文件和自律监管规则的模糊地带,确保案件审理的法律效果和社会效果相统一。

3. 坚持"卖者尽责、买者自负"原则。债券依法发行后,因发行人经营与收益的变化导致的投资风险,依法应当由投资人自行负责。但是,"买者自负"的前提是"卖者尽责"。对于债券欺诈发行、虚假陈述等侵权民事案件的审理,要立足法律和相关监管规则,依法确定发行人董事、监事、高级管理人员及其控股股东、实际控制人,以及增信机构,债券承销机构,信用评级机构、资产评估机构、会计师事务所、律师事务所等中介机构(以下简称债券服务机构),受托管理人或者具有同等职责的机构(以下简称受托管理人)等相关各方的权利、义务和责任,将责任承担与行为人的注意义务、注意能力和过错程度相结合,将民事责任追究的损失填补与震慑违法两个功能相结合,切实保护债券持有人、债券投资者的合法权益,维护公开、公平、公正的资本市场秩序。

4. 坚持纠纷多元化解原则。债券纠纷案件涉及的投资者人数众多、发行和交易方式复杂、责任主体多元,要充分发挥债券持有人会议的议事平台作用,保障受托管理人和其他债券代表人能够履行参与诉讼、债务重组、破产重整、和解、清算等债券持有人会议赋予的职责。要进一步加强与债券监管部门的沟通联系和信息共享,建立、健全有机衔接、协调联动、高效便民的债券纠纷多元化解机制,协调好诉讼、调解、委托调解、破产重整、和解、清算等多种司法救济手段之间的关系,形成纠纷化解合力,构建债券纠纷排查预警机制,防止矛盾纠纷积累激化。充分尊重投资者的程序选择权,着眼于纠纷的实际情况,灵活确定纠纷化解的方式、时间和地点,尽可能便利投资者,降低解决纠纷成本。

二、关于诉讼主体资格的认定

会议认为,同期发行债券的持有人利益诉求高度同质化且往往人数众多,采用共同诉讼的方式能够切实降低债券持有人的维权成本,最大限度地保障债券持有人的利益,也有利于提高案件审理效率,节约司法资源,实现诉讼经济。案件审理中,人民法院应当根据当事人的协议约定或者债券持有人会议的决议,承认债券受托管理人或者债券持有人会议推选的代表人的法律地位,充分保障受托管理人、诉讼代表人履行统一行使诉权的职能。对于债券违约合同纠纷案件,应当以债券受托管理人或者债券持有人会议推选的代表人集中起诉为原则,以债券持有人个别起诉为补充。

5. 债券受托管理人的诉讼主体资格。债券发行人不能如约偿付债券本息或者出现债券募集文件约定的违约情形时,受托管理人根据债券募集文件、债券受托管理协议的约定或者债券持有人会议决议的授权,以自己的名义代表债券持有人提起、参加民事诉讼,或者申请发行人破产重整、破产清算的,人民法院应当依法予以受理。

受托管理人应当向人民法院提交符合债券募集文件、债券受托管理协议或者债券持有人会议规则的授权文件。

6. 债券持有人自行或者共同提起诉讼。在债券持有人会议决议授权受托管理人或者推选代表人代表部分债券持有人主张权利的情况下,其他债券持有人另行单独或者共同提起、参加民事诉讼,或者申请发行人破产重整、破产清算的,人民法院应当依法予以受理。

债券持有人会议以受托管理人怠于行使职责为由作出自行主张权利的有效决议后,债券持有人根据决议单独、共同或者代表其他债券持有人向人民法院提起诉讼、申请发行人破产重整或者破产清算的,人民法院应当依法予以受理。

7. 资产管理产品管理人的诉讼地位。通过各类资产管理产品投资债券的,资产管理产品的管理人根据相关规定或者资产管理文件的约定以自己的名义提起诉讼的,人民法院应当依法予以受理。

8. 债券交易对诉讼地位的影响。债券持有人以债券质押式回购、融券交易、债券收益权转让等不改变债券持有人身份的方式融资的,不影响其诉讼主体资格的认定。

三、关于案件的受理、管辖与诉讼方式

会议认为,对债券纠纷案件实施相对集中管辖,有利于债券纠纷的及时、有序化解和裁判尺度的统一。在债券持有人、债券投资者自行提起诉讼的情况下,受诉法院也要选择适当的共同诉讼方式,实现案件审理的集约化。同时,为切实降低诉讼维权成本,应当允许符合条件的受托管理人、债券持有人和债券投资者以自身信用作为财产保全的担保方式。

9. 欺诈发行、虚假陈述案件的受理。债券持有人、债券投资者以自己受到欺诈发行、虚假陈述侵害为由,对欺诈发行、虚假陈述行为人提起的民事赔偿诉讼,符合民事诉讼法第一百一十九条规定的,人民法院应当予以受理。欺诈发行、虚假陈述行为人以债券持有人、债券投资者主张的欺诈发行、虚假陈述行为未经有关机关行政处罚或者生效刑事裁判文书认定为由请求不予受理或者驳回起诉的,人民法院不予支持。

10. 债券违约案件的管辖。受托管理人、债券持有人以发行人或者增信机构为被告提起的要求依约偿付债券本息或者履行增信义务的合同纠纷案件,由发行人住所地人民法院管辖。债券募集文件与受托管理协议另有约定的,从其约定。

债券募集文件与受托管理协议中关于管辖的约定不一致,根据《最高人民法院关于适用〈中华人民共和国民事诉讼法〉若干问题的解释》第三十条第一款的规定不能确定管辖法院的,由发行人住所地人民法院管辖。

本纪要发布之前,人民法院以原告住所地为合同履行地确定管辖的案件,尚未开庭审理的,应当移送发行人住所地人民法院审理;已经生效尚未申请执行的案件,应当向发行人住所地人民法院申请强制执行;已经执行尚未执结的案件,应当交由发行人住所地人民法院继续执行。

11. 欺诈发行和虚假陈述案件的管辖。债券持有人、债券投资者以发行人、债券承销机构、债券服务机构等为被告提起的要求承担欺诈发行、虚假陈述民事责任的侵权纠纷案件,由省、直辖市、自治区人民政府所在的市、计划单列市和经济特区中级人民法院管辖。

多个被告中有发行人的,由发行人住所地有管辖权的人民法院管辖。

12. 破产案件的管辖。受托管理人、债券持有人申请发行人重整、破产清算的破产案件,以及发行人申请重整、和解、破产清算的破产案件,由发行人住所地中级人民法院管辖。

13. 允许金融机构以自身信用提供财产保全担保。诉讼中,对证券公司、信托公司、基金公司、期货公司等由金融监管部门批准设立的具有独立偿付债务能力的金融机构及其分支机构以其自身财产作为信用担保的方式提出的财产保全申请,根据《最高人民法院关于人民法院办理财产保全案件若干问题的规定》(法释〔2016〕22号)第九条规定的精神,人民法院可以予以准许。

14. 案件的集中审理。为节约司法资源,对于由债券持有人自行主张权利的债券违约纠纷案件,以及债券持有人、债券投资者依法提起的债券欺诈发行、虚假陈述侵权赔偿纠纷案件,受诉人民法院可以根据债券发行和交易的方式等案件具体情况,以民事诉讼法第五十二条、第五十三条、

第五十四条,证券法第九十五条和《最高人民法院关于适用〈中华人民共和国民事诉讼法〉若干问题的解释》的相关规定为依据,引导当事人选择适当的诉讼方式,对案件进行审理。

四、关于债券持有人权利保护的特别规定

会议认为,债券持有人会议是强化债券持有人权利主体地位、统一债券持有人立场的债券市场基础性制度,也是债券持有人指挥和监督受托管理人勤勉履职的专门制度安排。人民法院在案件审理过程中,要充分发挥债券持有人会议的议事平台作用,尊重债券持有人会议依法依规所作出决议的效力,保障受托管理人和诉讼代表人能够履行参与诉讼、债务重组、破产重整、和解、清算等债券持有人会议赋予的职责。对可能减损、让渡债券持有人利益的相关协议内容的表决,受托管理人和诉讼代表人必须忠实表达债券持有人的意愿。支持受托管理人开展代债券持有人行使担保物权、统一受领案件执行款等工作,切实保护债券持有人的合法权益。

15. 债券持有人会议决议的效力。债券持有人会议根据债券募集文件规定的决议范围、议事方式和表决程序所作出的决议,除非存在法定无效事由,人民法院应当认定为合法有效,除本纪要第5条、第6条和第16条规定的事项外,对全体债券持有人具有约束力。

债券持有人会议表决过程中,发行人及其关联方,以及对决议事项存在利益冲突的债券持有人应当回避表决。

16. 债券持有人重大事项决定权的保留。债券持有人会议授权的受托管理人或者推选的代表人作出可能减损、让渡债券持有人利益的行为,在案件审理中与对方当事人达成调解协议,或者在破产程序中就发行人重整计划草案、和解协议进行表决时,如未获得债券持有人会议特别授权的,应当事先征求各债券持有人的意见或者由各债券持有人自行决定。

17. 破产程序中受托管理人和代表人的债委会成员资格。债券持有人会议授权的受托管理人或者推选的代表人参与破产重整、清算、和解程序,人民法院在确定债权人委员会的成员时,应当将其作为债权人代表人选。

债券持有人自行主张权利的,人民法院在破产重整、清算、和解程序中确定债权人委员会的成员时,可以责成自行主张权利的债券持有人通过自行召集债券持有人会议等方式推选出代表人,并吸收该代表人进入债权人委员会,以体现和代表多数债券持有人的意志和利益。

18. 登记在受托管理人名下的担保物权行使。根据《最高人民法院关于〈国土资源部办公厅关于征求为公司债券持有人办理国有土地使用权抵押登记意见函〉的答复》精神,为债券设定的担保物权可登记在受托管理人名下,受托管理人根据民事诉讼法第一百九十六条、第一百九十七条的规定或者通过普通程序主张担保物权的,人民法院应当予以支持,但应在裁判文书主文中明确由此所得权益归属于全体债券持有人。受托管理人仅代表部分债券持有人提起诉讼的,人民法院还应当根据其所代表的债券持有人份额占当期发行债券的比例明确其相应的份额。

19. 受托管理人所获利益归属于债券持有人。受托管理人提起诉讼或者参与破产程序的,生效裁判文书的既判力及于其所代表的债券持有人。在执行程序、破产程序中所得款项由受托管理人受领后在十个工作日内分配给各债券持有人。

20. 共益费用的分担。债券持有人会议授权的受托管理人或者推选的代表人在诉讼中垫付的合理律师费等维护全体债券持有人利益所必要的共益费用,可以直接从执行程序、破产程序中受领的款项中扣除,将剩余款项按比例支付给债券持有人。

五、关于发行人的民事责任

会议认为,民事责任追究是强化债券发行人信用约束的重要手段,各级人民法院要充分发挥审判职能作用,严格落实债券发行人及其相关人员的债券兑付和信息披露责任,依法打击公司控股股东、实际控制人随意支配发行人资产,甚至恶意转移资产等"逃废债"的行为。对于债券违约案件,要根据法律规定和合同约定,依法确定发行人的违约责任;对于债券欺诈发行和虚假陈述侵权民事案件,应当根据债券持有人和债券投资者的实际损失确定发行人的赔偿责任,依法提高债券市场违法违规成本。

21. 发行人的违约责任范围。债券发行人未能如约偿付债券当期利息或者到期本息的,债券持有人请求发行人支付当期利息或者到期本息,并支付逾期利息、违约金、实现债权的合理费用的,人民法院应当予以支持。

债券持有人以发行人出现债券募集文件约定的违约情形为由,要求发行人提前还本付息的,人民法院应当综合考量债券募集文件关于预期违约、交叉违约等的具体约定以及发生事件的具体情形予以判断。

债券持有人以发行人存在其他证券的欺诈发行、虚假陈述为由,请求提前解除合同并要求发行人承担还本付息等责任的,人民法院应当综合考量其他证券的欺诈发行、虚假陈述等行为是否足以导致合同目的不能实现等因素,判断是否符合提前解除合同的条件。

22. 债券欺诈发行和虚假陈述的损失计算。债券信息披露文件中就发行人财务业务信息等与其偿付能力相关的重要内容存在虚假记载、误导性陈述或者重大遗漏的,欺诈发行的债券认购人或者欺诈发行、虚假陈述行为实施日及之后、揭露日之前在交易市场上买入该债券的投资者,其损失按照如下方式计算:

(1) 在起诉日之前已经卖出债券,或者在起诉时虽然持有债券,但在一审判决作出前已经卖出的,本金损失按投资人购买该债券所支付的加权平均价格扣减持有该债券期间收取的本金偿付(如有),与卖出该债券的加权平均价格的差额计算,并可加计实际损失确定之日至实际清偿之日止的利息。利息分段计算,在2019年8月19日之前,按照中国人民银行确定的同期同类贷款基准利率计算;在2019年8月20日之后,按照中国人民银行授权全国银行间同业拆借中心公布的贷款市场报价利率(LPR)标准计算。

(2) 在一审判决作出前仍然持有该债券的,债券持有人请求按照本纪要第21条第一款的规定计算损失赔偿数额的,人民法院应当予以支持;债券持有人请求赔偿虚假陈述行为所导致的利息损失的,人民法院应当在综合考量欺诈发行、虚假陈述等因素的基础上,根据相关虚假陈述内容被揭露后的发行人真实信用状况所对应的债券发行利率或者债券估值,确定合理的利率赔偿标准。

23. 损失赔偿后债券的交还与注销。依照本纪要第21条、第22条第二项的规定请求发行人承担还本付息责任的,人民法院应当在一审判决作出前向债券登记结算机构调取本案当事人的债券交易情况,并通知债券登记结算机构冻结本案债券持有人所持有的相关债券。

人民法院判令发行人依照本纪要第21条、第22条第二项的规定承担还本付息责任的,无论债券持有人是否提出了由发行人赎回债券的诉讼请求,均应当在判项中明确债券持有人交回债券的义务,以及发行人依据生效法律文书申请债券登记结算机构注销该债券的权利。

24.因果关系抗辩。债券持有人在债券信息披露文件中的虚假陈述内容被揭露后在交易市场买入债券的,对其依据本纪要第22条规定要求发行人承担责任的诉讼请求,人民法院不予支持。

债券投资人在债券信息披露文件中的虚假陈述内容被揭露后在交易市场买入该债券,其后又因发行人的其他信息披露文件中存在虚假记载、误导性陈述或者重大遗漏导致其信用风险进一步恶化所造成的损失,按照本纪要第22条的规定计算。

人民法院在认定债券信息披露文件中的虚假陈述内容对债券投资人交易损失的影响时,发行人及其他责任主体能够证明投资者通过内幕交易、操纵市场等方式卖出债券,导致交易价格明显低于卖出时的债券市场公允价值的,人民法院可以参考欺诈发行、虚假陈述行为揭露日之后的十个交易日的加权平均交易价格或前三十个交易日的市场估值确定该债券的市场公允价格,并以此计算债券投资者的交易损失。

发行人及其他责任主体能够证明债券持有人、债券投资者的损失部分或者全部是由于市场无风险利率水平变化(以同期限国债利率为参考)、政策风险等与欺诈发行、虚假陈述行为无关的其他因素造成的,人民法院在确定损失赔偿范围时,应当根据原因力的大小相应减轻或者免除赔偿责任。

人民法院在案件审理中,可以委托市场投资者认可的专业机构确定欺诈发行、虚假陈述行为对债券持有人和债券投资者损失的影响。

六、关于其他责任主体的责任

会议认为,对于债券欺诈发行、虚假陈述案件的审理,要按照证券法的规定,严格落实债券承销机构和债券服务机构保护投资者利益的核查把关责任,将责任承担与过错程度相结合。债券承销机构和债券服务机构对各自专业相关的业务事项未履行特别注意义务,对其他业务事项未履行普通注意义务的,应当判令其承担相应法律责任。

25.受托管理人的赔偿责任。受托管理人未能勤勉尽责公正履行受托管理职责,损害债券持有人合法利益,债券持有人请求其承担相应赔偿责任的,人民法院应当予以支持。

26. 债券发行增信机构与发行人的共同责任。债券发行人不能如约偿付债券本息或者出现债券募集文件约定的违约情形时,人民法院应当根据相关增信文件约定的内容,判令增信机构向债券持有人承担相应的责任。监管文件中规定或者增信文件中约定增信机构的增信范围包括损失赔偿内容的,对债券持有人、债券投资者要求增信机构对发行人因欺诈发行、虚假陈述而应负的赔偿责任承担相应担保责任的诉讼请求,人民法院应当予以支持。增信机构承担责任后,有权向发行人等侵权责任主体进行追偿。

27. 发行人与其他责任主体的连带责任。发行人的控股股东、实际控制人、发行人的董事、监事、高级管理人员或者履行同等职责的人员,对其制作、出具的信息披露文件中存在虚假记载、误导性陈述或者重大遗漏,足以影响投资人对发行人偿债能力判断的,应当与发行人共同对债券持有人、债券投资者的损失承担连带赔偿责任,但是能够证明自己没有过错的除外。

28. 发行人内部人的过错认定。对发行人的执行董事、非执行董事、独立董事、监事、职工监事、高级管理人员或者履行同等职责的人员,以及参与信息披露文件制作的责任人员所提出的其主观上没有过错的抗辩理由,人民法院应当根据前述人员在公司中所处的实际地位、在信息披露文件的制作中所起的作用、取得和了解相关信息的渠道及其为核验相关信息所做的努力等实际情况,审查、认定其是否存在过错。

29. 债券承销机构的过错认定。债券承销机构存在下列行为之一,导致信息披露文件中的关于发行人偿付能力相关的重要内容存在虚假记载、误导性陈述或者重大遗漏,足以影响投资人对发行人偿债能力判断的,人民法院应当认定其存在过错:

(1)协助发行人制作虚假、误导性信息,或者明知发行人存在上述行为而故意隐瞒的;

(2)未按照合理性、必要性和重要性原则开展尽职调查,随意改变尽职调查工作计划或者不适当地省略工作计划中规定的步骤;

(3)故意隐瞒所知悉的有关发行人经营活动、财务状况、偿债能力和意愿等重大信息;

(4)对信息披露文件中相关债券服务机构出具专业意见的重要内容

已经产生了合理怀疑,但未进行审慎核查和必要的调查、复核工作;

(5)其他严重违反规范性文件、执业规范和自律监管规则中关于尽职调查要求的行为。

30. 债券承销机构的免责抗辩。债券承销机构对发行人信息披露文件中关于发行人偿付能力的相关内容,能够提交尽职调查工作底稿、尽职调查报告等证据证明符合下列情形之一的,人民法院应当认定其没有过错:

(1)已经按照法律、行政法规和债券监管部门的规范性文件、执业规范和自律监管规则要求,通过查阅、访谈、列席会议、实地调查、印证和讨论等方法,对债券发行相关情况进行了合理尽职调查;

(2)对信息披露文件中没有债券服务机构专业意见支持的重要内容,经过尽职调查和独立判断,有合理的理由相信该部分信息披露内容与真实情况相符;

(3)对信息披露文件中相关债券服务机构出具专业意见的重要内容,在履行了审慎核查和必要的调查、复核工作的基础上,排除了原先的合理怀疑;

(4)尽职调查工作虽然存在瑕疵,但即使完整履行了相关程序也难以发现信息披露文件存在虚假记载、误导性陈述或者重大遗漏。

31. 债券服务机构的过错认定。信息披露文件中关于发行人偿付能力的相关内容存在虚假记载、误导性陈述或者重大遗漏,足以影响投资人对发行人偿付能力的判断的,会计师事务所、律师事务所、信用评级机构、资产评估机构等债券服务机构不能证明其已经按照法律、行政法规、部门规章、行业执业规范和职业道德等规定的勤勉义务谨慎执业的,人民法院应当认定其存在过错。

会计师事务所、律师事务所、信用评级机构、资产评估机构等债券服务机构的注意义务和应负责任范围,限于各自的工作范围和专业领域,其制作、出具的文件有虚假记载、误导性陈述或者重大遗漏,应当按照证券法及相关司法解释的规定,考量其是否尽到勤勉尽责义务,区分故意、过失等不同情况,分别确定其应当承担的法律责任。

32. 责任追偿。发行人的控股股东、实际控制人、发行人的董事、监事、高级管理人员或者履行同等职责的人员、债券承销机构以及债券服务机构根据生效法律文书或者按照先行赔付约定承担赔偿责任后,对超出其责任范围的部分,向发行人及其他相关责任主体追偿的,人民法院应当支持。

七、关于发行人破产管理人的责任

会议认为,对于债券发行人破产案件的审理,要坚持企业拯救、市场出清、债权人利益保护和维护社会稳定并重,在发行人破产重整、和解、清算程序中,应当进一步明确破产管理人及时确认债权、持续信息披露等义务,确保诉讼程序能够及时进行,保护债券持有人的合法权益,切实做到化解风险,理顺关系,安定人心,维护秩序。

33. 发行人破产管理人的债券信息披露责任。债券发行人进入破产程序后,发行人的债券信息披露义务由破产管理人承担,但发行人自行管理财产和营业事务的除外。破产管理人应当按照证券法及相关监管规定的要求,及时、公平地履行披露义务,所披露的信息必须真实、准确、完整。破产管理人就接管破产企业后的相关事项所披露的内容存在虚假记载、误导性陈述或者重大遗漏,足以影响投资人对发行人偿付能力的判断的,对债券持有人、债券投资者主张依法判令其承担虚假陈述民事责任的诉讼请求,人民法院应当予以支持。

34. 破产管理人无正当理由不予确认债权的赔偿责任。债券发行人进入破产程序后,受托管理人根据债券募集文件或者债券持有人会议决议的授权,依照债券登记机关出具的债券持仓登记文件代表全体债券持有人所申报的破产债权,破产管理人应当依法及时予以确认。因破产管理人无正当理由不予确认而导致的诉讼费用、律师费用、差旅费用等合理支出以及由此导致债权迟延清偿期间的利息损失,受托管理人另行向破产管理人主张赔偿责任的,人民法院应当予以支持。

典型案例指导 ●●●●●●●

甲信托公司诉乙公司等公司债券交易纠纷案[2020年度上海法院金融商事审判十大案例之十]

债券发行人未按约支付到期利息,触发《募集说明书》中提前到期条款约定的,债券持有人有权要求发行人提前履行还本付息义务,并要求发行人赔偿债券到期后因不能按约清偿本息而继续占用资金所造成的损失。在债券持有人自行起诉的情况下,其有权要求依法处置登记于受托管理人名下的担保物权,并按其持有的债券本金占担保物所担保的全部债券本金总额的比例优先受偿。

第十章 公司财务、会计

> **第二百零七条 【公司制定财务、会计制度的依据】**公司应当依照法律、行政法规和国务院财政部门的规定建立本公司的财务、会计制度。

▌旧法对应关系 ●●●●●●

原《公司法》第一百六十三条 公司应当依照法律、行政法规和国务院财政部门的规定建立本公司的财务、会计制度。

▌关联法律法规 ●●●●●●

《中华人民共和国会计法》(2024年修正)

第三条 各单位必须依法设置会计账簿,并保证其真实、完整。

第四条 单位负责人对本单位的会计工作和会计资料的真实性、完整性负责。

第五条 会计机构、会计人员依照本法规定进行会计核算,实行会计监督。

任何单位或者个人不得以任何方式授意、指使、强令会计机构、会计人员伪造、变造会计凭证、会计账簿和其他会计资料,提供虚假财务会计报告。

任何单位或者个人不得对依法履行职责、抵制违反本法规定行为的会计人员实行打击报复。

第二十三条 各单位对会计凭证、会计账簿、财务会计报告和其他会计资料应当建立档案,妥善保管。会计档案的保管期限、销毁、安全保护等具体管理办法,由国务院财政部门会同有关部门制定。

第二十四条 各单位进行会计核算不得有下列行为:

(一)随意改变资产、负债、净资产(所有者权益)的确认标准或者计量方法,虚列、多列、不列或者少列资产、负债、净资产(所有者权益);

(二)虚列或者隐瞒收入,推迟或者提前确认收入;

（三）随意改变费用、成本的确认标准或者计量方法，虚列、多列、不列或者少列费用、成本；

（四）随意调整利润的计算、分配方法，编造虚假利润或者隐瞒利润；

（五）违反国家统一的会计制度规定的其他行为。

《企业会计准则——基本准则》(2014年修改)

第一章　总　　则

第一条　为了规范企业会计确认、计量和报告行为，保证会计信息质量，根据《中华人民共和国会计法》和其他有关法律、行政法规，制定本准则。

第二条　本准则适用于在中华人民共和国境内设立的企业(包括公司，下同)。

第三条　企业会计准则包括基本准则和具体准则，具体准则的制定应当遵循本准则。

第四条　企业应当编制财务会计报告(又称财务报告，下同)。财务会计报告的目标是向财务会计报告使用者提供与企业财务状况、经营成果和现金流量等有关的会计信息，反映企业管理层受托责任履行情况，有助于财务会计报告使用者作出经济决策。

财务会计报告使用者包括投资者、债权人、政府及其有关部门和社会公众等。

第五条　企业应当对其本身发生的交易或者事项进行会计确认、计量和报告。

第六条　企业会计确认、计量和报告应当以持续经营为前提。

第七条　企业应当划分会计期间，分期结算账目和编制财务会计报告。

会计期间分为年度和中期。中期是指短于一个完整的会计年度的报告期间。

第八条　企业会计应当以货币计量。

第九条　企业应当以权责发生制为基础进行会计确认、计量和报告。

第十条　企业应当按照交易或者事项的经济特征确定会计要素。会计要素包括资产、负债、所有者权益、收入、费用和利润。

第十一条　企业应当采用借贷记账法记账。

第二章　会计信息质量要求

第十二条　企业应当以实际发生的交易或者事项为依据进行会计确认、计量和报告,如实反映符合确认和计量要求的各项会计要素及其他相关信息,保证会计信息真实可靠、内容完整。

第十三条　企业提供的会计信息应当与财务会计报告使用者的经济决策需要相关,有助于财务会计报告使用者对企业过去、现在或者未来的情况作出评价或者预测。

第十四条　企业提供的会计信息应当清晰明了,便于财务会计报告使用者理解和使用。

第十五条　企业提供的会计信息应当具有可比性。

同一企业不同时期发生的相同或者相似的交易或者事项,应当采用一致的会计政策,不得随意变更。确需变更的,应当在附注中说明。

不同企业发生的相同或者相似的交易或者事项,应当采用规定的会计政策,确保会计信息口径一致、相互可比。

第十六条　企业应当按照交易或者事项的经济实质进行会计确认、计量和报告,不应仅以交易或者事项的法律形式为依据。

第十七条　企业提供的会计信息应当反映与企业财务状况、经营成果和现金流量等有关的所有重要交易或者事项。

第十八条　企业对交易或者事项进行会计确认、计量和报告应当保持应有的谨慎,不应高估资产或者收益、低估负债或者费用。

第十九条　企业对于已经发生的交易或者事项,应当及时进行会计确认、计量和报告,不得提前或者延后。

第三章　资　　产

第二十条　资产是指企业过去的交易或者事项形成的、由企业拥有或者控制的、预期会给企业带来经济利益的资源。

前款所指的企业过去的交易或者事项包括购买、生产、建造行为或其他交易或者事项。预期在未来发生的交易或者事项不形成资产。

由企业拥有或者控制,是指企业享有某项资源的所有权,或者虽然不享有某项资源的所有权,但该资源能被企业所控制。

预期会给企业带来经济利益,是指直接或者间接导致现金和现金等价物流入企业的潜力。

第二十一条　符合本准则第二十条规定的资产定义的资源,在同时满足以下条件时,确认为资产:

(一)与该资源有关的经济利益很可能流入企业;

(二)该资源的成本或者价值能够可靠地计量。

第二十二条　符合资产定义和资产确认条件的项目,应当列入资产负债表;符合资产定义、但不符合资产确认条件的项目,不应当列入资产负债表。

第四章　负　　债

第二十三条　负债是指企业过去的交易或者事项形成的、预期会导致经济利益流出企业的现时义务。

现时义务是指企业在现行条件下已承担的义务。未来发生的交易或者事项形成的义务,不属于现时义务,不应当确认为负债。

第二十四条　符合本准则第二十三条规定的负债定义的义务,在同时满足以下条件时,确认为负债:

(一)与该义务有关的经济利益很可能流出企业;

(二)未来流出的经济利益的金额能够可靠地计量。

第二十五条　符合负债定义和负债确认条件的项目,应当列入资产负债表;符合负债定义、但不符合负债确认条件的项目,不应当列入资产负债表。

第五章　所有者权益

第二十六条　所有者权益是指企业资产扣除负债后由所有者享有的剩余权益。

公司的所有者权益又称为股东权益。

第二十七条　所有者权益的来源包括所有者投入的资本、直接计入所有者权益的利得和损失、留存收益等。

直接计入所有者权益的利得和损失,是指不应计入当期损益、会导致所有者权益发生增减变动的、与所有者投入资本或者向所有者分配利润无关的利得或者损失。

利得是指由企业非日常活动所形成的、会导致所有者权益增加的、与所有者投入资本无关的经济利益的流入。

损失是指由企业非日常活动所发生的、会导致所有者权益减少的、与向所有者分配利润无关的经济利益的流出。

第二十八条　所有者权益金额取决于资产和负债的计量。

第二十九条　所有者权益项目应当列入资产负债表。

第六章　收　　入

第三十条　收入是指企业在日常活动中形成的、会导致所有者权益增加的、与所有者投入资本无关的经济利益的总流入。

第三十一条　收入只有在经济利益很可能流入从而导致企业资产增加或者负债减少、且经济利益的流入额能够可靠计量时才能予以确认。

第三十二条　符合收入定义和收入确认条件的项目，应当列入利润表。

第七章　费　　用

第三十三条　费用是指企业在日常活动中发生的、会导致所有者权益减少的、与向所有者分配利润无关的经济利益的总流出。

第三十四条　费用只有在经济利益很可能流出从而导致企业资产减少或者负债增加、且经济利益的流出额能够可靠计量时才能予以确认。

第三十五条　企业为生产产品、提供劳务等发生的可归属于产品成本、劳务成本等的费用，应当在确认产品销售收入、劳务收入等时，将已销售产品、已提供劳务的成本等计入当期损益。

企业发生的支出不产生经济利益的，或者即使能够产生经济利益但不符合或者不再符合资产确认条件的，应当在发生时确认为费用，计入当期损益。

企业发生的交易或者事项导致其承担了一项负债而又不确认为一项资产的，应当在发生时确认为费用，计入当期损益。

第三十六条　符合费用定义和费用确认条件的项目，应当列入利润表。

第八章　利　　润

第三十七条　利润是指企业在一定会计期间的经营成果。利润包括收入减去费用后的净额、直接计入当期利润的利得和损失等。

第三十八条　直接计入当期利润的利得和损失，是指应当计入当期损益、会导致所有者权益发生增减变动的、与所有者投入资本或者向所有者分配利润无关的利得或者损失。

第三十九条　利润金额取决于收入和费用、直接计入当期利润的利得和损失金额的计量。

第四十条　利润项目应当列入利润表。

第九章　会　计　计　量

第四十一条　企业在将符合确认条件的会计要素登记入账并列报于会计报表及其附注（又称财务报表，下同）时，应当按照规定的会计计量属性进行计量，确定其金额。

第四十二条　会计计量属性主要包括：

（一）历史成本。在历史成本计量下，资产按照购置时支付的现金或者现金等价物的金额，或者按照购置资产时所付出的对价的公允价值计量。负债按照因承担现时义务而实际收到的款项或者资产的金额，或者承担现时义务的合同金额，或者按照日常活动中为偿还负债预期需要支付的现金或者现金等价物的金额计量。

（二）重置成本。在重置成本计量下，资产按照现在购买相同或者相似资产所需支付的现金或者现金等价物的金额计量。负债按照现在偿付该项债务所需支付的现金或者现金等价物的金额计量。

（三）可变现净值。在可变现净值计量下，资产按照其正常对外销售所能收到现金或者现金等价物的金额扣减该资产至完工时估计将要发生的成本、估计的销售费用以及相关税费后的金额计量。

（四）现值。在现值计量下，资产按照预计从其持续使用和最终处置中所产生的未来净现金流入量的折现金额计量。负债按照预计期限内需要偿还的未来净现金流出量的折现金额计量。

（五）公允价值。在公允价值计量下，资产和负债按照市场参与者在计量日发生的有序交易中，出售资产所能收到或者转移负债所需支付的价格计量。

第四十三条　企业在对会计要素进行计量时，一般应当采用历史成本，采用重置成本、可变现净值、现值、公允价值计量的，应当保证所确定的会计要素金额能够取得并可靠计量。

第十章　财务会计报告

第四十四条　财务会计报告是指企业对外提供的反映企业某一特定日期的财务状况和某一会计期间的经营成果、现金流量等会计信息的文件。

财务会计报告包括会计报表及其附注和其他应当在财务会计报告中披露的相关信息和资料。会计报表至少应当包括资产负债表、利润表、现金流量表等报表。

小企业编制的会计报表可以不包括现金流量表。

第四十五条 资产负债表是指反映企业在某一特定日期的财务状况的会计报表。

第四十六条 利润表是指反映企业在一定会计期间的经营成果的会计报表。

第四十七条 现金流量表是指反映企业在一定会计期间的现金和现金等价物流入和流出的会计报表。

第四十八条 附注是指对在会计报表中列示项目所作的进一步说明,以及对未能在这些报表中列示项目的说明等。

第十一章 附 则

第四十九条 本准则由财政部负责解释。

第五十条 本准则自2007年1月1日起施行。

第二百零八条 【财务会计报告编制要求】公司应当在每一会计年度终了时编制财务会计报告,并依法经会计师事务所审计。

财务会计报告应当依照法律、行政法规和国务院财政部门的规定制作。

▍旧法对应关系 ●●●●●●

原《公司法》第一百六十四条 公司应当在每一会计年度终了时编制财务会计报告,并依法经会计师事务所审计。

财务会计报告应当依照法律、行政法规和国务院财政部门的规定制作。

▍关联法律法规 ●●●●●●

《中华人民共和国会计法》(2024年修正)

第九条 各单位必须根据实际发生的经济业务事项进行会计核算,

填制会计凭证,登记会计账簿,编制财务会计报告。

任何单位不得以虚假的经济业务事项或者资料进行会计核算。

第十条　各单位应当对下列经济业务事项办理会计手续,进行会计核算:

(一)资产的增减和使用;

(二)负债的增减;

(三)净资产(所有者权益)的增减;

(四)收入、支出、费用、成本的增减;

(五)财务成果的计算和处理;

(六)需要办理会计手续、进行会计核算的其他事项。

第十一条　会计年度自公历1月1日起至12月31日止。

第十二条　会计核算以人民币为记账本位币。

业务收支以人民币以外的货币为主的单位,可以选定其中一种货币作为记账本位币,但是编报的财务会计报告应当折算为人民币。

第十三条　会计凭证、会计账簿、财务会计报告和其他会计资料,必须符合国家统一的会计制度的规定。

使用电子计算机进行会计核算的,其软件及其生成的会计凭证、会计账簿、财务会计报告和其他会计资料,也必须符合国家统一的会计制度的规定。

任何单位和个人不得伪造、变造会计凭证、会计账簿及其他会计资料,不得提供虚假的财务会计报告。

第十六条　各单位发生的各项经济业务事项应当在依法设置的会计账簿上统一登记、核算,不得违反本法和国家统一的会计制度的规定私设会计账簿登记、核算。

第十七条　各单位应当定期将会计账簿记录与实物、款项及有关资料相互核对,保证会计账簿记录与实物及款项的实有数额相符、会计账簿记录与会计凭证的有关内容相符、会计账簿之间相对应的记录相符、会计账簿记录与会计报表的有关内容相符。

第十八条　各单位采用的会计处理方法,前后各期应当一致,不得随意变更;确有必要变更的,应当按照国家统一的会计制度的规定变更,并将变更的原因、情况及影响在财务会计报告中说明。

第十九条　单位提供的担保、未决诉讼等或有事项,应当按照国家统一的会计制度的规定,在财务会计报告中予以说明。

第二十条　财务会计报告应当根据经过审核的会计账簿记录和有关资料编制,并符合本法和国家统一的会计制度关于财务会计报告的编制要求、提供对象和提供期限的规定;其他法律、行政法规另有规定的,从其规定。

向不同的会计资料使用者提供的财务会计报告,其编制依据应当一致。有关法律、行政法规规定财务会计报告须经注册会计师审计的,注册会计师及其所在的会计师事务所出具的审计报告应当随同财务会计报告一并提供。

第二十一条　财务会计报告应当由单位负责人和主管会计工作的负责人、会计机构负责人(会计主管人员)签名并盖章;设置总会计师的单位,还须由总会计师签名并盖章。

单位负责人应当保证财务会计报告真实、完整。

《企业财务会计报告条例》(自2001年1月1日起施行)
第一章　总　　则

第一条　为了规范企业财务会计报告,保证财务会计报告的真实、完整,根据《中华人民共和国会计法》,制定本条例。

第二条　企业(包括公司,下同)编制和对外提供财务会计报告,应当遵守本条例。

本条例所称财务会计报告,是指企业对外提供的反映企业某一特定日期财务状况和某一会计期间经营成果、现金流量的文件。

第三条　企业不得编制和对外提供虚假的或者隐瞒重要事实的财务会计报告。

企业负责人对本企业财务会计报告的真实性、完整性负责。

第四条　任何组织或者个人不得授意、指使、强令企业编制和对外提供虚假的或者隐瞒重要事实的财务会计报告。

第五条　注册会计师、会计师事务所审计企业财务会计报告,应当依照有关法律、行政法规以及注册会计师执业规则的规定进行,并对所出具的审计报告负责。

第二章 财务会计报告的构成

第六条 财务会计报告分为年度、半年度、季度和月度财务会计报告。

第七条 年度、半年度财务会计报告应当包括:

(一)会计报表;

(二)会计报表附注;

(三)财务情况说明书。

会计报表应当包括资产负债表、利润表、现金流量表及相关附表。

第八条 季度、月度财务会计报告通常仅指会计报表,会计报表至少应当包括资产负债表和利润表。国家统一的会计制度规定季度、月度财务会计报告需要编制会计报表附注的,从其规定。

第九条 资产负债表是反映企业在某一特定日期财务状况的报表。资产负债表应当按照资产、负债和所有者权益(或者股东权益,下同)分类分项列示。其中,资产、负债和所有者权益的定义及列示应当遵循下列规定:

(一)资产,是指过去的交易、事项形成并由企业拥有或者控制的资源,该资源预期会给企业带来经济利益。在资产负债表上,资产应当按照其流动性分类分项列示,包括流动资产、长期投资、固定资产、无形资产及其他资产。银行、保险公司和非银行金融机构的各项资产有特殊性的,按照其性质分类分项列示。

(二)负债,是指过去的交易、事项形成的现时义务,履行该义务预期会导致经济利益流出企业。在资产负债表上,负债应当按照其流动性分类分项列示,包括流动负债、长期负债等。银行、保险公司和非银行金融机构的各项负债有特殊性的,按照其性质分类分项列示。

(三)所有者权益,是指所有者在企业资产中享有的经济利益,其金额为资产减去负债后的余额。在资产负债表上,所有者权益应当按照实收资本(或者股本)、资本公积、盈余公积、未分配利润等项目分项列示。

第十条 利润表是反映企业在一定会计期间经营成果的报表。利润表应当按照各项收入、费用以及构成利润的各个项目分类分项列示。其中,收入、费用和利润的定义及列示应当遵循下列规定:

(一)收入,是指企业在销售商品、提供劳务及让渡资产使用权等日常活动中所形成的经济利益的总流入。收入不包括为第三方或者客户代收的款项。在利润表上,收入应当按照其重要性分项列示。

(二)费用,是指企业为销售商品、提供劳务等日常活动所发生的经济利益的流出。在利润表上,费用应当按照其性质分项列示。

(三)利润,是指企业在一定会计期间的经营成果。在利润表上,利润应当按照营业利润、利润总额和净利润等利润的构成分类分项列示。

第十一条　现金流量表是反映企业一定会计期间现金和现金等价物(以下简称现金)流入和流出的报表。现金流量表应当按照经营活动、投资活动和筹资活动的现金流量分类分项列示。其中,经营活动、投资活动和筹资活动的定义及列示应当遵循下列规定:

(一)经营活动,是指企业投资活动和筹资活动以外的所有交易和事项。在现金流量表上,经营活动的现金流量应当按照其经营活动的现金流入和流出的性质分项列示;银行、保险公司和非银行金融机构的经营活动按照其经营活动特点分项列示。

(二)投资活动,是指企业长期资产的购建和不包括在现金等价物范围内的投资及其处置活动。在现金流量表上,投资活动的现金流量应当按照其投资活动的现金流入和流出的性质分项列示。

(三)筹资活动,是指导致企业资本及债务规模和构成发生变化的活动。在现金流量表上,筹资活动的现金流量应当按照其筹资活动的现金流入和流出的性质分项列示。

第十二条　相关附表是反映企业财务状况、经营成果和现金流量的补充报表,主要包括利润分配表以及国家统一的会计制度规定的其他附表。

利润分配表是反映企业一定会计期间对实现净利润以及以前年度未分配利润的分配或者亏损弥补的报表。利润分配表应当按照利润分配各个项目分类分项列示。

第十三条　年度、半年度会计报表至少应当反映两个年度或者相关两个期间的比较数据。

第十四条　会计报表附注是为便于会计报表使用者理解会计报表的内容而对会计报表的编制基础、编制依据、编制原则和方法及主要项目等所作的解释。会计报表附注至少应当包括下列内容:

(一)不符合基本会计假设的说明；

(二)重要会计政策和会计估计及其变更情况、变更原因及其对财务状况和经营成果的影响；

(三)或有事项和资产负债表日后事项的说明；

(四)关联方关系及其交易的说明；

(五)重要资产转让及其出售情况；

(六)企业合并、分立；

(七)重大投资、融资活动；

(八)会计报表中重要项目的明细资料；

(九)有助于理解和分析会计报表需要说明的其他事项。

第十五条 财务情况说明书至少应当对下列情况作出说明：

(一)企业生产经营的基本情况；

(二)利润实现和分配情况；

(三)资金增减和周转情况；

(四)对企业财务状况、经营成果和现金流量有重大影响的其他事项。

第三章 财务会计报告的编制

第十六条 企业应当于年度终了编报年度财务会计报告。国家统一的会计制度规定企业应当编报半年度、季度和月度财务会计报告的，从其规定。

第十七条 企业编制财务会计报告，应当根据真实的交易、事项以及完整、准确的账簿记录等资料，并按照国家统一的会计制度规定的编制基础、编制依据、编制原则和方法。

企业不得违反本条例和国家统一的会计制度规定，随意改变财务会计报告的编制基础、编制依据、编制原则和方法。

任何组织或者个人不得授意、指使、强令企业违反本条例和国家统一的会计制度规定，改变财务会计报告的编制基础、编制依据、编制原则和方法。

第十八条 企业应当依照本条例和国家统一的会计制度规定，对会计报表中各项会计要素进行合理的确认和计量，不得随意改变会计要素的确认和计量标准。

第十九条 企业应当依照有关法律、行政法规和本条例规定的结账日进行结账,不得提前或者延迟。年度结账日为公历年度每年的 12 月 31 日;半年度、季度、月度结账日分别为公历年度每半年、每季、每月的最后一天。

第二十条　企业在编制年度财务会计报告前,应当按照下列规定,全面清查资产、核实债务:

(一)结算款项,包括应收款项、应付款项、应交税金等是否存在,与债务、债权单位的相应债务、债权金额是否一致;

(二)原材料、在产品、自制半成品、库存商品等各项存货的实存数量与账面数量是否一致,是否有报废损失和积压物资等;

(三)各项投资是否存在,投资收益是否按照国家统一的会计制度规定进行确认和计量;

(四)房屋建筑物、机器设备、运输工具等各项固定资产的实存数量与账面数量是否一致;

(五)在建工程的实际发生额与账面记录是否一致;

(六)需要清查、核实的其他内容。

企业通过前款规定的清查、核实,查明财产物资的实存数量与账面数量是否一致、各项结算款项的拖欠情况及其原因、材料物资的实际储备情况、各项投资是否达到预期目的、固定资产的使用情况及其完好程度等。企业清查、核实后,应当将清查、核实的结果及其处理办法向企业的董事会或者相应机构报告,并根据国家统一的会计制度的规定进行相应的会计处理。

企业应当在年度中间根据具体情况,对各项财产物资和结算款项进行重点抽查、轮流清查或者定期清查。

第二十一条　企业在编制财务会计报告前,除应当全面清查资产、核实债务外,还应当完成下列工作:

(一)核对各会计账簿记录与会计凭证的内容、金额等是否一致,记账方向是否相符;

(二)依照本条例规定的结账日进行结账,结出有关会计账簿的余额和发生额,并核对各会计账簿之间的余额;

(三)检查相关的会计核算是否按照国家统一的会计制度的规定进行;

(四)对于国家统一的会计制度没有规定统一核算方法的交易、事项,检查其是否按照会计核算的一般原则进行确认和计量以及相关账务处理是否合理;

(五)检查是否存在因会计差错、会计政策变更等原因需要调整前期或者本期相关项目。

在前款规定工作中发现问题的,应当按照国家统一的会计制度的规定进行处理。

第二十二条 企业编制年度和半年度财务会计报告时,对经查实后的资产、负债有变动的,应当按照资产、负债的确认和计量标准进行确认和计量,并按照国家统一的会计制度的规定进行相应的会计处理。

第二十三条 企业应当按照国家统一的会计制度规定的会计报表格式和内容,根据登记完整、核对无误的会计账簿记录和其他有关资料编制会计报表,做到内容完整、数字真实、计算准确,不得漏报或者任意取舍。

第二十四条 会计报表之间、会计报表各项目之间,凡有对应关系的数字,应当相互一致;会计报表中本期与上期的有关数字应当相互衔接。

第二十五条 会计报表附注和财务情况说明书应当按照本条例和国家统一的会计制度的规定,对会计报表中需要说明的事项作出真实、完整、清楚的说明。

第二十六条 企业发生合并、分立情形的,应当按照国家统一的会计制度的规定编制相应的财务会计报告。

第二十七条 企业终止营业的,应当在终止营业时按照编制年度财务会计报告的要求全面清查资产、核实债务、进行结账,并编制财务会计报告;在清算期间,应当按照国家统一的会计制度的规定编制清算期间的财务会计报告。

第二十八条 按照国家统一的会计制度的规定,需要编制合并会计报表的企业集团,母公司除编制其个别会计报表外,还应当编制企业集团的合并会计报表。

企业集团合并会计报表,是指反映企业集团整体财务状况、经营成果和现金流量的会计报表。

第四章 财务会计报告的对外提供

第二十九条 对外提供的财务会计报告反映的会计信息应当真实、

完整。

第三十条 企业应当依照法律、行政法规和国家统一的会计制度有关财务会计报告提供期限的规定,及时对外提供财务会计报告。

第三十一条 企业对外提供的财务会计报告应当依次编定页数,加具封面,装订成册,加盖公章。封面上应当注明:企业名称、企业统一代码、组织形式、地址、报表所属年度或者月份、报出日期,并由企业负责人和主管会计工作的负责人、会计机构负责人(会计主管人员)签名并盖章;设置总会计师的企业,还应当由总会计师签名并盖章。

第三十二条 企业应当依照企业章程的规定,向投资者提供财务会计报告。

国务院派出监事会的国有重点大型企业、国有重点金融机构和省、自治区、直辖市人民政府派出监事会的国有企业,应当依法定期向监事会提供财务会计报告。

第三十三条 有关部门或者机构依照法律、行政法规或者国务院的规定,要求企业提供部分或者全部财务会计报告及其有关数据的,应当向企业出示依据,并不得要求企业改变财务会计报告有关数据的会计口径。

第三十四条 非依照法律、行政法规或者国务院的规定,任何组织或者个人不得要求企业提供部分或者全部财务会计报告及其有关数据。

违反本条例规定,要求企业提供部分或者全部财务会计报告及其有关数据的,企业有权拒绝。

第三十五条 国有企业、国有控股的或者占主导地位的企业,应当至少每年一次向本企业的职工代表大会公布财务会计报告,并重点说明下列事项:

(一)反映与职工利益密切相关的信息,包括:管理费用的构成情况,企业管理人员工资、福利和职工工资、福利费用的发放、使用和结余情况,公益金的提取及使用情况,利润分配的情况以及其他与职工利益相关的信息;

(二)内部审计发现的问题及纠正情况;

(三)注册会计师审计的情况;

(四)国家审计机关发现的问题及纠正情况;

(五)重大的投资、融资和资产处置决策及其原因的说明;

(六)需要说明的其他重要事项。

第三十六条　企业依照本条例规定向有关各方提供的财务会计报告,其编制基础、编制依据、编制原则和方法应当一致,不得提供编制基础、编制依据、编制原则和方法不同的财务会计报告。

第三十七条　财务会计报告须经注册会计师审计的,企业应当将注册会计师及其会计师事务所出具的审计报告随同财务会计报告一并对外提供。

第三十八条　接受企业财务会计报告的组织或者个人,在企业财务会计报告未正式对外披露前,应当对其内容保密。

第五章　法　律　责　任

第三十九条　违反本条例规定,有下列行为之一的,由县级以上人民政府财政部门责令限期改正,对企业可以处 3000 元以上 5 万元以下的罚款;对直接负责的主管人员和其他直接责任人员,可以处 2000 元以上 2 万元以下的罚款;属于国家工作人员的,并依法给予行政处分或者纪律处分:

(一)随意改变会计要素的确认和计量标准的;

(二)随意改变财务会计报告的编制基础、编制依据、编制原则和方法的;

(三)提前或者延迟结账日结账的;

(四)在编制年度财务会计报告前,未按照本条例规定全面清查资产、核实债务的;

(五)拒绝财政部门和其他有关部门对财务会计报告依法进行的监督检查,或者不如实提供有关情况的。

会计人员有前款所列行为之一,情节严重的,由县级以上人民政府财政部门吊销会计从业资格证书。

第四十条　企业编制、对外提供虚假的或者隐瞒重要事实的财务会计报告,构成犯罪的,依法追究刑事责任。

有前款行为,尚不构成犯罪的,由县级以上人民政府财政部门予以通报,对企业可以处 5000 元以上 10 万元以下的罚款;对直接负责的主管人员和其他直接责任人员,可以处 3000 元以上 5 万元以下的罚款;属于国家工作人员的,并依法给予撤职直至开除的行政处分或者纪律处分;对其中的会计人员,情节严重的,并由县级以上人民政府财政部门吊销会计从业资格证书。

第四十一条　授意、指使、强令会计机构、会计人员及其他人员编制、对外提供虚假的或者隐瞒重要事实的财务会计报告,或者隐匿、故意销毁依法应当保存的财务会计报告,构成犯罪的,依法追究刑事责任;尚不构成犯罪的,可以处 5000 元以上 5 万元以下的罚款;属于国家工作人员的,并依法给予降级、撤职、开除的行政处分或者纪律处分。

第四十二条　违反本条例的规定,要求企业向其提供部分或者全部财务会计报告及其有关数据的,由县级以上人民政府责令改正。

第四十三条　违反本条例规定,同时违反其他法律、行政法规规定的,由有关部门在各自的职权范围内依法给予处罚。

第六章　附　　则

第四十四条　国务院财政部门可以根据本条例的规定,制定财务会计报告的具体编报办法。

第四十五条　不对外筹集资金、经营规模较小的企业编制和对外提供财务会计报告的办法,由国务院财政部门根据本条例的原则另行规定。

第四十六条　本条例自 2001 年 1 月 1 日起施行。

▍典型案例指导 ●●●●●●

庞某与某甲公司、某乙公司申请执行人执行异议之诉案[人民法院案例库 2024-16-2-471-002,最高人民法院(2021)最高法民申 3711 号民事裁定]

根据《公司法》第六十二条的规定,一人有限公司应在每一会计年度终了时编制财务会计报告并经会计师事务所审计。未履行上述义务的一人有限公司的股东,如果未举示充分的证据证明公司财产独立于股东自己的财产,应对公司债务承担连带责任。

第二百零九条　【财务会计报告送交股东及公示】有限责任公司应当按照公司章程规定的期限将财务会计报告送交各股东。

股份有限公司的财务会计报告应当在召开股东会年会的二十日前置备于本公司,供股东查阅;公开发行股份的股份有限公司应当公告其财务会计报告。

旧法对应关系

原《公司法》第一百六十五条　有限责任公司应当依照公司章程规定的期限将财务会计报告送交各股东。

股份有限公司的财务会计报告应当在召开股东大会年会的二十日前置备于本公司,供股东查阅;公开发行股票的股份有限公司必须公告其财务会计报告。

第二百一十条　【公司税后利润的分配】公司分配当年税后利润时,应当提取利润的百分之十列入公司法定公积金。公司法定公积金累计额为公司注册资本的百分之五十以上的,可以不再提取。

公司的法定公积金不足以弥补以前年度亏损的,在依照前款规定提取法定公积金之前,应当先用当年利润弥补亏损。

公司从税后利润中提取法定公积金后,经股东会决议,还可以从税后利润中提取任意公积金。

公司弥补亏损和提取公积金后所余税后利润,有限责任公司按照股东实缴的出资比例分配利润,全体股东约定不按照出资比例分配利润的除外;股份有限公司按照股东所持有的股份比例分配利润,公司章程另有规定的除外。

公司持有的本公司股份不得分配利润。

条文应用提示

公司税后利润应当按照下列顺序分配:(1)弥补公司的亏损。公司的法定公积金不足以弥补以前年度亏损的,应当首先用当年利润弥补公司的亏损。(2)提取法定公积金。公司当年的税后利润在弥补亏损后,如有剩余,应当提取10%列入法定公积金。公司的法定公积金累积金额达到公司注册资本的50%后,可以不再提取。(3)提取任意公积金。在提取了法定公积金后,公司可以根据实际情况,由股东会或者股东大会决定另外再从税后利润中提取一定的任意公积金。(4)支付股利。公司税后利润在进行以上分配后,如仍有剩余,可以按确定的利润分配方案向公司股东支付股利。法律赋予了股东或公司章程决定分配原则的规定,体现了公司分配中的意思自治原则。公司持有的本公司股份不得分配股利。

旧法对应关系

原《公司法》第一百六十六条　公司分配当年税后利润时,应当提取利润的百分之十列入公司法定公积金。公司法定公积金累计额为公司注册资本的百分之五十以上的,可以不再提取。

公司的法定公积金不足以弥补以前年度亏损的,在依照前款规定提取法定公积金之前,应当先用当年利润弥补亏损。

公司从税后利润中提取法定公积金后,经股东会或者股东大会决议,还可以从税后利润中提取任意公积金。

公司弥补亏损和提取公积金后所余税后利润,有限责任公司依照本法第三十四条的规定分配;股份有限公司按照股东持有的股份比例分配,但股份有限公司章程规定不按持股比例分配的除外。

股东会、股东大会或者董事会违反前款规定,在公司弥补亏损和提取法定公积金之前向股东分配利润的,股东必须将违反规定分配的利润退还公司。

公司持有的本公司股份不得分配利润。

《最高人民法院关于适用〈中华人民共和国公司法〉若干问题的规定(四)》(2020年修正)

第十三条　股东请求公司分配利润案件,应当列公司为被告。

一审法庭辩论终结前,其他股东基于同一分配方案请求分配利润并申请参加诉讼的,应当列为共同原告。

第十四条　股东提交载明具体分配方案的股东会或者股东大会的有效决议,请求公司分配利润,公司拒绝分配利润且其关于无法执行决议的抗辩理由不成立的,人民法院应当判决公司按照决议载明的具体分配方案向股东分配利润。

第十五条　股东未提交载明具体分配方案的股东会或者股东大会决议,请求公司分配利润的,人民法院应当驳回其诉讼请求,但违反法律规定滥用股东权利导致公司不分配利润,给其他股东造成损失的除外。

关联法律法规

《中华人民共和国证券法》(2019年修订)

第九十一条　上市公司应当在章程中明确分配现金股利的具体安排

和决策程序,依法保障股东的资产收益权。

上市公司当年税后利润,在弥补亏损及提取法定公积金后有盈余的,应当按照公司章程的规定分配现金股利。

典型案例指导 ●●●●●●●

某医药集团股份公司诉某保险集团股份有限公司、第三人某集团公司盈余分配纠纷案[人民法院案例库 2023-08-2-274-002,北京市西城区人民法院(2021)京 0102 民初 14238 号民事判决]

1. 股东的盈余分配请求权即股利分配请求权,是股东基于其股东地位依法享有的请求公司按照自己的持股比例向自己分配股利的权利。利润分配请求权属于股权的重要内容,股东转让股权,原则上与利润分配请求权一并转让,但这并不绝对,应当区分抽象利润分配请求权与具体利润分配请求权。公司未作出利润分配决议,股东享有的是抽象利润分配请求权,该权利是股东基于成员资格享有的股东权利的重要内容,属于股权组成部分。公司作出利润分配决议后,股东享有的是具体的利润分配请求权,该权利已经独立于股东成员资格而单独存在。具体利润分配请求权系具体的债权。该债权的行使不要求以具有股东资格为基础。故在股东会决议分配盈余之后,股东可以将盈余分配给付请求权独立转让,此与债法上普通的债权转让在本质上并无区别。股利分配请求权不以是否具有股东资格为前提。

2. 股东资格的取得时间实践中亦有不同认识,一般根据法律关系发生在股东与公司内部还是公司外部而不同,就公司对外而言,工商登记作为股东身份的对外公示信息,以工商登记变更的时间对外承担责任。就公司与股东内部而言,股东与公司之间可以根据章程或协议的约定股东身份取得的时间。如果没有特殊约定,股份有限公司以股东名册登记时间为宜。

3. 股东转让其成员资格的,包括利润分配请求权在内是否一并转让应区分抽象利润分配请求权和具体利润分配请求权,抽象利润分配请求权基于股东身份一并随股权转让,具体利润分配请求权需要看双方协议是否有相关约定。股东可以将公司利润分配决议已经确定分配的利润转让给他人。股东大会作出股利分配决议时,在公司与股东之间即形成债权债务关系,若未按照决议和章程及时给付则应承担相应的赔偿责任。

4. 股利分配请求权行使需具备以下条件:首先,公司必须有实际可供分配的利润。其次,公司的利润分配方案是否得到股东会或股东大会的通过。股东根据《公司法》第四十三条、第一百零四条规定，通过召开定期会议或临时会议，在股东会或股东大会通过利润分配方案，使股东享有的利润处于确定状态，使股东的抽象层面的股利分配请求权转化为具体层面的股利分配给付请求权，股东才能行使请求权。

赵某、王某等诉北京某有限责任公司、刘某等公司盈余分配纠纷案[人民法院案例库2023-08-2-274-003，北京市第二中级人民法院（2022）京02民终12467号民事判决]

在有限责任公司未作出分配盈余决议的情况下，中小股东行使抽象利润分配请求权时，法院应当着重审查以下两点：一是公司缴纳税款、提取公积金后，是否存在实际可分配利润；二是控股股东是否滥用股东权利导致公司不分配利润，并给其他股东造成损失。若前述条件无法同时满足，则中小股东的诉讼请求不应得到支持。首先，以公司具有实际可分配利润为前提，公司需已按照公司法规定缴纳税款、提取公积金，且具备充足的"自由现金"。其次，需厘清控制股东滥用权利的具体情形，包括歧视性分配或待遇，变相攫取利润，过分提取任意公积金等行为。再次，应合理分配公司盈余分配纠纷双方当事人的举证责任，结合双方举证程度，依法适用"谁主张，谁举证"原则。最后，裁判方式上，法院应当在裁判文书中明确具体的盈余分配方案，从而实现对中小股东抽象利润分配请求权的直接救济。

喻某诉四川某燃气有限公司、张某云公司盈余分配纠纷案[人民法院案例库2023-08-2-274-004，四川省德阳市中级人民法院（2017）川06民终387号民事判决]

法院生效裁判认为：股东的盈余分配请求权即股利分配请求权，是股东基于其股东身份所享有请求公司按自己的持股比例向自己分配股利的权利。股东主张盈余分配，必须具备两个条件：一是实体要件，即公司必须具有可分配的税后利润；二是程序要件，即公司权力机关作出分配盈余的决议。股利分配请求权只是一种期待权，只有当公司具有可分配利润且股东会作出了分配股利的决议后，股东享有的利润才处于确定的状态，股东的股利分配请求权才会由期待的状态转变为现实的债权即股利给付请求权。

喻某转让股份之时，四川某燃气有限公司股东会尚未作出分红决议，股利分配请求权还未转化为现实的债权，且喻某与何某海在《个人股份转让合同》中并未约定股利分配请求权仍由喻某享有，根据股权概括转让原则，股权转让后，股东基于股东地位对公司所发生的全部权利均一并转让给受让人，故股利分配请求权应由受让人何某海享有。

戴某元与上海捷仁建设有限公司股东出资纠纷上诉案[上海市第二中级人民法院(2013)沪二中民四(商)终字第1009号民事判决书,《人民司法·案例》2015年第2期]

判断公司对延迟出资股东资产收益权限制的合理性应遵循比例原则,即既要考虑延迟出资的效果出资比例,又要考虑补缴出资期间的公司利润产生情况。在股东于公司预备解散清算阶段补足全部出资的情形,公司按照股东补足前的实缴出资比例对股东剩余财产分配请求权进行限制具有合理性,股东会作出的公司剩余财产分配决议合法有效。

沈某球诉重庆同力混凝土有限公司利润分配纠纷案[重庆市第四中级人民法院(2012)渝四中法民初字第39号,《人民司法·案例》2013年第8期]

股利分配请求权是股东基于其股东资格和地位而固有的一项权利,是与股东身份密切相连的,股东一旦丧失了股东身份,就会丧失股利分配请求权。因此,股东在转让股权后,无论是对转让前的公司盈利还是转让后的公司盈利,均无权要求分配。

深圳市启迪信息技术有限公司与郑州国华投资有限公司、开封市豫信企业管理咨询有限公司、珠海科美教育投资有限公司股权确认纠纷案[最高人民法院(2011)民提字第6号民事判决书,《最高人民法院公报》2012年第1期(总第183期)]

在公司注册资本符合法定要求的情况下,各股东的实际出资数额和持有股权比例应属于公司股东意思自治的范畴。股东持有股权的比例一般与其实际出资比例一致,但有限责任公司的全体股东内部也可以约定不按实际出资比例持有股权,这样的约定并不影响公司资本对公司债权担保等对外基本功能实现。如该约定是各方当事人的真实意思表示,且未损害他人的利益,不违反法律和行政法规的规定,应属有效,股东按照约定持有的股权应当受到法律的保护。

第二百一十一条 【违规利润分配的责任承担】 公司违反本法规定向股东分配利润的,股东应当将违反规定分配的利润退还公司;给公司造成损失的,股东及负有责任的董事、监事、高级管理人员应当承担赔偿责任。

对应配套规定

《最高人民法院关于适用〈中华人民共和国公司法〉时间效力的若干规定》(法释〔2024〕7号)

第一条 公司法施行后的法律事实引起的民事纠纷案件,适用公司法的规定。

公司法施行前的法律事实引起的民事纠纷案件,当时的法律、司法解释有规定的,适用当时的法律、司法解释的规定,但是适用公司法更有利于实现其立法目的,适用公司法的规定:

……

(五)公司法施行前,公司违反法律规定向股东分配利润、减少注册资本造成公司损失,因损害赔偿责任发生争议的,分别适用公司法第二百一十一条、第二百二十六条的规定;

……

旧法对应关系

原《公司法》第一百六十六条第五款 股东会、股东大会或者董事会违反前款规定,在公司弥补亏损和提取法定公积金之前向股东分配利润的,股东必须将违反规定分配的利润退还公司。

第二百一十二条 【公司利润分配期限】股东会作出分配利润的决议的,董事会应当在股东会决议作出之日起六个月内进行分配。

对应配套规定

《最高人民法院关于适用〈中华人民共和国公司法〉时间效力的若干规定》(法释〔2024〕7号)

第一条 公司法施行后的法律事实引起的民事纠纷案件,适用公司法的规定。

公司法施行前的法律事实引起的民事纠纷案件,当时的法律、司法解释有规定的,适用当时的法律、司法解释的规定,但是适用公司法更有利于实现其立法目的,适用公司法的规定:

......

（六）公司法施行前作出利润分配决议，因利润分配时限发生争议的，适用公司法第二百一十二条的规定；

......

旧法对应关系

《最高人民法院关于适用〈中华人民共和国公司法〉若干问题的规定（五）》（2020年修正）

第四条 分配利润的股东会或者股东大会决议作出后，公司应当在决议载明的时间内完成利润分配。决议没有载明时间的，以公司章程规定的为准。决议、章程中均未规定时间或者时间超过一年的，公司应当自决议作出之日起一年内完成利润分配。

决议中载明的利润分配完成时间超过公司章程规定时间的，股东可以依据民法典第八十五条、公司法第二十二条第二款规定请求人民法院撤销决议中关于该时间的规定。

《最高人民法院关于适用〈中华人民共和国公司法〉若干问题的规定（四）》（2020年修正）

第十三条 股东请求公司分配利润案件，应当列公司为被告。

一审法庭辩论终结前，其他股东基于同一分配方案请求分配利润并申请参加诉讼的，应当列为共同原告。

第十四条 股东提交载明具体分配方案的股东会或者股东大会的有效决议，请求公司分配利润，公司拒绝分配利润且其关于无法执行决议的抗辩理由不成立的，人民法院应当判决公司按照决议载明的具体分配方案向股东分配利润。

第十五条 股东未提交载明具体分配方案的股东会或者股东大会决议，请求公司分配利润的，人民法院应当驳回其诉讼请求，但违反法律规定滥用股东权利导致公司不分配利润，给其他股东造成损失的除外。

第二百一十三条 【公司资本公积金构成】公司以超过股票票面金额的发行价格发行股份所得的溢价款、发行无面额股所得股款未计入注册资本的金额以及国务院财政部门规定列入资本公积金的其他项目,应当列为公司资本公积金。

旧法对应关系

原《公司法》第一百六十七条 股份有限公司以超过股票票面金额的发行价格发行股份所得的溢价款以及国务院财政部门规定列入资本公积金的其他收入,应当列为公司资本公积金。

典型案例指导

兰州神骏物流有限公司与兰州民百(集团)股份有限公司侵权纠纷案[最高人民法院(2009)民二终字第75号民事判决书,《最高人民法院公报》2010年第2期(总第160期)]

争议焦点为公司股东向公司无偿注入股权,经过股东大会决议通过的股权分置改革方案,将该资本公积金全部定向转增给全体流通股股东的,非流通股股东可否以其在公司的持股比例而主张该资本公积金的相应比例的权属。裁判如下:一、股份公司股东大会作出决议后,在被确认无效前,该决议的效力不因股东是否认可而受到影响。股东大会决议的内容是否已实际履行,并不影响该决议的效力。二、公司因接受赠与而增加的资本公积金属于公司所有,是公司的资产,股东不能主张该资本公积金中与自己持股比例相对应的部分归属于自己,上市公司股权分置改革中,公司股东大会作出决议将资本公积金向流通股股东转增股份时,公司的流通股股东可以按持股比例获得相应的新增股份,而非流通股股东不能以其持股比例向公司请求支付相应的新增股份。即使该股东大会决议无效,也只是产生流通股股东不能取得新增股份的法律效果,而非流通股股东仍然不能取得该新增的股份。三、上市公司股权分置改革中,公司以资本公积金向流通股股东转增资本,不会导致公司资产减损。非流通股股东以资产减损为由主张自己应获得减损数中相应份额的补偿,不应支持。

> **第二百一十四条　【公积金的用途及限制】**公司的公积金用于弥补公司的亏损、扩大公司生产经营或者转为增加公司注册资本。
>
> 公积金弥补公司亏损,应当先使用任意公积金和法定公积金;仍不能弥补的,可以按照规定使用资本公积金。
>
> 法定公积金转为增加注册资本时,所留存的该项公积金不得少于转增前公司注册资本的百分之二十五。

对应配套规定

《最高人民法院关于适用〈中华人民共和国公司法〉时间效力的若干规定》(法释〔2024〕7号)

第二条　公司法施行前与公司有关的民事法律行为,依据当时的法律、司法解释认定无效而依据公司法认定有效,因民事法律行为效力发生争议的下列情形,适用公司法的规定:

……

(二)公司作出使用资本公积金弥补亏损的公司决议,对该决议效力发生争议的,适用公司法第二百一十四条的规定;

……

旧法对应关系

原《公司法》第一百六十八条　公司的公积金用于弥补公司的亏损、扩大公司生产经营或者转为增加公司资本。但是,资本公积金不得用于弥补公司的亏损。

法定公积金转为资本时,所留存的该项公积金不得少于转增前公司注册资本的百分之二十五。

典型案例指导

红富士公司诉董某、苏某损害公司利益责任纠纷案[上海市高级人民法院(2020)沪民再1号民事判决书(参考性案例第111号)]

公司法的立法宗旨在于强调公司意思自治,一般而言,公司法应当慎重介入公司内部治理及运营,但如果控股股东滥用权利对公司利益及小股东利益造成实质损害,则公司法可以对此予以规制。资本公积仅能用于公司扩大生产经营或转增注册资本,不得用于弥补公司亏损或转为负债等其他用途,控股股东为推动公司上市而将其对公司的债权转入资本公积,应视为其对公司债务的豁免,控股股东再利用其对公司的控制权,擅自将资本公积调整为公司对其的应付款,减少了公司的所有者权益,损害了公司利益和小股东利益,依法应当承担返还财产、恢复原状的责任,将账款调整回资本公积科目。

> **第二百一十五条 【公司对会计师事务所的聘用及解聘】**公司聘用、解聘承办公司审计业务的会计师事务所,按照公司章程的规定,由股东会、董事会或者监事会决定。
>
> 公司股东会、董事会或者监事会就解聘会计师事务所进行表决时,应当允许会计师事务所陈述意见。

▎旧法对应关系 ●●●●●●

原《公司法》第一百六十九条 公司聘用、解聘承办公司审计业务的会计师事务所,依照公司章程的规定,由股东会、股东大会或者董事会决定。

公司股东会、股东大会或者董事会就解聘会计师事务所进行表决时,应当允许会计师事务所陈述意见。

> **第二百一十六条 【公司对会计师事务所的诚实义务】**公司应当向聘用的会计师事务所提供真实、完整的会计凭证、会计账簿、财务会计报告及其他会计资料,不得拒绝、隐匿、谎报。

▎旧法对应关系 ●●●●●●

原《公司法》第一百七十条 公司应当向聘用的会计师事务所提供真实、完整的会计凭证、会计账簿、财务会计报告及其他会计资料,不得拒绝、隐匿、谎报。

> **第二百一十七条 【禁止另立账簿及开立个人账户】**公司除法定的会计账簿外,不得另立会计账簿。
>
> 对公司资金,不得以任何个人名义开立账户存储。

旧法对应关系

原《公司法》第一百七十一条　公司除法定的会计账簿外,不得另立会计账簿。

对公司资产,不得以任何个人名义开立账户存储。

第十一章　公司合并、分立、增资、减资

> **第二百一十八条**　【公司合并的种类】公司合并可以采取吸收合并或者新设合并。
>
> 一个公司吸收其他公司为吸收合并，被吸收的公司解散。两个以上公司合并设立一个新的公司为新设合并，合并各方解散。

▌旧法对应关系 ●●●●●●●

原《公司法》第一百七十二条　公司合并可以采取吸收合并或者新设合并。

一个公司吸收其他公司为吸收合并，被吸收的公司解散。两个以上公司合并设立一个新的公司为新设合并，合并各方解散。

▌关联法律法规 ●●●●●●●

《国务院关于进一步优化企业兼并重组市场环境的意见》（国发〔2014〕14号）

各省、自治区、直辖市人民政府，国务院各部委、各直属机构：

兼并重组是企业加强资源整合、实现快速发展、提高竞争力的有效措施，是化解产能严重过剩矛盾、调整优化产业结构、提高发展质量效益的重要途径。近年来，我国企业兼并重组步伐加快，但仍面临审批多、融资难、负担重、服务体系不健全、体制机制不完善、跨地区跨所有制兼并重组困难等问题。为深入贯彻党的十八大和十八届二中、三中全会精神，认真落实党中央和国务院的决策部署，营造良好的市场环境，充分发挥企业在兼并重组中的主体作用，现提出以下意见：

一、主要目标和基本原则

（一）主要目标。

1. 体制机制进一步完善。企业兼并重组相关行政审批事项逐步减少，审批效率不断提高，有利于企业兼并重组的市场体系进一步完善，市场壁垒逐步消除。

2.政策环境更加优化。有利于企业兼并重组的金融、财税、土地、职工安置等政策进一步完善,企业兼并重组融资难、负担重等问题逐步得到解决,兼并重组服务体系不断健全。

3.企业兼并重组取得新成效。兼并重组活动日趋活跃,一批企业通过兼并重组焕发活力,有的成长为具有国际竞争力的大企业大集团,产业竞争力进一步增强,资源配置效率显著提高,过剩产能得到化解,产业结构持续优化。

(二)基本原则。

1.尊重企业主体地位。有效调动企业积极性,由企业自主决策、自愿参与兼并重组,坚持市场化运作,避免违背企业意愿的"拉郎配"。

2.发挥市场机制作用。发挥市场在资源配置中的决定性作用,加快建立公平开放透明的市场规则,消除企业兼并重组的体制机制障碍,完善统一开放、竞争有序的市场体系。

3.改善政府的管理和服务。取消限制企业兼并重组和增加企业兼并重组负担的不合理规定,解决企业兼并重组面临的突出问题,引导和激励各种所有制企业自主、自愿参与兼并重组。

二、加快推进审批制度改革

(三)取消下放部分审批事项。系统梳理企业兼并重组涉及的审批事项,缩小审批范围,对市场机制能有效调节的事项,取消相关审批。取消上市公司收购报告书事前审核,强化事后问责。取消上市公司重大资产购买、出售、置换行为审批(构成借壳上市的除外)。对上市公司要约收购义务豁免的部分情形,取消审批。地方国有股东所持上市公司股份的转让,下放地方政府审批。

(四)简化审批程序。优化企业兼并重组相关审批流程,推行并联式审批,避免互为前置条件。实行上市公司并购重组分类审核,对符合条件的企业兼并重组实行快速审核或豁免审核。简化海外并购的外汇管理,改革外汇登记要求,进一步促进投资便利化。优化国内企业境外收购的事前信息报告确认程序,加快办理相关核准手续。提高经营者集中反垄断审查效率。企业兼并重组涉及的生产许可、工商登记、资产权属证明等变更手续,从简限时办理。

三、改善金融服务

（五）优化信贷融资服务。引导商业银行在风险可控的前提下积极稳妥开展并购贷款业务。推动商业银行对兼并重组企业实行综合授信，改善对企业兼并重组的信贷服务。

（六）发挥资本市场作用。符合条件的企业可以通过发行股票、企业债券、非金融企业债务融资工具、可转换债券等方式融资。允许符合条件的企业发行优先股、定向发行可转换债券作为兼并重组支付方式，研究推进定向权证等作为支付方式。鼓励证券公司开展兼并重组融资业务，各类财务投资主体可以通过设立股权投资基金、创业投资基金、产业投资基金、并购基金等形式参与兼并重组。对上市公司发行股份实施兼并事项，不设发行数量下限，兼并非关联企业不再强制要求作出业绩承诺。非上市公众公司兼并重组，不实施全面要约收购制度。改革上市公司兼并重组的股份定价机制，增加定价弹性。非上市公众公司兼并重组，允许实行股份协商定价。

四、落实和完善财税政策

（七）完善企业所得税、土地增值税政策。修订完善兼并重组企业所得税特殊性税务处理的政策，降低收购股权（资产）占被收购企业全部股权（资产）的比例限制，扩大特殊性税务处理政策的适用范围。抓紧研究完善非货币性资产投资交易的企业所得税、企业改制重组涉及的土地增值税等相关政策。

（八）落实增值税、营业税等政策。企业通过合并、分立、出售、置换等方式，转让全部或者部分实物资产以及与其相关联的债权、债务和劳动力的，不属于增值税和营业税征收范围，不应视同销售而征收增值税和营业税。税务部门要加强跟踪管理，企业兼并重组工作牵头部门要积极协助财税部门做好相关税收政策的落实。

（九）加大财政资金投入。中央财政适当增加工业转型升级资金规模，引导实施兼并重组的企业转型升级。利用现有中央财政关闭小企业资金渠道，调整使用范围，帮助实施兼并重组的企业安置职工、转型转产。加大对企业兼并重组公共服务的投入力度。各地要安排资金，按照行政职责，解决本地区企业兼并重组工作中的突出问题。

（十）进一步发挥国有资本经营预算资金的作用。根据企业兼并重组的方向、重点和目标,合理安排国有资本经营预算资金引导国有企业实施兼并重组、做优做强,研究完善相关管理制度,提高资金使用效率。

五、完善土地管理和职工安置政策

(十一)完善土地使用政策。政府土地储备机构有偿收回企业因兼并重组而退出的土地,按规定支付给企业的土地补偿费可以用于企业安置职工、偿还债务等支出。企业兼并重组中涉及因实施城市规划需要搬迁的工业项目,在符合城乡规划及国家产业政策的条件下,市县国土资源管理部门经审核并报同级人民政府批准,可收回原国有土地使用权,并以协议出让或租赁方式为原土地使用权人重新安排工业用地。企业兼并重组涉及土地转让、改变用途的,国土资源、住房城乡建设部门要依法依规加快办理相关用地和规划手续。

(十二)进一步做好职工安置工作。落实完善兼并重组职工安置政策。实施兼并重组的企业要按照国家有关法律法规及政策规定,做好职工安置工作,妥善处理职工劳动关系。地方各级人民政府要进一步落实促进职工再就业政策,做好职工社会保险关系转移接续,保障职工合法权益。对采取有效措施稳定职工队伍的企业给予稳定岗位补贴,所需资金从失业保险基金中列支。

六、加强产业政策引导

(十三)发挥产业政策作用。提高节能、环保、质量、安全等标准,规范行业准入,形成倒逼机制,引导企业兼并重组。支持企业通过兼并重组压缩过剩产能、淘汰落后产能、促进转型转产。产能严重过剩行业项目建设,须制定产能置换方案,实施等量或减量置换。

(十四)鼓励优强企业兼并重组。推动优势企业强强联合、实施战略性重组,带动中小企业"专精特新"发展,形成优强企业主导、大中小企业协调发展的产业格局。

(十五)引导企业开展跨国并购。落实完善企业跨国并购的相关政策,鼓励具备实力的企业开展跨国并购,在全球范围内优化资源配置。规范企业海外并购秩序,加强竞争合作,推动互利共赢。积极指导企业制定境外并购风险应对预案,防范债务风险。鼓励外资参与我国企业兼并重组。

(十六)加强企业兼并重组后的整合。鼓励企业通过兼并重组优化资金、技术、人才等生产要素配置,实施业务流程再造和技术升级改造,加强管理创新,实现优势互补、做优做强。

七、进一步加强服务和管理

(十七)推进服务体系建设。进一步完善企业兼并重组公共信息服务平台,拓宽信息交流渠道。培育一批业务能力强、服务质量高的中介服务机构,提高关键领域、薄弱环节的服务能力,促进中介服务机构专业化、规范化发展。发挥行业协会在企业兼并重组中的重要作用。

(十八)建立统计监测制度。加强企业兼并重组的统计信息工作,构建企业兼并重组统计指标体系,建立和完善统计调查、监测分析和发布制度。整合行业协会、中介组织等信息资源,畅通统计信息渠道,为企业提供及时有效的信息服务。

(十九)规范企业兼并重组行为。严格依照有关法律法规和政策,保护职工、债权人和投资者的合法权益。完善国有产权转让有关规定,规范国有资产处置,防止国有资产流失。采取切实措施防止企业通过兼并重组逃废银行债务,依法维护金融债权,保障金融机构合法权益。在资本市场上,主板、中小板企业兼并重组构成借壳上市的,要符合首次公开发行条件。加强上市公司和非上市公众公司信息披露,强化事中、事后监管,严厉查处内幕交易等违法违规行为。加强外国投资者并购境内企业安全审查,维护国家安全。

八、健全企业兼并重组的体制机制

(二十)完善市场体系建设。深化要素配置市场化改革,进一步完善多层次资本市场体系。加快建立现代企业产权制度,促进产权顺畅流转。加强反垄断和反不正当竞争执法,规范市场竞争秩序,加强市场监管,促进公平竞争和优胜劣汰。行政机关和法律法规授权的具有管理公共事务职责的组织,应严格遵守反垄断法,不得滥用行政权力排除和限制竞争。

(二十一)消除跨地区兼并重组障碍。清理市场分割、地区封锁等限制,加强专项监督检查,落实责任追究制度。加大一般性转移支付力度,平衡地区间利益关系。落实跨地区机构企业所得税分配政策,协调解决企业兼并重组跨地区利益分享问题,解决跨地区被兼并企业的统计归属问题。

(二十二)放宽民营资本市场准入。向民营资本开放非明确禁止进入的行业和领域。推动企业股份制改造,发展混合所有制经济,支持国有企业母公司通过出让股份、增资扩股、合资合作引入民营资本。加快垄断行业改革,向民营资本开放垄断行业的竞争性业务领域。优势企业不得利用垄断力量限制民营企业参与市场竞争。

(二十三)深化国有企业改革。深入推进国有企业产权多元化改革,完善公司治理结构。改革国有企业负责人任免、评价、激励和约束机制,完善国有企业兼并重组考核评价体系。加大国有企业内部资源整合力度,推动国有资本更多投向关系国家安全、国民经济命脉的重要行业和关键领域。

九、切实抓好组织实施

(二十四)进一步加大统筹协调力度。充分发挥企业兼并重组工作部际协调小组的作用,解决跨地区跨所有制企业兼并重组和跨国并购中的重大问题,做好重大部署的落实,组织开展政策执行情况评估和监督检查。各有关部门要按照职责分工抓紧制定出台配套政策措施,加强协调配合,完善工作机制,扎实推进各项工作。

(二十五)切实加强组织领导。各地区要按照本意见要求,结合当地实际抓紧制定优化企业兼并重组市场环境的具体方案,建立健全协调机制和服务体系,积极协调解决本地区企业兼并重组中遇到的问题,确保各项政策措施落到实处,有关重大事项及时报告企业兼并重组工作部际协调小组。

《最高人民法院关于人民法院为企业兼并重组提供司法保障的指导意见》(法发〔2014〕7号)

各省、自治区、直辖市高级人民法院,解放军军事法院,新疆维吾尔自治区高级人民法院生产建设兵团分院:

企业兼并重组是调整优化产业结构,淘汰落后产能,化解过剩产能,提高经济发展质量和效益的重要手段,也是转变经济发展方式,提升我国综合经济实力的有效途径。当前,我国经济处于增长速度换档期、结构调整阵痛期,同时也是推进企业兼并重组的重要机遇期。党的十八大和十八届三中全会部署了全面深化改革的各项任务,国务院《关于进一步优化企业兼并重组市场环境的意见》(国发〔2014〕14号,以下简称《意见》)明确了推动企业兼并重组的主要目标、基本原则和相关措施。企业兼并重组是今后一个时期推进企业改革的重要任务。各级人民法院要充分认识司法审判工作在企业兼并重组中的重要职能作用,依法有序推进企业兼并重组工作的顺利进行。

一、坚持围绕中心服务大局,以法治方式保障企业兼并重组工作依法有序推进

1. 要自觉将司法审判工作置于党和国家全局工作中,积极回应企业兼并重组工作的司法需求。企业兼并重组工作是党中央、国务院在新时期深化经济体制改革、转变经济发展方式、调整优化产业结构的重要举措。随着中央和地方各级政府部门关于企业兼并重组任务的逐步落实,一些纠纷将不可避免地通过诉讼程序进入人民法院。各级人民法院要充分认识到企业兼并重组涉及的矛盾复杂、主体广泛和利益重大,要强化大局意识和责任意识,紧密结合党的十八大、十八届三中全会精神和《意见》要求,依法充分发挥人民法院的职能作用,切实保障企业兼并重组工作的稳步推进。

2. 要正确处理贯彻党的方针政策与严格执法的关系,实现企业兼并重组法律效果和社会效果的有机统一。党的十八大和十八届三中全会作出的重大战略部署是我国在新的历史起点上全面深化改革的科学指南和行动纲领。党的方针政策和国家法律都是人民根本意志的反映,二者在本质上是一致的。不断完善和发展中国特色社会主义制度,推进国家治理体系和治理能力现代化,对人民法院正确贯彻党的方针政策与严格执法提出了更高的要求。人民法院要从强化国家战略的高度深刻认识为转变经济发展方式、调整优化产业结构提供司法保障的重大意义,通过严格执行法律,公正高效地审理案件,实现兼并重组案件审理法律效果和社会效果的有机统一。

3. 要高度重视企业兼并重组工作,依法保障企业兼并重组政策的顺利实施。企业兼并重组不仅关涉企业自身,还广泛涉及依法平等保护非公经济、防止国有资产流失、维护金融安全、职工再就业和生活保障以及社会稳定等一系列问题。人民法院要提前研判、分类评估、适时介入,依法保障企业兼并重组工作有序进行。要加强与政府部门沟通,根据需要推动建立企业兼并重组工作协调机制,实现信息共享、程序通畅。在案件审理执行中发现的重大性、苗头性问题,要及时向有关职能部门反馈或者

提出司法建议。

4. 要依法及时受理审理兼并重组相关案件,通过司法审判化解企业兼并重组中的各类纠纷。人民法院要依法及时受理审理企业兼并重组过程中出现的合同效力认定、股权转让、投资权益确认、民间融资、金融债权保障、职工权益维护、企业清算、企业重整、经济犯罪等案件,无法定理由不得拒绝受理,不得拖延审理。

5. 要按照利益衡平原则,依法妥善处理各种利益冲突。企业兼并重组广泛涉及参与兼并重组的各方企业、出资人、债权人、企业职工等不同主体的切身利益,在此期间的利益博弈与权利冲突无法回避。人民法院要注意透过个案的法律关系,分析利益冲突实质,识别其背后的利益主体和利益诉求,依法确定利益保护的优先位序。法律法规没有明文规定的情形下,在个体利益冲突中应当优先寻找共同利益,尽可能实现各方的最大利益;在个体利益与集体利益、社会公共利益,地方利益与全局利益等不同主体利益的并存与冲突中,要在保护集体利益、社会公共利益和全局利益的同时兼顾个体利益、地方利益。坚决克服地方保护主义、行业及部门保护主义对司法审判工作的不当干扰。

二、强化商事审判理念,充分发挥市场在资源配置中的决定性作用

6. 依法认定兼并重组行为的效力,促进资本合法有序流转。要严格依照合同法第五十二条关于合同效力的规定,正确认定各类兼并重组合同的效力。结合当事人间交易方式和市场交易习惯,准确认定兼并重组中预约、意向协议、框架协议等的效力及强制执行力。要坚持促进交易进行,维护交易安全的商事审判理念,审慎认定企业估值调整协议、股份转换协议等新类型合同的效力,避免简单以法律没有规定为由认定合同无效。要尊重市场主体的意思自治,维护契约精神,恰当认定兼并重组交易行为与政府行政审批的关系。要处理好公司外部行为与公司内部意思自治之间的关系。要严格依照公司法第二十二条的规定,从会议召集程序、表决方式、决议内容等是否违反法律、行政法规或公司章程方面,对兼并重组中涉及的企业合并、分立、新股发行、重大资产变化等决议的法律效力进行审查。对交叉持股表决方式、公司简易合并等目前尚无明确法律规定的问题,应结合个案事实和行为结果,审慎确定行为效力。

7. 树立平等保护意识,鼓励、支持和引导非公经济积极参与企业兼并

重组。非公经济是社会主义市场经济的重要组成部分,要依法保障非公经济平等使用生产要素,公开公平参与市场竞争。要统一适用法律规则,优化非公经济投资的司法环境,促进公平、竞争、自由的市场环境形成。要积极配合市场准入负面清单管理方式的实施,推动非公经济进入法律法规未禁入的行业和领域。保护各种所有制企业在投融资、税收、土地使用和对外贸易等方面享受同等待遇,提升非公经济参与国有企业混合所有制兼并重组的动力。要充分尊重企业的经营自主权,反对各种形式的强制交易,最大限度地激发非公经济的活力和创造力。

8. 正确适用公司资本法律规则,消除对出资行为的不当限制。要准确把握修改后的公司法中公司资本制度的立法精神,正确认识公司资本的作用与功能,支持企业正常合理的资金运用行为。要按照新修改的公司法有关放宽资本结构的精神审慎处理股东出资问题。职工持股会、企业工会等组织代为持有投资权益是目前部分企业资本结构中的特殊形态,企业兼并重组中涉及投资权益变动的,人民法院要依法协调好名义股东与实际出资人间的利益关系。除法律法规有明确规定外,要注重方便企业设立和发展,在企业资本数额设定、投资义务履行期限等方面要充分尊重投资者的约定和选择,保障投资者顺利搭建重组平台。

9. 促进融资方式的多元化,有效解决企业兼并重组的资金瓶颈。对于符合条件的企业发行优先股、定向发行可转换债券作为兼并重组支付方式,要依法确认其效力。审慎处理发行定向权证等衍生品作为支付方式问题。积极支持上市公司兼并重组中股份定价机制改革,依法保障非上市公司兼并重组中的股份协商定价。要依法督促企业尤其是上市公司规范履行信息披露义务,增强市场主体投资信心,切实保障中小投资者合法权益。同时,要积极配合金融监管部门依法履职。

三、加强国有资产保护,依法保障企业资产的稳定与安全

10. 依法正确审理国有企业兼并重组案件,实现国有资产的保值增值。要正确认识国有企业深化改革与企业兼并重组之间的关系,切实保障有条件的国有企业改组为国有资本投资公司,不断增强国有经济的控制力和影响力。在现行法律框架范围内支持有利于企业壮大规模、增强实力的企业发展模式。要注意防范企业借管理者收购、合并报表等形式侵占、私分国有资产。严格遵循评估、拍卖法律规范,通过明晰和落实法

律责任促进中介服务机构专业化、规范化发展,提升关键领域、薄弱环节的服务能力,防范和避免企业兼并重组过程中的国有资产流失。

11. 依法规制关联交易,严厉禁止不当利益输送。严格防范以关联交易的方式侵吞国有资产。要依照公司法等法律法规的规定依法妥当处理企业兼并重组中的关联交易行为。公司股东、董事、高级管理人员与公司之间从事的交易,符合法律法规规定的关联交易程序规则且不损害公司利益的,应当认定行为有效。对公司大股东、实际控制人或者公司董事等公司内部人员在兼并重组中利用特殊地位将不良资产注入公司,或者与公司进行不公平交易从而损害公司利益的行为,应当严格追究其法律责任。

12. 严厉打击企业兼并重组中的违法犯罪行为。各级人民法院要充分发挥刑事审判职能,坚持依法从严惩处的方针,严厉打击国有企业兼并重组中的贪污贿赂、挪用公款、滥用职权、非法经营等犯罪行为,依法严厉惩处非国有企业兼并重组中的职务侵占、挪用企业资金等犯罪行为,维护企业资产安全,同时,要努力挽回相关主体的经济损失。

四、维护金融安全,有效防控各类纠纷可能引发的区域性、系统性金融风险

13. 依法保障金融债权,有效防范通过不当兼并重组手段逃废债务。对涉及兼并重组的企业合并、分立案件,要明确合并分立前后不同企业的责任关系、责任承担方式及诉讼时效,避免因兼并重组导致金融债权落空。要依法快审快执涉兼并重组企业的金融借款案件,降低商业银行等金融机构的并购贷款风险,实现兼并重组中并购贷款融资方式可持续进行。要引导当事人充分运用民事诉讼法中的担保物权实现程序,减轻债权人的诉讼维权成本,促进担保物权快捷和便利地实现。

14. 加强民间金融案件审理,有效化解金融风险。要妥善审理兼并重组引发的民间融资纠纷,依法保护合法的借贷利息,坚决遏制以兼并重组为名的民间高利贷和投机化倾向,有效降低企业融资成本。依法支持和规范金融机构在企业兼并重组领域的金融创新行为,依法审慎认定金融创新产品的法律效力。在审判执行工作中要注意发现和防范因诉讼纠纷引发的区域性、系统性风险,切实避免金融风险在金融领域和实体经济领域的相互传导。严厉打击和制裁非法吸收或变相吸收公众存款、集资诈

骗等金融违法犯罪行为,为企业兼并重组创造良好的融资环境。

五、完善市场退出机制,促进企业资源的优化整合

15. 依法审理企业清算、破产案件,畅通企业退出渠道。要充分发挥企业清算程序和破产程序在淘汰落后企业或产能方面的法律功能,依法受理企业清算、破产案件,督促市场主体有序退出。人民法院判决解散企业后应当告知有关人员依法及时组织企业清算。企业解散后债权人或股东向人民法院提出强制清算申请的,人民法院应当审查并依法受理。公司清算中发现符合破产清算条件的,应当及时转入破产清算。当事人依法主张有关人员承担相应清算责任的,人民法院应予支持。

16. 有效发挥破产重整程序的特殊功能,促进企业资源的流转利用。要积极支持符合产业政策调整目标、具有重整希望和可能的企业进行破产重整。通过合法高效的破产重整程序,帮助企业压缩和合并过剩产能,优化资金、技术、人才等生产要素配置。要注重结合企业自身特点,及时指定重整案件管理人,保障企业业务流程再造和技术升级改造。在企业重整计划的制定和批准上,要着眼建立健全防范和化解过剩产能长效机制,防止借破产重整逃避债务、不当耗费社会资源,避免重整程序空转。

17. 遵循企业清算破产案件审判规律,完善审判工作机制。审理企业清算和破产案件,既是认定事实和适用法律的过程,也是多方积极协调、整体推进的系统工程。有条件的人民法院可以成立企业清算破产案件审判庭或者合议庭,专门审理兼并重组中的企业清算破产案件。要高度重视企业清算破产案件法官的培养和使用,结合实际努力探索科学合理的企业清算破产案件绩效考评机制,充分调动审判人员依法审理企业清算破产案件的积极性。

18. 认真总结破产案件审判经验,逐步完善企业破产配套制度。上市公司破产重整中涉及行政许可的,应当按照行政许可法和最高人民法院《关于审理上市公司破产重整案件工作座谈会纪要》的精神,做好司法程序与行政许可程序的衔接。要协调好企业破产法律程序与普通执行程序就债务人企业财产采取的保全执行措施间的关系,维护债务人企业财产的稳定和完整。要积极协调解决破产程序中企业税款债权问题,要在与税务机关积极沟通的基础上结合实际依法减免相应税款。要适应经济全球化趋势,加快完善企业跨境清算、重整司法制度。

六、充分保障职工合法权益,全力维护社会和谐稳定

19. 依法保护劳动者合法权益,切实保障民生。实现改革发展成果更多更公平惠及全体人民是我们各项事业的出发点和落脚点。企业职工虽然不是企业兼并重组协议的缔约方,但其是利益攸关方。人民法院在审判执行中要及时发现和注意倾听兼并重组企业职工的利益诉求,依法保障企业职工的合法权益,引导相关企业积极承担社会责任,有效防范兼并重组行为侵害企业职工的合法权益。

20. 建立大要案通报制度,制定必要的风险处置预案。对于众多债权人向同一债务企业集中提起的系列诉讼案件、企业破产清算案件、群体性案件等可能存在影响社会和谐稳定因素的案件,人民法院要及时启动大要案工作机制,特别重大的案件要及时向地方党委和上级人民法院报告。上级人民法院要及时指导下级人民法院开展工作,对各方矛盾突出、社会关注度高的案件要作出必要的预判和预案,增强司法处置的前瞻性和针对性。

21. 加强司法新闻宣传,创造良好的社会舆论环境。要高度重视舆论引导和网络宣传工作,针对企业兼并重组审判工作中涉及到的敏感热点问题逐一排查,周密部署。要进一步推进司法公开,有力推动司法审判工作与外界舆论环境的良性互动,着力打造有利于企业兼并重组司法工作顺利开展的社会舆论环境。

当前,我国经济体制改革正向纵深发展。各级人民法院要进一步深入学习习近平总书记一系列重要讲话精神,牢牢坚持司法为民公正司法,坚持迎难而上,勇于担当,为优化企业兼并重组司法环境,保障经济社会持续健康发展,推进法治中国、美丽中国建设作出新的更大贡献。

典型案例指导

大安实业有限责任公司诉海天水产公司、海康达生物技术开发公司、宝通建业有限公司企业收购合同纠纷案[北京市高级人民法院 2001 年民事判决书,《最高人民法院公报》2002 年第 2 期(总第 76 期)]

中外合资经营企业收购中,被收购公司在签订收购协议前有原股东的授权,事后所签订的收购协议也得到原股东的承认,被收购公司作为签订合同的主体是合格的。合同约定的股权转让内容,不违背国家的强制性规定,不损害他人的利益,转让股权的行为依据法律规定得到审批机关授权的部门批准的,

该协议依法成立。但如股权转让行为未报政府有关部门审批，则不能发生法律效力。

> **第二百一十九条** 【公司简易合并】公司与其持股百分之九十以上的公司合并，被合并的公司不需经股东会决议，但应当通知其他股东，其他股东有权请求公司按照合理的价格收购其股权或者股份。
>
> 公司合并支付的价款不超过本公司净资产百分之十的，可以不经股东会决议；但是，公司章程另有规定的除外。
>
> 公司依照前两款规定合并不经股东会决议的，应当经董事会决议。

对应配套规定

《最高人民法院关于适用〈中华人民共和国公司法〉时间效力的若干规定》（法释〔2024〕7号）

第二条 公司法施行前与公司有关的民事法律行为，依据当时的法律、司法解释认定无效而依据公司法认定有效，因民事法律行为效力发生争议的下列情形，适用公司法的规定：

……

（三）公司与其持股百分之九十以上的公司合并，对合并决议效力发生争议的，适用公司法第二百一十九条的规定。

▎条文应用提示 ●●●●●●

本条是新增的条文。依照本法第66条、第116条的原则性规定，公司合并属于公司重大事项，应当经股东会特别决议通过。本条规定对上述原则性规定设置两种例外情形：一是母子公司之间的简易合并，当公司与其持股90%以上的公司合并时，持股不足10%的其他股东无法通过行使表决权阻碍合并，且这些股东将可能成为合并后存续的公司（母公司）的股东，赋予这些股东股权或股份收购请求权已足以保护其合法权益。二是小规模的简易合并，即公司与被合并的公司在净资产规模方面存在巨大差异，合并对存续的公司影响轻微，原则上也可以不经股东会决议。

简易合并情形下虽然可以不经股东会决议，但为了处理合并的各项事宜,提升合并效率并切实维护利益相关者合法权益,仍有经董事会决议之必要。此外,本条第 1 款中的合并后存续的公司以及第 2 款中的被合并的公司,仍需经股东会决议。

> 第二百二十条 【公司合并的程序和债权人异议权】公司合并,应当由合并各方签订合并协议,并编制资产负债表及财产清单。公司应当自作出合并决议之日起十日内通知债权人,并于三十日内在报纸上或者国家企业信用信息公示系统公告。债权人自接到通知之日起三十日内,未接到通知的自公告之日起四十五日内,可以要求公司清偿债务或者提供相应的担保。

▌旧法对应关系 ●●●●●●

原《公司法》第一百七十三条 公司合并,应当由合并各方签订合并协议,并编制资产负债表及财产清单。公司应当自作出合并决议之日起十日内通知债权人,并于三十日内在报纸上公告。债权人自接到通知书之日起三十日内,未接到通知书的自公告之日起四十五日内,可以要求公司清偿债务或者提供相应的担保。

▌关联法律法规 ●●●●●●

《最高人民法院关于审理与企业改制相关的民事纠纷案件若干问题的规定》(2020 年修正)

第三十条 企业兼并协议自当事人签字盖章之日起生效。需经政府主管部门批准的,兼并协议自批准之日起生效;未经批准的,企业兼并协议不生效。但当事人在一审法庭辩论终结前补办报批手续的,人民法院应当确认该兼并协议有效。

> 第二百二十一条 【公司合并的债权债务承继】公司合并时,合并各方的债权、债务,应当由合并后存续的公司或者新设的公司承继。

旧法对应关系

原《公司法》第一百七十四条 公司合并时,合并各方的债权、债务,应当由合并后存续的公司或者新设的公司承继。

关联法律法规

《中华人民共和国民法典》(自 2021 年 1 月 1 日起施行)

第六十七条第一款 法人合并的,其权利和义务由合并后的法人享有和承担。

《最高人民法院关于审理与企业改制相关的民事纠纷案件若干问题的规定》(2020 年修正)

第三十一条 企业吸收合并后,被兼并企业的债务应当由兼并方承担。

第三十二条 企业新设合并后,被兼并企业的债务由新设合并后的企业法人承担。

第三十三条 企业吸收合并或新设合并后,被兼并企业应当办理而未办理工商注销登记,债权人起诉被兼并企业的,人民法院应当根据企业兼并后的具体情况,告知债权人追加责任主体,并判令责任主体承担民事责任。

第三十四条 以收购方式实现对企业控股的,被控股企业的债务,仍由其自行承担。但因控股企业抽逃资金、逃避债务,致被控股企业无力偿还债务的,被控股企业的债务则由控股企业承担。

典型案例指导

信达公司合肥办事处诉中国医药集团总公司等借款担保合同纠纷案[最高人民法院(2004)民二终字第 54 号民事判决书,《最高人民法院公报》2004 年第 12 期(总第 98 期)]

企业因全部资产被整体划拨而变更产权关系后,无偿接受企业的公司将所接受企业的全部经营性净资产及相应的债务作为自己的出资组建其所属的新公司的,应在接受原企业资产的范围内对其原有债务承担连带责任。本案企业在改制过程中,企业以整体资产划拨方式成为接收企业的附属企业,对于该企业在改制前因保证合同而承担有保证责任的,由于并未发生保证合同无效的情形,该企业作为附属企业也未丧失法人资格,所以债权人仍可以要求该企业在债务人不履行债务的情况下承担保证责任。对于接收企业以保证人的经营性资产为出资设立新公司的,由于接收企业是在既未对保证人原有债务进行处理,又未通知债权人取得债权人同意的情况下,对保证人的资产进行了实质处置,对保证人对外承担民事责任的能力造成实际影响,根据企业债务随企业资产变动的企业法人财产原则,接收企业应当在其接收保证人资产的范围内,对保证人所负的保证债务承担连带清偿责任。

工商银行山东分行诉信诚公司等借款合同纠纷案[最高人民法院(2003)民二终字第106号民事判决书,《最高人民法院公报》2004年第11期(总第97期)]

根据《民法通则》第四十八条的规定,企业采取以部分财产和等额债务相抵的方式与他人组建新公司,且对所出让财产不持有相应股份的,未转移债务的债权人有权要求新公司在其所接收原企业财产范围内对原企业债务承担连带责任。最高人民法院改制司法解释第六条关于"企业以其部分财产和相应债务与他人组建新公司,对所转移的债务,债权人认可的,由新组建的公司承担民事责任"等规定,是仅针对转移债务的债权人而言,不包括未转移债务的债权人。即改制企业将债务转移给新成立的公司,转移债务的行为经相关债权人同意的,发生债务有效转移的法律后果,由新成立的公司承担转移的债务。改制企业转移债务,未经转移债务债权人同意,不发生债务转移的法律后果,债务仍由改制企业承担。改制企业如将部分财产转移给新设公司的,按照法人财产原则,由新设公司在所接收财产范围内与改制企业承担连带民事责任。未转移债务的债权人仍有权按照合同相对性原则和法人财产原则,要求改制企业和接收改制企业财产的新公司承担相应的偿还责任。

第二百二十二条 【公司分立时的财产分割和分立程序】公司分立,其财产作相应的分割。

公司分立,应当编制资产负债表及财产清单。公司应当自作出分立决议之日起十日内通知债权人,并于三十日内在报纸上或者国家企业信用信息公示系统公告。

旧法对应关系

原《公司法》第一百七十五条 公司分立,其财产作相应的分割。

公司分立,应当编制资产负债表及财产清单。公司应当自作出分立决议之日起十日内通知债权人,并于三十日内在报纸上公告。

> **第二百二十三条 【公司分立前的债务承继】**公司分立前的债务由分立后的公司承担连带责任。但是,公司在分立前与债权人就债务清偿达成的书面协议另有约定的除外。

▎条文应用提示 ●●●●●

公司分立前债务承继的办法:一是按约定办理。债权人与分立的公司就债务清偿问题达成书面协议的,按照协议办理。如一方不履行协议,另一方可依法定程序请求其履行协议。二是承担连带责任。债权人可以向分立后的任何一方请求自己的债权,要求其履行偿还义务,被请求的一方不得以各种非法定理由拒绝履行偿还义务。

▎旧法对应关系 ●●●●●

原《公司法》第一百七十六条 公司分立前的债务由分立后的公司承担连带责任。但是,公司在分立前与债权人就债务清偿达成的书面协议另有约定的除外。

▎关联法律法规 ●●●●●

《中华人民共和国民法典》(自2021年1月1日起施行)

第六十七条第二款 法人分立的,其权利和义务由分立后的法人享有连带债权,承担连带债务,但是债权人和债务人另有约定的除外。

《最高人民法院关于审理与企业改制相关的民事纠纷案件若干问题的规定》(2020年修正)

第十二条 债权人向分立后的企业主张债权,企业分立时对原企业的债务承担有约定,并经债权人认可的,按照当事人的约定处理;企业分立时对原企业债务承担没有约定或者约定不明,或者虽然有约定但债权人不予认可的,分立后的企业应当承担连带责任。

第十三条 分立的企业在承担连带责任后,各分立的企业间对原企业债务承担有约定的,按照约定处理;没有约定或者约定不明的,根据企业分立时的资产比例分担。

> 第二百二十四条 【普通减资程序】公司减少注册资本,应当编制资产负债表及财产清单。
>
> 公司应当自股东会作出减少注册资本决议之日起十日内通知债权人,并于三十日内在报纸上或者国家企业信用信息公示系统公告。债权人自接到通知之日起三十日内,未接到通知的自公告之日起四十五日内,有权要求公司清偿债务或者提供相应的担保。
>
> 公司减少注册资本,应当按照股东出资或者持有股份的比例相应减少出资额或者股份,法律另有规定、有限责任公司全体股东另有约定或者股份有限公司章程另有规定的除外。
>
> **对应配套规定**
>
> **《最高人民法院关于适用〈中华人民共和国公司法〉时间效力的若干规定》(法释〔2024〕7号)**
>
> 第一条 公司法施行后的法律事实引起的民事纠纷案件,适用公司法的规定。
>
> 公司法施行前的法律事实引起的民事纠纷案件,当时的法律、司法解释有规定的,适用当时的法律、司法解释的规定,但是适用公司法更有利于实现其立法目的,适用公司法的规定:
>
> ……
>
> (七)公司法施行前,公司减少注册资本,股东对相应减少出资额或者股份数量发生争议的,适用公司法第二百二十四条第三款的规定。

旧法对应关系

原《公司法》第一百七十七条 公司需要减少注册资本时,必须编制资产负债表及财产清单。

公司应当自作出减少注册资本决议之日起十日内通知债权人,并于三十日内在报纸上公告。债权人自接到通知书之日起三十日内,未接到通知书的自公告之日起四十五日内,有权要求公司清偿债务或者提供相应的担保。

典型案例指导 ●●●●●●

怀某斌、曾某雄等民间借贷纠纷案[湖北省武汉市中级人民法院（2018）鄂 01 民终 134 号民事判决书,《人民司法·案例》2018 年第 26 期]

公司未通知债权人进行减资的,与股东抽逃出资,及其对债权人利益受损,在本质上并无不同。尽管《公司法》规定公司减资时的通知义务在于公司,未具体规定公司不履行减资法定程序导致债权人利益受损时股东的责任,但公司是否减资取决于股东的意志,股东亦应当尽到合理注意义务。公司减资行为存在瑕疵,致使减资前公司债权人的预期债权在减资之后清偿不能的,公司股东的责任可比照抽逃出资相关原则、规定加以认定,其应在公司减资数额范围内对公司债务不能清偿部分承担补充赔偿责任。

上海德力西集团有限公司诉江苏博恩世通高科有限公司、冯某、上海博恩世通光电股份有限公司买卖合同纠纷案[上海市第二中级人民法院（2016）沪 02 民终 10330 号民事判决书,《最高人民法院公报》2017 年第 11 期（总第 253 期）]

一、公司减资时对已知或应知的债权人应履行通知义务,不能在未先行通知的情况下直接以登报公告形式代替通知义务。

二、公司减资时未依法履行通知已知或应知的债权人的义务,公司股东不能证明其在减资过程中对怠于通知的行为无过错的,当公司减资后不能偿付减资前的债务时,公司股东应就该债务对债权人承担补充赔偿责任。本案中,上诉人德力西公司与被上诉人江苏博恩公司签订的买卖合同合法有效,双方当事人均应按约履行各自的合同义务。德力西公司依约履行供货义务后,江苏博恩公司未将剩余货款给付德力西公司,构成违约,故对于德力西公司要求江苏博恩公司支付货款 777,000 元的请求,应予支持。对于上诉人德力西公司要求被上诉人冯某、上海博恩公司对江苏博恩公司的上述债务在 19,000 万元的范围内承担补充赔偿责任的请求,亦应予以支持。理由如下:公司减资本质上属于公司内部行为,理应由公司股东根据公司的经营状况通过内部决议自主决定,以促进资本的有效利用,但应根据《公司法》第一百七十七条第（二）项规定,直接通知和公告通知债权人,以避免因公司减资产生损及债权人债权的结果。从德力西公司与被上诉人江苏博恩公司在合同中约定的交货、验收、付款条款以及实际履行情况看,江苏博恩公司与德力西公司的债权债务在江苏博恩公司减资之前已经形成。德力西公司在订立的合同中已经留下联系地址及电话信息,且就现有证据不存在江苏博恩公司无法联系德力西公司的情形,故应推定德力西公司系江苏博恩公司能够有效联系的已知债权人。虽然江苏博恩公司在《江苏经济报》上发布了减资公告,但并未就减资事项直接通知德力西公司,故该通知方式不符合减资的法定程序,也使得德力西公司丧失了在江苏博恩公司减资前要求其清偿债务或提供担保的权利。根据现行《公司法》之规定,股东负有按照公司章程切实履行全面出资的义务,同时负有维持公司注册资本充实的责任。尽管公司法规定公司减资时的通知义务人是公司,但公司是否减资系股东会决议的结果,是否减资以及如何进行减资完全取决于股东的意志,股东对公司减资的法定程序及后果亦属明知,同时,公司办理减资手续需股东配合,对于公司通知义务的履行,股东亦应当尽到合理注意义务。被上诉人江苏博恩公司的股东就公司减资事项先后在2012年8月10日和9月27日形成股东会决议,此时上诉人德力西公司的债权早已形成,作为江苏博恩公司的股东,被上诉人上海博恩公司和冯某应当明知。但是在此情况下,上海博恩公司和冯某仍然通过股东会决议同意冯某的减资请求,并且未直接通知德力西公司,既损害了江苏博恩公司的清偿能力,又侵害了德力西公司的债权,应当对江苏博恩公司的债务承担相应的法律责任。公司未对已知债权人进行减资通知时,该情形与股东违法抽逃出资的实质以及对债权人利益受损的影响,在本质上并无不同。因此,尽管我国法律未具体规定公司不履行减资法定程序导致债权人利益受损时股东的责任,但可比照公司法相关原则和规定来加以认定。由于江苏博恩公司减资行为上存在瑕疵,致使减资前形成的公司债权在减资之后清偿不能的,上海博恩公司和冯某作为江苏博恩公司股东应在公司减资数额范围内对江苏博恩公司债务不能清偿部分承担补充赔偿责任。

江苏万丰光伏有限公司诉上海广力投资管理有限公司、丁某焜等买卖合同纠纷案[江苏省高级人民法院(2015)苏商终字第00140号民事判决书,《最高人民法院公报》2018年第12期(总第266期)]

注册资本作为公司资产的重要组成部分,既是公司从事生产经营活动的经济基础,亦是公司对外承担民事责任的担保。注册资本的不当减少将直接影响公司对外偿债能力,危及债权人的利益。公司在股东认缴的出资期限届满前,作出减资决议而未依法通知债权人,免除了股东认缴但尚未履行的出资义务,损害了债权人利益。债权人起诉请求股东对公司债务在减资范围内承担补充赔偿责任的,人民法院应予支持。本案中,关于上诉人丁某焜、丁某是否应在减资范围内承担补充赔偿责任的问题。《公司法》第三条规定,公司是企业法人,有独立的法人财产,享有法人财产权。公司以其全部财产对公司的债务承担责任。有限责任公司的股东以其认缴的出资额为限对公司承担责任;股份有限公司的股东以其认购的股份为限对公司承担责任。第一百七十七条规定,公司需要减少注册资本时,必须编制资产负债表及财产清单。公司应当自作出减少注册资本决议之日起10日内通知债权人,并于30日内在报纸上公告。债权人自接到通知书之日起30日内,未接到通知书的自公告之日起45日内,有权要求公司清偿债务或者提供相应的担保。据此,我国公司法在明确公司股东的有限责任制的同时,也明确应依法保护公司债权人的合法权益。公司注册资本既是公司股东承担有限责任的基础,也是公司的交易相对方判断公司的财产责任能力的重要依据,公司股东负有诚信出资以保障公司债权人交易安全的责任,公司减资时对其债权人负有根据债权人的要求进行清偿或提供担保的义务。本案中,在上诉人广力投资公司与被上诉人万丰光伏公司发生硅料买卖关系时,广力投资公司的注册资本为2500万元,后广力投资公司注册资本减资为500万元,减少的2000万元是丁某焜、丁某认缴的出资额,如果广力投资公司在减资时依法通知其债权人万丰光伏公司,则万丰光伏公司依法有权要求广力投资公司清偿债务或提供相应的担保,万丰光伏公司作为债权人的上述权利并不因广力投资公司前期出资已缴付到位、实际系针对出资期限未届期的出资额进行减资而受到限制。但广力投资公司、丁某焜、丁某在明知广力投资公司对万丰光伏公司负有债务的情形下,在减资时既未依法通知万丰光伏公司,亦未向万丰光伏公司清偿债务,不仅违反了上述《公司法》第一百七十七条的规定,也违反了上述《公司法》第三条"有限责任公司的股东以其认缴的出资额为限对公司承担责任"的规定,损害了万丰光伏公司的合法权益。而基于广力投资公司的法人资格仍然存续的事实,原审判决广力投资公司向万丰光伏公司还款,并判决广力投资公司股东丁某焜、丁某对广力投资公司债务在其减资范围内承担补充赔偿责任,既符合上述公司法人财产责任制度及减资程序的法律规定,又与《最高人民法院关于适用〈中华人民共和国公司法〉若干问题的规定(三)》第十三条第二款关于"公司债权人请求未履行或未全面履行出资义务的股东在未出资本息范围内对公司债务不能清偿的部分承担补充赔偿责任的,人民法院应予支持"的规定一致,合法有据。基于上诉人广力投资公司违约延期付款给被上诉人万丰光伏公司造成损失的客观事实,以及股东负有诚信出资担保责任以保障公司债权人的交易安全的基本法律原则,在广力投资公司减资未依法通知债权人万丰光伏公司的情形下,判令上诉人丁某焜、丁某在减资范围内对广力投资公司不能还款部分承担补充赔偿责任,既未超出丁某焜、丁某认缴的出资额,也与其在减资过程中向工商管理部门出具的关于"在法律规定的范围内提供相应的担保"的说明不悖,未超过其合理预期,合法正确。

> **第二百二十五条** 【简易减资程序】公司依照本法第二百一十四条第二款的规定弥补亏损后,仍有亏损的,可以减少注册资本弥补亏损。减少注册资本弥补亏损的,公司不得向股东分配,也不得免除股东缴纳出资或者股款的义务。
>
> 依照前款规定减少注册资本的,不适用前条第二款的规定,但应当自股东会作出减少注册资本决议之日起三十日内在报纸上或者国家企业信用信息公示系统公告。
>
> 公司依照前两款的规定减少注册资本后,在法定公积金和任意公积金累计额达到公司注册资本百分之五十前,不得分配利润。

> **第二百二十六条** 【违规减少注册资本的法律后果】违反本法规定减少注册资本的,股东应当退还其收到的资金,减免股东出资的应当恢复原状;给公司造成损失的,股东及负有责任的董事、监事、高级管理人员应当承担赔偿责任。

对应配套规定

《最高人民法院关于适用〈中华人民共和国公司法〉时间效力的若干规定》(法释〔2024〕7号)

第一条 公司法施行后的法律事实引起的民事纠纷案件,适用公司法的规定。

公司法施行前的法律事实引起的民事纠纷案件,当时的法律、司法解释有规定的,适用当时的法律、司法解释的规定,但是适用公司法更有利于实现其立法目的,适用公司法的规定:

……

(五)公司法施行前,公司违反法律规定向股东分配利润、减少注册资本造成公司损失,因损害赔偿责任发生争议的,分别适用公司法第二百一十一条、第二百二十六条的规定;

……

第二百二十七条　【股东优先认购权】有限责任公司增加注册资本时,股东在同等条件下有权优先按照实缴的出资比例认缴出资。但是,全体股东约定不按照出资比例优先认缴出资的除外。

股份有限公司为增加注册资本发行新股时,股东不享有优先认购权,公司章程另有规定或者股东会决议决定股东享有优先认购权的除外。

旧法对应关系

原《公司法》第三十四条　股东按照实缴的出资比例分取红利;公司新增资本时,股东有权优先按照实缴的出资比例认缴出资。但是,全体股东约定不按照出资比例分取红利或者不按照出资比例优先认缴出资的除外。

典型案例指导

绵阳市红日实业有限公司、蒋某诉绵阳高新区科创实业有限公司股东会决议效力及公司增资纠纷案[最高人民法院(2010)民提字第48号民事判决书,《最高人民法院公报》2011年第3期(总第173期)]

一、在民商事法律关系中,公司作为行为主体实施法律行为的过程可以划分为两个层次:一是公司内部的意思形成阶段,通常表现为股东会或董事会决议;二是公司对外作出意思表示的阶段,通常表现为公司对外签订的合同。出于保护善意第三人和维护交易安全的考虑,在公司内部意思形成过程存在瑕疵的情况下,只要对外的表示行为不存在无效的情形,公司就应受其表示行为的制约。二、根据《公司法》第三十五条的规定,公司新增资本时,股东有权优先按照实缴的出资比例认缴出资。从权利性质上来看,股东对于新增资本的优先认缴权应属形成权。现行法律并未明确规定该项权利的行使期限,但从维护交易安全和稳定经济秩序的角度出发,结合商事行为的规则和特点,人民法院在处理相关案件时应限定该项权利行使的合理期间,对于超出合理期间行使优先认缴权的主张不予支持。

> **第二百二十八条 【公司增加注册资本】**有限责任公司增加注册资本时,股东认缴新增资本的出资,依照本法设立有限责任公司缴纳出资的有关规定执行。
>
> 股份有限公司为增加注册资本发行新股时,股东认购新股,依照本法设立股份有限公司缴纳股款的有关规定执行。

旧法对应关系

原《公司法》第一百七十八条 有限责任公司增加注册资本时,股东认缴新增资本的出资,依照本法设立有限责任公司缴纳出资的有关规定执行。

股份有限公司为增加注册资本发行新股时,股东认购新股,依照本法设立股份有限公司缴纳股款的有关规定执行。

典型案例指导

阿拉尔市某国有资产投资有限责任公司诉酒泉某化工有限公司借款合同纠纷案[人民法院案例库 2023-16-2-103-005,最高人民法院(2021)最高法民申1955号民事裁定]

股东向公司汇款的性质,需结合是否符合法律和公司章程有关增资的规定、股东增资决议、股东之间的协议、股东和公司会计账册的记载、公司审计报告的记载、股东和公司之间关于案涉款项的付款和收款凭证等各项证据加以判断。公司股东为公司运营投入目标公司的款项,属于目标公司的债务,不是公司股东的投资款项。

黄某忠诉陈某庆等股东资格确认案[上海市第二中级人民法院2013年4月11日民事判决书,《最高人民法院公报》2015年第5期(总第223期)]

原有股东没有对其股权作出处分,除非公司进行了合法的增资,否则公司的原有股东的持股比例不应当降低。未经公司有效的股东会决议通过,他人虚假向公司增资以"稀释"公司原有股东股份,该行为损害原有股东的合法权益,即使该出资行为已被工商行政机关备案登记,仍应认定为无效,公司原有股东股权比例应保持不变。

第十二章 公司解散和清算

> **第二百二十九条 【公司解散的原因及事由公示】**公司因下列原因解散：
> （一）公司章程规定的营业期限届满或者公司章程规定的其他解散事由出现；
> （二）股东会决议解散；
> （三）因公司合并或者分立需要解散；
> （四）依法被吊销营业执照、责令关闭或者被撤销；
> （五）人民法院依照本法第二百三十一条的规定予以解散。
> 公司出现前款规定的解散事由，应当在十日内将解散事由通过国家企业信用信息公示系统予以公示。

旧法对应关系 ●●●●●●●

原《公司法》第一百八十条 公司因下列原因解散：
（一）公司章程规定的营业期限届满或者公司章程规定的其他解散事由出现；
（二）股东会或者股东大会决议解散；
（三）因公司合并或者分立需要解散；
（四）依法被吊销营业执照、责令关闭或者被撤销；
（五）人民法院依照本法第一百八十二条的规定予以解散。

《最高人民法院关于适用〈中华人民共和国公司法〉若干问题的规定（二）》（2020年修正）

第二十二条 公司解散时，股东尚未缴纳的出资均应作为清算财产。股东尚未缴纳的出资，包括到期应缴未缴的出资，以及依照公司法第二十六条和第八十条的规定分期缴纳尚未届满缴纳期限的出资。

公司财产不足以清偿债务时，债权人主张未缴出资股东，以及公司设立时的其他股东或者发起人在未缴出资范围内对公司债务承担连带清偿责任的,人民法院应依法予以支持。

第二十四条 解散公司诉讼案件和公司清算案件由公司住所地人民法院管辖。公司住所地是指公司主要办事机构所在地。公司办事机构所在地不明确的,由其注册地人民法院管辖。

基层人民法院管辖县、县级市或者区的公司登记机关核准登记公司的解散诉讼案件和公司清算案件;中级人民法院管辖地区、地级市以上的公司登记机关核准登记公司的解散诉讼案件和公司清算案件。

关联法律法规

《中华人民共和国民法典》(自2021年1月1日起施行)

第六十九条 有下列情形之一的,法人解散:

(一)法人章程规定的存续期间届满或者法人章程规定的其他解散事由出现;

(二)法人的权力机构决议解散;

(三)因法人合并或者分立需要解散;

(四)法人依法被吊销营业执照、登记证书,被责令关闭或者被撤销;

(五)法律规定的其他情形。

第二百三十条 【为使公司存续的议事规则】公司有前条第一款第一项、第二项情形,且尚未向股东分配财产的,可以通过修改公司章程或者经股东会决议而存续。

依照前款规定修改公司章程或者经股东会决议,有限责任公司须经持有三分之二以上表决权的股东通过,股份有限公司须经出席股东会会议的股东所持表决权的三分之二以上通过。

旧法对应关系

原《公司法》第一百八十一条 公司有本法第一百八十条第(一)项情形的,可以通过修改公司章程而存续。

依照前款规定修改公司章程,有限责任公司须经持有三分之二以上表决权的股东通过,股份有限公司须经出席股东大会会议的股东所持表决权的三分之二以上通过。

第二百三十一条 【股东请求法院强制解散公司的情形】公司经营管理发生严重困难,继续存续会使股东利益受到重大损失,通过其他途径不能解决的,持有公司百分之十以上表决权的股东,可以请求人民法院解散公司。

条文应用提示

公司经营管理出现严重困难,是指因股东间或者公司管理人员之间的利益冲突和矛盾导致公司的有效运行失灵,股东会或者董事会因对方的拒绝参加会议而无法有效召集,任何一方的提议都不被对方接受和认可,即使能够举行会议也无法通过任何议案,公司的一切事务处于一种瘫痪状态。公司的经营管理出现严重困难,是公司内部的事情,应当先由公司内部解决,如果通过自力救济、行政管理、仲裁等手段能够解决公司经营管理出现的严重困难问题,公司无须解散,只有在公司及其股东的利益会受到严重损害,并且通过其他途径不能解决时,才应当解散公司,保护公司及其股东的利益。依本条规定,认定公司僵局,要同时具备三个条件:公司经营发生严重困难;继续存续会使股东利益受到重大损失;通过其他途径不能解决的。本条还规定,可以提出解散公司请求的应当是单独或者合并持有公司全部股东表决权10%以上的股东。上述股东提出解散公司,只能向人民法院提出。

旧法对应关系

原《公司法》第一百八十二条 公司经营管理发生严重困难,继续存续会使股东利益受到重大损失,通过其他途径不能解决的,持有公司全部股东表决权百分之十以上的股东,可以请求人民法院解散公司。

《最高人民法院关于适用〈中华人民共和国公司法〉若干问题的规定(五)》(2020年修正)

第五条 人民法院审理涉及有限责任公司股东重大分歧案件时,应当注重调解。当事人协商一致以下列方式解决分歧,且不违反法律、行政法规的强制性规定的,人民法院应予支持:

(一)公司回购部分股东股份;
(二)其他股东受让部分股东股份;

(三)他人受让部分股东股份;

(四)公司减资;

(五)公司分立;

(六)其他能够解决分歧,恢复公司正常经营,避免公司解散的方式。

《最高人民法院关于适用〈中华人民共和国公司法〉若干问题的规定(二)》(2020年修正)

第一条 单独或者合计持有公司全部股东表决权百分之十以上的股东,以下列事由之一提起解散公司诉讼,并符合公司法第一百八十二条规定的,人民法院应予受理:

(一)公司持续两年以上无法召开股东会或者股东大会,公司经营管理发生严重困难的;

(二)股东表决时无法达到法定或者公司章程规定的比例,持续两年以上不能做出有效的股东会或者股东大会决议,公司经营管理发生严重困难的;

(三)公司董事长期冲突,且无法通过股东会或者股东大会解决,公司经营管理发生严重困难的;

(四)经营管理发生其他严重困难,公司继续存续会使股东利益受到重大损失的情形。

股东以知情权、利润分配请求权等权益受到损害,或者公司亏损、财产不足以偿还全部债务,以及公司被吊销企业法人营业执照未进行清算等为由,提起解散公司诉讼的,人民法院不予受理。

第二条 股东提起解散公司诉讼,同时又申请人民法院对公司进行清算的,人民法院对其提出的清算申请不予受理。人民法院可以告知原告,在人民法院判决解散公司后,依据民法典第七十条、公司法第一百八十三条和本规定第七条的规定,自行组织清算或者另行申请人民法院对公司进行清算。

第三条 股东提起解散公司诉讼时,向人民法院申请财产保全或者证据保全的,在股东提供担保且不影响公司正常经营的情形下,人民法院可予以保全。

第四条 股东提起解散公司诉讼应当以公司为被告。

原告以其他股东为被告一并提起诉讼的,人民法院应当告知原告将其他股东变更为第三人;原告坚持不予变更的,人民法院应当驳回原告对其他股东的起诉。

原告提起解散公司诉讼应当告知其他股东,或者由人民法院通知其参加诉讼。其他股东或者有关利害关系人申请以共同原告或者第三人身份参加诉讼的,人民法院应予准许。

第五条　人民法院审理解散公司诉讼案件,应当注重调解。当事人协商同意由公司或者股东收购股份,或者以减资等方式使公司存续,且不违反法律、行政法规强制性规定的,人民法院应予支持。当事人不能协商一致使公司存续的,人民法院应当及时判决。

经人民法院调解公司收购原告股份的,公司应当自调解书生效之日起六个月内将股份转让或者注销。股份转让或者注销之前,原告不得以公司收购其股份为由对抗公司债权人。

第六条　人民法院关于解散公司诉讼作出的判决,对公司全体股东具有法律约束力。

人民法院判决驳回解散公司诉讼请求后,提起该诉讼的股东或者其他股东又以同一事实和理由提起解散公司诉讼的,人民法院不予受理。

典型案例指导

林某清诉常熟市凯莱实业有限公司、戴某明公司解散纠纷案[最高人民法院指导性案例8号]

【关键词】

民事　公司解散　经营管理　严重困难　公司僵局

【裁判要点】

《公司法》第一百八十三条将"公司经营管理发生严重困难"作为股东提起解散公司之诉的条件之一。判断"公司经营管理是否发生严重困难",应从公司组织机构的运行状态进行综合分析。公司虽处于盈利状态,但其股东会机制长期失灵,内部管理有严重障碍,已陷入僵局状态,可以认定为公司经营管理发生严重困难。对于符合《公司法》及相关司法解释规定的其他条件的,人民法院可以依法判决公司解散。

【相关法条】

《中华人民共和国公司法》第一百八十三条

【基本案情】

原告林某清诉称：常熟市凯莱实业有限公司（以下简称凯莱公司）经营管理发生严重困难，陷入公司僵局且无法通过其他方法解决，其权益遭受重大损害，请求解散凯莱公司。被告凯莱公司及戴某明辩称：凯莱公司及其下属分公司运营状态良好，不符合公司解散的条件，戴某明与林某清的矛盾有其他解决途径，不应通过司法程序强制解散公司。法院经审理查明：凯莱公司成立于2002年1月，林某清与戴某明系该公司股东，各占50%的股份，戴某明任公司法定代表人及执行董事，林某清任公司总经理兼公司监事。凯莱公司章程明确规定：股东会的决议须经代表1/2以上表决权的股东通过，但对公司增加或减少注册资本、合并、解散、变更公司形式、修改公司章程作出决议时，必须经代表2/3以上表决权的股东通过。股东会会议由股东按照出资比例行使表决权。自2006年起，林某清与戴某明两人之间的矛盾逐渐显现。同年5月9日，林某清提议并通知召开股东会，由于戴某明认为林某清没有召集会议的权利，会议未能召开。同年6月6日、8月8日、9月16日、10月10日、10月17日，林某清委托律师向凯莱公司和戴某明发函称，因股东权益受到严重侵害，林某清作为享有公司股东会1/2表决权的股东，已按公司章程规定的程序表决并通过了解散凯莱公司的决议，要求戴某明提供凯莱公司的财务账册等资料，并对凯莱公司进行清算。同年6月17日、9月7日、10月13日，戴某明回函称，林某清作出的股东会决议没有合法依据，戴某明不同意解散公司，并要求林某清交出公司财务资料。同年11月15日、25日，林某清再次向凯莱公司和戴某明发函，要求凯莱公司和戴某明提供公司财务账册等供其查阅、分配公司收入、解散公司。江苏常熟服装城管理委员会（以下简称服装城管委会）证明凯莱公司目前经营尚正常，且愿意组织林某清和戴某明进行调解。另查明，凯莱公司章程载明监事行使下列权利：(1)检查公司财务；(2)对执行董事、经理执行公司职务时违反法律、法规或者公司章程的行为进行监督；(3)当董事和经理的行为损害公司的利益时，要求董事和经理予以纠正；(4)提议召开临时股东会。从2006年6月1日至今，凯莱公司未召开过股东会。服装城管委会调解委员于2009年12月15日、16日两次组织双方进行调解，但均未成功。

【裁判结果】

江苏省苏州市中级人民法院于2009年12月8日以(2006)苏中民二初字第0277号民事判决，驳回林某清的诉讼请求。宣判后，林某清提起上诉。江苏省高级人民法院于 2010 年 10 月 19 日以(2010)苏商终字第 0043 号民事判决,撤销一审判决,依法改判解散凯莱公司。

【裁判理由】

法院生效裁判认为:首先,凯莱公司的经营管理已发生严重困难。根据《公司法》第一百八十三条和《最高人民法院关于适用〈中华人民共和国公司法〉若干问题的规定(二)》(以下简称《公司法司法解释(二)》)第一条的规定,判断公司的经营管理是否出现严重困难,应当从公司的股东会、董事会或执行董事及监事会或监事的运行现状进行综合分析。"公司经营管理发生严重困难"的侧重点在于公司管理方面存有严重内部障碍,如股东会机制失灵、无法就公司的经营管理进行决策等,不应片面理解为公司资金缺乏、严重亏损等经营性困难。本案中,凯莱公司仅有戴某明与林某清两名股东,两人各占 50%的股份,凯莱公司章程规定"股东会的决议须经代表二分之一以上表决权的股东通过",且各方当事人一致认可该"二分之一以上"不包括本数。因此,只要两名股东的意见存有分歧、互不配合,就无法形成有效表决,显然影响公司的运营。凯莱公司已持续 4 年未召开股东会,无法形成有效股东会决议,也就无法通过股东会决议的方式管理公司,股东会机制已经失灵。执行董事戴某明作为互有矛盾的两名股东之一,其管理公司的行为,已无法贯彻股东会的决议。林某清作为公司监事不能正常行使监事职权,无法发挥监督作用。由于凯莱公司的内部机制已无法正常运行、无法对公司的经营作出决策,即使尚未处于亏损状况,也不能改变该公司的经营管理已发生严重困难的事实。其次,由于凯莱公司的内部运营机制早已失灵,林某清的股东权、监事权长期处于无法行使的状态,其投资凯莱公司的目的无法实现,利益受到重大损失,且凯莱公司的僵局通过其他途径长期无法解决。《公司法司法解释(二)》第五条明确规定了"当事人不能协商一致使公司存续的,人民法院应当及时判决"。本案中,林某清在提起公司解散诉讼之前,已通过其他途径试图化解与戴某明之间的矛盾,服装城管委会也曾组织双方当事人调解,但双方仍不能达成一致意见。两审法院也基于慎用司法手段强制解散公司的考虑,积极进行调解,但均未成功。此外,林某清持有凯莱公司 50%的股份,也符合公司法关于提起公司解散诉讼的股东须持有公司 10%以上股份的条件。综上所述,凯莱公司已符合《公司法》及《公司法司法解释(二)》所规定的股东提起解散公司之诉的条件。二审法院从充分保护股东合法权益,合理规范公司治理结构,促进市场经济健康有序发展的角度出发,依法作出了上述判决。

湖南某投资有限公司诉兰州某投资有限公司、甘肃某工贸有限公司公司解散纠纷案[人民法院案例库2023-16-2-283-005，最高人民法院（2021）最高法民申1623号民事裁定]

本案湖南某投资有限公司享有异议股东回购权。根据《公司法》第一百八十二条规定："公司经营管理发生严重困难，继续存续会使股东利益受到重大损失，通过其他途径不能解决的，持有公司全部股东表决权10%以上的股东，可以请求人民法院解散公司。"本条将其他解决途径作为司法解散的前置条件，是因为公司的解散不仅与其背后的股东利益相关，而且和市场的秩序、稳定以及其他利益方高度关联。本条将公司解散作为破解公司僵局的终局解决手段，意味着股东只有在穷尽其他解决途径，仍然无法破除僵局，或者不存在其他解决途径以打破僵局时，才能以诉讼的方式要求解散公司。本案中，2015年11月湖南某乙投资集团有限公司和湖南某投资有限公司签订《股权转让协议》，湖南某乙投资集团有限公司分别将持有的兰州某投资有限公司、甘肃某工贸有限公司股权转让给湖南某投资有限公司，并办理了工商变更登记，湖南某投资有限公司通过股权受让取得兰州某投资有限公司股权，继受了湖南某乙投资集团有限公司的股东资格及湖南某乙投资集团有限公司与兰州某企业集团公司、甘肃某工贸有限公司签订的《合作协议书》中的权利，而该协议书中约定了湖南某乙投资集团有限公司对上述股权的回购权，即湖南某投资有限公司可以根据《合作协议书》的约定向兰州某企业集团公司、甘肃某工贸有限公司主张回购案涉股权。

甘肃某集团有限公司诉兰州某车辆公司等解散纠纷案[人民法院案例库2023-16-2-283-004，最高人民法院（2021）最高法民申2928号民事裁定]

根据本案原审法院查明的事实，截止本案诉讼，工商登记及股东名册均记载甘肃某集团公司在兰州某车辆公司出资比例29%，超出了《中华人民共和国公司法》（以下简称《公司法》）规定的10%的持股比例。根据《公司法》第一百八十二条关于"公司经营管理发生严重困难，继续存续会使股东利益受到重大损失，通过其他途径不能解决的，持有公司全部股东表决权10%以上的股东可以请求人民法院解散公司"的规定，甘肃某集团公司具备《公司法》第一百八十二条规定的提起解散公司之诉的主体资格。原审判决以工商登记及股东名册为依据认定甘肃某集团公司的原告资格并无不当。

人民法院可根据《公司法》第一百八十二条有关"公司经营管理发生严重困难，继续存续会使股东利益受到重大损失，通过其他途径不能解决的，持有公司全部股东表决权10%以上的股东,可以请求人民法院解散公司"的规定,以工商登记及股东名册所记载的持股比例为依据,判断原告是否具有提起公司解散的股东身份。

无锡某甲置业有限公司诉无锡某乙置业有限公司、晋某有限公司公司解散纠纷案[人民法院案例库2023-10-2-283-001,江苏省高级人民法院(2017)苏民终1312号民事判决]

公司司法解散的条件包括"企业经营管理严重困难"与"股东利益受损"两个方面,经营管理的严重困难不能理解为资金缺乏、亏损严重等经营性困难,而应当理解为管理方面的严重内部障碍,主要是股东会机制失灵,无法就公司的经营管理进行决策。股东利益受损不是指个别股东利益受到损失,而是指由于公司经营管理机制"瘫痪"导致出资者整体利益受损。

陈某诉陕西某文化传播公司公司解散纠纷案[人民法院案例库2023-08-2-283-002,最高人民法院(2021)最高法民申6453号民事裁定]

关于某公司是否具备法定解散事由的问题。《公司法》第一百八十二条规定的"严重困难"包括对外的生产经营困难、对内的管理困难。本案中,一、二审法院已查明认定某公司的股东会机制失灵,股东之间的矛盾无法调和,且经法院协调仍难以打破公司僵局。而某公司申请再审事由中也反映出其客观上存在管理方面的严重困难。因此,二审判决认定某公司已具备《最高人民法院关于适用〈中华人民共和国公司法〉若干问题的规定(二)》第一条规定的解散事由,在事实认定和法律适用上并无不当。某公司本节申请再审理由不成立,法院不予支持。

陈某与陕西博鑫体育文化传播有限公司等公司解散纠纷案[最高人民法院(2021)最高法民申6453号民事裁定书,《最高人民法院公报》2023年第1期]

股东因未履行或者未全面履行出资义务而受限的股东权利并不包括提起解散公司之诉的权利;解散公司之诉中"严重困难"要件包括对外的生产经营困难及对内的管理困难。

吉林省金融控股集团股份有限公司与吉林省金融资产管理有限公司、宏运集团有限公司公司解散纠纷案[最高人民法院(2019)最高法民申1474号民事裁定书,《最高人民法院公报》2021年第1期]

大股东利用优势地位单方决策,擅自将公司资金出借给其关联公司,损害小股东权益,致使股东矛盾激化,公司经营管理出现严重困难,经营目的无法实现，且通过其他途径已无法解决，小股东诉请解散公司的，人民法院应予支持。

安徽省兴华房地产投资(集团)有限公司等与金濠(合肥)建设发展有限公司等公司解散纠纷上诉案[最高人民法院(2019)最高法民终1504号民事判决书，《人民司法·案例》2021年第11期]

公司章程或工商登记信息显示股东单独或合计持有公司全部股东表决权10%以上的，即使该股东没有实际出资到位或未实际支付受让股权的转让款，也不影响其具有提起解散公司诉讼的主体资格。判定公司经营管理是否发生严重困难，不在于公司是否盈利及经营困难，而在于股东之间矛盾引起公司管理存在严重的内部障碍，股东会、董事会等内部运行机制失灵，并持续存在不可化解。

吉林荟冠投资有限公司及第三人东证融成资本管理有限公司与长春东北亚物流有限公司、第三人董某琴公司解散纠纷案[最高人民法院(2017)最高法民申2148号民事裁定书，《最高人民法院公报》2018年第7期(总第261期)]

公司解散的目的是维护小股东的合法权益，其实质在于公司存续对于小股东已经失去了意义，表现为小股东无法参与公司决策、管理、分享利润，甚至不能自由转让股份和退出公司。在穷尽各种救济手段的情况下，解散公司是唯一的选择。公司理应按照公司法良性运转，解散公司也是规范公司治理结构的有力举措。

仕丰科技有限公司与富钧新型复合材料(太仓)有限公司、第三人永利集团有限公司解散纠纷案[最高人民法院(2011)民四终字第29号民事判决书，《最高人民法院公报》2014年第2期(总第208期)]

1.《公司法》第一百八十三条既是公司解散诉讼的立案受理条件，同时也是判决公司解散的实质审查条件，公司能否解散取决于公司是否存在僵局且符合《公司法》第一百八十三条规定的实质条件，而不取决于公司僵局产生的原因和责任。即使一方股东对公司僵局的产生具有过错，其仍然有权提起公司解散之诉，过错方起诉不应等同于恶意诉讼。

2.公司僵局并不必然导致公司解散，司法应审慎介入公司事务，凡有其他途径能够维持公司存续的，不应轻易解散公司。当公司陷入持续性僵局，穷尽其他途径仍无法化解，且公司不具备继续经营条件，继续存续将使股东利益受到重大损失的，法院可以依据《公司法》第一百八十三条的规定判决解散公司。

第二百三十二条　【清算义务人及其责任】公司因本法第二百二十九条第一款第一项、第二项、第四项、第五项规定而解散的,应当清算。董事为公司清算义务人,应当在解散事由出现之日起十五日内组成清算组进行清算。

清算组由董事组成,但是公司章程另有规定或者股东会决议另选他人的除外。

清算义务人未及时履行清算义务,给公司或者债权人造成损失的,应当承担赔偿责任。

对应配套规定

《中华人民共和国市场主体登记管理条例》(自 2022 年 3 月 1 日起施行)

第三十二条　市场主体注销登记前依法应当清算的,清算组应当自成立之日起 10 日内将清算组成员、清算组负责人名单通过国家企业信用信息公示系统公告。清算组可以通过国家企业信用信息公示系统发布债权人公告。

清算组应当自清算结束之日起 30 日内向登记机关申请注销登记。市场主体申请注销登记前,应当依法办理分支机构注销登记。

《中华人民共和国市场主体登记管理条例实施细则》(自 2022 年 3 月 1 日起施行)

第四十五条　市场主体注销登记前依法应当清算的,清算组应当自成立之日起 10 日内将清算组成员、清算组负责人名单通过国家企业信用信息公示系统公告。清算组可以通过国家企业信用信息公示系统发布债权人公告。

《最高人民法院关于适用〈中华人民共和国公司法〉时间效力的若干规定》(法释〔2024〕7 号)

第六条　应当进行清算的法律事实发生在公司法施行前,因清算责任发生争议的,适用当时的法律、司法解释的规定。

> 应当清算的法律事实发生在公司法施行前,但至公司法施行日未满十五日的,适用公司法第二百三十二条的规定,清算义务人履行清算义务的期限自公司法施行日重新起算。

▍旧法对应关系 ●●●●●●

原《公司法》第一百八十三条 公司因本法第一百八十条第(一)项、第(二)项、第(四)项、第(五)项规定而解散的,应当在解散事由出现之日起十五日内成立清算组,开始清算。有限责任公司的清算组由股东组成,股份有限公司的清算组由董事或者股东大会确定的人员组成。逾期不成立清算组进行清算的,债权人可以申请人民法院指定有关人员组成清算组进行清算。人民法院应当受理该申请,并及时组织清算组进行清算。

《最高人民法院关于适用〈中华人民共和国公司法〉若干问题的规定(二)》(2020 年修正)

第十八条 有限责任公司的股东、股份有限公司的董事和控股股东未在法定期限内成立清算组开始清算,导致公司财产贬值、流失、毁损或者灭失,债权人主张其在造成损失范围内对公司债务承担赔偿责任的,人民法院应依法予以支持。

有限责任公司的股东、股份有限公司的董事和控股股东因怠于履行义务,导致公司主要财产、账册、重要文件等灭失,无法进行清算,债权人主张其对公司债务承担连带清偿责任的,人民法院应依法予以支持。

上述情形系实际控制人原因造成,债权人主张实际控制人对公司债务承担相应民事责任的,人民法院应依法予以支持。

▍关联法律法规 ●●●●●●

《中华人民共和国民法典》(自 2021 年 1 月 1 日起施行)

第七十条 法人解散的,除合并或者分立的情形外,清算义务人应当及时组成清算组进行清算。

法人的董事、理事等执行机构或者决策机构的成员为清算义务人。法律、行政法规另有规定的,依照其规定。清算义务人未及时履行清算义务,造成损害的,应当承担民事责任;主管机关或者利害关系人可以申请人民法院指定有关人员组成清算组进行清算。

典型案例指导 ●●●●●●

高某某诉上海某房地产开发有限公司、第三人上海某置业有限公司债权转让合同纠纷案[人民法院案例库 2023-07-2-079-003,上海市第一中级人民法院(2019)沪01民终9972号民事判决]

公司被吊销营业执照后,应当及时成立清算组,终止清算目的之外的行为。因此,其经营资格、经营行为应受到一定的限制,其法人行为只能围绕清算目的展开。人民法院对于营利法人吊销后的行为是否围绕清算目的进行必要性审查,需要结合营利法人行为的具体内容、具体对象、具体目的而展开。无偿的债权转让行为不属于清算目的范畴内的行为,在公司尚未清算前属于损害公司责任财产的行为,不属于公司被吊销后的清算行为或与清算目的有关的经营行为,故该债权转让不发生法律上的效力。

四川某府物流有限公司诉某局建设有限公司申请执行人执行异议之诉案[人民法院案例库 2023-08-2-471-002,四川省高级人民法院(2021)川民再256号民事判决]

四川省成都市中级人民法院(2017)川01民终8571号民事判决在某成都公司解散清算完成之前已经发生法律效力,故某成都公司对其负有向某府物流公司履行该生效裁判文书确定的债务应属明知。在此情况下,某成都公司清算组仍作出公司所有债务已清偿的清算报告,显系虚假。某成都公司虽出具了形式上的清算报告,但其清算在程序和实质上违反了法律规定,且该清算报告未附任何公司债务清理材料,不能产生合法清算的法律效果。因此,应当认定某成都公司未经依法清算办理注销登记。在没有证据证明某成都公司尚有清算可能,且某局公司书面承诺"《清算报告》内容真实、合法、有效,如有虚假,股东愿承担一切法律责任"的情况下,应认定某成都公司属于《最高人民法院关于民事执行中变更、追加当事人若干问题的规定》第二十一条规定"作为被执行人的公司,未经清算即办理注销登记,导致公司无法进行清算"的情形,应当追加其股东某局公司为被执行人。

郭某某申请公司清算案[人民法院案例库 2023-08-2-420-001,最高人民法院(2021)最高法民申7534号民事裁定]

《强制清算会议纪要》第13条规定,申请公司清算应当同时满足两个条件,即申请人具备申请资格和发生公司解散事由。被申请人对上述两个条件中的任何一个提出异议的,人民法院对清算申请均不予受理,由当事人对异议另行诉讼解决。该条但书规定的"以及发生被吊销企业法人营业执照、责令关闭或者被撤销等解散事由有明确、充分证据"，应理解为仅指被申请人就是否发生解散事由提出异议的情形。

陈某申请上海上器集团新能源科技有限公司强制清算案［上海市高级人民法院(2019)沪清终1号民事裁定书(参考性案例第106号)］

多数股东因故意损害公司权益对公司负有巨额债务且拒不清偿的，如果由多数股东主导对公司进行自行清算，将与清算事务发生直接的利益冲突，使清算程序存在故意拖延或者违法清算的现实可能性。其他股东基于上述理由申请对公司实行强制清算，而多数股东不能提出足以确保依法及时自行清算的有效措施或者提供有效担保的，人民法院应当参照《最高人民法院关于适用〈中华人民共和国公司法〉若干问题的规定(二)》有关规定，对少数股东提出的公司强制清算申请裁定予以受理。

重庆俊凯贸易有限公司与重庆爱莲百货超市有限公司合同纠纷上诉案［重庆市第五中级人民法院(2019)渝05民终3155号民事判决书，《人民司法·案例》2021年第11期］

当事人约定开具并交付增值税发票作为付款条件，买受人享有后履行抗辩权，当出卖人处于破产清算状态，买受人不能以合同中约定先开票作为付款条件主张后履行抗辩权。

江苏万奇电器集团(盱眙)有限公司与江某玲等清算责任纠纷上诉案［重庆市第五中级人民法院(2020)渝05民终6066号民事裁定书，《人民司法·案例》2021年第5期］

破产清算程序中，债务人相关人员的行为导致债务人无法清管或者存在损失，该损失属于债务人财产，破产清算程序宣告终结之日起2年内，债权人不能起诉债务人相关人员用债务人财产向其个人清偿债务人不能清偿的债务。破产管理人未请求债务相关人员承担相应损害赔偿责任归入债务人财产，个别债权人亦未代表全体债权人提起诉讼，则破产清算程序宣告终结后，个别债权人有权代表全体债权人依据《企业破产法》相关规定提起诉讼。

第二百三十三条　【逾期拒不清算的救济途径】公司依照前条第一款的规定应当清算，逾期不成立清算组进行清算或者成立清算组后不清算的，利害关系人可以申请人民法院指定有关人员组成清算组进行清算。人民法院应当受理该申请，并及时组织清算组进行清算。

> 公司因本法第二百二十九条第一款第四项的规定而解散的,作出吊销营业执照、责令关闭或者撤销决定的部门或者公司登记机关,可以申请人民法院指定有关人员组成清算组进行清算。

旧法对应关系 ●●●●●●●

原《公司法》第一百八十三条 公司因本法第一百八十条第(一)项、第(二)项、第(四)项、第(五)项规定而解散的,应当在解散事由出现之日起十五日内成立清算组,开始清算。有限责任公司的清算组由股东组成,股份有限公司的清算组由董事或者股东大会确定的人员组成。逾期不成立清算组进行清算的,债权人可以申请人民法院指定有关人员组成清算组进行清算。人民法院应当受理该申请,并及时组织清算组进行清算。

《最高人民法院关于适用〈中华人民共和国公司法〉若干问题的规定(二)》(2020年修正)

第七条 公司应当依照民法典第七十条、公司法第一百八十三条的规定,在解散事由出现之日起十五日内成立清算组,开始自行清算。

有下列情形之一,债权人、公司股东、董事或其他利害关系人申请人民法院指定清算组进行清算的,人民法院应予受理:

(一)公司解散逾期不成立清算组进行清算的;

(二)虽然成立清算组但故意拖延清算的;

(三)违法清算可能严重损害债权人或者股东利益的。

第八条 人民法院受理公司清算案件,应当及时指定有关人员组成清算组。

清算组成员可以从下列人员或者机构中产生:

(一)公司股东、董事、监事、高级管理人员;

(二)依法设立的律师事务所、会计师事务所、破产清算事务所等社会中介机构;

(三)依法设立的律师事务所、会计师事务所、破产清算事务所等社会中介机构中具备相关专业知识并取得执业资格的人员。

第九条 人民法院指定的清算组成员有下列情形之一的,人民法院可以根据债权人、公司股东、董事或其他利害关系人的申请,或者依职权更换清算组成员:

（一）有违反法律或者行政法规的行为；
（二）丧失执业能力或者民事行为能力；
（三）有严重损害公司或者债权人利益的行为。

第十六条 人民法院组织清算的,清算组应当自成立之日起六个月内清算完毕。

因特殊情况无法在六个月内完成清算的,清算组应当向人民法院申请延长。

关联法律法规

《最高人民法院印发〈关于审理公司强制清算案件工作座谈会纪要〉的通知》(法发[2009]52号)

一、关于审理公司强制清算案件应当遵循的原则

1. 会议认为,公司作为现代企业的主要类型,在参与市场竞争时,不仅要严格遵循市场准入规则,也要严格遵循市场退出规则。公司强制清算作为公司退出市场机制的重要途径之一,是公司法律制度的重要组成部分。人民法院在审理此类案件时,应坚持以下原则：

第一,坚持清算程序公正原则。公司强制清算的目的在于有序结束公司存续期间的各种商事关系,合理调整众多法律主体的利益,维护正常的经济秩序。人民法院审理公司强制清算案件,应当严格依照法定程序进行,坚持在程序正义的基础上实现清算结果的公正。

第二,坚持清算效率原则。提高社会经济的整体效率,是公司强制清算制度追求的目标之一,要严格而不失快捷地使已经出现解散事由的公司退出市场,将其可能给各方利益主体造成的损失降至最低。人民法院审理强制清算案件,要严格按照法律规定及时有效地完成清算,保障债权人、股东等利害关系人的利益及时得到实现,避免因长期拖延清算给相关利害关系人造成不必要的损失,保障社会资源的有效利用。

第三,坚持利益均衡保护原则。公司强制清算中应当以维护公司各方主体利益平衡为原则,实现公司退出环节中的公平公正。人民法院在审理公司强制清算案件时,既要充分保护债权人利益,又要兼顾职工利益、股东利益和社会利益,妥善处理各方利益冲突,实现法律效果和社会效果的有机统一。

二、关于强制清算案件的管辖

2. 对于公司强制清算案件的管辖应当分别从地域管辖和级别管辖两个角度确定。地域管辖法院应为公司住所地的人民法院,即公司主要办事机构所在地法院;公司主要办事机构所在地不明确、存在争议的,由公司注册登记地人民法院管辖。级别管辖应当按照公司登记机关的级别予以确定,即基层人民法院管辖县、县级市或者区的公司登记机关核准登记公司的公司强制清算案件;中级人民法院管辖地区、地级市以上的公司登记机关核准登记公司的公司强制清算案件。存在特殊原因的,也可参照适用《中华人民共和国企业破产法》第四条、《中华人民共和国民事诉讼法》第三十七条和第三十九条的规定,确定公司强制清算案件的审理法院。

三、关于强制清算案件的案号管理

3. 人民法院立案庭收到申请人提交的对公司进行强制清算的申请后,应当及时以"(××××)××法×清(预)字第×号"立案。立案庭立案后,应当将申请人提交的申请等有关材料移交审理强制清算案件的审判庭审查,并由审判庭依法作出是否受理强制清算申请的裁定。

4. 审判庭裁定不予受理强制清算申请的,裁定生效后,公司强制清算案件应当以"(××××)××法×清(预)字第×号"结案。审判庭裁定受理强制清算申请的,立案庭应当以"(××××)××法×清(算)字第×号"立案。

5. 审判庭裁定受理强制清算申请后,在审理强制清算案件中制作的民事裁定书、决定书等,应当在"(××××)××法×清(算)字第×号"后依次编号,如"(××××)××法×清(算)字第×-1号民事裁定书"、"(××××)××法×清(算)字第×-2号民事裁定书"等,或者"(××××)××法×清(算)字第×-1号决定书"、"(××××)××法×清(算)字第×-2号决定书"等。

四、关于强制清算案件的审判组织

6. 因公司强制清算案件在案件性质上类似于企业破产案件,因此强制清算案件应当由负责审理企业破产案件的审判庭审理。有条件的人民法院,可由专门的审判庭或者指定专门的合议庭审理公司强制清算案件和企业破产案件。公司强制清算案件应当组成合议庭进行审理。

五、关于强制清算的申请

7. 公司债权人或者股东向人民法院申请强制清算应当提交清算申请

书。申请书应当载明申请人、被申请人的基本情况和申请的事实和理由。同时,申请人应当向人民法院提交被申请人已经发生解散事由以及申请人对被申请人享有债权或者股权的有关证据。公司解散后已经自行成立清算组进行清算,但债权人或者股东以其故意拖延清算,或者存在其他违法清算可能严重损害债权人或者股东利益为由,申请人民法院强制清算的,申请人还应当向人民法院提交公司故意拖延清算,或者存在其他违法清算行为可能严重损害其利益的相应证据材料。

8. 申请人提交的材料需要更正、补充的,人民法院应当责令申请人于七日内予以更正、补充。申请人由于客观原因无法按时更正、补充的,应当向人民法院予以书面说明并提出延期申请,由人民法院决定是否延长期限。

六、关于对强制清算申请的审查

9. 审理强制清算案件的审判庭审查决定是否受理强制清算申请时,一般应当召开听证会。对于事实清楚、法律关系明确、证据确实充分的案件,经书面通知被申请人,其对书面审查方式无异议的,也可决定不召开听证会,而采用书面方式进行审查。

10. 人民法院决定召开听证会的,应当于听证会召开五日前通知申请人、被申请人,并送达相关申请材料。公司股东、实际控制人等利害关系人申请参加听证的,人民法院应予准许。听证会中,人民法院应当组织有关利害关系人对申请人是否具备申请资格、被申请人是否已经发生解散事由、强制清算申请是否符合法律规定等内容进行听证。因补充证据等原因需要再次召开听证会的,应在补充期限届满后十日内进行。

11. 人民法院决定不召开听证会的,应当及时通知申请人和被申请人,并向被申请人送达有关申请材料,同时告知被申请人若对申请人的申请有异议,应当自收到人民法院通知之日起七日内向人民法院书面提出。

七、关于对强制清算申请的受理

12. 人民法院应当在听证会召开之日或者自异议期满之日起十日内,依法作出是否受理强制清算申请的裁定。

13. 被申请人就申请人对其是否享有债权或者股权,或者对被申请人是否发生解散事由提出异议的,人民法院对申请人提出的强制清算申请应不予受理。申请人可就有关争议单独提起诉讼或者仲裁予以确认后,另行向人民法院提起强制清算申请。但对上述异议事项已有生效法律文书予以确认,以及发生被吊销企业法人营业执照、责令关闭或者被撤销等解散事由有明确、充分证据的除外。

14. 申请人提供被申请人自行清算中故意拖延清算,或者存在其他违法清算可能严重损害债权人或者股东利益的相应证据材料后,被申请人未能举出相反证据的,人民法院对申请人提出的强制清算申请应予受理。债权人申请强制清算,被申请人的主要财产、账册、重要文件等灭失,或者被申请人人员下落不明,导致无法清算的,人民法院不得以此为由不予受理。

15. 人民法院受理强制清算申请后,经审查发现强制清算申请不符合法律规定的,可以裁定驳回强制清算申请。

16. 人民法院裁定不予受理或者驳回受理申请,申请人不服的,可以向上一级人民法院提起上诉。

八、关于强制清算申请的撤回

17. 人民法院裁定受理公司强制清算申请前,申请人请求撤回其申请的,人民法院应予准许。

18. 公司因公司章程规定的营业期限届满或者公司章程规定的其他解散事由出现,或者股东会、股东大会决议自愿解散的,人民法院受理强制清算申请后,清算组对股东进行剩余财产分配前,申请人以公司修改章程,或者股东会、股东大会决议公司继续存续为由,请求撤回强制清算申请的,人民法院应予准许。

19. 公司因依法被吊销营业执照、责令关闭或者被撤销,或者被人民法院判决强制解散的,人民法院受理强制清算申请后,清算组对股东进行剩余财产分配前,申请人向人民法院申请撤回强制清算申请的,人民法院应不予准许。但申请人有证据证明相关行政决定被撤销,或者人民法院作出解散公司判决后当事人又达成公司存续和解协议的除外。

九、关于强制清算案件的申请费

20. 参照《诉讼费用交纳办法》第十条、第十四条、第二十条和第四十二条关于企业破产案件申请费的有关规定,公司强制清算案件的申请费以强制清算财产总额为基数,按照财产案件受理费标准减半计算,人民法院受理强制清算申请后从被申请人财产中优先拨付。因财产不足以清偿全部债务,强制清算程序依法转入破产清算程序的,不再另行计收破产案件申请费;按照上述标准计收的强制清算案件申请费超过30万元的,超过部分不再收取,已经收取的,应予退还。

21. 人民法院裁定受理强制清算申请前,申请人请求撤回申请,人民法院准许的,强制清算案件的申请费不再从被申请人财产中予以拨付;人民法院受理强制清算申请后,申请人请求撤回申请,人民法院准许的,已经从被申请人财产中优先拨付的强制清算案件申请费不予退回。

十、关于强制清算清算组的指定

22. 人民法院受理强制清算案件后,应当及时指定清算组成员。公司股东、董事、监事、高级管理人员能够而且愿意参加清算的,人民法院可优先考虑指定上述人员组成清算组;上述人员不能、不愿进行清算,或者由其负责清算不利于清算依法进行的,人民法院可以指定《人民法院中介机构管理人名册》和《人民法院个人管理人名册》中的中介机构或者个人组成清算组;人民法院也可根据实际需要,指定公司股东、董事、监事、高级管理人员,与管理人名册中的中介机构或者个人共同组成清算组。人民法院指定管理人名册中的中介机构或者个人组成清算组,或者担任清算组成员的,应当参照适用最高人民法院《关于审理企业破产案件指定管理人的规定》。

23. 强制清算清算组成员的人数应当为单数。人民法院指定清算组成员的同时,应当根据清算组成员的推选,或者依职权,指定清算组负责人。清算组负责人代行清算中公司诉讼代表人职权。清算组成员未依法履行职责的,人民法院应当依据利害关系人的申请,或者依职权及时予以更换。

十一、关于强制清算清算组成员的报酬

24. 公司股东、实际控制人或者股份有限公司的董事担任清算组成员的,不计付报酬。上述人员以外的有限责任公司的董事、监事、高级管理人员,股份有限公司的监事、高级管理人员担任清算组成员的,可以按照其上一年度的平均工资标准计付报酬。

25. 中介机构或者个人担任清算组成员的,其报酬由中介机构或者个人与公司协商确定;协商不成的,由人民法院参照最高人民法院《关于审理企业破产案件确定管理人报酬的规定》确定。

十二、关于强制清算清算组的议事机制

26.公司强制清算中的清算组因清算事务发生争议的,应当参照公司法第一百一十二条的规定,经全体清算组成员过半数决议通过。与争议事项有直接利害关系的清算组成员可以发表意见,但不得参与投票;因利害关系人回避表决无法形成多数意见的,清算组可以请求人民法院作出决定。与争议事项有直接利害关系的清算组成员未回避表决形成决定的,债权人或者清算组其他成员可以参照公司法第二十二条的规定,自决定作出之日起六十日内,请求人民法院予以撤销。

十三、关于强制清算中的财产保全

27.人民法院受理强制清算申请后,公司财产存在被隐匿、转移、毁损等可能影响依法清算情形的,人民法院可依清算组或者申请人的申请,对公司财产采取相应的保全措施。

十四、关于无法清算案件的审理

28.对于被申请人主要财产、账册、重要文件等灭失,或者被申请人人员下落不明的强制清算案件,经向被申请人的股东、董事等直接责任人员释明或采取罚款等民事制裁措施后,仍然无法清算或者无法全面清算,对于尚有部分财产,且依据现有账册、重要文件等,可以进行部分清偿的,应当参照企业破产法的规定,对现有财产进行公平清偿后,以无法全面清算为由终结强制清算程序;对于没有任何财产、账册、重要文件,被申请人人员下落不明的,应当以无法清算为由终结强制清算程序。

29.债权人申请强制清算,人民法院以无法清算或者无法全面清算为由裁定终结强制清算程序的,应当在终结裁定中载明,债权人可以另行依据公司法司法解释二第十八条的规定,要求被申请人的股东、董事、实际控制人等清算义务人对其债务承担偿还责任。股东申请强制清算,人民法院以无法清算或者无法全面清算为由作出终结强制清算程序的,应当在终结裁定中载明,股东可以向控股股东等实际控制公司的主体主张有关权利。

十五、关于强制清算案件衍生诉讼的审理

30.人民法院受理强制清算申请前已经开始,人民法院受理强制清算申请时尚未审结的有关被强制清算公司的民事诉讼,由原受理法院继续审理,但应依法将原法定代表人变更为清算组负责人。

31.人民法院受理强制清算申请后,就强制清算公司的权利义务产生争议的,应当向受理强制清算申请的人民法院提起诉讼,并由清算组负责人代表清算中公司参加诉讼活动。受理强制清算申请的人民法院对此类案件,可以适用民事诉讼法第三十七条和第三十九条的规定确定审理法院。

上述案件在受理法院内部各审判庭之间按照业务分工进行审理。人民法院受理强制清算申请后,就强制清算公司的权利义务产生争议,当事人双方就产生争议约定有明确有效的仲裁条款的,应当按照约定通过仲裁方式解决。

十六、关于强制清算和破产清算的衔接

32.公司强制清算中,清算组在清理公司财产、编制资产负债表和财产清单时,发现公司财产不足清偿债务的,除依据公司法司法解释二第十七条的规定,通过与债权人协商制作有关债务清偿方案并清偿债务的外,应依据公司法第一百八十八条和企业破产法第七条第三款的规定向人民法院申请宣告破产。

33.公司强制清算中,有关权利人依据企业破产法第二条和第七条的规定向人民法院另行提起破产申请的,人民法院应当依法进行审查。权利人的破产申请符合企业破产法规定的,人民法院应当依法裁定予以受理。人民法院裁定受理破产申请后,应当裁定终结强制清算程序。

34.公司强制清算转入破产清算后,原强制清算中的清算组由《人民法院中介机构管理人名册》和《人民法院个人管理人名册》中的中介机构或者个人组成或者参加的,除该中介机构或者个人存在与本案有利害关系等不宜担任管理人或者管理人成员的情形外,人民法院可根据企业破产法及其司法解释的规定,指定该中介机构或者个人作为破产案件的管理人,或者吸收该中介机构作为新成立的清算组管理人的成员。

上述中介机构或者个人在公司强制清算和破产清算中取得的报酬总额,不应超过按照企业破产计付的管理人或者管理人成员的报酬。

35.上述中介机构或者个人不宜担任破产清算中的管理人或者管理人的成员的,人民法院应当根据企业破产法和有关司法解释的规定,及时指定管理人。原强制清算中的清算组应当及时将清算事务及有关材料等移交给管理人。公司强制清算中已经完成的清算事项,如无违反企业破产法或者有关司法解释的情形的,在破产清算程序中应承认其效力。

十七、关于强制清算程序的终结

36. 公司依法清算结束,清算组制作清算报告并报人民法院确认后,人民法院应当裁定终结清算程序。公司登记机关依清算组的申请注销公司登记后,公司终止。

37. 公司因公司章程规定的营业期限届满或者公司章程规定的其他解散事由出现,或者股东会、股东大会决议自愿解散的,人民法院受理债权人提出的强制清算申请后,对股东进行剩余财产分配前,公司修改章程、或者股东会、股东大会决议公司继续存续,申请人在其个人债权及他人债权均得到全额清偿后,未撤回申请的,人民法院可以根据被申请人的请求裁定终结强制清算程序,强制清算程序终结后,公司可以继续存续。

十八、关于强制清算案件中的法律文书

38. 审理强制清算的审判庭审理该类案件时,对于受理、不受理强制清算申请、驳回申请人的申请、允许或者驳回申请人撤回申请、采取保全措施、确认清算方案、确认清算终结报告、终结强制清算程序的,应当制作民事裁定书。对于指定或者变更清算组成员、确定清算组成员报酬、延长清算期限、制裁妨碍清算行为的,应当制作决定书。

对于其他所涉有关法律文书的制作,可参照企业破产清算中人民法院的法律文书样式。

十九、关于强制清算程序中对破产清算程序的准用

39. 鉴于公司强制清算与破产清算在具体程序操作上的相似性,就公司法、公司法司法解释二,以及本会议纪要未予涉及的情形,如清算中公司的有关人员未依法妥善保管其占有和管理的财产、印章和账簿、文书资料,清算组未及时接管清算中公司的财产、印章和账簿、文书,清算中公司拒不向人民法院提交或者提交不真实的财产状况说明、债务清册、债权清册、有关财务会计报告以及职工工资的支付情况和社会保险费用的缴纳情况,清算中公司拒不向清算组移交财产、印章和账簿、文书等资料,或者伪造、销毁有关财产证据材料而使财产状况不明,股东未缴足出资、抽逃出资,以及公司董事、监事、高级管理人员非法侵占公司财产等,可参照企业破产法及其司法解释的有关规定处理。

二十、关于审理公司强制清算案件中应当注意的问题

40. 鉴于此类案件属于新类型案件,且涉及的法律关系复杂、利益主体众多,人民法院在审理难度大、涉及面广、牵涉社会稳定的重大疑难清算案件时,要在严格依法的前提下,紧紧依靠党委领导和政府支持,充分发挥地方政府建立的各项机制,有效做好维护社会稳定的工作。同时,对于审判实践中发现的新情况、新问题,要及时逐级上报。上级人民法院要加强对此类案件的监督指导,注重深入调查研究,及时总结审判经验,确保依法妥善审理好此类案件。

> **第二百三十四条　【清算组的职权】**清算组在清算期间行使下列职权:
> (一)清理公司财产,分别编制资产负债表和财产清单;
> (二)通知、公告债权人;
> (三)处理与清算有关的公司未了结的业务;
> (四)清缴所欠税款以及清算过程中产生的税款;
> (五)清理债权、债务;
> (六)分配公司清偿债务后的剩余财产;
> (七)代表公司参与民事诉讼活动。

旧法对应关系 ●●●●●●●

原《公司法》第一百八十四条　清算组在清算期间行使下列职权:
(一)清理公司财产,分别编制资产负债表和财产清单;
(二)通知、公告债权人;
(三)处理与清算有关的公司未了结的业务;
(四)清缴所欠税款以及清算过程中产生的税款;
(五)清理债权、债务;
(六)处理公司清偿债务后的剩余财产;
(七)代表公司参与民事诉讼活动。

《最高人民法院关于适用〈中华人民共和国公司法〉若干问题的规定(二)》(2020年修正)

第十条　公司依法清算结束并办理注销登记前,有关公司的民事诉

讼,应当以公司的名义进行。

公司成立清算组的,由清算组负责人代表公司参加诉讼;尚未成立清算组的,由原法定代表人代表公司参加诉讼。

关联法律法规 ●●●●●●

《中华人民共和国民法典》(自2021年1月1日起施行)

第七十一条 法人的清算程序和清算组职权,依照有关法律的规定;没有规定的,参照适用公司法的有关规定。

> 第二百三十五条 【清算期间的债权申报】清算组应当自成立之日起十日内通知债权人,并于六十日内在报纸上或者国家企业信用信息公示系统公告。债权人应当自接到通知之日起三十日内,未接到通知的自公告之日起四十五日内,向清算组申报其债权。
>
> 债权人申报债权,应当说明债权的有关事项,并提供证明材料。清算组应当对债权进行登记。
>
> 在申报债权期间,清算组不得对债权人进行清偿。

旧法对应关系 ●●●●●●

原《公司法》第一百八十五条 清算组应当自成立之日起十日内通知债权人,并于六十日内在报纸上公告。债权人应当自接到通知书之日起三十日内,未接到通知书的自公告之日起四十五日内,向清算组申报其债权。

债权人申报债权,应当说明债权的有关事项,并提供证明材料。清算组应当对债权进行登记。

在申报债权期间,清算组不得对债权人进行清偿。

《最高人民法院关于适用〈中华人民共和国公司法〉若干问题的规定(二)》(2020年修正)

第十一条 公司清算时,清算组应当按照公司法第一百八十五条的规定,将公司解散清算事宜书面通知全体已知债权人,并根据公司规模和营业地域范围在全国或者公司注册登记地省级有影响的报纸上进行公告。

清算组未按照前款规定履行通知和公告义务,导致债权人未及时申报债权而未获清偿,债权人主张清算组成员对因此造成的损失承担赔偿责任的,人民法院应依法予以支持。

第十二条　公司清算时,债权人对清算组核定的债权有异议的,可以要求清算组重新核定。清算组不予重新核定,或者债权人对重新核定的债权仍有异议,债权人以公司为被告向人民法院提起诉讼请求确认的,人民法院应予受理。

第十三条　债权人在规定的期限内未申报债权,在公司清算程序终结前补充申报的,清算组应予登记。

公司清算程序终结,是指清算报告经股东会、股东大会或者人民法院确认完毕。

第十四条　债权人补充申报的债权,可以在公司尚未分配财产中依法清偿。公司尚未分配财产不能全额清偿,债权人主张股东以其在剩余财产分配中已经取得的财产予以清偿的,人民法院应予支持;但债权人因重大过错未在规定期限内申报债权的除外。

债权人或者清算组,以公司尚未分配财产和股东在剩余财产分配中已经取得的财产,不能全额清偿补充申报的债权为由,向人民法院提出破产清算申请的,人民法院不予受理。

典型案例指导

廖某生诉福建某漆业有限公司、庄某忠民间借贷纠纷案[人民法院案例库2023-16-2-103-007,福建省福州市中级人民法院(2023)闽01民再76号民事裁定]

1. 公司进入清算程序,债权人在向清算组申报债权后,是否仍有权以该债权向人民法院提起诉讼。《最高人民法院关于适用〈中华人民共和国公司法〉若干问题的规定(二)》第十一条规定:"公司清算时,清算组应当按照公司法第一百八十六条的规定,将公司解散清算事宜书面通知全体已知债权人,并根据公司规模和营业地域范围在全国或者公司注册登记地省级有影响的报纸上进行公告。清算组未按照前款规定履行通知和公告义务,导致债权人未及时申报债权而未获清偿,债权人主张清算组成员对因此造成的损失承担赔偿责任的,人民法院应依法予以支持。"该规定是对《公司法》第一百八十六条关于清算组对债权人清算通知和公告的局限性的补充规定,最大程度上对已知债权人和未知债权人的权益作出保护规定。债权人申报债权后,如清算组对其债权进行核定确认,则该债权无须导入诉讼程序。《最高人民法院关于审理公司强制清算案件工作座谈会纪要》第 31 条规定,"人民法院受理强制清算申请后,就强制清算公司的权利义务产生争议的,应当向受理强制清算申请的人民法院提起诉讼,并由清算组负责人代表清算中公司参加诉讼活动。受理强制清算申请的人民法院对此类案件,可以适用民事诉讼法第三十七条和第三十九条的规定确定审理法院。"该纪要确定了向受理强制清算申请的人民法院提起诉讼的基本原则,并对相关管辖权问题作出指引。值得注意的是,上述规定关于管辖权的安排仍应以《公司法解释二》第十二条规定的债权申报为前提,不能理解为排除债权申报前置程序的安排。因此在实践中,发现债权人利用信息差等规避上述管辖权的情况,受理法院应决定不予受理,已经受理的应裁定驳回起诉。

2. 实践中,在公司强制清算前,也可能已存在部分债权人提起民事诉讼的情况。《最高人民法院关于审理公司强制清算案件工作座谈会纪要》第 30 条对人民法院受理强制清算申请前已经开始,人民法院受理强制清算申请时尚未审结的有关被强制清算公司的民事诉讼,由原受理法院继续审理,但应依法将原法定代表人变更为清算组负责人。按照上述纪要规定,继续审理,这既是债权申报前置程序的除外情形,也是管辖权的例外安排,符合利益均衡保护原则。

第二百三十六条 【制定清算方案及处分公司财产】清算组在清理公司财产、编制资产负债表和财产清单后,应当制订清算方案,并报股东会或者人民法院确认。

公司财产在分别支付清算费用、职工的工资、社会保险费用和法定补偿金,缴纳所欠税款,清偿公司债务后的剩余财产,有限责任公司按照股东的出资比例分配,股份有限公司按照股东持有的股份比例分配。

清算期间,公司存续,但不得开展与清算无关的经营活动。公司财产在未依照前款规定清偿前,不得分配给股东。

条文应用提示

依据本条规定,清算组处分公司的财产应遵循一定的原则:(1)顺序清偿原则。公司财产的支付应按照支付清算费用、职工的工资,社会保险费用和法定补偿金,缴纳所欠税款,清偿公司债务,剩余财产的分配的顺序进行清偿。(2)先债权后股权原则。清算组必须在清偿公司全部债务后再向股东分配公司的剩余财产。(3)风险收益统一原则。取得公司剩余财产的分配权,是公司股东自益权的一项重要内容,是公司股东的基本权利,清算组在处分公司剩余财产时必须按照股东的出资比例或者持股比例进行分配,处分公司的剩余财产不得违反风险与收益统一的原则。

公司解散并不意味着公司法人资格立即消灭。公司于清算期间被称为"清算中的公司",又称清算法人。对"清算中的公司"的法律地位,学者有不同看法,但无论采用何种学说解释,公司在清算期间,其法人地位仍然存在,但行为能力受到限制,只能从事与清算有关的业务,不能开展与清算无关的经营活动,本条第3款对此予以明确。

旧法对应关系

原《公司法》第一百八十六条 清算组在清理公司财产、编制资产负债表和财产清单后,应当制定清算方案,并报股东会、股东大会或者人民法院确认。

公司财产在分别支付清算费用、职工的工资、社会保险费用和法定补偿金,缴纳所欠税款,清偿公司债务后的剩余财产,有限责任公司按照股东的出资比例分配,股份有限公司按照股东持有的股份比例分配。

清算期间,公司存续,但不得开展与清算无关的经营活动。公司财产在未依照前款规定清偿前,不得分配给股东。

《最高人民法院关于适用〈中华人民共和国公司法〉若干问题的规定(二)》(2020年修正)

第十五条 公司自行清算的,清算方案应当报股东会或者股东大会决议确认;人民法院组织清算的,清算方案应当报人民法院确认。未经确认的清算方案,清算组不得执行。

执行未经确认的清算方案给公司或者债权人造成损失,公司、股东、董事、公司其他利害关系人或者债权人主张清算组成员承担赔偿责任的,人民法院应依法予以支持。

关联法律法规

《中华人民共和国民法典》（自 2021 年 1 月 1 日起施行）

第七十二条　清算期间法人存续,但是不得从事与清算无关的活动。

法人清算后的剩余财产,根据法人章程的规定或者法人权力机构的决议处理。法律另有规定的,依照其规定。

清算结束并完成法人注销登记时,法人终止；依法不需要办理法人登记的,清算结束时,法人终止。

第二百三十七条　【解散清算转化为破产清算的情形】清算组在清理公司财产、编制资产负债表和财产清单后,发现公司财产不足清偿债务的,应当依法向人民法院申请破产清算。

人民法院受理破产申请后,清算组应当将清算事务移交给人民法院指定的破产管理人。

旧法对应关系

原《公司法》第一百八十七条　清算组在清理公司财产、编制资产负债表和财产清单后,发现公司财产不足清偿债务的,应当依法向人民法院申请宣告破产。

公司经人民法院裁定宣告破产后,清算组应当将清算事务移交给人民法院。

《最高人民法院关于适用〈中华人民共和国公司法〉若干问题的规定（二）》（2020 年修正）

第十七条　人民法院指定的清算组在清理公司财产、编制资产负债表和财产清单时,发现公司财产不足清偿债务的,可以与债权人协商制作有关债务清偿方案。

债务清偿方案经全体债权人确认且不损害其他利害关系人利益的,人民法院可依清算组的申请裁定予以认可。清算组依据该清偿方案清偿债务后,应当向人民法院申请裁定终结清算程序。

债权人对债务清偿方案不予确认或者人民法院不予认可的,清算组应当依法向人民法院申请宣告破产。

▎关联法律法规 ●●●●●●●

《中华人民共和国企业破产法》(2006年8月27日)

第二条 企业法人不能清偿到期债务,并且资产不足以清偿全部债务或者明显缺乏清偿能力的,依照本法规定清理债务。

企业法人有前款规定情形,或者有明显丧失清偿能力可能的,可以依照本法规定进行重整。

第七条 债务人有本法第二条规定的情形,可以向人民法院提出重整、和解或者破产清算申请。

债务人不能清偿到期债务,债权人可以向人民法院提出对债务人进行重整或者破产清算的申请。

企业法人已解散但未清算或者未清算完毕,资产不足以清偿债务的,依法负有清算责任的人应当向人民法院申请破产清算。

▎典型案例指导 ●●●●●●●

再审申请人王某、黄某与被申请人阿博华公司清算责任纠纷案[上海市高级人民法院(2019)沪民申613号、(2019)沪民申530号民事裁定书,《人民司法·案例》2021年第2期]

无法清算并非企业破产法规定的破产终结原因,而破产程序本身具有彻底清理债务人债权债务的功能。相关主体不配合清算导致债务人财产灭失,该损失理论上属于债务人破产财产,应当由管理人依法追回后分配给全体债权人,不应在法院裁定终结破产程序后,由债权人个别进行追偿并用于清偿其自身债权。法院在判定股东责任时,应当依照企业破产法的相关规定来确定义务内容和责任范围。至于破产清算案件被裁定终结后,债务人的主要财产、账册、重要文件等重新出现,若符合企业破产法规定的追加分配情形的,债权人可以请求人民法院追加分配。

第二百三十八条 【清算组成员的义务与责任】清算组成员履行清算职责,负有忠实义务和勤勉义务。

清算组成员怠于履行清算职责,给公司造成损失的,应当承担赔偿责任;因故意或者重大过失给债权人造成损失的,应当承担赔偿责任。

旧法对应关系

原《公司法》第一百八十九条　清算组成员应当忠于职守,依法履行清算义务。

清算组成员不得利用职权收受贿赂或者其他非法收入,不得侵占公司财产。

清算组成员因故意或者重大过失给公司或者债权人造成损失的,应当承担赔偿责任。

第二百三十九条　【清算报告和注销公司登记】公司清算结束后,清算组应当制作清算报告,报股东会或者人民法院确认,并报送公司登记机关,申请注销公司登记。

对应配套规定

《中华人民共和国市场主体登记管理条例》(自2022年3月1日起施行)

第三十一条　市场主体因解散、被宣告破产或者其他法定事由需要终止的,应当依法向登记机关申请注销登记。经登记机关注销登记,市场主体终止。

市场主体注销依法须经批准的,应当经批准后向登记机关申请注销登记。

《中华人民共和国市场主体登记管理条例实施细则》(自2022年3月1日起施行)

第四十四条　市场主体因解散、被宣告破产或者其他法定事由需要终止的,应当依法向登记机关申请注销登记。依法需要清算的,应当自清算结束之日起30日内申请注销登记。依法不需要清算的,应当自决定作出之日起30日内申请注销登记。市场主体申请注销后,不得从事与注销无关的生产经营活动。自登记机关予以注销登记之日起,市场主体终止。

第四十六条　申请办理注销登记,应当提交下列材料:

（一）申请书；

（二）依法作出解散、注销的决议或者决定，或者被行政机关吊销营业执照、责令关闭、撤销的文件；

（三）清算报告、负责清理债权债务的文件或者清理债务完结的证明；

（四）税务部门出具的清税证明。

除前款规定外，人民法院指定清算人、破产管理人进行清算的，应当提交人民法院指定证明；合伙企业分支机构申请注销登记，还应当提交全体合伙人签署的注销分支机构决定书。

个体工商户申请注销登记的，无需提交第二项、第三项材料；因合并、分立而申请市场主体注销登记的，无需提交第三项材料。

旧法对应关系

原《公司法》第一百八十八条　公司清算结束后，清算组应当制作清算报告，报股东会、股东大会或者人民法院确认，并报送公司登记机关，申请注销公司登记，公告公司终止。

关联法律法规

《企业注销指引》（市场监管总局、海关总署、税务总局2023年第58号）

一、企业退出市场基本程序

通常情况下，企业终止经营活动退出市场，需要经历决议解散、清算分配和注销登记三个主要过程。例如，按照《公司法》规定，公司正式终止前，须依法宣告解散、成立清算组进行清算、清理公司财产、清缴税款、清理债权债务、支付职工工资、社会保险费用等，待公司清算结束后，应制作清算报告并办理注销公司登记，公告公司终止。

二、企业注销事由

企业因解散、被宣告破产或者其他法定事由需要终止的，应当依法向登记机关申请注销登记。经登记机关注销登记，企业终止。企业注销依法须经批准的，应当经批准后向登记机关申请注销登记。

（一）解散。

1.自愿解散。指基于公司股东会或者股东大会、非公司企业法人出资人(主管部门)、合伙企业合伙人、个人独资企业投资人、农民专业合作社(联合社)成员大会或者成员代表大会、个体工商户经营者,或者分支机构隶属企业(单位)的意愿进行解散。如公司解散情形包括:公司章程规定的营业期限届满或者公司章程规定的其他解散事由出现;股东会或者股东大会决议解散;因公司合并或者分立需要解散等。合伙企业解散情形包括:全体合伙人决定解散;合伙协议约定的解散事由出现;合伙期限届满,合伙人决定不再经营等。个人独资企业解散情形包括:投资人决定解散等。农民专业合作社(联合社)解散情形包括:成员大会决议解散;章程规定的解散事由出现等。

2. 强制解散。通常分为行政决定解散与人民法院判决解散。行政决定解散,包括依法被吊销营业执照、责令关闭或者被撤销。人民法院判决解散,按照《公司法》规定,因公司经营管理发生严重困难,继续存续会使股东利益受到重大损失,通过其他途径不能解决的,持有公司全部股东表决权百分之十以上的股东,请求人民法院解散公司的情形。

(二)破产。企业被宣告破产是指根据《企业破产法》等规定,企业不能清偿到期债务,并且资产不足以清偿全部债务或者明显缺乏清偿能力的,经人民法院审查属实,企业没有进行和解或重整,被人民法院宣告破产。

三、企业清算流程

依法开展清算是企业注销前的法定义务。《民法典》规定,法人解散的,除合并或者分立的情形外,清算义务人应当及时组成清算组进行清算。非法人组织解散的,应当依法进行清算。清算的重要内容是企业清理各类资产,清结各项债权债务。清算的目的在于保护债权人的利益、投资人的利益、企业的利益、职工的利益以及社会公共利益。法人的清算程序和清算组职权,依照有关法律的规定;没有规定的,参照适用公司法律的有关规定。

(一)成立清算组。《民法典》规定,法人的董事、理事等执行机构或者决策机构的成员为清算义务人。法律、行政法规另有规定的,依照其规定。清算义务人未及时履行清算义务,造成损害的,应当承担民事责任;主管机关或者利害关系人可以申请人民法院指定有关人员组成清算组进行清算。

1. 公司清算组。公司在解散事由出现之日起15日内成立清算组,负责清理公司的财产和债权债务。有限责任公司的清算组由公司股东组成,股份有限公司的清算组由董事或者股东大会确定的人员组成。逾期不成立清算组进行清算的,债权人、股东、董事或其他利害关系人可以申请人民法院指定有关人员组成清算组进行清算。清算组的选任在遵守法律法规强制性规定的同时,应充分尊重公司意愿,公司章程中可以预先确定清算组人员,也可以在章程中规定清算组成员选任的决议方式。对于章程中没有规定或者规定不明确的,股东会或者股东大会可以通过普通决议或者特别决议的方式选任清算组成员。有限责任公司清算组成员在公司股东中选任,既可以是全体股东,也可以是部分股东。股份有限公司清算组成员可以是全体董事,也可以是部分董事,或者由股东大会确定清算组成员。

清算组的选任,公司可以结合规模大小和清算事务工作量的多少,充分考虑能否便于公司清算的顺利进行和迅速完成,以及以较低清算成本完成清算事务。鼓励熟悉公司事务的内部人员以及具备审计、财会专业知识的机构、人员担任清算组成员。

清算组成员除可以为自然人外,也可以为法人或者其他组织;成员为法人或者其他组织的,应指派相关人员参与清算。一人有限责任公司的清算组成员,可以仅由该一人股东担任。清算组负责人由股东会或者股东大会在清算组成员中指定。

2. 非公司企业法人清算组。非公司企业法人可以由出资人(主管部门)自行或者组织有关人员进行清算。

3. 合伙企业清算人。合伙企业解散,应当由清算人进行清算。清算人由全体合伙人担任;经全体合伙人过半数同意,可以自合伙企业解散事由出现后十五日内指定一个或者数个合伙人,或者委托第三人,担任清算人。自合伙企业解散事由出现之日起十五日内未确定清算人的,合伙人或者其他利害关系人可以申请人民法院指定清算人。合伙企业的清算人可以为全部合伙人,经全体合伙人过半数同意,也可以为一个或者部分合伙人,或者为合伙人以外的第三人,也可以为合伙人与第三人共同组成清算人开展清算活动。

4. 个人独资企业清算人。个人独资企业解散,由投资人自行清算或者由债权人申请人民法院指定清算人进行清算。

5.农民专业合作社(联合社)清算组。农民专业合作社(联合社)解散的,应当在解散事由出现之日起十五日内由成员大会推举成员组成清算组,开始解散清算。逾期不能组成清算组的,成员、债权人可以向人民法院申请指定成员组成清算组进行清算。

(二)清算组的职责。以公司为例,清算组在公司清算过程中,具有对内执行清算业务,对外代表清算中公司的职权。公司依法清算结束并办理注销登记前,有关公司的民事诉讼,应当以公司的名义进行。公司成立清算组的,由清算组负责人代表公司参加诉讼;尚未成立清算组的,由原法定代表人代表公司参加诉讼。

清算组所能执行的公司事务是以清算为目的的事务,而非所有事务。由于清算中的公司仍具有主体资格,清算组不能取代股东会、股东大会和监事会的职权,股东会、股东大会仍然是公司的权力机构,清算组应及时向股东会、股东大会报告清算进展情况,对清算组的选解任、清算方案的确认、清算报告的确认等公司的重大事项仍由股东会、股东大会决定。清算组的清算工作仍然受公司监督机构监事会的监督,监事会及时提醒和纠正清算组的不当和违规行为。

清算组成员应当忠于职守,依法履行清算义务。清算组成员不得利用职权收受贿赂或者其他非法收入,不得侵占公司财产。清算组成员因故意或者重大过失给公司或者债权人造成损失的,应当承担赔偿责任。其他经营主体的清算组(人)的地位参照公司清算组适用。

(三)发布清算组信息和债权人公告。清算组自成立之日起10日内,应通过国家企业信用信息公示系统公告清算组信息。同时,清算组应及时通知债权人,并于60日内通过国家企业信用信息公示系统免费向社会发布债权人公告,也可依法通过报纸发布,公告期为45日(个人独资企业无法通知债权人的,公告期为60日)。市场监管部门同步向税务部门共享清算组信息。

1.发布清算组信息。依照相关法律法规,公司、合伙企业、农民专业合作社(联合社)需要依法公告清算组信息,非公司企业法人由主管部门、个人独资企业由投资人自行组织清算,无需公告清算组信息。

企业应通过国家企业信用信息公示系统公告清算组信息,主要包括:

名称、统一社会信用代码/注册号、登记机关、清算组成立日期、注销原因、清算组办公地址、清算组联系电话、清算组成员(姓名/名称、证件类型/证照类型、证件号码/证照号码、联系电话、地址、是否为清算组负责人)等。

2. 发布债权人公告。(1)公司清算组应当自成立之日起十日内通知债权人,并于六十日内公告。债权人应当自接到通知书之日起三十日内,未接到通知书的自公告之日起四十五日内,向清算组申报其债权。(2)合伙企业清算人自被确定之日起十日内将合伙企业解散事项通知债权人,并于六十日内发布债权人公告。债权人应当自接到通知书之日起三十日内,未接到通知书的自公告之日起四十五日内,向清算人申报债权。(3)个人独资企业投资人自行清算的,应当在清算前十五日内书面通知债权人,无法通知的,应当发布债权人公告。债权人应当在接到通知之日起三十日内,未接到通知的应当在公告之日起六十日内,向投资人申报其债权。(4)农民专业合作社(联合社)清算组应当自成立之日起十日内通知农民专业合作社(联合社)成员和债权人,并于六十日内发布债权人公告。债权人应当自接到通知之日起三十日内,未接到通知的自公告之日起四十五日内,向清算组申报债权。(5)非公司企业法人发布债权人公告的,可通过报纸或国家企业信用信息公示系统发布。

债权人公告的信息主要包括:名称、统一社会信用代码/注册号、登记机关、公告期自、公告期至、公告内容、债权申报联系人、债权申报联系电话、债权申报地址。

(四)开展清算活动。清算组负责清理企业财产,分别编制资产负债表和财产清单;处理与清算有关的未了结的业务;结清职工工资;缴纳行政机关、司法机关的罚款和罚金;向海关和税务机关清缴所欠税款以及清算过程中产生的税款并办理相关手续,包括滞纳金、罚款、缴纳减免税货物提前解除海关监管需补缴税款以及提交相关需补办许可证件,办理企业所得税清算、办理土地增值税清算、结清出口退(免)税款、缴销发票和税控设备等;合伙企业、个人独资企业的清算所得应当视为年度生产经营所得,由投资者依法缴纳个人所得税;存在涉税违法行为的纳税人应当接受处罚,缴纳罚款;结清欠缴的社会保险费、滞纳金、罚款;清理债权、债务;处理企业清偿债务后的剩余财产;代表企业参加民事诉讼活动;办理分支机构注销登记;处理对外投资、股权出质等。

（五）分配剩余财产。以公司为例，清算组在清理公司财产、编制资产负债表和财产清单后，应当制定清算方案，并报股东会、股东大会或者人民法院确认。公司财产在分别支付清算费用、职工的工资、社会保险费用和法定补偿金，缴纳所欠税款，清偿公司债务后的剩余财产，有限责任公司按照股东的出资比例分配，股份有限公司按照股东持有的股份比例分配。清算期间，公司存续，但不得开展与清算无关的经营活动。公司财产在未依照前款规定清偿前，不得分配给股东。

（六）制作清算报告。1.公司清算组在清算结束后，应制作清算报告，报股东会、股东大会确认。其中，有限责任公司股东会对清算报告确认，必须经代表2/3以上表决权的股东签署确认；股份有限公司股东大会对清算报告确认，须由股东大会会议主持人及出席会议的董事签字确认。国有独资公司由国务院、地方人民政府或者其授权的本级人民政府国有资产监督管理机构签署确认。2.非公司企业法人应持清算报告或者出资人（主管部门）负责清理债权债务的文件办理注销登记，清算报告和负责清理债权债务的文件应由非公司企业法人的出资人（主管部门）签署确认。3.合伙企业的清算报告由全体合伙人签署确认。4.个人独资企业的清算报告由投资人签署确认。5.农民专业合作社（联合社）的清算报告由成员大会、成员代表大会确认，由本社成员表决权总数2/3以上成员签署确认。6.对于人民法院组织清算的，清算报告由人民法院确认。

四、企业办理注销登记

企业在完成清算后，需要分别注销税务登记、企业登记、社会保险登记，涉及海关报关等相关业务的企业，还需要办理海关报关单位备案注销等事宜。

（一）普通注销流程

1.申请注销税务登记。

纳税人向税务部门申请办理注销时，税务部门进行税务注销预检，检查纳税人是否存在未办结事项。

（1）未办理过涉税事宜的纳税人，主动到税务部门办理清税的，税务部门可根据纳税人提供的营业执照即时出具清税文书。

（2）符合容缺即时办理条件的纳税人，在办理税务注销时，资料齐全的，税务部门即时出具清税文书；若资料不齐，可在作出承诺后，税务部门

即时出具清税文书。纳税人应按承诺的时限补齐资料并办结相关事项。具体条件是:

①办理过涉税事宜但未领用发票(含代开发票)、无欠税(滞纳金)及罚款且没有其他未办结事项的纳税人,主动到税务部门办理清税的;

②未处于税务检查状态、无欠税(滞纳金)及罚款、已缴销增值税专用发票及税控设备,且符合下列情形之一的纳税人:

●纳税信用级别为A级和B级的纳税人;

●控股母公司纳税信用级别为A级的M级纳税人;

●省级人民政府引进人才或经省级以上行业协会等机构认定的行业领军人才等创办的企业;

●未纳入纳税信用级别评价的定期定额个体工商户;

●未达到增值税纳税起征点的纳税人。

(3)不符合承诺制容缺即时办理条件的(或虽符合承诺制容缺即时办理条件但纳税人不愿意承诺的),税务部门向纳税人出具《税务事项通知书》(告知未结事项),纳税人先行办理完毕各项未结事项后,方可申请办理税务注销。

(4)经人民法院裁定宣告破产或强制清算的企业,管理人持人民法院终结破产程序裁定书或强制清算程序的裁定申请税务注销的,税务部门即时出具清税文书。

(5)纳税人办理税务注销前,无需向税务机关提出终止"委托扣款协议书"申请。税务机关办结税务注销后,委托扣款协议自动终止。

(6)注意事项。对于存在依法应在税务注销前办理完毕但未办结的涉税事项的,企业应办理完毕后再申请注销。对于存在未办结涉税事项且不符合承诺制容缺即时办理条件的,税务机关不予注销。例如,持有股权、股票等权益性投资、债权性投资或土地使用权、房产等资产未依法清算缴税的;合伙企业、个人独资企业未依法清算缴纳个人所得税的;出口退税企业未结清出口退(免)税款等情形的不予注销。

2. 申请注销企业登记。清算组向登记机关提交注销登记申请书、注销决议或者决定、经确认的清算报告和清税证明等相关材料申请注销登记。登记机关和税务机关已共享企业清税信息的,企业无需提交纸质清税证明文书;领取了纸质营业执照正副本的,缴回营业执照正副本,营业执照遗失的,可通过国家企业信用信息公示系统或公开发行的报纸发布营业执照作废声明。国有独资公司申请注销登记,还应当提交国有资产监督管理机构的决定,其中,国务院确定的重要的国有独资公司,还应当提交本级人民政府的批准文件复印件。仅通过报纸发布债权人公告的,需要提交依法刊登公告的报纸报样。企业申请注销登记前,应当依法办理分支机构注销登记,并处理对外投资的企业转让或注销事宜。

3. 申请注销社会保险登记。企业应当自办理企业注销登记之日起30日内,向原社会保险登记机构提交注销社会保险登记申请和其他有关注销文件,办理注销社会保险登记手续。企业应当结清欠缴的社会保险费、滞纳金、罚款后,办理注销社会保险登记。

4. 申请办理海关报关单位备案注销。涉及海关报关相关业务的企业,可通过国际贸易"单一窗口"(http://www.singlewindow.cn)、"互联网+海关"(http://online.customs.gov.cn)等方式向海关提交报关单位注销申请,也可通过市场监管部门与海关联网的注销"一网"服务平台提交注销申请。对于已在海关备案,存在欠税(含滞纳金)、罚款及其他应办结的海关手续的报关单位,应当在注销前办结海关有关手续。报关单位备案注销后,向市场监管部门申请注销企业登记。

(二)简易注销流程

1. 适用对象。

未发生债权债务或已将债权债务清偿完结的企业(上市股份有限公司除外)。企业在申请简易注销登记时,不应存在未结清清偿费用、职工工资、社会保险费用、法定补偿金、应缴纳税款(滞纳金、罚款)等债权债务。

企业有下列情形之一的,不适用简易注销程序:法律、行政法规或者国务院决定规定在注销登记前须经批准的;被吊销营业执照、责令关闭、撤销;在经营异常名录或者市场监督管理严重违法失信名单中;存在股权(财产份额)被冻结、出质或者动产抵押,或者对其他企业存在投资;尚持有股权、股票等权益性投资、债权性投资或土地使用权、房产等资产的;未依法办理所得税清算申报或有清算所得未缴纳所得税的;正在被立案调查或者采取行政强制,正在诉讼或仲裁程序中;受到罚款等行政处罚尚未执行完毕;不适用简易注销登记的其他情形。

企业存在"被列入企业经营异常名录""存在股权(财产份额)被冻结、出质或动产抵押等情形""企业所属的非法人分支机构未办注销登记的"等三种不适用简易注销登记程序的情形,无需撤销简易注销公示,待异常状态消失后可再次依程序公示申请简易注销登记。对于承诺书文字、形式填写不规范的,市场监管部门在企业补正后予以受理其简易注销申请,无需重新公示。

符合市场监管部门简易注销条件,未办理过涉税事宜,办理过涉税事宜但未领用发票(含代开发票)、无欠税(滞纳金)及罚款且没有其他未办结涉税事项的纳税人,免予到税务部门办理清税证明,可直接向市场监管部门申请简易注销。

2. 办理流程。

(1)符合适用条件的企业登录注销"一网"服务平台或国家企业信用信息公示系统《简易注销公告》专栏,主动向社会公告拟申请简易注销登记及全体投资人承诺等信息,公示期为20日。

(2)公示期内,有关利害关系人及相关政府部门可以通过国家企业信用信息公示系统《简易注销公告》专栏"异议留言"功能提出异议并简要陈述理由。超过公示期,公示系统不再接受异议。

(3)税务部门通过信息共享获取市场监管部门推送的拟申请简易注销登记信息后,应按照规定的程序和要求,查询税务信息系统核实相关涉税、涉及社会保险费情况,对经查询系统显示为以下情形的纳税人,税务部门不提出异议:一是未办理过涉税事宜的纳税人;二是办理过涉税事宜但未领用发票(含代开发票)、无欠税(滞纳金)及罚款且没有其他未办结涉税事项的纳税人;三是查询时已办结缴销发票、结清应纳税款等清税手续的纳税人;四是无欠缴社会保险费、滞纳金、罚款。

(4)公示期届满后,公示期内无异议的,企业可以在公示期满之日起20日内向登记机关办理简易注销登记。期满未办理的,登记机关可根据实际情况予以延长时限,宽展期最长不超过30日,即企业最晚应当在公示期满之日起50日内办理简易注销登记。企业在公示后,不得从事与注销无关的生产经营活动。

3. 个体工商户简易注销。

营业执照和税务登记证"两证整合"改革实施后设立登记的个体工商

户通过简易程序办理注销登记的,无需提交承诺书,也无需公示。个体工商户在提交简易注销登记申请后,市场监管部门应当在1个工作日内将个体工商户拟申请简易注销登记的相关信息通过省级统一的信用信息共享交换平台、政务信息平台、部门间的数据接口(统称信息共享交换平台)推送给同级税务等部门,税务等部门于10日内反馈是否同意简易注销。对于税务等部门无异议的,市场监管部门应当及时办理简易注销登记。具体请参照《市场监管总局 国家税务总局关于进一步完善简易注销登记便捷中小微企业市场退出的通知》(国市监注发〔2021〕45号)办理。

五、特殊情形办理指引

(一)存在股东失联、不配合等问题。对有限责任公司存在股东失联、不配合等情况难以注销的,经书面及报纸(或国家企业信用信息公示系统)公告通知全体股东,召开股东会形成符合法律及章程规定表决比例的决议、成立清算组后,向企业登记机关申请办理注销登记。

(二)存在无法自行组织清算问题。对于企业已出现解散事宜,但负有清算义务的投资人拒不履行清算义务或者因无法取得联系等情形不能成立清算组进行清算的,债权人、股东、利害关系人等可依照《公司法》《合伙企业法》《个人独资企业法》《农民专业合作社法》等法律法规的规定,申请人民法院指定有关人员组成清算组进行清算。清算组在清理财产、编制资产负债表和财产清单后,发现企业财产不足清偿债务的,应当依法向人民法院申请宣告破产。人民法院裁定强制清算或裁定宣告破产的,企业清算组、破产管理人可持人民法院终结强制清算程序的裁定或终结破产程序的裁定,直接向登记机关申请办理注销登记。

(三)存在无法登录国家企业信用信息公示系统发布清算组信息和债权人公告的问题。在办理注销登记中,对未在登记机关取得登记联络员备案的企业,可以向登记机关进行联络员备案后,登录国家企业信用信息公示系统发布清算组信息和债权人公告。企业登记联络员变更的,应当及时进行变更备案。对于吊销企业存在类似问题的,也可以采取备案联络员的方式通过国家企业信用信息公示系统发布公告。

(四)存在营业执照、公章遗失的问题。企业向登记机关、税务机关申请办理注销,存在营业执照、公章遗失的情况,按以下要求办理:1.对于营业执照遗失的企业,在国家企业信用信息公示系统或公开发行的报纸进行执照遗失公告,无需申请补发营业执照。2.非公司企业法人公章遗失的,由其上级主管单位法定代表人签字并加盖上级主管单位公章进行确认,相关注销材料可不盖公章。3.公司公章遗失的,由符合公司法和章程规定表决权要求的股东签字盖章进行确认,相关注销材料可不盖公章。4.农民专业合作社(联合社)有前述第3种情况的,可参照执行。5.合伙企业和个人独资企业公章遗失的,由全体合伙人签字盖章、投资人签字进行确认,相关注销材料可不盖公章。

(五)存在营业执照拒不缴回或无法缴回问题。登记机关依法作出注销登记决定后,30天后企业仍拒不缴回或者无法缴回营业执照的,由登记机关通过国家企业信用信息公示系统公告营业执照作废。

(六)存在股东(出资人)已注销、死亡问题。因股东(出资人)已注销却未清理对外投资,导致被投资主体无法注销的,其股东(出资人)有上级主管单位的,由已注销主体的上级主管单位依规定办理相关注销手续;已注销企业有合法继受主体的,可由继受主体依有关规定申请办理;已注销企业无合法继受主体的,由已注销企业注销时登记在册的股东(出资人)申请办理。因自然人股东死亡,导致其出资的企业难以办理注销登记的,可以由其有权继承人代位办理注销。有权继承人需提交身份证明和有关继承证明材料。

(七)存在分支机构隶属企业已注销问题。企业申请注销登记前,应当依法办理分支机构注销登记。因隶属企业已注销却未办理分支机构注销登记,导致分支机构无法注销的,已注销企业有合法的继受主体的,可由继受主体依有关规定申请办理;已注销企业无合法继受主体的,由已注销企业注销时登记在册的股东(出资人)申请办理。

(八)存在法定代表人宣告失踪、死亡或不配合办理注销登记的问题。1.公司存在法定代表人宣告失踪、死亡或不配合等情况需办理简易注销登记的,凭法定代表人任免职有关文件,同步办理法定代表人变更登记,由新法定代表人签署《企业注销登记申请书》。合伙企业、农民专业合作社(联合社)参照执行。2.非公司企业法人存在法定代表人宣告失踪、死亡或不配合等情况需办理注销登记的,凭法定代表人任免职有关文件,同步办理法定代表人变更登记,由新法定代表人签署《企业注销登记申请书》。

（九）已吊销企业办理注销问题。

1. 对于尚未更换加载统一社会信用代码营业执照即被吊销的企业（个体工商户除外），市场监管部门已就此类企业进行了统一社会信用代码赋码，企业在相关部门办理注销业务时可使用其统一社会信用代码办理，无需更换加载统一社会信用代码营业执照。吊销未注销企业，无法出具吊销证明文件原件的，可提交吊销公告的网站截图、国家企业信用信息公示系统截图或登记机关出具的企业查询单。若登记机关可以自主查询到企业的吊销状态，不再要求企业提供上述材料。

2. 纳税人被登记机关吊销营业执照或者被其他机关撤销登记的，应当自营业执照被吊销或者被撤销登记之日起15日内，向原税务登记机关申报办理税务注销。

（十）其他问题。

处于税务非正常状态纳税人在办理税务注销前，需先解除非正常状态，补办纳税申报手续。符合以下情形的，税务机关可打印相应税种和相关附加的《批量零申报确认表》，经纳税人确认后，进行批量处理：

1. 非正常状态期间增值税、消费税和相关附加需补办的申报均为零申报的；

2. 非正常状态期间企业所得税、个人所得税月（季）度预缴需补办的申报均为零申报，且不存在弥补前期亏损情况的。

六、注销法律责任及有关规定提示

（一）公司在合并、分立、减少注册资本或者进行清算时，不依照本法规定通知或者公告债权人的，由公司登记机关责令改正，对公司处以一万元以上十万元以下的罚款。公司在进行清算时，隐匿财产，对资产负债表或者财产清单作虚假记载或者在未清偿债务前分配公司财产的，由公司登记机关责令改正，对公司处以隐匿财产或者未清偿债务前分配公司财产金额百分之五以上百分之十以下的罚款；对直接负责的主管人员和其他直接责任人员处以一万元以上十万元以下的罚款。(《公司法》第二百零四条)

（二）公司在清算期间开展与清算无关的经营活动的，由公司登记机关予以警告，没收违法所得。(《公司法》第二百零五条)

（三）清算组不依照本法规定向公司登记机关报送清算报告，或者报送清算报告隐瞒重要事实或者有重大遗漏的，由公司登记机关责令改正。清算组成员利用职权徇私舞弊、谋取非法收入或者侵占公司财产的，由公司登记机关责令退还公司财产，没收违法所得，并可以处以违法所得一倍以上五倍以下的罚款。(《公司法》第二百零六条)

（四）公司清算时，清算组未按照规定履行通知和公告义务，导致债权人未及时申报债权而未获清偿，清算组成员对因此造成的损失承担赔偿责任。(依据最高人民法院关于适用《中华人民共和国公司法》若干问题的规定(二)第十一条)

（五）清算组执行未经确认的清算方案给公司或者债权人造成损失，公司、股东或者债权人主张清算组成员承担赔偿责任的，人民法院应依法予以支持。(依据最高人民法院关于适用《中华人民共和国公司法》若干问题的规定(二)第十五条)

（六）有限责任公司的股东、股份有限公司的董事和控股股东未在法定期限内成立清算组开始清算，导致公司财产贬值、流失、毁损或者灭失，债权人主张其在造成损失范围内对公司债务承担赔偿责任的，人民法院应依法予以支持。(依据最高人民法院关于适用《中华人民共和国公司法》若干问题的规定(二)第十八条第一款)

（七）有限责任公司的股东、股份有限公司的董事和控股股东因怠于履行义务，导致公司主要财产、账册、重要文件等灭失，无法进行清算，债权人主张其对公司债务承担连带清偿责任的，人民法院应依法予以支持。(依据最高人民法院关于适用《中华人民共和国公司法》若干问题的规定(二)第十八条第二款)

（八）有限责任公司的股东、股份有限公司的董事和控股股东，以及公司的实际控制人在公司解散后，恶意处置公司财产给债权人造成损失，或者未经依法清算，以虚假的清算报告骗取公司登记机关办理法人注销登记，债权人主张其对公司债务承担相应赔偿责任的，人民法院应依法予以支持。(依据最高人民法院关于适用《中华人民共和国公司法》若干问题的规定(二)第十九条)

（九）公司解散应当在依法清算完毕后，申请办理注销登记。公司未经清算即办理注销登记，导致公司无法进行清算，债权人主张有限责任公司的股东、股份有限公司的董事和控股股东，以及公司的实际控制人对公司债务承担清偿责任的,人民法院应依法予以支持。(依据最高人民法院关于适用《中华人民共和国公司法》若干问题的规定(二)第二十条第一款)

(十)公司未经依法清算即办理注销登记,股东或者第三人在公司登记机关办理注销登记时承诺对公司债务承担责任,债权人主张其对公司债务承担相应民事责任的,人民法院应依法予以支持。(依据最高人民法院关于适用《中华人民共和国公司法》若干问题的规定(二)第二十条第二款)

(十一)公司财产不足以清偿债务时,债权人主张未缴出资股东,以及公司设立时的其他股东或者发起人在未缴出资范围内对公司债务承担连带清偿责任的,人民法院应依法予以支持。(依据最高人民法院关于适用《中华人民共和国公司法》若干问题的规定(二)第二十二条第二款)

(十二)清算组成员从事清算事务时,违反法律、行政法规或者公司章程给公司或者债权人造成损失,公司或者债权人主张其承担赔偿责任的,人民法院应依法予以支持。(依据最高人民法院关于适用《中华人民共和国公司法》若干问题的规定(二)第二十三条第一款)

(十三)企业在注销登记中提交虚假材料或者采取其他欺诈手段隐瞒重要事实取得注销登记的,登记机关可以依法作出撤销注销登记等处理,在恢复企业主体资格的同时,对符合《市场监督管理严重违法失信名单管理办法》第十条规定的,将该企业列入严重违法失信名单,并通过国家企业信用信息公示系统公示。(依据《市场主体登记管理条例》第四十条,《市场监督管理严重违法失信名单管理办法》第十条第(二)项)

(十四)企业应当在办理注销登记前,就其清算所得向税务机关申报并依法缴纳企业所得税。(依据《企业所得税法》第五十五条第二款)

(十五)个体工商户终止生产经营的,应在办理注销登记前,向主管税务机关结清有关纳税事宜。(依据《个体工商户个人所得税计税办法》(国家税务总局令第35号)第四十一条)

(十六)合伙企业和个人独资企业进行清算时,投资者应当在注销登记前,向主管税务机关结清有关税务事宜。企业的清算所得应当视为年度生产经营所得,由投资者依法缴纳个人所得税。(依据《财政部 国家税务总局关于印发〈关于个人独资企业和合伙企业投资者征收个人所得税

的规定〉的通知》(财税〔2000〕91号)第十六条)

（十七）企业由法人转变为个人独资企业、合伙企业等非法人组织,或将登记注册地转移至中华人民共和国境外(包括港澳台地区),应视同企业进行清算、分配,股东重新投资成立新企业。企业的全部资产以及股东投资的计税基础均应以公允价值为基础确定。(依据《财政部 国家税务总局关于企业重组业务企业所得税处理若干问题的通知》第四条第一款)

（十八）纳税人未按照规定的期限申报办理税务注销的,由税务机关责令限期改正,可以处二千元以下的罚款;情节严重的,处二千元以上一万元以下的罚款。(依据《税收征收管理法》第六十条第一款)

（十九）纳税人伪造、变造、隐匿、擅自销毁帐簿、记帐凭证,或者在帐簿上多列支出或者不列、少列收入,或者经税务机关通知申报而拒不申报或者进行虚假的纳税申报,不缴或者少缴应纳税款的,是偷税。对纳税人偷税的,由税务机关追缴其不缴或者少缴的税款、滞纳金,并处不缴或者少缴的税款百分之五十以上五倍以下的罚款;构成犯罪的,依法追究刑事责任。(依据《税收征收管理法》第六十三条第一款)

第二百四十条 【公司简易注销】公司在存续期间未产生债务,或者已清偿全部债务的,经全体股东承诺,可以按照规定通过简易程序注销公司登记。

通过简易程序注销公司登记,应当通过国家企业信用信息公示系统予以公告,公告期限不少于二十日。公告期限届满后,未有异议的,公司可以在二十日内向公司登记机关申请注销公司登记。

公司通过简易程序注销公司登记,股东对本条第一款规定的内容承诺不实的,应当对注销登记前的债务承担连带责任。

对应配套规定

《中华人民共和国市场主体登记管理条例》(自2022年3月1日起施行)

第三十三条 市场主体未发生债权债务或者已将债权债务清偿完结,未发生或者已结清清偿费用、职工工资、社会保险费用、法定补偿金、应缴纳税款(滞纳金、罚款),并由全体投资人书面承诺对上述情况的真实性承担法律责任的,可以按照简易程序办理注销登记。

市场主体应当将承诺书及注销登记申请通过国家企业信用信息公示系统公示,公示期为20日。在公示期内无相关部门、债权人及其他利害关系人提出异议的,市场主体可以于公示期届满之日起20日内向登记机关申请注销登记。

个体工商户按照简易程序办理注销登记的,无需公示,由登记机关将个体工商户的注销登记申请推送至税务等有关部门,有关部门在10日内没有提出异议的,可以直接办理注销登记。

市场主体注销依法须经批准的,或者市场主体被吊销营业执照、责令关闭、撤销,或者被列入经营异常名录的,不适用简易注销程序。

《中华人民共和国市场主体登记管理条例实施细则》(自2022年3月1日起施行)

第四十七条 申请办理简易注销登记,应当提交申请书和全体投资人承诺书。

第四十八条 有下列情形之一的,市场主体不得申请办理简易注销登记:

(一)在经营异常名录或者市场监督管理严重违法失信名单中的;

(二)存在股权(财产份额)被冻结、出质或者动产抵押,或者对其他市场主体存在投资的;

(三)正在被立案调查或者采取行政强制措施,正在诉讼或者仲裁程序中的;

(四)被吊销营业执照、责令关闭、撤销的;

(五)受到罚款等行政处罚尚未执行完毕的;

(六)不符合《条例》第三十三条规定的其他情形。

第四十九条 申请办理简易注销登记,市场主体应当将承诺书及注销登记申请通过国家企业信用信息公示系统公示,公示期为20日。

在公示期内无相关部门、债权人及其他利害关系人提出异议的,市场主体可以于公示期届满之日起20日内向登记机关申请注销登记。

条文应用提示

根据《市场主体登记管理条例》第 33 条规定,市场主体未发生债权债务或者已将债权债务清偿完结,未发生或者已结清清偿费用、职工工资、社会保险费用、法定补偿金、应缴纳税款(滞纳金、罚款),并由全体投资人书面承诺对上述情况的真实性承担法律责任的,可以按照简易程序办理注销登记。市场主体应当将承诺书及注销登记申请通过国家企业信用信息公示系统公示,公示期为 20 日。在公示期内无相关部门、债权人及其他利害关系人提出异议的,市场主体可以于公示期届满之日起 20 日内向登记机关申请注销登记。个体工商户按照简易程序办理注销登记的,无须公示,由登记机关将个体工商户的注销登记申请推送至税务等有关部门,有关部门在 10 日内没有提出异议的,可以直接办理注销登记。市场主体注销依法须经批准的,或者市场主体被吊销营业执照、责令关闭、撤销,或者被列入经营异常名录的,不适用简易注销程序。

关联法律法规

《工商总局关于全面推进企业简易注销登记改革的指导意见》(工商企注字[2016]253 号)

为进一步深化商事制度改革,完善市场主体退出机制,根据《国务院关于促进市场公平竞争维护市场正常秩序的若干意见》(国发[2014]20号)、《国务院关于印发 2016 年推进简政放权放管结合优化服务改革工作要点的通知》(国发[2016]30 号),自 2017 年 3 月 1 日起,在全国范围内全面实行企业简易注销登记改革。现就推进企业简易注销登记改革,实现市场主体退出便利化,提出如下意见:

一、持续深化商事制度改革,充分认识推进企业简易注销登记改革的重大意义

深化商事制度改革,是党中央、国务院作出的重大决策,是在新形势下全面深化改革的重大举措。2014 年 3 月 1 日以来,注册资本登记制度改革在全国范围内全面实施。通过改革,还权于市场、还权于市场主体,大幅度降低了企业设立门槛,极大地激发了市场活力和社会投资热情,市场主体数量快速增长。市场准入高效便捷的同时,退出渠道仍然不畅。根据现行法律规定,注销企业程序复杂、耗时较长,一定程度上影响了市

场机制效率。

2015年以来,一些地方开展了企业简易注销登记改革试点,让真正有退出需求、债务关系清晰的企业快捷便利退出市场,重新整合资源,享受到商事制度改革的红利。企业简易注销登记有助于提升市场退出效率,提高社会资源利用效率;有助于降低市场主体退出成本,对于进一步提高政府效能,优化营商环境,持续激发市场活力,释放改革红利具有重要意义。

各地要充分认识全面推进企业简易注销登记改革的重大意义,在坚持"便捷高效、公开透明、控制风险"的基本原则基础上,对未开业企业和无债权债务企业实行简易注销登记程序。要兼顾依法行政和改革创新,按照条件适当、程序简约的要求,创新登记方式,提高登记效率;公开办理企业简易注销登记的申请条件、登记程序、审查要求和审查期限,优化登记流程;强化企业的诚信义务和法律责任,加强社会监督,保障交易安全,维护公平竞争的市场秩序。

二、规范简易注销行为,为企业提供便捷高效的市场退出服务

(一)明确适用范围,尊重企业自主权。

贯彻加快转变政府职能和简政放权改革要求,充分尊重企业自主权和自治权,对领取营业执照后未开展经营活动(以下称未开业)、申请注销登记前未发生债权债务或已将债权债务清算完结(以下称无债权债务)的有限责任公司、非公司企业法人、个人独资企业、合伙企业,由其自主选择适用一般注销程序或简易注销程序。

企业有下列情形之一的,不适用简易注销程序:涉及国家规定实施准入特别管理措施的外商投资企业;被列入企业经营异常名录或严重违法失信企业名单的;存在股权(投资权益)被冻结、出质或动产抵押等情形;有正在被立案调查或采取行政强制、司法协助、被予以行政处罚等情形的;企业所属的非法人分支机构未办理注销登记的;曾被终止简易注销程序;法律、行政法规或者国务院决定规定在注销登记前需经批准的;不适用企业简易注销登记的其他情形。

人民法院裁定强制清算或裁定宣告破产的,有关企业清算组、企业管理人可持人民法院终结强制清算程序的裁定或终结破产程序的裁定,向被强制清算人或破产人的原登记机关申请办理简易注销登记。

(二)简化登记程序,提高登记效率。

企业申请简易注销登记应当先通过国家企业信用信息公示系统《简易注销公告》专栏主动向社会公告拟申请简易注销登记及全体投资人承诺等信息(强制清算终结和破产程序终结的企业除外),公告期为45日。登记机关应当同时通过国家企业信用信息公示系统将企业拟申请简易注销登记的相关信息推送至同级税务、人力资源和社会保障等部门,涉及外商投资企业的还要推送至同级商务主管部门。公告期内,有关利害关系人及相关政府部门可以通过国家企业信用信息公示系统《简易注销公告》专栏"异议留言"功能提出异议并简要陈述理由。公告期满后,企业方可向企业登记机关提出简易注销登记申请。

简化企业需要提交的申请材料。将全体投资人作出解散的决议(决定)、成立清算组、经其确认的清算报告等文书合并简化为全体投资人签署的包含全体投资人决定企业解散注销、组织并完成清算工作等内容的《全体投资人承诺书》(见附件)。企业在申请简易注销登记时只需要提交《申请书》《指定代表或者共同委托代理人授权委托书》《全体投资人承诺书》(强制清算终结的企业提交人民法院终结强制清算程序的裁定,破产程序终结的企业提交人民法院终结破产程序的裁定)、营业执照正、副本即可,不再提交清算报告、投资人决议、清税证明、清算组备案证明、刊登公告的报纸样张等材料(企业登记申请文书规范和企业登记提交材料规范(2015年版)已相应修订)。

登记机关在收到申请后,应当对申请材料进行形式审查,也可利用国家企业信用信息公示系统对申请简易注销登记企业进行检索检查,对于不适用简易注销登记限制条件的申请,书面(电子或其他方式)告知申请人不符合简易注销条件;对于公告期内被提出异议的企业,登记机关应当在3个工作日内依法作出不予简易注销登记的决定;对于公告期内未被提出异议的企业,登记机关应当在3个工作日内依法作出准予简易注销登记的决定。

(三)明晰各方责任,保护合法权利。

企业应当对其公告的拟申请简易注销登记和全体投资人承诺、向登记机关提交材料的真实性、合法性负责。《全体投资人承诺书》是实施监督管理的依据。企业在简易注销登记中隐瞒真实情况、弄虚作假的,登记机关可以依法做出撤销注销登记等处理,在恢复企业主体资格的同时将该企业列入严重违法失信企业名单,并通过国家企业信用信息公示系统公示,有关利害关系人可以通过民事诉讼主张其相应权利。

对恶意利用企业简易注销程序逃避债务或侵害他人合法权利的,有关利害关系人可以通过民事诉讼,向投资人主张其相应民事责任,投资人违反法律、法规规定,构成犯罪的,依法追究刑事责任。

三、加强组织保障,确保企业简易注销登记改革各项工作的有序开展

(一)加强组织领导。

各地要切实加强组织领导,周密安排部署,明确职责分工,注重加强与法院、检察、人力资源和社会保障、商务、税务等部门信息沟通,做好工作衔接,确保改革各项举措的有序开展、落地生根。

(二)完善制度措施。

已经开展企业简易注销登记改革试点的地方,要做好改革举措实施评估和跟踪调查工作,在本指导意见框架下及时调整完善相关制度措施和工作流程。尚未开展试点的地方,要认真按照指导意见要求制定企业简易注销登记内部工作制度和工作流程,编制企业简易注销登记告知单、办事指南等材料。

(三)强化实施保障。

各地要依托现代信息技术,及时改造升级企业登记业务系统软件,增加企业简易注销登记和简易注销登记限制条件的自动提示功能,完善国家企业信用信息公示系统相应功能,做好与有关部门的信息共享工作,切实强化实行企业简易注销登记的网络运行环境、办公设备、经办人员以及经费等保障工作。

(四)开展业务培训。

各地要有组织、有计划、分步骤开展对相关人员的业务培训,帮助相关人员深入理解企业简易注销登记的意义,全面掌握有关改革具体规定、材料规范、内部工作流程,熟练操作登记软件,为改革的全面实施打好基础。

(五)注重宣传引导。

各地要充分利用广播、电视、报刊、网络等各种媒介做好企业简易注销登记改革的宣传解读,提高政策知晓度和社会参与度。引导公众全面

了解自主选择企业简易注销登记带来的便利和对应的责任,及时解答和回应社会关注的热点问题,努力营造全社会理解改革、支持改革、参与改革的良好氛围。

请各地按照《企业简易注销登记改革信息化技术方案》(随后下发)做好国家企业信用信息公示系统和企业登记业务系统软件的改造升级,确保2017年3月1日起全面执行本指导意见。各地在实行企业简易注销登记改革中遇到的新情况、新问题,要注意收集汇总,及时上报总局企业注册局。

> **第二百四十一条** 【公司强制注销制度】公司被吊销营业执照、责令关闭或者被撤销,满三年未向公司登记机关申请注销公司登记的,公司登记机关可以通过国家企业信用信息公示系统予以公告,公告期限不少于六十日。公告期限届满后,未有异议的,公司登记机关可以注销公司登记。
>
> 依照前款规定注销公司登记的,原公司股东、清算义务人的责任不受影响。

对应配套规定

《中华人民共和国市场主体登记管理条例》(自 2022 年 3 月 1 日起施行)

第三十一条 市场主体因解散、被宣告破产或者其他法定事由需要终止的,应当依法向登记机关申请注销登记。经登记机关注销登记,市场主体终止。

市场主体注销依法须经批准的,应当经批准后向登记机关申请注销登记。

第三十二条 市场主体注销登记前依法应当清算的,清算组应当自成立之日起 10 日内将清算组成员、清算组负责人名单通过国家企业信用信息公示系统公告。清算组可以通过国家企业信用信息公示系统发布债权人公告。

清算组应当自清算结束之日起 30 日内向登记机关申请注销登记。

市场主体申请注销登记前,应当依法办理分支机构注销登记。

第三十三条　市场主体未发生债权债务或者已将债权债务清偿完结,未发生或者已结清清偿费用、职工工资、社会保险费用、法定补偿金、应缴纳税款(滞纳金、罚款),并由全体投资人书面承诺对上述情况的真实性承担法律责任的,可以按照简易程序办理注销登记。

市场主体应当将承诺书及注销登记申请通过国家企业信用信息公示系统公示,公示期为20日。在公示期内无相关部门、债权人及其他利害关系人提出异议的,市场主体可以于公示期届满之日起20日内向登记机关申请注销登记。

个体工商户按照简易程序办理注销登记的,无需公示,由登记机关将个体工商户的注销登记申请推送至税务等有关部门,有关部门在10日内没有提出异议的,可以直接办理注销登记。

市场主体注销依法须经批准的,或者市场主体被吊销营业执照、责令关闭、撤销,或者被列入经营异常名录的,不适用简易注销程序。

第三十四条　人民法院裁定强制清算或者裁定宣告破产的,有关清算组、破产管理人可以持人民法院终结强制清算程序的裁定或者终结破产程序的裁定,直接向登记机关申请办理注销登记。

《国务院关于实施〈中华人民共和国公司法〉注册资本登记管理制度的规定》(自2024年7月1日起施行)

第八条　公司自被吊销营业执照、责令关闭或者被撤销之日起,满3年未向公司登记机关申请注销公司登记的,公司登记机关可以通过国家企业信用信息公示系统予以公告,公告期限不少于60日。

公告期内,相关部门、债权人以及其他利害关系人向公司登记机关提出异议的,注销程序终止。公告期限届满后无异议的,公司登记机关可以注销公司登记,并在国家企业信用信息公示系统作出特别标注。

关联法律法规

《中华人民共和国民法典》(自2021年1月1日起施行)

第六十八条　有下列原因之一并依法完成清算、注销登记的,法人

终止:
(一)法人解散;
(二)法人被宣告破产;
(三)法律规定的其他原因。
法人终止,法律、行政法规规定须经有关机关批准的,依照其规定。

典型案例指导

潘某诉陈某、戛郭某与公司有关的纠纷案[人民法院案例库 2024-08-2-494-001,福建省高级人民法院(2019)闽民终 529 号民事判决]

公司注销后,公司遗留债权并不随之消灭,对于尚未处理的公司遗留债权,原公司股东作为原公司权利承继主体,可以自己名义提起诉讼直接向债务人主张公司遗留债权。

第二百四十二条 【公司破产清算】公司被依法宣告破产的,依照有关企业破产的法律实施破产清算。

关联法律法规

《中华人民共和国企业破产法》(2006 年 8 月 27 日)

第十章 破产清算
第一节 破产宣告

第一百零七条 人民法院依照本法规定宣告债务人破产的,应当自裁定作出之日起五日内送达债务人和管理人,自裁定作出之日起十日内通知已知债权人,并予以公告。

债务人被宣告破产后,债务人称为破产人,债务人财产称为破产财产,人民法院受理破产申请时对债务人享有的债权称为破产债权。

第一百零八条 破产宣告前,有下列情形之一的,人民法院应当裁定终结破产程序,并予以公告:

(一)第三人为债务人提供足额担保或者为债务人清偿全部到期债务的;

(二)债务人已清偿全部到期债务的。

第一百零九条 对破产人的特定财产享有担保权的权利人,对该特定财产享有优先受偿的权利。

第一百一十条　享有本法第一百零九条规定权利的债权人行使优先受偿权利未能完全受偿的,其未受偿的债权作为普通债权;放弃优先受偿权利的,其债权作为普通债权。

第二节　变价和分配

第一百一十一条　管理人应当及时拟订破产财产变价方案,提交债权人会议讨论。

管理人应当按照债权人会议通过的或者人民法院依照本法第六十五条第一款规定裁定的破产财产变价方案,适时变价出售破产财产。

第一百一十二条　变价出售破产财产应当通过拍卖进行。但是,债权人会议另有决议的除外。

破产企业可以全部或者部分变价出售。企业变价出售时,可以将其中的无形资产和其他财产单独变价出售。

按照国家规定不能拍卖或者限制转让的财产,应当按照国家规定的方式处理。

第一百一十三条　破产财产在优先清偿破产费用和共益债务后,依照下列顺序清偿:

(一)破产人所欠职工的工资和医疗、伤残补助、抚恤费用,所欠的应当划入职工个人账户的基本养老保险、基本医疗保险费用,以及法律、行政法规规定应当支付给职工的补偿金;

(二)破产人欠缴的除前项规定以外的社会保险费用和破产人所欠税款;

(三)普通破产债权。

破产财产不足以清偿同一顺序的清偿要求的,按照比例分配。

破产企业的董事、监事和高级管理人员的工资按照该企业职工的平均工资计算。

第一百一十四条　破产财产的分配应当以货币分配方式进行。但是,债权人会议另有决议的除外。

第一百一十五条　管理人应当及时拟订破产财产分配方案,提交债权人会议讨论。

破产财产分配方案应当载明下列事项:

(一)参加破产财产分配的债权人名称或者姓名、住所;

(二)参加破产财产分配的债权额;
(三)可供分配的破产财产数额;
(四)破产财产分配的顺序、比例及数额;
(五)实施破产财产分配的方法。

债权人会议通过破产财产分配方案后,由管理人将该方案提请人民法院裁定认可。

第一百一十六条 破产财产分配方案经人民法院裁定认可后,由管理人执行。

管理人按照破产财产分配方案实施多次分配的,应当公告本次分配的财产额和债权额。管理人实施最后分配的,应当在公告中指明,并载明本法第一百一十七条第二款规定的事项。

第一百一十七条 对于附生效条件或者解除条件的债权,管理人应当将其分配额提存。

管理人依照前款规定提存的分配额,在最后分配公告日,生效条件未成就或者解除条件成就的,应当分配给其他债权人;在最后分配公告日,生效条件成就或者解除条件未成就的,应当交付给债权人。

第一百一十八条 债权人未受领的破产财产分配额,管理人应当提存。债权人自最后分配公告之日起满二个月仍不领取的,视为放弃受领分配的权利,管理人或者人民法院应当将提存的分配额分配给其他债权人。

第一百一十九条 破产财产分配时,对于诉讼或者仲裁未决的债权,管理人应当将其分配额提存。自破产程序终结之日起满二年仍不能受领分配的,人民法院应当将提存的分配额分配给其他债权人。

第三节 破产程序的终结

第一百二十条 破产人无财产可供分配的,管理人应当请求人民法院裁定终结破产程序。

管理人在最后分配完结后,应当及时向人民法院提交破产财产分配报告,并提请人民法院裁定终结破产程序。

人民法院应当自收到管理人终结破产程序的请求之日起十五日内作出是否终结破产程序的裁定。裁定终结的,应当予以公告。

第一百二十一条 管理人应当自破产程序终结之日起十日内,持人民法院终结破产程序的裁定,向破产人的原登记机关办理注销登记。

第一百二十二条　管理人于办理注销登记完毕的次日终止执行职务。但是,存在诉讼或者仲裁未决情况的除外。

第一百二十三条　自破产程序依照本法第四十三条第四款或者第一百二十条的规定终结之日起二年内,有下列情形之一的,债权人可以请求人民法院按照破产财产分配方案进行追加分配:

(一)发现有依照本法第三十一条、第三十二条、第三十三条、第三十六条规定应当追回的财产的;

(二)发现破产人有应当供分配的其他财产的。

有前款规定情形,但财产数量不足以支付分配费用的,不再进行追加分配,由人民法院将其上交国库。

第一百二十四条　破产人的保证人和其他连带债务人,在破产程序终结后,对债权人依照破产清算程序未受清偿的债权,依法继续承担清偿责任。

《最高人民法院关于适用〈中华人民共和国企业破产法〉若干问题的规定(三)》(2020年修正)

为正确适用《中华人民共和国企业破产法》,结合审判实践,就人民法院审理企业破产案件中有关债权人权利行使等相关法律适用问题,制定本规定。

第一条　人民法院裁定受理破产申请的,此前债务人尚未支付的公司强制清算费用、未终结的执行程序中产生的评估费、公告费、保管费等执行费用,可以参照企业破产法关于破产费用的规定,由债务人财产随时清偿。

此前债务人尚未支付的案件受理费、执行申请费,可以作为破产债权清偿。

第二条　破产申请受理后,经债权人会议决议通过,或者第一次债权人会议召开前经人民法院许可,管理人或者自行管理的债务人可以为债务人继续营业而借款。提供借款的债权人主张参照企业破产法第四十二条第四项的规定优先于普通破产债权清偿的,人民法院应予支持,但其主张优先于此前已就债务人特定财产享有担保的债权清偿的,人民法院不予支持。

管理人或者自行管理的债务人可以为前述借款设定抵押担保,抵押物在破产申请受理前已为其他债权人设定抵押的,债权人主张按照民法典第四百一十四条规定的顺序清偿,人民法院应予支持。

第三条 破产申请受理后,债务人欠缴款项产生的滞纳金,包括债务人未履行生效法律文书应当加倍支付的迟延利息和劳动保险金的滞纳金,债权人作为破产债权申报的,人民法院不予确认。

第四条 保证人被裁定进入破产程序的,债权人有权申报其对保证人的保证债权。

主债务未到期的,保证债权在保证人破产申请受理时视为到期。一般保证的保证人主张行使先诉抗辩权的,人民法院不予支持,但债权人在一般保证人破产程序中的分配额应予提存,待一般保证人应承担的保证责任确定后再按照破产清偿比例予以分配。

保证人被确定应当承担保证责任的,保证人的管理人可以就保证人实际承担的清偿额向主债务人或其他债务人行使求偿权。

第五条 债务人、保证人均被裁定进入破产程序的,债权人有权向债务人、保证人分别申报债权。

债权人向债务人、保证人均申报全部债权的,从一方破产程序中获得清偿后,其对另一方的债权额不作调整,但债权人的受偿额不得超出其债权总额。保证人履行保证责任后不再享有求偿权。

第六条 管理人应当依照企业破产法第五十七条的规定对所申报的债权进行登记造册,详尽记载申报人的姓名、单位、代理人、申报债权额、担保情况、证据、联系方式等事项,形成债权申报登记册。

管理人应当依照企业破产法第五十七条的规定对债权的性质、数额、担保财产、是否超过诉讼时效期间、是否超过强制执行期间等情况进行审查、编制债权表并提交债权人会议核查。

债权表、债权申报登记册及债权申报材料在破产期间由管理人保管,债权人、债务人、债务人职工及其他利害关系人有权查阅。

第七条 已经生效法律文书确定的债权,管理人应当予以确认。

管理人认为债权人据以申报债权的生效法律文书确定的债权错误,或者有证据证明债权人与债务人恶意通过诉讼、仲裁或者公证机关赋予强制执行力公证文书的形式虚构债权债务的,应当依法通过审判监督程序向作出该判决、裁定、调解书的人民法院或者上一级人民法院申请撤销生效法律文书,或者向受理破产申请的人民法院申请撤销或者不予执行仲裁裁决、不予执行公证债权文书后,重新确定债权。

第八条　债务人、债权人对债权表记载的债权有异议的,应当说明理由和法律依据。经管理人解释或调整后,异议人仍然不服的,或者管理人不予解释或调整的,异议人应当在债权人会议核查结束后十五日内向人民法院提起债权确认的诉讼。当事人之间在破产申请受理前订立有仲裁条款或仲裁协议的,应当向选定的仲裁机构申请确认债权债务关系。

第九条　债务人对债权表记载的债权有异议向人民法院提起诉讼的,应将被异议债权人列为被告。债权人对债权表记载的他人债权有异议的,应将被异议债权人列为被告;债权人对债权表记载的本人债权有异议的,应将债务人列为被告。

对同一笔债权存在多个异议人,其他异议人申请参加诉讼的,应当列为共同原告。

第十条　单个债权人有权查阅债务人财产状况报告、债权人会议决议、债权人委员会决议、管理人监督报告等参与破产程序所必需的债务人财务和经营信息资料。管理人无正当理由不予提供的,债权人可以请求人民法院作出决定;人民法院应当在五日内作出决定。

上述信息资料涉及商业秘密的,债权人应当依法承担保密义务或者签署保密协议;涉及国家秘密的应当依照相关法律规定处理。

第十一条　债权人会议的决议除现场表决外,可以由管理人事先将相关决议事项告知债权人,采取通信、网络投票等非现场方式进行表决。采取非现场方式进行表决的,管理人应当在债权人会议召开后的三日内,以信函、电子邮件、公告等方式将表决结果告知参与表决的债权人。

根据企业破产法第八十二条规定,对重整计划草案进行分组表决时,权益因重整计划草案受到调整或者影响的债权人或者股东,有权参加表决;权益未受到调整或者影响的债权人或者股东,参照企业破产法第八十三条的规定,不参加重整计划草案的表决。

第十二条　债权人会议的决议具有以下情形之一,损害债权人利益,债权人申请撤销的,人民法院应予支持:

(一)债权人会议的召开违反法定程序;

(二)债权人会议的表决违反法定程序;
(三)债权人会议的决议内容违法;
(四)债权人会议的决议超出债权人会议的职权范围。

人民法院可以裁定撤销全部或者部分事项决议,责令债权人会议依法重新作出决议。

债权人申请撤销债权人会议决议的,应当提出书面申请。债权人会议采取通信、网络投票等非现场方式进行表决的,债权人申请撤销的期限自债权人收到通知之日起算。

第十三条　债权人会议可以依照企业破产法第六十八条第一款第四项的规定,委托债权人委员会行使企业破产法第六十一条第一款第二、三、五项规定的债权人会议职权。债权人会议不得作出概括性授权,委托其行使债权人会议所有职权。

第十四条　债权人委员会决定所议事项应获得全体成员过半数通过,并作成议事记录。债权人委员会成员对所议事项的决议有不同意见的,应当在记录中载明。

债权人委员会行使职权应当接受债权人会议的监督,以适当的方式向债权人会议及时汇报工作,并接受人民法院的指导。

第十五条　管理人处分企业破产法第六十九条规定的债务人重大财产的,应当事先制作财产管理或者变价方案并提交债权人会议进行表决,债权人会议表决未通过的,管理人不得处分。

管理人实施处分前,应当根据企业破产法第六十九条的规定,提前十日书面报告债权人委员会或者人民法院。债权人委员会可以依照企业破产法第六十八条第二款的规定,要求管理人对处分行为作出相应说明或者提供有关文件依据。

债权人委员会认为管理人实施的处分行为不符合债权人会议通过的财产管理或变价方案的,有权要求管理人纠正。管理人拒绝纠正的,债权人委员会可以请求人民法院作出决定。

人民法院认为管理人实施的处分行为不符合债权人会议通过的财产管理或变价方案的,应当责令管理人停止处分行为。管理人应当予以纠正,或者提交债权人会议重新表决通过后实施。

第十六条　本规定自2019年3月28日起实施。

实施前本院发布的有关企业破产的司法解释,与本规定相抵触的,自本规定实施之日起不再适用。

《最高人民法院关于适用〈中华人民共和国企业破产法〉若干问题的规定(二)》(2020年修正)

根据《中华人民共和国民法典》《中华人民共和国企业破产法》等相关法律,结合审判实践,就人民法院审理企业破产案件中认定债务人财产相关的法律适用问题,制定本规定。

第一条 除债务人所有的货币、实物外,债务人依法享有的可以用货币估价并可以依法转让的债权、股权、知识产权、用益物权等财产和财产权益,人民法院均应认定为债务人财产。

第二条 下列财产不应认定为债务人财产:

(一)债务人基于仓储、保管、承揽、代销、借用、寄存、租赁等合同或者其他法律关系占有、使用的他人财产;

(二)债务人在所有权保留买卖中尚未取得所有权的财产;

(三)所有权专属于国家且不得转让的财产;

(四)其他依照法律、行政法规不属于债务人的财产。

第三条 债务人已依法设定担保物权的特定财产,人民法院应当认定为债务人财产。

对债务人的特定财产在担保物权消灭或者实现担保物权后的剩余部分,在破产程序中可用以清偿破产费用、共益债务和其他破产债权。

第四条 债务人对按份享有所有权的共有财产的相关份额,或者共同享有所有权的共有财产的相应财产权利,以及依法分割共有财产所得部分,人民法院均应认定为债务人财产。

人民法院宣告债务人破产清算,属于共有财产分割的法定事由。人民法院裁定债务人重整或者和解的,共有财产的分割应当依据民法典第三百零三条的规定进行;基于重整或者和解的需要必须分割共有财产,管理人请求分割的,人民法院应予准许。

因分割共有财产导致其他共有人损害产生的债务,其他共有人请求作为共益债务清偿的,人民法院应予支持。

第五条 破产申请受理后,有关债务人财产的执行程序未依照企业破产法第十九条的规定中止的,采取执行措施的相关单位应当依法予以纠正。依法执行回转的财产，人民法院应当认定为债务人财产。

第六条　破产申请受理后，对于可能因有关利益相关人的行为或者其他原因，影响破产程序依法进行的，受理破产申请的人民法院可以根据管理人的申请或者依职权，对债务人的全部或者部分财产采取保全措施。

第七条　对债务人财产已采取保全措施的相关单位，在知悉人民法院已裁定受理有关债务人的破产申请后，应当依照企业破产法第十九条的规定及时解除对债务人财产的保全措施。

第八条　人民法院受理破产申请后至破产宣告前裁定驳回破产申请，或者依据企业破产法第一百零八条的规定裁定终结破产程序的，应当及时通知原已采取保全措施并已依法解除保全措施的单位按照原保全顺位恢复相关保全措施。

在已依法解除保全的单位恢复保全措施或者表示不再恢复之前，受理破产申请的人民法院不得解除对债务人财产的保全措施。

第九条　管理人依据企业破产法第三十一条和第三十二条的规定提起诉讼，请求撤销涉及债务人财产的相关行为并由相对人返还债务人财产的，人民法院应予支持。

管理人因过错未依法行使撤销权导致债务人财产不当减损，债权人提起诉讼主张管理人对其损失承担相应赔偿责任的，人民法院应予支持。

第十条　债务人经过行政清理程序转入破产程序的，企业破产法第三十一条和第三十二条规定的可撤销行为的起算点，为行政监管机构作出撤销决定之日。

债务人经过强制清算程序转入破产程序的，企业破产法第三十一条和第三十二条规定的可撤销行为的起算点，为人民法院裁定受理强制清算申请之日。

第十一条　人民法院根据管理人的请求撤销涉及债务人财产的以明显不合理价格进行的交易的，买卖双方应当依法返还从对方获取的财产或者价款。

因撤销该交易，对于债务人应返还受让人已支付价款所产生的债务，受让人请求作为共益债务清偿的，人民法院应予支持。

第十二条　破产申请受理前一年内债务人提前清偿的未到期债务，在破产申请受理前已经到期，管理人请求撤销该清偿行为的，人民法院不予支持。但是,该清偿行为发生在破产申请受理前六个月内且债务人有企业破产法第二条第一款规定情形的除外。

第十三条　破产申请受理后,管理人未依据企业破产法第三十一条的规定请求撤销债务人无偿转让财产、以明显不合理价格交易、放弃债权行为的,债权人依据民法典第五百三十八条、第五百三十九条等规定提起诉讼,请求撤销债务人上述行为并将因此追回的财产归入债务人财产的,人民法院应予受理。

相对人以债权人行使撤销权的范围超出债权人的债权抗辩的,人民法院不予支持。

第十四条　债务人对以自有财产设定担保物权的债权进行的个别清偿,管理人依据企业破产法第三十二条的规定请求撤销的,人民法院不予支持。但是,债务清偿时担保财产的价值低于债权额的除外。

第十五条　债务人经诉讼、仲裁、执行程序对债权人进行的个别清偿,管理人依据企业破产法第三十二条的规定请求撤销的,人民法院不予支持。但是,债务人与债权人恶意串通损害其他债权人利益的除外。

第十六条　债务人对债权人进行的以下个别清偿,管理人依据企业破产法第三十二条的规定请求撤销的,人民法院不予支持:

(一)债务人为维系基本生产需要而支付水费、电费等的;

(二)债务人支付劳动报酬、人身损害赔偿金的;

(三)使债务人财产受益的其他个别清偿。

第十七条　管理人依据企业破产法第三十三条的规定提起诉讼,主张被隐匿、转移财产的实际占有人返还债务人财产,或者主张债务人虚构债务或者承认不真实债务的行为无效并返还债务人财产的,人民法院应予支持。

第十八条　管理人代表债务人依据企业破产法第一百二十八条的规定,以债务人的法定代表人和其他直接责任人员对所涉债务人财产的相关行为存在故意或者重大过失,造成债务人财产损失为由提起诉讼,主张上述责任人员承担相应赔偿责任的,人民法院应予支持。

第十九条　债务人对外享有债权的诉讼时效,自人民法院受理破产申请之日起中断。

债务人无正当理由未对其到期债权及时行使权利,导致其对外债权在破产申请受理前一年内超过诉讼时效期间的,人民法院受理破产申请之日起重新计算上述债权的诉讼时效期间。

第二十条 管理人代表债务人提起诉讼,主张出资人向债务人依法缴付未履行的出资或者返还抽逃的出资本息,出资人以认缴出资尚未届至公司章程规定的缴纳期限或者违反出资义务已经超过诉讼时效为由抗辩的,人民法院不予支持。

管理人依据公司法的相关规定代表债务人提起诉讼,主张公司的发起人和负有监督股东履行出资义务的董事、高级管理人员,或者协助抽逃出资的其他股东、董事、高级管理人员、实际控制人等,对股东违反出资义务或者抽逃出资承担相应责任,并将财产归入债务人财产的,人民法院应予支持。

第二十一条 破产申请受理前,债权人就债务人财产提起下列诉讼,破产申请受理时案件尚未审结的,人民法院应当中止审理:

(一)主张次债务人代替债务人直接向其偿还债务的;

(二)主张债务人的出资人、发起人和负有监督股东履行出资义务的董事、高级管理人员,或者协助抽逃出资的其他股东、董事、高级管理人员、实际控制人等直接向其承担出资不实或者抽逃出资责任的;

(三)以债务人的股东与债务人法人人格严重混同为由,主张债务人的股东直接向其偿还债务人对其所负债务的;

(四)其他就债务人财产提起的个别清偿诉讼。

债务人破产宣告后,人民法院应当依照企业破产法第四十四条的规定判决驳回债权人的诉讼请求。但是,债权人一审中变更其诉讼请求为追收的相关财产归入债务人财产的除外。

债务人破产宣告前,人民法院依据企业破产法第十二条或者第一百零八条的规定裁定驳回破产申请或者终结破产程序的,上述中止审理的案件应当依法恢复审理。

第二十二条 破产申请受理前,债权人就债务人财产向人民法院提起本规定第二十一条第一款所列诉讼,人民法院已经作出生效民事判决书或者调解书但尚未执行完毕的,破产申请受理后,相关执行行为应当依据企业破产法第十九条的规定中止,债权人应当依法向管理人申报相关债权。

第二十三条　破产申请受理后,债权人就债务人财产向人民法院提起本规定第二十一条第一款所列诉讼的,人民法院不予受理。

债权人通过债权人会议或者债权人委员会,要求管理人依法向次债务人、债务人的出资人等追收债务人财产,管理人无正当理由拒绝追收,债权人会议依据企业破产法第二十二条的规定,申请人民法院更换管理人的,人民法院应予支持。

管理人不予追收,个别债权人代表全体债权人提起相关诉讼,主张次债务人或者债务人的出资人等向债务人清偿或者返还债务人财产,或者依法申请合并破产的,人民法院应予受理。

第二十四条　债务人有企业破产法第二条第一款规定的情形时,债务人的董事、监事和高级管理人员利用职权获取的以下收入,人民法院应当认定为企业破产法第三十六条规定的非正常收入:

(一)绩效奖金;

(二)普遍拖欠职工工资情况下获取的工资性收入;

(三)其他非正常收入。

债务人的董事、监事和高级管理人员拒不向管理人返还上述债务人财产,管理人主张上述人员予以返还的,人民法院应予支持。

债务人的董事、监事和高级管理人员因返还第一款第(一)项、第(三)项非正常收入形成的债权,可以作为普通破产债权清偿。因返还第一款第(二)项非正常收入形成的债权,依据企业破产法第一百一十三条第三款的规定,按照该企业职工平均工资计算的部分作为拖欠职工工资清偿;高出该企业职工平均工资计算的部分,可以作为普通破产债权清偿。

第二十五条　管理人拟通过清偿债务或者提供担保取回质物、留置物,或者与质权人、留置权人协议以质物、留置物折价清偿债务等方式,进行对债权人利益有重大影响的财产处分行为的,应当及时报告债权人委员会。未设立债权人委员会的,管理人应当及时报告人民法院。

第二十六条　权利人依据企业破产法第三十八条的规定行使取回权,应当在破产财产变价方案或者和解协议、重整计划草案提交债权人会议表决前向管理人提出。权利人在上述期限后主张取回相关财产的,应当承担延迟行使取回权增加的相关费用。

第二十七条　权利人依据企业破产法第三十八条的规定向管理人主张取回相关财产,管理人不予认可,权利人以债务人为被告向人民法院提起诉讼请求行使取回权的,人民法院应予受理。

权利人依据人民法院或者仲裁机关的相关生效法律文书向管理人主张取回所涉争议财产,管理人以生效法律文书错误为由拒绝其行使取回权的,人民法院不予支持。

第二十八条　权利人行使取回权时未依法向管理人支付相关的加工费、保管费、托运费、委托费、代销费等费用,管理人拒绝其取回相关财产的,人民法院应予支持。

第二十九条　对债务人占有的权属不清的鲜活易腐等不易保管的财产或者不及时变现价值将严重贬损的财产,管理人及时变价并提存变价款后,有关权利人就该变价款行使取回权的,人民法院应予支持。

第三十条　债务人占有的他人财产被违法转让给第三人,依据民法典第三百一十一条的规定第三人已善意取得财产所有权,原权利人无法取回该财产的,人民法院应当按照以下规定处理:

(一)转让行为发生在破产申请受理前的,原权利人因财产损失形成的债权,作为普通破产债权清偿;

(二)转让行为发生在破产申请受理后的,因管理人或者相关人员执行职务导致原权利人损害产生的债务,作为共益债务清偿。

第三十一条　债务人占有的他人财产被违法转让给第三人,第三人已向债务人支付了转让价款,但依据民法典第三百一十一条的规定未取得财产所有权,原权利人依法追回转让财产的,对因第三人已支付对价而产生的债务,人民法院应当按照以下规定处理:

(一)转让行为发生在破产申请受理前的,作为普通破产债权清偿;

(二)转让行为发生在破产申请受理后的,作为共益债务清偿。

第三十二条　债务人占有的他人财产毁损、灭失,因此获得的保险金、赔偿金、代偿物尚未交付给债务人,或者代偿物虽已交付给债务人但能与债务人财产予以区分的,权利人主张取回就此获得的保险金、赔偿金、代偿物的,人民法院应予支持。

保险金、赔偿金已经交付给债务人,或者代偿物已经交付给债务人且不能与债务人财产予以区分的,人民法院应当按照以下规定处理:

（一）财产毁损、灭失发生在破产申请受理前的，权利人因财产损失形成的债权，作为普通破产债权清偿；

（二）财产毁损、灭失发生在破产申请受理后的，因管理人或者相关人员执行职务导致权利人损害产生的债务，作为共益债务清偿。

债务人占有的他人财产毁损、灭失，没有获得相应的保险金、赔偿金、代偿物，或者保险金、赔偿物、代偿物不足以弥补其损失的部分，人民法院应当按照本条第二款的规定处理。

第三十三条　管理人或者相关人员在执行职务过程中，因故意或者重大过失不当转让他人财产或者造成他人财产毁损、灭失，导致他人损害产生的债务作为共益债务，由债务人财产随时清偿不足弥补损失，权利人向管理人或者相关人员主张承担补充赔偿责任的，人民法院应予支持。

上述债务作为共益债务由债务人财产随时清偿后，债权人以管理人或者相关人员执行职务不当导致债务人财产减少给其造成损失为由提起诉讼，主张管理人或者相关人员承担相应赔偿责任的，人民法院应予支持。

第三十四条　买卖合同双方当事人在合同中约定标的物所有权保留，在标的物所有权未依法转移给买受人前，一方当事人破产的，该买卖合同属于双方均未履行完毕的合同，管理人有权依据企业破产法第十八条的规定决定解除或者继续履行合同。

第三十五条　出卖人破产，其管理人决定继续履行所有权保留买卖合同的，买受人应当按照原买卖合同的约定支付价款或者履行其他义务。

买受人未依约支付价款或者履行完毕其他义务，或者将标的物出卖、出质或者作出其他不当处分，给出卖人造成损害，出卖人管理人依法主张取回标的物的，人民法院应予支持。但是，买受人已经支付标的物总价款百分之七十五以上或者第三人善意取得标的物所有权或者其他物权的除外。

因本条第二款规定未能取回标的物，出卖人管理人依法主张买受人继续支付价款、履行完毕其他义务，以及承担相应赔偿责任的，人民法院应予支持。

第三十六条　出卖人破产，其管理人决定解除所有权保留买卖合同，并依据企业破产法第十七条的规定要求买受人向其交付买卖标的物的，人民法院应予支持。

买受人以其不存在未依约支付价款或者履行完毕其他义务,或者将标的物出卖、出质或者作出其他不当处分情形抗辩的,人民法院不予支持。

买受人依法履行合同义务并依据本条第一款将买卖标的物交付出卖人管理人后,买受人已支付价款损失形成的债权作为共益债务清偿。但是,买受人违反合同约定,出卖人管理人主张上述债权作为普通破产债权清偿的,人民法院应予支持。

第三十七条 买受人破产,其管理人决定继续履行所有权保留买卖合同的,原买卖合同中约定的买受人支付价款或者履行其他义务的期限在破产申请受理时视为到期,买受人管理人应当及时向出卖人支付价款或者履行其他义务。

买受人管理人无正当理由未及时支付价款或者履行完毕其他义务,或者将标的物出卖、出质或者作出其他不当处分,给出卖人造成损害,出卖人依据民法典第六百四十一条等规定主张取回标的物的,人民法院应予支持。但是,买受人已支付标的物总价款百分之七十五以上或者第三人善意取得标的物所有权或者其他物权的除外。

因本条第二款规定未能取回标的物,出卖人依法主张买受人继续支付价款、履行完毕其他义务,以及承担相应赔偿责任的,人民法院应予支持。对因买受人未支付价款或者未履行完毕其他义务,以及买受人管理人将标的物出卖、出质或者作出其他不当处分导致出卖人损害产生的债务,出卖人主张作为共益债务清偿的,人民法院应予支持。

第三十八条 买受人破产,其管理人决定解除所有权保留买卖合同,出卖人依据企业破产法第三十八条的规定主张取回买卖标的物的,人民法院应予支持。

出卖人取回买卖标的物,买受人管理人主张出卖人返还已支付价款的,人民法院应予支持。取回的标的物价值明显减少给出卖人造成损失的,出卖人可从买受人已支付价款中优先予以抵扣后,将剩余部分返还给买受人;对买受人已支付价款不足以弥补出卖人标的物价值减损损失形成的债权,出卖人主张作为共益债务清偿的,人民法院应予支持。

第三十九条 出卖人依据企业破产法第三十九条的规定,通过通知承运人或者实际占有人中止运输、返还货物、变更到达地,或者将货物交给其他收货人等方式,对在运途中标的物主张了取回权但未能实现,或者在货物未达管理人前已向管理人主张取回在运途中标的物,在买卖标的物到达管理人后,出卖人向管理人主张取回的,管理人应予准许。

出卖人对在运途中标的物未及时行使取回权,在买卖标的物到达管理人后向管理人行使在运途中标的物取回权的,管理人不应准许。

第四十条　债务人重整期间,权利人要求取回债务人合法占有的权利人的财产,不符合双方事先约定条件的,人民法院不予支持。但是,因管理人或者自行管理的债务人违反约定,可能导致取回物被转让、毁损、灭失或者价值明显减少的除外。

第四十一条　债权人依据企业破产法第四十条的规定行使抵销权,应当向管理人提出抵销主张。

管理人不得主动抵销债务人与债权人的互负债务,但抵销使债务人财产受益的除外。

第四十二条　管理人收到债权人提出的主张债务抵销的通知后,经审查无异议的,抵销自管理人收到通知之日起生效。

管理人对抵销主张有异议的,应当在约定的异议期限内或者自收到主张债务抵销的通知之日起三个月内向人民法院提起诉讼。无正当理由逾期提起的,人民法院不予支持。

人民法院判决驳回管理人提起的抵销无效诉讼请求的,该抵销自管理人收到主张债务抵销的通知之日起生效。

第四十三条　债权人主张抵销,管理人以下列理由提出异议的,人民法院不予支持:

(一)破产申请受理时,债务人对债权人负有的债务尚未到期;

(二)破产申请受理时,债权人对债务人负有的债务尚未到期;

(三)双方互负债务标的物种类、品质不同。

第四十四条　破产申请受理前六个月内,债务人有企业破产法第二条第一款规定的情形,债务人与个别债权人以抵销方式对个别债权人清偿,其抵销的债权债务属于企业破产法第四十条第(二)、(三)项规定的情形之一,管理人在破产申请受理之日起三个月内向人民法院提起诉讼,主张该抵销无效的,人民法院应予支持。

第四十五条　企业破产法第四十条所列不得抵销情形的债权人,主张以其对债务人特定财产享有优先受偿权的债权,与债务人对其不享有优先受偿权的债权抵销,债务人管理人以抵销存在企业破产法第四十条规定的情形提出异议的,人民法院不予支持。但是,用以抵销的债权大于债权人享有优先受偿权财产价值的除外。

第四十六条　债务人的股东主张以下列债务与债务人对其负有的债务抵销,债务人管理人提出异议的,人民法院应予支持:

(一)债务人股东因欠缴债务人的出资或者抽逃出资对债务人所负的债务;

(二)债务人股东滥用股东权利或者关联关系损害公司利益对债务人所负的债务。

第四十七条　人民法院受理破产申请后,当事人提起的有关债务人的民事诉讼案件,应当依据企业破产法第二十一条的规定,由受理破产申请的人民法院管辖。

受理破产申请的人民法院管辖的有关债务人的第一审民事案件,可以依据民事诉讼法第三十八条的规定,由上级人民法院提审,或者报请上级人民法院批准后交下级人民法院审理。

受理破产申请的人民法院,如对有关债务人的海事纠纷、专利纠纷、证券市场因虚假陈述引发的民事赔偿纠纷等案件不能行使管辖权的,可以依据民事诉讼法第三十七条的规定,由上级人民法院指定管辖。

第四十八条　本规定施行前本院发布的有关企业破产的司法解释,与本规定相抵触的,自本规定施行之日起不再适用。

《最高人民法院关于适用〈中华人民共和国企业破产法〉若干问题的规定(一)》(法释[2011]22号)

为正确适用《中华人民共和国企业破产法》,结合审判实践,就人民法院依法受理企业破产案件适用法律问题作出如下规定。

第一条　债务人不能清偿到期债务并且具有下列情形之一的,人民法院应当认定其具备破产原因:

(一)资产不足以清偿全部债务;

(二)明显缺乏清偿能力。

相关当事人以对债务人的债务负有连带责任的人未丧失清偿能力为

由,主张债务人不具备破产原因的,人民法院应不予支持。

第二条 下列情形同时存在的,人民法院应当认定债务人不能清偿到期债务:

(一)债权债务关系依法成立;

(二)债务履行期限已经届满;

(三)债务人未完全清偿债务。

第三条 债务人的资产负债表,或者审计报告、资产评估报告等显示其全部资产不足以偿付全部负债的,人民法院应当认定债务人资产不足以清偿全部债务,但有相反证据足以证明债务人资产能够偿付全部负债的除外。

第四条 债务人账面资产虽大于负债,但存在下列情形之一的,人民法院应当认定其明显缺乏清偿能力:

(一)因资金严重不足或者财产不能变现等原因,无法清偿债务;

(二)法定代表人下落不明且无其他人员负责管理财产,无法清偿债务;

(三)经人民法院强制执行,无法清偿债务;

(四)长期亏损且经营扭亏困难,无法清偿债务;

(五)导致债务人丧失清偿能力的其他情形。

第五条 企业法人已解散但未清算或者未在合理期限内清算完毕,债权人申请债务人破产清算的,除债务人在法定异议期限内举证证明其未出现破产原因外,人民法院应当受理。

第六条 债权人申请债务人破产的,应当提交债务人不能清偿到期债务的有关证据。债务人对债权人的申请未在法定期限内向人民法院提出异议,或者异议不成立的,人民法院应当依法裁定受理破产申请。

受理破产申请后,人民法院应当责令债务人依法提交其财产状况说明、债务清册、债权清册、财务会计报告等有关材料,债务人拒不提交的,人民法院可以对债务人的直接责任人员采取罚款等强制措施。

第七条 人民法院收到破产申请时,应当向申请人出具收到申请及所附证据的书面凭证。

人民法院收到破产申请后应当及时对申请人的主体资格、债务人的主体资格和破产原因,以及有关材料和证据等进行审查,并依据企业破产法第十条的规定作出是否受理的裁定。

人民法院认为申请人应当补充、补正相关材料的,应当自收到破产申请之日起五日内告知申请人。当事人补充、补正相关材料的期间不计入企业破产法第十条规定的期限。

第八条　破产案件的诉讼费用,应根据企业破产法第四十三条的规定,从债务人财产中拨付。相关当事人以申请人未预先交纳诉讼费用为由,对破产申请提出异议的,人民法院不予支持。

第九条　申请人向人民法院提出破产申请,人民法院未接收其申请,或者未按本规定第七条执行的,申请人可以向上一级人民法院提出破产申请。

上一级人民法院接到破产申请后,应当责令下级法院依法审查并及时作出是否受理的裁定;下级法院仍不作出是否受理裁定的,上一级人民法院可以径行作出裁定。

上一级人民法院裁定受理破产申请的,可以同时指令下级人民法院审理该案件。

典型案例指导

浙江省舟山市定海新开元灯饰经营部与浙江省舟山市定海天下名都娱乐有限公司买卖合同纠纷上诉案[浙江省舟山市中级人民法院(2017)浙09民终22号民事判决书,《人民司法·案例》2018年第35期]

公司在诉讼期间注销的,公司股东应接替公司参加诉讼。如果公司清算报告载明的公司剩余财产足以清偿债务,可以直接判决股东清偿;如果公司清算报告载明的公司剩余财产不足以清偿债务,应允许债权人变更诉讼请求,追究股东不依法履行清算义务的侵权责任。

广西北生集团有限责任公司与北海市威豪房地产开发公司、广西壮族自治区畜产进出口北海公司土地使用权转让合同纠纷案[最高人民法院(2005)民一终字第104号民事判决书,《最高人民法院公报》2006年第9期(总第119期)]

《民法通则》第三十六条规定:"……法人的民事权利能力和民事行为能力,从法人成立时产生,到法人终止时消灭。"《公司登记管理条例》第三十八条规定:"经公司登记机关核准注销登记,公司终止。"因此,法人被依法吊销营业执照后没有进行清算,也没有办理注销登记的,不属于法人终止,依法仍享有民事诉讼的权利能力和行为能力。此类法人与他人产生合同纠纷的,应当以自己的名义参加民事诉讼。其开办单位因不是合同当事人,不具备诉讼主体资格。

第十三章　外国公司的分支机构

第二百四十三条　【外国公司的定义】本法所称外国公司,是指依照外国法律在中华人民共和国境外设立的公司。

▌旧法对应关系 ●●●●●●

原《公司法》第一百九十一条　本法所称外国公司是指依照外国法律在中国境外设立的公司。

▌关联法律法规 ●●●●●●

《外国企业常驻代表机构登记管理条例》(2024年修订)

第一章　总　　则

第一条　为了规范外国企业常驻代表机构的设立及其业务活动,制定本条例。

第二条　本条例所称外国企业常驻代表机构(以下简称代表机构),是指外国企业依照本条例规定,在中国境内设立的从事与该外国企业业务有关的非营利性活动的办事机构。代表机构不具有法人资格。

第三条　代表机构应当遵守中国法律,不得损害中国国家安全和社会公共利益。

第四条　代表机构设立、变更、终止,应当依照本条例规定办理登记。

外国企业申请办理代表机构登记,应当对申请文件、材料的真实性负责。

第五条　省、自治区、直辖市人民政府市场监督管理部门是代表机构的登记和管理机关(以下简称登记机关)。

登记机关应当与其他有关部门建立信息共享机制,相互提供有关代表机构的信息。

第六条　代表机构应当于每年3月1日至6月30日向登记机关提交年度报告。年度报告的内容包括外国企业的合法存续情况、代表机构的业务活动开展情况及其经会计师事务所审计的费用收支情况等相关情况。

第七条　代表机构应当依法设置会计账簿,真实记载外国企业经费拨付和代表机构费用收支情况,并置于代表机构驻在场所。

代表机构不得使用其他企业、组织或者个人的账户。

第八条　外国企业委派的首席代表、代表以及代表机构的工作人员应当遵守法律、行政法规关于出入境、居留、就业、纳税、外汇登记等规定;违反规定的,由有关部门依照法律、行政法规的相关规定予以处理。

第二章　登 记 事 项

第九条　代表机构的登记事项包括:代表机构名称、首席代表姓名、业务范围、驻在场所、驻在期限、外国企业名称及其住所。

第十条　代表机构名称应当由以下部分依次组成:外国企业国籍、外国企业中文名称、驻在城市名称以及"代表处"字样,并不得含有下列内容和文字:

(一)有损于中国国家安全或者社会公共利益的;

(二)国际组织名称;

(三)法律、行政法规或者国务院规定禁止的。

代表机构应当以登记机关登记的名称从事业务活动。

第十一条　外国企业应当委派一名首席代表。首席代表在外国企业书面授权范围内,可以代表外国企业签署代表机构登记申请文件。

外国企业可以根据业务需要,委派1至3名代表。

第十二条　有下列情形之一的,不得担任首席代表、代表:

(一)因损害中国国家安全或者社会公共利益,被判处刑罚的;

(二)因从事损害中国国家安全或者社会公共利益等违法活动,依法被撤销设立登记、吊销登记证或者被有关部门依法责令关闭的代表机构的首席代表、代表,自被撤销、吊销或者责令关闭之日起未逾5年的;

(三)国务院市场监督管理部门规定的其他情形。

第十三条　代表机构不得从事营利性活动。

中国缔结或者参加的国际条约、协定另有规定的,从其规定,但是中国声明保留的条款除外。

第十四条　代表机构可以从事与外国企业业务有关的下列活动:

(一)与外国企业产品或者服务有关的市场调查、展示、宣传活动;

（二）与外国企业产品销售、服务提供、境内采购、境内投资有关的联络活动。

法律、行政法规或者国务院规定代表机构从事前款规定的业务活动须经批准的，应当取得批准。

第十五条　代表机构的驻在场所由外国企业自行选择。

根据国家安全和社会公共利益需要，有关部门可以要求代表机构调整驻在场所，并及时通知登记机关。

第十六条　代表机构的驻在期限不得超过外国企业的存续期限。

第十七条　登记机关应当将代表机构登记事项记载于代表机构登记簿，供社会公众查阅、复制。

第十八条　代表机构应当将登记机关颁发的外国企业常驻代表机构登记证(以下简称登记证)置于代表机构驻在场所的显著位置。

第十九条　任何单位和个人不得伪造、涂改、出租、出借、转让登记证和首席代表、代表的代表证(以下简称代表证)。

登记证和代表证遗失或者毁坏的，代表机构应当在指定的媒体上声明作废，申请补领。

登记机关依法作出准予变更登记、准予注销登记、撤销变更登记、吊销登记证决定的，代表机构原登记证和原首席代表、代表的代表证自动失效。

第二十条　代表机构设立、变更，外国企业应当在登记机关指定的媒体上向社会公告。

代表机构注销或者被依法撤销设立登记、吊销登记证的，由登记机关进行公告。

第二十一条　登记机关对代表机构涉嫌违反本条例的行为进行查处，可以依法行使下列职权：

（一）向有关的单位和个人调查、了解情况；

（二）查阅、复制、查封、扣押与违法行为有关的合同、票据、账簿以及其他资料；

（三）查封、扣押专门用于从事违法行为的工具、设备、原材料、产品(商品)等财物；

（四）查询从事违法行为的代表机构的账户以及与存款有关的会计凭

证、账簿、对账单等。

第三章 设立登记

第二十二条 设立代表机构应当向登记机关申请设立登记。

第二十三条 外国企业申请设立代表机构,应当向登记机关提交下列文件、材料:

(一)代表机构设立登记申请书;

(二)外国企业住所证明和存续2年以上的合法营业证明;

(三)外国企业章程或者组织协议;

(四)外国企业对首席代表、代表的任命文件;

(五)首席代表、代表的身份证明和简历;

(六)同外国企业有业务往来的金融机构出具的资金信用证明;

(七)代表机构驻在场所的合法使用证明。

法律、行政法规或者国务院规定设立代表机构须经批准的,外国企业应当自批准之日起90日内向登记机关申请设立登记,并提交有关批准文件。

中国缔结或者参加的国际条约、协定规定可以设立从事营利性活动的代表机构的,还应当依照法律、行政法规或者国务院规定提交相应文件。

第二十四条 登记机关应当自受理申请之日起15日内作出是否准予登记的决定,作出决定前可以根据需要征求有关部门的意见。作出准予登记决定的,应当自作出决定之日起5日内向申请人颁发登记证和代表证;作出不予登记决定的,应当自作出决定之日起5日内向申请人出具登记驳回通知书,说明不予登记的理由。

登记证签发日期为代表机构成立日期。

第二十五条 代表机构、首席代表和代表凭登记证、代表证申请办理居留、就业、纳税、外汇登记等有关手续。

第四章 变更登记

第二十六条 代表机构登记事项发生变更,外国企业应当向登记机关申请变更登记。

第二十七条 变更登记事项的,应当自登记事项发生变更之日起60日内申请变更登记。

变更登记事项依照法律、行政法规或者国务院规定在登记前须经批准的,应当自批准之日起 30 日内申请变更登记。

第二十八条 代表机构驻在期限届满后继续从事业务活动的,外国企业应当在驻在期限届满前 60 日内向登记机关申请变更登记。

第二十九条 申请代表机构变更登记,应当提交代表机构变更登记申请书以及国务院市场监督管理部门规定提交的相关文件。

变更登记事项依照法律、行政法规或者国务院规定在登记前须经批准的,还应当提交有关批准文件。

第三十条 登记机关应当自受理申请之日起 10 日内作出是否准予变更登记的决定。作出准予变更登记决定的,应当自作出决定之日起 5 日内换发登记证和代表证;作出不予变更登记决定的,应当自作出决定之日起 5 日内向申请人出具变更登记驳回通知书,说明不予变更登记的理由。

第三十一条 外国企业的有权签字人、企业责任形式、资本(资产)、经营范围以及代表发生变更的,外国企业应当自上述事项发生变更之日起 60 日内向登记机关备案。

第五章　注　销　登　记

第三十二条 有下列情形之一的,外国企业应当在下列事项发生之日起 60 日内向登记机关申请注销登记:

(一)外国企业撤销代表机构;

(二)代表机构驻在期限届满不再继续从事业务活动;

(三)外国企业终止;

(四)代表机构依法被撤销批准或者责令关闭。

第三十三条 外国企业申请代表机构注销登记,应当向登记机关提交下列文件:

(一)代表机构注销登记申请书;

(二)代表机构税务登记注销证明;

(三)海关出具的相关事宜已清理完结或者该代表机构未办理相关手续的证明;

(四)国务院市场监督管理部门规定提交的其他文件。

法律、行政法规或者国务院规定代表机构终止活动须经批准的,还应当提交有关批准文件。

第三十四条　登记机关应当自受理申请之日起10日内作出是否准予注销登记的决定。作出准予注销决定的,应当自作出决定之日起5日内出具准予注销通知书,收缴登记证和代表证;作出不予注销登记决定的,应当自作出决定之日起5日内向申请人出具注销登记驳回通知书,说明不予注销登记的理由。

第六章　法　律　责　任

第三十五条　未经登记,擅自设立代表机构或者从事代表机构业务活动的,由登记机关责令停止活动,处以5万元以上20万元以下的罚款。

代表机构违反本条例规定从事营利性活动的,由登记机关责令改正,没收违法所得,没收专门用于从事营利性活动的工具、设备、原材料、产品(商品)等财物,处以5万元以上50万元以下罚款;情节严重的,吊销登记证。

第三十六条　提交虚假材料或者采取其他欺诈手段隐瞒真实情况,取得代表机构登记或者备案的,由登记机关责令改正,对代表机构处以2万元以上20万元以下的罚款,对直接负责的主管人员和其他直接责任人员处以1000元以上1万元以下的罚款;情节严重的,由登记机关撤销登记或者吊销登记证,缴销代表证。

代表机构提交的年度报告隐瞒真实情况、弄虚作假的,由登记机关责令改正,对代表机构处以2万元以上20万元以下的罚款;情节严重的,吊销登记证。

伪造、涂改、出租、出借、转让登记证、代表证的,由登记机关对代表机构处以1万元以上10万元以下的罚款;对直接负责的主管人员和其他直接责任人员处以1000元以上1万元以下的罚款;情节严重的,吊销登记证,缴销代表证。

第三十七条　代表机构违反本条例第十四条规定从事业务活动以外活动的,由登记机关责令限期改正;逾期未改正的,处以1万元以上10万元以下的罚款;情节严重的,吊销登记证。

第三十八条　有下列情形之一的,由登记机关责令限期改正,处以1万元以上3万元以下的罚款;逾期未改正的,吊销登记证:

（一）未依照本条例规定提交年度报告的；
（二）未按照登记机关登记的名称从事业务活动的；
（三）未按照中国政府有关部门要求调整驻在场所的；
（四）未依照本条例规定公告其设立、变更情况的；
（五）未依照本条例规定办理有关变更登记、注销登记或者备案的。

第三十九条　代表机构从事危害中国国家安全或者社会公共利益等严重违法活动的，由登记机关吊销登记证。

代表机构违反本条例规定被撤销设立登记、吊销登记证，或者被中国政府有关部门依法责令关闭的，自被撤销、吊销或者责令关闭之日起 5 年内，设立该代表机构的外国企业不得在中国境内设立代表机构。

第四十条　登记机关及其工作人员滥用职权、玩忽职守、徇私舞弊，未依照本条例规定办理登记、查处违法行为，或者支持、包庇、纵容违法行为的，依法给予处分。

第四十一条　违反本条例规定，构成违反治安管理行为的，依照《中华人民共和国治安管理处罚法》的规定予以处罚；构成犯罪的，依法追究刑事责任。

第七章　附　　则

第四十二条　本条例所称外国企业，是指依照外国法律在中国境外设立的营利性组织。

第四十三条　代表机构登记的收费项目依照国务院财政部门、价格主管部门的有关规定执行，代表机构登记的收费标准依照国务院价格主管部门、财政部门的有关规定执行。

第四十四条　香港特别行政区、澳门特别行政区和台湾地区企业在中国境内设立代表机构的，参照本条例规定进行登记管理。

第四十五条　本条例自 2011 年 3 月 1 日起施行。1983 年 3 月 5 日经国务院批准，1983 年 3 月 15 日原国家工商行政管理局发布的《关于外国企业常驻代表机构登记管理办法》同时废止。

> **第二百四十四条 【外国公司分支机构的设立程序】**外国公司在中华人民共和国境内设立分支机构,应当向中国主管机关提出申请,并提交其公司章程、所属国的公司登记证书等有关文件,经批准后,向公司登记机关依法办理登记,领取营业执照。
> 外国公司分支机构的审批办法由国务院另行规定。

▎旧法对应关系 ●●●●●●●

原《公司法》第一百九十二条 外国公司在中国境内设立分支机构,必须向中国主管机关提出申请,并提交其公司章程、所属国的公司登记证书等有关文件,经批准后,向公司登记机关依法办理登记,领取营业执照。

外国公司分支机构的审批办法由国务院另行规定。

> **第二百四十五条 【外国公司分支机构的设立条件】**外国公司在中华人民共和国境内设立分支机构,应当在中华人民共和国境内指定负责该分支机构的代表人或者代理人,并向该分支机构拨付与其所从事的经营活动相适应的资金。
> 对外国公司分支机构的经营资金需要规定最低限额的,由国务院另行规定。

▎旧法对应关系 ●●●●●●●

原《公司法》第一百九十三条 外国公司在中国境内设立分支机构,必须在中国境内指定负责该分支机构的代表人或者代理人,并向该分支机构拨付与其所从事的经营活动相适应的资金。

对外国公司分支机构的经营资金需要规定最低限额的,由国务院另行规定。

> **第二百四十六条 【外国公司分支机构的名称要求及章程置备】**外国公司的分支机构应当在其名称中标明该外国公司的国籍及责任形式。
> 外国公司的分支机构应当在本机构中置备该外国公司章程。

旧法对应关系

原《公司法》第一百九十四条　外国公司的分支机构应当在其名称中标明该外国公司的国籍及责任形式。

外国公司的分支机构应当在本机构中置备该外国公司章程。

关联法律法规

《国家工商行政管理总局关于规范外国公司分支机构名称的通知》（工商外企字〔2003〕第64号）

根据《中华人民共和国公司法》第九章第二百零二条"外国公司的分支机构应当在其名称中标明该外国公司的国籍及责任形式"之规定，经研究决定，对外国公司来华设立分支机构从事经营活动的企业名称进行规范，在其名称中应标明该外国公司的国籍及责任形式，后缀以所在地地名及分支机构类型。属上述范畴的企业应当在接到本通知后60日内持名称变更相关材料到登记机关办理变更登记(可邮寄)，逾期未办理者，登记机关将在2003年度年检中一并予以规范。

外国企业分支机构参照执行。

第二百四十七条　【外国公司分支机构的法律地位】外国公司在中华人民共和国境内设立的分支机构不具有中国法人资格。

外国公司对其分支机构在中华人民共和国境内进行经营活动承担民事责任。

旧法对应关系

原《公司法》第一百九十五条　外国公司在中国境内设立的分支机构不具有中国法人资格。

外国公司对其分支机构在中国境内进行经营活动承担民事责任。

第二百四十八条　【外国公司分支机构的活动原则】经批准设立的外国公司分支机构，在中华人民共和国境内从事业务活动，应当遵守中国的法律，不得损害中国的社会公共利益，其合法权益受中国法律保护。

旧法对应关系

原《公司法》第一百九十六条 经批准设立的外国公司分支机构,在中国境内从事业务活动,必须遵守中国的法律,不得损害中国的社会公共利益,其合法权益受中国法律保护。

> **第二百四十九条 【外国公司分支机构的撤销与清算】**外国公司撤销其在中华人民共和国境内的分支机构时,应当依法清偿债务,依照本法有关公司清算程序的规定进行清算。未清偿债务之前,不得将其分支机构的财产转移至中华人民共和国境外。

旧法对应关系

原《公司法》第一百九十七条 外国公司撤销其在中国境内的分支机构时,必须依法清偿债务,依照本法有关公司清算程序的规定进行清算。未清偿债务之前,不得将其分支机构的财产移至中国境外。

第十四章 法律责任

第二百五十条 【欺诈取得公司登记的法律责任】违反本法规定，虚报注册资本、提交虚假材料或者采取其他欺诈手段隐瞒重要事实取得公司登记的，由公司登记机关责令改正，对虚报注册资本的公司，处以虚报注册资本金额百分之五以上百分之十五以下的罚款；对提交虚假材料或者采取其他欺诈手段隐瞒重要事实的公司，处以五万元以上二百万元以下的罚款；情节严重的，吊销营业执照；对直接负责的主管人员和其他直接责任人员处以三万元以上三十万元以下的罚款。

对应配套规定

《中华人民共和国市场主体登记管理条例》（自 2022 年 3 月 1 日起施行）

第四十条 提交虚假材料或者采取其他欺诈手段隐瞒重要事实取得市场主体登记的，受虚假市场主体登记影响的自然人、法人和其他组织可以向登记机关提出撤销市场主体登记的申请。

登记机关受理申请后，应当及时开展调查。经调查认定存在虚假市场主体登记情形的，登记机关应当撤销市场主体登记。相关市场主体和人员无法联系或者拒不配合的，登记机关可以将相关市场主体的登记时间、登记事项等通过国家企业信用信息公示系统向社会公示，公示期为 45 日。相关市场主体及其利害关系人在公示期内没有提出异议的，登记机关可以撤销市场主体登记。

因虚假市场主体登记被撤销的市场主体，其直接责任人自市场主体登记被撤销之日起 3 年内不得再次申请市场主体登记。登记机关应当通过国家企业信用信息公示系统予以公示。

第四十一条 有下列情形之一的，登记机关可以不予撤销市场主体登记：

（一）撤销市场主体登记可能对社会公共利益造成重大损害；

(二)撤销市场主体登记后无法恢复到登记前的状态;
(三)法律、行政法规规定的其他情形。

第四十二条　登记机关或者其上级机关认定撤销市场主体登记决定错误的,可以撤销该决定,恢复原登记状态,并通过国家企业信用信息公示系统公示。

第四十四条　提交虚假材料或者采取其他欺诈手段隐瞒重要事实取得市场主体登记的,由登记机关责令改正,没收违法所得,并处 5 万元以上 20 万元以下的罚款;情节严重的,处 20 万元以上 100 万元以下的罚款,吊销营业执照。

第四十五条　实行注册资本实缴登记制的市场主体虚报注册资本取得市场主体登记的,由登记机关责令改正,处虚报注册资本金额 5%以上 15%以下的罚款;情节严重的,吊销营业执照。

实行注册资本实缴登记制的市场主体的发起人、股东虚假出资,未交付或者未按期交付作为出资的货币或者非货币财产的,或者在市场主体成立后抽逃出资的,由登记机关责令改正,处虚假出资金额 5%以上 15%以下的罚款。

▎条文应用提示 ●●●●●●

根据《防范和查处假冒企业登记违法行为规定》第 2 条的规定,假冒企业登记违法行为,是指提交虚假材料或者采取其他欺诈手段隐瞒重要事实,冒用其他企业名义,将其登记为有限责任公司股东、股份有限公司发起人、非公司企业法人出资人、合伙企业合伙人等的违法行为。提交虚假材料或者采取其他欺诈手段隐瞒重要事实,具体情形包括:(1)伪造、变造其他企业的印章、营业执照、批准文件、授权文书等;(2)伪造身份验证信息;(3)提交虚假承诺;(4)其他隐瞒重要事实的情形。

▎旧法对应关系 ●●●●●●

原《公司法》第一百九十八条　违反本法规定,虚报注册资本、提交虚假材料或者采取其他欺诈手段隐瞒重要事实取得公司登记的,由公司登记机关责令改正,对虚报注册资本的公司,处以虚报注册资本金额百分之五以上百分之十五以下的罚款;对提交虚假材料或者采取其他欺诈手段隐瞒重要事实的公司,处以五万元以上五十万元以下的罚款;情节严重的,撤销公司登记或者吊销营业执照。

关联法律法规

《中华人民共和国刑法》(2023年修正)

第一百五十八条 【虚报注册资本罪】申请公司登记使用虚假证明文件或者采取其他欺诈手段虚报注册资本,欺骗公司登记主管部门,取得公司登记,虚报注册资本数额巨大、后果严重或者有其他严重情节的,处三年以下有期徒刑或者拘役,并处或者单处虚报注册资本金额百分之一以上百分之五以下罚金。

单位犯前款罪的,对单位判处罚金,并对其直接负责的主管人员和其他直接责任人员,处三年以下有期徒刑或者拘役。

《最高人民检察院、公安部关于严格依法办理虚报注册资本和虚假出资抽逃出资刑事案件的通知》(公经〔2014〕247号)

一、充分认识公司法修改对案件办理工作的影响。新修改的公司法主要涉及三个方面:一是将注册资本实缴登记制改为认缴登记制,除对公司注册资本实缴有另行规定的以外,取消了公司法定出资期限的规定,采取公司股东(发起人)自主约定认缴出资额、出资方式、出资期限等并记载于公司章程的规定。二是放宽注册资本登记条件,除对公司注册资本最低限额有另行规定的以外,取消了公司最低注册资本限制、公司设立时股东(发起人)的首次出资比例以及货币出资比例限制。三是简化登记事项和登记文件,有限责任公司股东认缴出资额、公司实收资本不再作为登记事项,公司登记时不需要提交验资报告。全国人大常委会立法解释规定:"刑法第一百五十八条、第一百五十九条的规定,只适用于依法实行注册资本实缴登记制的公司。"新修改的公司法和上述立法解释,必将对公安机关、检察机关办理虚报注册资本和虚假出资、抽逃出资刑事案件产生重大影响。各级公安机关、检察机关要充分认识新修改的公司法和全国人大常委会立法解释的重要意义,深刻领会其精神实质,力争在案件办理工作中准确适用,并及时了解掌握本地区虚报注册资本和虚假出资、抽逃出资案件新情况、新问题以及其他相关犯罪态势,进一步提高办理虚报注册资本和虚假出资、抽逃出资刑事案件的能力和水平。

二、严格把握罪与非罪的界限。根据新修改的公司法和全国人大常委会立法解释,自2014年3月1日起,除依法实行注册资本实缴登记制的公司[参见《国务院关于印发注册资本登记制度改革方案的通知》(国发〔2014〕7号)]以外,对申请公司登记的单位和个人不得以虚报注册资本罪追究刑事责任;对公司股东、发起人不得以虚假出资、抽逃出资罪追究刑事责任。对依法实行注册资本实缴登记制的公司涉嫌虚报注册资本和虚假出资、抽逃出资犯罪的,各级公安机关、检察机关依照刑法和《立案追诉标准(二)》的相关规定追究刑事责任时,应当认真研究行为性质和危害后果,确保执法办案的法律效果和社会效果。

三、依法妥善处理跨时限案件。各级公安机关、检察机关对发生在2014年3月1日以前尚未处理或者正在处理的虚报注册资本和虚假出资、抽逃出资刑事案件,应当按照刑法第十二条规定的精神处理:除依法实行注册资本实缴登记制的公司以外,依照新修改的公司法不再符合犯罪构成要件的案件,公安机关已经立案侦查的,应当撤销案件;检察机关已经批准逮捕的,应当撤销批准逮捕决定,并监督公安机关撤销案件;检察机关审查起诉的,应当作出不起诉决定;检察机关已经起诉的,应当撤回起诉并作出不起诉决定;检察机关已经抗诉的,应当撤回抗诉。

四、进一步加强工作联系和沟通。各级公安机关、检察机关应当加强工作联系,对重大、疑难、复杂案件,主动征求意见,共同研究案件定性和法律适用等问题;应当加强与人民法院、工商行政管理等部门的工作联系,建立健全案件移送制度和有关工作协作制度,全面掌握公司注册资本制度改革后面临的经济犯罪态势;上级公安机关、检察机关应当加强对下级公安机关、检察机关的指导,确保虚报注册资本和虚假出资、抽逃出资案件得到依法妥善处理。

《防范和查处假冒企业登记违法行为规定》(自2024年3月15日起施行)

第一条 为了规范企业登记管理秩序,有效防范和查处假冒企业登记违法行为,加快构建诚信守法的市场秩序,切实维护交易安全,持续优化营商环境,根据《中华人民共和国市场主体登记管理条例》等法律法规,制定本规定。

第二条 本规定适用于对假冒企业登记违法行为的防范和查处。

本规定所称假冒企业登记违法行为,是指提交虚假材料或者采取其他欺诈手段隐瞒重要事实,冒用其他企业名义,将其登记为有限责任公司股东、股份有限公司发起人、非公司企业法人出资人、合伙企业合伙人等的违法行为。

前款所称提交虚假材料或者采取其他欺诈手段隐瞒重要事实,具体情形包括:

(一)伪造、变造其他企业的印章、营业执照、批准文件、授权文书等;

(二)伪造身份验证信息;

(三)提交虚假承诺;

(四)其他隐瞒重要事实的情形。

第三条　国家市场监督管理总局负责指导监督全国范围内假冒企业登记违法行为的防范和查处工作。

县级以上地方人民政府承担企业登记工作的部门(以下称登记机关)负责本辖区假冒企业登记违法行为的防范和查处工作。县级以上地方人民政府对承担假冒企业登记违法行为调查处理职责另有规定的,依照其规定。

第四条　市场监督管理部门应当会同相关部门构建防范和查处假冒企业登记违法行为的沟通协调机制,强化信息共享核验,加强源头预防,推进全过程控制,依法及时查处违法行为。

第五条　企业登记实行实名制。申请人应当配合登记机关核验身份信息。

当事人为自然人的,应当配合登记机关通过实名认证系统,采用人脸识别等方式进行实名验证。

当事人为企业的,应当配合登记机关通过核验电子营业执照的方式进行身份核验;未使用电子营业执照的,其法定代表人、负责人、执行事务合伙人等自然人应当进行实名验证。

第六条　申请人应当对提交材料的真实性、合法性和有效性负责。

受委托的自然人或者中介机构代为办理登记事宜应当遵守法律法规规定,表明其代理身份,不得伪造、变造或者使用伪造、变造的法律文件、印章、签名,不得采取欺诈、诱骗等不正当手段,不得教唆、编造或者帮助他人编造、提供虚假信息或者材料;不得以转让牟利为目的,恶意大量申请企业登记,损害社会公共利益或者妨碍社会公共秩序。

第七条 市场监督管理部门与国有资产监督管理等部门建立国有企业登记信息与产权登记信息共享机制。

登记机关在办理国有企业登记时,应当按照有关规定,通过信息化等方式,查验比对国有企业登记信息与产权登记信息。信息查验比对不一致,不符合有关登记申请规定的,登记机关不予登记,并出具不予登记通知书。国务院有关部门对主管范围内企业的产权登记另有规定的,依照其规定。

第八条 国家市场监督管理总局建立企业名称预防性保护机制,完善企业名称禁限用管理制度,加大企业名称合法权益保护力度。

第九条 企业发现被假冒登记的,可以向该假冒登记所在登记机关提出调查申请,并提供相关证据材料,申请人对申请事项和证据材料的真实性负责。

登记机关在履行职责过程中,发现假冒企业登记违法行为的,或者收到有关部门移交的假冒企业登记违法行为线索的,应当依法进行调查。

第十条 登记机关收到调查申请后,应当在3个工作日内作出是否受理的决定,并书面通知申请人。

登记机关受理申请后,应当在3个月内完成调查,并及时作出撤销或者不予撤销登记的决定。情形复杂的,经登记机关负责人批准,可以延长3个月。

在调查期间,相关企业和人员无法联系或者拒不配合的,登记机关可以将涉嫌假冒登记企业的登记时间、登记事项等信息通过国家企业信用信息公示系统向社会公示,公示期45日。

相关企业及其利害关系人在公示期内没有提出异议的,登记机关可以依法撤销其企业登记。

第十一条 登记机关依法调查假冒企业登记违法行为,可以结合具有法定资质的机构出具的鉴定意见,或者有关部门出具的书面意见进行处理。法律、行政法规另有规定的,依照其规定。

第十二条 有下列情形之一的,登记机关应当撤销登记:

(一)假冒企业登记违法行为事实清楚的;

(二)人民法院协助执行通知书要求配合撤销登记的;

(三)其他依法应当撤销登记的情形。

属于前款第一项规定,但是有证据证明被假冒企业对其被假冒登记知情,以明示方式表示同意,或者未提出异议,并在此基础上从事过相关管理、经营活动或者获得收益的,登记机关可以不予撤销登记。

第十三条 被撤销登记的企业有对外投资设立企业的,该企业负责人应当依法妥善处理,消除不良影响。

第十四条 登记机关作出撤销登记决定后,应当在20个工作日内通过国家企业信用信息公示系统向社会公示。

撤销设立登记的,标注"已撤销设立登记",公示被撤销登记日期和原因、作出撤销决定的机关等信息。

撤销变更登记的,恢复公示被假冒登记前的信息,同时公示撤销假冒登记相关信息。

撤销注销登记的,恢复公示注销前的信息,标注"已撤销注销登记,恢复主体资格"。

第十五条 假冒企业被撤销设立登记、变更登记的,企业应当缴回营业执照,拒不缴回或者无法缴回的,由登记机关通过国家企业信用信息公示系统公告营业执照作废。假冒企业已领取电子营业执照的,其电子营业执照与纸质营业执照同步作废。

第十六条 相关单位或者个人因涉嫌假冒企业登记已被立案调查或者移送司法机关的,涉嫌假冒企业的相关登记申请经审查违反法律法规规定,或者可能危害国家安全、社会公共利益的,登记机关不予登记,并出具不予登记通知书。

第十七条 登记机关或者其上级机关认定撤销登记决定错误的,可以撤销该决定,恢复原登记状态,并通过国家企业信用信息公示系统公示。

第十八条 提交虚假材料或者采取其他欺诈手段隐瞒重要事实取得企业登记的,由登记机关依法责令改正,没收违法所得,并处5万元以上20万元以下的罚款;情节严重的,处20万元以上100万元以下的罚款,吊销营业执照;对直接责任人依法作出处理。

明知或者应当知道申请人提交虚假材料或者采取其他欺诈手段隐瞒重要事实进行企业登记,仍接受委托代为办理,或者协助其进行虚假登记的,由登记机关没收违法所得,处 10 万元以下的罚款。中介机构违反本规定第六条第二款规定,多次从事上述违法行为,或者性质恶劣、造成严重后果的,依法从重处罚。

第十九条 假冒企业登记违法行为的直接责任人,自该登记被撤销之日起 3 年内不得再次申请企业登记;受到市场监督管理部门较重行政处罚的,应当依法被列入市场监督管理严重违法失信名单。登记机关应当通过国家企业信用信息公示系统予以公示。

本规定所称直接责任人包括对实施假冒企业登记违法行为起到决定作用,负有组织、决策、指挥等责任的人员,以及具体执行、积极参与的人员。

第二十条 登记机关在调查假冒企业登记相关违法行为时,发现涉嫌构成伪造印章、诈骗等犯罪行为的,应当及时移送公安机关处理。

在工作中发现的公职人员涉嫌职务违法、职务犯罪问题线索的,应当及时移交纪检监察机关。

第二十一条 假冒登记企业或者利害关系人对登记机关作出的有关处理决定不服的,可以依法申请行政复议或者提起行政诉讼。

第二十二条 本规定对防范和查处假冒企业登记违法行为未作规定的,适用《中华人民共和国市场主体登记管理条例》及其实施细则等规定。

第二十三条 自然人、社会组织、事业单位等作为股东、出资人办理企业登记的参照本规定执行。

防范和查处其他虚假登记、备案违法行为,参照本规定执行。

第二十四条 本规定自 2024 年 3 月 15 日起施行。

第二百五十一条 【未按照规定公示信息或不如实公示信息的法律责任】公司未依照本法第四十条规定公示有关信息或者不如实公示有关信息的,由公司登记机关责令改正,可以处以一万元以上五万元以下的罚款。情节严重的,处以五万元以上二十万元以下的罚款;对直接负责的主管人员和其他直接责任人员处以一万元以上十万元以下的罚款。

条文应用提示

2023年《公司法》将实缴出资信息作为公司强制公示事项,明确违反公示法律责任的行政处罚。进一步加强了公司的信息公示义务,明确了对未按规定公示实缴出资相关信息或者隐藏真实情况、弄虚作假的,市场监管部门应当责令改正,并对公司、主管人员及其他直接管理人员处以罚款。上述规定有利于督促公司及时准确履行公示义务,有利于强化社会监督、保护交易安全、建设诚信的市场环境。

> 第二百五十二条 【虚假出资的行政处罚】公司的发起人、股东虚假出资,未交付或者未按期交付作为出资的货币或者非货币财产的,由公司登记机关责令改正,可以处以五万元以上二十万元以下的罚款;情节严重的,处以虚假出资或者未出资金额百分之五以上百分之十五以下的罚款;对直接负责的主管人员和其他直接责任人员处以一万元以上十万元以下的罚款。

旧法对应关系

原《公司法》第一百九十九条 公司的发起人、股东虚假出资,未交付或者未按期交付作为出资的货币或者非货币财产的,由公司登记机关责令改正,处以虚假出资金额百分之五以上百分之十五以下的罚款。

关联法律法规

《中华人民共和国刑法》(2023年修正)

第一百五十九条 【虚假出资、抽逃出资罪】公司发起人、股东违反公司法的规定未交付货币、实物或者未转移财产权,虚假出资,或者在公司成立后又抽逃其出资,数额巨大、后果严重或者有其他严重情节的,处五年以下有期徒刑或者拘役,并处或者单处虚假出资金额或者抽逃出资金额百分之二以上百分之十以下罚金。

单位犯前款罪的,对单位判处罚金,并对其直接负责的主管人员和其他直接责任人员,处五年以下有期徒刑或者拘役。

▎典型案例指导 ●●●●●●●

杨某虚假出资、非法占用农用地、合同诈骗、单位行贿、对单位行贿、伪造金融票证案[辽宁省高级人民法院 2003 年 9 月 7 日刑事裁定书,《最高人民检察院公报》2004 年第 4 号(总第 81 号)]

被告人杨某作为欧亚实业公司、沈阳海牙大酒店有限公司等 5 家公司的董事长、法定代表人,在申请外商投资企业登记过程中,违反有关公司登记管理法规,使用虚假证明文件和采取其他欺诈手段,虚报注册资本,取得公司登记,且数额巨大,是上述 5 家公司虚报注册资本直接负责的主管人员,其行为已构成虚报注册资本罪。

管某虚报注册资本案[新疆维吾尔自治区高级人民法院 1999 年 12 月 13 日刑事裁定书,《最高人民法院公报》2000 年第 4 期(总第 66 期)]

一审法院认为:公司是市场经济中基本主体之一,在市场经济活动中起着重要的作用。为了提高公司的公示性和安全性,我国建立了公司登记制度,注册资本就是公司登记事项的主要内容之一。作为公司经营资本的一部分,注册资本是公司承担风险、偿还债务的一项基本保证。如果虚报登记注册资本数额巨大,不仅违反公司登记制度,还会对资本和债务安全构成重大威胁,给社会带来巨大损失。因此,1995 年 2 月 28 日全国人大常委会通过的《关于惩治违反公司法的犯罪的决定》第一条以及 1997 年修订的《刑法》第一百五十八条,都将虚报注册资本数额巨大、后果严重的行为规定为犯罪。被告人管某使用虚假的资信证明虚报注册资本 100 万元,骗取公司登记,虚报的注册资本数额巨大。管某在骗取了公司登记后,不仅不在核定的经营范围内开展经营活动,反而利用公司账户"倒账",为其他公司注入虚假的资本提供便利,破坏国家对工商、金融活动进行的监控、管理,后果严重。管某的行为已触犯《关于惩治违反公司法的犯罪的决定》第一条,构成虚报注册资本罪,依照《刑法》第十二条的规定,应当依照《刑法》第一百五十八条的规定惩处。被告人管某的辩护人以仁立公司设立后,其银行账户上的资金数额已经超过 100 万元,辩称管某主观上没有犯罪故意,客观上也补足了注册资金,故其行为不构成犯罪。经查,仁立公司设立后,其账户上的资金数额虽然超出过 100 万元,但这些资金只是仁立公司用于"倒账"及提取现金的往来资金,不能证明是管某后续投入的注册资本,更不能证明管某在申请公司登记注册时就拥有这些资金,故其辩护意见不予采纳。据此,一审法院于 1999 年 11 月 15 日判决:被告人管某犯虚报注册资本罪,判处罚金 2 万元。一审宣判后,管某不服,以一审时辩护人的辩护意见作为其上诉理由提出上诉。二审法院经审理认为：上诉人管某使用虚假的资信证明和其他证明文件，虚报注册资本100万元骗取公司登记，虚报注册资本的数额巨大、后果严重，其行为已构成虚假注册资本罪，应当依法惩处。管某的上诉理由不能成立，应当驳回。一审判决认定的事实清楚，证据确实、充分，定罪准确，量刑适当，审判程序合法，应当维持。据此，该院于1999年12月13日裁定：驳回上诉，维持原判。

> **第二百五十三条** 【抽逃出资的行政处罚】公司的发起人、股东在公司成立后，抽逃其出资的，由公司登记机关责令改正，处以所抽逃出资金额百分之五以上百分之十五以下的罚款；对直接负责的主管人员和其他直接责任人员处以三万元以上三十万元以下的罚款。

旧法对应关系

原《公司法》第二百条　公司的发起人、股东在公司成立后，抽逃其出资的，由公司登记机关责令改正，处以所抽逃出资金额百分之五以上百分之十五以下的罚款。

关联法律法规

《中华人民共和国刑法》（2023年修正）

第一百五十九条　【虚假出资、抽逃出资罪】公司发起人、股东违反公司法的规定未交付货币、实物或者未转移财产权，虚假出资，或者在公司成立后又抽逃其出资，数额巨大、后果严重或者有其他严重情节的，处五年以下有期徒刑或者拘役，并处或者单处虚假出资金额或者抽逃出资金额百分之二以上百分之十以下罚金。

单位犯前款罪的，对单位判处罚金，并对其直接负责的主管人员和其他直接责任人员，处五年以下有期徒刑或者拘役。

典型案例指导

江阴市某电气有限公司诉王某等追收抽逃出资纠纷案[人民法院案例库2024-08-2-293-001，江苏省无锡市中级人民法院（2021）苏02民终4432号民事判决]

1.某电气公司减资程序的瑕疵问题。注册资本作为公司资产的重要组成部分,既是公司从事生产经营活动的经济基础,亦是公司对外承担民事责任的担保。注册资本的不当减少将直接影响公司对外偿债能力,危及债权人的利益。《公司法》(2018年修正)第一百七十七条规定,公司需要减少注册资本时,必须编制资产负债表及财产清单。公司应当自作出减少注册资本决议之日起10日内通知债权人,并于30日内在报纸上公告。债权人自接到通知书之日起30日内,未接到通知书的自公告之日起45日内有权要求公司清偿债务或者提供相应的担保。根据该条规定,减资程序中的报纸公告是一种补充告知方式,只有在无法直接通知债权人的情况下,公司才可仅采用公告进行通知,如果债权人可以被直接通知,则公司不能以已经公告作为抗辩的理由。本案中,某电气公司在作出减少注册资本的决议后,未在法定期限内履行直接通知已知债权人的义务,导致债权人丧失要求公司清偿债务或者提供担保的权利。2015年12月17日,在某电气公司已完成减资工商变更登记后,在召开所谓的债权人会议,显然不能认定履行了法定的减资程序。因某电气公司的减资程序存在瑕疵,故对公司债权人不发生法律效力。

2. 公司减资能否免除股东抽逃出资责任的问题,公司减资对债权人影响甚巨,减资股东取回出资,将导致公司净资产减少,等同于股东优先于债权人收回所投入的资本。而减资股东即便未取回出资,但其对公司的投资性质已由股权转为债权,等同于股东可以与债权人同一顺位获得清偿,变相减少了公司对债权人的责任财产。此时,也应当通知已知债权人并给予相应保护。本案中,在某电气公司增资时,王某、王某甲抽逃增资,至某电气公司减资时并未补足出资,即使王某、王某甲在减资时未支取某电气公司的其他款项,但王某、王某甲抽逃的增资等同于在减资时取回了出资,导致某电气公司净资产减少。同时,因某电气公司的减资程序存在瑕疵,对债权人实现债权造成了实际侵害,而王某、王某甲作为减资股东,其违法减资行为亦产生了和股东抽逃出资一致的法律后果故程序存在瑕疵的减资不能免除股东抽逃出资责任。

第二百五十四条 【公司财务违法行为的法律责任】有下列行为之一的,由县级以上人民政府财政部门依照《中华人民共和国会计法》等法律、行政法规的规定处罚:

(一)在法定的会计账簿以外另立会计账簿;

(二)提供存在虚假记载或者隐瞒重要事实的财务会计报告。

旧法对应关系 ●●●●●●

原《公司法》第二百零一条　公司违反本法规定,在法定的会计账簿以外另立会计账簿的,由县级以上人民政府财政部门责令改正,处以五万元以上五十万元以下的罚款。

第二百零二条　公司在依法向有关主管部门提供的财务会计报告等材料上作虚假记载或者隐瞒重要事实的,由有关主管部门对直接负责的主管人员和其他直接责任人员处以三万元以上三十万元以下的罚款。

关联法律法规 ●●●●●●

《中华人民共和国会计法》(2024年修正)

第四十条　违反本法规定,有下列行为之一的,由县级以上人民政府财政部门责令限期改正,给予警告、通报批评,对单位可以并处二十万元以下的罚款,对其直接负责的主管人员和其他直接责任人员可以处五万元以下的罚款;情节严重的,对单位可以并处二十万元以上一百万元以下的罚款,对其直接负责的主管人员和其他直接责任人员可以处五万元以上五十万元以下的罚款;属于公职人员的,还应当依法给予处分:

(一)不依法设置会计账簿的;

(二)私设会计账簿的;

(三)未按照规定填制、取得原始凭证或者填制、取得的原始凭证不符合规定的;

(四)以未经审核的会计凭证为依据登记会计账簿或者登记会计账簿不符合规定的;

(五)随意变更会计处理方法的;

(六)向不同的会计资料使用者提供的财务会计报告编制依据不一致的;

(七)未按照规定使用会计记录文字或者记账本位币的;

(八)未按照规定保管会计资料,致使会计资料毁损、灭失的;

(九)未按照规定建立并实施单位内部会计监督制度或者拒绝依法实施的监督或者不如实提供有关会计资料及有关情况的;

(十)任用会计人员不符合本法规定的。

有前款所列行为之一,构成犯罪的,依法追究刑事责任。

会计人员有第一款所列行为之一,情节严重的,五年内不得从事会计工作。

有关法律对第一款所列行为的处罚另有规定的,依照有关法律的规定办理。

第四十一条 伪造、变造会计凭证、会计账簿,编制虚假财务会计报告,隐匿或者故意销毁依法应当保存的会计凭证、会计账簿、财务会计报告的,由县级以上人民政府财政部门责令限期改正,给予警告、通报批评,没收违法所得,违法所得二十万元以上的,对单位可以并处违法所得一倍以上十倍以下的罚款,没有违法所得或者违法所得不足二十万元的,可以并处二十万元以上二百万元以下的罚款;对其直接负责的主管人员和其他直接责任人员可以处十万元以上五十万元以下的罚款,情节严重的,可以处五十万元以上二百万元以下的罚款;属于公职人员的,还应当依法给予处分;其中的会计人员,五年内不得从事会计工作;构成犯罪的,依法追究刑事责任。

第四十二条 授意、指使、强令会计机构、会计人员及其他人员伪造、变造会计凭证、会计账簿,编制虚假财务会计报告或者隐匿、故意销毁依法应当保存的会计凭证、会计账簿、财务会计报告的,由县级以上人民政府财政部门给予警告、通报批评,可以并处二十万元以上一百万元以下的罚款;情节严重的,可以并处一百万元以上五百万元以下的罚款;属于公职人员的,还应当依法给予处分;构成犯罪的,依法追究刑事责任。

第四十三条 单位负责人对依法履行职责、抵制违反本法规定行为的会计人员以降级、撤职、调离工作岗位、解聘或者开除等方式实行打击报复,依法给予处分;构成犯罪的,依法追究刑事责任。对受打击报复的会计人员,应当恢复其名誉和原有职务、级别。

第四十四条 财政部门及有关行政部门的工作人员在实施监督管理中滥用职权、玩忽职守、徇私舞弊或者泄露国家秘密、工作秘密、商业秘密、个人隐私、个人信息的,依法给予处分;构成犯罪的,依法追究刑事责任。

第四十五条 违反本法规定,将检举人姓名和检举材料转给被检举单位和被检举人个人的,依法给予处分。

第四十六条 违反本法规定,但具有《中华人民共和国行政处罚法》规定的从轻、减轻或者不予处罚情形的,依照其规定从轻、减轻或者不予处罚。

第四十七条 因违反本法规定受到处罚的,按照国家有关规定记入信用记录。

违反本法规定,同时违反其他法律规定的,由有关部门在各自职权范围内依法进行处罚。

《中华人民共和国刑法》(2023年修正)

第一百六十一条 【违规披露、不披露重要信息罪】依法负有信息披露义务的公司、企业向股东和社会公众提供虚假的或者隐瞒重要事实的财务会计报告,或者对依法应当披露的其他重要信息不按照规定披露,严重损害股东或者其他人利益,或者有其他严重情节的,对其直接负责的主管人员和其他直接责任人员,处五年以下有期徒刑或者拘役,并处或者单处罚金;情节特别严重的,处五年以上十年以下有期徒刑,并处罚金。

前款规定的公司、企业的控股股东、实际控制人实施或者组织、指使实施前款行为的,或者隐瞒相关事项导致前款规定的情形发生的,依照前款的规定处罚。

犯前款罪的控股股东、实际控制人是单位的,对单位判处罚金,并对其直接负责的主管人员和其他直接责任人员,依照第一款的规定处罚。

> **第二百五十五条** 【公司合并、分立、减少注册资本和清算中的违法行为及其法律责任】公司在合并、分立、减少注册资本或者进行清算时,不依照本法规定通知或者公告债权人的,由公司登记机关责令改正,对公司处以一万元以上十万元以下的罚款。

▎旧法对应关系 ●●●●●●●

原《公司法》第二百零四条第一款 公司在合并、分立、减少注册资本或者进行清算时,不依照本法规定通知或者公告债权人的,由公司登记机关责令改正,对公司处以一万元以上十万元以下的罚款。

> **第二百五十六条** 【违规清算的法律处罚资产评估、验资或验证机构违法的法律责任】公司在进行清算时,隐匿财产,对资产负债表或者财产清单作虚假记载,或者在未清偿债务前分配公司财产的,由公司登记机关责令改正,对公司处以隐匿财产或者未清偿债务前分配公司财产金额百分之五以上百分之十以下的罚款;对直接负责的主管人员和其他直接责任人员处以一万元以上十万元以下的罚款。

旧法对应关系

原《公司法》第二百零四条第二款 公司在进行清算时,隐匿财产,对资产负债表或者财产清单作虚假记载或者在未清偿债务前分配公司财产的,由公司登记机关责令改正,对公司处以隐匿财产或者未清偿债务前分配公司财产金额百分之五以上百分之十以下的罚款;对直接负责的主管人员和其他直接责任人员处以一万元以上十万元以下的罚款。

关联法律法规

《中华人民共和国刑法》(2023年修正)

第一百六十二条 【妨害清算罪】公司、企业进行清算时,隐匿财产,对资产负债表或者财产清单作虚伪记载或者在未清偿债务前分配公司、企业财产,严重损害债权人或者其他人利益的,对其直接负责的主管人员和其他直接责任人员,处五年以下有期徒刑或者拘役,并处或者单处二万元以上二十万元以下罚金。

第一百六十二条之一 【隐匿、故意销毁会计凭证、会计帐簿、财务会计报告罪】隐匿或者故意销毁依法应当保存的会计凭证、会计帐簿、财务会计报告,情节严重的,处五年以下有期徒刑或者拘役,并处或者单处二万元以上二十万元以下罚金。

单位犯前款罪的,对单位判处罚金,并对其直接负责的主管人员和其他直接责任人员,依照前款的规定处罚。

第一百六十二条之二 【虚假破产罪】公司、企业通过隐匿财产、承担虚构的债务或者以其他方法转移、处分财产,实施虚假破产,严重损害债权人或者其他人利益的,对其直接负责的主管人员和其他直接责任人员,处五年以下有期徒刑或者拘役,并处或者单处二万元以上二十万元以下罚金。

第二百五十七条 【资产评估、验资或验证机构违法的法律责任】 承担资产评估、验资或者验证的机构提供虚假材料或者提供有重大遗漏的报告的,由有关部门依照《中华人民共和国资产评估法》、《中华人民共和国注册会计师法》等法律、行政法规的规定处罚。

承担资产评估、验资或者验证的机构因其出具的评估结果、验资或者验证证明不实,给公司债权人造成损失的,除能够证明自己没有过错的外,在其评估或者证明不实的金额范围内承担赔偿责任。

▍旧法对应关系 ●●●●●●

原《公司法》第二百零七条 承担资产评估、验资或者验证的机构提供虚假材料的,由公司登记机关没收违法所得,处以违法所得一倍以上五倍以下的罚款,并可以由有关主管部门依法责令该机构停业、吊销直接责任人员的资格证书,吊销营业执照。

承担资产评估、验资或者验证的机构因过失提供有重大遗漏的报告的,由公司登记机关责令改正,情节较重的,处以所得收入一倍以上五倍以下的罚款,并可以由有关主管部门依法责令该机构停业、吊销直接责任人员的资格证书,吊销营业执照。

承担资产评估、验资或者验证的机构因其出具的评估结果、验资或者验证证明不实,给公司债权人造成损失的,除能够证明自己没有过错的外,在其评估或者证明不实的金额范围内承担赔偿责任。

▍关联法律法规 ●●●●●●

《中华人民共和国刑法》(2023年修正)

第二百二十九条 【提供虚假证明文件罪】承担资产评估、验资、验证、会计、审计、法律服务、保荐、安全评价、环境影响评价、环境监测等职责的中介组织的人员故意提供虚假证明文件,情节严重的,处五年以下有期徒刑或者拘役,并处罚金;有下列情形之一的,处五年以上十年以下有期徒刑,并处罚金:

(一)提供与证券发行相关的虚假的资产评估、会计、审计、法律服务、保荐等证明文件,情节特别严重的;

(二)提供与重大资产交易相关的虚假的资产评估、会计、审计等证明文件,情节特别严重的;

(三)在涉及公共安全的重大工程、项目中提供虚假的安全评价、环境影响评价等证明文件,致使公共财产、国家和人民利益遭受特别重大损失的。

【提供虚假证明文件罪】有前款行为,同时索取他人财物或者非法收受他人财物构成犯罪的,依照处罚较重的规定定罪处罚。

【出具证明文件重大失实罪】第一款规定的人员,严重不负责任,出具的证明文件有重大失实,造成严重后果的,处三年以下有期徒刑或者拘役,并处或者单处罚金。

《最高人民法院关于审理涉及会计师事务所在审计业务活动中民事侵权赔偿案件的若干规定》(法释〔2007〕12号)

第一条 利害关系人以会计师事务所在从事注册会计师法第十四条规定的审计业务活动中出具不实报告并致其遭受损失为由,向人民法院提起民事侵权赔偿诉讼的,人民法院应当依法受理。

第二条 因合理信赖或者使用会计师事务所出具的不实报告,与被审计单位进行交易或者从事与被审计单位的股票、债券等有关的交易活动而遭受损失的自然人、法人或者其他组织,应认定为注册会计师法规定的利害关系人。

会计师事务所违反法律法规、中国注册会计师协会依法拟定并经国务院财政部门批准后施行的执业准则和规则以及诚信公允的原则,出具的具有虚假记载、误导性陈述或者重大遗漏的审计业务报告,应认定为不实报告。

第三条 利害关系人未对被审计单位提起诉讼而直接对会计师事务所提起诉讼的,人民法院应当告知其对会计师事务所和被审计单位一并提起诉讼;利害关系人拒不起诉被审计单位的,人民法院应当通知被审计单位作为共同被告参加诉讼。

利害关系人对会计师事务所的分支机构提起诉讼的,人民法院可以将该会计师事务所列为共同被告参加诉讼。

利害关系人提出被审计单位的出资人虚假出资或者出资不实、抽逃出资,且事后未补足的,人民法院可以将该出资人列为第三人参加诉讼。

第四条 会计师事务所因在审计业务活动中对外出具不实报告给利害关系人造成损失的,应当承担侵权赔偿责任,但其能够证明自己没有过错的除外。

会计师事务所在证明自己没有过错时,可以向人民法院提交与该案件相关的执业准则、规则以及审计工作底稿等。

第五条 注册会计师在审计业务活动中存在下列情形之一,出具不实报告并给利害关系人造成损失的,应当认定会计师事务所与被审计单位承担连带赔偿责任:

(一)与被审计单位恶意串通;

(二)明知被审计单位对重要事项的财务会计处理与国家有关规定相抵触,而不予指明;

(三)明知被审计单位的财务会计处理会直接损害利害关系人的利益,而予以隐瞒或者作不实报告;

(四)明知被审计单位的财务会计处理会导致利害关系人产生重大误解,而不予指明;

(五)明知被审计单位的会计报表的重要事项有不实的内容,而不予指明;

(六)被审计单位示意其作不实报告,而不予拒绝。

对被审计单位有前款第(二)至(五)项所列行为,注册会计师按照执业准则、规则应当知道的,人民法院应认定其明知。

第六条 会计师事务所在审计业务活动中因过失出具不实报告,并给利害关系人造成损失的,人民法院应当根据其过失大小确定其赔偿责任。

注册会计师在审计过程中未保持必要的职业谨慎,存在下列情形之一,并导致报告不实的,人民法院应当认定会计师事务所存在过失:

(一)违反注册会计师法第二十条第(二)、(三)项的规定;

(二)负责审计的注册会计师以低于行业一般成员应具备的专业水准执业;

(三)制定的审计计划存在明显疏漏;

(四)未依据执业准则、规则执行必要的审计程序;

(五)在发现可能存在错误和舞弊的迹象时,未能追加必要的审计程序予以证实或者排除;

(六)未能合理地运用执业准则和规则所要求的重要性原则;

(七)未根据审计的要求采用必要的调查方法获取充分的审计证据;

(八)明知对总体结论有重大影响的特定审计对象缺少判断能力,未能寻求专家意见而直接形成审计结论;

(九) 错误判断和评价审计证据;
(十) 其他违反执业准则、规则确定的工作程序的行为。

第七条 会计师事务所能够证明存在以下情形之一的,不承担民事赔偿责任:

(一) 已经遵守执业准则、规则确定的工作程序并保持必要的职业谨慎,但仍未能发现被审计的会计资料错误的;

(二) 审计业务所必须依赖的金融机构等单位提供虚假或者不实的证明文件,会计师事务所在保持必要的职业谨慎下仍未能发现其虚假或者不实;

(三) 已对被审计单位的舞弊迹象提出警告并在审计业务报告中予以指明;

(四) 已经遵照验资程序进行审核并出具报告,但被验资单位在注册登记后抽逃资金;

(五) 为登记时未出资或者未足额出资的出资人出具不实报告,但出资人在登记后已补足出资。

第八条 利害关系人明知会计师事务所出具的报告为不实报告而仍然使用的,人民法院应当酌情减轻会计师事务所的赔偿责任。

第九条 会计师事务所在报告中注明"本报告仅供年检使用"、"本报告仅供工商登记使用"等类似内容的,不能作为其免责的事由。

第十条 人民法院根据本规定第六条确定会计师事务所承担与其过失程度相应的赔偿责任时,应按照下列情形处理:

(一) 应先由被审计单位赔偿利害关系人的损失。被审计单位的出资人虚假出资、不实出资或者抽逃出资,事后未补足,且依法强制执行被审计单位财产后仍不足以赔偿损失的,出资人应在虚假出资、不实出资或者抽逃出资数额范围内向利害关系人承担补充赔偿责任。

(二) 对被审计单位、出资人的财产依法强制执行后仍不足以赔偿损失的,由会计师事务所在其不实审计金额范围内承担相应的赔偿责任。

(三) 会计师事务所对一个或者多个利害关系人承担的赔偿责任应以不实审计金额为限。

第十一条 会计师事务所与其分支机构作为共同被告的,会计师事务所对其分支机构的责任部分承担连带赔偿责任。

第十二条　本规定所涉会计师事务所侵权赔偿纠纷未经审判,人民法院不得将会计师事务所追加为被执行人。

第十三条　本规定自公布之日起施行。本院过去发布的有关会计师事务所民事责任的相关规定,与本规定相抵触的,不再适用。

在本规定公布施行前已经终审,当事人申请再审或者按照审判监督程序决定再审的会计师事务所民事侵权赔偿案件,不适用本规定。

《最高人民法院关于金融机构为企业出具不实或者虚假验资报告资金证明如何承担民事责任问题的通知》(法[2002]21号)

一、出资人未出资或者未足额出资,但金融机构为企业提供不实、虚假的验资报告或者资金证明,相关当事人使用该报告或者证明,与该企业进行经济往来而受到损失的,应当由该企业承担民事责任。对于该企业财产不足以清偿债务的,由出资人在出资不实或者虚假资金额范围内承担责任。

二、对前项所述情况,企业、出资人的财产依法强制执行后仍不能清偿债务的,由金融机构在验资不实部分或者虚假资金证明金额范围内,根据过错大小承担责任,此种民事责任不属于担保责任。

三、未经审理,不得将金融机构追加为被执行人。

四、企业登记时出资人未足额出资但后来补足的,或者债权人索赔所依据的合同无效的,免除验资金融机构的赔偿责任。

五、注册会计师事务所不实或虚假验资民事责任案件的审理和执行中出现类似问题的,参照本通知办理。

典型案例指导

辽宁省新民市人民政府与魏某英等征地行政强制纠纷申请再审案[最高人民法院(2015)行监字第1921号行政裁定书,《人民司法·案例》2016年第8期]

人民法院对作为证据的资产评估报告,应当依法严格审查。审查的依据是资产评估准则等法律规范规定,审查的内容包括评估机构和人员的资质、评估目的、评估程序、评估基准日的确定、评估对象的现状和法律权属调查、评估方法的确定、评估工作的具体流程和工作记录等。评估机构和人员提供虚假评估报告妨碍行政诉讼活动的,人民法院应当依照行政诉讼法规定依法予以处罚;对妨碍诉讼活动行为的处罚,不限于一审、二审阶段,也包括立案、再审审查、执行等阶段。

中国农业银行哈尔滨市太平支行与哈尔滨松花江奶牛有限责任公司、哈尔滨工大集团股份有限公司、哈尔滨中隆会计师事务所有限公司借款合同纠纷案[最高人民法院(2007)民二终字第178号民事判决书]

2003年,省政府对黑乳集团进行资产重组,省国投委托中瑞公司对奶牛场的资产进行评估,并以评估价格面向市场公开招标,工大集团通过竞标,以7900万元对价取得了黑乳集团的所有权。工大集团以评估后的奶牛场的净资产出资,中隆会计所依据过期12天的资产评估结论出具验资报告,虽存在瑕疵,但太平农行未举示验资报告具有虚假记载、误导性陈述或者重大遗漏的相关证据,根据《最高人民法院关于审理涉及会计师事务所在审计业务活动中民事侵权赔偿案件的若干规定》第二条第二款规定,不能仅凭此证明工大集团虚假出资、中隆会计所虚假验资,且太平农行非因信赖或使用该验资报告受到损失。因此,太平农行主张中隆会计所承担责任,该院不予支持。

第二百五十八条 【登记机关违法的法律责任】公司登记机关违反法律、行政法规规定未履行职责或者履行职责不当的,对负有责任的领导人员和直接责任人员依法给予政务处分。

对应配套规定

《中华人民共和国市场主体登记管理条例》(自2022年3月1日起施行)

第五十条 登记机关及其工作人员违反本条例规定未履行职责或者履行职责不当的,对直接负责的主管人员和其他直接责任人员依法给予处分。

旧法对应关系 ●●●●●●

原《公司法》第二百零八条 公司登记机关对不符合本法规定条件的登记申请予以登记,或者对符合本法规定条件的登记申请不予登记的,对直接负责的主管人员和其他直接责任人员,依法给予行政处分。

第二百零九条 公司登记机关的上级部门强令公司登记机关对不符合本法规定条件的登记申请予以登记,或者对符合本法规定条件的登记申请不予登记的,或者对违法登记进行包庇的,对直接负责的主管人员和其他直接责任人员依法给予行政处分。

> **第二百五十九条** 【假冒公司名义的法律责任】未依法登记为有限责任公司或者股份有限公司,而冒用有限责任公司或者股份有限公司名义的,或者未依法登记为有限责任公司或者股份有限公司的分公司,而冒用有限责任公司或者股份有限公司的分公司名义的,由公司登记机关责令改正或者予以取缔,可以并处十万元以下的罚款。

▌旧法对应关系 ••••••

原《公司法》第二百一十条　未依法登记为有限责任公司或者股份有限公司,而冒用有限责任公司或者股份有限公司名义的,或者未依法登记为有限责任公司或者股份有限公司的分公司,而冒用有限责任公司或者股份有限公司的分公司名义的,由公司登记机关责令改正或者予以取缔,可以并处十万元以下的罚款。

> **第二百六十条** 【逾期开业、停业、不依法办理变更登记的法律责任】公司成立后无正当理由超过六个月未开业的,或者开业后自行停业连续六个月以上的,公司登记机关可以吊销营业执照,但公司依法办理歇业的除外。
>
> 公司登记事项发生变更时,未依照本法规定办理有关变更登记的,由公司登记机关责令限期登记;逾期不登记的,处以一万元以上十万元以下的罚款。

对应配套规定
《中华人民共和国市场主体登记管理条例》(自 2022 年 3 月 1 日起施行)

第二十四条　市场主体变更登记事项,应当自作出变更决议、决定或者法定变更事项发生之日起 30 日内向登记机关申请变更登记。

市场主体变更登记事项属于依法须经批准的,申请人应当在批准文件有效期内向登记机关申请变更登记。

第二十五条 公司、非公司企业法人的法定代表人在任职期间发生本条例第十二条所列情形之一的,应当向登记机关申请变更登记。

第二十六条 市场主体变更经营范围,属于依法须经批准的项目的,应当自批准之日起 30 日内申请变更登记。许可证或者批准文件被吊销、撤销或者有效期届满的,应当自许可证或者批准文件被吊销、撤销或者有效期届满之日起 30 日内向登记机关申请变更登记或者办理注销登记。

第二十七条 市场主体变更住所或者主要经营场所跨登记机关辖区的,应当在迁入新的住所或者主要经营场所前,向迁入地登记机关申请变更登记。迁出地登记机关无正当理由不得拒绝移交市场主体档案等相关材料。

第二十八条 市场主体变更登记涉及营业执照记载事项的,登记机关应当及时为市场主体换发营业执照。

第三十条 因自然灾害、事故灾难、公共卫生事件、社会安全事件等原因造成经营困难的,市场主体可以自主决定在一定时期内歇业。法律、行政法规另有规定的除外。

市场主体应当在歇业前与职工依法协商劳动关系处理等有关事项。

市场主体应当在歇业前向登记机关办理备案。登记机关通过国家企业信用信息公示系统向社会公示歇业期限、法律文书送达地址等信息。

市场主体歇业的期限最长不得超过 3 年。市场主体在歇业期间开展经营活动的,视为恢复营业,市场主体应当通过国家企业信用信息公示系统向社会公示。

市场主体歇业期间,可以以法律文书送达地址代替住所或者主要经营场所。

《中华人民共和国市场主体登记管理条例实施细则》(自 2022 年 3 月 1 日起施行)

第五章 变 更 登 记

第三十一条 市场主体变更登记事项,应当自作出变更决议、决定或者法定变更事项发生之日起 30 日内申请办理变更登记。

市场主体登记事项变更涉及分支机构登记事项变更的,应当自市场主体登记事项变更登记之日起 30 日内申请办理分支机构变更登记。

第三十二条　申请办理变更登记,应当提交申请书,并根据市场主体类型及具体变更事项分别提交下列材料:

(一)公司变更事项涉及章程修改的,应当提交修改后的章程或者章程修正案;需要对修改章程作出决议决定的,还应当提交相关决议决定;

(二)合伙企业应当提交全体合伙人或者合伙协议约定的人员签署的变更决定书;变更事项涉及修改合伙协议的,应当提交由全体合伙人签署或者合伙协议约定的人员签署修改或者补充的合伙协议;

(三)农民专业合作社(联合社)应当提交成员大会或者成员代表大会作出的变更决议;变更事项涉及章程修改的应当提交修改后的章程或者章程修正案。

第三十三条　市场主体更换法定代表人、执行事务合伙人(含委派代表)、负责人的变更登记申请由新任法定代表人、执行事务合伙人(含委派代表)、负责人签署。

第三十四条　市场主体变更名称,可以自主申报名称并在保留期届满前申请变更登记,也可以直接申请变更登记。

第三十五条　市场主体变更住所(主要经营场所、经营场所),应当在迁入新住所(主要经营场所、经营场所)前向迁入地登记机关申请变更登记,并提交新的住所(主要经营场所、经营场所)使用相关文件。

第三十六条　市场主体变更注册资本或者出资额的,应当办理变更登记。

公司增加注册资本,有限责任公司股东认缴新增资本的出资和股份有限公司的股东认购新股的,应当按照设立时缴纳出资和缴纳股款的规定执行。股份有限公司以公开发行新股方式或者上市公司以非公开发行新股方式增加注册资本,还应当提交国务院证券监督管理机构的核准或者注册文件。

公司减少注册资本,可以通过国家企业信用信息公示系统公告,公告期45日,应当于公告期届满后申请变更登记。法律、行政法规或者国务院决定对公司注册资本有最低限额规定的,减少后的注册资本应当不少于最低限额。

外商投资企业注册资本(出资额)币种发生变更,应当向登记机关申请变更登记。

第三十七条　公司变更类型,应当按照拟变更公司类型的设立条件,在规定的期限内申请变更登记,并提交有关材料。

非公司企业法人申请改制为公司,应当按照拟变更的公司类型设立条件,在规定期限内申请变更登记,并提交有关材料。

个体工商户申请转变为企业组织形式,应当按照拟变更的企业类型设立条件申请登记。

第三十八条　个体工商户变更经营者,应当在办理注销登记后,由新的经营者重新申请办理登记。双方经营者同时申请办理的,登记机关可以合并办理。

第三十九条　市场主体变更备案事项的,应当按照《条例》第二十九条规定办理备案。

农民专业合作社因成员发生变更,农民成员低于法定比例的,应当自事由发生之日起6个月内采取吸收新的农民成员入社等方式使农民成员达到法定比例。农民专业合作社联合社成员退社,成员数低于联合社设立法定条件的,应当自事由发生之日起6个月内采取吸收新的成员入社等方式使农民专业合作社联合社成员达到法定条件。

第六章　歇　　业

第四十条　因自然灾害、事故灾难、公共卫生事件、社会安全事件等原因造成经营困难的,市场主体可以自主决定在一定时期内歇业。法律、行政法规另有规定的除外。

第四十一条　市场主体决定歇业,应当在歇业前向登记机关办理备案。登记机关通过国家企业信用信息公示系统向社会公示歇业期限、法律文书送达地址等信息。

以法律文书送达地址代替住所(主要经营场所、经营场所)的,应当提交法律文书送达地址确认书。

市场主体延长歇业期限,应当于期限届满前30日内按规定办理。

第四十二条 市场主体办理歇业备案后,自主决定开展或者已实际开展经营活动的,应当于30日内在国家企业信用信息公示系统上公示终止歇业。

市场主体恢复营业时,登记、备案事项发生变化的,应当及时办理变更登记或者备案。以法律文书送达地址代替住所(主要经营场所、经营场所)的,应当及时办理住所(主要经营场所、经营场所)变更登记。

市场主体备案的歇业期限届满,或者累计歇业满3年,视为自动恢复经营,决定不再经营的,应当及时办理注销登记。

第四十三条 歇业期间,市场主体以法律文书送达地址代替原登记的住所(主要经营场所、经营场所)的,不改变歇业市场主体的登记管辖。

旧法对应关系 ●●●●●●●

原《公司法》第二百一十一条 公司成立后无正当理由超过六个月未开业的,或者开业后自行停业连续六个月以上的,可以由公司登记机关吊销营业执照。公司登记事项发生变更时,未依照本法规定办理有关变更登记的,由公司登记机关责令限期登记;逾期不登记的,处以一万元以上十万元以下的罚款。

第二百六十一条 【外国公司擅自设立分支机构的法律责任】外国公司违反本法规定,擅自在中华人民共和国境内设立分支机构的,由公司登记机关责令改正或者关闭,可以并处五万元以上二十万元以下的罚款。

旧法对应关系 ●●●●●●●

原《公司法》第二百一十二条 外国公司违反本法规定,擅自在中国境内设立分支机构的,由公司登记机关责令改正或者关闭,可以并处五万元以上二十万元以下的罚款。

> **第二百六十二条** 【危害国家安全与社会公共利益的法律责任】利用公司名义从事危害国家安全、社会公共利益的严重违法行为的,吊销营业执照。

▌旧法对应关系 ●●●●●●●

原《公司法》第二百一十三条 利用公司名义从事危害国家安全、社会公共利益的严重违法行为的,吊销营业执照。

> **第二百六十三条** 【民事赔偿优先】公司违反本法规定,应当承担民事赔偿责任和缴纳罚款、罚金的,其财产不足以支付时,先承担民事赔偿责任。

▌旧法对应关系 ●●●●●●●

原《公司法》第二百一十四条 公司违反本法规定,应当承担民事赔偿责任和缴纳罚款、罚金的,其财产不足以支付时,先承担民事赔偿责任。

▌关联法律法规 ●●●●●●●

《中华人民共和国民法典》(自2021年1月1日起施行)

第一百八十七条 民事主体因同一行为应当承担民事责任、行政责任和刑事责任的,承担行政责任或者刑事责任不影响承担民事责任;民事主体的财产不足以支付的,优先用于承担民事责任。

《中华人民共和国证券法》(2019年修订)

第二百二十条 违反本法规定,应当承担民事赔偿责任和缴纳罚款、罚金、违法所得,违法行为人的财产不足以支付的,优先用于承担民事赔偿责任。

> **第二百六十四条** 【刑事责任】违反本法规定,构成犯罪的,依法追究刑事责任。

旧法对应关系

原《公司法》第二百一十五条 违反本法规定,构成犯罪的,依法追究刑事责任。

关联法律法规

《中华人民共和国刑法》(2023年修正)

第三节 妨害对公司、企业的管理秩序罪

第一百五十八条 【虚报注册资本罪】申请公司登记使用虚假证明文件或者采取其他欺诈手段虚报注册资本,欺骗公司登记主管部门,取得公司登记,虚报注册资本数额巨大、后果严重或者有其他严重情节的,处三年以下有期徒刑或者拘役,并处或者单处虚报注册资本金额百分之一以上百分之五以下罚金。

单位犯前款罪的,对单位判处罚金,并对其直接负责的主管人员和其他直接责任人员,处三年以下有期徒刑或者拘役。

第一百五十九条 【虚假出资、抽逃出资罪】公司发起人、股东违反公司法的规定未交付货币、实物或者未转移财产权,虚假出资,或者在公司成立后又抽逃其出资,数额巨大、后果严重或者有其他严重情节的,处五年以下有期徒刑或者拘役,并处或者单处虚假出资金额或者抽逃出资金额百分之二以上百分之十以下罚金。

单位犯前款罪的,对单位判处罚金,并对其直接负责的主管人员和其他直接责任人员,处五年以下有期徒刑或者拘役。

第一百六十条 【欺诈发行证券罪】在招股说明书、认股书、公司、企业债券募集办法等发行文件中隐瞒重要事实或者编造重大虚假内容,发行股票或者公司、企业债券、存托凭证或者国务院依法认定的其他证券,数额巨大、后果严重或者有其他严重情节的,处五年以下有期徒刑或者拘役,并处或者单处罚金;数额特别巨大、后果特别严重或者有其他特别严重情节的,处五年以上有期徒刑,并处罚金。

控股股东、实际控制人组织、指使实施前款行为的,处五年以下有期徒刑或者拘役,并处或者单处非法募集资金金额百分之二十以上一倍以下罚金;数额特别巨大、后果特别严重或者有其他特别严重情节的,处五年以上有期徒刑,并处非法募集资金金额百分之二十以上一倍以下罚金。

单位犯前两款罪的,对单位判处非法募集资金金额百分之二十以上一倍以下罚金,并对其直接负责的主管人员和其他直接责任人员,依照第一款的规定处罚。

第一百六十一条 【违规披露、不披露重要信息罪】依法负有信息披露义务的公司、企业向股东和社会公众提供虚假的或者隐瞒重要事实的财务会计报告,或者对依法应当披露的其他重要信息不按照规定披露,严重损害股东或者其他人利益,或者有其他严重情节的,对其直接负责的主管人员和其他直接责任人员,处五年以下有期徒刑或者拘役,并处或者单处罚金;情节特别严重的,处五年以上十年以下有期徒刑,并处罚金。

前款规定的公司、企业的控股股东、实际控制人实施或者组织、指使实施前款行为的,或者隐瞒相关事项导致前款规定的情形发生的,依照前款的规定处罚。

犯前款罪的控股股东、实际控制人是单位的,对单位判处罚金,并对其直接负责的主管人员和其他直接责任人员,依照第一款的规定处罚。

第一百六十二条 【妨害清算罪】公司、企业进行清算时,隐匿财产,对资产负债表或者财产清单作虚伪记载或者在未清偿债务前分配公司、企业财产,严重损害债权人或者其他人利益的,对其直接负责的主管人员和其他直接责任人员,处五年以下有期徒刑或者拘役,并处或者单处二万元以上二十万元以下罚金。

第一百六十二条之一 【隐匿、故意销毁会计凭证、会计帐簿、财务会计报告罪】隐匿或者故意销毁依法应当保存的会计凭证、会计帐簿、财务会计报告,情节严重的,处五年以下有期徒刑或者拘役,并处或者单处二万元以上二十万元以下罚金。

单位犯前款罪的,对单位判处罚金,并对其直接负责的主管人员和其他直接责任人员,依照前款的规定处罚。

第一百六十二条之二 【虚假破产罪】公司、企业通过隐匿财产、承担虚构的债务或者以其他方法转移、处分财产,实施虚假破产,严重损害债权人或者其他人利益的,对其直接负责的主管人员和其他直接责任人员,处五年以下有期徒刑或者拘役,并处或者单处二万元以上二十万元以下罚金。

第一百六十三条 【非国家工作人员受贿罪】公司、企业或者其他单位的工作人员,利用职务上的便利,索取他人财物或者非法收受他人财物,为他人谋取利益,数额较大的,处三年以下有期徒刑或者拘役,并处罚金;数额巨大或者有其他严重情节的,处三年以上十年以下有期徒刑,并处罚金;数额特别巨大或者有其他特别严重情节的,处十年以上有期徒刑或者无期徒刑,并处罚金。

公司、企业或者其他单位的工作人员在经济往来中,利用职务上的便利,违反国家规定,收受各种名义的回扣、手续费,归个人所有的,依照前款的规定处罚。

【非国家工作人员受贿罪】国有公司、企业或者其他国有单位中从事公务的人员和国有公司、企业或者其他国有单位委派到非国有公司、企业以及其他单位从事公务的人员有前两款行为的,依照本法第三百八十五条、第三百八十六条的规定定罪处罚。

第一百六十四条 【对非国家工作人员行贿罪】为谋取不正当利益,给予公司、企业或者其他单位的工作人员以财物,数额较大的,处三年以下有期徒刑或者拘役,并处罚金;数额巨大的,处三年以上十年以下有期徒刑,并处罚金。

【对外国公职人员、国际公共组织官员行贿罪】为谋取不正当商业利益,给予外国公职人员或者国际公共组织官员以财物的,依照前款的规定处罚。

单位犯前两款罪的,对单位判处罚金,并对其直接负责的主管人员和其他直接责任人员,依照第一款的规定处罚。

行贿人在被追诉前主动交待行贿行为的,可以减轻处罚或者免除处罚。

第一百六十五条 【非法经营同类营业罪】国有公司、企业的董事、监事、高级管理人员,利用职务便利,自己经营或者为他人经营与其所任职公司、企业同类的营业,获取非法利益,数额巨大的,处三年以下有期徒刑或者拘役,并处或者单处罚金;数额特别巨大的,处三年以上七年以下有期徒刑,并处罚金。

其他公司、企业的董事、监事、高级管理人员违反法律、行政法规规定,实施前款行为,致使公司、企业利益遭受重大损失的,依照前款的规定处罚。

第一百六十六条 【为亲友非法牟利罪】国有公司、企业、事业单位的工作人员,利用职务便利,有下列情形之一,致使国家利益遭受重大损失的,处三年以下有期徒刑或者拘役,并处或者单处罚金;致使国家利益遭受特别重大损失的,处三年以上七年以下有期徒刑,并处罚金:

(一)将本单位的盈利业务交由自己的亲友进行经营的;

(二)以明显高于市场的价格从自己的亲友经营管理的单位采购商品、接受服务或者以明显低于市场的价格向自己的亲友经营管理的单位销售商品、提供服务的;

(三)从自己的亲友经营管理的单位采购、接受不合格商品、服务的。

其他公司、企业的工作人员违反法律、行政法规规定,实施前款行为,致使公司、企业利益遭受重大损失的,依照前款的规定处罚。

第一百六十七条 【签订、履行合同失职被骗罪】国有公司、企业、事业单位直接负责的主管人员,在签订、履行合同过程中,因严重不负责任被诈骗,致使国家利益遭受重大损失的,处三年以下有期徒刑或者拘役;致使国家利益遭受特别重大损失的,处三年以上七年以下有期徒刑。

第一百六十八条 【国有公司、企业、事业单位人员失职罪】【国有公司、企业、事业单位人员滥用职权罪】国有公司、企业的工作人员,由于严重不负责任或者滥用职权,造成国有公司、企业破产或者严重损失,致使国家利益遭受重大损失的,处三年以下有期徒刑或者拘役;致使国家利益遭受特别重大损失的,处三年以上七年以下有期徒刑。

国有事业单位的工作人员有前款行为,致使国家利益遭受重大损失的,依照前款的规定处罚。

国有公司、企业、事业单位的工作人员,徇私舞弊,犯前两款罪的,依照第一款的规定从重处罚。

第一百六十九条 【徇私舞弊低价折股、出售公司、企业资产罪】国有公司、企业或者其上级主管部门直接负责的主管人员,徇私舞弊,将国有资产低价折股或者低价出售,致使国家利益遭受重大损失的,处三年以下有期徒刑或者拘役;致使国家利益遭受特别重大损失的,处三年以上七年以下有期徒刑。

其他公司、企业直接负责的主管人员,徇私舞弊,将公司、企业资产低价折股或者低价出售,致使公司、企业利益遭受重大损失的,依照前款的规定处罚。

第一百六十九条之一 【背信损害上市公司利益罪】上市公司的董事、监事、高级管理人员违背对公司的忠实义务,利用职务便利,操纵上市公司从事下列行为之一,致使上市公司利益遭受重大损失的,处三年以下有期徒刑或者拘役,并处或者单处罚金;致使上市公司利益遭受特别重大损失的,处三年以上七年以下有期徒刑,并处罚金:

(一)无偿向其他单位或者个人提供资金、商品、服务或者其他资产的;

(二)以明显不公平的条件,提供或者接受资金、商品、服务或者其他资产的;

(三)向明显不具有清偿能力的单位或者个人提供资金、商品、服务或者其他资产的;

(四)为明显不具有清偿能力的单位或者个人提供担保,或者无正当理由为其他单位或者个人提供担保的;

(五)无正当理由放弃债权、承担债务的;

(六)采用其他方式损害上市公司利益的。

上市公司的控股股东或者实际控制人,指使上市公司董事、监事、高级管理人员实施前款行为的,依照前款的规定处罚。

犯前款罪的上市公司的控股股东或者实际控制人是单位的,对单位判处罚金,并对其直接负责的主管人员和其他直接责任人员,依照第一款的规定处罚。

《最高人民检察院、公安部关于严格依法办理虚报注册资本和虚假出资抽逃出资刑事案件的通知》(公经〔2014〕247号)

一、充分认识公司法修改对案件办理工作的影响。新修改的公司法主要涉及三个方面:一是将注册资本实缴登记制改为认缴登记制,除对公司注册资本实缴有另行规定的以外,取消了公司法定出资期限的规定,采取公司股东(发起人)自主约定认缴出资额、出资方式、出资期限等并记载于公司章程的规定。二是放宽注册资本登记条件,除对公司注册资本最低限额有另行规定的以外,取消了公司最低注册资本限制、公司设立时股东(发起人)的首次出资比例以及货币出资比例限制。三是简化登记事项和登记文件,有限责任公司股东认缴出资额、公司实收资本不再作为登记事项,公司登记时不需要提交验资报告。全国人大常委会立法解释规定:"刑法第一百五十八条、第一百五十九条的规定,只适用于依法实行注册资本实缴登记制的公司。"新修改的公司法和上述立法解释,必将对公安机关、检察机关办理虚报注册资本和虚假出资、抽逃出资刑事案件产生重大影响。各级公安机关、检察机关要充分认识新修改的公司法和全国人大常委会立法解释的重要意义,深刻领会其精神实质,力争在案件办理工作中准确适用,并及时了解掌握本地区虚报注册资本和虚假出资、抽逃出资案件新情况、新问题以及其他相关犯罪态势,进一步提高办理虚报注册资本和虚假出资、抽逃出资刑事案件的能力和水平。

二、严格把握罪与非罪的界限。根据新修改的公司法和全国人大常委会立法解释,自2014年3月1日起,除依法实行注册资本实缴登记制的公司[参见《国务院关于印发注册资本登记制度改革方案的通知》(国发〔2014〕7号)]以外,对申请公司登记的单位和个人不得以虚报注册资本罪追究刑事责任;对公司股东、发起人不得以虚假出资、抽逃出资罪追究刑事责任。对依法实行注册资本实缴登记制的公司涉嫌虚报注册资本和虚假出资、抽逃出资犯罪的,各级公安机关、检察机关依照刑法和《立案追诉标准(二)》的相关规定追究刑事责任时,应当认真研究行为性质和危害后果,确保执法办案的法律效果和社会效果。

三、依法妥善处理跨时限案件。各级公安机关、检察机关对发生在2014年3月1日以前尚未处理或者正在处理的虚报注册资本和虚假出资、抽逃出资刑事案件,应当按照刑法第十二条规定的精神处理:除依法实行注册资本实缴登记制的公司以外,依照新修改的公司法不再符合犯罪构成要件的案件,公安机关已经立案侦查的,应当撤销案件;检察机关已经批准逮捕的,应当撤销批准逮捕决定,并监督公安机关撤销案件;检察机关审查起诉的,应当作出不起诉决定;检察机关已经起诉的,应当撤回起诉并作出不起诉决定;检察机关已经抗诉的,应当撤回抗诉。

四、进一步加强工作联系和沟通。各级公安机关、检察机关应当加强工作联系,对重大、疑难、复杂案件,主动征求意见,共同研究案件定性和法律适用等问题;应当加强与人民法院、工商行政管理等部门的工作联系,建立健全案件移送制度和有关工作协作制度,全面掌握公司注册资本制度改革后面临的经济犯罪态势;上级公安机关、检察机关应当加强对下级公安机关、检察机关的指导,确保虚报注册资本和虚假出资、抽逃出资案件得到依法妥善处理。各地在执行中遇到的问题,请及时报告最高人民检察院和公安部。

第十五章 附　　则

第二百六十五条 【本法相关用语的含义】本法下列用语的含义：

（一）高级管理人员，是指公司的经理、副经理、财务负责人，上市公司董事会秘书和公司章程规定的其他人员。

（二）控股股东，是指其出资额占有限责任公司资本总额超过百分之五十或者其持有的股份占股份有限公司股本总额超过百分之五十的股东；出资额或者持有股份的比例虽然低于百分之五十，但依其出资额或者持有的股份所享有的表决权已足以对股东会的决议产生重大影响的股东。

（三）实际控制人，是指通过投资关系、协议或者其他安排，能够实际支配公司行为的人。

（四）关联关系，是指公司控股股东、实际控制人、董事、监事、高级管理人员与其直接或者间接控制的企业之间的关系，以及可能导致公司利益转移的其他关系。但是，国家控股的企业之间不仅因为同受国家控股而具有关联关系。

对应配套规定

《最高人民法院关于适用〈中华人民共和国公司法〉时间效力的若干规定》（法释〔2024〕7号）

第五条　公司法施行前的法律事实引起的民事纠纷案件，当时的法律、司法解释已有原则性规定，公司法作出具体规定的下列情形，适用公司法的规定：

……

（四）对关联关系主体范围以及关联交易性质的认定，适用公司法第一百八十二条、第二百六十五条第四项的规定。

旧法对应关系

原《公司法》第二百一十六条　本法下列用语的含义：

（一）高级管理人员，是指公司的经理、副经理、财务负责人，上市公司董事会秘书和公司章程规定的其他人员。

（二）控股股东，是指其出资额占有限责任公司资本总额百分之五十以上或者其持有的股份占股份有限公司股本总额百分之五十以上的股东；出资额或者持有股份的比例虽然不足百分之五十，但依其出资额或者持有的股份所享有的表决权已足以对股东会、股东大会的决议产生重大影响的股东。

（三）实际控制人，是指虽不是公司的股东，但通过投资关系、协议或者其他安排，能够实际支配公司行为的人。

（四）关联关系，是指公司控股股东、实际控制人、董事、监事、高级管理人员与其直接或者间接控制的企业之间的关系，以及可能导致公司利益转移的其他关系。但是，国家控股的企业之间不仅因为同受国家控股而具有关联关系。

第二百六十六条　【施行日期、出资期限及出资额的调整】 本法自 2024 年 7 月 1 日起施行。

本法施行前已登记设立的公司，出资期限超过本法规定的期限的，除法律、行政法规或者国务院另有规定外，应当逐步调整至本法规定的期限以内；对于出资期限、出资额明显异常的，公司登记机关可以依法要求其及时调整。具体实施办法由国务院规定。

对应配套规定

《最高人民法院关于适用〈中华人民共和国公司法〉时间效力的若干规定》（法释〔2024〕7 号）

内容见附件一。

《国务院关于实施〈中华人民共和国公司法〉注册资本登记管理制度的规定》（自 2024 年 7 月 1 日起施行）

内容见附件二。

条文应用提示

2023年《公司法》自2024年7月1日起施行。为解决公司法施行后新旧法律的衔接适用问题,最高人民法院制定了《最高人民法院关于适用〈中华人民共和国公司法〉时间效力的若干规定》,自2024年7月1日起施行。该规定就当前人民法院审判工作中需要明确时间效力的情形作出了具体规定。在坚持法不溯及既往原则的同时,为更好发挥《公司法》对经济生活的规范引领作用,该规定根据《公司法》条文修订情况,区分实质性修改、新增规定和具体细化规定等不同情况,列举了溯及适用的具体条文。主要内容包括:公司法时间效力的一般规定及有利溯及规则、民事法律行为效力的有利溯及规则、合同履行的有利溯及规则、新增规定的空白溯及规则、细化规定的溯及适用规则、清算责任的法律适用、既判力优于溯及力规则。

2023年《公司法》第47条第1款增加规定:有限责任公司全体股东认缴的出资额由股东按照公司章程的规定自公司成立之日起5年内缴足。要求股份有限公司采用实缴制,公司成立前,发起人和认购人应当根据其认购的股份全额缴纳股款。2014年实施注册资本认缴登记制,取消最低注册资本、取消首期出资比例后,允许公司在公司章程中约定股东出资日期。实践中,有大量的公司约定了比较长的认缴期限,甚至有很多约定了不符合商业常理的过长的出资期限。如果不对现有公司进行规范,将导致某些出资期限过长的公司长期存在,影响出资诚信、交易安全、公共利益,也不利于公司质量的提高,不利于营造良好的营商环境。如果存量公司不适用新规定,将导致存在两套出资制度,可能会引起制度套利,增加执法和司法成本。因此,本条对2023年《公司法》施行前已登记设立的公司出资期限的调整作了规定,并授权国务院制定具体办法:本法施行前已登记设立的公司,出资期限超过本法规定的期限的,除法律、行政法规或者国务院另有规定外,应当逐步调整至本法规定的期限以内;对于出资期限、出资额明显异常的,公司登记机关可以依法要求其及时调整。

为推动新《公司法》平稳施行,2024年7月1日,国务院公布了《国务院关于实施〈中华人民共和国公司法〉注册资本登记管理制度的规定》,为存量公司调整出资期限预留较为充裕的时间。根据我国当前存量公司数量和出资情况,并结合有关方面的意见建议,《国务院关于实施〈中华人民共和国公司法〉注册资本登记管理制度的规定》为存量公司调整出资期限设置了为期 3 年的过渡期,具体而言:一是有限责任公司剩余认缴出资期限自 2027 年 7 月 1 日起超过 5 年的,应当在 2027 年 6 月 30 日前将其剩余认缴出资期限调整至 5 年内,股东应当在调整后的认缴出资期限内足额缴纳认缴的出资额;二是股份有限公司的发起人应当在 2027 年 6 月 30 日前按照其认购的股份全额缴纳股款。此外,《国务院关于实施〈中华人民共和国公司法〉注册资本登记管理制度的规定》在遵循新《公司法》基本原则和要求前提下,对涉国家利益或者重大公共利益的存量公司出资期限调整作出例外安排,规定公司生产经营涉及国家利益或者重大公共利益,国务院有关主管部门或者省级人民政府提出意见的,国务院市场监督管理部门可以同意其按原出资期限出资。

附件一　最高人民法院关于适用《中华人民共和国公司法》时间效力的若干规定

(2024年6月27日最高人民法院审判委员会第1922次会议通过
2024年6月29日法释〔2024〕7号公布
自2024年7月1日起施行)

为正确适用2023年12月29日第十四届全国人民代表大会常务委员会第七次会议第二次修订的《中华人民共和国公司法》，根据《中华人民共和国立法法》《中华人民共和国民法典》等法律规定，就人民法院在审理与公司有关的民事纠纷案件中，涉及公司法时间效力的有关问题作出如下规定。

第一条　公司法施行后的法律事实引起的民事纠纷案件，适用公司法的规定。

公司法施行前的法律事实引起的民事纠纷案件，当时的法律、司法解释有规定的，适用当时的法律、司法解释的规定，但是适用公司法更有利于实现其立法目的，适用公司法的规定：

（一）公司法施行前，公司的股东会召集程序不当，未被通知参加会议的股东自决议作出之日起一年内请求人民法院撤销的，适用公司法第二十六条第二款的规定；

（二）公司法施行前的股东会决议、董事会决议被人民法院依法确认不成立，对公司根据该决议与善意相对人形成的法律关系效力发生争议的，适用公司法第二十八条第二款的规定；

（三）公司法施行前，股东以债权出资，因出资方式发生争议的，适用公司法第四十八条第一款的规定；

（四）公司法施行前，有限责任公司股东向股东以外的人转让股权，因股权转让发生争议的，适用公司法第八十四条第二款的规定；

（五）公司法施行前，公司违反法律规定向股东分配利润、减少注册资本造成公司损失，因损害赔偿责任发生争议的，分别适用公司法第二百一十一条、第二百二十六条的规定；

（六）公司法施行前作出利润分配决议，因利润分配时限发生争议的，适用公司法第二百一十二条的规定；

（七）公司法施行前，公司减少注册资本，股东对相应减少出资额或者股份数量发生争议的，适用公司法第二百二十四条第三款的规定。

第二条 公司法施行前与公司有关的民事法律行为，依据当时的法律、司法解释认定无效而依据公司法认定有效，因民事法律行为效力发生争议的下列情形，适用公司法的规定：

（一）约定公司对所投资企业债务承担连带责任，对该约定效力发生争议的，适用公司法第十四条第二款的规定；

（二）公司作出使用资本公积金弥补亏损的公司决议，对该决议效力发生争议的，适用公司法第二百一十四条的规定；

（三）公司与其持股百分之九十以上的公司合并，对合并决议效力发生争议的，适用公司法第二百一十九条的规定。

第三条 公司法施行前订立的与公司有关的合同，合同的履行持续至公司法施行后，因公司法施行前的履行行为发生争议的，适用当时的法律、司法解释的规定；因公司法施行后的履行行为发生争议的下列情形，适用公司法的规定：

（一）代持上市公司股票合同，适用公司法第一百四十条第二款的规定；

（二）上市公司控股子公司取得该上市公司股份合同，适用公司法第一百四十一条的规定；

（三）股份有限公司为他人取得本公司或者母公司的股份提供赠与、借款、担保以及其他财务资助合同，适用公司法第一百六十三条的规定。

第四条 公司法施行前的法律事实引起的民事纠纷案件，当时的法律、司法解释没有规定而公司法作出规定的下列情形，适用公司法的规定：

（一）股东转让未届出资期限的股权，受让人未按期足额缴纳出资的，关于转让人、受让人出资责任的认定，适用公司法第八十八条第一款的规定；

（二）有限责任公司的控股股东滥用股东权利，严重损害公司或者其他股东利益，其他股东请求公司按照合理价格收购其股权的，适用公司法第八十九条第三款、第四款的规定；

（三）对股份有限公司股东会决议投反对票的股东请求公司按照合理价格收购其股份的，适用公司法第一百六十一条的规定；

（四）不担任公司董事的控股股东、实际控制人执行公司事务的民事责任认定，适用公司法第一百八十条的规定；

（五）公司的控股股东、实际控制人指示董事、高级管理人员从事活动损害公司或者股东利益的民事责任认定，适用公司法第一百九十二条的规定；

（六）不明显背离相关当事人合理预期的其他情形。

第五条 公司法施行前的法律事实引起的民事纠纷案件，当时的法律、司法解释已有原则性规定，公司法作出具体规定的下列情形，适用公司法的规定：

（一）股份有限公司章程对股份转让作了限制规定，因该规定发生争议的，适用公司法第一百五十七条的规定；

（二）对公司监事实施挪用公司资金等禁止性行为、违法关联交易、不当谋取公司商业机会、经营限制的同类业务的赔偿责任认定，分别适用公司法第一百八十一条、第一百八十二条第一款、第一百八十三条、第一百八十四条的规定；

（三）对公司董事、高级管理人员不当谋取公司商业机会、经营限制的同类业务的赔偿责任认定，分别适用公司法第一百八十三条、第一百八十四条的规定；

（四）对关联关系主体范围以及关联交易性质的认定，适用公司法第一百八十二条、第二百六十五条第四项的规定。

第六条 应当进行清算的法律事实发生在公司法施行前，因清算责任发生争议的，适用当时的法律、司法解释的规定。

应当清算的法律事实发生在公司法施行前，但至公司法施行日未满十五日的，适用公司法第二百三十二条的规定，清算义务人履行清算义务的期限自公司法施行日重新起算。

第七条 公司法施行前已经终审的民事纠纷案件，当事人申请再审或者人民法院按照审判监督程序决定再审的，适用当时的法律、司法解释的规定。

第八条 本规定自 2024 年 7 月 1 日起施行。

附件二　国务院关于实施《中华人民共和国公司法》注册资本登记管理制度的规定

（2024年6月7日国务院第34次常务会议通过
2024年7月1日中华人民共和国国务院令第784号公布
自公布之日起施行）

第一条 为了加强公司注册资本登记管理，规范股东依法履行出资义务，维护市场交易安全，优化营商环境，根据《中华人民共和国公司法》（以下简称公司法），制定本规定。

第二条 2024年6月30日前登记设立的公司，有限责任公司剩余认缴出资期限自2027年7月1日起超过5年的，应当在2027年6月30日前将其剩余认缴出资期限调整至5年内并记载于公司章程，股东应当在调整后的认缴出资期限内足额缴纳认缴的出资额；股份有限公司的发起人应当在2027年6月30日前按照其认购的股份全额缴纳股款。

公司生产经营涉及国家利益或者重大公共利益，国务院有关主管部门或者省级人民政府提出意见的，国务院市场监督管理部门可以同意其按原出资期限出资。

第三条 公司出资期限、注册资本明显异常的，公司登记机关可以结合公司的经营范围、经营状况以及股东的出资能力、主营项目、资产规模等进行研判，认定违背真实性、合理性原则的，可以依法要求其及时调整。

第四条 公司调整股东认缴和实缴的出资额、出资方式、出资期限，或者调整发起人认购的股份数等，应当自相关信息产生之日起20个工作日内通过国家企业信用信息公示系统向社会公示。

公司应当确保前款公示信息真实、准确、完整。

第五条 公司登记机关采取随机抽取检查对象、随机选派执法检查人员的方式，对公司公示认缴和实缴情况进行监督检查。

公司登记机关应当加强与有关部门的信息互联共享，根据公司的信用风险状况实施分类监管，强化信用风险分类结果的综合应用。

第六条 公司未按照本规定调整出资期限、注册资本的,由公司登记机关责令改正;逾期未改正的,由公司登记机关在国家企业信用信息公示系统作出特别标注并向社会公示。

第七条 公司因被吊销营业执照、责令关闭或者被撤销,或者通过其住所、经营场所无法联系被列入经营异常名录,出资期限、注册资本不符合本规定且无法调整的,公司登记机关对其另册管理,在国家企业信用信息公示系统作出特别标注并向社会公示。

第八条 公司自被吊销营业执照、责令关闭或者被撤销之日起,满3年未向公司登记机关申请注销公司登记的,公司登记机关可以通过国家企业信用信息公示系统予以公告,公告期限不少于60日。

公告期内,相关部门、债权人以及其他利害关系人向公司登记机关提出异议的,注销程序终止。公告期限届满后无异议的,公司登记机关可以注销公司登记,并在国家企业信用信息公示系统作出特别标注。

第九条 公司的股东或者发起人未按照本规定缴纳认缴的出资额或者股款,或者公司未依法公示有关信息的,依照公司法、《企业信息公示暂行条例》的有关规定予以处罚。

第十条 公司登记机关应当对公司调整出资期限、注册资本加强指导,制定具体操作指南,优化办理流程,提高登记效率,提升登记便利化水平。

第十一条 国务院市场监督管理部门根据本规定,制定公司注册资本登记管理的具体实施办法。

第十二条 上市公司依照公司法和国务院规定,在公司章程中规定在董事会中设置审计委员会,并载明审计委员会的组成、职权等事项。

第十三条 本规定自公布之日起施行。

附件三 《中华人民共和国公司法》新旧对照表(电子版)

本部分收纳了2023年《公司法》与2018年《公司法》的条文对照表,方便读者理解条文变化,结合条文进行比照学习。

附件四　公司法及常用配套规定、司法解释(电子版)

本部分收纳了《中华人民共和国公司法》及常用配套规定、司法解释的完整版本。包括以下四个部分:(1)《公司法》及综合性的配套规定、司法解释等。(2)关于公司登记、设立、并购、解散、破产等有关的专题规定、司法解释等。(3)有关上市公司、企业债券等特殊的规定。(4)有关国有企业、中小企业、外商投资企业等特殊公司类型的规定。

本部分内容将根据法律法规的变化进行动态更新。